중론

개정본

Madhyamaka Śāstra

मध्यमक शास्त्र

용수보살 게송
청 목 주석
구마라습 한역
김 성 철 역주

도서출판 오타쿠

위대한 성인께서는
갖가지 견해에서 벗어나게 하시려고
공(空)의 진리를 말씀하셨다.
그러나 만일 공이 있다는 견해를 다시 갖는다면
어떤 부처님도 [그런 자는] 교화하지 못하신다.

- 제13 관행품(觀行品) 제9게 -

잘못 파악된 공성은
지혜가 열등한 자를 파괴한다.
마치 잘못 잡은 뱀이나
잘못 닦은 주술과 같이.

- 제24 관사제품(觀四諦品) 제11게 -

공의 이치가 있기 때문에
모든 존재가 성립할 수 있다.
만일 공의 이치가 없다면
어떤 존재도 성립하지 않는다.

- 제24 관사제품(觀四諦品) 제14게 -

2020년 개정본 서문

1990년의 일이었다. 필자의 박사과정 지도교수이셨던 법경(法鏡, 1938-) 스님 수업시간이었던 것으로 기억한다. 수강생들이 돌아가면서 『대지도론(大智度論)』을 읽고 해석하고 토론하는 방식으로 대학원 수업이 진행되었는데, 쟁점이 되는 내용이 보이면 스님께서는 적절한 학생을 지목하여, 그에 대해 다음 시간에 발표하게 하셨다. 『중론(中論)』 제2장 관거래품(觀去來品)의 내용을 분석한 논문으로 석사학위를 취득한 필자였기에, 『중론』의 핵심사상을 개관하여 발표하는 과제를 받았다. 다음 주가 되어 발표를 무사히 마치고 쉬는 시간이 되었는데, 그 당시 대학원생으로 재학 중이던 김호성 교수님께서 송광사 강원에서 2주일 정도 스님들과 함께 『중론』을 강독해 줄 수 있겠냐고 물으셨다. 대학원에 입학하기 전에 불교 한문을 익힐 겸 하여 『중론』을 통독한 적은 있지만, 각종 주석서를 참조하면서 샅샅이 읽은 것은 석사학위논문의 소재였던 제2장 관거래품뿐이었고, 『중론』 전체에 정통하지도 못했던 필자로서 도저히 감당할 수 없는 요청이었다. 또 치과 개원의로서 생업과 학업을 병행하고 있었기에 근 반달 동안 병원 문을 닫는 것 역시 불가능한 일이었다. 어쨌든 앞으로 언젠가 남 앞에서 『중론』을 강의할 기회가 있겠다는 생각과 함께 책임감이 느껴졌다. 그래서 이듬해인 1991년 봄부터 『중론』 게송 하나하나의 정확한 의미를 파악하기 위해서 구마라습(鳩摩羅什, 344-413)이 한역한 『중론』 청목소(靑目疏)를 번역하기 시작했다. 『중론』 주석서로 여러 가지가 현존하지만, 가장 중요한 것은 짠드라끼르띠(Candrakīrti, 月稱)의 『쁘라산나빠다(Prasannapadā, 淨明句)』이다. 산스끄리뜨 원문이 온전히 남아있기 때문이다. 청목소의 한역만으로는 잘 이해되지 않는 게송의 의미를 정확하게 파악하기 위해서, 『쁘라산나빠다』에 실린 게송의 산스끄리뜨문 번역 역시 시도하면서 필자가 찾은 낱낱 단어의 의미와 문법적 역할 등을 게송 별로 정리하였다.

산스끄리뜨문에는 원래 띄어쓰기가 없다. 산스끄리뜨의 로마자 표기에서는 어구(語句)가 아누스와라(Anusvāra, ṃ)나 위사르가(Visarga, ḥ) 또는 모음으로 끝나는 경우에 한 칸을 띄고서 다음 어구를 쓰긴 하지만, 필사본에서 보듯이 원칙적으로 모든 단어를 붙여서 쓴다. 또 구어체의 변음(變音)을 그대로 문자화하기에, 어떤 문장에 사용된 단어 낱낱의 원형을 찾아내려면 산스끄리뜨의 연성법칙(連聲法則, Saṃdhi)에 통달해야 한다. 그런데 대학원 박사과정에 입학하고서 1년 남짓 되었던 그 당시의 필자로서 통으로 이어져 있는 『중론』 게송의 문장에서 낱낱 단어의 원형을 찾아내고 그 문법적 역할을 파악하는 것은 여간 어려운 일이 아니었다. 『중론』의 산스끄리뜨 게송 한 수(首)를 번역하고, 문법 해설을 붙이는데 온종일이 걸린 날이 한두 번이 아니었다. 그 당시 아래아한글 프로그램이 개발되어 있었기에 모든 작업을 컴퓨터로 하였고 작업한 내용은 5.25인치 플로피 디스크에 저장하였다.

그러던 중에 대학원에서 『중론』 스터디 모임이 만들어졌다. 대학원 인도철학과와 불교학과에 재학 중이던 몇몇 친구들과 의기투합하여 1주일에 한 번씩 모 교수님 연구실에 모여서 『중론』 청목소를 읽었다. 치과 개원의였던 나를 배려하여 저녁 시간에 모임을 가졌다. 나는 이와 병행하여 치과에서 환자를 봐 가면서 작업을 하여 『중론』 게송의 산스끄리뜨문 번역과 문법 해설을 겸한 청목소의 번역을 모두 완성하였다. 이제 『중론』과 관련하여 그 어떤 강의 요청이 들어와도 수락할 수 있게 되었다. 번역을 시작한 후 만 2년이 지난 1993년 봄이었다. 『중론』 스터디 모임 멤버였던 고(故) 이현옥 선생님이, 내가 만든 『중론』 청목소 번역을 책으로 출간하라고 권하셨다. 그때까지 석사논문 외에는 단 한 권의 책도 출간한 적이 없는 필자였기에, 한참을 망설이다가 일단 원고를 출판사에 보이기로 했다. 그 당시 외국의 불교서적을 영인하여 판매했기에 자주 들렀던 경서원 서점이 출판사도 겸하고 있었다. 경서원의 이규택 사장님께서 원고를 보시더니 책으로 내주겠다고 하셨다. 그러나 산스끄리뜨문에 대한 문법 해설 주석은 모두 삭제하는 게 좋겠다고 제안하셨다. 특수한 로마자 표기로 가득한 주석은 편집하기도 쉽지 않지만, 독자 가운데 그런 주석을 볼 사람도 없을 것이라는 점이 그 이유였다. 나는 안 된다고 말씀드렸다. 국내외에서 발간된 『중론』 번역서와 차별되는 내 번역의 특징은 산스끄리뜨 게송 낱낱에 대해서 상세한 문법 해설 주석을 달았다는 데 있기 때문이었다. 결국, 내가 가져간 원고 그대로 출판하기로 하였고 두어 달이 지난 1993년 5월 28일자로 『중론』 초판이 출간되었다. 이규택 사장님께서는 그 후에도 내가 가져간 모든 원고를 기꺼이 책으로 만들어 주셨다. 『불교의 중심철학』(1995년), 『회쟁론(廻諍論)』(1999년), 『백론·십이문론』(1999년) 등의 번역서와 『회쟁론 범문·장문 문법해설집』(1999년)이었다. 이번에 『중론 개정본』을 출간하면서 근 30년 전 일개 대학원생이었던 필자의 『중론』 원고의 출판을 선뜻 수락해 주셨던 고(故) 이규택 사장님에 대한 감사의 마음을 글로 남긴다.

1993년의 『중론』 출간. 돌이켜 보면 참으로 무모한 일이었다. 그 당시 산스끄리뜨 공부에 일천한 필자였기에 문법 주석에서 오류가 적지 않았다. 필자 역시 당시에 이를 짐작하고 있었기에 책의 날개 면에 '본 역서의 내용 중에 오류가 있거나 오자가 있다고 생각되는 분은 하기의 주소로 연락을 주시면 감사하겠습니다.'라는 글과 함께 치과 주소를 적어 놓았다. 직접 연락하여 필자에게 오류를 알려 주었던 독자가 두 분 계셨던 것으로 기억한다. 초판이 소진되어 제2판을 출간할 때 문법 해설의 오류를 많이 수정했지만, 미처 발견하지 못한 오류가 더러 남아있었는데, 그 상태 그대로 여러 차례 인쇄, 출간하면서 20여 년 이상의 세월이 흘렀다.

정년을 몇 년 앞두고, 그동안 필자가 발표했던 논문들을 단행본으로 묶는 작업을 시작했다. 그 첫 작업의 산물이 작년 11월에 출간했던 『역설과 중관논리 – 반논리학의 탄생』이었다. 『중론』의 경우 경서원에서 출판해왔는데, 2011년에 이규택 사장님께서 돌아가신 후 조계사 앞의 서점이 문을 닫았고, 올해 초에 『중론』 재고가 모두 소진되었다는 연락을 받았기에, 이렇게 도서출판 오타쿠에서 개정본을 내게 되었다.

이번에 개정본을 내면서 『중론』 번역 원고 파일을 찾아보니, 모든 원고가 1.2MB 용량의 5.25인치 플로피 디스크 여러 장에 나뉘어 저장되어 있었다. 그런데 문제는 5.25인치 플로피 디스크를 읽는 드라이버를 구하기도 쉽지 않지만, 혹시 드라이버를 구해도 20년 이상 지난 플로피 디스크의 경우 자성

(磁性)을 상실하여 복원이 거의 불가능하다는 점이었다. 그래서 경서원 간 『중론』을 스캔하여 PDF 파일로 만든 후, 구글 드라이브에 올려서 워드로 변환하여 1차 원고를 만들고 원본과 대조하면서 오자, 탈자 등을 일일이 수정하는 지난한 작업을 통해 개정본 원고를 만들게 되었다. 대부분의 작업은 출판사에서 담당했지만, 게송의 산스끄리뜨 문법 해설 주석의 복원은 필자가 맡았다. 일일이 읽으면서 근 20년 이상 방치되어 있던 문법 해설의 오류 역시 수정해야 했기 때문이었다.

이번에 개정하면서 본문 중의 한자를 모두 한글로 바꾸었고, 필요에 따라 괄호 속에 한자를 병기하였다. 주석의 산스끄리뜨 문법 해설의 오류도 적지 않게 수정했지만, 설명주도 더러 수정, 보완하였다. 새로 추가한 주에 대해서는 설명 앞에 [2020년 개정본 주] 또는 [개정판 주]라고 표시하였다. 산스끄리뜨 게송의 번역문 중에는 우리말 어법으로 볼 때 어색한 표현이 간혹 눈에 띌 것이다. 예를 들면 '속박되어 있는 중인'이나 '해탈되고 있는 중인'과 같은 표현들이다. 이는 산스끄리뜨문에서 '현재분사 수동형'에 대한 번역인데, 게송의 의미를 보다 분명히 드러내기 위한 피치 못한 작문(作文)이다. 또 단어 해설의 경우도, 원형의 사전적 의미를 그대로 기술한 경우도 있고, 명사의 격변화나 동사 활용형의 의미를 살려서 풀이한 경우도 있다. 이를 감안하여 적절히 이해하기 바란다.

1993년 5월『중론』초판이 발간된 이후 참으로 오랜 세월이 흘렀다. 언젠가 산스끄리뜨 문법 해설의 오류를 수정한 개정본을 내야 한다는 부담만 갖고 있다가 20여 년이 지난 이제야 이를 실현하게 되었다. 묵은 빚을 갚은 기분이다. 복원과 교정 작업에 많은 도움을 준 선중(宣中) 거사와 길상화(吉祥華) 보살의 노고에 감사한다.

2020년 12월 27일

도남 김성철 합장

제3판 서문 : 『중론』을 공부하면서 갖추어야 할 마음 자세

티벳의 대학장(大學匠) 쫑카빠(Tsong Kha Pa: 1357~1419 C.E.) 스님에 의해 저술된 이후 오늘에 이르기까지 600여 년 동안 티벳 불교인들의 수행 지침서로 사용되어 온 『보리도차제론(菩提道次第論, Byang Chub Lam Rim)』에서는 『중론』적 조망의 체득을 현교(顯敎) 수행의 최정상에 놓는다.

『보리도차제론』에서는 불교 수행의 길을 세 단계[삼사도(三士道)]로 나누어 설명한다. 첫째는 윤회의 세계 내에서 향상하는 삶을 지향하는 범부들의 길로 하사도(下士道)라고 부르며, 둘째는 윤회의 세계를 벗어나기 위해 해탈을 지향하는 소승적 수행자의 길로 중사도라고 부르고, 셋째는 대보리심을 발하여 소승적 해탈을 유예하고 무수겁 이후의 성불을 지향하는 보살의 길로 상사도라고 부른다. 『보리도차제론』에서는 하사도와 중사도의 수행이 철저히 체화된 자에 한하여 보살도인 상사도의 수행이 가능하다고 말한다. 그리고 상사도의 마지막에 『중론』에 대한 학습이 권유된다.

하사도의 단계에서 가장 먼저 닦아야 할 수행은 '항상 자신의 죽음에 대해 생각[염사(念死)]하는 수행'이다. 죽음에 대한 생각은 우리의 가슴속에 '종교심'을 불러일으키며 재물이나 명예와 같은 세속적 욕심에서 벗어나게 해준다. 그리고 죽음에 대한 자각으로 인해 종교심이 발동한 사람만이 진심으로 삼보에 대한 귀의의 마음을 낼 수가 있다. 그래서 염사(念死)의 수행 이후 삼귀의가 권유된다. 삼보에 귀의한 사람은 윤회와 인과응보의 이치를 배운 후 매 순간 일어나는 자신의 말과 행동과 생각이 잘못된 씨앗으로 결실되지 않도록, 세심히 주의를 기울이며 착하게 살아간다. 현세에 우리는 지극히 얻기 어려운 인간의 몸을 받아 살고 있지만, 한순간의 방심으로 악업을 지으면 내세에 극심한 고통에 시달리는 지옥이나 아귀, 축생의 세계에 태어나기 때문이다. 그리고 선업과 악업을 가름하는 기준은 십선계(十善戒)에 의해 제시된다. 다른 생명을 해치지 말 것[불살생], 남의 것을 훔치지 말 것[불투도],

삿된 음행 하지 말 것[불사음], 거짓말하지 말 것[불망어], 이간질하지 말 것[불양설], 험한 말 하지 말 것[불악구], 꾸며서 말하지 말 것[불기어], 탐욕내지 말 것[불탐욕], 화내지 말 것[부진에], 삿된 종교관 갖지 말 것[불사견]의 십선이다. 하사도의 단계에서 우리로 하여금 이런 십선계를 지키게 만들고 항상 참회하며 살아가게 만드는 도덕성의 원천은 악업에 의해 초래될 내세의 고통에 대한 두려움이다.

십선계를 철저히 지키며 항상 참회하면서 살아갈 경우 우리는 내세에 다시 인간으로 태어나든지, 하늘나라[천상]에 태어날 수가 있다. 그러나 무시겁 이래 계속되어 온 윤회의 여로에서 인간이나 천신으로 태어나는 경우는 극히 드물다는 사실을 자각할 경우, 또 천신으로 태어나더라도 자신보다 공덕이 많은 천신에게 위압 당하며 살게 될 뿐만 아니라, 전생에 지었던 공덕이 소진되어 사망할 경우 대개 축생이나 아귀의 세계에 태어난다는 사실을 자각할 때, 또 앞으로 무수한 윤회의 세월을 삼악도에서 고통받으며 방황해야 한다는 사실을 자각할 경우, 우리는 인간계나 하늘나라와 같은 복락의 세계에 다시 태어날 것이 아니라 아예 윤회의 세계에서 벗어나야 되겠다는 마음을 품게 된다. 이를 '출리심(出離心)'이라고 부르며, 이런 출리심으로 인해 우리는 해탈을 지향하는 소승적 수행자의 길, 즉 중사도(中士道)를 밟게 된다.

그러나 중사도의 삶이 무르익게 될 때 수행자는 앞으로 윤회의 세계 내에서 고통받으며 살아갈 주변의 가족과 친지 그리고 무수한 중생을 생각하며 큰 슬픔을 느끼게 된다. 그래서 수행자는 자신만의 해탈을 유예하고 성불을 지향하며 윤회의 세계 내에서 살아가는 보살로서의 삶을 서원하게 된다. 왜냐하면, 부처가 되어야 다른 수많은 중생을 해탈케 할 수 있기 때문이다. 수많은 중생의 제도를 위해 성불을 지향하는 이러한 마음이 바로 보리심이다. 그리고 보리심을 강화하기 위해 수행자는 '모든 중생이 전생에 언젠가 자신의 어머니였음을 상기함'으로써 시작하여 '성불의 서원'으로 끝나는 일곱 단계의 인과적 사유[칠종인과(七種因果)]와 나와 남을 바꾸어 보는 역지사지

(易地思之)의 통찰[자타상환(自他相換)]을 되풀이해야 한다. 그 후 다른 중생을 제도하기 위한 방편으로 보시(布施), 애어(愛語), 이행(利行), 동사(同事)의 사섭법(四攝法)을 갖추고, 자신의 불성을 성숙시키기 위한 수행으로 육바라밀을 닦는 보살의 삶을 살게 되는 것이다. 이것이 상사도(上士道)의 수행이다.

『보리도차제론』에서는 이런 상사도의 육바라밀 수행에서 마지막에 위치하는 두 가지 바라밀, 즉 선정바라밀과 반야바라밀을 각각 샤마타(Śamatha, 止)와 위빠샤나 (Vipaśyanā, 觀)의 수행이라고 명명한 후 그 방법에 대해 다시 상세하게 설명하는데, 반야바라밀에 해당하는 위빠샤나 수행에서 『중론』에 대한 귀류논증파(歸謬論證派, Prāsaṅgika)적 이해를 최정상에 놓는다. 다양한 샤마타 수행의 결과 몸이 가뿐해지고 마음에 환희가 생기는 경안(輕安)의 상태에 도달한 수행자는 불호(佛護, Buddhapālita)에서 월칭(月稱, Candrakīrti)으로 이어지는 귀류논증적 중관파의 해석을 지침으로 삼아 『중론』의 가르침을 이해하는 위빠샤나 수행에 들어가야 한다. 그 결과 수행자는 공성(空性)에 대한 투철한 조망, 즉 '청정견(淸淨見)'을 얻게 된다. 아공(我空)과 법공(法空)의 지혜인 청정견은 올바른 보리심을 위한 이정표의 역할을 한다.

『보리도차제론』의 가르침에 비추어 볼 경우, 죽음에 대한 깊은 자각을 통해 얻어지는 '종교심'과 윤회의 세계에 태어나지 않기를 희구하는 '출리심'없이 『중론』을 공부할 경우, 어설프게 얻어진 『중론』에 대한 조망은 지적인 교만심만 키우게 되며, 종교심과 출리심이 갖추어졌다고 하더라도 무수겁 이후의 성불을 다짐하는 보리심없이 『중론』을 공부하는 사람은 조급한 소승적 수행자로 전락할 뿐이다. 하사도의 종교심과 중사도의 출리심 그리고 상사도의 보리심이 모두 갖추어진 상태에서 공부될 때 『중론』은 비로소 대승불교의 신앙서 역할을 하게 되는 것이다.

佛紀 2545年(2001) 6月

圖南 金星喆 合掌

초판 서문

본 역서는 용수(龍樹, Nāgārjuna, 150-250년경 C.E.)보살의 대표적인 저술 『중론』 청목소(靑目疏)의 번역이다. 용수가 지은 『근본중송(根本中頌, Mūla Madhyamaka Kārikā)』에 대해 인도의 청목 스님이 해설한 산스끄리뜨 경문을 대 역경가 구마라습(鳩摩羅什, 344-413) 법사가 한역하였고 그 한역문을 토대로 역자가 다시 우리말로 번역한 것이다. 한역 『중론』 주석서에는 안혜(安慧, Sthiramati, 6세기)의 『대승중관석론(大乘中觀釋論)』과 청변(淸辯, Bhāvaviveka, 500-578년경)의 『반야등론(般若燈論)』등이 현존하지만 예부터 청목소가 그 논리의 명쾌함과 역문의 유려함으로 인해 중국, 한국, 일본 등지에서 『중론』을 공부하는 학인들에게 가장 널리 읽혀 왔다. 청목소의 산스끄리뜨 경문은 현존하지 않지만, 게송의 산스끄리뜨문은 월칭(月稱, Candrakīrti, 600-650년경)의 주석인 『쁘라산나빠다』(*Prasannapadā*, 淨明句論)에서 추출할 수 있다. 『중론』은 논리 자체의 난해성으로 인해 다의적인 한역문만으로는 완전한 이해에 미흡한 점이 많다. 따라서 본 역서에서는 한역 게송 및 산스끄리뜨 게송의 원문과 번역을 병기하여 독자들이 대조해가며 읽을 수 있도록 하였다.

『중론』은 한마디로 반야 공사상을 중도 연기설(緣起說)과 연관시켜 논리적으로 해명한 논서다. 따라서 『중론』이야말로 『반야심경』과 『금강경』 등 반야계 경전들이 가장 많이 보급되어있는 우리나라의 불교인들이 반야 공사상을 올바로 이해하기 위해 반드시 읽어야 할 논서라고 할 수 있다.

우리나라에 『중론』에 대한 기존 번역이 전혀 없는 것은 아니다. 동국역경원에서 번역한 한글대장경 제126권에 실린 청목소 전문과 황산덕 박사가 번역하며 해설한 『중론송』(서문문고 247권)의 두 가지가 있다. 기존의 번역본들이 중관사상의 보급에 큰 기여를 해 왔던 것은 분명하나 『중론』 자체의 난해성 때문에 초학자들이 읽기에는 부담이 되고 또 전문적으로 『중론』을 공부하려는 사람들에게는 아쉬운 감이 없지 않았다. 그래서 그 양자를 만족시킬 수 있도록 하려는 의도에서 역자 나름의 번역 작업을 시작하였다. 가능한 한 문장도 쉽게 풀려고 노력하였고 난해한 구절에 대해서는 주석을 달아 해설하였으나 미흡한 점이 많을 것으로 생각된다. 또 앞으로 『중론』을 전공할 분들에게는 다소 도움이 되리라고 생각되어 각주에 산스끄리뜨 게송의 문법 설명까지 수록하였다. 부족한 점이 많겠지만 본 역서를 토대로 보다 나은 『중론』 번역서가 나오기를 기대할 뿐이다.

본 역서의 말미에 사족(蛇足)이라는 이름으로 중관 사상의 형성 배경과 불교사상사적 의의, 종교적 가치에 대해 간략히 정리하여 놓았다. 역자가 자금까지 중관학을 공부하며 터득한 역자 나름의 관(觀)에 의거해 정리한 것이기에 혹자는 그 내용에 대해 다소 이견을 가질 것으로 생각된다. 특히 십이연기설을 팔불게(八不偈) 및 『중론』 전 품 내용과의 연관성으로 풀어가는 과정은 역자의 창안으로 지면 관계상 결론적인 기술만 하고 말았는데 이에 대한 보다 상세한 설명은 졸고(拙稿), 「팔부중도사상(八不中道思想)의 시원(始原)으로서의 『도간경(稻芉經)』과 연기의 중도적 의미」(『불교연구』 제8집, 1992, 한국불교연구원)를 참조해 주기 바란다.

끝으로, 서구 감각문명이 판을 쳐서 사상이나 철학이 뒷전에 밀려 있고 인스턴트 식품 같은 종교를 구미에 맞아 하는 우리나라의 척박한 상황에서 이 난해한 서적의 출판을 기꺼이 수락해 주신 경서원 이규택 사장님께 진심으로 감사드린다.

佛紀 2537년(1993) 봄

圖南 金星喆

차 례

일러두기

1. 본 역서는 대정신수대장경(大正新修大藏經) 제30권에 실린 한역 『중론』 청목소를 번역한 것이다. 구마라습의 한역본은 천오백 년이 지난 오늘날에도 경탄을 자아낼 정도로 유려하지만, 간혹 한문 자체의 다의성으로 인해 한문만으로는 게송 이해가 곤란한 부분이 있다. 따라서 한역 게송과 함께 월칭소, *Prasannapadā*(淨明句) 범문(梵文) 게송 및 그 번역을 병기하였다[게재 순서를 범문 게송 앞에 번호로 표시]. 용수의 게송부는 원문도 함께 실었지만, 주석인 청목소는 우리말 번역문만 실었다. 또 게송부는 보기 편하도록 네모 속에 넣었다. 예를 들어서 설명을 달면 다음과 같다.

청목소의 게재 순서 / 네모 속: 용수의 중론 게송

> 1) 已去無有去 未去亦無去 離已去未去 去時亦無去3)
> 이미 가버린 것에는 가는 것이 없다. 아직 가지 않은 것에도 역시 가는 것이 없다. 이미 가버린 것과 아직 가지 않은 것을 떠나서 지금 가고 있는 중인 것에 가는 것은 없다.4)
>
> 1) gataṃ na gamyate tāvadagataṃ naiva gamyate/
> gatāgatavinirmuktaṃ gamyamānaṃ na gamyate//5)
> '간 것'은 가지 않는다. '가지 않는 것'도 역시 가지 않는다. '간 것'과 '가지 않는 것'을 여읜 '가는 중인 것'은 가지 않는다.6)

월칭소의 게재 순서

'이미 가버린 것'에는 이미 가버렸기 때문에 가는 것이 없다. 만일 가는 것이 배제되어도 가는 작용[去業]은 있다고 하면 옳지 않다.

'아직 가지 않은 것'에도 가는 것이 없다. 아직 간다는 사실[去法]이 존재하지도 않기 때문이다.

네모 밖: 청목의 주석

2. 범문 게송은 사이구사미쓰요시(三枝充悳) 저 『중론송총람(中論頌總覽)』(東京, 第三文明社, 1985)을 저본으로 하여 실었고 사이구사미쓰요시와 혼다메구무(本多惠)의 번역을 참조하면서 번역하였으나 간혹 역자와 의견이 다른 부분은 각주에서 밝혔다.

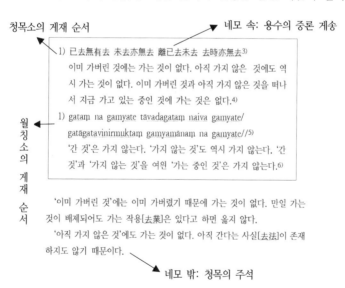

3. 네모 속에서 한역 게송의 앞에 붙은 번호는 청목소에 실린 게송의 순서를 의미하며 범문 게송의 앞에 붙은 번호는 월칭소에 실린 게송의 순서를 의미한다. 따라서 양자 간의 번호가 일치하지 않는 경우가 있다.

4. 문답형으로 이루어진 불교 논서가 으레 그렇지만 『중론』에 등장하는 문답은 실제 있었던 것이 아니라 용수의 게송을 쉽게 이해시키기 위해 청목 스스로 연출한 것이라고 볼 수 있다. 따라서 본 역서를 읽을 때는 게송과 소를 분리하지 말고 게송의 내용이 부드럽게 소까지 연결되는 것으로 간주하면서 읽어야 한다. 이해의 편의를 위해 청목소에 의거하여 **질문자의 물음에 해당하는 게송과 청목의 소는 굵고 진한 활자로 처리하였고** 용수의 답변과 그 답변에 이어지는 청목의 소는 일반 활자로 처리하였다.

5. 특수한 술어나 강조할 문장, 인용된 구절 등은 작은 따옴표[‘ ’]로 표시하였다. 따라서 ‘ ’ 속의 문장은 청목소 원문의 내용에 포함된다.

6. 번역하면서 원문과 함께 실린 게송부는 직역하려고 노력하였고 소에 해당하는 부분은 원 뜻을 해치지 않는 범위 내에서 가능하면 논리가 통하도록 의역을 하였다. 한역문만 그대로 번역할 경우 문맥에 비약이 있어서 이해하기 곤란한 부분이나 원어와 동의어를 밝혀야 할 필요가 있는 문장이나 단어는 그 뒤의 대괄호 [ ] 속에 보충 문장이나 단어를 삽입하였다. 그러므로 원문의 내용만 읽고 싶은 독자는 대괄호 속의 내용은 생략하고 읽어도 된다. 일관성은 없지만 혹 대괄호 속에 [=]와 같이 등부호 표시가 되어있는 곳은 동의어나 같은 의미의 구절임을 의미한다.

7. 본 역서는 신수대장경의 『중론』을 저본으로 하여 번역한 것이지만 간혹 그대로 번역할 경우 논리가 통하지 않는 문장은 문맥이 자연스러워지는

다른 판본에 의거하여 번역하였다. 신수대장경의 결정적인 오자라고 생각되는 부분은 각주에 명기하였다.

8. 각주에서 '대정'은 대정신수대장경을 의미하고 그 뒤에 쓰인 숫자는 권수를 의미한다. 남전(南傳) Pāli Nikāya는 P.T.S.본을 저본으로 삼았는데 S.N.은 Saṃyutta Nikāya, M.N.은 Majjhima Nikāya, D.N.은 Dīgha Nikāya, A.N.은 Aṅguttara Nikāya의 약자다.

9. 각주에서 '길장소'는 길장(吉藏, 549-623)의 『중관론소(中觀論疏)』를 의미하며 '월칭소'는 산스끄리뜨본인 월칭(月稱, Candrakirti)의 Prasannapadā를 의미하며 '무외소'는 용수의 자주(自注)라는 티벳역본 『중론 무외소(中論 無畏疏)』를 지칭한다.

10. 전체의 모양새는 흐트러지는 감이 있으나 『중론』을 전문적으로 공부하는 사람에게 다소 도움이 되리라 생각하여 범문 게송의 문법 해설을 각주에 실었다.

11. 범문 게송의 문법 설명에 쓰인 약호의 의미는 다음과 같다.

〉 : 어원 표시. 우측으로 갈수록 어근에 가까운 형태이다.
√ : 동사 어근을 의미한다.
√~. 숫자. : 어근과 함께 기록해 놓은 숫자는 그 동사가 몇 류 (類) 동사인지를 나타낸다.
a. 또는 mfn. : adjective, 형용사.
ad. : adverb.
ind. : indeclinable, 불변화사.

m. : masculine, 남성.
n. : neuter gender, 중성.
f. : feminine, 여성.
nom. : nominative case, 주격(主格).
acc. : accusative case, 목적격, 대격(對格).
ins. : instrumental case, 구격(具格).
dat. : dative case, 여격(與格), 위격(爲格).
abl. : ablative case, 종격(從格), 탈격(奪格).
gen. : genitive case, 소유격, 속격(屬格).
loc. : locative case, 처격(處格).
abs. loc.: absolute locative, 절대처격.
p.p.p. : past passive participle, 과거수동분사.
ātm. : ātmane pada.
para. : parasmai pada.
f.p.p. : future passive participle, 미래수동분사.
aor. : aorist, 아오리스트.
opt. : optative, 원망법.
imp. : imperative, 명령법.
Sg. : Singular number, 단수.
Du. : Dual number, 양수.
Pl. : Plural number, 복수.
Ⅰ : 1인칭.
Ⅱ : 2인칭.
Ⅲ : 3인칭.

그 외 출현 빈도가 낮은 문법 설명은 한글로 표시하였다.

승예(僧叡)[1] 서문[2]

『중론(中論)』[3]은 오백 수(首)[4]의 게송으로 이루어져 있는데 용수(龍樹)[5] 보살께서 지으신 것이다. 중(中)으로 이름을 삼아 그 실(實)을 조명하였고 논(論)이라는 호칭을 붙여 그 말[言]의 이치를 모두 나타내었다. 이름이 없으면 실을 알 수 없기에 중(中)[이라는 낱말]에 의지하여 그 뜻을 펼쳐 보였고, 풀이가 없으면 말의 의미를 다할 수 없기에 논(論)[이라는 낱말]을 빌려서 그 뜻을 밝혔다. 그 실이 이미 펼쳐졌고 그 말이 이미 밝아졌으니 보살께서 도량(道場)에서 비추어주신 이치[6]가 맑고 분명하여 [우리 중생들은] 거꾸로 매달린 듯한 고통에서 벗어나게 되었다[懸解][7].

모름지기 전도된 견해에서 애착[滯]과 미혹[惑]이 발생하고, 그로 인해 삼계(三界)[8]는 고통의 수렁이 된다.[9] [간혹 소승의] 치우친 깨달음[10]이 염지(厭智)[11]를 일으키기도 하지만 그것을 굳게 지켜 보았자 결국은 어긋날 뿐이

---

1) 승예(378-444경): 鳩摩羅什의 제자로 譯經에 참가했으며 道生, 僧肇, 道融과 함께 四聖(또는 四哲)으로 불린다. 구마라습 역 『大智度論』, 『成實論』, 『法華經』, 『維摩經』, 『小品般若經』 등의 서문을 썼다.

2) 이 서문을 번역 및 주석하면서 吉藏의 『中觀論疏』(대정42)를 참조하였다.

3) Mūlamadhyamaka-kārika(根本中頌), Madhyamaka-śāstra(中論), Madhyamaka-sūtra(中經) 등으로 불린다. 漢譯으로는 『中觀論』이라고 불리기도 한다.

4) 정확히 말하면 한역 『청목소』는 445게송이다. 산스끄리뜨본인 『월칭소』에는 449 게송, 티벳어 번역본인 『무외소』에는 445게송으로 판본마다 게송 수에 출입이 있다.

5) Nāgārjuna(150-250경): 대승불교의 아버지. 八宗의 祖師로 칭한다. 日本, 凝然의 『팔종강요(八宗綱要)』에 의하면 팔종이란 倶舎, 成実, 律, 法相, 三論, 華厳, 天台, 真言을 의미한다.

6) 싯다르타가 붓다가야 보리수 아래서 깨달아 부처가 된 연기의 이치.

7) 현해(懸解): 『장자』에 나오는 말로, 거꾸로 매달린 고통을 벗어남을 의미한다. 불교적으로는 계박(繫縛)을 푼다는 뜻.

8) 중생 윤회의 현장인 욕계(欲界), 색계(色界), 무색계(無色界).

9) 원문은 '그것으로써 三界는 함정[淪]과 익사처[溺]가 된다(三界以之而淪溺).'

10) 편오(偏悟): 범부와 비교할 때는 깨달음이지만 대승과 비교할 때는 치우쳐 있기에 이승(二乘)의 깨달음을 '치우친 깨달음'이라고 한다.

11) 세속적인 욕락(慾樂)을 멀리하는 지혜. 즉 生死를 싫어하고 열반을 좋아하는 二乘[聲

다. 그러므로 큰 깨달음은 훤히 비춤[12]에 있음을 알 지어다. 작은 지혜는 좁은 마음을 얽어매어 그 비춤이 훤하지 못한 즉, 유와 무의 대립을 떠남으로써 도(道)와 속(俗)을 하나로[13] 하는데 부족할뿐더러 그 알음알이가 이치를 다하지 못하니 중도(中途)[14]를 행함으로써 양극단[二際][15]의 구분을 멸하지도 못한다. 이렇게 도와 속의 대립을 없애지 못하고 양극단의 구분을 멸하지 못한 것은 보살의 근심거리였다. 그래서 용수(龍樹) 대사께서 이를 중도(中道)로써 해석하여, 이치에 미혹한 [소승과 유소득(有所得) 대승의] 무리들이 이 현지(玄指)[16]를 접하고서 일변하게 하셨고, 이를 즉각적 교화[卽化]로 살피시어 외도의 무리[17]가 [밝은 아침과 같은] 조철(朝徹)[18]을 대하고서 말문[19]을 잃어버리게 하셨다.

참으로 확 트였도다. 진실로 충계(沖階)[20]를 향하여 탄탄대로를 놓으셨고 천지간에 현문(玄門)[21]을 열어주셨다고[敞][22] 말할 만하다. 썩어가는 나뭇가지마다 지혜의 봄바람을 불어주셨으며 마르고 시든 나뭇가지에 감로수를 흘려보내셨도다. 무릇 백 개의 서까래로 만든 대저택이 나타나면 얽은 지붕

聞과 緣覺]의 지혜.

12) 대승적인 空사상을 의미한다.

13) 생사와 열반이 하나다.

14) 中道와 같은 의미.

15) 生死之際와 涅槃之實際, 제25 관열반품 제20게 참조.

16) 『중론』을 말한다.

17) 玄悟之賓: 天竺의 외도를 중국의 莊周에 빗대어 설명한 것.

18) '아침의 맑음'이라고 풀이할 수 있으며 『莊子』에서 깨달음을 지칭하는 말이다.

19) 諮詢: 예를 들어 '道란 무엇인가?'라는 등의 의문.

20) 보살이 도량에서 수행하여 터득한 과보로서의 깨달음.

21) 노자 『도덕경』의 '玄之又玄 衆妙之門'이라는 구절에서 따온 말로 깨달음을 의미함.

22) 원문 '敝玄門於宇內'를 그대로 해석한다면 '천지간에 현문을 무너뜨려 버렸다.' 라는 의미가 되어 현문이 老莊의 현학에 빗대어 표현된 外道를 지칭한다고 보아야 한다. 그러나 吉藏 疏에서 설명하듯이 玄門이 『中論』을 지칭한다면 '천지간에 중론을 무너뜨려 버렸다.'로 되어 의미가 통하지 않는다. 따라서 '敝[무너질 폐]'를 '敞[열 창]'의 誤字라고 보면 '천지간에 [『중론』이라는] 현문을 열어 주시어'라는 뜻이 되어 문맥에 맞는다. 고려대장경이나 중화대장경에도 '창(敞)'으로 되어 있다.

의 천한 모습이 비루해지는 것이다. 이 논서의 크게 트인 모습을 보면 치우친 깨달음의 비루함과 그릇 됨을 알게 된다. 이 적현(赤縣)[23]의 땅에 홀연히 영취산[24]의 정기가 옮겨와 진을 치게 되어서, 비뚤어지고 치우친 변방[25]의 중생들이(險陂之邊情), [중도정관(中道正觀)의] 흘러넘치는 광명[26] 가운데 남은 은혜나마 받게 되었으니 얼마나 다행스러운 일인가? 이제부터 도(道)를 얘기하는 현인(賢人)들이 비로소 논의를 벌임에 진실할 수 있으리라. 들리는 말에 의하면, 천축의 여러 나라에서 감히 불교를 공부하려고 하는 사람 중에 이 논서를 읽고 또 읽어서 요해처로 삼지 않은 사람이 거의 없다고 한다. 붓에 먹물을 찍어 이 논서를 해석한 사람 또한 적지 않다. 지금 여기에 해석을 펴낸 사람은 천축국의 바라문으로 그 이름은 빈가라(賓伽羅, Piṅgala)[27]이다. 진(秦)나라 말로는 청목(靑目)이라고 하는 사람의 해석이다. 이 사람이 비록 심오한 가르침에 대해 믿음을 갖고 이해하고 있기는 하지만 문장이 세련되지 못하기에 그중에서 어긋나거나 빠뜨렸거나 번잡하거나 중복된 것은 구마라습 법사께서 모두 잘라 내거나 보태어서 경전과 뜻이 통하게 하여 그 이치가 완벽하게 만들었다. [그러나] 문장은 간혹 좌우(左右)가 썩 좋지 못한 것도 있을 것이다.

『백론(百論)』[28]은 외도를 다스려서 삿된 것을 차단하였고 이 논서는 불교 내의 잘못을 떨어버려[祛] 막힌 곳이 흐르게 하였으며 『대지도론(大智度論)』[29]은 그 내용이 아주 풍부하고 『십이문론(十二門論)』[30]은 그 의미가 매우

---

23) 적현: 중국을 의미한다.
24) 영취산: '기사굴산(耆闍崛山, Gṛdhrakuta-parvata)'이라고도 한다. 부처님이 『법화경』을 설하신 마가다국 왕사성 부근에 있는 산.
25) 인도를 중앙으로 보아 변두리인 중국.
26) 流光: 선조로부터의 은덕을 말한다.
27) Piṅgala(靑目): 寺本婉雅는 청목이 용수 만년의 高弟 阿利耶提婆(Āryadeva)일 것이라고 한다. 그 근거로 西藏佛敎史에서 제바를 일명 청목조사라고 칭하는 점을 든다. 寺本婉雅, 『梵漢獨對校 西藏文和譯 龍樹造 中論 無畏疏 解題』(東京: 国書刊行会, 1974) 참조.
28) 용수의 직제자 아리야제바(Āryadeva)의 저술.

정교하다. 이 네 가지 논서를 탐구하는 사람은 진실로 마치 해와 달이 가슴에 품은 듯 분명하게 비추지 못하는 것이 없게 된다. 내가 이 논문을 좋아하여 음미해 보았지만 내 손으로 풀어낼 능력이 없도다. 그런데 다시 나의 비루하고 졸렬함을 망각하고 내 나름의 깨달음에 의지해 서문 하나를 지어서 각 품의 뜻과 함께 첫머리에 싣는다. [그러나] 어찌 이 논문을 제대로 해석할 날을 기약할 수 있겠느냐? 아마도 이 기쁨은 우리들[31)]의 감회일 뿐이리라.

---

29) 『대품반야경』에 대한 방대한 주석서로 총 100권에 달하는 대작이다. 용수의 저술이라고 하나 그 작자에 대해서는 異說이 많다. 그러나 E. Conze는 그 진위를 떠나 『대지도론』의 내용이 용수의 사상과 맥을 같이 한다는 데에는 이론의 여지가 없다고 말한다. 어쨌든 번역자 구마라습의 가필이 많은 것은 사실이다.

30) 용수의 저술이라고 하나 이에 대해서도 논란이 많다. 길장은 『중론』의 내용을 용수가 축약해 놓은 것이 『십이문론』이고 『중론』의 내용을 상세하게 확장시켜 놓은 것이 『무외론(無畏論)』이라고 한다.

31) 自同: 同에는 等이나 衆의 뜻이 있다.

中論

Madhyamaka Śāstra

मध्यमक शास्त्र

제1 관인연품(觀因緣品, 16게)

인연(因緣)에 대한 관찰[1)]

pratyayaparīkṣā nāma prathamaṃ prakaranam[2)]

연(緣)의 검토라는 이름의 제1장(16게)

1) 不生亦不滅 不常亦不斷 不一亦不異 不來亦不出
2) 能說是因緣 善滅諸戲論 我稽首禮佛 諸說中第一

발생하지도 않고 [완전히] 소멸하지도 않으며, 이어진 것도 아니고 단절된 것도 아니며, 동일하지도 않고 다르지도 않으며, [어디선가] 오는 것도 아니고 [어디론가] 나가는 것도 아니다. 능히 이런 인연법을 말씀하시어 온갖 희론을 잘 진멸(鎭滅)시키시도다. 내가 이제 머리 조아려 부처님께 예배하오니 모든 설법 가운데 제일이로다.

1) anirodhamanutpādamanucchedamaśāśvataṃ/
anekārthamanānārthamanāgamamanirgamaṃ//[3)]
2) yaḥ pratītyasamutpādaṃ prapañcopaśamaṃ śivaṃ/

---

1) 『중론』은 연기설(緣起說)의 참뜻을 천명하기 위해 저술되었기에 연기에 대한 실체론적 이해를 타파하는 이 품(品)을 가장 첫머리에 싣고 있다. 연기 사상에 입각해 연기 사상을 논파하기에 자가당착에 빠진 것 같지만 그렇지 않다. 이는 연기의 참뜻인 '중도 인과론(中道 因果論)'에 입각해 연기에 대한 단견(斷見, 因中無果論)이나 상견(常見, 因中有果論)적인 이해를 논파하는 것이라고 볼 수 있다.

2) (1-제목) *pratyaya: (m. nom.) 緣, 토대, 원인, 동기. *parīkṣā: (f. nom.) examination. *nāma> nāman: (m. nom.) 이름. *prathamam> prathama: (a. n. nom.) 첫째, 제1의[서수]. *prakaraṇam> prakaraṇa: (n. nom.) 품(品), 장(章), 절(節).

3) (1-1) *anirodham> a(부정의 접두어) + nirodha(m. 滅, 소멸) + m(acc.). *anutpāda

deśayāmāsa saṃbuddhastaṃ vande vadatāṃ varaṃ//[4]
소멸하지도 않고 생겨나지도 않으며, 이어지지도 않고 단절된 것도 아니며, 동일한 의미도 아니고 다른 의미도 아니며, 오는 것도 아니고 가는 것도 아닌[5] [연기(緣起)],
희론이 적멸하며 상서(祥瑞)로운 연기를 가르쳐 주신 정각자(正覺者), 설법자들 중 제일인 그분께 예배합니다.[6]

---

m〉 an(부정의 접두어) + utpāda(m. 生, 발생) + m(acc.). *anucchedam〉 an(부정의 접두어) + uccheda(m. 斷, 단절) + m(acc.). *aśāśvatam〉 a(부정의 접두어) + śāśvata(a.m. 常, 항상의, 불변의) + m(acc.). *anekārtham〉 an(부정의 접두어) + eka(一, 하나, 1) + artha(m. n. 의미, 목적, 이익) + m(acc.). *anānārtham〉 a(부정의 접두어) + nānā(ind. 異, 다르게, 분리되어) + artha(m.n. 의미, 목적, 이익) + m(acc.). *anāgamam〉 an(부정의 접두어) + ā√gam(오다, 來) + a(명사화 어미) + m(acc.). *anirgamam〉 a(부정의 접두어) + nir√gam(to go away, 出) + a(명사화 어미) + m(acc.).

4) (1 -2) *yaḥ: (관계대명사. nom.)로 영어의 who, which. *pratītyasamutpādaṃ(m. acc.)〉 pratītyasamutpāda: 연기(緣起), 인연. *prapañca: (m.) 희론, 망상. *upaśamam(m. acc.)〉 upaśama: the becoming quiet, stopping, cessation. *śivam(a.acc.)〉śiva: Shiva신(神), 길상(吉祥)의, 상서로운. *deśayāmāsa(복합완료, Ⅲ. Sg.)〉 desaya(〈√diś[가르치다]의 현재. Ⅲ. Sg. 사역형 어간.) + ām(복합완료 삽입음) + asa(〈√as[존재하다]의 중복완료형 어간): 가르치셨다. * saṃbuddhas(m.nom.)〉 saṃbuddha〉 sam(완전히) + buddha(깨달은 분, 佛): 정각자. *taṃ〉 tam(지시대명사. acc.): 그 분을, 그 분에게, him. *vande(ātm. Ⅲ. Sg.)〉 √vand: 예배하다, 절하다. *vadatām(Pl. gen)〉 vadat(현재분사)〉 √vad: 설하다. *varam〉 vara(a. acc.): best, 최고.

5) [2020년 개정본 주] 귀경게 팔불의 산스끄리뜨문, 한역문, 티벳어역문 배열 순서에 차이가 있다. 산스끄리뜨문은 ①不滅→②不生→③不斷→④不常→⑤不一→⑥不異→⑦不來→⑧不去 순서로 기술되어 있고 한역본 가운데 『반야등론』과 『대승중관석론』 그리고 무착의 『순중론』 모두 이와 마찬가지인데, 위에서 보듯이 구마라습의 한역문에는 ②不生→①不滅→④不常→③不斷→⑤不一→⑥不異→⑦不來→⑧不去의 순서로 前 四不의 순서가 바뀌어 있다. 반야경에서는 일반적으로 불생불멸, 불상부단이라고 쓰고 있는데, 용수가 산스끄리뜨문에서 이를 불멸불생, 부단불생이라고 앞뒤를 바꾸어 기술한 것은 산스끄리뜨의 定型詩인 Śloka형식에 맞추기 위한 불가피한 도치였고, 이런 용수의 '마음'을 읽은 구마라습이 이를 한역하면서 원래의 배열로 복원한 것으로 추정된다. 한편 티벳어 번역문의 경우 '①不滅→②不生→③不斷→④不常→⑦不來→⑧不去→⑥不異→⑤不一'와 같이 後의 四不의 순서가 산

【문】 이 논문을 지은 목적은 무엇입니까?

【답】 만물이 대자재천(大自在天)[7]에서 생긴다고 말하는 사람들이 있고, 위뉴천(韋紐天)[8]에서 생긴다는 말도 있고, 화합(和合)[9]으로부터 생긴다는 말도 있고, 시(時)[10]에서 생긴다는 말도 있고, 세성(世性)[11]에서 생긴다는 말도 있고 변화[12]에서 생긴다는 말도 있고, 자연[13]에서 생긴다는 말도 있고, 미진(微塵)[14]에서 생긴다는 말도 있다. 이런 잘못으로 인해 무인론(無因論), 그릇된 인과론(因果論), 단멸론(斷滅論), 상주론(常住論) 등의 사견에 떨어

스끄리뜨 원문과 전혀 다른데, 이 역시 티벳문학의 시형식에 맞추기 위해서 재배치였을 것으로 짐작된다. '김성철, 「『중론』 귀경게 팔불의 배열과 번역」, 『한국불교학』 30집, 2001년' 참조.

6) 이 두 수의 게송을 귀경게(歸敬偈)라고 부른다. 귀경게의 범어 문장에서 緣起(pratītyasamutpāda)라는 단어는 팔불게(八不偈)에 의해 수식되면서 deśayāmāsa(가르쳤다)의 목적격으로 쓰이고 있다. 팔부중도는 곧 연기를 의미한다는 말이다. 연기의 진정한 의미는 인과관계의 중도성을 나타내는 데 있다고 볼 수 있다. 즉 십이연기설의 삼세양중적(三世兩重的) 인과관계(因果關係)가 팔부중도적으로 이루어지기에 십이연기가 바로 팔불인 것이다(김성철, 「八不中道思想의 始原으로서의 稻芉經과 緣起의 中道的 意味」, 『불교연구』 8집, 1992, pp.115-136 참조).

7) 대자재천 : Maheśvaradeva, 摩醯首羅(마혜수라) 천왕이라고 음역하기도 한다. 힌두교 최고신의 하나로 Śiva신을 말한다. 불교에서는 色界의 정상인 색구경천에 머물고 있다고 해석함.

8) 위뉴천: 힌두교의 Viṣṇu신. 우주 창조의 Brāhman신, 우주 파괴의 Śiva신과 함께 우주를 주재한다고 하는 우주 지속의 신. 현재 인도에서 Śiva神과 함께 가장 널리 예배되는 신. 불교에서는 욕계의 정상에 있는 신이라고 해석한다.

9) 地, 水, 火, 風 四大의 화합으로 外物이 생하고 부모의 화합으로 중생이 생하는 따위.

10) 시간이 흐르면 중생이 성숙하고 또 시간이 지나면 노후(老朽)하게 되니까 시(時)가 만물을 생한다는 것.

11) 인도 六派哲學의 하나인 數論학파, 즉 Sāṃkhya학파에서 말하는 정신원리로서의 Puruṣa에 대조되는 물질의 궁극원리인 Prakṛti(根本原質).

12) 변화에서 생하는 것은 네 가지가 있다. 첫째, 돌이 옥으로 변하는 것 같은 신통변화. 둘째, 젊은이가 늙은이로 변하는 것 같이 스스로 변하는 것. 셋째, 물이 어는 것 같이 인연을 만나 변하는 것. 넷째, 外道에서 말하는 만물을 생하는 變이라는 法. 吉藏疏.

13) 外道가 만물이 생하는 까닭을 추구해 보아도 알 수가 없으니 자연히 생한다고 하는 것. 吉藏疏.

14) 근대 물리학의 원자론과 유사한 사고방식. 아비달마에서도 극미(極微)가 있다고 설하지만 이 또한 邊見이라고 鳩摩羅什은 비판한다.

져서 '나'라느니 '나의 것'이라고 갖가지로 설하며 정법을 제대로 알지 못한다. 부처님께서는 이런 여러 가지 사견(邪見)들을 끊고 불법을 알게 하시려고 우선 성문법(聲聞法)중에서는 십이연기설을 말씀하셨다.

그리고 이미 수행을 하고 큰마음을 갖추어 깊은 진리를 받아들일 준비가 되어 있는 자들에게는 대승법으로써 연기(緣起)의 상(相)을 설하셨던 것이다. 이른바 '일체법이 불생불멸 불일불이(不生不滅 不一不異)하여 필경공(畢竟空)하니 아무것도 있는 것이 없다.'는 것으로 『반야바라밀경』에서 설하는 다음과 같은 얘기와 같다. "부처님께서 수보리(須菩提)에게 말씀하셨다. '보살이 도량에 앉아 있었을 때 십이연기가 허공과 같아 다함이 없음을 관(觀)하였느니라.'"[15]

그런데 부처님께서 열반에 드시고 나서 후오백세(後五百歲)의 상법(像法)시대[16]가 되자 사람들의 근기(根機)가 우둔해져서 제법(諸法)에 대해 깊이 집착을 내게 되었다. 십이연기나 오음(五陰)[17], 십이입(十二入)[18], 십팔계(十八界) 등의 결정적인 상(相)을 추구하기만 하여 부처님의 의도하신 바는 알지 못하고 다만 그 문자에만 집착을 하는 것이다. 그래서 대승법에서 필경공을 설하는 것을 듣고도 어째서 공한지 모른 채 다음과 같은 의심을 한다. '만일 도대체 필경공하다면 죄나 복을 짓고 그에 대한 업보를 받는 것 따위는 어떻게 분별하겠는가?' 이것은 세제(世諦)와 제일의제(第一義諦)의 구분을 무시하는 것으로 공의 상을 취해 집착을 하여 필경공 가운데서 갖가지 과오를 범하는 것이다.[19] 용수보살께서는 이[런 여러 가지 오류]를 [시정하기] 위해 이 『중론』을 저술하셨다.

1) 不生亦不滅 不常亦不斷 不一亦不異 不來亦不出
2) 能說是因緣 善滅諸戲論 我稽首禮佛 諸說中第一

15) 『摩訶般若波羅蜜經』(대정8, 364b.) ; 『道行般若經』(대정8. 469c.) 등 참조.

발생하지도 않고 [완전히] 소멸하지도 않으며, 이어진 것도 아니고 단절된 것도 아니며, 동일하지도 않고 다르지도 않으며, [어디선가] 오는 것도 아니고 [어디론가] 나가는 것도 아니다.
능히 이런 인연법을 말씀하시어 온갖 희론을 잘 진멸(鎭滅)시키시도다. 내가 [이제] 머리 조아려 부처님께 예배하오니 모든 설법 가운데 제일이로다.

1) anirodhamanutpādamanucchedamaśāśvataṃ/
anekārthamanānārthamanāgamamanirgamaṃ//

2) yaḥ pratītyasamutpādaṃ prapañcopaśamaṃ śivaṃ/
deśayāmāsa saṃbuddhastaṃ vande vadatāṃ varaṃ//

소멸하지도 않고 생겨나지도 않으며, 이어지지도 않고 단절된 것도 아니며, 동일한 의미도 아니고 다른 의미도 아니며, 오는 것도 아니고 가는 것도 아닌 [연기(緣起)],
희론이 적멸하며 상서(祥瑞)로운 연기를 가르쳐 주신 정각자(正覺者), 설법자들 중 제일인 그분께 예배합니다.

---

16) 正法, 像法, 末法인 三時의 하나. 정법: 교법, 수행, 증과(證果)의 3법이 완전하게 있는 시대. 상법: 증과하는 자는 없고 교법과 수행만 있는 시대. 말법: 교법만 있고 수행이나 증과는 없는 시대. 정법 500년 상법 1,000년, 또는 정법 1,000년 상법 500년, 또는 정법 1,000년 상법 1,000년 등 구구하나 여기서는 정법 500년 설을 따르고 있다.

17) 五蘊과 같은 의미. 구마라습 이전에는 五衆이라고 한역했고 구마라습 이후는 五陰이라고 번역했으나 당나라 현장 이후가 되어서야 五蘊이라고 번역했다.

18) 十二處.

19) 이러한 과오를 후대 유식불교에서는 '악취공(惡取空)'이라고 불렀다. 즉 실체에 대한 집착을 씻어주기 위해 공을 설하였는데 그 공이라는 것에 다시 집착을 내면 모든 가치판단을 상실한 상태가 되는 것. 앞으로 『중론』 전편을 통해 누누이 강조되겠지만 '空'이란 이론이 아니라 마치 비누처럼 우리 마음의 분별적 사고방식을 세척해 주는 실천행이다.

이 두 수(首)의 게송으로 부처님을 찬탄하여 이미 최고의 이치[第一義]를 간략히 설명하였다.

【문】 존재들[諸法]은 무수히 많은데 어째서 단지 이 여덟 가지 설명만으로 파(破)하는가?

【답】 존재[法]가 비록 한량없이 많지만 간략하게 여덟 가지 설명만 해도 일체법을 모두 파(破)할 수 있다.

먼저 불생(不生, 발생하는 것은 없다는 것)에 대해 설명하겠다. 여러 논사들은 사물이 생기는 과정(相)에 대해 갖가지로 설명한다. [원인에서 결과가 생긴다고 할 때] 어떤 이는 '원인과 결과가 동일하다.'고 하고 어떤 이는 '원인과 결과가 다르다.'고 하며, 어떤 이는 '원인 속에 이미 결과가 내재해 있다(因中有果).'[20]고 하고 어떤 이는 '원인 속에 결과는 내재해 있지 않다(因中無果).'[21]고 하며, 어떤 이는 '자기 스스로 생한다.'[22]고 하고 어떤 이는 '다른 것[他者]에서 생한다.'[23]고 하고 어떤 이는 '자기와 타자 양자에서 함께 생한다.'고 하며, 어떤 이는 '유(有)에서 생한다.'고 하고 어떤 이는 '무(無)에서 생한다.'[24]고 말한다. 이렇게 여러 가지로 설하는 생(生)의 상(相)은 모두 옳지 않다. 이에 대한 자세한 설명은 나중에 광범위하게 설하겠다. 어쨌든 결정적인 생의 상은 있을 수 없기에 불생이다.

불멸(不滅, 완전히 소멸되는 것은 없다는 것)에 대해 설명하겠다. 만일 생

따라서 '空'의 비누로 분별의 때를 세척하고 나면 그 비눗기도 다시 헹궈내야 한다(空空). 第13 觀行品 9偈 및 第24 觀四諦品 11, 12偈 참조.

20) 인도 육파철학 중 Sāṃkhya나 Vedānta적 세계관.

21) Vaiśeṣika적 세계관.

22) 예를 들어 '싹은 싹으로부터 발생한다.'고 보는 관점. 본 품 제3게 참조.

23) 예를 들어 '싹은 싹 아닌 것으로부터 발생한다.'고 보는 관점. 본 품 제3게 참조.

24) 예를 들어 웃달라까 아루니의 다음과 같은 찬가가 그 예이다. '… 태초에는 이 우주는 有(sat) 뿐이었다. 유일한 것으로 제2의 것은 없었다. 그런데 어떤 사람들은 태초에 우주는 無(asat)뿐이었다고 말한다. … 그 有는 '나는 많아지리라, 나는 번식하리라'라고 생각하였다. 열은 물을 창출하였다. …' 『찬도갸 우빠니사드』 IV.

(生)이 없다면 어떻게 [그 반대 개념인] 멸(滅)이 있을 수 있겠느냐? 생도 없고 멸도 없기에 나머지 여섯 가지[25]도 역시 없다.

【문】 불생불멸이라는 말로 이미 일체법(一切法)을 모두 파하였는데 어째서 다시 여섯 가지 설명을 하느냐?

【답】 불생불멸의 이치를 성립시키기 위해서다. 불생불멸은 받아들이지 않지만 불상부단(不常不斷)은 믿고 있는 사람들이 있다. 그런데 불상부단의 이치를 깊이 추구하면 그것이 곧바로 불생불멸과 같아진다. 왜 그런가? 존재가 만일 실제로 있는 것이라면 없어지지 않아야 하는데 '먼저는 있다가 지금은 없는 것'은 단멸됐다는 말이고 '먼저 확고하게 있는 것'은 상주한다[26]는 말이다.[27] 그러므로 불상부단을 설명하게 되면 바로 불생불멸의 이치에 통하게 되는 것이다.

비록 지금까지 얘기한 네 가지 설명[28]으로 제법을 파하는 것을 듣고도 다른 네 가지 측면[29]에서 제법의 존재를 성립시키려는 사람들이 있는데 이 역시 옳지 않다. 만일 [인(因)과 과(果)가] 동일[一]하다면 인연은 필요 없는 꼴이 되고 [인과 과가] 다르다[異]면 상속의 법칙[30]이 존재하지 않게 된다. 이에 대해서는 나중에 다시 여러 가지로 파하겠다. 그래서 네 가지 설명 이외에 다시 불일불이(不一不異)를 설하는 것이다.

이렇게 여섯 가지[31]로 제법을 파하는 것을 들어도 오히려 온다, 간다[來, 出]라는 생각으로 제법의 존재를 성립시키려는 사람들이 있다. 온다(來)는

---

25) 斷, 常, 一, 異, 去, 來.
26) 무엇이 있다는 생각을 하자마자 그 순간 그 무엇이 상주한다는 견해(常見)에 빠진다.
27) 第15 有無品 10, 11게 참조.
28) 不生, 不滅, 不常, 不斷.
29) 一, 異, 去, 來.
30) 등불이 계속 켜져 있는 경우 그것이 하나의 불꽃인 것처럼 보이지만 실제는 계속 기름을 태우며 새롭게 타오르는 불꽃이듯이 중생도 원래는 五蘊이 無常하게 相續하는 것인데 개체성을 가진 하나의 인간인 것처럼 착각된다.
31) 不生, 不滅, 不常, 不斷, 不一, 不異.

것은 제법이 자재천(自在天)이나 세성(世性), 미진(微塵) 등에서 온다는 것을 말하는 것이고, 간다(出)는 것은 다시 그 본래 자리로 되돌아가는 것을 말한다.

다시 좀 더 구체적으로 설명해 보겠다. 만물은 무생(無生)이다. 왜 그런가? 세간에서 그렇게 나타나 보이기 때문이다. 세간에서는 태초의 곡식의 불생(不生)이 눈에 보인다[역주: '세간에서는 사물의 불생이 눈에 보인다.'가 원래의 주석이었을 것이다.][32] 왜 그런가? 태초의 곡식이 없으면 지금의 그런 곡식은 있을 수 없[기 때문이]다. 만일 태초의 곡식이 없이 지금의 곡식이 있는 것이라면 응당 생(生)이 있다고 해야 하리라. 그러나 사실이 그렇지 않다. 그러므로 불생이다.

【문】 발생이 없다[不生]면 그 반대인 멸(滅)은 있으리라.

---

32) [2020년 개정본 주] 이는 청목소의 한역문 '世間眼見劫初穀不生.'의 번역인데, 용수(龍樹)의 자주(自註)라고 알려져 있으며 주석 가운데 많은 내용이 청목소와 유사한『무외소(無畏疏, Akutobhayā)』에는 이에 해당하는 문장이 '세간에서는 사물들의 발생이 없다는 점이 목격된다.'로 되어 있다. 논리적으로 보아도『무외소』의 주석이 타당하기에, 구마라습이『청목소』를 번역하면서 저본으로 삼았던 산스끄리뜨 원문에 오류가 있었던 것으로 추정된다.『무외소』는 티벳어 번역본만 현존하는데, 위의 내용과 관련한 전후의 주석을 의역(意譯), 윤문하여 티벳어 번역문과 함께 소개하면 아래와 같다.
질문: 그렇다면 발생은 존재한다('dir smras pa/ 'o na skye ba yod do//).
답변: 발생은 없다. 왜냐하면 세간에서 [발생함이 없음이] 목격되기 때문이다. 다음과 같이 <u>세간에서는 사물들의 발생이 없다는 점이 목격된다.</u> 예를 들어서, 무엇이든 겁초(劫初)의 곡식들이 없다면 무엇이든 현재의 곡식들도 결코 존재하지 않는다. 만일 그것들(= 겁초의 곡식들)이 없는데도 현재의 곡식들이 나타난다면, 발생이 있다고 말하는 것이 이치에 맞겠지만, [현재 곡식들이] 나타나는 게 아니기 때문에 발생은 존재하지 않는다('dir bshad pa/ skye ba med do// ci'i phyir zhe na/ 'jig rten na mthong ba'i phyir te/ 'di ltar 'jig rten na dngos po rnams skye ba med pa zhes bya ba de mthong ste/ 'di lta ste/ bskal pa dang po'i 'bras sa lu la sogs pa gang dag yin pa de dag med par da ltar gyi 'bras sa lu la sogs pa 'ga' yang med de/ gal te de dag med par da ltar gyi dus kyi 'bras sa lu la sogs pa dag snang bar gyur na ni/ skye ba yod do zhes smra bar rigs pa na/ mi snang bas de'i phyir skye ba med do//).

【답】 불멸이다. 왜 그런가? 세간에서 그렇게 나타나 보이기 때문이다. 세간에서는 태초의 곡식이 완전히 소멸하지 않는다는 것이 눈에 보인다. 만약 태초의 곡식이 소멸했다면 지금은 곡식이 없어야 할 텐데 실로 곡식이 있다. 그러므로 불멸이다.

【문】 만약 불멸이라면 응당 상주(常住)하리라.

【답】 상주하는 것은 없다. 왜 그런가? 세간에서 그렇게 나타나 보이기 때문이다. 세간에서는 만물이 불상(不常)임이 눈에 보인다. 예를 들어 곡식의 싹이 틀 때 씨앗은 [상주하지 않고] 변하여 없어지는 것과 같다. 그러므로 상주하는 것은 없다.

【문】 만일 상주하는 것이 없다면 응당 단멸(斷滅)은 있으리라.

【답】 단멸은 없다. 왜 그런가? 세간에서 그렇게 나타나 보이기 때문이다. 세간에서는 만물이 부단(不斷)임이 눈에 보인다. 예를 들어 곡식에서 싹이 나오는 [경우 씨앗이 완전히 단멸되지 않는] 것과 같다. 그러므로 부단이다. 만일 단멸되었다면 상속하지 말아야 하리라.

【문】 만일 그렇다면 만물은 동일[一]하리라.

【답】 동일하지 않다. 왜 그런가? 세간에서 그렇게 나타나 보이기 때문이다. 세간에서는 만물이 불일(不一)임이 눈에 보인다. 예를 들어 [곡식에서 싹이 틀 때] 곡식이 싹이 아니요, 싹이 곡식이 아닌 것과 같다. 만일 곡식이 싹이고 싹이 곡식이라면 응당 동일하다고 하겠는데 실로 그렇지 아니하다. 그러므로 불일이다.

【문】 만일 불일이라면 응당 다르리라[異].

【답】 다르지도 않다. 왜 그런가? 세간에서 그렇게 나타나 보이기 때문이

다. 세간에서는 만물이 불이(不異)임이 눈에 보인다. 만일 다르다[異]면 어떻게 그 곡식의 싹, 그 곡식의 줄기, 그 곡식의 잎을 구별해내겠느냐? 또 그 나무의 싹이라거나 그 나무의 줄기, 그 나무의 잎이라고 말하지도 못하게 된다. 그러므로 불이이다.

【문】 만일 불이(不異)라면 온다[來]는 사실은 존재해야 한다.

【답】 온다는 사실[來]도 존재하지 않는다. 왜 그런가? 세간에서는 만물이 불래(不來)임이 눈에 보이기 때문이다. 예를 들어 곡식의 씨앗에서 트는 싹은 어디서 오는 것[來]이 아니다. 만일 오는 것이라면 마치 나무에 새가 날아와 깃들 듯이 싹은 응당 다른 곳에서 와야 하리라. 그러나 실로 그렇지 아니하다. 그러므로 불래이다.

【문】 만일 불래(不來)라면 응당 나가는 것(出)이리라.

【답】 나가는 것(出)도 아니다. 왜 그런가? 세간에서 그렇게 나타나 보이기 때문이다. 세간에서는 만물이 불출(不出)임이 눈에 보인다. 만일 나가는 것이라면 마치 뱀이 굴에서 나가듯이 응당 싹이 씨앗에서 나가는 것이 보여야 하리라. 그러나 실로 그렇지 아니하다. 그러므로 불출이다[33].

【문】 그대가 비록 불생불멸(不生不滅)의 뜻을 해석하긴 했지만 나는 이 논문을 지은 분의 설명을 듣고 싶다.

【답】

33) 이상과 같이 씨앗과 싹의 관계에 대한 중도적 조망은 『稻芉經』에서 外緣起라는 이름으로 등장한다. 靑目疏에서는 씨앗과 싹의 인과 관계에 대해서만 팔부중도적으로 해석하고 있지만 용수 이전에 성립된 『도간경』에서는 不常, 不斷, 不去, 不一, 不異적인 五種의 관찰법을 외연기 뿐만 아니라 내연기인 십이연기의 삼세양중적 인과관계에까지 확장시켜 설하고 있다. 대정16, pp.815-826 참조.

34) 제21 관성괴품 제12게 참조.

35) (1-3) *na: ~이 아니다. *svato> svatas(불변화사): from one's own self, 스스로로부

3) 諸法不自生 亦不從他生 不共不無因 是故知無生[34]
모든 법은 스스로 생하는 것도 아니고 다른 것으로부터 생하는 것도 아니며 그 양자에서 함께 생하는 것도 아니고 아무 원인 없이 생하는 것도 아니다. 그러므로 무생임을 알아라.
3) na svato nāpi parato na dvābhyāṃ nāpyahetutaḥ/
utpannā jātu vidyante bhāvāḥ kvacana kecana//[35]
그 어떤 것이든 그 어느 곳에서든 자체로부터건, 남(他)으로부터건, 그 양자에서건, 무인(無因)으로건 사물[= 존재]들의 발생은 결코 존재하지 않는다.[36]

자체로부터 생하지 않는다는 것은 무엇인가? [첫째,] 어떤 사물도 자기 자체로부터 발생하는 경우는 없다. 반드시 여러 가지 인연을 만나야 한다. [둘째,] 만일 자기 자체로부터 발생한다면 한 가지 존재에 두 개의 자체가 있는 꼴이 된다. 하나는 '생기게 하는 자체'이고 다른 하나는 그렇게 해서 '생겨난 자체'이다.[37] 다른 인연 없이 자기 자체로부터 생긴다면 인(因)도 없고 연(緣)도 없는 꼴이 된다. 그리고 생겨난 것이 또다시 생겨나게 되어 생기는 일이 끝이 없게 된다.[38]

터. *api: ~도 역시. *parato〉 paratas(불변화사): otherwise, 다른 것으로부터. *dvābhyam〉 dvi: (m. Du. abl.) 둘(兩者)로부터. *ahetuta〉 a + hetu + tas(abl.化 어미): 無因으로부터. *utpannā〉 utpannāḥ〉 utpanna: (p.p.p. m. Pl. nom.) 生들은. *jātu: at all, 전혀. *vidyante〉 √vid: (수동태. Pl. Ⅲ.) 존재한다. * bhāvāḥ〉 bhāva: (m. Pl. nom.) 존재들은. *kvacana〉 kva(where) + cana(any, some): 어느 곳에도. *ke〉 kim: (Pl. nom.) what, 무엇. *cana: any. *ke cana: 어느 것도.

36) 이러한 분류를 四句라고 한다. 이해의 편의를 위해 예를 들어 설명해 보겠다. 여기 한 송이 꽃이 피었을 경우 첫째, 그 꽃이 그 꽃으로부터 피었다고 보는 것이 自生이다. 둘째, 그 꽃이 아닌 것으로부터 피었다고 보는 것이 他生이다. 셋째, 꽃 그 자체와 그 꽃이 아닌 것이 함께 꽃을 피웠다고 보는 것이 共生이다. 넷째, 아무 원인 없이 우연히 피었다고 보는 것이 無因生이다.

37) 第7 觀三相品 참조.

이렇듯이 자체가 없으니 남[他]도 없다. 왜 그런가? 자기가 있어야 남이 있을 수 있기 때문이다. 그래서 자체로부터 생하는 것이 아니라면 남[他]으로부터 생하는 것도 역시 아니다.

[자체와 남] 양자 모두에서 생한다는 것[共生]은 [하나가] 두 군데서 생하게 되는 오류가 있다. 왜냐하면 자체에서도 생하고 남에서도 생하기 때문이다.

원인 없이[無因] 만물이 있는 것이라면 모든 것이 영원[常住]하다는 말이 된다. 그런 일은 있을 수 없다. 원인이 없으면 결과도 없다. 원인 없이 결과가 있는 것이라면 보시를 행하거나 계율을 지켜도[39] 지옥에 떨어져야 하고 십악오역(十惡五逆)의 죄[40]를 지어도 천상에 태어나야 하리라. 왜냐하면 무인론(無因論)이 [옳다면 원인 없이 과보가 생길 테]니까. 다시 설명해 보자.

> 4) 如諸法自性 不在於緣中 以無自性故 他性亦復無
> 제법(諸法)의 자성이 연(緣) 가운데 있지 않듯이 자성이 없기에 타성도 없다.
>
> 5) na hi svabhāvo bhāvānāṃ pratyayādiṣu vidyate[41]/
> avidyamāne svabhāve parabhāvo na vidyate//[42]
> 실로 사물들의 자성은 연 따위에 존재하지 않는다. 지금 자성이 존재하지 않으므로 타성은 존재하지 않는다.

38) 논리적으로 '무한소급의 오류[reductio ad infinitum]'.

39) 보시와 지계를 행하면 해탈은 못해도 사람이나 天神으로 태어나는 과보를 받는다. (참고로 열반은 그것에 般若가 개재된 보시바라밀이나 지계바라밀을 행함으로써 실현된다.)

40) 十惡: 殺生, 偸盜, 邪淫, 妄語, 兩說, 惡口, 綺語, 貪慾, 瞋恚, 邪見.
소승의 五逆罪: 殺父, 殺母, 殺阿羅漢, 破和合僧, 出佛身血, (+ 破羯磨僧)
大乘의 五逆罪: ①塔寺를 파괴하고 經像을 불사르고 三寶의 재물을 훔침. ②삼승법을 비방. ③승려를 욕하고 부림. ④소승의 오역죄를 범함. ⑤인과의 도리를 믿지 않고, 십악을 지음.

모든 존재[諸法]의 자성은 여러 가지 인연[衆緣] 속에 있는 것은 아니다. 다만 중연(衆緣)이 모여 있기에 그 명칭을 얻은 것이다. 자성이란 그 자체를 말하는데 중연 속에는 자성이 존재하지 않는다. 자성이 없으므로 자체에서 생하는 일도 없다.

자성(自性)이 없으므로 타성(他性, 남이라는 점) 또한 없다. 왜 그런가? 자성이 있음으로 인해 타성이 있는 것이기 때문이며 타성은 그 타(他)의 입장에서 보면 다시 자성이 되기 때문이다. 그러니 자성을 파하면 곧 타성도 논파된다. 그러므로 제법이 타성으로부터 생하는 것일 수는 없다.

자성과 타성을 모두 파하게 되면 [그 양자에서 함께 생한다는] 공생(共生)도 논파된다.

[아무 원인 없이 생한다는] 무인생(無因生)에는 커다란 잘못이 있다. 원인에서 생한다는 유인생(有因生)도 파할 수 있는데 하물며 무인생이 논파되지 않겠느냐? [自, 他, 共, 無因의] 사구(四句)중 어디에도 생은 존재하지 않는다. 그러므로 불생이다.

【문】 아비달마 논사들은 제법이 사연(四緣)에서 생한다고 하는데 어째서 불생이라고 하는가? 사연이 무엇인가 하면 다음과 같다.43)

---

41) [2020년 개정본 주] 'find, discover' 등을 의미하는 √vid의 단수(Sg.), Ⅲ인칭, 수동형인 'vidyate'는 원래 'to be found, exist, be' 등을 의미하지만, 특히 후대의 언어에서는 'there is, there exists'를 의미하며, 부정의 불변화사 'na'와 묶여서 '~ na vidyate'라고 쓸 경우 'there is not ~'을 의미한다. [*Monier-Williams Sanskrit-English Dictionary*, p.965, 좌단, 위에서 10째-14째줄의 Pass(수동태) 설명 참조.] 이하 『중론송』에 등장하는 vidyate는 모두 '~에 …이 존재한다.'는 것을 의미한다.

42) (1-5) *na: ~이 아니다. *hi: 실로. *svabhão〉 svabhāvaḥ〉 svabhāva: (m. Sg. nom.) 自性이. *bhāvānaṃ〉 bhāva : (m. Pl. gen.) 존재들의. *pratyayādiṣu〉 pratyaya + ādi(等) + ṣu(Pl. loc.): 緣 따위에. *vidyate〉 √vid: (수동태. Sg.) 존재하다. *avidyamāne〉 a(부정의 뜻) + vid + ya(수동) + māna: (현재분사, abs.loc.) 지금 존재하지 않는다면. *svabhāve〉 svabhāva: (m.Sg.loc.) 自性. *parabhāvo〉 parabhāva: (m. Sg. nom.) 他性, 다른 것의 自性. *vidyate: 상동.

43) 이하에서 용수는 四緣을 하나하나 논파하지만 그것이 아비달마의 四緣說을 부정하는

5) 因緣次第緣 緣緣增上緣 四緣生諸法 更無第五緣
인연과 차제연, 연연과 증상연의 사연이 제법을 생하며 제5의 연은 없다.
4) catvāraḥ pratyayā hetuścālambanamanantaraṃ/
tathaivādhipateyaṃ ca pratyayo nāsti pañcamaḥ//[44]
연은 네 가지이다. 인연과 연연과 차제연 그리고 또 증상연이다. 제5의 연은 존재하지 않는다.

존재하는 일체의 연(緣)은 모두 이 네 가지 연에 포함된다. 이 네 가지 연에 의해 만물이 생할 수 있다. 인연(因緣)[45]이란 유위법(有爲法) 모두에 적용된다. 차제연(次第緣)[46]이란 과거와 현재의 아라한에게 있는 가장 마지막의 심왕과 심수법[47]만 제외하고 다른 모든 과거와 현재의 심왕과 심수법[에

것이 아니라 四緣에 대한 집착만을 씻어주기 위해서라는 것은 다음과 같은 『대지도론』의 설명을 통해 확인할 수 있다: '보살은 諸法이 四緣으로부터 발생하는 것을 관찰해 알지만 緣 가운데서 定相을 취하지 않는다. 반야바라밀 가운데서는 다만 邪見을 제거하는 것이지 四緣을 破하는 것은 아니다. 대정25, pp.297b-c.

44) (1-4) *catvāraḥ〉 catur: (m. Pl. nom.) 4, 넷. *pratyayā〉 pratyaya: (m. Pl. nom.) 緣들이. *hetus〉 hetuḥ〉 hetu: (m. Sg. nom.) 因. *ca: 그리고. *ālambanam〉 ālambana: (n. Sg. nom.) depending on. *anantaram〉 anantara:(n. Sg. nom.) continuous. *tathā: 그와 같은. *eva: 실로. *adhipateyam)adhipateya: (a. n. Sg. nom.) 최고의. *ca: 또. *pratyayo〉 pratyayaḥ〉 pratyaya: 상동. *asti〉 √as: (Sg. Ⅲ)존재하다. *pancamaḥ〉 panca(다섯) + ma(서수화 어미) + ḥ(m. Sg. nom.): 제5의 것.

45) 인연: 마치 싹에 대한 씨앗과 같은 것으로 마음이나 환상의 직접적인 원인을 총칭한다.

46) '等無間緣'이라고도 번역한다. 色法에는 관계가 없다. 마음이 生할 때 전 찰나의 마음 작용이 다음 찰나의 마음 작용의 출현을 위해 자리를 내어 주는 바, 이때 전 찰나의 마음 작용은 후 찰나의 마음 작용에 대해 次第緣이 된다. 김동화, 『구사학』.

47) 心, 心數: 心, 心所라고도 한다. 心이란 心王法으로 心의 주체인 六識(眼, 耳, 鼻, 舌, 身, 意)을 말하고 心所란 心所有法으로 心王에 수반되어 발생하는 갖가지 마음 작용을 말한다. 범부들은 이런 심왕, 심수법이 찰나찰나 인과 적으로 (前念이 後念의 因이되는 차제연의 원리에 따라) 생멸하며 상속되지만, 아라한이 무여열반에 들면 상속이 끊어지기에 아라한의 최후심은 차제연이 되지 못한다고 한 것이다. 김동화, 『유식철학』.

적용되는 것]이다. 연연(緣緣)[48]과 증상연(增上緣)[49]은 일체 모든 법[에 적용되는 것]이다.[50]

【답】

6) 果爲從緣生 爲從非緣生 是緣爲有果 是緣爲無果 결과는 연(緣)에서 생하는가? 연이 아닌 것에서 생하는가? 이 연은 결과를 갖는가? 이 연은 결과를 갖지 않는가? 6) kriyā na pratyayavatī nāpratyayavatī kriyā/ pratyayā nākriyāvantaḥ kriyāvantaśca santyuta//[51] 작용(作用)은 연(緣)을 가진 것이 아니다. 작용은 연을 안 가진 것이 아니다. 작용들을 갖지 않은 것은 연들이 아니다. 작용들을 가진 것도 역시 그러하다.

만일 어떤 결과가 있다고 말을 할 경우 이 결과는 연(緣)에서 발생하는 것이냐 아니면 연이 아닌 것에서 생하는 것이냐? 또 만일 연이라는 것이 있다고 한다면 이 연은 결과를 갖겠느냐 아니면, 결과를 갖지 않겠느냐? 둘 다 틀리다. 왜 그런가?

---

48) 所緣緣이라고도 번역한다. 마음이 生할 때 그 대상에 의존하게 되는 데 이때 그 대상을 緣이라고 한다. 예를 들어 眼識과 그에 수반되는 마음은 바깥 형상을 緣緣으로 삼고 耳識과 그에 수반되는 마음은 소리를 緣緣으로 삼고 乃至 意識과 그에 수반되는 마음은 一切法을 緣緣으로 삼는다.

49) 증상연: 能作因과 같은 것으로 존재가 발생할 때 그 존재 자체를 제외한 일체법을 말한다. 장애를 일으키지 않는 것이기도 하지만 與力增上緣으로서의 적극적인 면도 있다. 『아비달마구사론』.

50) 이는 四緣의 의미라기보다 그 작용 범위에 대한 설명이다.

51) (I-6) *kriyā〉 kriyā: (f. sg. nom.) 작용. *na: ~이 아니다. *pratyayavatī〉 pratyayavat(f. nom.)〉 pratyaya + vat(~을 가진): 緣을 가진. *na: ~이 아니다. *apratyayavatī 〉 a + pratyayavatī: 연을 갖지 않은. *kriya: 上同. *pratyayā〉 pratyayāḥ: (m. Pl. nom.) 연들은. *na: 상동. *akriyāvantaḥ〉 a +kriyā +vant +aḥ〉 akriyāvat: (Pl. nom.) 작용을 갖지 아니한. *kriyāvantaś) kriyā + vantaḥ〉 kriyāvat: (Pl. nom.) 작용을 가진. *ca: 그리고. *santi〉 √as: (Pl. Ⅲ) 존재하다. *uta: 역시, also, even.

> 7) 因是法生果 是法名爲緣 若是果未生 何不名非緣
> 이것으로 인하여 결과가 생할 때 이것을 연이라고 부른다. 만일 그 결과가 아직 생하지 않았다면 어떻게 비연(非緣)이라고 하지 않겠는가?[52)]
>
> 7) utpadyate pratītyemānitīme pratyayāḥ kila/
> yāvannotpadyata ime tāvannāpratyayāḥ kathaṃ//[53)]
> 이것들을 연하여 발생하기에 실로 이것들은 연들이다. 이것들이 생하지 않는 그런 경우에 어떻게 비연(非緣)이 아니겠는가?

연(緣)이라고 결정되어 있는 것은 하나도 없다. 왜 그런가? 결과가 아직 발생하지 않은 경우에는 연이라고 부를 수 없기 때문이다. 연에서 결과가 생하는 것이 눈에 보일 때에만 그로 인해 연이라고 부른다. 연은 결과가 있음으로 인해 성립하는 것이다. 왜냐하면 결과가 나중이고 연이 먼저이기 때문이다. 그러니 아직 결과가 존재하지 않는데 어떻게 연이라는 이름을 붙일 수 있겠느냐?

항아리의 예를 들어보자. 물과 흙이 합쳐져서 항아리가 생기는데 항아리가 보이기에[54)] [소급하여] 물과 흙 등이 항아리의 연이었다고 아는 것이다. 만일 항아리가 아직 생하지 않았다면 어떻게 [그 물과 흙 등을] 비연이라고 부

---

52) 연료가 연(緣)이 되어 불이라는 결과가 생하는 경우 연료에 불이 붙지 않은 경우에는 그 연료를 연료라고 부를 수가 없다. 예를 들어 장작의 경우 집을 짓는 데 쓰면 그것은 연료가 아니라 집 짓는 재료가 되기 때문이다.

53) (1-7) *utpadyate〉 ut√pad: (수동태, Sg. Ⅲ) 발생하다. *pratītya: ~을 연하여. *imān〉 idam: (Pl. acc.) 이것들을. *iti: ~라고. * ime〉 idam: (Pl. nom.) 이것들이. *pratyayāḥ: (m. Pl. nom.) 緣들. *kila: 傳言의 뜻. * yavat: ~인 限. *na: ~아니다. *utpadyata(連音변화)〉 utpadyate(수동태)〉 ut√pad: 생기하다. *ime: 상동. *tāvat: 그런 만큼, 그런 한에서. *na: ~이 아니다. *apratyayāḥ〉 a+pratyaya: (Pl. nom.) 緣 아닌 것들이, 非緣들이. *katham: 어떻게.

54) 신수대장경에는 見甁緣으로 되어 있으나 고려대장경에는 見甁故로 되어 있다.

르지 않겠는가?[55] 그러므로 결과는 연에서 생하는 것이 아니다. 또 연에서도 생하지 않는데 하물며 연이 아닌 것에서 생하겠는가?

> 8) 果先於緣中 有無俱不可 先無爲誰緣 先有何用緣
> 연(緣) 속에 미리 결과가 있다거나 또는 없다거나 하는 것은 모두 불가능하다. 미리 없었다면 무엇을 위해 연이 되며 미리 있었다면 연은 어디에 쓸 것인가?[56]
>
> 8) naivāsato naiva sataḥ pratyayo 'rthasya yujyate/
> asataḥ pratyayaḥ kasya sataśca pratyayena kiṃ//[57]
> [결과로서의] 사물이 존재하지 않거나 존재하는 연(緣)이 있다는 것은 모두 타당하지 않다. 존재하지 않는다면 연이 무엇을 위해 있겠으며 존재한다면 연으로 무엇을 할 것인가?

연(緣) 속에는 결과가 미리 있지도 않고 없지도 않다. 만일 결과가 연속에 미리 있다면 그것을 연이라고 부를 수 없다. 왜냐하면, 결과가 생기기도 전에 결과가 미리 있는 꼴이 되기 때문이다. 반대로 결과가 연속에 미리 없다고 해도 그 연을 연이라고 부를 수 없다. [미리 없다면 연 그 자체가 아닌] 다른 사물을 [결과로서] 생하지 못하기 때문이다.

---

55) 진흙과 물 등은 벽돌이 될 수도 있고 기와가 될 수도 있으니 '항아리의 緣'으로서만 존재하는 것은 아니다. 그러므로 결과가 아직 생하지 않은 상황에서 진흙 등은 緣이 아니다[非緣].

56) 이와 같은 논리는 『중론』 도처에서 발견된다.: 제4 觀五陰品 제4게, 제7 觀三相品 제14, 18게, 제10 觀然可勝品 제1게, 제14 觀合品 제1, 2게의 長行(靑目의 주석부를 吉藏은 長行이라고 부른다).

57) (1-8) *na: ~이 아니다. *eva: 결코, 실로. *asato〉 asatas〉 a + sat(〉√as): (m. Sg. gen.) 존재하지 않는. *na: ~이 아니다. *iva 또는 eva: 실로. *sataḥ〉 sat : (m. Sg. gen.) 존재하는. *pratyayo〉 pratyayaḥ〉 pratyaya: (m. Sg. nom.) 緣은. *arthasya〉 artha: (m. Sg. gen.) 사물의. *yujyate(수동태)〉 √yuj: 타당하다. *asataḥ: 上同. *prat yayaḥ: 上同. * kasya〉 kim: (의문대명사, n. Sg. gen.) 무엇의. *satas〉 sataḥ〉 sat: (abl.) 존재의. *ca: 그리고. *pratyayena: (m. Sg. ins.) 緣에 의해. *kim: (의문대명사, n. Sg. acc.) 무엇을.

【문】 지금까지 네 가지 연(緣) 모두를 한꺼번에 논파했으니 이제는 그 하나하나에 대해 논파하는 것을 듣고 싶다.

【답】

9) 若果非有生 亦復非無生 亦非有無生 何得言有緣
만일 결과가 유(有)가 생한 것도 아니고, 무(無)가 생한 것도 아니고, 유무(有無)가 생한 것도 아니라면 연이 있다고 어떻게 말할 수 있겠는가?

9) na sannāsanna sadasandharmo nirvartate yadā/
kathaṃ nirvartako heturevaṃ sati hi yujyate//[58]
어떤 존재[法]가 있을 때 그것은 있던 것이 나타나는 것도 아니고, 없던 것이 [나타나는 것도] 아니며, 있기도 하고 없기도 한 것이 [나타나는 것도] 아니라면, 그와 같은 경우 인(因)이 나타난다는 것이 도대체 어떻게 타당하겠는가?

만일 인연(因緣)[59]이 능히 결과를 생한다면 응당 세 가지 경우가 있으리라. 즉 있던 것에서 생하는 것, 없던 것에서 생하는 것, 있기도 하고 없기도 한 것(有無)에서 생하는 것의 세 가지이다.

바로 앞의 게송에서 설명했듯이 만일 인연 속에 미리 결과가 있었다면 생한다고 말하지 말아야 하리라. 왜냐하면, 미리 있었기 때문이다.

반대로 인연 속에 결과가 미리 없었더라도 생한다고 말하지 말아야 하리

58) (1-9) *na : ~이 아니다. *sannāsanna〉 sat + na +asat + na. *sat: 有, 존재. *asat: 無, 비존재. *sadasan〉 sat + asat: 有이면서 無인 것. *dharmo〉 dharmaḥ〉 dharma: (m. Sg. nom.) 존재, 法. *nirvartate〉 nir√vṛt (ātm. Ⅲ) 나타나다. *yadā: ~일 때에. *kathaṃ: 어떻게. *nirvartako〉 nirvartakaḥ: (a. Sg. nom.) 생하다. 나타나다. *hetur〉 hetuḥ〉 hetu: (m. Sg. nom.) 인(因). * evam: such, thus. *sati〉sat:(loc.) 有에. *hi: 실로. *yujyate〉 √yuj: 타당하다.

59) 원문은 緣이지만 위의 게송이 四緣 중 '因緣(hetu-pratyaya)'을 논파하는 것이기에 因緣이라고 풀어야 타당하다.

라. 왜냐하면, 미리 없었기 때문이고, 또 [결과를 갖지 않는 그런 인연은] 인연이 아닌 것과 하등의 차이가 없기 때문이다.

유(有)와 무(無)[= 결과가 그 속에 미리 있기도 하면서 없기도 한 인연]에서 동시에 생하는 것이 아니라는 것을 설명해 보자. 유와 무에서 동시에 생한다고 할 때 그것은 반은 유에서 반은 무에서 생한다는 말이 되는데 그 두 가지가 함께한다면 과실이 있다. 유는 무에 상반되고 무는 유에 상반된다. 그런데 어떻게 하나의 법이 서로 반대되는 두 가지 상을 가질 수 있겠는가?

이상과 같이 세 가지 측면에서 추구해봐도 결과가 생하는 모습은 찾을 수 없는데 어떻게 인연을 말하겠는가?

다음으로 차제연을 논파해 보자.

10) 果若未生時 則不應有滅 滅法何能緣 故無次第緣

결과가 아직 발생하지 않았을 때라면, 소멸이 있어서는 안 되리라. 소멸한 존재가 어찌 능히 연이 되겠는가? 그러므로 차제연은 없다.

11) anutpanneṣu dharmeṣu nirodho nopapadyate/
nānantaramato yuktaṃ niruddhe pratyayaś kaḥ//[60]

법들이 [아직] 발생하지 않았다면 소멸은 성립하지 않는다. 그러므로 계속된다는 것[차제성(次第性)]은 타당하지 않다. 또 소멸했다면 무슨 연(緣)이 있겠는가?

모든 심왕(心王)과 심수법(心數法)은 과거 현재 미래의 삼세를 통해 차례

60) (1-11) *anutpanneṣu〉 an + utpanna〉 ut√pad: (Pl. loc.) 발생하지 않은. *dharmeṣu〉 dharma: (m. Pl. loc.) 法. *nirodho〉 nirodha: (m. Sg. nom.) 소멸. *no〉 na: ~이 아니다. *upapadyate〉 upa√pad: (수동태, Sg. Ⅲ) 성립되다. *na: ~이 아니다. *anantaram〉 anantaram: (a.) 계속되는. *ato〉 atas: (ind.) 그러므로. *yuktaṃ〉 yukta(p.p.p.)〉 √yuj: 타당하다. *niruddhe: (loc.) 소멸하는 것에서는. *pratyayaś〉 pratyayaḥ: (m. Sg. nom.) 緣. *kaḥ: (의문대명사, nom.)무엇.

대로 생한다. 현재의 심왕과 심수법의 소멸이 미래의 심(心)에 대해 차제연을 이룬다고 한다. [그러나] 그 순간 미래의 법은 아직 생하지 않았는데 무엇에 대해 차제연을 이룰 것인가? 반대로 미래의 법이 이미 존재한다면, 즉 이미 생했다면 차제연은 무슨 필요가 있겠는가? 현재의 심왕과 심수법은 가만히 상주하고 있을 때가 없다. 상주(常住)하지 않는데 어떻게 차제연의 역할을 하겠는가? 상주한다면 유위법이 아닐 터이니 옳지 않다. 왜 그럴까? 일체의 유위법은 항상 소멸의 모습(滅相)을 띠기 때문이다.

이미 소멸했다면 [미래법에 대해] 차제연의 역할을 할 수가 없다. 그렇다고 소멸한 법이 도리어 존재한다고 말한다면 그것은 상주한다는 말이다. 상주한다면 [새롭게] 죄(罪)나 복(福)을 짓는 일이 없[게 되어 옳지 않]다.

소멸하는 순간[滅時] 능히 함께 차제연을 이룬다는 말을 생각해 보자. 소멸하는 순간은 반은 소멸하고 반은 소멸하지 않은 상태이지 다른 어떤 제3의 상태는 아니라고 한다. 그러나 부처님께서 말씀하시기를 '일체의 유위법은 염념마다 소멸하며 일념도 머무르고 있는 경우는 없다.'고 하셨다. 그런데 어떻게 현재법에 소멸하려는 측면과 아직 소멸하지 않으려는 측면이 있다고 말할 수 있겠는가? 그대가 일념(一念) 중에는 소멸하려는 측면과 아직 소멸하지 않으려는 측면이 없다고 말하게 되면 그대가 종(宗)으로 삼고 있는 아비달마적 교리를 파하는 꼴이 된다. 그대가 소의(所依)로 하고 있는 아비달마에서는 멸법(滅法)과 불멸법(不滅法), 욕멸법(欲滅法)[61]과 불욕멸법(不欲滅法)이 있다고 설한다. 욕멸법이란 장차 소멸하려고 하는 현재의 법을 말한다. 불욕멸법은 현재 소멸하려는 법을 제외한 나머지 현재의 법과 과거 미래의 무위법을 말한다. 이것이 불욕멸법이다. [그러니 일념중에 욕멸법과 불욕멸법이 동시에 있다고 하면 그대가 소의로 하는 교리에 위배되지 않느냐?] 어쨌든 이상과 같은 이유에서 차제연은 없다.

연연(緣緣)에 대해서 설명해 보자.

61) 소멸하려고 하는 존재(法). 欲은 '~하려고 하는'의 뜻.

11) 如諸佛所說 眞實微妙法 於此無緣法 云何有緣緣
여러 부처님들께서 설하신 진실하고 미묘한 법과 같이 무연(無緣)인 이 법에 어떻게 연연(緣緣)이 있겠는가?
10) anālambana evāyaṃ san dharma upadiśyate/
athānālambane dharme kuta ālambanaṃ punaḥ//[62]
실로 존재하는 이런 법은 반연(攀緣)되는 것이 아니라고 교시되었다.[63] 그래서 반연되지 않는 법이라면 다시 어떻게 반연이 있겠는가?

부처님께서는 대승을 설하셨다. 모든 존재[諸法]는 색(色)이 있는 것이건 색이 없는 것이건, 형상이 있는 것이건 없는 것이건, 유루법이건 무루법이건, 유위법이건 무위법이건 이 모든 존재의 상(相)은 법성(法性) 속에 들어가며 일체는 모두 공하며 상이 없으며 연도 없다고 설하셨던 것이다. 비유로 말하자면 온갖 강물이 바다로 들어가면 모두 한 맛이 되는 것과 같다. 참된 법은 믿어도 되지만 임의로 설한 것은 참이 될 수 없다. 그러므로 연연(緣緣)은 없다.

증상연(增上緣)에 대해 설명해 보자.

12) 諸法無自性 故無有有相 說有是事故 是事有不然

62) (1-10) *anālambana〉 an(부정의 뜻, 모음 앞에서) + ālambama(인식대상): 인식되지 않는. *eva: 실로. *ayarṃ〉 ayam〉 idam: (지시대명사, m. sg. nom.) 이것이. *san〉 sat: 有인, 존재하는. *dharma: (m.Sg.nom.) 존재가, 法이. *upadiśyate〉 upa√diś: (수동태, Sg. Ⅲ) 가르쳐지다. *atha: now, then, but, moreover. *anālambane: (상동, loc.) *dharme: (상동, loc.) *kuta〉 kutas〉 ka: (abl.) 어디에서, 어디로부터. *alambanaṃ: (上同, acc.) *punaḥ: 다시.

63) 길장소(대정42, p.50b)에서는 『유마경』(대정14, p.545a.)의 다음과 같은 구절을 이 구절의 예로 든다.: '則為病本 則為病本 何所攀緣 謂之三界 云何斷攀緣 以無所得 若無所得 則無攀緣 何謂無所得 謂離二見.'

제법[諸法]은 무자성하므로 '있다'는 상(相)이 없다. '이것이 있기에 이것이 있다.'고 설함은 옳지 않다.

12) bhāvānāṃ niḥsvabhāvānāṃ na sattā vidyate yataḥ/
satīdamasmin bhavatītyetannaivopapadyate//64)
무자성한 존재물들에는 존재성이 없기 때문에 '이것이 있다면 이것이 있다.'고 하는 이 사실 또한 성립되지 않는다.

경전에서는 '이것이 있기에 이것이 있다.'65)라는 십이연기법을 설한다. 그러나 이 말은 옳지 않다. 왜 그런가? 모든 존재[諸法]는 여러 가지 인연에서 생하므로 정해진 실체[自性]는 없다. 정해진 자성이 없기에 '있다'는 상[有相]이 없다.66) '있다'는 상이 없는데 어떻게 '이것이 있음에 이것이 있다.'라고 말할 수 있겠는가? 그러므로 증상연(增上緣)은 없다.67) [단지] 부처님께

---

64) (1-12) *bhāvānāṃ〉 bhāva〉 √bhū(become): (m. Pl. gen.) 존재 . *niḥsvabhāvānāṃ〉 niḥ(無) + svabhāvānaṃ: (m. Pl. gen.) 無自性, 무실체. *na: ~이 없다, ~이 아니다. *sattā〉 sat + tā(= tva, 추상명사를 만드는 어미) 존재성, 有性. *vidyate〉 √vid : 존재하다. *yataḥ〉 yatas: ~ 인 故로, ~ 때문에. *sati(절대처격)〉 sat: 존재. *idam: (지시대명사, n. nom.) 이것. *asmin〉 idam: (n. loc.) 이것. *bhavati〉 √bhū (Sg.) : ~이 있다, 되다, become. *iti: ~라는, 라고. *etat〉 etad: (n. nom.) 이것. *na; ~이 아니다. *eva: 실로, 결코, 도대체. *upapadyate〉 upa√pad: (수동태, Sg. Ⅲ) 성립되다.

65) 한역문은 '是事有故 是事有'로, 산스끄리뜨 원문은 위의 게송 후반구의 'sati idam asmin bhavati'이다. 여기서 idam(nom.)이나 asmin(loc.) 모두 '이것[this]'을 뜻하는 지시대명사 idam의 격변화형이다. 따라서 위와 같이 '이것이 있음에 이것이 있다.'고 번역하는 것이 옳다. 그러나 보통 '此有故彼有(이것이 있음에 저것이 있다).'로 번역한다. 이에 대해 Rhys Davids는 다음과 같이 설명한다. '… Pāli 語法에서는 그 두 용어를 우리식으로 구별하지 않는다. 그러나 문맥으로 보면 언제나 하나가 아니라 두개의 용어가 있는 것을 알 수 있다.' Kalupahana, *Causality: The Central Philosophy of Buddhism*, p.90에서 재인용.

66) 無常한 세상이기에 무엇이 '있다.'고 포착하는 순간 常見에 빠진다.

67) 길장소(대정42, p.51c): '묻는다. 어째서 십이연기를 소재로 삼아서 증상연이 없다고 말하는가? 답한다. 열두 가지 상(相)의 발생을 자세하게 논하면 각 지분이 사연(四緣)을 갖추고 있는 것이지만, 개략적으로 논하면 열두 가지 상의 발생은 바로 증상연(增上緣)이다. 그래서 십이연기를 소재로 삼아서 증상연을 논파한 것이다. 또 위에서는 사연 중에

서 '있다.'거나 '없다.'라는 범부(凡夫)의 분별에 맞춰 설하신 것이다.

다시 설명해 보자.

13) 略廣因緣中 求果不可得 因緣中若無 云何從緣出 요약해서 보건 펼쳐서 보건 인연 중에서 결과를 찾아도 얻을 수 없다. 인연 중에 없다면 어떻게 연에서 나올 것인가? 13) na ca vyastasamasteṣu pratyayeṣvasti tatphalaṃ/ pratyayebhyaḥ kathaṃ tacca bhavenna pratyayeṣu yat//[68] 따로따로건 모두 합해서건 연에 그 결과는 없다. 연들에 없는 것, 그것이 어떻게 연들로부터 [생하는 일이] 있겠는가?

요약해서 봤다는 것은 사연(四緣)이 화합한 속에 결과가 없다는 것[70]이고 펼쳐서 봤다는 것은 [사연] 하나하나 가운데에도 역시 결과가 없다는 것[71]이다. 만일 요약해서 보건 펼쳐서 보건 결과가 없는 것이라면 결과가 인연으로부터 나온다는 말을 어떻게 할 수 있겠는가?

다시 설명해 보자.

14) 若謂緣無果 而從緣中出 是果何不從 非緣中而出 연(緣)에 결과가 없어도 연에서 [결과가] 나온다면 이 결과는 어

서 세 가지 연(緣)을 파했으니 여기서는 [남은 한 가지인] 증상연을 파하는 것이다.' [십이연기설은 五蘊연기설이라고도 할 수 있다. 십이지 각 支分이 오온을 갖추고 있지만 그 중에서 가장 세력이 강한[= 增上인] 法數를 지분의 명칭으로 삼은 것이기에 각 지분의 관계는 증상연의 관계가 되는 것이 아닐까?]

68) (1-13) *na: ~이 아니다, ~이 없다. *ca: 그리고. *vyasta〉 vy + asta(√as: 4류동사, 쏘다, 放棄하다.): 別, 따로. *samasteṣu〉 samasta: (p.p.p. loc.) 결합. *pratyayeṣu: (loc.) 緣. *asti〉 √as: 있다. *tat〉 tad: (지시대명사, nom.) 그것. *phalam〉 phala: (n. nom.) 결과. *pratyayebhyaḥ: (Pl. abl.) 緣들로부터. *kathaṃ: 어떻게. *tat: 그것. *ca: 그리고. *bhaven〉 bhavet〉 √bhū: (opt. Ⅲ) 존재하다, become. *na: 上同. *pratyayeṣu: 상동. *yat〉 yad: (관계대명사) which, who. *~ tat … yad : …인 것 그것은 ~이다.

째서 연이 아닌 것으로부터 나오지 못하는가?

14) athāsadapi tattebhyaḥ pratyayebhyaḥ pravartate/
apratyayebhyo 'pi kasmānnābhipravartate phalaṃ//[69]
그런데 그것이 없어도[= 만일 결과가 연에 없어도] 그 연으로부터 [결과가] 나타난다면 연이 아닌 것에서는 무엇 때문에 결과가 나타나지 않는 것일까?

만일 인연 중에서 결과를 찾아봐도 얻을 수 없다면 어째서 연이 아닌 것에서는 [결과가] 나오지 못하는가? 예를 들어 [인연인] 진흙 속에 [결과인] 항아리[의 요소]가 전혀 없는 것이라면 어째서 [항아리가] 젖[乳]에서는 나오지 못하냐고 하는 것과 같다. 다시 설명해 보자.

15) 若果從緣生 是緣無自性 從無自性生 何得從緣生
만일 결과가 연으로부터 생한다면 이 연은 무자성하다. 무자성한 것에서 생하는데 어떻게 연에서 생할 수 있겠는가?

15) phalaṃ ca pratyayamayaṃ pratyayāścāsvayaṃmayāḥ/
phalamasvamayebhyo yattatpratyayamayaṃ kathaṃ//
결과란 연으로부터 만든 것이라[고 하고], 연들은 스스로 만들어진 것들이 아니[라고 한]다. [그러나] 스스로 만들어진 것이 아닌 것에 기인한 결과, 그것이 어떻게 연이 만든 것이겠는가?

---

69) (1-14) *atha: now, here, then. *asad〉 a + sat: 非有. *api: ~도 역시. *tat: (지시대명사) 그것. *tebhyaḥ〉 tad: (m. abl.) 그것으로부터. *pratyayebhyah : (abl.) 緣으로부터. *prayartate〉 pra√vṛt : (ātm. Ⅲ) 나타나다, 행해지다. *apratyayebhyo〉 a + pratyaya + ebhyo: (abl.) 非緣으로부터. *api: 상동. *kasmāt〉 kim: (m. n. abl.) 어째서, 무엇 때문에. *na: 부정의 뜻. *abhiprayartate〉 abhi + pravartate: 상동. *phalam: (n. nom.) 결과.
70) 이 품 제6, 7, 8게 (길장의 견해).
71) 이 품 제9, 10, 11, 12게.

16) 果不從緣生 不從非緣生 以果無有故 緣非緣亦無
[그러므로] 결과는 연으로부터 이루어지는 것도 아니고 연이 아닌 것으로부터 이루어지는 것도 아니다. [그러니 결과는 없다.] 결과가 없기 때문에 연이나 연이 아닌 것도 역시 없다.

16) tasmānna pratyayamayaṃ nāpratyayamayaṃ phalaṃ/
saṃvidyate phalābhāvātpratyayāpratyayāḥ kutaḥ//
그러므로 연(緣)이 만들거나, 비연(非緣)이 만든 결과는 모두 존재하지 않는다. 결과가 존재하지 않기 때문에 연이라거나 비연이라는 것이 어떻게 있겠는가?

결과는 여러 가지 인연으로부터 생한다. [그런데] 인연은 실체가 없다[無自性], 실체가 없다면 [인연에 해당되는] 존재[法]도 없다. 존재가 아예 없는데 어떻게 [결과를] 생하겠는가? 그러므로 결과는 연으로부터 생하는 것도 아니다.

연이 아닌 것[非緣]으로부터 생하는 것도 아님을 설명해 보자. 연이 논파되기에 연이 아닌 것을 설하지만 [연 아닌 것은 연에 의존된 개념이기에] 사실상 연이 아닌 것도 존재하지 않는다. 그러므로 [결과가] 연이 아닌 것으로부터 생하는 것도 아니다. [緣과 非緣의] 두가지로부터 [결과가] 생하는 것이 아니라면 결과는 있을 수가 없다. 결과가 없기에 연이나 연이 아닌 것도 역시 없다.

제2 관거래품(觀去來品, 25게)
거래(去來)에 대한 관찰

gatāgataparīkṣā nāma dvitīyaṃ prakaraṇam[1)]

가는 것과 오는 것[2)]의 검토라는 이름의 제2장(25게)

【문】 세간에서는 [과거 미래 현재의] 삼시(三時)에 작용이 있는 것이 눈에 보인다. 즉 '이미 가버린 것[已去]'과 '아직 가지 않은 것[未去]'과 '지금 가고 있는 것[去時]'이다. 이렇게 작용이 있기 때문에 모든 존재[諸法]가 있음을 안다.

【답】

---

1) 본 품에는 √gam에서 파생된 용어가 많이 등장한다. 이해의 편의를 위해 이를 모두 나열하면 다음과 같다.: *gati: 가는 것(명사화). *gamana: 가는 작용(행위의 명사). *gantum: 간다는 사실(부정사). *gata: 이미 가버린 것(과거수동분사). *agata: 아직 가지 않은 것(과거수동분사). *gamyamāna: 지금 가고 있는 중인 것(현재분사, 수동형). *gantṛ: 가는 놈(動作者). *agantṛ: 가지 않는 놈(動作者). *gamyate: 가지다. (√gam의 수동태). *gacchati> √gam: (단수, Ⅲ인칭, 현재, 직설법) 간다. *gantavya: (미래수동분사) 가져야 할 것, 갈 곳.

2) 제목은 '去來에 대한 검토'이지만 去에 대해서만 논의하고 있다. 去來를 破하여 不來不去, 不來不去不住라고 선언하는 경구는 반야계통의 경전에서 흔하게 찾아볼 수 있다(대정8, p.562b, 584a-c, 『小品般若經』 등). 吉藏은 三世兩重因果的인 十二緣起說에서 과거의 二因이 말하는 것이 去이고 현재의 五果가 생하는 것이 來이며 현재의 三因이 멸하는 것이 去이고 미래의 二果가 생하는 것이 來에 해당한다고 보았다. 本 品 제 17게의 長行에 비추어 볼 때 이 견해는 타당하다고 볼 수 있다. 길장은 去來의 의미에 대해 또 다음과 같은 일곱 가지 해석을 덧붙이고 있다. ①世間人: 사람의 움직임, 추위와 더위의 往來. ②外道 만물이 자재천에서 왔다가(來) 자재천으로 돌아 가는 것(去). ③三世有部: 마래로부터 현재가 오는 것(來), 현재가 과거로 흘러가는 것(去). ④二世無: 거짓되게 緣이 되는 것(來). 緣이 흩어지는 것(去). ⑤成實論의 대승적 해석: 처음 일어난 일념이 善因을 일으킴(來). 근원으로 돌아감(去). ⑥地論師: 眞을 어기고 妄을 일으키는 것(來), 妄을 쉬고 眞에 돌아 가는 것(去). ⑦攝大乘師: 大道 중생이 識으로부터 오는 것(來). 대정42, pp.536-54a.

3) 이 게송은 『중론』의 다른 품에서도 자주 인용된다.: 제3 觀六情品 제3게, 제7 觀三相品

> 1) 已去無有去 未去亦無去 離已去未去 去時亦無去[3]
> 이미 가버린 것에는 가는 것이 없다. 아직 가지 않은 것에도 역시 가는 것이 없다. 이미 가버린 것과 아직 가지 않은 것을 떠나서 지금 가는 중인 것에도 가는 것은 없다.[4]
>
> 1) gataṃ na gamyate tāvadagataṃ naiva gamyate/
> gatāgatavinirmuktaṃ gamyamānaṃ na gamyate//[5]
> '간 것'은 가지 않는다. '가지 않는 것'도 역시 가지 않는다. '간 것'과 '가지 않는 것'을 여읜 '가는 중인 것'은 가지 않는다.[6]

'이미 가버린 것'에는 이미 가버렸기 때문에 가는 것이 없다. 만일 가는 것이 배제되어도 가는 작용[去業]은 있다고 하면 옳지 않다.

'아직 가지 않은 것'에도 가는 것이 없다. 아직 간다는 사실[去法]이 존재하지도 않기 때문이다.

'지금 가는 중인 것'은 반은 '이미 가버리고' 반은 '아직 가지 않은 것'을 일컫는다. [왜냐하면] '이미 가버린 것'과 '아직 가지 않은 것'에서 벗어날 수

제15, 23, 27게, 제10 觀然可然品 제13게 등.

4) 이는 기독교의 신학자 아우구스티누스(Augustinus)의 다음과 같은 고백과 유사하다.: '나는 내가 시간을 측정한다는 것을 안다. 그러나 나는 올 시간을 측정하지 못한다. 왜냐하면 그것은 아직 없기 때문이다. 현재의 시간을 측정 하지도 못한다. 왜냐하면, 그것은 어떤 공간에 의하여 늘일 수 없기 때문이다. 그리고 과거의 시간을 측정하지도 못한다. 왜냐하면 그것은 지금 없기 때문이다. 그렇다면 나는 무엇을 측정하는가?' - 『고백록』에서.

5) (2-1) *gataṃ〉 gata(a. n. nom.)〉 √gam: (p.p.p.) 가다. *na : 부정의 뜻. *gamyate〉 √gam: (수동태) 上同. *tāvad: 그만큼. *agataṃ + gata + ṃ: (p.p.p. n. nom.) 가지 않은 것. *na: 상동. *eva: 실로, 결코. *gamyate: 상동. *gatāgata〉 gata + agata. *vinirmuktaṃ〉 vi-nir + √muc + ta: (p.p.p.) ~로부터 자유로운. *gamyamānaṃ〉 √gam +ya(수동) + māna(현재분사): 가고 있는 중인 것. *na : 상동. *gamyate: 상동.

6) 山口益은 본 역문에서 '가지 않는다.'로 번역한 세 구의 'gamyate' 중 마지막 것만은 '지각되지 않는다.'로 번역한다(山口益 譯, 『月稱 造 中論釋一』, p.92 참조). 티벳어 번역본 역시 그와 같이 번역되어 있다.

없기 때문이다.7)

【문】

> 2) 動處則有去 此中有去時 非已去未去 是故去時去
> **움직임이 있는 곳에 가는 것이 있다. [또] 이미 가버린 것과 아직 가지 않은 것이 아니라 [움직임이 있는] 그 가운데 지금 가는 중인 것이 있다. 그러므로 가는 중인 것은 간다.**
>
> 2) ceṣṭā yatra gatistatra gamyamāne ca sā yataḥ/
> na gate nāgate ceṣṭā gamyamāne gatistataḥ//8)
> **움직임9)이 있는 곳, 그곳에 '가는 것'이 있고, 또 그 움직임은 '가는 중인 것'에 있기 때문에, '간 것'도 아니고 '가지 않는 것'이 아니라 '가는 중인 것'에 있는 움직임이 '가는 것'이다.10)**

---

7) 현대 학자들은 이 게송의 논리를 흔히 희랍 철학자 제논(Zenon, 490-430년경 B.C.E.)의 역설에 대비시킨다. 제논은 시간과 공간이 분할 가능하다면 사물이 움직일 때 무한히 분할되는 점들을 통과해야 하니까 화살이 과녁에 맞을 수도 없고, 늦게 출발한 토끼가 결코 거북이를 추월할 수도 없게 되는 모순에 빠지고 만다고 주장하며 '만물은 한 덩어리'라는 그의 스승 파르메니데스(Parmenides, 515-455년경 B.C.E.)의 학설을 귀류적으로 증명하였다. 위의 게송에서 '지금 가고 있는 중인 것'을 부정하는 용수의 논리는 논리학의 배중율을 시간의 흐름에 적용시킨 것이라고도 볼 수 있다. 과거(已去: A)와 미래(未去: ~A)의 틈에 낀 현재(去時)가 그 부피가 없는 것이라는 관점에 토대를 두고 있기에 '時空의 무한 분할이 가능하다.'는 제논의 전제와 그 궤를 같이한다고 볼 수 있다.

8) (2-2) *ceṣṭā: (f. nom.) 움직임, 손발의 움직임. *~yatra …tatra: ~인 곳에, 그곳에 …이 있다. *gatis> gati: (f. nom.) 감, 가는 일. *gamyamāne) gam + ya(수동태) + māna: (현재분사, loc.) 가고 있는 중인 것에. *ca: 또, 그리고. *sā> tad: (f. nom.) 그것(gatis를 가리킴). *yataḥ> yatas: ~때문에. *~yatas …tatas: ~때문에, 그 때문에 …하다. *na: 부정의 뜻. *gate> gata: (p.p.p. loc.) 가버린 것에. *na:上同. *agate> a + gate: 가지 않은 것에. *cesta: 上同. *gamyamāne: 上同. *gatis: 上同. *tataḥ> tatas: 그 때문에.

9) 게송에서 움직임을 의미하는 ceṣṭā는 '손이나 발의 움직임'을 뜻한다.

움직임(作業)이 있는 곳, 그런 곳에는 가는 것이 분명히 존재한다. '지금 가는 중인 것'에 움직임이 있는 것이 눈에 보인다. '이미 가버린 것'에 있는 움직임은 이미 사라져 버렸고 '아직 가고 있지 않은 것'에는 미처 움직임이 없지만 '지금 가는 중인 것'에만은 가는 것이 있음을 알아야 한다.

【답】

> 3) 云何於去時 而當有去法 若離於去法 去時不可得
> 어떻게 지금 가는 중인 것에 가는 작용이 있겠는가? 가는 작용을 떠난다면 지금 가는 중인 것을 얻을 수 없다.
>
> 3) gamyamānasya gamanaṃ[11] kathaṃ nāmopapatsyate/
> gamyamānaṃ hyagamanaṃ[12] yadā naivopapadyate//[13]
> '가는 중인 것'에 '가는 작용'이 있다는 것이 도대체 어떻게 성립하겠는가? 왜냐하면, 가는 작용이 없는 지금 가는 중인 것은 성립하지 않기 때문이다.[14]

10) 월칭은 이 게송에 대해 '여기서 하나의 '감'은 지각의 대상이고 '다른 것[감]'은 다른 장소에 도달한다는 의미이다(eki 'tra gamirjñānārtha aparaśca deśantara saṃpraptyar tha iti).'라고 주석한다. 즉 '지금 가고 있는 중인 것(gamyamāna)'은 '지각의 대상'이고 '가는 것(gati)'은 '다른 장소에 도달한다.'라는 의미란 말이다. 즉 실재의 움직임(gati)은 없더라도 현상적 움직임(gamyamāna)은 존재하는 것이 역력히 보인다는 반론이다. 그러나 용수는 그런 현상적 움직임조차 존재할 수 없다고 제3게 이후에서 주장하고 있다. 김성철, 「Nāgārjuna의 運動 否定論」, 동국대석사학위논문, 1988, pp.8-15 참조.

11) gati는 去, gamana는 去, 去法, 去業으로 한역된다. 여기서 gati와 gamana의 차이를 굳이 논하자면 gamana는 √gam이라는 어근에 행위를 뜻하는 조어접미사 ana가 첨가된 것으로 '가는 행위, 가는 작용'을 의미한다고 볼 수 있고, gati는 √gam에 명사를 만드는 조어접미사 ti가 첨가된 것으로 '가는 것, 감'을 의미한다고 볼 수 있다. 용수는 『중론송』을 제작하면서 Śloka 시(詩)의 16음절 형식에 맞추기 위해서 필요에 따라서 2음절어인 gati를 선택하거나 3음절어인 gamana를 선택한 것일 뿐이며 두 단어의 의미에 차이는 없다.

12) [2020년 개정본 수정 주] 三枝充悳의 『中論偈頌總覽』에서는 후반 게송의 전반부를 gamyamāne dvigamanarṃ으로 쓰고 있으나, Poussin은 티벳역에서 복원하여 gamyam

'지금 가는 중인 것'에 가는 작용이 있다는 말은 옳지 않다. 왜 그런가? 가는 작용을 떠나서는 '지금 가는 중인 것'을 얻을 수 없기 때문이다. 또 만일 가는 작용과는 별도로 '지금 가는 중인 것'이 있다고 한다면 응당 '지금 가는 중인 것' 속에 가는 것이 있어야 하리라. 마치 그릇 속에 과일이 들어 있는 것처럼.

다시 설명해 보자.

> 4) 若言去時去 是人則有咎[15] 離去有去時 去時獨去故
> 지금 가는 중인 것이 간다고 말한다면 이런 사람은 허물이 있다. 가는 것 없이 지금 가는 중인 것이 있어서 가는 중인 것이 홀로 가기 때문이다.
>
> 4) gamyamānasya gamanaṃ yasya tasya prasajyate[16]/
> ṛte gatergamyamānaṃ gamyamānaṃ hi gamyate//[17]

ānaṃ hy agamanaṃ(왜냐하면 가는 작용이 없는 지금 가는 중인 것은 [성립하지 않기 때문이다.])으로 읽고 de Jong은 gamyamānaṃ vigamanaṃ(가는 작용 없는, 지금 가는 중인 것이 [성립하지 않는 상황에서])으로 읽는다. (三枝充悳, 『中論偈頌總覽』 참조). 『중론』에서 4구비판의 논리를 구사하기 이전에 그 토대로서 'A없으면 B가 없다.'는 식의 환멸연기적 표현을 제시하는 관례에 근거하여 Poussin의 복원을 원문으로 확정하였다. 靑目 역시 Poussin의 복원과 같이 해석한다.

13) (2-3) *gamyamānasya> √gam: (현재분사, gen.): 가는 중인 것의. *gamanaṃ> √gam +ana(행위를 뜻한다) + m(n. nom.): 가는 작용. *kathaṃ: 어떻게, how. *nāma: indeed, 실로. *upapatsyate> upa√pad: (ātm. 미래, III. Sg.) 성립하리라. *gamyamāne: (현재분사, loc.) 가는 중인 것에. *dvi: 2, 둘. *gamanaṃ: 上同. *yadā: ~인 때에. 여기서는 영어의 since(~때문)로 새긴다. *na: 부정의 뜻. *eva: 실로. *upapadyate> upa√pad: (수동태) 성립되다.

14) 이하 3, 4, 5게에서는 지각된 '현상적 움직임(gamyamāna)'과 '실재의 움직임(gamanam)' 간의 의존성에 입각해서 지각된 움직임을 논파하고 있다. 『大智度論』에서도 去相과 去時라는 용어를 사용하여 다음과 같이 양자를 논파한다.: '三世中 求法相 不可得 … 離去相 去時不可得 離去時 去相不可得 ….'(대정25. p.427c-428a) 서양철학자 Francis Bradley(1846-1924)도 이러한 맥락에서 '실재'를 비판한다(야지마 요우기찌, 송인숙 역, 『空의 철학』, p.166 참조).

> '가는 중인 것'이 '가는 작용'이라고 하는 자, 그자에게는 과실이 있다. 왜냐하면 '가는 것' 없이 '가는 중인 것'이 있어서 [그런] '가는 중인 것'이 가[는 꼴이]기 때문이다.

만일 '이미 가버린 것'이나 '아직 가지 않은 것'에는 가는 작용이 없지만 '지금 가는 중인 것'에 실제로 가는 작용이 있다고 말한다면 이런 사람은 허물이 있다. 만일 가는 작용을 떠나서 '지금 가는 중인 것'이 있다고 하면 [가는 작용과 지금 가는 중인 것이] 서로 의존하고[18] 있지 않은 꼴이 된다. 왜 그런가? 만일 '지금 가는 중인 것'에 가는 것이 있다고 한다면 두 개[의 감으]로 나누어지기 때문이다. 그러나 그럴 수는 없다. 그러므로 가는 것을 떠나서 '지금 가는 중인 것'이 있다고 말할 수 없다.

다시 설명해 보자.

> 5) 若去時有去 則有二種去 一謂爲去時 二謂去時去
> 만일 지금 가는 중인 것에 가는 것이 있다고 하면 두 종류의 가는 것이 있게 된다. 첫째는 지금 가는 중인 것이고 둘째는 [그]

---

15) ~ 有咎(허물이 있다.)라는 漢譯語는 『周易』에서 자주 쓰는 용어이다. 여기서 格義佛敎의 편린을 볼 수 있다.

16) 梵文의 prasajyate에서 中觀派 중 Prāsaṅgika(귀류논증)派라는 호칭이 유래하였을 것으로 생각된다. 두 단어 모두 어근 pra√sañj(귀결하다)에서 유래한다. 歸謬論證이란 '오류에 귀착시켜 논증한다.'는 의미이다.

17) (2-4) *gamyarnānasya〉 √gam: (현재분사, gen.) 가는 중인 것의. *gamanaṃ(n. nom.) 가는 작업. *yasya〉 yaḥ: (관계대명사, gen.) of which. *tasya〉 tad: (지시대명사, gen.) 그것의. *prasajyate〉 pra√sañj : (수동태) 오류에 빠진다. *ṛte: ~없이(ind. abl. acc.를 지배). *gater〉 gati: (abl.) 감, 가는 것. *gamyamānam〉 √gam: (nom.) 上同. *gamyamānaṃ: 상동. *hi: 실로. *gamyate〉 √gam: (수동태) 가다.

18) 相因待: 제6 관염염자품 제3게에서 볼 수 있듯이 범어 apekṣā의 譯語. '~에 대한 의존, 원인과 결과의 연계, 개체와 種의 연계'를 의미한다. *Monier-Williams Sanskrit Dictionary*.

지금 가는 중인 것에서의 가는 것이다.

5) gamyamānasya gamane prasaktaṃ gamanadvayaṃ/
yena tadgamyamānaṃ ca yaccātra gamanaṃ punaḥ//[19)]
'가는 중인 것'에 '가는 작용'이 있다고 하면 '가는 작용'이 둘로 되는 오류에 빠진다. 그렇게 '가는 중인 것'을 있게 하는 것과, 다시 거기[= 가는 중인 것]에 있는 '가는 작용'의 [두 가지]이다.

만일 '지금 가는 중인 것'에 가는 작용이 있다고 한다면 오류에 빠진다. 두 개의 가는 작용이 있기 때문인데 그 두 개 중에서 첫째는 가는 것으로 인해 있게 된 '지금 가는 중인 것'이고 둘째는 '지금 가는 중인 것' 가운데 있는 가는 것이다.

【문】 만일 가는 것이 두 개라면 무슨 잘못이 있겠는가?

【답】

6) 若有二去法 則有二去者 以離於去者 去法不可得
두 개의 가는 것이 있다면 가는 놈이 둘이 있게 된다. 가는 놈을 떠나서는 가는 것을 얻을 수 없기 때문이다.

6) dvau gantārau prasajyete prasakte gamanadvaye/
gantāraṃ hi tiraskṛtya gamanaṃ nopapadyate//[20)]
'가는 작용'이 두 개인 꼴이 된다면 '가는 놈'이 둘인 꼴이 된다.

19) (2-5) *gamyamānasya: (현재분사, gen.) 가는 중인 것. *gamane> gamana: (loc.) 가는 작용. *prasaktaṃ> pra√sañj: (p.p.p. n. com.) 오류에 빠진다. *gamana: 상동. *dvayam> dvaya: (a. n. nom.) 이중의, 두 종류의. *yena> yad: (관계대명사, m. ins.) by which. *tad> tat> tad: (지시대명사, n. Sg. nom.) 그것. *gami yamānaṃ: (nom.) 상동. *ca: 그리고. *yac> yat> yad: (nom.) 상동. *ca: 상동. *atra: 이곳에. *gamanaṃ: (nom.) 上同. *punaḥ: 다시, again.

> 왜냐하면 '가는 놈'을 떠나서 '가는 작용'이 있다는 것은 성립되지 않기 때문이다.

만일 가는 작용이 두 개라면 가는 놈도 둘이 되어야 한다. 왜 그런가? 가는 작용이 있음으로 인하여 가는 놈이 있는 것이기 때문이다. 그래서 한 사람이 가는 것 둘과 가는 놈 둘을 갖는다는 것은 얼토당토않다. 그러므로 '지금 가는 중인 것'에도 가는 것이 없다.

【문】 가는 놈을 떠나서 가는 것이 없다는 것은 인정된다. 그러나 [과거 미래 현재의] 삼시(三時) 중에 틀림없이 가는 놈은 있다.

【답】

> 7) 若離於去者 去法不可得 以無去法故 何得有去者
> 가는 놈을 떠나서는 가는 작용은 얻을 수 없다. 가는 작용이 없기 때문에 어떻게 가는 놈이 있을 수 있겠는가?
>
> 7) gantāraṃ cettiraskṛtya gamanaṃ nopapadyate/
> gamane 'sati gantātha kuta eva bhaviṣyati//[21]
> 만일 '가는 놈'을 떠난다면 '가는 작용'은 성립되지 않는다. '가는 작용'이 없다면 도대체 어떻게 '가는 놈'이 성립하겠는가?

---

20) (2-6) *dvau〉 dvi: (m. Du. nom.) 둘, 2. *gantārau〉gantṛ: (m. Du. nom.) 가는 자, 가는 놈. *prasajyete〉 pra√sañj: (ātm. Du. II.) 귀결하다, 오류에 빠진다(loc.를 지배 한다). *prasakte〉 prasakta〉 pra√sañj: (p.p.p. n. loc.) 상동. *gamana: (nom.) 가는 작용. *dyaye〉 dvaya: (a. loc.) 이중의. *gantāraṃ〉 gantṛ: (m. Sg. acc.) 상동. *hi: 왜냐하면, 실로. *tiraskṛtya〉 tiras(across, beyond) + √kṛ: (절대분사) 제거하다. 초월하다. *gamanaṃ: (n. nom.) 上同. *na: 부정의 뜻. *upapadyate〉 upa√pad: (수동태) 성립되다.

21) (2-7)*gantāraṃ〉 gantṛ: (m. Sg. acc.) 가는 자, 자는 놈. *cet: 만일. *tiraskskṛtya〉

가는 놈을 떠나서는 가는 작용이 있을 수 없는데 지금 어째서 가는 작용이 없는 상황에서 그대는 [과거 미래 현재의] 삼시(三時) 중에 틀림없이 가는 놈이 있다고 말하느냐?

다시 설명해 보자.

> 8) 去者則不去 不去者不去 離去不去者 無第三去者
> 가는 놈은 가지 않으며 가지 않는 놈도 가지 않는다. 가는 놈과 가지 않는 놈을 떠나서 제3의 가는 놈은 없다.
>
> 8) gantā na gacchati tāvadagantā naiva gacchati/
> anyo ganturagantuśca kastṛtīyo hi gacchati//[22]
> '가는 놈'은 가지 않는다. '가지 않는 놈'도 역시 결코 가지 않는다. '가는 놈'이나 '가지 않는 놈'이 아닌 제3의 어떤 놈이 도대체 가겠는가?

가는 놈도 없다. 왜 그런가? 만일 가는 놈이 있다면 가는 놈이거나 가지 않는 놈의 두 가지 상태로 있게 된다. 이 두 가지 상태를 떠난 제3의 상태의 가는 놈은 없다.

【문】 만일 가는 놈이 간다고 말하면 어떤 오류가 있겠는가?

---

tiras(across, beyond) + √kr: (절대분사) 제거하다, 초월하다. *gamanaṃ: (n. nom.) 가는 작용. *na: 부정의 뜻. *upapadyate〉 upa√pad: (수동태) 성립되다. *gamane: (n. loc.) 上同. *asat〉 a(부정의 뜻) + sati(loc.)〉 sat(현재분사)〉 √as: 있다. *gantā〉gantṛ: (m. Sg. nom.) 가는 자. *atha: 그래서. *kuta〉 kutas: 어떻게. *eva: 도대체, 실로. *bhavisyati〉 √bhū(미래, III): 존재하다.

22) (2-8) *gantā〉 gantṛ: (m. Sg. nom.) 가는 者, 가는 놈. *na: 부정의 뜻. *gac chati〉 √gam: (para. Sg. Ⅲ) 가다. *tāvad: 우선, 그만큼. *agantā〉 a(부정의 뜻) + gantā: 上同. *na: 부정의 뜻. *eva: 실로. *anyo〉 anyaḥ〉 anya: ~과 다른 (abl. 지배). *gantur〉 gantṛ: (m. Sg. abl.) 가는 자. *agantuś〉a(+ 95) +gantur: 상동. *ca: 그리고. *kas〉 kaḥ: 어떤. *tṛtīya: 제3의. *hi: 실로. *gacchati: 상동.

【답】

> 9) 若言去者去 云何有此義 若離於去法 去者不可得
> 만일 가는 놈이 간다고 말한다면 어떻게 그런 이치가 있겠는가?
> 만일 가는 작용을 떠난다면 가는 놈은 얻을 수 없다.
> 9) gantā tāvadgacchatīti kathamevopapatsyate/
> gamanena vinā gantā yadā naivopapadyate//[23]
> '가는 작용'이 없는 '가는 놈'이 실로 성립하지 않는다면 '가는 놈'이 간다고 하는 것이 도대체 어떻게 성립되겠는가?

만일 가는 놈이 틀림없이 있어서 가는 작용을 사용한다고 말한다면 얼토당토않다. 왜 그런가? 가는 작용을 떠나서는 가는 놈을 얻을 수 없기 때문이다. 만일 가는 놈을 떠나서 틀림없이 가는 작용이 있는 것이라면 가는 놈이 [따로 있어서] 가는 작용을 능히 사용할 수 있어야 하리라. 그러나 실제로 그렇지는 않다.

다시 설명해 보자.

> 10) 若去者有去 則有二種去 一謂去者去 二謂去法去
> 만일 가는 놈이 가는 것을 갖는다고 하면 가는 것이 두 개가 있게 된다. 첫째는 가는 놈의 가는 것이고 둘째는 가는 작용의 가는 것이다.[24]
> 11) gamane dve prasajyete gantā yadyuta gacchati/
> ganteti cocyate yena gantā sanyacca gacchati//[25]

23) (2-9)*gantā〉 gantṛ: (m. Sg. nom.) 가는 者, 가는 놈. *tāvad : 우선, 그만큼. *gacchati〉 √gam: (para. Sg.) 가다. *iti: ~라고. *katham: 어떻게. *eva: 실로. *upapatsyate〉 upa√pad : (수동미래, Ⅲ. Sg.) 성립되리라. *gamanena: (ins.) 가는 작용. *vinā: ~없는(ins. 지배) *gantā: 上同. *yadā: ~인 때에. *na : 부정의 뜻. *eva: 실로. *upapadyate〉 upa√pad: (수동태) 성립되다.

만일 '가는 놈'이 간다면 '가는 작용'이 둘이라는 오류에 빠진다. '가는 놈'이라고 말하게 하는 것과, '가는 놈'이 있는데 그놈이 간다는 것[의 두 가지]이다.

만일 가는 놈이 가는 작용을 사용한다고 하면 두 가지 과실에 빠진다. 즉 가는 놈은 하나인데 가는 것이 두 개로 된다. [그 두 가지 중] 첫째는 가는 작용에 의해 성립된 가는 놈이고 둘째는 가는 놈에 의해 성립된 가는 작용이다. 가는 놈이 성립되고 난 연후에 [가는 놈이] 가는 작용을 사용한다는 것은 얼토당토않다. 그러므로 [과거 현재 미래의] 삼시 중에 먼저 가는 놈이 정해져 있고 그놈이 다시 가는 작용을 사용한다고 말한다면 이는 옳지 않다.

다시 설명해 보자.

11) 若謂去者去 是人則有咎 離去有去者 說去者有去 만일 가는 놈이 간다고 말한다면 이런 [말을 하는] 사람은 허물이 있다. 가는 것 없이 가는 놈이 있는데, 가는 놈이 가는 것을 갖는다고 말하는 꼴이다. 10) pakṣo gantā gacchatīti yasya tasya prasajyate/

24) '가는 놈이 간다.'는 말의 허점은 언어학에서 同種 목적어를 갖는 문장에 비교될 수 있다. '꿈을 꾼다.'든지 '잠을 잔다.'는 말을 할 경우 이는 이중 표현이 된다. '꿈'하면 벌써 꾸고 있는 것인데 그것을 다시 꾼다고 말하니 표현이 중복된다는 말이다. 이것뿐만 아니라 '얼음이 언다.'든지 '비가 내린다.', '꽃이 핀다.', '내가 살아간다.'는 말 등 우리 인간의 거의 모든 發話가 '하나의 사건' '주체'와 '작용'의 두 가지로 분별함으로써 이루어지고 있다. 이런 분별을 토대로 거짓된 세상만사가 벌어지는 것이다.

25) (2-11)*gamane: (loc.) 가는 작용. *dve> dvi: (n. nom.) 둘. *prasajyete> pra√sañj: (ātm. Du. Ⅲ) 오류에 빠진다. *gantā> gantṛ: (m. Sg. nom.) 가는 자, 가는 놈. *yadi: 만일. *uta: and, also, even. *gacchati> √gam: (para. sg. Ⅲ) 가다. *gantā: 상동. *iti: ~라고. *ca: 그리고. *ucyate> √vac: (수동태) 말하다. *yena> yad:(관계대명사, ins.) by which *gantā: 上同. *sat> √as: (현재분사): 존재. *yac> yad: (관계대명사) which. *ca: 그리고. *gacchati: 上同.

> gamanena vinā gantā ganturgamanamicchataḥ//26)
> 가는 놈이 간다고 하는 주장을 하는 자, 그자는 오류에 빠진다. 가는 작용 없이 가는 놈이 있어서 [그런] 가는 놈의 가는 작용을 추구하기 때문이다.

만일 가는 놈이 능히 가는 작용을 사용한다고 말하는 사람이 있다면 이 사람은[= 이 사람의 말에는] 가는 작용 없이 가는 놈이 있다고 하는 허물이 있다. 왜 그런가? 가는 놈이 가는 작용을 사용한다고 말하는 꼴이기 때문이다. 이렇게 되면 가는 놈이 먼저 있은 후에 가는 작용이 있는 꼴이 된다. 그러나 그럴 수는 없다. 그러므로 [과거 미래 현재의] 삼시(三時) 중에 가는 놈이란 것은 없는 것이다.

다른 설명을 해 보자. 만일 가는 작용과 가는 놈이 결정적으로 있는 것이라면 응당 처음에 출발한다는 사실은 존재해야 하겠지만28) 삼시 중에서 출발이라는 현상을 아무리 찾아봐도 포착할 수가 없다. 왜 그런가?

> 12) 已去中無發 未去中無發 去時中無發 何處當有發
> 이미 가버린 것에는 출발이 없다. 아직 가지 않는 것에도 출발은 없다. 지금 가는 중인 것에도 출발은 없다. 어느 곳에 출발이 있을 것인가?
>
> 12) gate nārabhyate gantuṃ gantuṃ nārabhyate 'gate/
> nārabhyate gamyamāne gantumārabhyate kuha//27)

---

26) (2-10) *pakṣo〉 pakṣa: (m. Sg. nom.) 주장. *gantā〉 gantṛ: (m. Sg. nom.) 가는 者. 가는 놈 *gacchati〉 √gam: (para. Sg. Ⅲ) 가다. *iti: ~라고. *yasya〉 yad: (관계대명사, gen.) of which. *tasya〉 tad: (지시대명사, gen.) 그것의. *prasajyate) pra/sañj: (수동태) 오류에 빠진다. *gamanena〉 gamana: (ins.) 가는 작용. *vina: ~없이(ins.지배). *gantā: 上同. *gantur〉 gantṛ: (m. Sg. gen.) 가는 者, 가는 놈. *gamanam: (n. nom.) 가는 작용. *icchataḥ〉 iccha(√iś) + tas(labl.化): 추구하다. 찾다.

이미 가버린 것에서 간다는 사실이 시작[출발]되지 않고 아직 가지 않은 것에서도 간다는 사실이 시작[출발]되지 않으며 지금 가는 중인 것에서도 간다는 사실이 시작[출발]되지 않는다면 간다는 사실은 어느 곳에서 시작[출발]될까?

왜냐하면 삼시(三時) 중에 출발이 없기 때문이다.

13) 未發無去時 亦無有已去 是二應有發 未去何有發 아직 출발하지 않았으면 지금 가는 중인 것도 없고 이미 가버린 것도 없다. 이 두 가지 경우에 응당 출발이 있어야 하는데 아직 가지 않은 것에는 어떻게 출발이 있겠는가? 13) na pūrvaṃ gamanārambhādgamyamānaṃ na vā gataṃ/ yatrārabhyeta gamanamagate gamanaṃ kutaḥ//[29] 가는 작용이 출발하기 이전에 [지금] 가는 중인 것은 없고 [이미] 가버린 것도 없다. 가는 작용은 거기에서 출발하는 것인데 [아직] 가지 않은 것에서 가는 작용이 어떻게 [출발하겠는가]?

27) (2-12) *gate〉 gata〉 √gam: (p.p.p. loc.) 가는 것에. *na: 부정의 뜻. *ārab hyate〉 ā√rabh: (수동태) 출발하다, 시작하다. *gantuṃ〉 √gam: (부정사) to go, 간다는 것. *gantuṃ: 上同. *na: 上同. *arabhyate: 上同. *agate〉 a(부정의 뜻) + gate: 상동. *na: 상동. *ārabhyate: 상동. *gamyamāne〉 gam+ ya(수동) + mana: (현재분사, loc.) 가는 중인 것에. *gantum: 上同. *ārabhyate: 上同. *kuha: 何處에.

28) 이하에서는 '가는 작용'을 三相 중 生, 滅의 측면에서 고찰한다. 즉 '가는 작용'의 生相인 '출발'과 滅相인 '멈춤'을 비판하는 것이다.

29) (2-13) *na: 부정의 뜻. *purva: 이전의. *gamana: (n.) 가는 작용. *ārambhāt〉 ārambha: (m. abl.) 시작, 출발. *gamyamānaṃ: (현재분사, n. nom.): 가는 중인 것. *na: 부정의 뜻. *vā: 혹은. *gatam: (p.p.p. n. norm.) 가버린 것. *yatra: where. *ārabhyeta: (수동. opt. Ⅲ) 출발하다. *gamanam: 가는 작용. *agate: (loc.) 가지 않은 것에. *gamanam: 가는 작용. *kutaḥ〉 kutas 어디에, 어떻게.

30) (2-14) *gataṃ: (p.p.p. n. nom.) 가버린 것. *kim: (의문대명사, n. nom.) what.

14) 無去無未去 亦復無去時 一切無有發 何故而分別
이미 가버린 것도 없고 아직 가지 않은 것도 없고 지금 가는 중인 것도 없다. 어디서건 출발이 없는데 어떻게 분별하겠는가?
14) gataṃ kiṃ gamyamānaṃ kimagataṃ kiṃ vikalpyate/
adṛśyamāna ārambhe gamanasyaiva sarvathā//30)
실로 어디에서건 가는 작용의 출발이 보이지 않는다면 이미 가버린 것이건 지금 가는 중인 것이건 아직 가지 않은 것을 어떻게 분별할 것인가?

만일 어떤 사람이 아직 출발하지 않았다면 '지금 가는 중인 것'은 없고 '이미 가버린 것'도 없다. 만일 출발이 있으려면 '지금 가는 중인 것'과 '이미 가버린 것'의 두 곳 중 어디엔가 있어야 하리라. 그러나 그 두 곳 중 어디에도 없다. '아직 가지 않은 것'에서는 아직 출발이 없었으니 '아직 가지 않은 것'에 어떻게 출발이 있겠는가?

출발이 없기 때문에 가는 것이 없고 가는 것이 없기 때문에 가는 놈도 없다. 그러니 어떻게 '이미 가버린 것'과 '아직 가지 않은 것'과 '지금 가는 중인 것'이 있을 수 있겠는가?

【문】 만일 가는 것도 없고 가는 놈도 없다면 멈춤이나 멈추는 놈은 있으리라.

【답】

---

*gamyamānaṃ: (현재분사, n. nom.) 가는 중인 것. *kiṃ: 상동. *agataṃ: (현재분사, n. nom.) 아직 가지 않은 것. *kiṃ: 상동. *vikalpyate: (수동태) 분별되다. *adṛśyamāne(loc.)〉 a(부정의 뜻) + √dṛś(보다) + ya(수동) + māna: (현재분사) 보이지 않다. *arambhe: (loc.) 출발. *gamanasya: (gen.) 가는 작용. *eva: 실로. *sarvathā: 어디에서건.

15) 去者則不住 不去者不住 離去不去者 何有第三住

가는 놈은 멈추지 않는다. 가지 않은 놈은 멈추지 않는다. 가는 놈과 가지 않은 놈을 떠나 어떤 제3의 것이 있어서 멈추겠는가?

15) gantā na tiṣṭhati tāvadagantā naiva tiṣṭhati/
anyo ganturagantuśca kastṛtīyo 'tha tiṣṭhati//[31]

이미 가버린 놈은 멈추지 않는다. 그처럼 아직 가지 않는 놈도 결코 멈추지 않는다. 이미 가버린 놈과 아직 가지 않은 놈이 아닌 제3의 어떤 놈이 멈추겠는가?

멈춤과 멈추는 놈이 있으려면 응당 가는 놈이 멈추거나 가지 않는 놈이 멈추는 것이어야 하리라. 이 두 가지 경우가 아니라면 응당 제3의 것이 있어서 멈추어야 하리라. 그러나 그럴 수는 없다.

가[고 있]는 놈은 멈추지 않는다. 가는 작용이 쉬질 않기 때문이다. 또 가는 작용의 상(相)과 서로 위배되는 것을 멈춤이라고 부르지 않느냐?

가[고 있]지 않는 놈 역시 멈출 수 없다. 왜 그런가? 가는 작용이 소멸하기 때문에 멈춤이 있을 수 있는 것인데 가는 작용이 [아예] 없으니 멈춤도 있을 수가 없다.

가는 놈과 가지 않는 놈 이외에 제3의 멈추는 놈은 있을 수가 없다. 만일 제3의 멈추는 놈이 있으려면 가는 놈이나 가지 않는 놈 중에 있어야 할 텐데 그렇지 못하다.

이상과 같은 이유에서 가는 놈이 멈춘다는 말은 할 수가 없다.

---

31) (2-15) *gantā〉 gantṛ: (m. Sg. nom.) 가는 者, 가는 놈. *na: 부정의 뜻. *tiṣṭhati〉 √sthā: (Sg. Ⅲ) 머물다, 멈추다. *tāvad: 그만큼, 먼저. *agantā〉 a(부정의 뜻) + gantā: 上同. *na: 부정의 뜻. *eva: 실로, 결코. *tiṣṭhati: 上同. *anyo〉 anya: 다른. *gantur〉 gantuḥ〉 gantṛ: (m. Sg. abl.) 상동. *agantuś: a(부정의 뜻) + gantṛ: 상동. *ca: 그리고. *kas〉 kaḥ〉 kim: (의문대명사, m. nom) 어떤. *tṛtīyo〉 tṛtīya: (서수사) 제3의. *atha: 그런 경우. *tiṣṭati: 上同.

다시 설명해 보자.

> 16) 去者若當住 云何有此義 若當離於去 去者不可得
> 가는 놈이 만일 멈춘다면, 어떻게 이런 이치가 있겠는가? 가는 작용을 떠나게 되면 가는 놈을 얻을 수 없는데.
> 16) gantā tāvattiṣṭatīti kathamevopapatsyate/
> gamanena vinā gantā yadā naivopapadyate//32)
> 가는 작용 없이 가는 놈[이 있다는 것]이 결코 성립하지 않을 때 [= 않는다면] 가는 놈이 멈춘다고 하는 것이 도대체 어떻게 성립하겠는가?

당신은 가는 놈이 멈춘다고 말하지만 얼토당토않다. 왜 그런가? 가는 작용을 떠나서는 가는 놈은 얻을 수 없[기 때문이]다. 만일 가는 놈이 가는 작용의 상(相)에 존재하는 것이라면 어떻게 멈출 수 있겠는가? 또 가는 것과 멈추는 것은 서로 위배되기 때문[에 가는 놈이 멈추지 않는 것]이다.

다시 설명해 보자.

> 17) 去未去無住 去時亦無住 所有行止法 皆同於去義
> 이미 가버린 것이나 아직 가지 않은 것은 멈추지 않는다. 지금 가는 중인 것도 역시 멈추지 않는다. 존재하는 것이 유전(流轉)되거나 환멸(還滅)되는 법칙도 모두 가는 것과 같다[= 가는 작용의 경우에서와 똑같이 논파된다].
> 17) na tiṣṭhati gamyamānānna gatānnāgatādapi/

32) (2-16) *gantā〉 gantṛ: (m. Sg. nom.) 가는 者, 가는 놈. *tāvat: 그만큼, 먼저. *tiṣṭati〉 √sthā: (Sg. Ⅲ) 머물다, 멈추다. *iti: ~라고. *katham: 어떻게. *eva: 실로. *upapatsyate〉 upa√pad: (수동, 미래, Sg. Ⅲ) 성립되리라. *gamanena: (ins.) 가는 작용. *vinā: ~없이(ins. 지배). *gantā: 상동. *yadā: ~인 때에. *na: 부정의 뜻. *eva: 실로. *upapadyate〉 upa√pad: (수동태) 성립되다.

gamanaṃ saṃpravṛttiśca nivṛttiśca gateḥ samā//33)
지금 가는 중인 것에서 멈추는 것이 아니다. 이미 가버린 것이나 아직 가지 않은 것에서도 역시 그러하다[= 멈추는 것이 아니다]. 유전34)되거나 환멸35)되어 가는 과정도 가는 작용의 경우와 동일하다.

만일 가는 놈이 멈추게 된다면 그놈은 반드시 '지금 가는 중인 것'이나 '이미 가버린 것'이나 '아직 가지 않은 것' 가운데서 멈춰야 한다. 그러나 그 세 곳에 멈춤은 없다. 그러므로 가는 놈이 멈춘다는 당신의 말은 얼토당토않다. 가는 작용이나 멈추는 작용을 논파하던 것과 똑같이 유전(流轉, 行)되거나 환멸(還滅, 止)되어가는 현상도 논파 될 수 있다. 유전[行]이라는 것은 곡식의 씨앗이 상속(相續)하여 싹이나 줄기, 잎 등에까지 이르는 것을 말하며 환멸[止]이라는 것은 곡식의 씨앗이 소멸하므로 싹이나 줄기, 잎 등이 소멸하는 것과 같은 것을 말한다. [끊임없이] 상속되므로 유전[행(行)]이라고 부르고 [그런 상속이] 끊어지므로 환멸[지(止)]이라고 부른다.

또 무명(無明)을 연(緣)하여 제행(諸行)이 있고 이어서 … 노사(老死)까지 있다는 것[= 십이연기 순관(順觀)]을 유전[行]이라고 부르고 무명이 멸함에 제행 따위가 멸한다는 것[십이연기의 환멸문]을 환멸[止]이라고 부른다.36)

33) (2-17) *na: 부정의 뜻. *tiṣṭhati〉 √sthā: (Ⅲ) 머물다, 멈추다. *gamyamānāt: (현재분사, abl.) 가는 중인 것. *na: 上同. *gatāt: (p.p.p. abl.) 가버린 것. *na: 上同. *agatāt: (abl.) 가지 않은 것. *api: ~도 역시. *gamanaṃ: (nom.) 가는 작용. *saṃpravṛttis〉 saṃpravṛttiḥ: (nom.) 전개. *ca: 그리고. *nivṛttiś〉 nivṛttiḥ: 歸滅. *ca: 상동. *gater〉 gati: (gen.) 가는 것. *samā: 동일한(gen. 지배).

34) 이 게송에서는 saṃpravṛtti이지만 여타 경전에서는 saṃsarati 또는 pravṛtti로 기술되는 경우가 많다. 어쨌든 십이연기의 流轉門을 의미한다.

35) nivṛtti로 십이연기의 환멸문을 의미한다.

36) 십이연기를 씨앗의 발아 이후, 열매가 열리는 식물의 인과관계에 비유하는 것은 『도간경』에서 비롯된 듯하다. 『도간경』에서는 십이연기의 흐름을 내연기(內緣起)라고 부르고 식물의 성장과정을 외연기(外緣起)라고 부른다(대정16, pp.815-826 참조).

【문】 당신이 비록 여러 가지 측면에서 가는 작용과 가는 놈, 멈추는 작용과 멈추는 놈을 논파하긴 했지만, 우리 눈에는 틀림없이 가는 것이나 멈추는 것이 보이지 않느냐?

【답】 우리의 육안에 보이는 것은 믿을 게 못 된다. 만일 가는 작용과 가는 놈이 실제로 존재한다면 그 둘이 하나로 이루어져 있겠는가, 아니면 둘로 나누어져 있겠는가? 두 경우 모두 잘못이 있다. 왜 그런가?

> 18) 去法卽去者 是事則不然 去法異去者 是事亦不然
> 가는 작용이 바로 가는 놈이라는 사실, 이런 일은 옳지 않다. 가는 작용이 가는 놈과 다르다는 사실, 이런 일 역시 옳지 않다.
> 18) yadeva gamanaṃ gantā sa eveti na yujyate/
> anya eva punargantā gateriti na yujyate//[37]
> 실로 가는 작용 그것이 바로 가는 놈이라는 것은 결코 옳지 않다. 그렇다고 해서 가는 놈이 가는 것과 다르다는 것도 결코 옳지 않다.

만일 가는 작용과 가는 놈이 같다고 해도 옳지 않고 다르다고 해도 옳지 않다.

【문】 같다거나 다르다고 할 때 무슨 허물이 있느냐?

【답】

> 19) 若謂於去法 卽爲是去者 作者及作業 是事卽爲一

37) (2-18) *yad〉 yat: (관계대명사) which. *eva: 실로. *gamanaṃ: (n. nom.) 가는 작용. *gantā〉 gantṛ: (m. Sg. nom.) 가는 者, 가는 놈. *sa〉 saḥ〉 tad: (지시대명사, m. norm.) 그것. *eva: 실로, 결코. *iti: ~라는. *na: 부정의 뜻. *yujyate〉 √yuj: (수동태, Ⅲ) 타당하다. *anya: (a.)다른. *eva: 결코, 실로. *punar: again, 다시. *gantā: 상동. *gater〉 gateḥ〉 gati: (m. abl.) 감 *iti: ~라고. *na: ~ 않다. *yujyate: 상동.

만일 가는 작용이 그대로 가는 놈이 된다고 한다면 행위자와 행위가 하나인 꼴이 된다.

19) yadeva gamanaṃ gantā sa eva hi bhavedyadi/
ekībhāvaḥ prasajyeta kartuḥ karmaṇa eva ca//38)
만일 가는 작용이 가는 놈이라는 사실, 그런 사실이 도대체 있을 수 있다면 행위자와 행위가 하나의 존재라는 오류에 빠지고 만다.

20) 若謂於去法 有異於去者 離去者有去 離去有去者
만일 가는 작용이 가는 놈과 다르다고 한다면 가는 놈 없이 가는 작용이 있고 가는 작용 없이 가는 놈이 있게 된다.

20) anya eva punargantā gateryadi vikalpyate/
gamanaṃ syādṛte ganturgantā syādgamanādṛte//39)
그렇다고 해서 가는 놈이 가는 것과 다르다고 분별된다면 가는 놈 없이 가는 작용이 있을 터이고 가는 작용 없이 가는 놈이 있으리라.

이와 같은 두 가지 경우 모두 허물이 있다. 왜 그런가? 만일 가는 작용이

38) (2-19) *yad〉 yat〉 yad: (관계대명사) which. *eva: 실로. *gamanaṃ: (n. nom.) 가는 작용. *gantā) gantṛ: (m. sg. nom.) 가는 자, 가는 놈. *sa〉 saḥ〉 tad: (지시대명사, m. norm.) 그것. *eva: 실로. *bhaved〉 bhavet〉 √bhū: (opt. Ⅲ) 존재하다. *yadi: 만일. *ekībhavaḥ: (m.nom.) ~로 되는 것, 일치. *prasajyeta〉 pra√sañj: (opt. Ⅲ) 오류에 빠진다. *kartuḥ〉 kartṛ: (m. gen.) 행위자. *karmaṇas: (gen.) 행위 *eva: 실로. *ca: 그리고.

39) (2-20)*anya: 다른. *eva: 실로. *punar: 다시. *gantā〉 gantṛ: (m.Sg.nom.) 가는 者, 가는 놈. *gater〉 gateḥ〉 gati: (abl.) 가는 것. *yadi : 만일. *vikalpyate: (수동태) 분별되다. *gamanaṃ: 가는 작용. *syād〉 syāt〉 √as: (opt. Ⅲ) ~이다. *ṛte : ~없이 (abl. 지배). *gantur〉 gantṛ: (m. sg. abl.) 가는 자, 가는 놈. *gantā: (nom.) 上同.

가는 놈과 동일하다면 엉망진창이 되어 인연을 파하는 꼴이 된다. 가는 작용으로 인하여 가는 놈이 있고 가는 놈으로 인하여 가는 작용이 있을 수 있는 것인데 ….

또 간다는 것은 법(法)이고 가는 놈은 사람인데 사람은 항상(恒常)되다고 하고 법은 무상하다고 한다. 만일 양자가 동일하다면 양자 모두 항상되든가 양자 모두 무상하여야 하리라. 가는 작용과 가는 놈의 양자가 동일하다면 이상과 같은 허물이 있다.

만일 가는 작용과 가는 놈이 [전혀] 다르다면 서로가 서로를 용납하지 못할 테니 가는 작용이 없어도 가는 놈이 있고 가는 놈이 없어도 가는 작용이 있어야 하리라. 즉 서로 의존하는 것이 아니어야 한다. 그러니 둘 중 한 가지가 소멸해도 다른 한 가지는 존재해야 한다. [가는 작용과 가는 놈의 양자가] 다르다면 이상과 같은 허물이 있다.

다시 설명해 보자.

21) 去去者是二 若一異法成 二門俱不成 云何當有成
가는 작용과 가는 놈의 두 가지가 서로 같[은 법으로 이루어졌다]거나 다른 법으로 이루어졌다는 두 가지 경우가 모두 성립하지 않는다. [그 두 가지가] 어떻게 성립할 수 있겠는가?

21) ekībhāvena vā siddhirnānābhāvena vā yayoḥ/
na vidyate tayoḥ siddhiḥ kathaṃ nu khalu vidyate//40)
[가는 작용과 가는 놈이] 동일한 존재라는 것에 의해서건 서로 다른 존재라고 하는 것에 의해서건 성립함이 있을 수 없다. 그 두 가지의 성립이 도대체 어떻게 있을 수 있을까?

---

*syad: 上同. *gamanād〉 gamanāt〉 gamana: (abl.) 가는 작용. *rte:上同.
40) (2-21) *ekībhavena〉 ekībhāva: (m. ins.) ~로 되는 것, 일치. *vā: 혹은. *siddhir〉

가는 놈과 가는 작용이 존재한다면 그 양자가 동일한 법으로서 성립되어 있느냐 아니면 서로 다른 법으로 성립되어 있겠는가? 모두 옳지 않다. 또 제3의 법으로 이루어져 있다는 것에 대해서는 [그 부당성을] 앞에서 이미 설명했다.

그래도 또 [가는 놈과 가는 작용이] 성립되어 있다고 굳이 말한다면 가는 작용도 없고, 가는 놈도 없는 까닭[= 인연]을 말해야 할 터이니 지금 다시 설명해 보겠다.

> 22) 因去知去者 不能用是去 先無有去法 故無去者去
> 가는 작용으로 인하여 가는 놈이 있음을 알 수 있다고 하지만 [가는 놈이] 그 가는 작용을 사용할 수는 없다. 미리 가는 작용이 있는 것이 아니므로 가는 놈이 간다는 사실은 없다.
>
> 22) gatyā yayocyate gantā gatiṃ tāṃ sa na gacchati/
> yasmānna gatipūrvo 'sti kaścit kiṃ ciddhi gacchati//41)
> 가는 것 그것에 의해서 가는 놈이 간다고 말하지만, 그것[= 가는 놈]이 그것[= 가는 것]을 가는 것이 아니다. 왜냐하면, 가는 것이 있기 이전에는 존재하는 것이 아니기 때문이다. 실로 누가 무엇을 가겠는가?

---

siddhiḥ: (f. nom.) 성취. *nānābhāvena〉 nānā + bhāva: (a. ins.) 種種의, 다양한. *vā: 혹은. *yayoḥ〉 yad: (관계대명사, Du. gen.) of which. *na: 부정의 뜻. *vidyate〉 √vid: 존재하다. *tayoḥ〉 tad: (지시대명사, Du. gen.) 그것. *siddhiḥ: 상동. *kathaṃ: 어떻게. *nu: so, now, then. *khalu: indeed, verily, but now. *vidyate: 상동.

41) (2-22) *gatya) gati: (ins.) 가는 것. *yayā〉 yad: (관계대명사, ins.) by which. *ucyate〉 √vac: (수동) 말해진다. *gantā〉 gantṛ: (m. Sg. nom.) 가는 者, 가는 놈. *gatim: (f. acc.) 감. *tāṃ〉 tad: (f. Sg. acc.) 그것. *sa〉 saḥ〉 tad: (m. Sg. nom.) 그것. *na: 부정의 뜻. *gacchati〉 √gam: (para. Sg. Ⅲ) 가다. *yasmān〉 yasmāt〉 yad: (관계대명

어떠한 가는 작용에 의해서 가는 놈이 있음을 안다고 하더라도 바로 그 [가는 작용이 속해 있는] 가는 놈이 바로 그 [가는 놈이 속한] 가는 작용을 사용할 수는 없다. 왜 그런가? 그, 가는 작용이 아직 존재하지 않을 때 가는 놈도 존재할 수 없으며 '지금 가는 중인 것'이나 '이미 가버린 것'이나 '아직 가지 않은 것'도 존재할 수 없다.

흔히 사람과 마을[城邑]가 먼저 있고 나서 그 사람이 그 마을로 갈 수 있다고 말한다.[42] [그러나] 가는 작용과 가는 놈의 경우는 그렇지 않다.[43] 가는 놈은 가는 작용으로 인하여 성립되고 가는 작용은 가는 놈으로 인하여 성립되는 것이기 때문이다.

다시 설명해 보자.

23) 因去知去者 不能用異去 於一去者中 不得二去故
가는 작용으로 인하여 가는 놈이 있음을 알 수 있지만 [가는 놈이 그것이 속하지 않은] 다른 가는 작용을 가는 것은 아니다. 가는 놈 하나에 두 가지 가는 작용이 있을 수 없기 때문이다.
23) gatyā yayocyate gantā tato 'nyāṃ sa na gacchati/

사, abl.) *na: 上同. *gati: (f. nom.) 가는 것. *pūrva: 이전의. *asti〉 √as: (Sg. Ⅲ) 있다. *kaścit: (m. nom.) 누구(부정칭). *kiṃ cit: (n. acc.) 무엇을. *hi: 실로. *gacchati: 상동.

42) 원문은 '如先有人有城邑 得有所起'이나 宋, 元, 明 三本에서는 마지막의 起가 趣로 되어 있다. 월칭소에서도 같은 내용이 다음과 같이 해설되고 있다. '누군가, 즉 데바닷따가 어딘가, 즉 가까운 곳에 있는 목적지인 촌락이나 마을로 간다고 하는 것이 [눈에] 보인다(kaściddevadattaḥ kiṃ cidarthāntabhutaṃ grāṃ nagararṃ vā gacchatīti dṛṣṭaṃ).' 따라서 원문의 起는 趣의 오식이다.

43) 梵文에서 '~로 간다(gam)'는 표현을 할 경우 도달할 곳을 의미하는 '~로'는 목적격(acc.)을 사용한다. 즉 √gam이라는 동사는 우리말과 달리 타동사이기에 목적어를 필요로 한다는 말이다. 위의 게송 22에서도 tām이나 kiṃ cid 같은 목적격을 사용한 것이다. 長行에서 '마을로(목적격) 간다.'는 표현을 '가는 놈이 가는 작용을(목적격) 가게 한다.'는 표현에 대비시킬 수 있는 것도 두 문장 모두에서 '간다.'는 동사와 함께 목적격이 쓰이기 때문이다.

gatī dve nopapadyete yasmādeke pragacchati//44)
가는 것, 그것에 의해서 가는 놈이 있다고 말하지만, 거기서 그것 [= 가는 놈]이 다른 것[= 가는 놈이 속해 있지 않은 가는 것]을 가는 것은 아니다. 하나가 가고 있기 때문에 두 개의 감은 성립하지 않는다.

어떠한 가는 작용에 의해서 가는 놈이 있음을 안다고 하더라도 그 가는 놈이 [그것이 속하지 아니한] 다른 가는 작용을 가게 하는 것은 아니다. 왜 그런가? 가는 놈 하나에 가는 작용이 둘일 수는 없기 때문이다.

다시 설명해 보자.

24) 決定有去者 不能用三去 不決定去者 亦不用三去
결정적으로 존재하는 가는 놈은 가는 작용 세 가지를 행할 수 없다. 결정되어 있지 않은 가는 놈도 역시 가는 작용 세 가지를 행하는 것이 아니다.

24) sadbhūto gamanaṃ gantā triprakāraṃ na gacchati/
nāsadbhūto 'pi gamanaṃ triprakāraṃ gacchati//45)
실재하는 가는 놈은 가는 작용 세 가지를 가는 것이 아니다. 가는 놈이 실재하지 않는다고 해도 역시 가는 작용 세 가지를 가지 않는다.

44) (2-23) *gatyā〉 gati: (ins.) 가는 것. *yayā〉 yad: (관계대명사, ins.) by which. *ucyate〉 √vac: (수동태) 말하다. *gantā〉 gantṛ: (m. Sg. nom.) 가는 자, 가는 놈. *tato〉 tatas: there, therefore. *anyāṃ〉 anya: (a. f. acc.) 다른 것. *sa〉 saḥ〉 tad: (m. nom.) 그것 (앞의 gantā를 가리킴). *na: 부정의 뜻. *gacchati〉 √gam: (para. Sg. Ⅲ) 가다. *gatī〉 gati: (f. Du. nom.) 감. *dve〉 dvi: (수사, f. nom.) 둘. *na: 부정의 뜻. *upapadyete〉 upa√pad: (수동태, Du. Ⅲ): 성립되다. *yasmāt: (관계대명사, m. abl.) ~으로부터. *eke〉 eki: (nom.) 하나로. *pragacchati〉 pra(앞으로) + √gam: 나아가다.

25) 去法定不定 去者不用三 是故去去者 所去處皆無
가는 작용이 결정적으로 존재하면서 결정적으로 존재하지 않는 경우 가는 놈은 세 가지를 행하지 않는다. 그러므로 가는 작용이나 가는 놈, 또 가게 될 곳 모두 없다.

25) gamanaṃ sadasadbhūtaḥ triprakāraṃ na gacchati/
tasmādgatiśca gantā ca gantavyaṃ ca na vidyate//46)
실재하면서 실재하지 않는 것은 가는 작용 세 가지를 가지 않는다. 그러므로 가는 것이나 가는 놈이나 가야 할 곳은 존재하지 않는다.

[가는 놈이] '결정적으로 존재한다'는 것은 원래 실제로 존재한다는 것으로 가는 작용으로 인하여 생하는 것이 아니라는 말이다. '가는 작용'이란 몸의 움직임을 말하고 '세 가지'라는 것은 '아직 가지 않은 것'과 '이미 가버린 것'과 '지금 가는 중인 것'을 말한다.

만일 가는 놈이 결정적으로 존재한다면 가는 작용이 없는데도 응당 가는 놈은 있어서 [그놈이 한시도] 멈추지 말아야 하리라. 그러므로 결정적으로 존재하는 가는 놈은 가는 작용 세 가지를 행할 수 없다.

---

45) (2-24) *sadbhūto〉 sadbhūtaḥ〉 sadbhūta: (a.) who or what is really good or true. *gamanaṃ: (n. acc.) 가는 작용. *gantā〉 gantṛ: (m. Sg. nom.) 가는 者, 가는 놈. *trip rakaraṃ〉 tri(셋) + prakaram(종류): (m. acc.) 세 가지. *na: 부정의 뜻. *gacchati〉 √gam: (para. Sg. Ⅲ) 가다. *na: 상동. *asadbhūto〉 a(부정의 뜻) + sadbhūtaḥ: 上同. * api: ~도 역시. *gamanaṃ: (n. acc.) 가는 작용. *tri prakāraṃ: 상동. *gacchati: 상동.

46) (2-25) *gamanam: (n. acc.) 가는 작용. *sadasadbhūtaḥ〉 sad + asadbhūtaḥ: (a.) who or what is really good or true and vice versa. *triprakāraṃ)〉 tri(셋) + prakāram(종류): (m. acc.) 세 가지. *na: 부정의 뜻. *gacchati〉 √gam: (para. Sg. Ⅲ) 가는 자, 가는 놈. *tasmāt: 그러므로. *gatiś〉 gatiḥ: (f. nom.) 감. *ca: 또. *gantā〉 gantṛ: (m. Sg. nom.) 가는 자, 가는 놈. *ca: 上同. *gantavyam〉 √gam: (미래수동분사) 가져야할 것. *ca: 또. *na: 부정의 뜻. *vidyate〉 √vid: 존재하다.

만일 가는 놈이 결정적으로 존재하는 것이 아니라면 그 말은 원래 실제로 존재하지 않는다는 말이 된다. 즉 가는 작용으로 인하여 가는 놈이라는 이름이 붙을 수 있는 것인데 가는 작용이 없으니 [가는 놈은] 가는 작용 세 가지를 행할 수 없다. 또 가는 작용이 있으므로 인하여 가는 놈이 있는 것인데 가는 작용이 미리 없다면 가는 놈도 없을 터이니 어떻게 '결정적으로 존재하지 않는 가는 놈이 가는 작용 세 가지를 행한다.'고 말할 수 있겠는가?

가는 작용도 가는 놈의 경우와 마찬가지다. 만일 가는 놈을 떠나서 가는 작용이 미리 결정적으로 있다고 하면 가는 놈을 인(因)하지 않고 가는 작용이 있다는 말이 된다. 그러므로 가는 놈은 가는 작용 세 가지를 행할 수 없다.

또 가는 작용이 결정적으로 존재하는 것이 아니라면 가는 놈은 무슨 쓸모가 있겠는가?

'가는 작용'이나 '가는 놈'이나 '가게 될 곳'에 대해 이상과 같이 관찰하여야 한다. 이것들은 서로 의존하고 있는 법들인 것이다. 가는 작용으로 인하여 가는 놈이 있고 가는 놈으로 인하여 가는 작용이 있으며 이 두 법[= 가는 작용과 가는 놈]이 존재하여야 가게 될 곳 또한 있을 수 있게 된다. 그러니 [가게 될 곳이] 결정적으로 있다거나 결정적으로 없다는 말은 할 수 없다. 그러므로 [가는 놈과 가는 작용과 가게 될 곳의] 세 가지 법은 허망하고 공하여 있는 것이 없으며 단지 거짓 이름뿐으로 허깨비와 같고 꾸며낸 것과 같음을 똑바로 알아야 하느니라.47)

47) 『大品般若經』에서는 空을 다음과 같은 10가지 현상에 비유한다. 幻(환상), 炎(햇살무늬), 水中月(물에 비친 달), 虛空, (메아리), 犍闥婆城(신기루), 夢(꿈), 影(그림자), 鏡中像(거울에 비친 모습), 化(신통 변화). 상세한 설명은 대정25, 『大智度論』, p.101. 이후 참조.

제3 관육정품(觀六情品, 8게)
육근(六根)에 대한 관찰

cakṣurādīndriyaparīkṣā nāma tṛtīyaṃ prakaraṇam

눈(眼) 등의 지각기관의 검토라는 이름의 제3장(8게)

【문】 경전에서는 다음과 같이 여섯 가지 지각기관[육정(六情)]이 있다고 설명하고 있다.

> 1) 眼耳及鼻舌 身意等六情 此眼等六情 行色等六塵
>
> **눈, 귀, 코, 혀, 몸, 생각 등은 육정[= 육근]인데 눈 등의 육정은 색 [성, 향, 미, 촉, 법] 등의 육진에서 작용한다.**
>
> **1) darśanaṃ śravaṇaṃ ghrāṇaṃ rasanaṃ sparśanaṃ manaḥ/ indriyāṇi ṣaḍeteṣāṃ draṣṭavyādīni gocaraḥ//**[1]
>
> **보는 작용[시각], 듣는 작용[청각], 냄새 맡는 작용[후각], 맛보는 작용[미각], 촉감을 느끼는 작용[촉각], 생각을 떠올리는 작용[사고], 등은 여섯 가지 인식기관이다.**[2] **보여져야 할 대상[의 여섯 가지]은 이것들의[= 여섯 가지 인식기관의] 활동영역이다.**

1) (3-1) *darśanam> √dṛś + ana(행위나 행위자인 명사를 만든다): (n. nom.) 보는 작용, 시각, 能見. *śravaṇam: 듣는 작용, 청각. *ghrāṇam: 냄새 맡는 작용, 후 각. *rasanam: 맛보는 작용, 미각. *sparśanam: 촉감을 느끼는 작용, 촉각. * manas: 思考. *indriyāṇi> indriya: (n. Pl.) 감각기관. *sad> ṣaṭ: (수사, Pl. nom.) 여섯. *eteṣām> etad: (n. Pl. gen.) 이것들의. *draṣṭavya> √dṛś: (미래수동분사) 보여져야 할 것[대상]. *ādīni> ādi(等) + ini(n. Pl. nom.) *gocaraḥ: (m. nom.) 활동영역, range.

2) 보통 여섯가지 지각 영역, 즉 六內入處를 지칭할 때는 cakṣuḥ(눈), śrotra(귀), ghrāṇa(코), jihvā(혀), kāya(몸), manaḥ(마음)라는 용어를 쓴다. 그러나 이 게송에서는 '행위'를 의미하는 조어접미사 '~ana'가 부수된 용어를 사용 한다. 이는 만질 수 있는 감각기관인 부진근(扶塵根)이 아니라 그 작용을 의미하기 때문인 듯하다.

여기서 눈은 내적인 감각기관[內情]이 되고 색(色)은 바깥의 대상[外塵]이 되어 눈이 능히 色을 보는 것이다. [귀, 코, 혀, 몸도 그런 식으로 작용하며, 마지막으로] 의근(意根: 생각을 떠올리는 작용)은 내정(內情)이 되고 법진(法塵: 생각의 내용)은 외진(外塵)이 되어 의근이 능히 법진을 알게 되는 것이다.3)

【답】 그 모두가 없다. 왜 그런가?

2) 是眼則不能 自見其己體 若不能自見 云何見餘物
눈이란 것은 스스로 자기 자신[= 눈]을 볼 수 없다. 스스로를 보지 못한다면 어떻게 다른 것을 보겠는가?

2) svamātmānaṃ darśanaṃ hi tattameva na paśyati/
na paśyati yadātmānaṃ kathaṃ drakṣyati tatparān//4)
실로 보는 작용[= 능견(能見)] 그것은 자기 스스로인 그것을 보지 않는다. 자기 자신을 보지 않는 것, 그것이 어떻게 다른 것들을 보겠는가?

눈이란 것은 자기 자신을 볼 수 없다. 왜 그런가? 등불이 스스로도 비출 수 있고 다른 것도 비출 수 있는 것처럼 눈이 무엇을 보는 행태[見相]가 이와 같다면 눈은 응당 스스로도 보고 다른 것도 볼 수 있어야 하리라. 그러나 그렇지 못하다. 그러므로 이 게송에서 '눈이 스스로를 보지 못한다면 어떻게 다른 것을 보겠는가?'라고 설하는 것이다.5)

---

3) 아비달마의 十二處說 참조.
4) (3 -2) *svam> sva: (a. n. nom.) 자신의, 스스로의. *ātmānam> ātman: (m. Sg. acc.) 스스로를. *darśanam> √dṛś + ana(행위나 행위자인 명사를 만든다): (n. nom.) 보는 작용, 시각, 能見. *hi: 실로. *tat>tad: (지시대명사, nom.) 그것 이. *tam> tad: (acc.) 그것을. *eva: 실로. *na: 부정의 뜻. *paśyati> √paś: (현재, Sg. Ⅲ)보다. *na: 上同. *paśyati: 上同. *yad: (관계대명사) ~인 것. * ātmānam: 上同. *katham: 어떻게. *drakṣyati> √dṛś: (미래, Ⅲ) 보리라. *tat> tad: 상동. *parān> para: (Pl. acc.) 다른 것.

【문】 눈이 비록 스스로를 보지는 못하지만 다른 것은 볼 수 있다. 이는 마치 불이 스스로를 태워 없애지 못하지만 다른 것은 태울 수 있는 것과 같다.

【답】

> 3) 火喩則不能 成於眼見法 去未去去時 已總答是事
> 불의 비유는 눈으로 본다는 법을 성립시키지 못한다. 이미 가버린 것, 아직 가지 않은 것, 지금 가는 중인 것에서 이미 이에 대해 충분히 답변했다.
> 3) na paryāpto 'gnidṛṣṭānto darśanasya prasiddhaye/
> sadarśanaḥ sa pratyukto gamyamānagatāgataiḥ//[6]
> 불의 비유는 보는 작용의 증명을 위해 적절치 않다. 그것[= 불의 비유]은 앞에서 설명했던, '가는 중인 것, 간 것, 가지 않은 것'과 마찬가지다.

그대가 비록 불의 비유를 들더라도 눈으로 본다는 법을 성립시킬 수는 없다. 이것은 제2 관거래품에서 이미 답변을 끝냈다. '이미 가버린 것'에는 가는 것이 없고 '아직 가지 않은 것'에도 가는 것이 없으며 '지금 가는 중인 것'에

---

5) 이 논리를 좀 더 자세히 설명하면 다음과 같다. 自가 있기에 그 의존개념인 他가 있을 수 있는 것이다. 그런데 '보는 작용'의 경우 아무리 둘러 봐도 '보는 작용' 자체를 찾아 볼 수가 없으니 '보는 작용'의 존재는 결코 확인되지 않는다. [이는 칼날로 그 칼날을 자를 수 없고 손가락 끝으로 그 손가락 끝을 가리킬 수 없는 것과 같다.] 따라서 '보는 작용' 그 자체가 없기에 그 상대 개념인 타자[= 보는 작용 이외의 다른 것, 즉 대상]는 존재할 수 없다. 위 게송에서 '자기 자신을 보지 못하는 것이 어떻게 다른 것을 보겠는가?'라고 설하는 이유가 여기에 있는 것이다.

6) (3 -3) *na: 부정의 뜻. *paryāpta〉 pary√āp: (p.p.p. nom.)적절하다, 얻다, 획득하다. *agni: 불. *dṛṣṭānta: 실례. *darśanasya〉 √dṛṣ + ana + sya: (n. gen.) 보는 작용, 시각. *prasiddhi : (f. dat.) 증명. *sa: ~과 함께. *darśanaḥ: (nom.) 상동. *sa〉 saḥ〉 tad: (지시대명사, m.) 그것. *pratyukto〉 prati(~에 대하여) + √vac: (p.p.p.) ~에 대해 말하다. *gamyamāna: 去時. *gata: 已去. *agataih〉 agata(未去) +iḥ(Pl.ins.): 未去에 의해.

도 가는 것이 없는 것처럼, 또 '이미 불타 버린 것'이나 '아직 불타지 않은 것'이나 '지금 불타는 중인 것'에는 불타는 것이 없는 것처럼, 이처럼 '이미 본 것'이나 '아직 보지 않은 것'이나 '지금 보고 있는 중인 것'에 '눈으로 무엇을 보는 행위[견상(見相)]'는 없다.

다시 설명해 보자.

> 4) 見若未見時 則不名爲見 而言見能見 是事則不然
> 보는 작용이 보고 있지 않을 때는 본다고 말할 수 없는데 보는 작용이 능히 본다고 말한다. 이런 일은 옳지 않다.
>
> 4) nāpaśyamānaṃ bhavati yadā kiṃ cana darśanaṃ/
> darśanaṃ paśyatītyevaṃ kathametattu yujyate//
> [지금] 보는 중이 아닌 어떤 보는 작용[能見]도 존재하지 않을 때, 그와 같이 보는 작용이 본다는 것, 이것이 도대체 어떻게 타당하겠는가?[7)]

눈은 색(色, 형상)을 마주 대하고 있지 않으면 볼 수가 없다. 그래서 그때는 본다는 말을 할 수가 없다. 색을 마주 대하고 있으므로 말미암아 본다고 말하는 것이다. 그러므로 이 게송에서 '보고 있지 않을 때는 본다고 말할 수 없다.'라고 설하는 것이다.

다시 말해 [볼 때와 보고 있지 않을 때의] 두 경우 모두 보는 작용은 없다. 왜 그런가 설명해 보자.

> 5) 見不能有見 非見亦不見 若已破於見 則爲破見者

7) (3-4) *na : 부정의 뜻(문장 전체를 부정한다). *apśyamānam〉 a(부정의 뜻) + √paś +ya + mānam: (수동태, 현재분사) 보고 있는 중이 아닌. *bhavati〉 √bhū: (Sg. Ⅲ.) 존재하다. *yadā: ~ 인 때에. *kiṃ cana: 어떤 것(不定稱). *darśanam〉 √dṛś + ana (행위나 행위자인 명사를 만든다): (n. nom.) 보는 작용, 시각. *paśyati〉 √paś: (Sg. Ⅲ) 보다. *iti: ~라고. *evam: thus, such, in this way. *katham: 어떻게. *etat〉 etad: (n. nom.) 이것. *tu: 그러나. *yujyate〉 √yuj(묶다): (수동태, Sg. Ⅲ) 타당하다.

보는 작용에 보는 것이 있을 수 없다.[8] 보는 작용이 아닌 것에도 보는 것이 있을 수 없다.[9] 이미 보는 작용을 논파했다면 결국 보는 놈도 논파된다.

5) paśyati darśanaṃ naiva naiva paśyatyadarśanaṃ/
vyākhyāto darśanenaiva draṣṭā cāpyupagamyatāṃ//[10]
보는 작용이 보는 것도 결코 아니고 보는 작용이 없는 것이 보는 것도 결코 아니다. 보는 작용에 대해 [이처럼] 설명한 것을 가지고 보는 놈도 이해해야 한다.

보는 작용은 볼 수 없다. [왜냐하면] 앞에서 이미 설명한 잘못이 있기 때문이다. 보는 작용이 없는 어떤 것이 보는 것도 아니다. 본다는 행위의 상(相)이 아예 없기 때문이다. 본다는 행위의 상(相)이 없다면 어떻게 볼 수 있겠는가?

보는 작용이 없으므로 보는 놈도 있을 수가 없다. 왜 그런가? 만일 보는 작용이 없어도 보는 놈은 있다면 눈이 없는 시각장애인도 다른 어떤 감각기관으로 볼 수 있어야 하리라.

만일 보는 작용으로써 보는 것이라면 그 보는 작용 속에만 본다는 행위의 상(相)이 있고 보는 놈에게는 본다는 행위의 상(相)이 없는 꼴이 된다. 그러므로 위의 게송에서 '만일 이미 보는 작용을 논파했다면 결국 보는 놈도 논파된다.'고 설하는 것이다.

다시 설명해 보자

8) 본 품 제3게 참조.
9) 본 품 제4게 참조. .
10) (3-5) *paśyati〉 √paś: (Sg. Ⅲ) 보다. *darśanam〉 √dṛś + ana: (n. nom.) 보는 작용, 시각. *na: ~ 아니다. *eva: 실로, 결코. *paśyati: 上同. *adarśanam〉 a(부정의 뜻) + darśanam: 상동. *vyākhyāto〉 vy + ā√khyā + ta: (p.p.p.) 설명하다. 상술하다. *darśanena: (ins.) 上同. *eva: 上同. *draṣṭā〉 draṣṭṛ: (m. nom.) 보는 者, 見者. *ca: 그리고. *api: ~도 역시. *upagamyatām〉 upa√gam: (명령, 수동태, Sg. Ⅲ) 도달하다, 이해하다.

> 6) 離見不離見 見者不可得 以無見者故 何有見可見
> 보는 작용을 떠나서건 떠나지 않건 보는 놈은 얻을 수 없다. 보는 놈이 없기 때문에 어떻게 보는 작용이나 보이는 것이 있겠는가?
> 6) tiraskṛtya draṣṭā nāstyatiraskṛtya ca darśanaṃ/
> draṣṭavyaṃ darśanaṃ caiva draṣṭaryasati te kutaḥ//[11]
> 보는 작용을 배제하건 배제하지 않건 보는 놈은 존재하지 않는다. 보는 놈이 없다면 보이는 것[= 대상]이나 보는 작용, 그것들이 어떻게 있겠는가?

만일 보는 작용이 있다면 보는 놈은 성립하지 않는다. 또 만일 보는 작용이 없어도 보는 놈은 성립하지 않는다. 보는 놈이 없는데 어떻게 보는 작용이나 보이는 대상이 존재하겠는가? 또 만일 보는 놈이 없다면 누가 능히 보는 작용을 사용하여 바깥의 형상(色)을 분별할 수 있겠는가? 그러므로 위의 게송에서 '보는 놈이 없기 때문에 어떻게 보는 작용이나 보이는 것이 있겠는가?'라고 설하는 것이다.

다시 설명해 보자.

> 7) 見可見無故 識等四法無 四取等諸緣 云何當得有
> 보는 작용과 보이는 대상이 없기 때문에 식(識) 등의 사법(四法)

11) (3-6) *tiraskṛtya〉 tirasy√kṛ: (절대분사: ~ 하고서) 제쳐놓고서. * draṣṭā) draṣṭṛ: (m.hom.)보는 者. * na: 부정의 뜻. *asti〉 √as: ~이다. *atiraskṛtya〉 a(부정의 뜻) + tiraskṛtya: 제쳐놓지 않고서. *ca: 그리고. *darśanam〉 √dṛś + ana: (n. nom.) 보는 작용, 시각. *draṣṭavyam〉 √dṛś: (미래수동분사) 보여 질 것, 보이는 것. *darśanam: 上同. *ca: 그리고. *eva: 실로. *draṣṭari〉 draṣṭṛ: (m. loc.) 보는 자. *asati〉 a(부정의 뜻) + sat(〉 √as): (loc.) ~이 없다면. *te〉 tad: (Pl. nom.) 그것들. *kutaḥ〉 kutas: 어디에, 누구에, 어떻게.

> 은 없다. 사취(四取) 등의 연(緣)들이 어떻게 있을 수 있겠는가?
>
> 7) draṣṭavyadarśanābhāvādvijñānādicatuṣṭayaṃ/
> nāstīty upādānādīni bhaviṣyanti punaḥ kathaṃ//[12)]
>
> 보여지는 것과 보는 작용이 없기 때문에 식(識) 등의 네 가지는 존재하지 않는다. 그런데 어떻게 취(取) 따위의 것이 존재하겠는가?[13)]

보는 작용이나 보이는 대상이 없기 때문에 식(識), 촉(觸), 수(受), 애(愛) 등의 사법(四法)[14)]은 모두 없다. 또 애(愛) 등의 법이 없기 때문에 사취(四取)[15)]등 십이연기법의 각 지분도 역시 없다.[16)]

다시 설명해 보자.

> 8) 耳鼻舌身意 聲及聞者等 當知如是義 皆同於上說
>
> 귀, 코, 혀, 몸, 생각과 소리나 듣는 놈 등[의 경우]도 모두 앞에서 설한 것과 똑같다는 사실을 알아야 한다.

---

12) (3-7) *draṣṭaya〉 √dṛś: (미래수동분사) 보여질 것, 보이는 것. *darśana〉 √dṛś + ana: (n.)보는 작용, 시각, 能見. *abhāvād〉 a(부정의 뜻) + bhāvāt(〉 bhāva): (abl.) 없기 때문에. *vijñāna: 識, 인식. *ādi: 等. *catuṣṭayam: (a.) 네 종류의. *na: 부정의 뜻. *asti〉 √as: (Ⅲ.) 존재하다. *iti: ~라고. *upādāna: 取, 집착. *ādīni〉 ādi: (a. n. Pl. nom.) 等. *bhaviṣyanti〉 √bhū: (미래, Pl. Ⅲ) 존재하다. *punaḥ〉 punar: 다시. *katham: 어떻게.

13) 학자에 따라서, 월칭의 *Prasannapada*에 근거하여 이 게송 이전에 梵文 게송을 하나 추가하기도 하지만 이는 용수의 *Ratnāvalī*(『보행왕정론』 Ⅳ, 55)의 게송을 월칭이 해설 중에 인용한 것으로 『중론』 본송은 아니다.

14) 십이연기설에서 보는 작용이 포함되는 六入 支分 이후에 觸, 受, 愛 支分과 다음의 取 지분이 이어진다.

15) 欲取, 見取, 戒禁取, 我語取.

16) 이는 십이연기의 還滅門을 말하는 것으로 '보는 작용'의 실상에 대한 지혜로 인해 無明이 사라지면서 십이연기의 각 지분이 사라지는[= 還滅되는] 과정을 간략히 설명한 것이다. 즉 '는 작용'과 '보이는 대상' 간의 인과 관계의 中道性이 바로 무명을 타파하는 연기의 실상[= 중도적 인과관계]이다.

> 8) vyākhyātaṃ śravaṇaṃ ghrāṇaṃ rasanaṃ sparśanaṃ manaḥ/
> darśanenaiva jānīyācchrotṛśrotavyakādi ca//[17)]
> 듣는 작용, 냄새 맡는 작용, 맛보는 작용, 촉감을 느끼는 작용, 생각하는 작용 등은 보는 작용[에 대한 논파]에 의해 설명됨을 알아야 한다. 또 듣는 놈과 들리는 것[= 소리] 따위도 ⋯.

보는 작용이나 보이는 대상이 공하여 중연(衆緣)에 속해 있기에 결정상(決定相)이 없는 것처럼 귀 등의 다른 다섯 가지 인식능력[오정(五情)]과 소리 등의 다섯 가지 대상[오진(五塵)]도 보는 작용이나 보이는 대상의 경우와 똑같[이 공하]다. 그 이치가 마찬가지이기에 따로 설명하지는 않겠다.

---

17) (3-8) *vyākhyātam〉 vy-ā√khyā: (p.p.p. n. nom.) 설명하다. 상술하다. *śtravaṇam: 듣는 작용, 청각. *ghrāṇam: 냄새 맡는 작용, 후각. *rasanam: 맛보는 작용, 미각. *sparśanam: 촉감을 느끼는 작용, 촉각. *manaḥ〉 manas: (n.) 思考. *darśanena〉 dṛś + ana: (n. ins) 보는 작용, 시각, 능견. *eva: 실로. *jānīyāt〉 √jña + nī(9류 동사 약어간化) + yat(opt. Sg. Ⅲ): 알다. *chrotṛ〉 śrotṛ: 듣는 者. *śrotavyaka〉 śtrotavya(미래수동분사) + ka(형용사化): 들려질 것, 들려질 대상. *ādi: 등. *ca: 그리고.

제4 관오음품(觀五陰品, 9게)
오온(五蘊)에 대한 관찰
skandhaparīkṣā nāma caturthaṃ prakaraṇam
집합체의 검토라는 이름의 제4장(9게)

【문】 경전에서는 오음(五陰)[1]이 있다고 설한다. 이것은 어찌 된 일인가?
【답】

> 1) 若離於色因 色則不可得 若當離於色 色因不可得
> 만일 '색의 인(因)'[2]을 떠난다면 색은 얻을 수 없다. 만일 색을 떠난다면 '색의 인'은 얻을 수 없다.
> 1) rūpakāraṇanirmuktaṃ na rūpamupalabhyate/
> rūpeṇāpi na nirmuktaṃ dṛśyate rūpakāraṇaṃ//[3]
> '색의 인'이 없으면 색은 지각되지 않는다. 색이 없어도 '색의 인'은 보이지 않는다.

색의 인이라는 것은 옷감의 인(因)인 실에 비유된다.[4] 실을 떠나서는 옷감이 있을 수 없다. 또 옷감이 없다면 [그 옷감에 속한] 실도 있을 수가 없다.

---

1) pañica skandha: 현장 역에서는 五蘊이라고 번역한다. 구마라습 이전에는 五衆이라고 하였다. [개정판 주] 五陰이란 '참된 실재를 덮어 가린다[음부(陰覆)].'라는 의미.
2) 地, 水, 火, 風의 四大를 의미한다고 볼 수 있다.
3) (4 -1) *rūpa: (n.) 色, 형상, 물질. *kāraṇa: (n.) 因, 원인. *nirmuktam) nir√muc: (p.p.p. a. nom.) ~로부터 떠나다. ~로부터 해방되다. *na 부정의 뜻. *rūpam: (n. nom.) 上同. *upalabhyate〉 upa√labh: (수동태) 포착하다, 받아들이다, 발견하다. *rūpena〉 rūpa: (ins.) 상동. *api: ~도 역시. *na: 상동. *nirmuktam: 상동. *dṛśyate〉 √dṛś: (수동태) 보이다. *rūpa: 上同. *kāranam: (nom.) 상동.
4) 원인과 결과의 관계를 실과 옷감의 관계에 비유하는 예는 Nyāya논리학에서도 거론하고 있다. Nyāya논리학에서는 원인과 결과를 실체시 하는 데 반해 용수는 십이연기설의 중도인과론(中道因果論)에 입각해 원인과 결과 양쪽 모두 한 공한 것으로 비판한다.

여기서 옷감은 '색'에 대비되고 실은 '색의 인'에 대비되는 것이다.

【문】 색의 인을 떠나서 색이 있다면 어떤 잘못이 있겠는가?

【답】

2) 離色因有色 是色則無因 無因而有法 是事則不然
'색의 인'을 떠나서 색이 있다면 이 색은 인이 없[이 존재하는 꼴이 된]다. 인이 없이 법이 있다는 것은 옳지 않다.

2) rūpakāraṇanirmukte rūpe rūpaṃ prasajyate/
āhetukaṃ na cāstyarthaḥ kaścidāhetukaḥ kva cit//5)
색의 인이 없이 색이 있다[고 한다]면 무인(無因)의 색이 있다[고 집착하]는 꼴이 된다. 무인인 사물은 어떤 것이건 어디에건 존재하지 않는다.

만일 실이 없는 옷감이 있다면 이 옷감은 인이 없는 꼴이 되어 불합리하게 되는 경우와 마찬가지로 인이 없이[= 無因] 법이 존재한다는 것은 세간에서 있을 수 없다.

【문】 불법이나 외도의 법이나 세간의 법 중에는 모두 무인의 법이 있다. 불법 중에는 세 가지 무위법[6]이 있다. 무위법은 항상[常]되므로 무인의 법이

5) (4-2) *rūpa: (n.) 色, 형상, 물질. *kāraṇa: (n.) 因, 원인. *nirmukte> nir√muc: (p.p.p. n. loc.) ~로부터 떠나다, ~로부터 해방되다. *rūpe> rūpa: (loc.) 上同 (locative는 조건의 뜻). *rūpam> rūpa: (n. norm.): 상동 *prasajyate> pra√sañj: (수동태) 오류에 빠진다, 귀결하다. *āhetukarm> āhetu +ka(縮助詞, 혹은 형용사化): (a. n. nom.) 因의 것. *na: 부정의 뜻. *ca: 그리고. *asti> √as: (Sg. Ⅲ) ~이 있다. *arthaḥ> artha: (m. nom.) 대상. *kaścid> kaḥ cit:(不定稱, nom.) 어떤 것이건. *ahetukkaḥ> ahetukka: (a. m. nom.)上同. *kva cit : 어디에건.

6) ①虛空無爲: 모든 것을 포용하고 어느 것에도 장애되지 않는 허공을 말한다. ②擇滅無爲: 속박을 떠나 해탈을 증득한 상태를 말한다. ③非擇滅無爲: 현재의 법은 원래 모두

다. 외도의 법에는 허공과 시간과 방위와 신아(神我)와 미진(微塵)과 열반 등의 무위법[7]이 있다. 또 세간법에는 허공과 시간과 방위가 있는데 이 세 가지 법은 없는 곳이 없다. 그러므로 상주한다고 말한다. 상주하므로 무인의 법이다. 그런데 당신은 어째서 이 세상에는 무인의 법은 없다고 설하느냐?

【답】 여기서 말하는 무인의 법이란 단지 언설로서만 존재하는 것이다. 가만히 생각해서 따져보면 모두 없음을 알게 된다. 만일 제법이 인연을 따라 존재하는 것이라면 무인이라는 말을 하지 말아야 하리라. 그래도 무인연(無因緣)이라고 하면 내가 앞에서 한 설명을 생각해봐라.

【문】 인(因)은 두 가지 종류가 있다. 첫째는 작인(作因)[8]이고 둘째는 언설인(言說因)[9]이다. 위에서 열거한[허공, 시간, 미진 등의] 무위법은 작인은 없지만 언설인은 갖는다고 할 수 있다. 왜냐하면 [그 언설로 인해] 사람으로 하여금 [그 법을] 알게 하기 때문이다.

【답】 언설인을 갖기에 존재한다고 그대가 말할지 모르지만, 이는 옳지 않다. 소위 허공[이라는 무인(無因)의 법이 존재한다는 오해]에 대해서는 [제5] 관육종품(觀六種品)에서 논파하겠다.[10] 그 외의 다른 법에 대해서도 나중에 다시 논파하겠다.[11] 또 지금 눈에 보이는 법도 모두 논파할 수 있는데 하물

미래의 시간대에 존재했던 것인데 미래의 시간대에 존재했지만 인연을 만나지 못해 현재 생하지 않은 법을 말한다. 즉 발생 가능성은 있었으나 발생하지 않은 사건을 말한다.

7) 時, 方, 神(ātman), 微塵은 Vaiśeṣika에서 주장하는 실체(dravya)에 속하고 時, 微塵, 神(jīva), 涅槃은 Jaina에서 주장하는 원리이다.

8) kāraṇa hetu= 生因(길장소, 대정42, p.67b). 아리스토텔레스의 動力因과 質料因에 해당한다.

9) 요인(了因)이라고도 한다. 인식을 성립시키는 근거, 이유. 예를 들어 불[火]에 대한 연기. 'cause cognoscendi'에 해당한다. 中村元, 『佛教語大辭典』, p.429.

10) 제5 관육종품에서는 六種 즉 六界인 地, 水, 火, 風, 空, 識을 논파하면서 그 대표로 空界, 즉 虛空을 논파한다.

11) 時는 제19 관시품에서, 神[我]는 제9 본주품과 제18 관법품에서, 열반은 제25 관열반품에서 논파한다.

며 미진 따위의 눈에 보이지 않는 법을 논파하지 못하겠는가? 이상과 같은 이유에서 이 세상에 무인의 법은 없다고 설하느니라.

【문】 만일 색과는 별도로 '색의 인'이 존재한다면 무슨 허물이 있겠는가?

【답】

> 3) 若離色有因 則是無果因 若言無果因 則無有是處
> 색(色)을 떠나서 그 인(因)이 있다면 이것은 결과 없는 인이다.
> [그러나] 결과 없는 인이 있다고 말한다면, 그런 경우는 없다.
> 3) rūpeṇa tu vinirmuktaṃ yadi syādrūpakāraṇaṃ/
> akāryakaṃ kāraṇaṃ syād nāstyakāryaṃ ca kāraṇaṃ//[12)]
> 그와 달리 만일 색과는 별도로 '색의 인'이 있다고 한다면 결과 없는 인이 있어야 하리라. 그러나 결과 없는 인은 없다.

만일 색이라는 결과를 배제하고 단지 '색의 인'만 있다고 하는 것은 결과 없는 인이 있다는 말이 된다.

【문】 만일 결과는 없지만, 그 인(因)은 있다고 한다면 무슨 허물이 있겠는가?

【답】 이 세상에서는 결과는 없지만, 그 인은 있다는 일이 전혀 있을 수 없다. 왜 그런가? 결과가 있기에 그에 대한 인이라고 부를 수 있는 것인데 결과가 없다면 어떻게 인이라고 부를 수 있겠는가?

---

12) (4-3) *rūpena〉 rūpa: (n. ins.) 色, 형상, 물질. *tu: 그러나. *vinimuktam〉 vi-nir√muc: (p.p.p. n. loc.) ~로부터 벗어나다. *yadi: 만일. *syāt〉 syād〉 √as: (opt. Ⅲ) ~ 이리라. *rūpa: 상동. *kāraṇam: (n. nom.) 因, 원인. *akāryakarm〉 a(부정의 뜻) + kārya(결과) + ka(형용사化) + m(n. nom.): 결과 없는. *kāraṇam: 상동. *syāt: 상동. *na: ~아니다. *asti〉 √as: (Sg. Ⅲ) ~있다.. *akāryam: 결과 없는. *ca: 그런데, 그리고. *kāranam: 上同.

또 만일 인 가운데 결과가 전혀 없다면[= 인중무과(因中無果)] 어째서 사물이 비인(非因)으로부터는 나타나지 못하느냐? 여기에 대해서는 [제1 관]인연품에서 설명한 대로 이해하면 된다.[13] 이상과 같은 이유에서 결과를 갖지 않는 인(因)은 없다.

다시 설명해 보자.

> 4) 若已有色者 則不用色因 若無有色者 亦不用色因
> 만일 이미 색이 있는 것이라면 '색의 인'은 소용없다. 만일 색이 존재하지 않는다고 해도 역시 '색의 인'은 소용없다.[14]
> 4) rūpe satyeva rūpasya kāraṇaṃ nopapadyate/
> rūpe 'satyeva rūpasya kāraṇaṃ nopapadyate//[15]
> 색이 존재한다면 '색의 인'은 결코 성립하지 않는다. 색이 존재하지 않는다면 '색의 인'은 결코 성립하지 않는다.

[색이 있는 경우나 없는 경우의] 두 가지 경우 모두 '색의 인'은 있을 수 없다. 만일 인 속에 먼저 색이 있는 것이라면 그 인을 '색의 인'이라고 부를 수 없다. 또 만일 인 속에 먼저 색이 없는 것이라면 그 역시 '색의 인'이고 부를 수 없다.

【문】 그 두 가지 경우가 모두 옳지 않다면, 단지 무인(無因)의 색(色)만이 있다면 무슨 허물이 있겠는가?

【답】

---

13) 제1 관인연품 제7게: '因是法生果 是法名爲緣 若是果未生 何不名非緣'.

14) 이와 같은 맥락의 논리는 『중론』 내에서 자주 등장한다. 제1 觀因緣品 제8게, 제10 觀燃可燃品 제11게, 제7 觀三相品 제14, 18게 등 참조.

15) (4-4) *rūpe> rūpa: (n. loc.) 色, 형상, 물질. *sati(loc.)> sat(현재분사)> √as: 존재하다. *eva: 실로. *rūpasya> rūpa: (n.gen.) 상동. *kāraṇam: (n. nom.) 因, 원인. *na: 부정의 뜻. *upapadyate> upa√pad: (수동태) 성립하다. *asati> a(부정의 뜻) + sati: 上同.

5) 無因而有色 是事終不然 是故有智者 不應分別色
인(因)이 없이 색이 존재한다는 것은 결코 옳지 않다. 그러므로 지혜를 가진 사람은 색을 분별해서는 안 된다.

5) niṣkāraṇaṃ punā rūpaṃ naiva naivapapadyate/
tasmād rūpagatān kāṃścinna vikalpān vikalpayet//[16]
또한 무인(無因)의 색이 있다는 것은 결코 결코 성립하지 않는다. 그러므로 색에 관해서는 어떠한 분별도 분별해서는 안 된다.

인 속에 결과가 있다[= 인중유과(因中有果)]거나 없다[= 인중무과(因中無果)]거나 하는 것이 아예 있을 수 없는데 하물며 인 없이 색이 존재하겠는가? 그러므로 인이 없이 색이 존재한다는 것은 결코 옳지 않다. 그러므로 지혜를 가진 사람은 [色을 분별해서는 안 된다.]고 말하는 것이다. 분별이라는 것은 범부가 무명과 애욕에 물들어 색에 집착하고 나서 사견(邪見)을 갖고 분별을 내어 희론하며 '인중유과'라거나 '인중무과'라고[17] 설하는 것을 말한다. 그러나 지금 여기서 색을 찾아보았으나 얻을 수가 없으므로 '지혜를 가진 사람은 색을 분별해서는 안 된다.'고 하는 것이다.

다시 설명해 보자.

6) 若果似於因 是事則不然 果若不似因 是事亦不然
만일 결과가 인과 같다고 하면 이런 일은 옳지 못하다. 만일 결과가 인과 같지 않다고 하면 이런 일은 옳지 못하다.

16) (4-5) *niṣkāranam〉 niḥ(~없는) + kārarana + m: (n. com.) 원인 없는. *punā[=punar]: 또, 다시, again. *rūpam〉 rūpa: (n. nom.) 색, 형상, 물질. *na: 부정의 뜻. *eva: 실로, 결코. *upapadyate〉 upa√pad: (수동태) 성립하다. *tasmāt〉 tad: (지시대명사, abl.) 그러므로. *rūpa: 上同. *gatān〉 gata〉 √gam: (m. pl. acc.) ~에 속한. *kāṃścin〉 kān(Pl.) + s + cit〉 kas cit: 어떤 것들. *na: 上同. *vikalpān〉 vikalpa: (m. pl. acc.) 분별. *vikalpayet〉 vi√klṛp: (opt. Ⅲ) 분별하다.s

17) 제1 觀因緣品 각주 19, 20 참조.

6) na kāraṇasya sadṛśaṃ kāryamityupapadyate/
na kāraṇasyāsadṛśaṃ kāryamityupapadyate//[18]
인과 같은 결과라고 하는 것은 성립하지 않는다. 인과 같지 않은 결과라고 하는 것은 성립하지 않는다.

만일 결과가 원인과 서로 같다고 한다면 이런 일은 옳지 못하다. 왜냐하면, 원인은 미세한[세(細)] 것이고 결과는 거칠은[추(麁)] 것이기 때문이다. 원인과 결과는 그 형상이나 세력 등이 서로 다르다. 예를 들어 옷감이 실과 같다면 그 옷감을 옷감이라고 부르지 못하는 것과 같다. 실은 여러 가닥으로 되어있고 옷감은 한 덩어리로 되어있는 것이기 때문이다. 그러므로 원인과 결과가 서로 같다고 말할 수 없다.

만일 원인과 결과가 서로 같지 않다고 해도 이 역시 옳지 않다. 예를 들어 삼실[= 마루(麻縷)]로 비단 [옷감]을 만들지 못하는 것과 같다. 굵은[추(麁)] 실에서 미세한 옷감이 나올 수는 없는 것이다. 그러므로 원인과 결과가 같지 않다고 말할 수도 없다.

이렇게 두 가지 경우 모두 옳지 못하니 색도 없고 '색의 인'도 없다.

7) 受陰及想陰 行陰識陰等 其餘一切法 皆同於色陰
수음과 상음, 행음과 식음 등 그 이외의 모든 법은 모두 색음의 경우와 같다.
7) vedanācittasaṃjñānāṃ saṃskārāṇāṃ ca sarvaśaḥ/
sarveṣāmeva bhāvānāṃ rūpeṇaiva samaḥ kramaḥ//[19]
수와 심(心)[20]과 상과 갖가지 행과 또 모든 존재들은 모든 점에

18) (4-6) *na: 부정의 뜻. *kāraṇasya: (n. gen.) 因, 원인. *sadṛśam〉 sadṛśa〉 sa + √dṛś[보다] + a: (a. nom.) ~와 같은. *kāryam: (n. nom.) 결과. *iti: ~라고 하는 것은. *upapadyate〉 upa√pad: (수동태) 성립하다. *asadṛśam〉 a(부정의 뜻) + sadṛśam:上同.

> 서 색과 같은 과정을 거친다.

[수, 상, 행, 식의 나머지] 사음(四陰)과 일체법도 응당 이처럼 관찰하여 논파하거라. 그리고 지금 이 논(論)을 지으신 분께서 공(空)의 이치를 찬미하고자 다음과 같이 게송을 설하신다.

> 8) 若人有問者 離空而欲答 是則不成答 俱同於彼疑
> 만일 누군가가 물어보는데 공(空)을 떠나서 답변을 하려고 한다면 답변이 성립할 수가 없고 함께 [애초의] 그 의문과 똑같게 된다.
> 8) vigrahe yaḥ parīhāraṃ kṛte śūnyatayā vadet/
> sarvaṃ tasyāparihṛtaṃ samaṃ sādhyena jāyate//[21]
> 공성(空性)에 의해서 만들어낸 논파에 대해서 누군가가 반박을 말한다면, 그자의 반박은 모두 성공하지 못하며, [그런 반박에서 그자가] 증명하려고 했던 것과 같은 것[= 잘못]이 발생한다.[22]

---

19) (4-7)*vedanā: (f.) 受, 감수, 느낌. *citta: (n.) 心, 마음. *saṃjñānām〉 saṃjñā: (f. Pl. gen.) 想, 지식. *saṃskārāṇām〉 saṃskāra: (m. pl. gen.) 行, 형성작용, 성격. *ca: 그리고.. *sarvaśaḥ〉 sarvaśas: (ind.) 완전히, 철저히. *sarveṣām〉 sarva: (a. Pl. gen.) 일체, 모두. *eva: 실로. *bhāvānām〉 bhāva: (m. Pl. gen.) 존재. *rūpena〉 rūpa: (n. ins.) 色, 형상, 물질. *eva: 상동. *samaḥ: (a.m.nom.) ~과 같은(ins. 를 지배한다). *kramaḥ: (m. nom.) 절차, 진행, 계승.

20) [2020년 개정본 주] 산스끄리뜨 원문에서 식(識, vijñāna: 3음절어)이 아니라 심(心, citta: 2음절어)이라고 쓴 이유는 『중론송』의 시(詩)형식인 Śloka의 16음절에 맞추기 위한 것일 뿐이며 특별한 사상적 의미는 없다. ; 원시불교에서는 citta, vijñāna, manas는 대체로 같은 의미로 쓰였다. 寺本婉雅, 『中論 無畏疏』, p.78. 참조.

21) (4-8) *vigrahe〉 vigraha: (m. loc.) 爭論, 경쟁, 투쟁. *ya〉 yaḥ〉 yad: (관계대명사, nom.) who. *parīhāram〉 parīhāra: (m.acc.) excluding, 반박. *kṛte〉 kṛta: (p.p.p. loc.) 짓다. *śūnyatayā〉 śūnyatā: (f. ins.) 空性. *vadet〉 √vad: (opt. Sg. Ⅲ) 설하다.

> 9) 若人有難問 離空說其過 是不成難問 俱同於彼疑
> 만일 누군가가 난문이 있는데 공(空)을 떠나서 그 잘못을 설명한다면 난문이 성립되지 못하여 함께 [애초의] 그 의문과 똑같게 된다.
> 9) vyākhyāne ya upālambhaṃ kṛte śūnyatayā vadet/
> sarvaṃ tasyānupālabdhaṃ samaṃ sādhyena jāyate//[23]
> 공성에 의해서 만들어낸 해설에 대해서, 누군가가 비난을 말한다면, 그자의 모든 비난은 성공하지 못하며, [그런 비난에서 그 자가] 증명하려고 했던 것과 같은 것[= 잘못]이 발생한다.[24]

누군가가 논의를 할 때 각자 고집하는 것이 있어서 공의 이치를 벗어나서 질문과 답변을 행한다면 질문이나 답변 모두 성립되지 않고 서로 미심쩍어했던 것과 똑같은 난관에 봉착한다. 예를 들어 누가 '항아리는 무상(無常)하다.'고 말했을 때 질문자가 '어째서 무상한가?'라고 물으니 '무상한 인연에서 생

---

*sarvam: (a. n.nom.) 모두, 모든 것. *tasya〉 tad: (지시대명사, gen.) 그것. *aparihṛtam〉 a(부정의 뜻) + pari√hṛ(배제하다, 반박하다) + ta(p.p.p.) + m(acc.) 반박되지 않음. *samam: (a. n. nom.) 동일한, 같은. *sādhyena〉 sadhya: (a. ins.) 所成, 所證, 증명될 것. *jāyate〉 √jan: (수동태) 生하다.

22) 소증상사(所證相似, sādhya sama)의 오류가 발생한다는 의미. 소증상사는 『니야야수뜨라』에서 열거하는 사인(似因) 가운데 하나. '소증성의 것이기 때문에 소증과 구별되지 않는 것이 소증상사이다(sādhya-aviśiṣtaḥ sādhyatvāt sādhyasama)'. *Nyāya-Sūtra*, 1-2-8. 즉, 어떤 주장을 증명하기 위해서, 이유를 제시했지만, 그 이유 또한 증명되어야 하는 경우, 소증상사의 오류를 범한다고 한다.

23) (4-9) *vyākhyane〉 vyākhyana(a. loc.) 설명. *ya〉 yah〉 yad: (관계대명사, nom.) who. *upālambham: (m. acc.) 비난. *kṛte〉 kṛta: (p.p.p. loc.) 짓다. *śūnyatayā〉 sūnyatā: (f. ins.) 공성. *vadet〉 √vad: (opt. Sg. Ⅲ) 말하다. *sarvam: (a. n. nom.) 모두, 모든 것. *tasya〉 tad: (지시대명사, gen.) 그것. *anupālabdham〉 an(부정의 뜻) + upā√labh(p.p.p. 비난하다) + m(acc.) *samam: (a. n. nom.) 동일한. *sādhyena〉 sādhya: (a. ins.) 所成, 所證, 증명될 것. *jāyate〉 √jan: (수동태) 生하다.

24) 이 역시 위의 게송 '4-8'과 마찬가지로 소증상사의 오류가 발생한다는 의미.

하기 때문이다.'라고 답변했다면 이는 답변이 되지 못한다. 왜 그런가? 그 인연이란 것에 대해서도 역시 의심이 생겨 [그 인연이] 항상된 것인지, 무상한 것인지 모르기 때문이다. 그래서 처음의 의문이 그냥 남는다. 그렇다고 질문자가 그 [무상론의] 잘못을 비난하려고 공에 의거하지 않고 '모든 존재는 무상하다.'라는 것을 [비판적으로] 설명하려고 한다면 그것도 비난이 되지 못한다. 왜 그런가? [다음과 같은 말이 되기 때문이다.] '그대는 무상론에 의거하여 나의 상주론을 논파하였다. 그러나 나 역시 상주론에 의거하여 그대의 무상론을 논파한다. 만일 실제로 무상하다면 업보도 존재하지 못하고 눈이나 코 등 모든 존재가 순간순간 소멸해 가니 어떤 구별도 할 수 없게 된다. 이렇게 여러 가지 잘못이 있다.' 그러나 이 모든 비난은 성립되지 못하고 애초의 의심은 그냥 남는다. 반면 공[의 진정한 의미]에 의거해서 상주론을 논파한다면 아무 잘못도 발생하지 않는다. 왜 그런가? 이런 사람은 공의 상(相)을 취하지 않기 때문이다. 그러므로 어떤 질문이나 답변을 하고자 한다면 항상 공의 진리에 의거해야 한다. 그런데 하물며 [그런 문답 정도가 아니라] 고(苦)를 여읜 적멸(寂滅)의 경지를 추구하려는 경우에 있어서야 어떠하겠는가?

제5 관육종품(觀六種品, 8게)
육계(六界)에 대한 관찰

dhātuparīkṇā nāma pañcamaṁprakaranam
계(界)의 검토라는 이름의 제5장(8게)

【문】 [지(地), 수(水), 화(火), 풍(風), 공(空), 식(識)의] 육종(六種)[1]은 각각 독자적인 상(相)이 있다. 그러므로 육종은 존재한다고 볼 수 있다.

【답】

> 1) 空相未有時 則無虛空法 若先有虛空 卽爲是無相
> 허공의 상(相)이 아직 존재하지 않을 때는 허공법(虛空法)은 있을 수 없다. 만일 [상이 있기 이전에] 미리 허공이 존재하는 것이라면 그것은 상이 없이 존재하는 꼴이 된다.
>
> 1) nākāśaṃ vidyate kiṃ citpūrvamākāśalakṣaṇāt/
> alakṣaṇaṃ prasajyeta syātpūrvaṃ yadi lakṣaṇāt//[2]
> 허공의 상(相)[3]이 있기 이전에는 그 어떤 허공도 존재하지 못한다. 만일 상이 있기 이전에 [허공이] 존재한다면 [허공은] 상이 없이 존재한다는 오류에 떨어진다.

---

1) ṣad dhātavaḥ. 즉 육계(六界)의 이역어(異譯語)다. 오온, 십이처, 십팔계와 같이 일체에 대한 분류법 가운데 하나다. 오온설에서는 심법을 수, 상, 행, 식으로 세분한 반면, 색법을 지, 수, 화, 풍의 사대(四大)로 세분한다는 점에 육계설의 특징이 있다.

2) (5-1) *na: 부정의 뜻. *ākāśam〉 ākāśa: (n. nom.) 허공. *vidyate〉√vid: 존재하다. *kim cit: 어떤 것[不定稱], anything. *pūrvam〉 pūrva: (a. n. nom.) ~이전의. *ākāśa: 상동. *lakṣaṇāt〉 lakṣaṇa: (n. abl.) 相, 모습. *allakṣaṇam〉 a(부정의 뜻) +lakṣaṇa: (n. nom.) 無相. *prasajyeta〉pra√sañj: (ātm. opt. Ⅲ) 오류에 빠진다, 귀결된다. *syāt〉 √as: (opt. Ⅲ) ~이리라. *pūrva: 상동. *yadi: 만일. *lakṣaṇāt: 상동.

만일 아직 허공의 상은 나타나지도 않았는데 미리 허공이라는 법이 존재한다고 하면 그때의 허공은 상이 없이 존재하는 꼴이 된다. 왜 그런가? 물질이 없는 곳[= 무색처(無色處)]을 허공의 상이라고 부르기 때문이다. 물질[= 색(色)]이란 지어진 것[= 작법(作法)]이기에 무상(無常)하다. 그런데 만일 물질이 아직 생겨나지 않았다면 생기지도 않았기 때문에 그것이 소멸하지 못한다. 그러므로 [물질이 소멸한] 허공의 상은 있을 수 없다. 물질[= 色]이 있기에 물질이 없는 곳[= 無色處]도 있을 수 있는 것이다. 이때 물질이 없는 곳[= 無色處]을 허공의 상이라고 부른다.

【문】 만일 상(相)은 없지만, 허공은 있다고 하면 무슨 허물이 있겠는가?

【답】

> 2) 是無相之法 一切處無有 於無相法中 相則無所相
> 이런 무상(無相)의 법은 어느 곳에도 존재하지 않는다. 무상의 법 중에서 상은 상을 띠지 못한다.
>
> 2) alakṣaṇo na kaścicca bhāvaḥ saṃvidyate kva cit/
> asatyalakṣaṇe bhāve kramatāṃ kuha lakṣaṇaṃ//[4)]
> 어떤 무상의 존재도 어디에건 존재하지 않는다. 무상인 존재가 없는데 상은 어디서 [없다가 생기는 식으로] 나타날 수 있겠는가?

영원한 존재[상법(常法)]나 무상한 존재[무상법(無常法)] 가운데서 상이

---

3) lakṣaṇa: '특징'이라고 번역할 수도 있다.

4) (5-2)*alakṣano〉 a(부정의 뜻) + lakṣaṇa: (n. nom.) 相 없는, 모습 없는, 특징 없는. *na: 부정의 뜻. *kascit: 그 무엇. *ca: 그리고. *bhāvaḥ〉 bhāva: (nom.) 존재. *saṃvidyate〉 sam(완전의 뜻) + vidyate: 존재하다(강조). *kva cit: 어디에건. *asati〉 a(부정의 뜻) +sati(〉 sat〉 √as): (현재분사. loc.) 존재하지 않는다면. *alakṣaṇe〉 a(부정의 뜻) + lakṣaṇa: (loc.) 上同. *bhāve〉 bhāva: (loc.)존재. *kramatām〉 √kram: (ātm. opt. Ⅲ) 登場하다. *kuha: 어디에. *lakṣaṇam: (n. nom.) 相, 모습.

없는 존재는 아무리 찾아보아도 얻을 수가 없다. [이렇게 말하니] '유(有)나 무(無)에 각각 상(相)이 있다는 것을 어떻게 아느냐?'고 [반문]할 수도 있[을 것이]다. [이제 대답해 보겠다.] 생주멸(生往滅)은 유위(有爲)의 상(相)이고 생주멸이 없는 것은 무위의 상이라고 할 수 있다. 허공[이라는 무위법]이 [그렇게 '생주멸이 없다는 상(相)'을 가지는 것이니] 상이 없다면 허공은 있을 수 없다.

만일 상이 미리 없는 중에 상이 어디서 와서[래(來)] 상을 띠게 하는 것이라면 이 역시 옳지 못하다. 상이 미리 없었다면 상을 띠게 될 존재[法]도 없는 것이기 때문이다. 왜 그런가?

> 3) 有相無相中 相則無所住 離有相無相 餘處亦不住
> 상(相)이 있는 곳이건 없는 곳이건 상이 머무르는 바는 없다. 상이 있는 것과 상이 없는 것을 떠난 다른 곳에서도 역시 머무르고 있지 않다.
>
> 3) nālakṣaṇe lakṣaṇasya pravṛttirna salakṣaṇe/
> salakṣaṇālakṣaṇābhyāṃ nāpyanyatra pravartate//5)
> 특징[= 相]이 없는 것에서건 특징이 있는 것에서건 특징의 출현은 없다. 특징이 있으면서 특징이 없는 것에서도, [또] 다른 곳에서도 역시 출현하지 않는다.

만일 등이 불거져 있고 뿔이 나고 꼬리 끝에 털이 났으며 목덜미가 축 늘어졌다고 하면 이를 소[우(牛)]의 상[= 특징]이라고 하는 바 이런 상이 없으면 소도 존재할 수 없다. 또, 만일 소가 없다면 이런 여러 가지 상들이 머무르

---

5) (5-3) *na: 부정의 뜻. *alakṣaṇe〉 a(부정의 뜻) + lakṣana: (n. loc.) 모습이 없는 것. *lakṣaṇasya: (gen.) 相의. *pravṛttir〉 pravṛttiḥ〉 pravṛtti: (f. nom.): 출현, 生氣. *na: 상동. *salakṣaṇe〉 sa(~을 가진) + lakṣaṇa: (n. loc.) 上同. *salakṣaṇālakṣaṇabhyām〉 sa-lakṣaṇa(상동) + a-lakṣaṇa(상동) + ~abhyām(Du. abl. 어미) *na: 상동. *api: ~도 역시. *anyatra: 다른 곳에서. *pravartate〉 pra√vṛt: (ātm. Ⅲ) 生起하다, 출현하다.

지 못한다. 그러므로 상이 없는 법에서는 상이 상을 띨 수 없다고 하는 것이다.

또 상이 있는 법에서도 상이 [어디서 와서] 머무를 수 없다. 상이 미리 존재하기 때문이다. 예를 들어 물의 상[水相] 중에는 물 자체의 상이 미리 있기 때문에 불의 상[火相]이 머무를 수 없는 것과 같다.

다시 설명해 보자.

만일 상이 없는 것에 상이 나타나 머무른다면 인(因) 없이 나타나는 꼴이 된다. 인이 없다는 것은 법이 없는데도 상은 있다는 말이니 옳지 않다. 능상(能相)[법]과 소상(所相)[법]은 언제나 서로 의존 관계[6]에 있기 때문이다.

상이 있는 법이나 상이 없는 법을 떠나 제3의 어떤 곳에서 상이 나타날 수도 없다. 그러므로 위의 게송에서는 '상이 있는 것과 상이 없는 것을 떠난 다른 곳에서도 역시 머무르고 있지 않다.'라고 하는 것이다.

다시 설명해 보자.

> 4) 相法無有故 可相法亦無 可相法無故 相法亦復無
> 상(相)[을 띠게 하는] 법이 없기에 상을 담지하는 법도 없다. 상을 담지하는 법도 없기에 [상을 띠게 하는] 법도 없다.
>
> 4) lakṣaṇāsaṃpravṛttau ca na lakṣyamupapadyate/
> lakṣyasyānupapattau ca lakṣaṇasyāpyasaṃbhavaḥ//[7]
> 능상(能相)이 나타나지 않는다면 소상(所相)은 성립하지 않는다. 소상이 발생하지 않을 때에는 능상도 생하지 않는다.

---

6) 相因待: 제6 관염염자품 제3게에서 볼 수 있듯이 범어 'āpekṣā'의 譯語. '~에 대한 의존, 원인과 결과의 연계, 개체와 種의 연계'를 의미한다. Monier-Williams Sanskrit dictionary의 해당 표제어 참조.

7) (5-4)*laksana: (n. nom.) 相, 모습. *asaṃpravṛttau〉 a(부정의 뜻) +sam(완전의 뜻) + pravrtti(나타남): (f. loc.) 나타나지 않음. *ca: 그리고. *na: 부정의 뜻. *lakṣyam〉 lakṣya: (a. nom.) 所相, 相을 가진 것, 특질을 가진 것. *upapadyate〉 upa√pad: (수동

[앞에서 봤듯이] 상(相)이 나타나 머무를 수 없으므로 띠는 상[= 소상(所相)]은 없다. 띠는 상이 없기에 상[을 띠게 하는] 법[= 능상(能相)]도 역시 없다. 왜 그런가? 능상이 있기에 소상이 있고 소상이 있기에 능상이 있는 것으로 서로 의존 관계에 있기 때문이다.

> 5) 是故今無相 亦無有可相 離相可相已 更亦無有物
> 그러므로 이제 능상도 없고 소상도 없다. 능상과 소상을 떠나서는 다시 어떤 사물도 존재하지 않는다.
> 5) tasmānna vidyate lakṣyaṃ lakṣaṇaṃ naiva vidyate/
> lakṣyalakṣaṇanirmukto naiva bhāvo 'pi vidyate//[8)]
> 그러므로 소상은 존재하지 않고 능상도 결코 존재하지 않는다.
> 소상과 능상을 떠난 사물도 역시 결코 존재하지 않는다.

인연(因緣) 가운데서 시종일관 추구해봐도 능상이나 소상의 실체를 얻을 수 없다. 능상과 소상 두 가지 모두 얻을 수 없으므로 일체법은 모두 없다. 일체법은 모두 능상이나 소상의 두 가지 법에 포함되어 있다. 어떤 때는 소상이 능상의 역할을 하고 어떤 때는 능상이 소상의 역할을 한다. 이는 마치 불이 연기로 상을 삼기도 하고 연기가 불로 상을 삼기도 하는 경우와 같다.

【문】 만일 [능상과 소상 등의] 유(有)가 없다면 무(無)는 있어야 하리라.
【답】

태) 성립하다. *lakṣyasya: (a. gen.) 相을 가진 것의. *anupapattau an(부정의 뜻) + upapatti: (f.) 성립. 가능. *ca: 그리고. *lakṣaṇasya: (m. gen.) 上同. *api: ~도 역시. *asaṃbhavaḥ〉 a(부정의 뜻) + sam(완전의 뜻) +bhāva(m.) + ḥ(nom.): 출생, 출현.

8) (5-5) *tasmāt〉 tad: (지시대명사, abl.) 그러므로. *na: ~이 아니다. *vidyate: 존재하다. *lakṣyam〉 laksya: (미래수동분사, a. n. nom.) 相을 가진 것, 특질을 가진 것. *lakṣaṇam: (a. n. nom.) 相, 모습. *na: 부정의 뜻. *eva: 실로. *vidyate: 상동. *lakṣya: 상동. *lakṣaṇa: 상동. *nirmukta〉 nir√muc: (p.p.p.) ~를 떠난. *na: 상동. *eva: 상동. *bhāva: (m.) 존재. *api: ~도 역시. *vidyate: 상동.

6) 若使無有有 云可當有無 有無旣已無 知有無者誰
유가 없어졌는데 어떻게 무가 있을 수 있겠는가? 유와 무가 이미 없는데 유와 무를 아는 놈은 누구인가?
6) avidyamāne bhāve ca ksyābhāvo bhaviṣyati/
bhāvābhāvavidharmā ca bhāvābhāvamavaiti kaḥ//[9]
존재가 존재하지 않는다면 어떤 비존재가 존재하겠는가? 존재나 비존재가 부정됐는데 누가 존재나 비존재를 인지(認知)하겠는가?

무릇 사물이 자기 스스로 괴멸되거나 다른 힘에 의해 괴멸되었을 때 이것을 무(無)라고 부른다. [이렇게] 무는 무 스스로 존재하는 것이 아니라 유(有)에 의존하여 존재하는 것이다. 그러므로 위의 게송에서는 '유가 없어졌는데 어떻게 무가 있을 수 있겠는가?'라고 말한다. 즉 눈으로 보거나 귀로 듣는다는 [유적(有的)인] 사실도 얻을 수가 없는데 하물며 [그것이 사라진] 무적(無的)인 사물이 존재한다고 할 수 있겠는가?

【문】 '유가 없어졌으니 무도 역시 없다.'라고 하므로 분명히 그 유나 무를 '아는 놈'은 있으리라.

【답】 만일 그것을 아는 놈이 존재한다면 유의 상태로 존재하든지 무의 상태로 존재하든지 해야 할 것이다. 그러나 유와 무가 이미 논파됐으니 그것을 아는 놈도 그와 똑같이 논파된다.

---

9) (5-6) *avidyamāne〉 a(부정의 뜻) + √vid + ya + mān: (현재분사, loc.) 존재하지 않는 중인. *bhāve〉 bhāva: (m. loc.) 존재. *ca: 그리고. *kasya〉 kim: (의문대명사, gen.) 어떤, 무슨. *abhāva〉a + bhāva: 비존재. *bhavisyati〉 √bhū: (미래, Sg. Ⅲ) 존재하다. *bhāvābhāva〉 bhāva + abhāva: (Sg. nom.) 존재와 비존재. *vidharmā〉 vidharman: (Sg.nom.) 오류. *ca: 그리고. *bhāvābhāvam: (Sg. acc.) 상동. *avaiti〉 ava√i: (Ⅲ) ~라고 알다. *kaḥ〉 kim: (의문대명사, m.) 누가, 무엇이.

> 7) 是故知虛空 非有亦非無 非相非可相 餘五同虛空
> 그러므로 허공은 유도 아니고 무도 아니며 능상(能相)도 아니고 소상(所相)도 아님을 알아라. 나머지 다섯 가지[= 지, 수, 화, 풍, 식]도 허공과 마찬가지다.
> 7) tasmānna bhāvo nābhāvo na lakṣyaṃ nāpi lakṣaṇaṃ/
> ākāśam ākāśasamā dhātayaḥ pañca ye pare//10)
> 그러므로 허공은 존재도 아니고 비존재도 아니며 능상도 아니고 소상도 아니다. 다른 다섯 가지[= 지, 수, 화, 풍, 식] 요소도 허공과 마찬가지다.

허공에서 갖가지 상(相)을 찾아봐도 얻을 수 없는 것처럼 나머지 오종(五種: 지, 수, 화, 풍, 식)도 마찬가지다.

【문】 허공은 육종의 배열에서 첫머리에 있는 것도 아니고 마지막에 있는 것도 아닌데 하필이면 제일 먼저 거론하여 논파하느냐?

【답】 지, 수, 화, 풍은 중연(衆緣)이 모여 이루어졌기에 논파하기 쉽다. 또 식(識)은 고(苦)와 락(樂)의 인연이기에 무상하게 변해감을 알 수 있어서 쉽게 논파된다. 그러나 허공은 그렇게 상(相)을 가진 게 아니라, 범부들이 그러리라[= 그 상을 가지리라] 기대하여 존재한다고 하는 것이다. 그러므로 [이렇게 논파되기 어려운 허공을] 먼저 논파하는 것이다.

또 허공은 [그 안에] 사대(四大 = 지, 수, 화, 풍)를 담고 있다. 그런 사대의

10) (5-7) *tasmāt〉 tad: (지시대명사. abl.) 그러므로. *na: 부정의 뜻. *bhāva: (m. nom.) 존재. *na: 上同. *abhāva: 비존재. *na: 상동. *lakṣyam〉 lakṣya: (미래수동분사, n. nom.) 相을 가진 것, 특질을 가진 것. *na: 上同. *api: ~도 역시. *lakṣaṇam: (a. n. nom.) 相, 모습 . *ākāśam〉 ākāśa: (n. nom.) 허공. *ākāśa: 상동. *samā: ~와 같은. *dhātavaḥ〉 dhātu: (m. Pl. nom.) 界, 種, 요소, 성분. *pañca: 다섯. *ye〉 yad: (관계대명사, Pl. nom.) which. *pare〉 para:(대명사적 형용사, Pl. nom.) 다른.

인연으로 식(識)이 있게 된다. 그러므로 육종 중의 근본이 되는 허공을 먼저 논파하면 나머지 오종은 저절로 논파된다.

【문】 세상 사람들은 모두 모든 존재가 있다거나 없다고 본다. 그런데 유독 당신은 세상 사람들과 달리 [그런 것을] 보지 못한다고 하느냐?

【답】

8) 淺智見諸法 若有若無相 是則不能見 滅見安隱法
지혜가 얕은 사람들은 제법에서 있다거나 없다거나 하는 상을 본다. 이런 경우는 소견(所見)이 사라진 안은법(安隱[11]法)을 보지 못한다.

8) astitvaṃ ye tu paśyanti nāstitvaṃ cālpabuddhayaḥ/
bhāvānāṃ te na paśyanti draṣṭavyopaśamaṃ śivaṃ//[12]
그러나 존재들이 실재한다거나 실재하지 않는다고 보는 지혜가 얕은 사람들은, 그들은 보이게 될 것[13]인 적멸(寂滅)의 길상(吉祥)을 보지 못한다.

만일 어떤 사람이 아직 득도(得道)하지 못했다면 제법의 실상을 보지 못한 것이니 애견(愛見)의 인연으로[= 어떤 관념을 좋아하는 까닭에] 갖가지 희론을 지껄이게 된다. 어떤 법이 생할 때는 그것을 보고 법이 '있다'라고 말한다.

---

11) 『능엄경』이나 『원각경』에서도 安隱이라는 용어가 보이는데, 옛글에서는 隱[숨을 은]자를 穩[평온할 온]자와 통용하였으며, 여기서 安隱은 '편안(便安)하고 평온(平穩)함'을 의미한다. 탄허장학회 편, 『탄허강설집』, 불광출판사, 2003년 p.47 참조.

12) (5-8) *astitvam〉 asti(〉√as, Sg. Ⅲ, 있다) + tva(性) + m(acc.): 有性, 實在. *ye〉 yad: (관계대명사, Pl. nom.) which. *tu: 그러나. *paśyanti〉 √paś: (Pl. Ⅲ) 보다. *na: 부정의 뜻. *astitvam: 上同. *ca: 그리고. *alpabuddhayaḥ〉 alpabuddhi: (Pl. nom.) 지혜가 낮은. *bhāvānām〉 bhāva: (Pl. gen.) 존재. *te〉 tad: (지시대명사, Pl. nom.) 그들. *na: 上同. *paśyanti: 上同. *draṣṭavya〉 √dṛś: (미래수동분사) 보여져야 할 것. *upaśamam: (m.acc.) 息, 止, 滅. *śivam: (a .acc.) 祥瑞로운, 吉祥의.

13) 미래수동분사 draṣṭavya는 '보이게 될 대상'을 의미한다. 제2 觀去來品 제25게 참조.

그 상을 취해서 '있다'라고 말하는 것이다. 어떤 법이 소멸할 때는 그것을 보고 법이 '단멸됐다.'라고 말한다. 그것의 상을 취해서 '없다.'고 말하는 것이다.

그러나 지혜로운 사람은 제법(諸法)이 생할 때는 그것을 보고 '없다'라는 견해[14]를 제거하고 제법이 멸할 때는 그것을 보고 '있다'라는 견해[15]를 제거한다. 그러므로 일체의 법이 비록 보이긴 하지만 허깨비와 같고 꿈과 같은 것이다. 또 무루(無漏)의 도(道)에 대해서도 소견이 사라졌는데 하물며 다른 것에 대한 소견이야 있을 수 있겠는가? 그러므로 '소견이 사라진 편안하고 평온한 법을 보지 못한 자는 있다거나 없다는 견해를 낸다.'라고 하는 것이다.

---

14) 無見 = 斷見

15) 有見 = 常見.

제6 관염염자품(觀染染者品, 10게)
오염(汚染)과 오염된 자에 대한 관찰

rāgaraktaparīkṣā nāma ṣaṣṭham prakaraṇam

탐욕과 탐욕에 물든 자의 검토라는 이름의 제6장(10게)

【문】 경전에서는 탐욕과 진에(瞋恚)와 우치(愚癡)의 삼독(三毒)이 있다고 설한다. 이것들은 세상살이의 뿌리가 된다. 탐욕에는 여러 가지 다른 명칭이 있다. 애(愛)라고도 하고 착(著)이라고도 하고 염(染)이라고도 하고 음욕이라고도 하고 탐욕 등[1]이라고도 한다. 이렇게 많은 명칭이 있다. 이 번뇌[= 결사(結使, kleśa)]는 중생에 의존해서 존재한다. 여기서 중생이란 '물든 놈[염자(染者)]'[2]이고 탐욕은 '물들이는 법[염법(染法)]'이다. '물든 놈'과 '물들이는 법'이 있으므로 탐욕이란 것이 존재한다. 나머지 두 가지[= 진에와 우치]도 이와 마찬가지다. '화[진(瞋)]'가 있기에 '화난 놈[진자(瞋者)]'이 있고 '어리석음[치(癡)]'이 있기에 '어리석은 놈[치자(癡者)]' 있는 것이다. 이러한 삼독의 인연이 있기에 삼업(三業)[3]을 짓게 되며 삼업의 인연으로 삼계(三界)가 벌어지는 것이다.[4] 그래서 일체법이 존재하게 된다고 볼 수 있다.

【답】 경전에서 비록 삼독이라는 이름이 있다고 설하긴 하지만 그 실체를

---

1) 월칭소에서도 'rāga[탐욕]'의 동의어를 다음과 같이 나열하고 있다. 'atra rāgaḥ saktira dhyavasanaṃ saṇgo 'biniveśa iti paryāyāḥ(여기서 貪欲, 欲, 取着, 着, 執着이라고 하는 것이 異名들이다).'

2) 게송의 범문과 대조해 보면 이는 '탐욕을 내는 자'라고 번역하는 것이 타당하지만 구마라습은 'rāga(탐욕)'의 번역어로 '染'을 사용한다. 이하 '물든 놈'이나 '물들이는 법'이라는 번역어는 '탐욕에 물든 놈'이나 '탐욕'이라고 이해해도 될 것이다.

3) 身業, 口業, 意業.

4) 欲界나 色界, 無色界의 생존을 받게 되는 것. 이는 십이연기설에서 현재의 三因 중 마지막 有 지분(支分)에서 三業을 지어 그에 알맞은 미래의 生 지분을 받는 과정을 설명한 것이라고 볼 수 있다.

찾아봐도 얻을 수가 없다. 왜 그런가?

1) 若離於染法 先自有染者 因是染欲者 應生於染法
만일 '물들이는 법'을 떠나서 미리 '물든 놈'이 있다면 이 '물든 놈'으로 인하여 '물들이는 법'도 생해야 한다.

1) rāgādyadi bhavetpūrvaṃ rakto rāgatiraskṛtaḥ/
taṃ pratītya bhavedrāgo rakte rāgo bhavetsati//[5]
만일 탐욕이 있기 이전에 탐욕과 관계없는 '탐욕에 물든 놈'이 있다고 한다면 [원래는] 그놈을 연(緣)하여 탐욕이 있으리라. [즉] '탐욕에 물든 놈'이 존재할 때에 탐욕이 있으리라.

2) 若無有染者 云何當有染 若有若無染 染者亦如是
'물든 놈'이 없다면 '물들이는 법'이 어떻게 존재할 수 있을까? '물들이는 법'이 존재하건 존재하지 않건 '물든 놈'도 역시 그와 같다.

2) rakte 'sati punā rāgaḥ kuta eva bhaviṣyati/
sati vāsati vā rāge rakte 'pyeṣa samaḥ kramaḥ//[6]
그와 달리 '탐욕에 물든 놈'이 존재하지 않는다면 탐욕이 도대체 어떻게 존재할 수 있겠는가? [이상 제1게와 제2게의 전반부에서 밝힌 대로] 탐욕이 존재하거나 존재하지 않는 경우에 그러하듯이 '탐욕에 물든 놈'에서도 그것은 절차가 똑같다.

---

5) (6-1) *rāgāt〉 rāga: (m. abl.) 탐욕. *yadi: 만일. *bhavet〉 √bhū: (opt.) 존재하다. *pūrvam: ~ 이전에(abl. 지배) *rakta〉 √rañj: (p.p.p. nom.)탐욕에 물든 자. *rāga: (nom.) 상동. *tiraskṛtaḥ〉 tiras√kṛ: (p.p.p. nom.) ~을 제거하다. *tam〉 tad: (지시대명사, acc.) 그를. *pratītya〉 prati√i: ~을 緣하여. *bhavet: 上同. *rāga: 상동. *rakte〉 rakta: (loc.) 상동. *rāga: 상동. *bhavet: 상동. *sati〉 sat〉 √as: (현재분사, loc.) ~일 때에.

만일 ['물들이는 법'이 있기 이전에] 미리 '물든 놈'이 존재한다면 [그놈이] 또다시 물들 필요는 없다. 왜냐하면, '물든 놈'은 앞서서 이미 물들어 있기 때문이다. [반대로] '물든 놈'이 미리 존재하지 않는다고 해도 그놈이 다시 '물듦'을 일으킬 수 없다. [왜냐하면] 먼저 '물든 놈'이 존재하고 난 후에야 '물듦'을 일으킬 수 있는 것이기 때문이다. [그런데] 만일 '물든 놈'이 미리 없다면 '물듦'을 받는 놈도 있을 수 없다.

'물들이는 법'의 경우도 이와 마찬가지다. 만일 사람도 있기 전인데 '물들이는 법'이란 것이 미리 떡하니 있는 것이라면 이것은 무인(無因)의 존재인 꼴이 된다. 그러나 어떻게 그런 일이 있을 수 있겠는가? 이는 연료 없는 불이 있다는 것과 마찬가지 말이 된다. 이렇게 '물들이는 법'이 미리 없다면 '물든 놈'도 있을 수 없는 것이다. 그러므로 위의 게송에서는 '물들이는 법'이 존재하건 존재하지 않건 '물든 놈'도 역시 그와 같다고 설하는 것이다.

【문】 만일 '물들이는 법'과 '물든 놈' 중 어느 것이 먼저고 어느 것이 나중이 되어 시간적으로 서로 의존하여 생하는 것이 불합리하다면 그 양자가 동시에 생한다는 말은 어떤 허물이 있겠는가?

【답】

> 3) 染者及染法 俱成則不然 染者染法俱 則無有相待
> '물든 놈'과 '물들이는 법'이 함께 성립한다는 것은 옳지 못하다.
> '물든 놈'과 '물들이는 법'이 함께하고 있으면 서로 의존하지 못

---

6) (6-2) *rakte〉 rakta〉 √rañj: (p.p.p. loc.) 탐욕에 물든 자. *asati〉 a + sat(〉 √as): (현재재분사, loc.) ~이 없을 때에. *punā〉 punār: again, 다시. *rāgaḥ〉 rāga: (m. nom.) 탐욕. *kutas: 어떻게. *eva: 실로, 도대체. *bhaviṣyati〉 √bhū: (미래) 존재하다. *sati〉 sat〉 √as: (현재분사, loc.) ~일 때에, ~이 있을 때에. *vā:혹은. *sati: 상동. *vā: 상동. *rāge〉 rāga: (loc.) 상동. *rakte: 상동. *api: ~도 역시. *eṣaḥ〉 etad: (m. nom.) 이것. *samaḥ: (nom.) 같은, 동일한. *kramaḥ〉 krama: (nom.) 次第, 절차.

한다.

3) sahaiva punarudbhūtirna yuktā rāgaraktayoḥ/

bhavetāṃ rāgaraktau hi nirapekṣau parasparaṃ//[7]

그와 달리 '탐욕'과 '탐욕에 물든 놈'의 양자가 동시에 성립한다는 것도 불합리하다. 왜냐하면 '탐욕'과 '탐욕에 물든 놈'의 양자는 서로가 서로에 의존[8]하지 못할 것이기 때문이다.

만일 '물들이는 법'과 '물든 놈'이 동시에 성립되어 있다면 서로 의존할 수가 없다. 즉 '물든 놈'으로 인하지 않고 '물들이는 법'이 따로 있고 '물들이는 법'으로 인하지 않고 물든 놈이 따로 있는 꼴이니 이 양자는 상주하는 것이어야 한다. 왜냐하면, 이미 인(因) 없이 [각각이] 성립되어 있었기 때문이다. 만일 상주한다면 갖가지 허물이 있게 되어 해탈의 법도 존재하지 않게 된다.

이제 다시 '하나'라거나 '다르다'는 관점에서 '물들이는 법'과 '물든 놈'을 논파해 보겠다.

4) 染者染法一 一法云何合 染者染法異 異法云何合

'물든 놈'과 '물들이는 법'이 하나라면 하나의 법이 어떻게 합하겠는가? '물든 놈'과 '물들이는 법'이 다르다면 다른 법이 어떻게 합하겠는가?

4) naikatve sahabhāvo 'sti na tenaiva hi tatsaha/

pṛthaktve sahabhāvo 'tha kuta eva bhaviṣyati//[9]

---

7) (6-3) *saha: 함께, 동시에. *eva: 실로. *punar: 다음에, 그러고 나서. udbhūtir〉 udbhuti: (f. nom.) 출현, 이룩됨, 일어남. *na : 부정의 뜻. *yukta〉 √yuj: (p.p.p. Pl. nom.) 타당하다, 결합하다. *rāga: (m. nom.) 탐욕. *raktayoḥ〉 √rañj: (p.p.p. Du. gen.) 탐욕에 물든 놈. *bhavetām〉 √bhū: (opt. Du. Ⅲ) ~이 되다. *rāgaraktau〉 rāga + rakta: (p.p.p. Du. nom.) 탐욕과 탐욕에 물든 놈. *hi: 왜냐하면 ~때문이다. *nirapekṣau〉 nir(부정의 뜻) + apekṣa: (a. Du. nom.) 상대하지 못하다. *parasparam: 서로.

8) apekṣā: 相待 또는 相因特라고 漢譯한다. 제2 관거래품 註 11 참조.

> 만일 동일한 것이라면 결합은 있을 수 없다. 왜냐하면 어떤 것이 그것 자체와 결합하지는 못하기 때문이다. 만일 별개의 것이라면 도대체 어떻게 결합할 수 있겠는가?

'물들이는 법'과 '물든 놈'이 하나이면서 다시 합하겠는가, 다른 것이면서 합하겠는가?

만일 하나라면 합할 수 없다. 왜 그런가? 하나의 법인데 어떻게 스스로 합할 수 있겠는가? 예를 들어 손가락 끝으로 같은 손가락 끝을 만지지 못하는 것과 같다.

만일 다른 것이면서 합한다면 이 역시 옳지 못하다. 왜 그런가? 서로 따로 성립되어 있기 때문이다. 서로가 따로 성립되어 있으면 그것은 다시 합할 필요가 없다. 또 비록 합한다고 해도 따로 논다.

'하나'라든가 '다르다'는 것이 모두 있을 수 없음을 다시 설명해 보자.

> 5) 若一有合者 離伴應有合 若異有合者 離伴亦應合
> 만일 하나인데 합하는 것이라면 짝 없이도 합함이 있어야 하고
> 만일 다르면서 합하는 것이라면 이 역시 짝 없이도 합해야 하리라.
> 5) ekatve sahabhāvaścet syātsahāyaṃ vināpi saḥ/
> pṛthaktve sahabhāvaścet syātsahāyaṃ vināpi saḥ//10)
> 만일 동일한 것인데 결합하는 것이라면 그것은 [합할] 짝이 없이

---

9) (6-4) *na: 부정의 뜻. *ekatve> eka(하나) + tva(性): (loc.) 하나임, 一性. *saha: 함께, 동시에, 동일한. *bhāva: (m. nom.) 존재. *asti> √as: (Ⅲ) ~ 이다. 존재하다. *na: 부정의 뜻. *tena> ttad: (지시대명사, ins.) 그것. *eva: 실로. *hi: 왜냐하면. *tat> tad: (n. nom.) 그것. *saha: 上同. *pṛthaktve> pṛthak + tva: 따로, 다른. *sahabhāva: 上同. *atha: 그런데. *kuta: 어떻게. *eva실로. *bhaviṣyati> √bhū: (미래, Ⅲ) 존재하다.

도 그러하리라. 만일 별개의 것인데 결합하는 것이라고 한다면 그것은 [합할] 짝이 없이도 그러하리라.

만일 '물들이는 법'과 '물든 놈'이 하나인데 억지로 합한다는 말을 붙인 것이라면 '물들이는 법'과 '물든 놈'이 서로 상대방을 인연으로 삼지 않고 [미리] 존재하는 꼴이 된다. 또 하나라고 한다면 '물들이는 법'과 '물든 놈'이라는 두 가지 명칭이 있을 수 없으리라. '물들이는 법'은 '법'이고 '물들이는 놈'은 '사람'인데 이 '사람'과 '법'이 하나라면 큰 혼란에 빠지고 만다.

만일 '물들이는 법'과 '물든 놈'이 각각 다른데 합한다고 말하는 것이라면 서로 상대방을 인연으로 삼지 않고 합하게 되는 꼴이 된다. 또 만일 다르면서 합하는 것이라면 비록 서로 멀리 떨어져 있어도 합할 수 있어야 하리라.

【문】 하나이면서 합하지는 못한다는 것은 수긍이 간다. 그러나 다른 것이 서로 합하는 것은 역력히 눈에 보이지 않느냐?

【답】

6) 若異而有合 染染者何事 是二相先異 然後說合相
만일 다르면서 합한다고 하면 '물들이는 법'과 '물든 놈'은 무엇이겠는가? 이는 양자의 상(相)이 먼저 달랐다가 그다음에 결합하는 상을 설하는 격이다.
6) pṛthaktve sahabhāvaśca yadi kiṃ rāgaraktayoḥ/

10) (6-5) *ekatve〉 eka(하나) + tva(性): (loc. 조건적) 하나임, 一性. *saha: 함께, 동시에, 동일한. *bhāva: (m. nom.) 존재. *cet: 만일. *syāt〉 √as: (opt.) ~ 이리라. *sahāyam: (m. acc.) 동료, 짝. *vinā: ~없이. *api: ~도 역시. *saḥ〉 tad: (m. com.) 그것. *pṛthaktve〉 pṛthak + tva: (loc.) 따로, 다른. *sahabhāva:上同. *cet: 만일. *syāt〉 √as: (미래) ~이리라. *sahāyam: (m.acc.) 동료, 짝. *vinā: ~ 없이. *api: ~도 역시. *saḥ〉 tad: (m. nom.) 그것.

siddhaḥ pṛthakpṛthagbhāvaḥ sahabhāvo yatastayoḥ//[11]
만일 서로 다른 것이면서 결합한다고 하면 '탐욕'과 '탐욕에 물든 놈'의 양자가 어떻게 서로 각각인 존재로 성립되어 있을 수 있겠는가? [그러니 성립되어 있지 않다.] 왜냐하면 그들 양자가 결합하고 있기 때문이다.

만일 '물들이는 법' 과 '물든 놈'이 미리 서로 다른 상(相)을 결정적으로 가지고 난 다음에 다시 합하는 것이라면 합하는 것이라고 할 수 없다. 왜 그런가? 이 양자의 상이 먼저 서로 다른 상태에 있다가 나중에 합한다고 억지로 설하는 것이기 때문이다.

다시 설명해 보자.

7) 若染及染者 先各成異相 旣已成異相 云何而言合
만일 '물들이는 법'과 '물든 놈'이 미리 서로 다른 상(相)을 이루고 있다면 이미 다른 상을 이루고 있는데 어떻게 합한다고 말하느냐?

7) siddhaḥ pṛthakpṛthagbhāvo yadi vā rāgaraktayoḥ/
sahabhāvaṃ kimarthaṃ tu parikalpayase tayoḥ//[12]
또는 만일 '탐욕'과 '탐욕에 물든 놈'의 양자가 서로 다른 각각의 존재로 성립해 있다면 그대는 무슨 목적으로 그 둘이 결합된 존재라고 상정하는가?

---

11) (6-6) *pṛthaktve〉 prthak + tva: (loc.) 따로, 다른. *saha: 동일한, 함께. *bhāva: 존재. *ca: 그리고. *yadi: 만일. *kim: (지시대명사, n. nom.) 무엇. *rāga: (m.) 탐욕. *raktayoḥ〉 √rañj (p.p.p.) + yoh: (p.p.p. Du. gen. loc.) 탐욕에 물든 자. *siddhaḥ〉 siddha: (m. nom.) 성립. *pṛthakpṛthak: (ad.) 각각. *bhāvaḥ: (nom.) 상동. *sahabhāva: 上同. *yatas: 왜냐하면 ~때문에, from what. *tayoḥ〉 tad: (지시대명사, gen.) 그것.

12) (6-7) *siddhaḥ: (m. nom.) 성립. *pṛthakpṛthag: (ad.) 각각. *bhāva: (nom.) 존재.

만일 '물들이는 법'과 '물든 놈'이 미리 서로 다른 상(相)을 이루고 있다면 [그 각각은 자체적으로 독립된 존재인데] 그대는 어찌하여 합하는 상을 억지로 설하느냐?

다시 설명해 보자.

8) 異相無有成 是故汝欲答 合相竟無成 而復說異相
서로 다른 상(相)이라는 것은 성립하지 못한다. 그러므로 그대는 합한 상이라고 대답하려 하지만 [합한 상이] 끝내 성립하지 못하니 [그대는] 다시 서로 다른 상이라고 설하는구나.

8) pṛthagna sidhyatītyevaṃ sahabhāvaṃ vikāṅkṣasi/
sahabhāvaprasiddhyarthaṃ pṛthaktvaṃ bhūya icchasi//13)
서로 다르다고 하는 것이 성립하지 않기 때문에 그대는 그처럼 결합을 추구한다. 그러면서 다시 결합된 존재임을 논증하기 위해 서로 다르다는 것을 희구한다.

그대는 '물들이는 법'과 '물든 놈'이 서로 다르다는 것이 성립하지 않기 때문에 다시 합해 있는 것이라고 설한다. 그러나 합해 있다고 하면 '물들이는 법'과 '물든 놈'이 성립하지 못하게 되는 오류가 있게 된다. [이를 알고] 그대는 합해 있다는 것을 성립시키려고 다시 다르다는 상을 설한다. 여기서 그대

---

*yadi: 만일. *vā: 혹은. *rāga: (m.) 탐욕. *raktayoḥ> √rañj(p.p.p.) + yoḥ: (p.p.p. Du. gen.) 탐욕에 물든 자. *saha: 동일한, 결합된. *bhāva: (acc.) 존재.*kim: (의문대명사, nom.) 무슨. *artharm: (m.) 목적. *tu: 그러나, 한편. *parikalpayase> pari√kḷp: (ātm. 使役, II) 분별하다, 취하다, 상정하다. *tayoḥ> tad (Du. gen.) 그것.

13) (6-8) *pṛthag> pṛthak: 다른, 따로. *na: 부정의 뜻. *sidhyati> √sidh: (Ⅲ) 성립하다. *iti: ~라고, ~이기 때문에, ~라고 생각하여. *evam: 그와 같이, such. *saha: 결합된, 함께하는. *bhāvam: (m. acc.) 존재. *vikāṅkṣasi> vi√kāṅkṣ: (Ⅱ) 企圖하다, 목표하다. *sahabhāva: 上同. *prasiddhi: (f.) 완성, 성공, 논증, 宗. *artham> artha: (m. acc.) 목표, ~하기 위함. *pṛthaktvam> pṛthak + tva(性) + m: (m. acc.) 別異性, 다른 것임. *bhūya> bhūyas: ~보다 이상의, 다시. *icchasi> √iś: (Ⅱ) 찾다, 원하다, 희망하다.

는 스스로 상정했던 것을 나중에 다시 부정하는 과오를 범하는 것이다. 왜 그런가?

> 9) 異相不成故 合相則不成 於何異相中 而欲說合相
> 서로 다른 상(相)이 성립하지 않기에 결합된 상도 성립하지 않는데 어떤 다른 상 중에서 합한 상을 설하려 하느냐?
> 9) pṛthagbhāvāprasiddheśca sahabhāvo na sidhyati/
> katamasmin pṛthagbhāve sahabhāvaṃ satīcchasi//14)
> 서로 다르다는 것이 성립하지 않기 때문에 결합됐다는 것도 성립하지 않는다. 어떤 별개의 존재가 있길래 당신은 결합된 존재를 희구하느냐?

여기서 '물들이는 법'과 '물든 놈'이 다르다는 것이 성립하지 않기 때문에 결합되어 있다는 것도 성립하지 않는다. 그런데 그대는 어떤 다른 상 중에서 합한 상을 설하려 하느냐?

다시 설명해 보자.

> 10) 如是染染者 非合不合成 諸法亦如是 非合不合成
> 이와 같이 '물들이는 법'과 '물든 놈'은 결합하거나 결합하지 않은 채로 성립하는 것이 아니다. 모든 존재도 역시 이와 같아서 결합하거나 결합하지 않은 채로 성립하는 것이 아니다.
> 10) evaṃ raktena rāgasya siddhirna saha nāsaha/
> rāgavatsarvadharmāṇāṃ siddhirna saha nāsaha//15)

---

14) (6-9) *pṛthag〉 prthak: 다른, 別異의. *bhāva: (m. nom.) 존재. *aprasiddheḥ〉 a (부정의 뜻) + prasiddhi: (abl.) 성립. *ca: 그리고. *saha: 동일한. *bhava: 상동. *na: 부정의 뜻. *sidhyati〉 √sidh: 성립하다. *katamasmin〉 katama: (의문대명사, loc.) 누가, 무엇이. *pṛthagbhāve: (loc.) 上同. *sahabhāvam: (acc.) 상동. *sati(loc.)〉 sat (현재분사)〉 √as: 있다, 존재하다. *icchasi〉 √iś: (Ⅱ) 찾다, 원하다, 희망하다.

> 이와 같이 탐욕의 성립은 탐내는 놈과 결합된 것도 아니고 결합되지 않은 것도 아니다. 탐욕과 같이 모든 법의 성립은 결합된 것도 아니고 결합되지 않은 것도 아니다.

화[瞋]나 어리석음[愚癡]도 '물들이는 법'의 경우와 마찬가지다. 또 일체의 번뇌와 일체의 법도 이런 삼독과 마찬가지다. [그 구성 인연 중] 어느 것이 먼저인 것도 아니고 어느 것이 나중인 것도 아니며 결합되어 있는 것도 아니고 흩어져 있는 것도 아니라 모두 똑같이 인연으로 이루어져 있는 것이다.

---

15) (6-10) *evam: such, 이와 같이. *raktena〉 rakta〉 √rañj: (p.p.p. ins.) 탐욕을 내는 자. *rāgasya〉 rāga: (m. gen.) 탐욕. *siddhir〉 siddhiḥ: (f. nom.) 성립. *na: 부정의 뜻. *saha: 동일한, 결합된. *na: 上同. *asaha〉 a(부정의 뜻) + saha: 결합되지 않은. *rāga: 上同. *vat: (부사적 접미사) ~와 같이. *sarva: (대명사적 형용사) 일체의, 모든. *dharmāṇām: (Pl. gen.) 법, 사물. *siddhir: 상동.*na: 상동. *saha: 상동 *na: 上同. *asaha: 上同.

제7 관삼상품(觀三相品, 35게)
삼상(三相)에 대한 관찰

saṃskṛtaparīkṣā nāma saptamaṃ prakaraṇam

유위(有爲)의 검토라는 이름의 제7장(34게)

【문】 경전에서는 유위법(有爲法)[1]이 생(生), 주(住), 멸(滅)의 삼상(三相)[2]을 갖는다고 설한다. 만물은 생법(生法)으로 생하고 주법(住法)으로 주하며 멸법(滅法)으로 멸한다. 그래서 모든 사물[諸法]이 존재하는 것이다.

【답】 그렇지 않다. 왜 그런가? 삼상이 확고한 실체[자성(自性)]가 없기 때문이다. 삼상이란 것이 유위법이면서 능히 유위의 상(相)을 짓게 된다거나 무위법(無爲法)이면서 능히 유위의 상을 짓게 된다는 것이나, 두 가지 경우 모두 옳지 못하다. 왜 그런가?

> 1) 若生是有爲 則應有三相 若生是無爲 何名有爲相
>
> 만일 생이 유위라면 응당 삼상을 가지리라.[3] 만일 생이 무위(無爲)[4]라면 어떻게 유위의 상(相)이라고 부르겠는가?
>
> 1) yadi saṃskṛta utpādastatra yuktā trilakṣaṇī/

1) [2020년 개정본 주] 유위(有爲)의 산스끄리뜨 원어는 'saṃskṛta'로, '함께'를 의미하는 'sam'과 '짓다, 만들다.'를 의미하는 어간 '√kṛ'의 과거수동분사 'kṛta(지어진 것, 만들어진 것)'가 결합한 단어다. 따라서 유위란 '[조건들이] 함께 [모여서] 만들어진 것'을 의미한다. 즉 緣起한 모든 것, 因緣으로 말미암아 조작되는 거의 모든 현상들이 유위법이다. 이와 상반된 무위법(無爲法)에 속하는 것으로 허공이나 열반을 들 수 있다.

2) [2020년 개정본 주] '모든 유위법[saṃskṛta]은 생, 주, 멸한다.'라는 아비달마교학의 명제는 '모든 행[saṃskāra]들은 무상하다[제행무상(行無常, sarve saṃskārā anityāḥ)].'라는 초기불전의 가르침의 변형된 표현이다. 여기서는 유위법의 특징으로 三相을 말하나, 아비달마 논서나 『俱舍論』에서는 異를 추가하여 生, 住, 異, 滅의 四相을 말한다. 월칭은 용수의 三相 비판이 正量部의 학설에 대한 것이라고 설명한다.

athāsaṃskṛta utpādaḥ kathaṃ saṃskṛtalakṣaṇaṃ//[5]
만일 생이 유위라면, 거기에 세 가지 특징[이 있는 것]이 타당하다. 만일 생이 무위라면 어떻게 유위의 특징이겠는가?

만일 생이 유위라면 응당 생, 주, 멸의 삼상을 가져야 한다. [그러나] 이것은 옳지 못하다. 왜 그런가? 서로 위배되기 때문이다. 서로 위배된다는 것은 무엇인가? 생하는 모습[생상(生相)]은 응당 생하는 법에 있어야 하고 머무는 모습[주상(住相)]은 응당 머무는 법에 있어야 하며 멸하는 모습[멸상(滅相)]은 응당 멸하는 법에 있어야 한다. 만일 어떤 존재[法]가 생하고 있는 중이라면 응당 이에 위배되는 머물거나[住] 멸하는 상황[法]이 동시에 있다는 것은 옳지 못하[기 때문이]다. 이는 마치 밝음과 어둠이 함께하지 못하는 경우와 같다. 그러므로 [유위법의 삼상 중 하나인] 생이란 것은 [다시 생주멸을 상으로 갖는] 유위법이 될 수는 없다. 머물거나[住] 멸하는 모습도 이와 마찬가지다.

【문】 만일 생이 유위가 아니라면 이를 무위(無爲)라고 보면 무슨 허물이 있겠는가?

---

3) 모든 유위법은 삼상을 갖는 것이고 삼상이라는 매타언어도 유위법에 포함된다면 삼상 역시 삼상을 갖게 되는 자가당착에 빠진다는 말. 서양의 분석철학에서와 달리 용수는 대상언어와 메타언어의 구분을 인정하지 않음으로써 전칭긍정명제나 전칭부정명체의 자가당착성을 지적한다.

4) 조작되지 않는 존재. 『구사론』에서는 무위법의 종류로 虛空無爲, 擇滅無爲, 非滅無爲의 세 가지가 있다고 기술한다.

5) (7-1) *yadi: 만일. *saṃskṛta〉 sam + s + √kṛ + ta: (p.p.p.) 모여서 지어진 것, 有爲. *utpādas〉 utpādaḥ:(m. Sg. nom.) 발생이. *tatra: 거기에서 *yuktāḥ〉 yukta〉 √yuj: (p.p.p. Pl. nom.)Es it. *trilakṣaṇī〉 tri + lakṣaṇī: (f. Sg. nom.) 三相이, 세 가지 특징이. *atha: 그때에, 그런 경우에. *asaṃskṛta〉 a + saṃskṛta: 無爲의. *utpādaḥ: (m. Sg. nom.) 生이. *katham: 어떻게. *saṃskṛta: 상동. *lakṣaṇam〉 lakṣaṇa: (n. Sg. nom.) 특징.

【답】 만일 생이 무위라면 어떻게 능히 유위법을 위해서 상(相)을 짓겠는가? 왜 이런 [반문을 하는]가 하면 무위법은 그 실체[自性]가 없기 때문이다. [다만] 유위가 멸함으로 인해 무위라고 이름 붙인 것이다. 그러니 불생불멸을 무위의 상(相)이라고 부른다. 그 무위가 다시 자기 스스로의 상을 가진 것은 아니다. [따라서 무위법이란 아예] 법[조차]도 존재하지 않기에 어떤 존재[= 법]를 위해 상을 짓지 못한다. 마치 [존재하지도 않는] '거북이 털과 토끼 뿔'[7]이 어떤 존재[= 법]를 위해 상을 짓지 못하는 것과 같다. 그러므로 생은 무위가 아니다. 주[= 머무름이]나 멸도 역시 마찬가지다. 다시 설명해 보자.

> 2) 三相若聚散 不能有所相 云何於一處 一時有三相
> [생주멸의] 삼상이 모여 있건 흩어져 있건 상을 가질 수 없다. 어떻게 일처(一處), 일시(一時)에 삼상이 있겠는가?
>
> 2) utpādādyāstrayo vyastā nālaṃ lakṣaṇakarmaṇi/
> saṃskṛtasya samastāḥ syurekatra kathamekadā//[6]
> 생 등[= 생주멸]의 세 가지가 각각의 것들이라고 하면 유위상(有爲相)의 작용으로는 적합치 않다. [이와 반대로 그 세 가지가] 결합되어 있다고 하면 어떻게 일처, 일시일 수 있겠는가?

이 생주멸의 상(相) 하나하나가 [독립적으로] 유위법에 대해 상을 짓거나 아니면 화합하여 유위법에 대해 상을 짓거나 양자 모두 옳지 못하다. 왜 그런

---

6) (7-2) *utpādadyāstrayo〉 utpāda + ādyāḥ(〉 ādi: Sg. gen. 等) + trayaḥ(Sg. m. nom.): 生 等의 세 가지. *vyastā〉 vy + asta(√as[4류 동사, 던지다.], p.p.p.): (Pl. nom.) 각각의, 別別의. *na: ~아니다. *alam: (ind.) 충분히, 완전히. *lakṣaṇa: (n. Sg. nom.) 相, 특징. *karmaṇi〉 karman: (n. Sg. loc.) 행위, 작용, 활동. *saṃskṛtasya: (p.p.p. gen.) 有爲의. *samastāḥ〉 sam + asta(√as[4류 동사, 던지다.], p.p.p.): (p.p.p. Pl. nom.) 결합. *syur〉 √as: (opt. Pl. Ⅲ) ~이리라. *ekatra: (ind.) 한 곳에. *katham: (ind.) 어떻게. *ekadā: (ind.) 一時에.

7) 龜毛, 兎角: 石女[불임녀]의 아이, 허공 꽃[空華] 등과 함께 존재하지 않는 것을 예로 들 때 상투적으로 등장하는 비유.

가? 만일 하나하나가 [독립적으로] 상을 짓는다면 한 곳에 유(有)의 상이 있기도 하고 무(無)의 상이 있기도 하여 [삼상의 역할을 제대로 할 수 없으니] 옳지 못하다. 즉 생할 때는 주나 멸이 없고 주할 때는 생과 멸이 없으며 멸할 때는 생과 주가 없다. [반대로] 만일 [생, 주, 멸이] 화합하는 것이라면 이 역시 옳지 못하다. [그 성격상] 서로 위배되는 법이 어떻게 일시에 함께하겠는가?

삼상이 다시 삼상을 갖는다는 것도 역시 옳지 못하다. 왜 그런가?

> 3) 若謂生住滅 更有有爲相 是卽爲無窮 無卽非有爲
>
> 만일 생, 주, 멸에 다시 유위의 상이 있다면 그것은 무궁하게 [계속]되고, 없다면 [생, 주, 멸은] 유위법이 아니다.
>
> 3) utpādasthitibhaṅgānāmanyatsaṃskṛtalakṣaṇaṃ/
> asti cedanavasthaivaṃ nāsti cette na saṃskṛtāḥ//[8]
>
> 생, 주, 멸에 있어서 또 다른 유위[법]의 상이 있다면 그야말로 무한하게 된다. [반대로] 만일 없다면 그것들[= 생, 주, 멸]은 유위의 것이 아니다.

만일 생, 주, 멸에 다시 유위의 상이 있다면 생에는 다시 생이 있고 주가 있고 멸이 있게 된다. 그리고 또 이와 같은 [생의] 삼상은 다시 삼상을 갖게 되리니 결국 그렇게 되면 [삼상을 갖는 것이] 끝이 없게 된다[= 무한소급의 오류에 빠진다.].

만일 [생, 주, 멸에 다시 유위의 상이] 없다면 이 삼상은 유위법이라 고부를 수 없을 뿐만 아니라 유위법에 대해 상을 짓지도 못한다. [그러니 이

---

8) (7-3)*utpādasthitibhaṅgānām〉 utpāda(생) + sthiti(주) +bhaṅga(멸) + ~ānām(Pl. gen.): 생, 주, 멸에 있어서. *anyat〉 anyad: (a.) ~과 다른. *saṃskṛta: (p.p.p.) 유위의. *lakṣaṇam〉 lakṣaṇa: (n. nom.) 특징, 相. *asti〉 √as: (Sg. Ⅲ) 존재하다. *ced〉 cet: (ind.) 만일. *anavastha: (a.) 無窮한. *evam: such, thus, 그렇게. *na: ~ 아니다. *asti: 상동. *cet: 상동. *te〉 tad: (지시대명사, m. Pl. nom.) 그, 그것. *na: 상동. *saṃskṛtāḥ: (p.p.p. Pl. nom.) 有爲들.

역시 불합리하다.]

【문】 그대는 삼상이 무한소급의 오류에 빠진다고 하지만 그렇지 않다. 생, 주, 멸은 비록 유위법이기는 하지만 무한소급의 오류에 빠지지는 않는다. 왜 그런가?

> 4) 生生之所生 生於彼本生 本生之所生 還生於生生
> **'생생(生生)'의 생한 바는 저 '본생(本生)'을 생하고 본생의 생한 바는 다시 생생을 생한다.**[9]
>
> 4) utpādotpāda utpādo mūlotpādasya kevalaṃ/
> utpādotpādamutpādo maulo janayate punaḥ//[10]
> **'생생'은 오직 '근본적인 생'의 생일 뿐이며 근본적인 생이 다시 생생을 생한다.**

어떤 법이 생할 때 그 자체까지 통틀어 일곱 가지 법이 함께 생한다. 첫째는 [그] 법, 둘째는 생, 셋째는 주, 넷째는 멸, 다섯째는 생생, 여섯째는 주주(住住), 일곱째는 멸멸(滅滅)이다.[11] 이 일곱 가지 법 중에서 본생은 그 자체

---

9) '닭이 달걀을 낳고, 달걀에서 닭이 생한다.'는 말과 같은 논리로 이하 제8게까지 '닭이 먼저냐, 달걀이 먼저냐?'라는 식의 논란이 계속된다.

10) (7-4) *utpādotpāda〉 utpāda + utpāda: (m. Sg. nom.) 생생. *utpāda: (m. Sg. nom.): 생. *mūlotpādasya〉mūla(根, 뿌리) + utpāda + sya(gen.): 본생의. *kevalam〉 kevala: (a. n. nom.) 유일한, 오직 ~ 뿐인. *utpādotpadam: (m. Sg. acc.)生生을. *utpādo〉 utpādaḥ: 상동. *maulo〉 maulaḥ〉 maula: (a. m. Sg. nom.) 근본의 *janayate〉 √jan: (ātm. caus. Ⅲ) 생하게 하다. *punaḥ〉 punar: again, 다시.

11) 『俱舍論』(대정29, p.27b)에서도 이와 동일한 논지로 '生, 住, 異, 滅'의 四相을 有爲의 相이라고 주장하면서 어떤 존재가 生할 때 그 법 자체와 四相, 그리고 四隨相의 아홉 가지 법이 함께 발생한다고 말한다: '前說 四種本相 生生等者 謂四隨相 生生 住住 異異 滅滅 諸行有為 由四本相 本相有為由四隨相 …… 謂法生時 <u>并其自體 九法俱起 自體為一 相隨相八</u> 本相中生 除其自性 生餘八法 隨相生生 於九法內 唯生本生' 첨언할 것은 위 게송에서 'utpāda-utpāda'로 표현된 生生이 『구사론』에서는 'jāti-jāti'로 표현되고 있다. 『중론』의 운문형식인 Śloka 구조에 운율을 맞추기 위해서 3음절의 utpāda를

를 제외하고 능히 나머지 여섯 가지 법을 생한다. 그리고 [그 중에서] 생생이 능히 본생을 생하고 본생은 능히 생생을 생한다. 그러므로 [생, 주, 멸의] 삼상 비록 유위법이긴 하지만 무한소급에 빠지지는 않는다.

【답】

> 5) 若謂是生生 能生於本生 生生從本生 何能生本生
> 만일 이 생생이 능히 본생을 생한다면 생생은 본생에서 생하는 것인데 어떻게 [그것이] 능히 본생을 생하겠는가?
> 5) utpādotpāda utpādo mūlotpādasya te yadi/
> maulenājanitastaṃ te sa kathaṃ janayiṣyati//[12)]
> 그대에게 있어서 만일 생생이 본생을 생한다면, 그대의 견해대로 본생에 의해 발생하지 않은 그것[= 생생]이 그것[= 본생]을 어떻게 생하겠는가?

만일 이 생생이 능히 본생을 생한다면 이런 생생은 본생으로부터 생한다고 말하지 못한다. 왜 그런가? 이런 생생은 본생에서 생한 것인데 어떻게 능히 본생을 생하겠는가? 다시 설명해 보자.

> 6) 若謂是本生 能生於生生 本生從彼生 何能生生生
> 만일 이 본생이 능히 생생을 생한다고 말한다면 [그것은 옳지 않다.] 본생은 그것[= 생생]에서 생하는 것인데 어떻게 생생을 생

2음절의 jāti로 바꾼 것으로 추정된다. 또 『아비달마대비바사론』(대정27, p.200c.)에서도 有爲의 四相을 얘기한다.

12) (7-5) *utpādotpāda〉 utpādotpādaḥ: (m. Sg. nom.) 生生이. *utpādo〉 utpādaḥ: (m. Sg. nom.) 生. *mūlotpādasya〉 mūla(根本) + utpāda + sya: (m. Sg. gen.)근본적인 生의. *te〉 tvam: (인칭대명사, Sg. gen. Ⅱ) 그대에게 있어서. *yadi: 만일 *maulena〉 maula: (a. sg. ins.) 本生에 의해. *ajanitas〉 a(부정의 뜻) + janita(〈 √jan: 생하다.): (p.p.p.) 생하지 않은. *tam〉 tad: (지시대명사, m. Sg. acc.) 그것을. *te: 上同. *sa〉 saḥ〉 tad: (지시대명사, m. Sg. nom.) 그것이. *katham: 어떻게. *janayisyati〉 √jan: (미래, caus. Sg. Ⅲ) 생하게 할 것인가?

하겠는가?
6) sa te maulena janito maulaṃ janayate yadi/
maulaḥ sa tenājanitastamutpādayate kathaṃ//[13)]
그대의 의견대로 만일 본생에 의해 생한 것, 그것[= 생생]이 본생을 생하게 한다면, 그것[= 생생]에 의해 생하지 않은 그 본[생]이 어떻게 그것[= 생생]을 생하게 할 것인가?

만일 본생이 능히 생생을 생하는 것이라면 이런 본생은 생생에서 생한다고 말하지 못한다. 왜 그런가? 이런 본생은 생생에서 생하는 것인데 어떻게 능히 생생을 생하겠는가? [또] 생생이라는 법은 응당 본생을 생해야 하는데 지금의 생생은 본생을 생할 수가 없다. 생생이 스스로의 실체가 없는데 어떻게 본생을 생하겠는가? 그러므로 본생은 생생을 생할 수가 없다.

【문】 이 생생이 생하는 순간(生時)[14)]에는 [본생보다] 먼저도 아니고 나중도 아닌 상태에서 능히 본생을 생한다. [즉] 오직 생생이 생하는 그 순간에 능히 본생을 생하는 것이다.

【답】 그렇지 않다. 왜 그런가?

7) 若生生生時 能生於本生 生生尙未有 何能生本生
만일 생생이 생할 때 능히 본생을 생하는 것이라면 생생이 오히

13) (7-6) *sa> saḥ> tad: (m. Sg. nom.): 그것. *te: tvad의 Sg. gen.인 tava의 축약형: 그대의 경우에 있어서. *maulena> maula: (a. ins.) 근본에서 나온. *janito> janita> √jan: (p.p.p. Sg. nom.) 生하다. *maulam> maula: (a. acc.) 상동. *janayate> √jan: (ātm. caus. Ⅲ) 생하게 하다. *yadi: 만일, if. *maulaḥ> maula: (a. m. nom.) 근본의. *sa> saḥ> tad: (지시대명사, m. nom.) 그것. *tena> tad: (Sg. ins.) 그것에 의해. *janitas> janita: (Sg. nom.) 生. *tam> tad: (Sg. acc) 그것. *utpādayate>ut√pad: (ātm. caus. Ⅲ) 생하게 하다. *katham: 어떻게.
14) 生時에 대한 이러한 설명은 제2 관거래품 제2게에서 去時를 설명하는 것과 동일한 구조를 갖는다.

> 려 없는데 어떻게 본생을 생하겠는가?
>
> 7) ayamutpadayamānaste kāmamutpādayedimaṃ/
> yadīmamutpādayitumajātaḥ śaknuyādayaṃ//
>
> 만일 [생생의] 이런 비생(非生)이 그것[= 본생]을 생하게 할 수 있다면, 그대의 의견대로 이 [생생의] 생시(生時)가 이것[= 본생]을 발생하게 하리라.

만일 생생이 생할 때 능히 본생을 생하는 것이라면 가히 그러하겠지만 실제 [그때는 생생이] 아직 존재하지 않는 상태이니 생생이 생할 때 본생을 생할 수 없다. 다시 설명해 보자.

> 8) 若本生生時 能生於生生 本生尙未有 何能生生生
>
> 만일 본생이 생할 때 능히 생생을 생하는 것이라면 [그것은 옳지 않다.] 본생이 오히려 없는데 어떻게 생생을 생하겠는가?
>
> 7) ayamutpadayamānaste kāmamutpādayedimaṃ/
> yadīmamutpādayitumajātaḥ śaknuyādayaṃ//[15)16)]
>
> 만일 [본생의] 비생(非生)이 그것[= 생생]을 생하게 할 수 있다면, 그대의 의견대로 이 [본생의] 생시(生時)가 이것[= 생생]을 발생하게 하리라.

만일 본생이 생할 때 능히 생생을 생하는 것이라면 가히 그러하겠지만 실

---

15) 梵文의 제7게는 청목소의 제7게, 제8게에 해당한다.

16) (7-7) *ayam〉 idam: (m. Sg. nom.) 이것. *utpadyamānas〉 utpadyamāna〉ut√pad: (현재분사, 수동, nom.) 발생하다. *te: (Sg. gen. 2인칭 대명사 tvad의 Sg. gen.인 taya의 축약형): 그대의 경우에 있어서. *kāmam: 기꺼이. *utpādayed〉 utpādayet〉 ut√pad: (opt. Ⅲ) 발생하리라. *imam〉 idam: (m. acc.) 이것을. *yadi : 만일. *imam〉 idam: (m. acc.) 이것을. *utpādayitum〉 ut√pad: (부정사) 발생. *ajātaḥ〉 a + jāta(〉 √jan) + ḥ: (nom.) 생하다. *śaknuyād〉 √śak(5류 동사)+nu(강어간化) +yāt(S

제 [그때는 본생이] 아직 존재하지 않는 상태이니 본생이 생할 때 생생을 생할 수 없다.

【문】

> 9) 如燈能自照 亦能照於彼 生法亦如是 自生亦生彼
> **마치 등불이 능히 자신도 비추고 또 다른 것도 비추는 것처럼 생법(生法)도 역시 이와 같아서 스스로도 생하고 또 다른 것도 생하게 한다.**
> 8) pradīpaḥ svaparātmānau saṃprakāśyitā yathā/
> utpādaḥ svaparātmānāvutpādayettathā//17)
> **등불이 자(自)와 타(他) 양자를 함께 비추는 것처럼, 그것처럼 생은 자와 타 양자를 생하는 것이리라.**

마치 등불을 어두운 방에 넣으면 [방안의] 온갖 사물을 남김없이 비추면서 동시에 스스로도 비추듯이 생함도 이와 같아서 능히 다른 것도 생하게 하면서 스스로도 생하는 것이다.

【답】 그렇지 않다. 왜 그런가?

> 10) 燈中自無闇 住處亦無闇 破闇乃名照 無闇則無照
> 등불 그 자체에는 어둠이 없다. [등불이] 머무는 곳에도 역시 어

---

g. Ⅲ, opt.): 가능하리라. *ayam> idam: (m. Sg. nom.) 이것.

17) (7-8) *pradīpaḥ> pradīpa: (m. Sg. nom.) 등불. *svaparātmānau>sva(自) + para(他) + ātman(我) + au(n. Du. acc. 어미): 自와 他 양자를. *samprakāśayitā> samprakāśayitau(뒤에 y가 이어지므로 sandhi법칙에 따라 au가 ā로 됨)> sampra√kāś: (p.p.p. Du. nom.) 함께 비추다, 共照하다. *yathā> … yathā ~ tathā: … 처럼 그처럼 ~하다. *utpādaḥ> utpāda: (m. Sg. nom.) 발생. *svaparātmānāv> sva + para + ātman + au(sandhi 법칙, au + u → āv + u): 自와 他 양자를. *ubhau: 양자. *utpādayet> ut√pad: (opt. Ⅲ) 생하리라. *tathā> … yathā ~ tathā: … 처럼 그처럼 ~하다.

둠은 없다. 어둠을 파괴하기에 등불이라 이름하는데 어둠이란 것이 없다면 비추는 일도 없다.

9) pradīpe nāndhakāro 'sti yatra cāsau pratiṣṭhitaḥ/
kiṃ prakāśayati dīpaḥ prakāśo hi tamovadhaḥ//[18]
등불 [그 자체]에는 어둠이 없다. 또 그것이 머무르고 있는 장소에도 [어둠은 없다]. [그렇게 어둠이 없는데] 등불이 무엇을 비출 것인가? 왜냐하면 비춤은 어둠의 파괴자이기 때문이다.

등불 그 자체에는 어둠이 없다. 밝음이 미치는 장소에도 역시 어둠은 없다. [왜냐하면] 밝음과 어둠은 서로 위배되기 때문이다. 어둠을 물리치기에 비춘다고 이름 붙였는데 어둠이 없다면 비춤도 없을 것이다. 그러니 어떻게 등불이 능히 자기 스스로도 비추고 다른 것도 비춘다고 말할 수 있겠는가?

【문】 [그렇다면] 이 등(燈)이란 것은 생하지 않은 상태[未生]에서 비추는 것도 아니고 또 생하고 나서[生已] 비추는 것이 아니라 오로지 생하는 바로 그 순간[生時]에 스스로도 비추고 다른 것도 비출 수 있는 것이리라.[19]

【답】

11) 云何燈生時 而能破於闇 此燈初生時 不能及於闇
어떻게 등불이 생하는 바로 그 순간에 능히 어둠을 쫓을 수 있겠

18) (7-9) *pradīpe〉 pradīpa: (m. Sg. loc.) 등불에. *na ~ asti: ~이 없다. *andhakāro〉 andhakāra: (m. n. Sg. nom.) 어둠. *yatra: ~인 곳에, 영어의 where. *ca: 그리고. *asau〉 adas: (m. Sg. nom.) 그것, 저것. *pratiṣthitaḥ〉 prati√sthā(p.p.p. nom. 술어적 주격: ~에 머무르다. *kim: (n. acc.) 무엇을, 영어의 what. *prakāśayati〉 pra√kāś: (caus. Ⅲ) 비추다. *dīpaḥ〉 dīpa: (m. Sg. nom.) 등불. *prakāśo〉 prakāśa: (a. Sg. nom.) visible, appear, manifest. *hi: 실로, 왜냐하면. *tamo〉 tamas: (n. Sg. nom.) 어둠. *vadhaḥ〉 vadha: (m. Sg. nom.) destroyer.

19) 제2 관거래품, 제2게 참조.

> 는가? 이 등불이 처음 [켜져] 생하는 그 순간에는 어둠에 도달하지 못하는데 ….
>
> 10) kathamutpadymānena pradīpena tamo hataṃ/
> notpadyamāno hi tamaḥ pradīpaḥ prāpnute yadā//[20]
> 어떻게 [지금] 생하고 있는 중인 등불에 의해 어둠이 타파될까? 지금 생하고 있는 중인 등불이 어둠에 도달하지 못하는 상황인데 ….

등불이 생하고 있는 바로 그 순간은 반은 [이미] 생하고 반은 아직 생하지 않은 상태를 이름하는 것이다.[21] [그러나 이 순간에는] 등불의 실체가 아직 완벽하게 이루어지지 않았는데 어떻게 어둠을 쫓겠는가? 또 등불은 어둠에 다다르지도 못한다. 사람이 [도대체] 적을 만나야 [비로소] 무찌른다는 말을 할 수 있는 데서 알 수 있는 것처럼 만일 등불이 비록 어둠에 도달하지는 않지만 어둠을 물리칠 수 있다고 하면 이 역시 옳지 못하다. 왜 그런가?

> 12) 燈若未及闇 而能破闇者 燈在於此間 則破一切闇
> 만일 등불이 어둠에 미치지 아니하고서도 능히 어둠을 타파할 수 있는 것이라면 이 속에 있는 등불이 곧 일체의 어둠을 타파하리라.

---

20) (7-10) *katham: 어떻게, how. *utpadymānena〉 utpadymāna〉 ut/pad: (현재분사, ins. 뒤에 수식되는 pradīpena의 格과 일치) 생하는. *pradīpena〉 pradīpa: (m. Sg. ins.) 등불에 의해. *tamo〉 tamas: (n. Sg. nom. hatam의 의미상 주어) 어둠. *hatam〉 hata〉 √han: (p.p.p. nom.) 물리쳐진다. *na: 부정어. *utpadyamāno〉 utpadyamāna〉 ut√pad: (현재분사, 수동태[ātm.어미] nom.) 生時, 발생되는 중인 것. *hi: 실로. *tamaḥ〉 tamas: (n. Sg. acc.) 어둠에. *pradīpaḥ〉 pradīpa: (m.Sg. ins.) 등불이. *prāpnute〉 pra√āp(5류 동사) + nu(약어간化) + te(atm. II인칭 어미): 도달하다. *yadā: ~인 때에, 영어의 when. (處格은 조건문으로 해석해도 좋다.)
21) 제2 관거래품 제1게 長行 참조.

> 11) aprāpyaiva pradīpena yadi vā nihataṃ tamaḥ/
> ihasthaḥ sarvalokasthaṃ sa tamo nihaniṣyati//[22]
> 혹은 만일 [불빛이] 도달하지 않아도 등불에 의해 어둠이 타파된다면 여기에 존재하는 그것[= 등불]이 모든 장소에 존재하는 어둠을 타파하리라.

만일 등불이 [어떤] 힘을 갖고 있어서 어둠에 도달하지 아니하고도 능히 [어둠을] 타파할 수 있는 것이라면 이곳에서 타오르고 있는 등불이 응당 모든 곳에 [깔려] 있는 어둠을 타파해야 하리라. 그 모든 곳도 [등불이] 미치지 않는 곳이니까 ….

또 등불은 응당 자기 스스로도 비추지 못하고 다른 것도 비추지 못한다. 왜 그럴까?

> 13) 若燈能自照 亦能照於彼 闇亦應自闇 亦能闇於彼
> 만일 등불이 능히 스스로도 비추고 다른 것도 비추는 것이라면 어둠도 역시 자기 스스로를 어둡게 하고 또 능히 다른 것도 어둡게 할 수 있으리라.
> 12) pradīpaḥ svaparātmānau saṃprakāśayate yadi/
> tamo 'pi svaparātmānau chādayiṣyatyasaṃśayaṃ//[23]
> 만일 등불이 자(自)와 타(他) 양자를 [비춰서] 드러나게 하는 것

22) (7-11) *aprāpya〉 √a(부정) + pra√ap(도달하다) + ya(절대분사: ~하고서) 도달하지 않고서. *eva: just so, indeed. *pradīpena〉 pradīpa: (m. Sg. ins.) 등불에 의해. *yadi: 만일 *vā: 또는, or. *nihatam〉 ni√han: (p.p.p. acc.) attack, 공격함을. *tamaḥ: (n. sg. acc.) 어둠을. *iha: to this place. *sthaḥ〉 stha: (a. Sg. nom.) standing. *sarvalokastham〉 sarva + loka + stha: (a. Sg. acc. tamo를 수식함) 모든 장소에 머무는. *sa〉 saḥ〉 tad: (m. Sg. nom.) 그것이. *tamo〉 tamaḥ〉 tamas: (n. Sg. acc.) 어둠을. *nihaniṣyati〉 ni√han + iṣyati: (미래, Ⅲ) 破하리라.

이라면 어둠도 역시 의심의 여지 없이 자와 타 양자를 덮으리라.

만일 등불이 어둠과 상반되므로 능히 자기 스스로도 비추고 다른 것도 비출 수 있다면 어둠도 등불과 상반되므로 역시 스스로도 덮으면서 동시에 다른 것도 덮어야 하리라. 만일 어둠이 등불과 상반되는데도 자기 스스로를 덮고 또 다른 것도 덮지 못한다면 [거꾸로] 어둠과 상반되는 등불도 자기 스스로를 비추면서 동시에 다른 것도 비추지 못하리라. 그러므로 등불의 비유는 틀리다. [三相 중에서] 생함을 파하는 까닭이 아직 충분하지 못하므로 지금 다시 설명하겠다.

> 14) 此生若未生 云何能自生 若生已自生 生已何用生
> 이 생이 만일 아직 생하지 않았다면 어떻게 능히 스스로 생하겠는가? 만일 생하고 나서 스스로 생하는 것이라면 [이미] 생하고 났는데 [다시] 생할 필요가 어디 있겠는가?[24]
>
> 13) anutpanno 'yamutpādaḥ svātmānaṃ janayetkathaṃ/
> athotpanno janayate jāte kiṃ janyate punaḥ//[25]
> 생하지 않은 이 생이 자기 스스로를 어떻게 생할 것인가? 더욱이 이미 생한 것이 [다시] 생하게 한다면 이미 생한 것인데 [거기서] 또다시 무엇이 생할 것인가?

23) (7-12) *pradīpaḥ〉 pradīpa: (m. Sg. nom.) 등불이. *svaparātmānau〉 sva + para + ātman + au: (m. Du. acc.) 自와 他 양자를. *saṃprakāśayate〉 sam-pra√kaś + ayate: (ātm. caus. Ⅲ) 드러나게 하다. *yadi: 만일. *tamo〉 tamaḥ〉 tamas: (n. Sg. nom.) 어둠. *api: 역시 *svaparātmānau〉 sva + para + ātman + au : (m. Du. acc.) 自와 他 양자를. *chādayiṣyaty〉 √chad + aya + isyati: (caus. 미래, Ⅲ) 덮어지게 하리라. *asaṃśayam: (ind.) 의심의 여지없이.

24) 이와 같은 논리는 다음과 같은 곳에서 볼 수 있다: 제1관인연품 제8게, 제4 관오음품 제4게, 제7 관삼상품 제18게, 제10 관연가연품 제11게 등.

25) (7-13) *anutpanno〉 an(부정) + utpanna〉 ut√pad: (p.p.p.) 생하지 않은. *ayam〉 idam: (nom) 이것이. *utpādaḥ〉 utpāda: (m. Sg. nom.) 생. *svātmānam〉 sva + ātma

이 생이 스스로 생한다고 할 때 [이미] 생하고 나서 생하는 것이겠는가? 아니면 아직 생하지 않은 것이 생하는 것이겠는가? 만일 생하지 않은 것이 생하는 것이라면 [아예] 법이 없었던 것이다. [그런데] 없던 법이 어떻게 스스로 생하겠는가? [또] 만일 [이미] 생하고 나서 [다시] 생한다고 하면 그것은 이미 이룩되어 있는 것이니 또다시 생할 필요가 없다. 이는 '이미 한 것을 또다시 할 리는 없다.'는 논리와 마찬가지다. 이미 생했건 아직 생하지 않았건 이 양자 모두 생하는 것이 아니므로 생은 없다. 또 그대는 앞에서 생이 등불과 같아 능히 스스로도 생하고 다른 것도 생한다고 말했는데 이는 옳지 못하다. [이 이외에] 머무름과 소멸함도 역시 이와 마찬가지다.

15) 生非生已生 亦非未生生 生時亦不生 去來中已答
생은 생하고 나서 생하는 것도 아니고 생하지 않은 것이 생하는 것도 아니다. 생하고 있는 중인 것 역시 생하지 않는다. [이는] [제2장 관]거래품에서 이미 답했다.[26)]

14) notpadyamānaṃ notpannaṃ nānutpannaṃ kathaṃ cana/
utpadyate tathākhyātaṃ gamyamānagatāgataiḥ//[27)]
[지금] 생하고 있는 중인 것, [이미] 생한 것, [아직] 생하지 않은 것은 결코 생하지 않는다. 거시(去時), 이거(已去), 미거(未去)에 의해 파악된 것처럼 ….

---

n: (n. Sg. acc) 자기 자신을. *janayet〉 √jan + a + yet: (opt. Ⅲ) 생하리라. *katham: 어떻게. *atha: now, then, moreover. *utpanno〉 utpannaḥ〉 ut√pad : (p.p.p.)생한. *janayate〉 √jan: (caus. 수동태, Ⅲ) 발생되게 하다. *jāte〉 jāta〉 √jan: (p.p.p. loc.)생하다. *kim: 무엇이. *janyate〉 √jan: (수동태) 생해지다. 발생되다. *punaḥ〉 punar: again, moreover, 한편, 반면에.

26) 제2 관거래품 제1게.

27) (7-14) *na: 부정의 뜻. *utpadyamānam〉 ut√pad: (현재분사, 수동) 生時, 지금 생하는 중인 것. *utpanna〉 ut√pad: (과거분사) 已生, 이미 생한 것. *anutpanna〉 an(非) + utpanna: (p.p.p.) 非生, 아직 생하지 않은 것. *katham cana: 결코 … 아니다

여러 가지 인연이 화합하여 생함이 있는 것을 생이라고 부른다. [그런데] 이미 생한 것은 생하는 작업이 이루어지고 있지 않으니 생함이 없다. 또 아직 생하지 않은 것에도 생하는 작업이 이루어지고 있지 않으니 생함이 없다. 지금 생하고 있는 중인 것[= 生時]도 마찬가지다. 생법을 떠나서 생시는 얻을 수 없다. 생시를 떠나면 생법도 역시 얻을 수 없다. [그러니] 어떻게 생시가 생하겠는가? 이런 식의 논리는 [제2장] 관거래품에서 이미 상세하게 설명했다.

이미 생한 법은 [다시] 생할 수 없다. 왜 그런가? 생한 것이 또다시 생하게 되기 때문이다. 이렇게 계속되면 무한소급에 빠진다. 짓고 나서 또 짓게 되는 것처럼 …. 또 만일 생하고 나서 다시 생한다면 어떤 생법을 써서 생하는 것이겠는가? [또] 이 생의 모습이 아직 생하지 않았지만 이미 생하고 나서 다시 생한다고 하면 스스로 한 말에 위배된다. 왜 그런가? 생의 모습이 아직 생하지도 않았는데도 그대가 생한다고 말하기 때문이다.

만일 아직 생하지 않은 것이 생한다고 한다면 그 법은 생하고 나서 생할 수도 있고 생하지 않았는데도 생할 수가 있는 것이다. [그런데] 그대는 앞에서 생하고 나서 생한다고 했다. [그러나] 그렇게 단정할 수는 없다.

또 이미 불타고 난 후에는 다시 불타지 못하는 것처럼,[28] 이미 가버린 것은 다시 가버릴 수 없는 것처럼,[29] 이런 여러 가지 이유로 인해 이미 생하고 난 것은 다시 생하지 못한다.

아직 생하지 아니한 법도 역시 생하지 않는다. 왜 그런가? 어떤 법이 아직 생하지 않았다면 생하게 하는 인연과 화합할 수 없다. 생하게 하는 인연과 화합하지 못하면 법이 생하는 일은 없다. 만일 법이 생하게 하는 인연과 화합

(선행하는 부정을 강조). *utpadyate: (수동태) 생해지다. *tathā: 그와 같이. *khyātam> khyāta> √khyā: (p.p.p.) proclaimed, be known. *gamyamānagatāgataiḥ> gamyamāna + gata + agata + iḥ (Pl. ins.): 去時, 已去, 未去에의해.

28) 제3 관육정품 제3게.

29) 제2 관거래품 제1게.

하지 않고 생하는 것이라면 응당 짓는 법[作法]이 없이도 지음이 있고 가는 법[去法]이 없이도 감이 있고 탐욕이라는 법이 없이도 [탐욕에] 물듦이 있고 화라는 법이 없이도 화냄이 있고 어리석음이라는 법이 없이도 어리석음이 있게 된다. 이렇게 되면 이 세상의 법 모두를 파괴하는 꼴이 된다. 그러므로 아직 생하지 아니한 법은 생하지 않는다.

또 만일 아직 생하지 아니한 법이 생하는 것이라면 이 세상의 생하지 아니한 법 모두가 생해야 하리라. [또] 아직 깨달음이 생기지 아니한 모든 범부에게도 지금 응당 파괴되지 않는 깨달음이 생겨야 하리라. [또] 번뇌가 없는 아라한에게도 지금 응당 번뇌가 생해야 하며 뿔이 없는 토끼에게도 지금 응당 뿔이 솟아야 하리라. 그러나 그럴 수는 없다. 그러므로 아직 생하지 아니한 법이 생하는 것도 아니다.

【문】 아직 생하지 아니한 법은 생하는 것이 아니라는 것은 아직 [생할] 인연이 갖추어지지 않아서 지음도 없고 짓는 놈도 없으며 때도 무르익지 않았고 장소도 없기에 생하지 않았다고 말하는 것이다. [그러나] 만일 인연이 구비되어 지음도 있고 짓는 놈도 있으며 때와 장소도 있게 되면 그것들이 화합하여 아직 생하지 않았던 법이 생기게 된다. 그러므로 생하지 아니한 일체법은 모두 생하지 아니한다는 말은 옳지 못하다.

【답】 만일 인연이 구비되어 지음도 있고 짓는 놈도 있으며 때와 장소도 있어서 그것들이 화합하여 법이 생하는 것이라면 [그것은 옳지 못하다.] …, [생하기 전에] 미리 있었어도 생하지 못하고 미리 없었어도 생하지 못하며 있으면서 없었다고 해도 역시 생하지 못한다. 이런 세 가지 사항에 대해서는 앞에서 이미 논파했었다. 그래서 이미 생한 것도 생하지 않고 아직 생하지 아니한 것도 생하지 않고 지금 생하고 있는 중인 것도 역시 생하지 않는다. 왜 그런가? [다시 설명해 보자.] 이미 생한 것이 생하지 않는다는 점이나 아직 생하지 아니한 것이 생하지 않는다는 점은 앞에서 대답한 것과 같다.

또 [지금 생하고 있는 중인 것의 경우] 만일 생함을 떠나서 지금 생하고 있는 중인 것이 있다고 한다면 응당 지금 생하고 있는 중인 것이 생해야 하리라. 그러나 생함이 없이 지금 생하고 있는 중인 것이 있을 수는 없다. 그러므로 지금 생하고 있는 중인 것 역시 생하지 않는다. 또 만일 지금 생하고 있는 중인 것이 생한다고 말하면 생이 둘인 허물이 있게 된다. 첫째는 생에 의존한 생시[= 지금 생하고 있는 중인 것]이고 둘째는 다시 그 생시 속에 존재하는 생이다.[30] 그러나 그 두 가지 모두 옳지 못하다. 법이 둘이 아닌데 어떻게 생이 둘이 되겠는가? 그러므로 지금 생하고 있는 중인 것은 생하지 않는다.

또 생이라는 법이 아직 시작되지도 않았다면 지금 생하고 있는 중인 것은 있을 수 없다. 지금 생하고 있는 중인 것이 없는데 생이 어디에 의존해서 존재하겠는가? 그러므로 지금 생하고 있는 중인 것이 생한다고 말할 수 없다.

이와 같이 따져보니 이미 생한 것에도 생함은 없고 아직 생하지 않은 것에도 생함은 없으며 지금 생하고 있는 중인 것에도 생함은 없다. 생함이 없으므로 생은 성립하지 않는다. 생이 성립하지 않으므로 주나 멸 역시 성립하지 않는다. 생, 주, 멸이 성립하지 않기에 유위법은 성립되지 않는다. 그러므로 위의 게송에서 '이거(已去), 미거(未去), 거시(去時) 중에 이미 답했다.'고 설한 것이다.

【문】 내가 '이미 생한 것'이 생한다거나 '아직 생하지 아니한 것'이 생한다거나 '지금 생하고 있는 중인 것'이 생한다고 단정적으로 말한 것은 아니다. 다만 여러 가지 인연이 화합하여 생함이 있는 것이란 말이다.

【답】 그대가 비록 그런 말을 하지만 이 역시 옳지 못하다. 왜 그런가?

16) 若謂生時生 是事已不成 云何衆緣合 爾時而得生

30) 이상 제2 관거래품 제3, 4, 5게 참조.

만일 지금 생하고 있는 중인 것(生時)이 생한다고 말한다면, 이런 일이 이미 성립하지 않았는데 어떻게 여러 가지 인연이 모인 그때 생할 수 있겠는가?

15) utpadyamānamutpattāvidaṃ na kramate yadā/
kathamutpadyamānaṃ tu pratītyotpattimucyate//[31)]
발생의 현장에서 지금 생하고 있는 중인 것이 작용하고 있지 않을 때에 어떻게 지금 생하고 있는 중인 것이 발생을 연(緣)한다고 말할 것인가?

지금 생하고 있는 중인 것이 생한다는 주장에 대해 갖가지 이유를 들어 논파하였다. 그런데 그대는 지금 어째서 다시 여러 가지 인연이 화합하므로 생이 있다고 말하느냐? 여러 가지 인연이 갖추어져 있건 아니건 모두 생과 더불어 똑같이 논파된다. 다시 설명해 보자.

17) 若法衆緣生 卽是寂滅性 是故生生時 是二俱寂滅
만일 법이 여러 가지 인연에서 생한다면 이것은 곧 적멸한 성질의 것이다. 그러므로 생과 생시 이 두 가지는 모두 적멸이다.

16) pratītya yadyadbhavati tattacchāntaṃ svabhāvataḥ/
tasmādutpadyamānaṃ ca śāntamutpattireva ca//[32)]
연(緣)에 의해 존재하는 것은 무엇이건 그것은 자성으로서는 적멸이다. 그러므로 생시도 적멸이고 또 생도 마찬가지다.

31) (7-15) *utpadyamānam〉 ut√pad: (현재분사, 수동) 生時. *utpattāv〉 utpattau〉 utpatti: (f. Sg. loc.) 발생에서. *idam: (n. nom.) 이것이. *na: 부정의 뜻. *kramate〉 √kram: (ātm. Sg. Ⅲ) 작용하다. *yadā: ~할 때에. *katham: 어떻게. *utpadyamāna〉 ut√pad: (현재분사) 生時. *tu: 그러나. *pratītya: ~緣하여. *atpattim〉 utpatti: (f. Sg. acc.) 발생을. *ucyate〉 √vac: (수동태) 말해지다.

여러 가지 인연으로 생한 법은 실체[自性]가 없기에 적멸하다. 적멸이란 이쪽도 없고 저쪽도 없고 모습[相]도 없으며 언어도단(言語道斷)이고 모든 희론이 멸한 것을 말한다. 여러 가지 인연이란 것은 실을 인연으로 하여 옷감이 있고 갈대를 인연으로 하여 돗자리가 있는 것 같은 것을 말한다. 만일 실이 자기 스스로 정해진 상이 있다면 삼[麻]에서 나오지 말아야 하리라. 또 만일 옷감이 자기 스스로 정해진 상이 있다면 실에서 나오지 못해야 하리라. 그러나 실제로는 실에서 옷감이 나오고 삼에서 실이 나오는 것이다. 그러므로 실도 그 정해진 성품이 없으며 옷감도 그 정해진 성품이 없다. 이는 마치 불이 연료의 인연과 화합하여 이루어지므로 그 자성이 없는 것과 같다. 즉 연료가 없으므로 불도 역시 없으며 불이 없으므로 도대체 연료라는 것도 역시 있을 수가 없다.[33] 이 세상 모든 법이 이와 마찬가지다. 그러므로 여러 가지 인연에서 생한 법은 자성이 없고 자성이 없으므로, 공한 것이 마치 아지랑이가 그 실체가 없는 것과 같다. 그래서 위의 게송에서 '생과 생시의 두 가지가 모두 적멸하다.'고 한 것이니 지금 생하고 있는 중인 것[生時]이 생한다고 말하지 말지어다. 그대가 비록 갖가지로 생의 상을 성립시키려고 하지만 그 모두가 희론이어서 적멸의 상이 되지 못한다.

【문】 [과거, 미래, 현재의] 삼세의 구별은 결정적으로 있어서 미래세의 법이 생할 인연을 얻으면 곧 생하게 된다. 그런데 어째서 생함이 없다고 하느냐?

【답】

---

32) (7-16) *pratītya: (불변화 분사) ~을 연하여. *~yadyad …tattad : ~인 것은 무엇이나 …하다. *bhavati〉 √bhū: (para. Sg. Ⅲ) 존재하다. *chānta〉 √śam: (p.p.p.) 적정, 적멸. *svabhāvataḥ〉 svabhāvatas: (ind.) by natural, naturally. *tasmād〉 tad: (m. n. abl.) 그러므로. *utpadyamānam: 상동. *ca: (접속사) 그리고. *śāntam〉 √śam: (p.p.p.) 적정, 적멸. *utpattir〉 utpattiḥ〉 utpatti: (f. Sg. nom.) 발생이. *eva: so. *ca: 上同.

33) 제10 觀燃可燃品 참조.

18) 若有未生法 說言有生者 此法先已有 更復何用生
만일 미생(未生)인 법이 있어서 생함이 있는 것이라고 말을 한다면 그런 법은 이미 미리 존재했는데 또다시 생할 필요가 뭐 있겠는가?[34]

17) yadi kaścidanutpanno bhāvaḥ saṃvidyate kva cit/
utpadyeta sa kiṃ tasminbhāva utpadyate 'sati//[35]
만일 무언가 미생인 존재가 어디엔가 존재한다면 그것이 생하리라. [그러나] 그것이 없는데 어떤 존재가 생하겠는가?

만일 미래세에 미생(未生)의 법이 있어서 그것이 생하는 것이라면 그 법은 이미 존재한 꼴이니 다시 생해서 무슨 소용이 있겠는가? 이미 존재하는 법은 또다시 생할 수는 없다.

【문】 미래라는 것은 비록 존재하기는 하지만 현재라는 것과 같은 모습을 띠고 있지는 않다. [그렇게 미래에 잠재해 있다가] 현재의 모습으로 나타나기에 생한다고 말한다.

【답】 현재의 모습은 미래 속에 없다. 만일 없다면 어떻게 미래의 생법이 생한다고 말할 수 있겠는가? [또 이와 반대로] 만일 있다면 미래라고 [즉 아직 도래하지 않았다고] 부르지 못하니 응당 현재라고 불러야 하리라. [그런데] 현재가 또다시 생할 수는 없다. [이렇게 현재의 모습이 미래 속에 있다거

---

34) 본 품 제14게 참조.
35) (7-17) *yadi: 만일. *kaścid: something. *anutpanno〉 an(부정) + utpanna〉 ut√pad: (p.p.p.) 생하지 않은. *bhāvah: (nom.) 존재가. *saṃvidyate〉 sam(완전의 뜻) + vidyate〉 √vid: (수동태) 확실히 존재하다, 보여지다. *kva cit: somewhere. *utpadyeta〉 ut√pad: (ātm. opt. Ⅲ) 발생하리라. *sa〉 saḥ〉 tad: (m. 지시대명사) 그것. *kim: (n. nom.) 무엇이. *tasmin〉 tad: (m. n. loc.) 그것(뒤의 asati를 수식한다). *bhāva: (nom.) 존재가. *utpadyate: (수동태) 발생되다. *asati〉 a(부정의 뜻) + sati(〉 sat〉 √as의 현재분사 약어형): (loc.) 없을 때에.

나 없다거나 하는] 양자 모두 생이 없기에 불생이다.

또 그대는 지금 생하고 있는 중인 것의 생이 능히 타자[彼]를 생한다고 하는데 이제 다시 설명해 보겠다.

> 19) 若言生時生 是能有所生 何得更有生 而能生是生
> 만일 지금 생하고 있는 중인[= 生時의] 생이 능히 그 생한 바를 갖는다고 말한다면 어떻게 또 다른 생이 있어서 그 생을 능히 생할 수 있겠는가?[36]
> 18) utpadyamānamutpādo yadi cotpādayatyayaṃ/
> utpādayettamutpādamutpādaḥ katamaḥ punaḥ//[37]
> 만일 이 생이 지금 생하고 있는 중인 것[= 生時]을 생하게 하는 것이라면 또 다른 어떤 생이 있어서 그 생을 생할 것인가?

만일 생시(生時)를 생하는 것이 능히 타자(他者, 彼)를 생한다고 하면 그 생은 어떤 다른 것이 다시 능히 생하겠는가?

> 20) 若謂更有生 生生則無窮 離生生有生 法皆能自生
> 만일 다시 생이 존재한다면 생의 생은 무한하게 된다. [그와 달리] 생의 생을 떠나서 생이 있다면 모든 법은 능히 스스로 생하게 된다.
> 19) anya utpādaytyenaṃ yadyutpādo 'navasthitiḥ/
> athānutpāda utpannaḥ sarvamutpadyate tathā//[38]

---

36) 본 품 제4~8게 논리의 부연 설명.

37) (7-18) *utpadyamānam: (현재분사) 生時, 지금 생하고 있는 중인 것. *utpādo> utpādaḥ: (nom.) 生이. *yadi: 만일. *ca: (접속사) 또. *utpādayati: (caus. Sg. Ⅲ) 생하게 하다. *ayam> idam: (m. Sg. nom.) 이것이. *utpālayet: (opt. Sg. Ⅲ) 생하리라. *tam> tad: (지시대명사, Sg. acc.) 그것을. *utpādam: (m. Sg. acc.) 생을. *utpādaḥ: (m. Sg. nom.) 생이. *katamaḥ> katama: (의문대명사, nom.) 어떤, 누구. *punar: again, 다시.

다른 것[생]이 이것[생]을 생하게 한다면 생은 무한소급이 된다. 그런데 만일 [다른] 생이 없이 생한 것이라면 모든 것이 그와 발생되리라.

만일 생이 다시 생을 갖는다면 생은 무한소급에 빠진다. [이와 반대로] 만일 이 생이 다시 생을 갖지 않는데도 스스로 생하는 것이라면 일체법도 역시 능히 스스로 생하게 되리라. 그러나 실제는 그렇지 않다. 다시 설명해 보자.

21) 有法不應生 無亦不應生 有無亦不生 此義先已說

존재하고 있는 법은 생하지 않는다. 존재하지 않는 법도 역시 생하지 않는다. 존재하기도 하고 존재하지 않기도 한 법도 또한 생하지 않는다. 이런 이치에 대해서는 앞에서 이미 설명하였다.

20) sataśca tāvadutpattirasataśca na yujyate/
na sataścāsataśceti pūrvamevopapāditaṃ//[39]

존재하는 것에 있어서건 또 존재하지 않는 것에 있어서건 또 존재하면서 존재하지 않는 것에 있어서건 생[이 있다는 것]은 결코 타당하지 않다고 앞에서 증명되었다.

---

38) (7-19) *anya: (a.) 다른. *utpadayati: (caus. Sg. Ⅲ) 생하게 하다. *enam> enad: (지시대명사, f. Sg. acc.) 그녀, 그것. *yadi: 만일. *utpādo> utpāda> ut√pad: (m. Sg. nom.) 발생. *anavasthitiḥ> anavasthiti: (f. Sg. nom.) 無窮. *atha: 만일, 그런데. *anutpāda> an(부정의 뜻) + utpāda: (m. Sg. nom.) 無生. *utpannaḥ: (p.p.p. Sg. nom. 서술적 용법)생하다. *sarvam : 모든 것이. *utpadyate> ut√pad: (수동태) 발생되다, 생해지다. *tathā: 그와 같이.

39) (7-20) *sataś> sataḥ> sat: (m. Sg. gen.) 존재에 있어서. *ca: 그리고. *tāvad> tāvat: 그만큼, 그런 한. *utpattir> utpattiḥ> utpatti: (f. Sg. nom.) 발생. *asatas> a(부정) + sataḥ(> sat> √as): (m. Sg. gen.) 비존재에 있어서. *ca: 그리고. *na: ~ 아닌. *yujyate> √yuj: (수동태, Sg. Ⅲ) 타당하다. *na: ~ 아닌. *sataś: 上同. *ca: 그리고. *asatas> a(부정) + sataḥ(> sat): (m. Sg. gen.) 비존재에 있어서. *ca: 그리고. *iti: ~라고. *pūrvam> pūrva: (a. nom) 앞선, 선행하는. *eva: 결코, 실로. *upapādita> upa√pad:

무릇 존재하는 것들의 생함은 [이미] 있던 것이 생하는 것이냐, [아직] 없던 것이 생하는 것이냐? 있기도 하고 없기도 한 것이 생하는 것이냐? 이 모든 것이 옳지 못하다. 그 까닭은 앞에서 이미 설명하였다. [그런데] 이 세 가지 경우를 떠나서는 생함이 있을 수 없다. 그러므로 무생이다. 다시 설명해 보자.

> 22) 若諸法滅時 是時不應生 法若不滅者 終無有是事
> 만일 제법이 멸하는 중일 때라면 이때는 생할 수 없다. 법이 멸하지 않는다는 것, 끝내 그런 것은 없다.
> 21) nirudhyamānasyotpattirna bhāvasyopapadyate/
> yaścānirudhyamānastu sa bhāvo nopapadyate//40)
> 지금 멸하고 있는 중인 존재에 있어서 생은 성립하지 않는다. 그런데 지금 멸하고 있는 중이 아닌 존재, 그런 것은 결코 성립하지 않는다.

만일 [어떤] 법이 멸하는 모습을 띠고 있다면 [그것이] 생할 수는 없다. 왜 그런가? [멸과 생의] 두 가지 모습이 서로 위배되기 때문이다. 첫째는 멸하는 모습으로 [이를 보고] 법이 멸함을 알게 되고, 둘째는 생하는 모습으로 [이를 보고] 법이 생함을 알게 된다. 이 두 가지 서로 위배 되는 법이 동시에 존재할 수는 없다. 그러므로 멸하는 모습을 띠고 있는 법이 생할 수는 없는

(p.p.p. Sg. nom.) 증명되다. 설명하다.

40) (7-21)*nirudhyamānasya〉 ni√rudh + ya(수동) + māna(ātm. 현재분사) +sya(gen.): destroy, 멸하다. *utpattiḥ〉 utpatti: (f. Sg. nom.) 발생은. *na: ~아니다. *bhāvasya: (m. Sg. gen.) 존재의. *upapadyate〉 upa√pad: (수동태, Sg. Ⅲ) 성립하다. *yaś〉 yaḥ: (관계대명사, nom.) 영어의 what. *yah ~ sah …: ~인 것 그것 은 …하다. *ca: 그리고. *anirudhyamānas〉 a(부정의 뜻) + ni√rudh + ya + māna(현재분사) + ḥ: (nom.) 멸하고 있는 중이 아닌. *tu: 그러나. *sa〉 saḥ〉 tad: (지시대명사, m. Sg. nom.) 그것은. *bhāvo〉 bhāvaḥ: (m. Sg. nom.) 존재는. *na: ~이 아니다. *upapadyate〉 upa√pad: (수동태, Sg. Ⅲ)성립하다.

것이다.

【문】 만일 멸하는 모습을 하고 있는 법은 생할 수 없는 것이라면 멸하지 않는 모습을 하고 있는 법이 응당 생해야 하리라.

【답】 일체의 유위법은 매 순간 멸하는 것이기 때문에 멸하지 않는 법이란 있을 수 없다. [만일 무위법이 멸하지 않는 법이라면 이 역시 옳지 못하다.] 유위법이 없는데 무위법이 홀로 존재할 수는 없다. 무위법이란 단지 이름만 있을 뿐이다. 그러므로 멸하지 않는 법이란 결코 있을 수 없다고 말하는 것이다.

【문】 만일 [이와 같이] 법이 생하지 않는 것이라면 응당 머물러 있는 것[住]이어야 하리라.

【답】

23) 不住法不住 住法亦不住 住時亦不住 無生云何住
머물러 있지 않은 법은 머물지 않는다. 머물러 있는 법 역시 머물지 않는다. 머무르고 있는 중인 법 역시 머무르지 않는다. 생함이 없는데 어떻게 머물겠는가?

22) na sthitabhāvastiṣṭhatyasthitabhāvo na tiṣṭhati/
na tiṣṭhati tiṣṭamānaḥ ko 'nutpannaśca tiṣṭhati//[41)]
[이미] 머물러 있던 존재는 머물지 않는다. [아직] 머물러 있지 않은 존재는 머물지 않는다. [지금] 머무르는 중인 존재는 머물지 않는다. 아직 발생하지 않은 어떤 것이 머무르겠는가?[42)]

41) (7-22) *na: ~ 아니다. *sthita: (a.) standing. *bhāvas〉 bhāvaḥ: (m. Sg. nom.) 존재. *tiṣṭhati〉 √sthā: (현재, Sg. Ⅲ) 머물다. *asthita〉 a(부정의 뜻) + sthita: (a.) 머물지 않는. *bhāvo〉 bhāvaḥ〉 bhāva: (m. Sg. nom.) 존재. *na: 상동. *tiṣṭhati〉

머물고[住] 있지 않은 법은 머물지 않는다. [아예] 머무는 모습이 없기 때문이다. 머물러 있는 법도 역시 머물지 않는다. 왜 그런가? 이미 머물러 있기 때문이다. [어디로] 가는 일이 있어야 [그것이] 머무를 수도 있는 것이다. [그런데] 만일 머문다는 사건이 미리 존재한다면 [그것이] 다시 머무를 수는 없다. [지금] 머무르고 있는 순간이라는 사건도 역시 머무를 수 없다. 이미 머무르고 있거나 아직 머무르지 않은 사태를 떠나서 [지금] 머무르고 있는 순간이라는 사태는 있을 수가 없다. 그러므로 이 역시 머무름이 아니다. 이와 같이 어떤 경우건 아무리 추구해 봐도 머무름을 얻을 수가 없기 때문에 이는 곧 [생주멸의 삼상에서] 생함이 없다는 것과 같다. [또] 만일 생함이 없다면 어떻게 머무름이 있겠는가? 다시 설명해 보자.

24) 若諸法滅時 是則不應住 法若不滅者 終無有是事
만일 제법이 멸하고 있는 중이라면 이것들은 머무를 수 없다. [그렇다고] 법이 만일 멸하지 않는 것이라고 한다면 결코 옳지 못하다.

23) sthitirnirudhyamānasya na bhāvasyopapadyate/
yaścānirudhyamānastu sa bhāvo nopapadyate//43)
지금 멸하고 있는 중인 존재에 있어서 머무름은 성립하지 않는다. 그리고 지금 멸하고 있는 중이 아닌 그런 존재는 성립하지 않는다.

√sthā: (현재, Sg. Ⅲ) 머물다. *tiṣthamānaḥ〉 tiṣthamāna〉 √sthā: (현재분사) 머물고 있는 중인 것이. *ko〉 kaḥ〉 kim: (의문대명사, m. Sg. nom.) 무엇이. *anutpannaś〉 an(부정) + utpanna(p.p.p.) + ḥ(nom.): 無生이. *ca: 그리고.

42) 제2 觀去來品 제1게와 동일한 논리.

43) (7-23) *sthitir〉 sthitiḥ: (f. Sg. nom.) standing. *nirudhyamānasya〉 ni√rudh + ya(수동) + māna(현재분사) + sya(gen.): 소멸하고 있는 중인. *na: ~ 아니다. *bhāvasya〉 bhāva: (m. Sg. gen.) 존재의. *upapadyate〉 upa√pad: (수동태, Sg. Ⅲ) 성립하다. *yaś〉 yaḥ: (관계대명사, 영어의 what). *yaḥ~ saḥ …: ~인 것 그것 은 …하다. *ca:

만일 어떤 존재[法]가 멸하는 모습을 띠고 있다면 이런 존재는 머무는[住] 모습을 띨 수는 없다. 왜 그런가? 하나의 존재에 두 가지 모습이 동시에 있게 되면 서로 위배되기 때문이다. [그 두 가지 모습 중] 첫째는 멸하는 모습이고, 둘째는 머무는 모습이다. 같은 시간 같은 장소에 머무는 모습과 멸하는 모습이 있을 수는 없는 것이다. 그러므로 멸하는 모습을 띠고 있는 존재가 머물러 있다고 말할 수 없다.

【문】 만일 어떤 존재도 멸하지 않는다면 응당 머물러 있어야 한다.

【답】 멸하지 않는 존재는 아무것도 없다. 왜 그런가?

25) 所有一切法 皆是老死相 終不見有法 離老死有住
존재하는 일체의 법은 모두 늙고 죽는 모습을 띠고 있다. 어떤 법이 있는데 그것이 늙고 죽음을 떠나서 그대로 머물러 있는 것은 결코 볼 수가 없다.

24) jarāmaraṇadharmeṣu sarvabhāveṣu sarvadā/
tiṣṭhanti katame bhāvā ye jarāmaraṇaṃ vinā//44)
언제나 일체의 존재가 늙고 죽는 법인데, 늙고 죽음이 없는 어떤 존재들이 머물러 있을 것인가?

그리고. *anirudhyamānas〉 a(부정의 뜻) + ni√rudh + ya(수동) + māna(현재분사) + ḥ(nom.): 멸하고 있는 중이 아닌. *tu: 그러나. *sa〉 saḥ〉 tad: (지시대명사, m. Sg. nom.) 그것은. *bhāvo〉 bhāvaḥ: (n. Sg. nom.) 존재는. *na: 부정의 뜻. *upapadyate〉 upa√pad: (수동태, Sg. Ⅲ) 성립하다.

44) (7-24) *jarā: (f.) 늙음. *maraṇa: (n.) 죽음, the act of dying. *dharmeṣu〉 dharma: (m. Pl. loc.) 법. *jarāmaraṇadharmeṣu: 늙고 죽는 법칙 속에서. *sarvabhāveṣu〉 sarva(일체의) + bhāveṣu(〉 bhāva): (m. Pl. loc.) 일체의 존재들에서. *sarvadā: 항상, 언제나. *tiṣthanti〉 √sthā: (현재, Pl. Ⅲ) 머물다. *katame〉 katama: (의문대명사, Pl. nom.) 어떤. *bhāva〉 bhāvaḥ: (m. Pl. nom.) 존재들이. *ye〉 yad: (관계대명사, Pl. nom.) 영어의 which. *jarāmaraṇam: (n. acc.) 늙고 죽음, 老死. *vinā: (앞이나 뒤의

일체의 법은 생겨날 때 항상 무상(無常)[이라는 법칙]이 수반되어 있다. 무상에는 두 가지가 있는데 그 [두 가지의] 명칭은 늙어감과 죽음이다. 이렇게 일체의 법에는 항상 늙음과 죽음이 존재하기에 그대로 머물러 있는 때가 없다. 다시 설명해 보자.

> 26) 住不自相住 亦不異相住 如生不自生 亦不異相生
> 머무름은 스스로의 모습을 띠고 머무르는 것도 아니며 다른 모습을 띠고 머무르는 것도 아니다. 이는 마치 생이 스스로 생하는 것도 아니고 다른 모습을 띠고 생하는 것이 아님과 같다.
> 25) sthityānyayā sthiteḥ sthānaṃ tayaiva ca na yujyate/
> utpādasya yathotpādo nātmanā na parātmanā//45)
> 머무름에 있어서 머무름은 다른 머무름에 의해서건 그것[자신]에 의해서건 타당하지 않다. 이는 마치 생이 자기 자신에 의해서도 다른 것에 의해서도 생하는 것이 아닌 것과 같다.

만일 머무름이라는 법이 존재한다면 그 스스로의 모습에 의해46) 머무르겠는가, 아니면 다른 것에 의해 머무르겠는가? 이 두 가지 모두 옳지 못하다.

만일 자기 스스로에 의해 머무른다면 이것은 항상된 것이 된다. 일체의 유위법은 여러 가지 인연으로부터 생한다. 그런데 만일 머무름이라는 법이 [인연 없이] 자기 스스로 머무른다면 그것은 유위법이라고 부를 수 없다. 머무름

---

acc.를 지배) without, except, ~없이.

45) (7-25) *sthiti: (f.) 머무름. *anyayā〉 anya: (f. ins.) 다른 것에 의해서. *sth iteḥ〉 sthiti: (f. Sg. gen.) 머무름에 있어서. *sthānam〉 sthāna: (n. Sg.) 머무름 은. *tayā〉 tad: (지시대명사, f. ins.) 그것에 의해서. *eva: 실로. *ca: 그리고. *na: ~ 아니다. *yuiyate〉 √yuj: (수동태, Sg. Ⅲ) 타당하다. *utpādasya〉 utpāda + sya(gen.): 生이, 생에 있어서. *yathā: ~인 것처럼. *utpādo〉 utpadaḥ: (m. Sg. nom.) 生. *na: ~이 아니다. *ātmanā〉 ātman: (m. Sg. ins.) 자기 자신. *na: 상동. *parātmanā〉 parātman: (m. Sg. ins.) 남, 다른 자.

46) 漢譯은 '自相住'이나 범문 게송에서는 俱格(instrumental)이기에 '스스로에 의해'라고 번역하는 것이 자연스럽다.

이 만일 스스로에 의해 머무르는 것이라면 법도 역시 스스로에 의해 머물러야 하리라. 눈이 그 자신을 볼 수 없는 것과 같다. 머무름도 역시 마찬가지다 [= 머무름 자체에 의해 머무를 수 없다]. 같은 이유에서 [스스로에 의해 있을 수] 없다.

[반대로] 만일 다른 것[= 제2의 다른 머무름]에 의해 머무르는 것이라면 [다른] 머무름이 다시 [제3의 머무름에 의해] 머무르게 되니 무한소급에 빠진다. 또 서로 다른 법을 보기에 그 모습의 다름[이라는 판단]이 생기게 되는 것이다. [그러나 '머무름'과 '다른 머무름'이라는 양자는] 다른 법에 기인한 것이 아니므로 [서로] 다른 모습이 생길 수는 없다. [이렇게 머무름이] 다른 것에 의한다는 것이 옳지 않기에 다른 것에 의해 머문다는 말은 옳지 못하다.

【문】 만일 머무름이 없다면 응당 멸함은 있으리라.

【답】 없다. 왜 그런가?

27) 法已滅不滅 未滅亦不滅 滅時亦不滅 無生何有滅
[어떤] 법이 이미 멸했다면 [그것이 다시] 멸하지 않는다. 아직 멸하지 않았어도 멸하지 않는다. 지금 멸하고 있는 중인 것도 멸하지 않는다. 생이 없는데 어떻게 멸이 있겠는가?[47]

26) nirudhyate nāniruddhaṃ na niruddhaṃ nirudhyate/
tathāpi nirudhyamānaṃ kimajātaṃ nirudhyate//[48]
[아직] 멸하지 않은 것은 멸하지 않는다. [이미] 멸한 것은 멸하지 않는다. [지금] 멸하고 있는 중인 것도 역시 그와 같다. 어떤 무생(無生)의 것이 멸하겠는가?

47) 제2 관거래품 제1게 참조.
48) (7-26) *nirudhyate〉 ni√rudh: (수동태, Sg. Ⅲ) destroy. *na: ~이 아니다. *aniruddham〉 a(부정의 뜻) + niruddha: (a. n. nom.) 未滅. *na: 상동. *niruddham: (a.

만일 [어떤] 법이 이미 멸했다면 [그것이 다시] 멸하지는 않는다. 앞서서 미리 멸했기 때문이다. [아직] 멸하지 않았어도 멸하지 않는다. [그때에는] 멸하는 모습을 [아예] 떠나 있기 때문이다. 지금 멸하고 있는 순간도 역시 멸하지 않는다. [왜냐하면, 이멸(已滅)과 미멸(未滅)의] 두 가지를 떠나서 별도로 지금 멸하고 있는 중인 것이 있을 수 없기 때문이다. 이와 같이 따져보니 멸한다는 법은 생함도 없는 법이다. 생하지도 않았는데 어떻게 멸하겠는가?

28) 法若有住者 是則不應滅 法若不住者 是亦不應滅
법이 만일 머무르는 것이라면 이것은 멸할 수 없다. 법이 만일 머무르는 것이 아니라면 이것도 역시 멸하지 못하리라.

27) sthitasya tāvadbhāvasya nirodho nopapadyate/
nāsthitasyāpi bhāvasya nirodha upapadyate//49)
머무르고 있는 그런 존재에 있어서 멸함은 성립하지 않는다. 머무르고 있지 않은 존재에 있어서도 역시 멸함은 성립하지 않는다.

만일 어떤 존재[法]가 머무른 상태에 있는 것이라면 이것은 결코 멸하지 않는다. 왜 그런가? 머물러 있는 모습을 띠고 있기 때문이다. 만일 머물러 있는 존재가 멸하기도 한다면 [한꺼번에] 머무는 모습과 멸하는 모습의 두

---

n. nom.) 滅, 息滅. *nirudhyate: 上同. *tathā: 그와 같이. *api: ~도 역시. *nirudhya mānam> ni√rudh + ya + māna(현재분사) + (n. nom.): 지금 滅하고 있는 중인 것. *kim: (n. nom.) 어떤. *ajātam> a(부정의 뜻) + jata(>√jan, p.p.p.) + m (n.nom.): 생하지 않은 것이.

49) (7-27) *sthitasya> sthita(p.p.p.) + sya(gen.)> √sthā: 머무는. *tāvat: 그 만 큼. *bhāvasya: (m. Sg. gen.) 존재에 있어서. *nirodho> nirodha: (m. Sg. nom.) 멸은. *na: ~ 아니다. *upapadyate> upa√pad: (수동태, Sg. Ⅲ) 성립하다. *na: ~ 아니다. *asthitasya> a(부정의 뜻) + sthita(√sthā의 p.p.p.) + sya(gen.): 머무르지 않는. *api: ~ 도 역시. *bhavasya: (m. Sg. gen) 존재에 있어서. *nirodha: 上同 *upapadyate: 上同.

가지 모습을 띠게 된다. [그러니 부당하다.] 그러므로 머물러 있으면서 멸하기도 한다고 말할 수는 없다. 마치 삶과 죽음이 동시에 있을 수 없는 것처럼, [또] 만일 어떤 존재[법]가 머무르지 않는다면 멸할 수도 없다. 왜 그런가? 머물러 있는 모습을 떠나 있기 때문이다. 만일 머물러 있는 모습을 떠나 있다면 [아예 그] 존재 자체도 있을 수가 없다. 존재 자체도 없는데 어떻게 멸하겠는가? 다시 설명해 보자.

29) 是法於是時 不於是時滅 是法於異時 不於異時滅
이 상황의 이 법은 이 상황에서 소멸하는 것이 아니다. 다른 상황의 이 법은 그 다른 상황에서 소멸하는 것이 아니다.

28) tayaivāvasthayāvasthā na hi saiva nirudhyate/
anyayāvasthayāvasthā na cānyaiva nirudhyate//50)
실로 그 어떤 상태는 결코 그 상태로 절멸되지 않는다. 또 어떤 다른 상태는 결코 다른 상태로 절멸되지 않는다.

만일 어떤 존재[法]가 멸하는 모습을 띠고 있다면 이 존재는 스스로에 의해 소멸하겠는가, 아니면 다른 것에 의해 소멸하겠는가? 양자 모두 옳지 못하다. 왜 그런가? 마치 우유의 경우와 같은데 우유는 우유 그대로의 상태일 때는 소멸하지 않는다. 우유가 우유 그대로 존재하는 상태에서는 우유의 모습이 일정하게 머물러 있기 때문이다. [이와 달리] 우유의 모습을 띠고 있지 않을 때도 역시 소멸하는 것이 아니다. [왜냐하면] 우유가 아니라면 우유가 소멸했다는 말을 할 수가 없[기 때문이]다. 다시 설명해 보자.

---

50) (7-28) *tayā〉 tad: (지시대명사, f. Sg. ins.) 그것에 의해. *eva: 실로, 결코. *avasthayā〉 avasthā: (f. Sg. ins.) 상태에 의해. *avasthā: (f. Sg. nom.) 상태는. *na: ~ 아니다. *hi: 실로. *sā〉 tad: (f. Sg. nom.) 그것은. *eva: 상동. *nirudhyate〉 ni√rudh: (Sg. Ⅲ) destroy. *anyayā〉 anya: (a. f. Sg. ins.) 다른 것에 의해서. *avasthayā: 상동. *avasthā: 상동. *na: 상동.*ca: 그리고. *anya: (a. m. Sg. nom.) 다른 것은. *eva: 上同. *nirudhyate: 上同.

30) 如一切諸法 生相不可得 以無生相故 卽亦無滅相
일체의 모든 법의 생하는 모습을 얻을 수 없듯이 생하는 모습이 없기에 멸하는 모습 역시 없다.
29) yadaiva sarvadharmāṇāmutpādo nopapadyate/
tadaivaṃ sarvadharmāṇāṃ nirodho nopapadyate//[51]
실로 일체법에 있어서 생이 성립하지 않을 때 그때에는 그와 마찬가지로 일체법에 있어서 멸이 성립하지 않는다.

앞에서 따져 본대로 일체의 존재[法]는 그 생하는 모습을 얻을 수 없다. 그렇다면 멸하는 모습도 있을 수 없다. [앞에서] 생함을 파했으므로 생은 존재하지 않는다. [그렇게] 생함이 사라졌는데 어떻게 멸함이 있겠는가? 아직도 당신의 마음에 미진한 구석이 있다면 [내가] 지금 다시 멸을 파하는 까닭을 설명해 보겠다.

31) 若法是有者 是卽無有滅 不應於一法 而有有無相
만일 [어떤] 존재가 [실제로] 존재한다면 그것은 멸하지 않는다. 하나의 존재에 있음과 없음의 모습이 [함께] 있을 수는 없다.
30) sataśca tāvadbhāvasya nirodho nopapadyate/
ekatve na hi bhāvaśca nābhāvaścopapadyate//[52]
존재가 존재하는 한, 소멸은 성립하지 않는다. 왜냐하면 일성(一性)인 것에 존재와 비존재[라는 대립적인 두 가지가 있음]은 성립하지 않기 때문이다.

51) (7-29) *yadā: ~인 때에. *yada~ tada…: ~인 때에 그 때에 …. *eva: 실로, 결코. *sarvadharmāṇām〉 sarva(일체) + dharma(법) + āṇām(m. Pl. gen.): 일체법에 있어서. *utpādo〉 utpādaḥ: (m. Sg. nom.) 生이. *na: 않다. *upapadyate〉 upa√pad: (수동태, Sg. Ⅲ) 성립하다. *tadā: 그 때에. *evam: 그와 같이. *sarvadharmāṇām: 상동. *nirodho〉 nirodhaḥ: (m. Sg. nom.) 滅이. *na: 上同. *upapadyate: 上同.

모든 법은 그것이 존재할 때에는 멸하는 모습을 찾아봐도 얻을 수가 없다. 어떻게 하나의 존재[法]에 있음의 모습도 있고 없음의 모습도 있을 수 있겠는가? 예를 들어 마치 빛이 어둠과 함께 있을 수 없는 것처럼.

다시 설명해 보자.

> 32) 若法是無者 是卽無有滅 譬如第二頭 無故不可斷
> 만일 어떤 존재[法]가 없는 것이라면 그것은 멸하지도 않는다. 비유하자면 마치 제2의 머리는 [아예] 없기에 자를 수 없는 것과 같다.
> 31) asato 'pi na bhāvasya nirodha upapadyate/
> na dvitīyasya śirasaḥ chedanaṃ vidyate yathā//[53)]
> 존재하지 않는 존재의 소멸은 성립하지 않는다. 마치 제2의 머리가 잘리는 것이 존재하지 않는 것처럼 ….

만일 사물[法]이 존재하지 않는다면 [그것이] 멸하는 모습도 [있을 수가] 없다. 마치 두 번째 머리나 세 번째 손이 [원래] 없기에 자를 수도 없는 예와 같다. 다시 설명해 보자.

> 33) 法不自相滅 他相亦不滅 如自相不生 他相亦不生

---

52) (7-30) *satas〉 sat〉 √as(be): (m. Sg. abl.) 존재. *ca: 그리고. *tāvad〉 tāvat: 그만큼. *bhāvasya〉 bhāva〉 √bhū(become): (m. Sg. gen.) 존재. *nirodho〉 nirodhaḥ: (m. Sg, nom.) 滅이. *na: ~이 아니다. *upapadyate〉 upa√pad: (수동태, Sg. Ⅲ) 성립하다. *ekatve〉 ekatva: (n. Sg. loc.) 一法에, 一性에. *na: 上同. *hi : 왜냐하면 ~때문이다, 실로. *bhāvas〉 bhavaḥ: (m. Sg. nom.) 존재는. *ca: 그리고. *na: 上同. *bhāvaś: 상동. *ca: 상동. *upapadyate: 상동.

53) (7-31) *asato〉 asat〉 a(부정) + sat: (m. Sg. abl.) 비존재. *api: 역시. *na: ~아니다. *bhāvasya〉 bhāva: (m. Sg. nom.) 존재의. *nirodha: (m. Sg. nom.) 滅이. *upapadyate〉 upa√pad: (수동태, Sg. Ⅲ) 성립하다. *na: 상동. *dvitīyasya〉 dvitīya (제2의 것) + sya(gen.): 제2의. *śirasaḥ〉 śirasa(= śiras): (m. Sg. nom.) 머리. *chedanam〉 chedana: (n. Sg. nom.) 자름. *vidyate〉 √vid: 존재하다. *yathā: 마치 ~인 것처럼.

존재는 자기 스스로의 모습이 멸하는 것도 아니며 다른 모습이 멸하는 것도 아니다. 이는 마치 스스로의 모습도 생하지 않고 다른 모습도 생하지 않는 것과 같다.

32) na svātmanā nirodho 'sti nirodho parātmanā/
utpādasya yathotpāda nātmanā na parātmanā//[54]
멸은 그 자체에 의해 존재하지 않는다. 멸은 다른 실체에 의해 존재하지 않는다. 마치 생의 생함이 그 자체에 의해서 [존재하는 것]도 아니고 다른 실체에 의해서 [존재하는 것]도 아닌 것처럼.

앞에서 생의 모습에 대해 설명했던 것처럼[56] 생은 자기 스스로 생하지도 않을 뿐더러 다른 것으로부터 생하지도 않는다. 만일 자기 스스로에 의해 생한다면 이는 옳지 못하다. 일체의 사물은 모두 여러 가지 인연으로부터 생한다. 마치 손가락 끝으로 손가락 끝을 만질 수 없는 것처럼 생은 자기 스스로 생할 수 없다. 다른 것으로부터 생한다는 것도 역시 옳지 못하다. 왜 그런가? 생이란 것이 아직 존재하지도 않기에 다른 것으로부터 생할 수도 없[기 때문이]다. [즉] 이 [경우] 생이 존재하지 않기에 [생] 그 자체가 없다. 그 자체가 없기에 다른 것도 역시 없다. 그러므로 다른 것으로부터 생한다는 것도 옳지 못하다. 멸이라는 법도 역시 마찬가지라서 자기 스스로의 모습에 의해 멸하는 것도 아니고 다른 모습에 의해 멸하는 것도 아니다. 다시 설명해 보자.

34) 生住滅不成 故無有有爲 有爲法無故 何得有無爲
생주멸이 성립하지 않으므로 유위는 있지 않다. 유위법이 없으

---

54) (7-32) *na: ~ 아니다. *svātmanā〉 svātman: (m. Sg. ins.) 자기 자신, 그 자체. *nirodho〉 nirodhaḥ: (m. Sg. nom.) 소멸은. *asti〉 √as: (Sg. Ⅲ) 존재하다, 있다. *nirodho: 상동. *parātmanā〉 parātman: (n. Sg. ins.) 다른 주체. *utpādasya: (m. Sg. gen.) 생에 있어서.*yathā: 마치 ~처럼. *utpāda: (m. Sg. nom.) 生이. *na: 상동. *ātmanā〉 ātman: (n. Sg. ins.) 자기. *na: 상동. *parātmanā: 상동.

> 므로 어떻게 무위가 있을 수 있겠는가?
>
> 33) utpādasthitibhaṅgānāmasiddhernāsti saṃskṛtaṃ/
> saṃskṛtasyāprasiddhau ca kathaṃ setsyatyasaṃskṛtaṃ//[55]
>
> 생주멸이 성립하지 않기 때문에 유위법은 없다. 유위법이 성립하지 않는다면 어떻게 무위법이 성립하겠는가?

그대는 앞에서 생, 주, 멸의 모습이 존재하기에 유위가 존재한다고 말하였다.[57] 또 유위가 존재한다면 [그에 대응되는] 무위가 있을 수 있는 것이다. 그러나 지금 합리적으로 따져보니 [생주멸이라는 유위법의] 삼상은 얻을 수가 없었다. 그런데 어떻게 유위가 존재하겠는가? 그대가 앞에서 말했듯이 모습[相]이 없는 존재는 없다. 유위법이 없으므로 어떻게 무위가 있을 수 있겠는가? 무위의 모습은 생하지도 않고 머무르지도 않고 멸하지도 않는[= 不生不住不滅] 것이다. 유위의 모습이 끊어진 것을 무위의 모습[相]이라고 부르는 것이지 무위가 스스로 별다른 모습을 갖는 것은 아니다. [생주멸이라는 유위의] 이 삼상이 있음으로 인해 [그 반대인] 무위의 상[相]이 존재할 수 있다. 불은 뜨거움을 그 상으로 하고 땅[地]은 딱딱함을 그 상으로 하고 물은 차가움을 그 상으로 하지만 무위의 경우는 그렇지가 않다.

【문】 만일 이렇게 생주멸이라는 것이 필경 존재하지 않는다면 어째서 논

55) (7－33) *utpāda: (m.) 生. *sthiti: (f.) 住. *bhaṅga: (a.) 滅. *utpāda-sthiti-bhaṅgānām: (Pl.gen.) 생주멸의. *asiddher〉 a + siddhi: (f. Sg. abl.) 성립하지 않기 때문에. *na: ~아니다. *asti〉 √as: (현재, Sg. Ⅲ) ~이다, ~있다. *saṃskṛtam〉 sams√kṛ + ta(p.p.p.) + m(n.nom.): 有爲가. *saṃskṛtasya〉 saṃs√kṛ +ta(p.p.p.) + sya(gen.): 有爲의. * . *aprasiddhau〉 a(부정의 뜻) + pra('충실히'의 뜻) + siddhi: (f. Sg. loc.) 충실히 성립치 않을 때에. *ca: 그리고. *katham: 어떻게. *setsyati〉 √sidh: (미래, Sg. Ⅲ) 성립하리라. *asamskṛtam〉 a + saṃs√kṛ + ta(p.p.p.) + m(n. nom.): 無爲가.

56) 제1 관인연품 제3게 및 제21 관성괴품 제12게 참조.

57) 본품 제1게 이전의 물음.

의하는 도중에 그 호칭을 거론할 수 있느냐?

【답】

35) 如幻亦如夢 如乾闥婆城 所說生住滅 其相亦如是
환(幻)과 같고 꿈과 같고 신기루와 같다.[58] 앞서 말한 생주멸(生住滅)은 그 모습이 역시 이와 같다.
34) yathā māyā yathā svapno gandharvanagaraṃ yathā/ tathotpādastathā sthānaṃ tathā bhaṅga udāhṛtaṃ//[59]
마치 환상 같고 꿈과 같고 신기루와 같다고, 생함과 머무름과 멸함이 각각 그와 같이 설명되었다.

생, 주, 멸의 모습[相]은 정해진 것이 아닌데 범부들은 그것에 집착을 내어 정해져 있다고 말을 한다. 여러 성인 현자들께서는 이를 불쌍히 여겨 그 잘못을 멈추게 하시려고 도리어 그들이 집착하고 있는 명자(名字)를 사용하여 설하신 것이다. 말은 비록 똑같지만 그 [이면의] 마음은 다르다. 이와 같은 이유에서 생주멸의 상을 설하신 것이니 비난해서는 안 된다. [모든 것은] 허깨비처럼 지어진 것이니 그 까닭을 책망하지 말 것이며 거기에서 슬프다거나 기쁘다는 생각을 내지 말지어다. 다만 그저 눈으로 바라보기만 하되 꿈속에서 보는 듯이 그 실체를 찾지 말아라. 해가 뜰 때 신기루가 나타나지만, 그 실체는 없고 다만 거짓 이름만 있다가 오래지 않아 사라지는 것처럼 생주멸도 역시 이와 같아서 범부들은 있다고 분별을 낸다. 그러나 지혜로운 사람들은 이를 찾아봐도 얻을 수가 없다.

---

58) 『大品般若經』의 十喩 중 일부: 『大智度論』(대정25, p.101. 이후) 참조.
59) (7-34) *yathā: ~처럼. *māyā: (f. Sg. nom.) 환상. *svapno〉 svapna: (m. Sg. nom.) 꿈. *gandharva: (m.) 건달바, 태양과 관계된 수호神. *nagaram〉 nagara: (n. Sg. nom.) 城, 도시. *gandharvanagara: 乾闥婆城, 즉 사막의 신기루를 일컫는다. *tathā: 그와 같이, 그처럼. *utpādas〉 utpādaḥ: (m. Sg. nom.) 生이. *sthānam: (n. Sg. nom.) 住가. *bhaṅga: (a. Sg. nom.) 滅이. *udāhṛtam〉 uda√hṛ: (p.p.p.) 상세히 말하다. 발언하다.

제8 관작작자품(觀作作者品, 12게)
행위와 행위자에 대한 관찰
karamakārakaparīkṣā nāmāṣṭamaṃ prakaraṇam
행위와 행위자의 검토라는 이름의 제8장(13게)

【문】 지금 역력히 '행위 작용'과 '행위의 주체'와 '행위의 내용'이 존재한다. 이 세 가지가 화합하여 어떤 과보가 있게 된다. 그러므로 응당 행위자와 행위는 존재한다.

【답】 지금까지 여러 품에 걸쳐 일체의 존재를 남김없이 논파하였다. 삼상(三相)을 파(破)하는 것을 예로 들어보자. 삼상이 없기에 유위(有爲)도 있지 않다. 유위가 없기에 무위(無爲)도 없다.[1] 유위와 무위가 모두 없기에 일체의 존재가 깡그리 없다. 만일 행위와 행위자라는 것이 유위라면 유위를 논할 때 이미 논파되었을 것이고 만일 무위라면 무위를 논할 때 이미 논파 되었을 것이니 다시 묻지 말아야 하거늘 그대는 집착하는 마음이 깊어서 다시 재차 묻는구나. 그럼 이제 다시 대답해 보겠다.

> 1) 決定有作者 不作決定業 決定無作者 不作無定業
> 결정적으로 존재하는 행위자라면 결정적인 행위를 짓지 못한다. 결정적으로 존재하지 않는 행위자도 결정적이지 않은 행위를 짓지 못한다.
>
> 1) sadbhūtaḥ kārakaḥ karma sadbhūtaṃ na karotyayaṃ/
> kārako nāpyasadbhūtaḥ karmāsadbhūtamīhate//[2]
> 실재하는 행위자 그것은 실재하는 행위[3]를 행하지 못한다. 실재

1) 제7 관삼상품 제1, 34게 및 長行 참조.

하지 않는 행위자도 역시 실재하지 않는 행위를 시도하지 못한다.

만일 행위자와 행위가 미리 결정적으로 존재하는 것이라면 무엇을 행하는 작용은 있을 수 없으리라. [반대로] 만일 행위자와 행위가 미리 결정적으로 존재하지 않는 것이라면 이때도 역시 무엇을 행하지 못하리라. 왜 그런가?

2) 決定業無作 是業無作者 定作者無作 作者亦無業 결정적으로 존재하는 행위에는 작용도 없고 행위자도 없다. 결정적으로 존재하는 행위자에게는 작용도 없고 행위도 없다. 2) sadbhūtasya kriyā nāsti karma ca syādakartṛkaṃ/ sadbhūtasya kriyā nāsti kartā ca syādakarmakaḥ//[4] 실재하는 것[행위]에 있어서 작용은 존재하지 않는다. 또 그 행위는 행위자가 없는 존재이리라. 실재하는 것[행위자]에 있어서 작용은 존재하지 않는다. 또 그 행위자는 행위 없는 존재이리라.

만일 행위라는 것이 미리 결정되어 있었다면 그 행위자가 다시 있을 수

---

2) (8-1) *sadbhūtaḥ〉 sadbhūta: (m. Sg. nom.) 참된, 實有의. *kārakaḥ〉 kāraka: (m. Sg. nom.) 행위자. *karma〉 karman: (n. Sg. acc.) 행위. *sadbhūtam〉 sadbhūta: (m. Sg. acc.) 상동. *na: ~아니다. *karoti〉√kṛ: (Sg. Ⅲ) 행하다. *ayam〉 idam: (m. Sg. nom.) 이것이. *kārako〉 kārakaḥ: 상동. *na: 상동. *api: ~도 역시. *asadbhūtam〉 a(부정의 뜻) + sadbhūta(上同) + ḥ(nom.): 실재하지 않는. *karma: 상동. *asadbhūtam〉 a + sadbhhūta + m(acc.): 실재하지 않는. *īhate〉 √īh: (ātm. Sg. Ⅲ) ~을 얻으려고 노력하다, 시도하다.

3) 여기서 '행위'는 梵語 karma의 譯語다. 佛經에서는 karma를 '業'이라고 번역하나 그 의미의 보편성을 살리기 위해 여기서는 '행위'라고 번역하였다.

4) (8-2) *sadbhūtasya〉 sadbhūta: (m. Sg. gen.) 실재하는. *kriyā: (f. Sg. nom.) 작용, 행동, 행위. *na: ~ 아니다. *asti〉 √as: (Sg. Ⅲ) 존재하다. *karma〉 karman: (n. Sg. nom.) 작용, 행위. *ca: 그리고. *syad〉 syat〉 √as: (opt. Sg. Ⅲ) 존재하리라. *akartṛkam〉 a(부정의 뜻) + kartṛ + ka(형용사化 접미사어) + m(n. nom.): 행위자 없는. *sadbhūtasya: 上同. *kriyā: 上同. *na: 上同. *asti: 上同. *kartā〉 kartṛ: (m. Sg.

없다. 행위자를 떠나서 반드시 그 행위가 있어야 한다는 것은 결코 옳지 못한 것이다. 또 만일 행위자가 미리 결정되어 있었다면 그가 다시 행위를 할 리는 없다. 행위 없이도 반드시 그 행위자는 있어야 한다는 것도 옳지 못한 것이다. 그러므로 행위자가 결정되어 있는 경우건 행위가 결정되어 있는 경우건 그 행위 작용은 있을 수 없다. 또 행위자가 결정되어 있지 않거나 행위가 결정되어 있지 않은 경우에도 그 행하는 작용은 있을 수 없다. 왜 그런가? 본래 [그런 것들이] 없기 때문이다. 행위자가 있고 행위가 [미리] 있었어도 행하는 작용을 할 수는 없었는데 하물며 행위자도 없고 행위도 없는 경우는 말할 필요가 있겠는가? 다시 설명해 보자.

> 3) 若定有作者 亦定有作業 作者及作業 卽墮於無因
> 만일 행위자도 결정적으로 존재하고 행위도 결정적으로 존재한다면 행위자와 행위는 무인론(無因論)에 떨어진다.
> 3) karoti yadyasadbhūto 'sadbhūtaṃ karma kārakaḥ/
> ahetukaṃ bhavetkarma kartā cāhetuko bhavet//5)
> 만일 실재하지 않는 행위자가 실재하지 않는 행위를 한다면 행위는 무인(無因)의 것이 되리라. 또 행위자도 무인의 것이 되리라.

만일 행위자와 행위가 미리 존재한다면 '행위자가 행위한다.'는 그대의 말은 무인론(無因論)을 내포하게 된다. 그래서 행위 없이도 행위자가 존재하고

---

nom.) 행위자. *ca: 上同. *syad: 上同. *akarmakaḥ> a(부정의 뜻) + karma + ka(형용사化 접미사) + ḥ(m. nom): 행위 없는.

5) (8-3) *karoti> √kṛ: (Sg. Ⅲ) 행하다. *yadi: 만일. *asadbhūto> a + sadbhūtaḥ: (a. m. Sg. nom.) 실재하지 않는. *asadbhūtam: (a. n. Sg. acc.) 실재하지 않는. *karma> karman: (n. Sg. acc.) 행위를. *kārakaḥ: (a. m. Sg. nom.) 행위자가. *ahetukam> a(부정의 뜻) + hetu + ka(형용사화 접미사) + m(n. nom.): 無因의, 원인 없는. *bhavet> √bhū: (opt. Sg. Ⅲ) 되리라. *karma: 상동. *kartā> kartṛ: (m. Sg. nom.) 행위자. *ca: 그리고. *ahetuko: (a. m. Sg. nom.) 無因의. *bhavet:上同.

행위자 없이도 행위가 존재하게 되어 인연(因緣= 인과 관계의 법칙)을 따르지 않고 존재하는 꼴이 된다.

【문】 만일 인연을 따르지 않고[= 인과 관계를 벗어나 아무 원인 없이] 행위자가 존재하고 행위가 존재한다면 어떤 허물이 있느냐?

【답】

> 4) 若墮於無因 則無因無果 無作無作者 無所用作法
> 만일 무인론에 떨어진다면 원인도 없고 결과도 없으며 작용도 없고 행위자도 없고 그 지은 바 행위도 없게 된다.
> 4) hetāvasati kāryaṃ ca kāraṇaṃ ca na vidyate/
> tadabhāve kriyā kartā karaṇaṃ ca na vidyate//[6)]
> 원인이 없다면 [행위의] 결과도 동기도 존재하지 않는다. 그것이 없다면 작용도 행위자도 수단도 존재하지 않는다.

> 5) 若無作等法 則無有罪福 罪福等無故 罪福報亦無
> 만일 작용 등의 법이 없다면 죄나 복 [등의 법]은 존재하지 않는다. 죄나 복 [등의 법]이 없기에 죄나 복의 과보도 없다.
> 5) dharmādharmau na vidyete kriyādīnāmasaṃbhave/
> dharme cāsatyadharme ca phalaṃ tajjaṃ na vidyate//[7)]
> 작용 등이 존재하지 않는다면 법과 비법(非法)[8)]은 모두 존재하지 않는다. 법과 비법이 존재하지 않는다면 거기서 생한 과보는 존재하지 않는다.

만일 무인론에 빠진다면 일체의 존재는 원인도 없고 그 결과도 없는 꼴이

---

6) (8-4) *hetāv〉 hetau〉 hetu: (m. Sg. loc.) 원인. *asati〉 a + sat(√as의 현재분사): (loc.) ~이 없다면. *kāryam〉 kārya(√kṛ의 미래수동분사) + m(n. nom): 행해질 것,

6) 若無罪福報 亦無有涅槃 諸可有所作 皆空無有果
만일 죄와 복의 과보가 없다면 열반도 역시 없다. 또 있을 수 있는 모든 작용도 모두 공(空)하여 그 결과가 없다.
6) phale 'sati na mokṣāya na svargāyopapadyate/
mārgaḥ sarvakriyāṇāṃ ca nairarthakyaṃ prasajyate//[9]
과보가 존재하지 않는다면 해탈을 위한, 승천(昇天)을 위한 도(道)가 성립하지 않는다. 또 일체의 작용들이 무의미하다는 오류에 빠진다.

된다. '생기게 하는[能生] 법'을 원인이라고 하고 '생겨난 법[所生]'을 결과라고 한다. 이 두 가지가 없어진다는 말이다. 이 두 가지가 없으므로 작용도 없고 행위자도 없고 그 지은 바 행위도 없으며 죄나 복도 역시 없게 된다.

즉 행위의 결과. *ca: 그리고. *kāraṇam> kāraṇa + m: (n. Sg. nom) 원인, 동기. *ca: 상동. *vidyate: 존재하다. *tad> tat(지시대명사, n. nom.) 그것이. *abhāve> a + bhāva: (m. Sg. loc.) ~이 없다면. *kriyā: (f. Sg. nom.) 작용. *kartā> kartṛ: (m. Sg. nom.) 행위자. *karaṇam> karaṇa + m: (n. Sg. nom) 수단. *ca: 上同. *na: ~ 아니다. *vidyate: 上同.

7) (8-5) *dharmādharmau> dharma + adaharma: (m. Du. nom.) 법과 비법은. *na: ~아니다. *vidyete: (수동태, Du. Ⅲ)존재하다. *kriyādīnām> kriyā + ādi(등) + īnām (Pl. gen.): 작용 등의. *asaṃbhave> asaṃbhava: (m. Sg. loc.) 비존재라면. *dharme> dharma: (m. Sg. loc.) 법. *ca: 그리고. *asati> asat: (loc.) 없다면. *adharme: (m. Sg. loc.) 비법. *ca: 상동. *phalam> phala: (n. Sg. nom.) 과보는. *tajjaṃ> tat + √jan(~에서 생한): 거기서 생한. *na: 上同. *vidyate> √vid: (수동태, Sg. Ⅲ) 존재하다.

8) 善法과 不善法을 의미.

9) (8-6) *phale> phala: (n. Sg. loc.) 결과. *asati> a + sat: (m. Sg. loc.) ~이 없다면. *na:~아니다. *mokṣāya> mokṣa: (m. Sg. dat.) 해탈을 위한. *na: 상동. *svargāya> svarga: (dat.) 昇天. *upapadyate> upa√pad: (Sg. Ⅲ) 성립하다. *mārgaḥ> mārga: (m. Sg. nom.) 길, 道. *sarva: (a.)일체. *kriyāṇām> kriyā:(f. Pl. gen.)작용들의. *ca: 그리고. *nairarthakyam> nair(= nir, 부정의 뜻) + artha(의미): (n. Sg. nom.) 무의미. *prasajyate> pra√sañj: (수동태, Sg.) 오류에 빠진다, 귀결되다.

죄나 복이 없으므로 그 죄나 복의 과보도 없고 열반의 도(道)도 없는 꼴이 된다. 그러므로 아무 원인 없이 생할 수는 없다.

【문】 만일 실재하지 않는 행위자가 실재하지 않는 행위를 행한다고 하면 무슨 허물이 있겠는가?

【답】 그 가운데 한 가지만 없어도 행위가 일어나지 못하는데 하물며 두 가지가 모두 없는 경우는 오죽하겠는가? 비유하자면 허깨비가 허공을 집으로 삼는다고 할 때 이는 단지 말만 있을 뿐이요 그 행위자나 행위는 없는 것과 같다.

【문】 만일 행위자나 그의 작용이 없다면 그 지은 바 행위는 있을 수 없다. 지금 이 순간 행위자도 있고 작용도 있기에 응당 행위가 있게 되는 것이다.[10)]

【답】

> 7) 作者定不定 不能作二業 有無相違故 一處則無二
> 결정적으로 존재하면서 존재하지 않는 행위자[11)]는 두 가지 행위를 할 수 없다. 유와 무가 서로 위배되므로 한 곳에 [그 유와 무의] 두 가지는 없다.
>
> 7) kārakaḥ sadasadbhūtaḥ sadasatkurute na tat/
> parasparaviruddhaṃ hi saccāsaccaikataḥ kutaḥ//[12)]
> 실재하면서 실재하지 않는 행위자가 실재하면서 실재하지 않는 것을 행한다는 것, 그것은 옳지 않다. 서로 모순된 '존재'와 '비존재'가 실로 어떻게 한 곳에서 [있을 수 있는 것]일까?

---

10) 제2 관거래품 제2게에서 去時에 去가 있음을 묻는 것과 같은 맥락의 질문이다.

실재하면서 실재하지 않는 [지금 행위하고 있는 중인] 상황의 행위자는 실재하면서 실재하지 않는 [지금 지각되는] 행위를 행할 수 없다. 왜 그런가? 유(有= 실재)와 무(無= 비실재)가 서로 위배되기 때문이다. 한 곳에 [유와 무의] 두 가지가 있을 수는 없다.

유란 결정된 것이고 무란 결정되지 않은 것이다. 그런데 한 사람의 한 가지 일에 대해 어떻게 유와 무가 [공존하고] 있을 수 있겠는가? 다시 설명해 보자.

> 8) 有不能作無 無不能作有 若有作作者 其過如先說
> 유가 무를 지을 수 없고 무가 유를 지을 수 없다. 만일 행위와 행위자가 있다면 그 과실은 앞에서 설명한 바와 같다.
> 8) satā ca kriyate nāsannāsatā kriyate ca sat/
> kartrā sarve prasajyante doṣāstatra ta eva hi//13)
> 행위자의 유에 의해 무가 지어지지 않고 또 행위자의 무에 의해 유가 지어지지 않는다. 왜냐하면, 그 모든 곳에서 틀림없이 그런 과실들에 떨어지기 때문이다.

---

11) 지금 눈앞에 보이는 행위자로 去時가 '半去, 半未去'인 것에 대비된다. 제2 관거래품, 제1게 長行 참조.

12) (8-7) *kārakaḥ: (m. Sg. nom.) 행위자. *sadasadbhūtaḥ〉 sat(실재하는)+ asat(실재하지 않는) + bhūta(a. 존재) + ḥ(Sg. nom.): 실재하면서 실재하지 않는 존재인. *sadasatsat〉 sat+ asat: 실재하면서 실재하지 않는 존재인. *kurute〉 √kṛ(8류): (ātm. Sg. Ⅲ) 행하다. *na: ~이 아니다. *tat〉 tad: (지시대명사, m. Sg. nom.) 그것은. *paraspara: 서로. *viruddham〉 viruddha(acc.)〉 vi√rudh: (p.p.p.) 상반되다. *hi: 실로, 왜냐하면. *sat: 존재. *ca: 그리고. *asat: 비존재. *ca: 상동. *ekataḥ〉 ekatas: (adv.) 한 곳에. *kutaḥ〉 kutas: (ind.) 어디에, 어떻게.

13) (8-8) *satā〉 sat: (m. Sg. ins.) 有에 의해. *ca: 그리고. *kriyate〉 √kṛ: (수동태, Sg. Ⅲ) 행해지다. *nāsan〉 na + asat: 無는 ~ 아니다. *nāsatā〉na + asatā: (ins.) 無에 의해 ~아니다 *kriyate: 上同. *ca: 上同. *sat: (m. Sg. nom.) 有는. *kartrā〉 kartṛ: (m. Sg. ins.) 행위자. *sarve〉 sarva: (loc.) 모든 곳에서. *prasajyante〉 pra√sañj: (수동태, Pl. Ⅲ) ~(과실)에 빠지다. *doṣās〉 doṣāḥ〉 doṣa: (m. Pl. nom.) 과실(過失). *tat

만일 행위자는 있는데 그 행위는 없는 것이라면 어떻게 작용이 있을 수 있겠는가? [반대로] 행위자는 없는데 그 행위는 있는 것이라면 이 역시 작용이 있을 수 없다. 왜 그런가? 앞에서 설명한 것처럼 유(有) 가운데 만일 미리 행위가 있는 것이라면 그 행위자는 다시 무슨 소용이 되겠는가? 만일 미리 행위가 없는 것이라면 어떻게 작용할 수 있겠는가? 이와 같다면 죄나 복 등을 짓는 인연과 그 과보를 파하는 꼴이 된다. 그러므로 이 게송에서 '유가 무를 지을 수 없고 무가 유를 지을 수 없다. 만일 행위와 행위자가 있다면 그 과실은 앞에서 설명한 바와 같다.'라고 설하는 것이다. 다시 설명해 보자.

9) 作者不作定 亦不作不定 及定不定業 其過如先說
행위자는 결정적이거나, 결정적이지 않거나, 결정적이면서 결정적이지 않은 행위를 짓지 못한다. 그 과실은 앞에서 얘기한 바와 같다.

9) nāsadbhūtaṃ na sadbhūtaḥ sadasadbhūtameva vā/
karoti kārakaḥ karma pūrvoktaireva hetubhiḥ//[14]
실재하는 행위자가 실재하지 않는 행위 또는 실재하면서 실재하지 않는 행위를 결코 행하지 못한다. 이는 바로 앞에서 말한 이유 때문이다.

10) nāsadbhūto 'pi sadbhūtaṃ sadasadbhūtameva vā/

---

ra: 거기에서 *ta> te: (지시대명사, m. Pl.) 그것들이. *eva: (hi와 함께) indeed, really, 실로, 왜냐하면 ~ 때문이다.

14) (8-9) *na: ~ 아니다. *asadbhūtam: (acc.) 실재하지 않는 것을. *sadbhūtaḥ: (nom.) 실재하는 것이. *sadasadbhūtam: (acc.) 실재하면서 실재하지 않는 것을. *eva: 실로, 결코. *vā: 또는. *karoti> √kṛ: (Sg. Ⅲ) 행하다. *kārakaḥ: (nom.) 행위자가. *karma> karman: (n. Sg. acc.) 행위자. *pūrva: 앞에서. *uktair> uktaiḥ> ukta> √vac: (Pl. ins.): 말해진 것에 의해. *eva: 실로. *hetubhiḥ> hetu: (m. Pl. ins.) ~인 이유에 의해, ~의 원인 때문에.

karoti kārakaḥ karma pūrvoktaireva hetubhiḥ//[15]
실재하지 않는 행위자도 실재하는 행위 또는 실재하며 실재하지 않는 행위를 결코 행하지 못한다. 이는 바로 앞에서 말한 이유 때문이다.

실재하는 행위에 대해서는 이미 논파하였다. 실재하지 않는 행위에 대해서도 역시 논파하였으며 실재하면서 실재하지 않는 행위에 대해서도 역시 논파하였다. 이제는 단번에 모두 논파하고자 이 게송을 설하는 것이다. 그러므로 행위자는 세 가지 양상의 행위를 행할 수 없다. 이제 여기서 세 가지 양상의 행위자는 행위를 지을 수 없다. 왜 그런가?

10) 作者定不定 亦定亦不定 不能作於業 其過如先說
행위자가 실재하건, 실재하지 않건, 실재하면서 실재하지 않건 행위를 행할 수 없다. 그 과오는 앞에서 말한 것과 같다.
11) karoti sadasadbhūto na sannāsacca kārakaḥ/
karma tattu vijānīyātpūrvoktaireva hetubhiḥ//[16]
실재하면서 실재하지 않는 행위자가 존재하거나 존재하지 않는 행위를 행하지 않는다. 그런데 그것은 앞에서 말했던 이유에 의해 이해하리라.

행위자가 실재하건 실재하지 않건[17] 실재하면서 실재하지 않건[18] 행위를

15) (8-10) *na: ~ 아니다. *asadbhūto〉 asadbhūtah: (nom.) 실재하지 않는. *api: ~도 역시. *sadbhūtaṃ〉 sadbhūta: (acc.) 실재하는. *sadasadbhūtam: (acc.) 실재하면서 실재하지 않는. *eva: 실로. *vā:혹은. *karoti〉 √kṛ: (Sg. Ⅲ) 행하다. *kārakaḥ: (nom.) 행위자. *karma〉 karman: (n. Sg. acc.) 행위. *pūrva: 앞의. *uktair〉 uktaiḥ〉 ukta(p.p.p. Pl. ins.)〉 √vac(말하다). *eva: 실로. *hetubhiḥ〉 hetu: (m. Pl. ins.) 이유에 의해, ~ 원인 때문에.
16) (8-11) *karoti〉 √kṛ: (Sg. Ⅲ) 행하다. *sadasadbhūto〉 sat + asat + bhūtaḥ:(Sg. nom.) 실재하면서 실재하지 않는 존재가. *na: ~아니다.. *sannāsacca〉 sat + na +

행할 수 없다. 왜 그런가? 앞에서 말한 세 가지 종류의 과실이 있기 때문인데 그때 자세히 설명했었다. 이와 같이 그 어느 곳에서건 행위자와 행위를 찾아봐도 얻을 수가 없다.

【문】 만일 행위도 없고 행위자도 없다고 한다면 또다시 무인론에 떨어지고 만다.

【답】 행위[業]란 것은 여러 가지 인연으로부터 생하[여 그 실체가 없]지만 거짓 이름으로 존재한다고 한 것이지 실재하는 것은 아니다. 그러니 그대가 말한 바와 같지 않다. 왜 그런가?

11) 因業有作者 因作者有業 成業義如是 更無有餘事
행위로 인하여 행위자가 존재하고 행위자로 인하여 행위가 존재한다. 행위가 이룩되는 이치는 이와 같아서 다시 어떤 다른 일은 없다.

12) pratītya kārakaḥ karma taṃ pratītya ca kārakaṃ/
karma pravartate nānyatpaśyāmaḥ siddhikāraṇam//19)
행위자는 행위에 연(緣)하며 행위는 그 행위자에 연(緣)하여 일어난다. 우리들은 그것 이외의 다른 것으로부터 비롯되는 원인의 성립을 보지 못한다.

---

asat + ca. *sat〉 √as: (현재분사) 존재, 有. *asat: 비존재, 無. *kārakaḥ : (m. Sg. nom.) 행위자가. * karma〉 karman: (m. Sg. acc.) 행위를. *tat〉 tad: (지시대명사, nom.) 그것은. *tu: 그러나. *vijānīyat〉 vi√jñā: (opt. Sg. Ⅲ) 분별하다, 알다, 이해하다. *pūrva: 앞에서. *uktair〉 uktaiḥ〉 ukta〉 √vac: (p.p.p. Pl. ins.) 말해진 것에 의해. *eva: 실로. *hetubhiḥ〉 hetu: (m. Pl. ins.) ~ 이유에 의해, ~ 원인 때문에.

17) 本 品 제1게.

18) 本 品 제7, 8게.

19) (8-12) *pratītya〉 prati(~에 대하여) + √i(가다) + tya(절대분사어미): ~을 緣하여. *kārakaḥ: (a. m. Sg. nom.) 행위자. *karma〉 karman: (n. Sg. acc.) 행위를 *tam〉 tad: (지시대명사, m. Sg. acc.) 그것을. *pratītya: 상동. *ca: 그리고. *kārakam: (a.

행위란 미리 결정되어 있는 것이 아니며 사람으로 인하여 행위가 일어난다. 또 행위로 인하여 행위자가 있는 것이라서 행위자도 역시 결정되어 있지 않다. 행위가 있음으로 인하여 행위자라고 이름하는 것이다. 이 두 가지는 서로 화합함으로 인하여 성립될 수 있다. 행위와 행위자가 화합으로부터 생하는 것이라면 그 자성은 없다. 자성이 없기에 공하다. 공하다면 생할 것도 없다. 다만 범부들의 생각과 분별을 따라서 행위도 있고 행위자도 있다고 설하는 것이다. 제일의(第一義, 眞諦)에서 보면 행위도 없고 행위자도 없다. 다시 설명해 보자.

12) 如破作作者 受受者亦爾 及一切諸法 亦應如是破
행위와 행위자를 논파하듯이 취(取)와 취자(取者)[20]도 마찬가지다. 또 일체의 존재도 역시 응당 이와 같이 논파해야 하리라.

13) evaṃ vidyādupādānaṃ vyutsargāditi karmaṇaḥ/
kartuśca karmakartṛbhyāṃ śeṣān bhāvān vibhāvayet//[21]
취(取)도 이와 마찬가지임을 알아라. 행위나 행위자가 타파되기 때문이다. 행위와 행위자에 의해서 나머지 존재들을 고찰하거라.

---

m. Sg. acc.) 행위자를. *karma〉 karman: (n. Sg. nom.) 행위가. *pravartate〉 pra√vṛt: (ātm. Sg. Ⅲ) 일어나다. 발생하다. *na: ~이 아니다. *anyat: (a. Sg. abl.) 다른 것. *paśyāmaḥ〉 √paś: (Pl. I) 보다. *siddhi: (f.) 성립, 완성. *kāraṇam〉 kāraṇa: (n. Sg. acc.) 원인을.

20) 한역 게송에서는 受와 受者로 되어 있으나 이는 'vedanā(感受)'가 아니라 'upadāna'의 譯語다. 'upādāna'는 흔히 取로 번역되기에, 혼동을 피하기 위해서 이하에서는 한역문의 受를 取로 번역하겠다.

21) (8-13) *evam: such, 이와 같이. *vidyād〉 vidyāt: (opt. Sg. Ⅲ) 알리라. *upādānam〉 upādāna: (n. Sg. nom.) 취득, 取. *vyutsargād〉 vyutsargāt: (m. Sg. abl.) 破, 離, 제거, 타파. *iti: ~라고. *karmaṇaḥ: (n. Sg. gen.) 행위들이. *kartuś〉 kartuḥ〉 kartṛ: (m.Sg. gen.) 행위자. *ca: 그리고. *karmakartṛbhyām〉 karma + kartṛ + bhyām: (Du. ins.) 행위와 행위자에 의해서). *śeṣān〉 śeṣa: (m. Pl. acc.) 나머지들을. *bbāvān〉 bhāva: (m. Pl. acc.) 존재들을. *vibhāvayet〉 vi√bhū: (opt. Sg. Ⅲ) 認知하리라, 고찰하리라.

마치 행위와 행위자가 서로 떨어질 수 없는 것과 같다. 서로 떨어질 수 없기에 외따로 실재하지 않는다. 실재하지 않기에 자성(自性)이 없다. 취(取)와 취자(取者)도 이와 마찬가지다. 취라는 것은 오음[= 오온]을 말하며 취자는 사람을 말한다. 이때 사람을 떠나서 오음이 있을 수 없고 오음을 떠나서 사람이 있을 수 없다. [그것은] 다만 여러 가지 인연으로부터 생하는 것이다. 나머지 일체법도 취 및 취자의 경우와 마찬가지여서 역시 응당 그렇게 논파되어야 한다.

제9 관본주품(觀本住品, 12게)
근본주체에 대한 관찰

pūrvaparīkṣā nāma navamaṃ prakaraṇam
선행자(先行者)의 검토라는 이름의 제9장(12게)

【문】 다음과 같은 주장을 하는 사람들이 있다.

1) 眼耳等諸根 苦樂等諸法 誰有如是事 是則名本住
눈과 귀 따위의 모든 감각기관과 고(苦), 락(樂) 따위의 모든 존재는 누군가에게 소속되어 있는바 그것을 바로 본주(本住, 근본주체)[1)]라고 부른다.
1) darśanaśravaṇādīni vedanādīni cāpyatha/
bhavanti yasya prāgebhyaḥ so 'stītyeke vadantyuta//[2)]
무릇 보는 작용, 듣는 작용 등과 감수작용 등이 속하여 존재하는 것, 그것은 선행하여 존재한다고 어떤 사람들은 설한다.

2) 若無有本住 誰有眼等法 以是故當知 先已有本住
만일 본주[= 근본주체]가 없다면 눈 따위의 법을 소유한 놈은 누구이겠는가? 그러므로 미리 본주가 있는 것임을 알아야 한다.
2) kathaṃ hyavidyamānasya darśanādi bhaviṣyati/
bhāvasya tasmātprāgebhyaḥ so 'sti bhāvo vyavasthitaḥ//[3)]
왜냐하면, 지금 존재하지 않는 존재에 있어서 '보는 작용' 등이 도대체 어떻게 존재할 수 있겠는가? 그러므로 확립되어 있는 그 존재[4)]가 그것들[5)]에 선행하여 존재한다.

[게송에서] '눈과 귀 따위의 모든 감각기관'이라고 한 것은 눈, 귀, 코, 혀, 몸, 목숨 등의 모든 지각기관[根]을 일컫는 것이고, '고, 락 따위의 모든 존재'라고 한 것은 [三受, 즉] 고통스러운 느낌[苦受], 좋은 느낌[樂受], 덤덤한 느낌[不苦不樂受]과 상상, 생각, 기억 등의 심법(心法)과 심수법(心數法)을 일컫는 것이다. 어떤 이론가들은 눈 따위의 존재가 있기 이전에 먼저 본주[근본주체]라는 것이 있어서 이 본주에서 기인하여 눈 따위의 온갖 감각기관이 발현된다고 한다. [그러니] 만일 본주라는 게 없다면 몸이나 눈 따위의 모든 지각기관은 무엇에 바탕을 두고 펼쳐질 수 있겠는가?

【답】

---

1) 우리를 이루고 있는 구성 요소의 배후에 존재한다고 가상되는 영혼과 같은 실체를 말한다. 外道들이 주장하는 Ātman, Jīva, Buddhi, Puruṣa 등이 그에 해당된다.
[2020년 개정본 주] 범어 prāk는 '先行'을 뜻하는데, 구마라습은 이를 本住라고 번역하였다. 本來나 根本이라는 말에서 보듯이 本에는 범어에서와 같이 '선행'의 의미가 담겨 있는데, 구마라습이 여기에 다시 '住'자를 덧붙인 이유는 '住'자를 破字하면 '人 + 主'가 되기 때문인 듯하다. 즉 住는 主人을 의미하기에, 本住는 '본래의 주인'을 뜻하게 되어, 이 장(章)에서 논파하는 '영혼과 같은 실체'의 의미를 갖게 된다.

2) (9-1) *darśana: (a.) 보는 작용. *śravaṇādīni> śravaṇa + ādi: (n. Pl. nom.) 듣는 작용 등. *vedanādīni> vedanā + adīnin: (Pl. nom.) 감수 작용 등. *ca: 그리고. *api: ~도 역시. *atha: then, 무릇. *bhavanti> √bhū: (Pl. Ⅲ) 존재하다. *yasya: (관계대명사, gen.) of which. *prāgebhyaḥ> prāg> prāk: (n. Pl. abl.) ~이전에. *so> saḥ> tad: (지시대명사, m. Sg. nom.) 그것은. *asti> √as: 존재하다. *iti: ~라고. *eke> eka[1, 하나, 복수로 쓰일 때는 '약간'이라는 뜻을 나타냄]: (Pl. nom.) 或者는. 몇몇 사람들은. *vadanti> √vad: (PI. Ⅲ) 說하다, 말하다. *uta: 역시(게송의 말미에서 시구를 완성하기 위해 의미 없이 쓰임).

3) (9-2) *katham: 어떻게. *hi: 왜냐하면, 실로. *avidyamānasya> a(부정의 뜻) + √vid + ya(수동) + māna(현재분사) + sya(gen.): 존재하고 있는 중이 아닌. *darśanādi> darśana + ādi(등): 보는 작용 등. *bhaviśyati> √bhū: (미래, Sg. Ⅲ) 존재하리라. *bhāvasya> bhāva: (m. Sg. gen.) 존재의. *tasmāt> tad: (지시대명사. m. abl.) 그러므로. *prāgebhyaḥ> prag(> prak): (n. Pl. abl.) ~이전에. *so> saḥ> tad: (지시대명사, m. Sg. nom.) 그것은. *asti> √as: 존재하다. *bhāvo> bhāvaḥ: (m. Sg. nom.) 존재가. *vyavasthitaḥ> vy + ava + √sthā(p.p.p. m. nom.) 머무르다, 잔류하다, 확립되다.

4) 本性,

5) 눈 따위.

6) (9-3) *darśana: 보는 작용. *śravaṇādibhya> śravaṇa + ādi + bhyaḥ(Pl. abl.): 듣는

3) 若離眼等法 及苦樂等法 先有本住者 以何而可知
만일 눈 따위의 존재와 고, 락 따위의 존재를 떠나서 미리 본주가 존재한다면 무엇으로 그것을 알 수 있겠는가?
3) darśanaśravaṇādibhyo vedanādibhya eva ca/
yaḥ prāgvyavasthito bhāvaḥ kena prajñapyate 'tha saḥ//[6]
보는 작용 듣는 작용 등, 또 감수작용 등에 선행하여 확립되어 있는 존재, 그것은 그러면 어떻게 인지되겠는가?

만일 눈 따위의 존재[法]와 고, 락 따위의 존재를 떠나서 미리 본주가 존재한다면 무엇으로 그것을 설명할 수 있으며 무엇으로 그것을 알 수 있겠는가? 예를 들어 항아리나 의복 따위의 바깥 사물은 눈 따위의 감각기관[根]으로 [그 존재를] 알 수 있고 마음 안에서 일어나는 일은 고, 락 따위의 근(根)으로 알 수 있는데 말이다.

경전에서 설하듯이 '부수어질 수 있음'은 색(色)의 특징[相]이고 '받아들이는 것'은 수(受)의 특징이며 '알아채는 것'은 식(識)의 특징이다. 그런데 그대는 눈, 귀나 고, 락 따위를 떠나 미리 본주가 존재한다고 말하는데 무엇[=무슨 특징]으로 [그 존재를] 알 수 있어서 그런 법이 존재한다고 설하는 것이냐?

【문】 어떤 이론가는 다음과 같이 말한다. 숨을 쉬고 쳐다보며 목숨과 생각과 고락과 애증(愛憎)과 움직거리는 짓거리 등이 바로 아뜨만(ātman= 神

작용 등으로부터. *vedanādibhya〉 vedanā + ādi + bhyaḥ: (Pl. abl.) 감수 작용으로부터. *eva: 실로. *ca: 그리고. *yaḥ: (관계대명) what, which. *prāg〉 prāk: ~ 이전의. *vyavasthito〉 vyavasthitaḥ〉 vy + ava + √sthā: (p.p.p. m. nom.) 머무르다, 잔류하다, 확립되다. *bhāvaḥ: (m. Sg. nom.) 존재는. *kena〉 kim: (의문대명사, ins.) 무엇에 의해. *prajñapyate〉 pra√jñā: (caus. 수동태) 인지되게 하다. *atha: (ind.) now, then. *saḥ〉 tad: (지시대명사, m. Sg. nom.) 그것이.

我: 本住의 일종)의 특징[相]이다. 만일 아뜨만이 없다면 어떻게 숨 쉬는 것 등의 특징이 존재하겠는가? 그러므로 눈, 귀 따위와 고, 락 따위의 존재를 떠나서 미리 본주가 있음을 마땅히 알지어다.

【답】 만일 그 아뜨만이란 것이 존재한다면 몸속에 있어야 하리라. [그래서] 마치 벽 속에 기둥이 들어가 있는 듯할 것이다. [반대로] 몸 밖에 존재한다면 마치 사람이 갑옷을 입은 것과 같으리라.

또 만일 몸속에 존재한다면 그 몸은 파괴되지 말아야 하리라. 왜냐하면, 영원한 아뜨만이 그 속에 있기 때문이다. 그러므로 아뜨만이 몸속에 있다는 것은 다만 말뿐이고 허망하여 참되지 못하다. [반대로 아뜨만이] 몸 밖에 있어서 갑옷처럼 몸을 덮고 있다면 그 몸은 보이지 않을 것이다. 또 아뜨만이 세밀하게 덮여있기 때문에 [그 몸을] 파괴할 수도 없으리라. 그러나 지금 우리는 몸이 파괴되는 것을 역력히 본다. 그러므로 고, 락 따위를 떠나서 어떤 다른 [본주인] 존재는 없다.

또 만일 [어떤 사람의] 팔이 잘릴 때 [그의] 아뜨만은 수축하여 몸속으로 들어가므로 [아뜨만은] 잘리지 않는다고 한다면 [그의] 머리를 자를 때에도 역시 수축하여 안으로 들어가서 죽지 말아야 하리라. 그러나 실제로 그럴 때 그는 죽는다.

그러므로 고, 락 등을 떠나서 미리 아뜨만[本住]이 있다는 것은 다만 말만 있을 뿐이어서 허망하여 참되지 못하다.

또 만일 몸뚱이가 크면 그 아뜨만도 크고 몸뚱이가 작으면 그 아뜨만도 작은바[7] 마치 등불이 크면 그 밝기도 강하고 등불이 작으면 그 밝기도 약한 것과 같다고 한다면, 이런 아뜨만은 몸뚱이를 따라갈 테니 영원하지 못하리라. 또 몸뚱이를 따라간다면 몸뚱이가 없어질 때 아뜨만도 없어지게 된다. 마치 등불이 꺼지면 그 밝음도 사라지듯이 …. 만일 아뜨만이 영원한 것이

---

7) Jaina교에서는 영혼인 Jīva의 크기는 그 신체의 크기와 같다고 한다. 예를 들어 코끼리는 큰 영혼을 가지며 벼룩은 작은 영혼을 갖는다고 말한다.

아니라면 이는 눈, 귀나 고, 락 따위와 동일한 것이 된다. 그러므로 눈이나 귀 따위를 떠나서 미리 별도의 아뜨만은 없음을 알지어다.

또 중풍[風狂病]에 걸린 사람의 예를 들어 보자. 그는 [부자유하여] 몸을 제 마음대로 하지 못해서 하고 싶지 않은 몸짓을 하게 된다.[8] 만일 아뜨만이라는 것이 모든 행위의 주체라면 어째서 [중풍 걸린 사람이] 자유롭지 못하다는 말을 할 수 있겠는가? 만일 중풍이라는 병이 아뜨만을 뇌란 시키지는 않는다면 응당 아뜨만을 떠나서 하는 짓이 따로 있어야 하리라. [그러나 그것은 불합리하다.]

이와 같이 갖가지로 따져봐도 눈, 귀 따위의 감각기관 및 고, 락 따위의 존재와는 별도로 본주라는 것이 미리 존재하는 것은 아니다. 그래도 구태여 부득부득 눈, 귀 따위의 감각기관 및 고, 락 따위의 존재와는 별도로 본주라는 것이 미리 존재하는 것이라고 우긴다면 얼토당토않다. 왜 그런가?

4) 若離眼耳等 而有本住者 亦應離本住 而有眼耳等
만일 눈이나 귀 등을 떠나서 본주가 존재한다면 응당 본주를 떠나서 눈이나 귀 등도 존재하리라.

4) vināpi darśanādīni yadi cāsau vyavasthitaḥ/
amūnyapi bhaviṣyanti vinā tena na saṃśayaḥ//[9]
만일 보는 작용 따위 없이도 그것[= 本住]이 확립되어 있다면 그것들[= 보는 작용 따위] 역시 그것[= 本住] 없이 존재하리라는 것은 의심의 여지 없다.

---

8) 중풍 또는 파킨슨병에 걸린 사람이 자기 의도와 상관없이 몸을 떠는 것.

9) (9-4) *vinā: ~ 없이. *api: ~도 역시. *darśanādīni〉 darśana + ādi(等) + ni (Pl. nom.): 보는 작용. *yadi: 만일. *ca: 그리고. *asau〉 adas: (지시대명사, m. Sg. nom.) 그것이. *vyavasthitah〉 vy + ava + √sthā: (p.p.p. Sg. nom.) 머무르다,잔류하다, 확립되다. *amūni〉 adas: (지시대명사, Pl. n. nom.) 그것들이. *api: 역시. *bhaviṣyanti〉 √bhū: (미래, Pl. Ⅲ) 존재하리라. *vinā: 上同. *tena〉 tad: (지시대명사, ins.) 그것(vin

만일 본주라는 것이 눈이나 귀 따위의 감각기관과 고, 락 등의 여러 법을 떠나서 미리 존재하는 것이라면 지금의 눈이나 귀 따위의 감각기관과 고, 락 등의 여러 법 따위도 본주를 떠나서 존재하는 것이어야 하리라.

【문】[본주와 법의] 양쪽이 서로 별개가 되어버린다는 것은 그럴 수 있겠지만 오직 본주만은 존재한다.

【답】

5) 以法知有人 以人知有法 離法何有人 離人何有法
법[= 사람의 구성요소]에 의해서 사람이 있음을 안다. 사람에 의해서 법이 있음을 안다. 법을 떠나서 어찌 사람이 있겠으며 사람을 떠나서 어찌 법이 있겠는가?

5) ajyate kena cit kaścit kiṃ citkena cidajyate/
kutaḥ kiṃ cidvinā kaścitkiṃ citkaṃ cidvinā kutaḥ//[10]
무엇인가에 의해 누구인가가 표시되며 누구인가에 의해 무엇인가가 표시된다. 어떻게 무엇인가가 없이 누구인가가 있겠으며 어떻게 누구인가가 없이 무엇인가가 있겠는가?

법이란 것은 눈이나 귀, 고와 락 따위이다. 사람이란 것은 바로 본주다. 그대는 법이 존재하기에 사람이 존재함을 알고 사람이 존재하기에 법이 존재함을 안다고 말한다. [그런데] 지금 눈이나 귀 따위의 법을 떠나서 어떻게

ā 의 지배를 받음). *na: ~ 아니다. *saṃśayaḥ〉 saṃśaya: (m. Sg. nom.) 의심.

10) (9-5) *ajyate〉 √añj: (수동태, Sg. Ⅲ) 도포하다, 표시하다. *kim + cit: 누구인가가, 영어의 someone, anyone(부정칭, kim이 격변화 한다). *kena cit〉 kena cit: (n. ins.) by something, 무엇인가에 의해. *kaścit〉 kaḥ(m. nom.) + cit: 누구인가에 의해. *kim cit: (n. nom.): 무엇인가가. *kena cid〉 kena(m. ins.) cit: 누구인가에 의해. *ajyate: 上同. *kutaḥ〉 kutas: (abl.) 어떻게. *kim cid〉 kim(n.acc.) cit: 무엇인가를(vinā에 지배됨). *vina: ~ 없이(acc. ins. abl.를 지배). *kaścit〉 kaḥ(m. nom.) cit: 누구인가가. *kim cit: (n. nom.) 무엇인가가. *kam cit: (m. acc) 누구인가를. *vinā: ~ 없이(acc. ins. abl.를 지배). *kutaḥ: 上同.

사람이 존재하겠는가? 또 사람을 떠나서 어떻게 눈이나 귀 따위의 법이 존재할 수 있겠는가? 다시 설명해 보자.

> 6) 一切眼等根 實無有本住 眼耳等諸根 異相而分別[11)]
> 눈 따위의 모든 감각기관에 실로 그 본주는 없다. 눈이나 귀 따위의 모든 감각기관은 그 모습을 달리하여 분별된다.
> 6) sarvebhyo darśanādibhyaḥ kaścitpūrvo na vidyate/
> ajyate darśanādīnāmanyena punaranyadā//[12)]
> 보는 작용 등 일체의 것 배후에 그 누군가가 존재하는 것은 아니다. 더욱이 보는 작용 등은 [그 각각이] 다르다는 점에 의해, [그 작용하는 시기가] 다른 때라는 점에 의해 [그 모습이] 드러나는 것이다.

눈이나 귀 따위의 모든 감각기관과 고, 락 따위의 모든 존재[法]는 실로 그 본주가 없다. 눈을 인(因)으로 하고 형상을 연(緣)으로 하여 안식(眼識)이 생한다.[13)] 이렇게 서로 화합하는 인연(因緣) 때문에 눈이나 귀 따위의 모든 감각기관이 존재함을 알게 되는 것이지 그것들에 본주가 있기 때문에 알게 되는 것은 아니다. 그러므로 게송에서 '눈 따위의 모든 감각기관에 실로 그 본주는 없다. 눈이나 귀 따위의 모든 감각기관은 그 각각이 스스로 능히 분별한다.'라고 설하는 것이다.

---

11) 『無畏疏』와 『佛護註』, 『般若燈論』에서는 적대자의 게로 본다.
12) (9-6) *sarvebhyo〉 sarva: (m. Pl. abl.) 일체. *darśanādibhyaḥ: (abl.) 보는 작용 等. *kaścit〉 kaḥ cit: (m. nom.) 누구인가가. *pūrvo〉 pūrva: 이전에. *na: ~ 아니다. *vidyate〉 √vid: 존재하다. *ajyate〉 √añj: (수동태, Sg. Ⅲ) 도포하다, 표시하다. *darśanādīnām〉 darśana + ādi(등) + īnām: (Pl. gen.) 보는 작용 등에 있어서. *anyena〉 anya: (ins.) 다름에 의해. *punar: 그런데, 다시. *anyadā: (ind.) 다른 때, 다른 날.
13) '… 緣眼色 眼識生 三事和合緣觸 ….' (『雜阿含經』, 대정2, p.54b.) '예를 들면 부모를 緣하여 자식의 출생이 있다고 말하듯이, 눈과 형색을 緣하여 인식작용의 출생이 있다고 말한다.' (龍樹 著, *Ratnāvali*, Ⅳ. 55.)

【문】

> 7) 若眼等諸根 無有本住者 眼等一一根 云何能知塵[14]
> **만일 눈 따위의 감각기관 모두가 본주를 갖지 않는다면 눈 따위의 감각기관 각각이 어떻게 능히 대상을 지각하겠는가?**
> 7) sarvebhyo darśanādibhyo yadi pūrvo na vidyate/
> ekaikasmātkathaṃ pūrvo darśanādeḥ sa vidyate//[15]
> **만일 보는 작용 따위 모두에 선행하는 것이 존재하지 않는다면 어떻게 보는 작용 따위의 각각에 선행하는 것, 그것이 존재하겠는가?**

만일 눈이나 귀 따위의 모든 감각기관과 고(苦), 락(樂) 등의 모든 법에 본주가 없는 것이라면 지금의 감각기관 각각은 어떻게 능히 대상을 지각하겠는가? 눈이나 귀 따위의 모든 감각기관에는 사유작용이 없으므로 지각이 있을 수가 없는데 실제로 대상은 지각된다. 그러므로 눈이나 귀 따위의 모든 감각기관을 떠나서 능히 대상을 지각하는 주체가 별도로 존재한다.

【답】 만일 그렇다면 그 감각기관 하나하나에 지각의 주체가 따로따로 존재하겠는가, 아니면 그 감각기관 모두에 대해 단 하나의 지각 주체[16]가 존재하겠는가? 두 가지 경우 모두 옳지 못하다. 왜 그런가?

> 8) 見者卽聞者 聞者卽受者 如是等諸根 則應有本住
> 보는 자가 듣는 자이고 듣는 자가 감수하는 자라면 이런 여러

---

14) 『月稱疏』, 『無畏疏』, 『佛護註』, 『般若燈論』 등에서는 용수의 게송으로 본다.
15) (9-7) *sarvebhyo〉 sarva: (m. Pl. abl.) 일체. *darśanādibhyo〉 darśana + ādi + ibhyaḥ: (abl.) 보는 작용으로부터. *yadi: 만일. *pūrvo〉 purva: ~ 이전에. *na: ~ 아니다. *vidyate〉 √vid: (수동태, Sg.) 존재하다. *ekaikasimāt〉 eka + ekasmāt: (abl.) 낱낱으로부터. *katham: 어떻게. *pūrvo: 上同. *darśanādeḥ〉 darśana + ādi(等): (n. Sg. abl.) 보는 작용 등으로부터. *sa〉 saḥ〉 tad: (지시대명사, m. nom.) 그것은. *vidyate: 上同.
16) 칸트 철학의 통각(統覺)과 유사한 개념이라고 볼 수 있다.

감각기관은 응당 본주를 가지리라.

8) draṣṭā sa eva sa śrotā sa eva yadi vedakaḥ/
ekaikasmādbhavetpūrvam evaṃ caitanna yujyate//17)
만일 그가 바로 보는 자이고 그가 바로 듣는 자이고 그가 바로 감수하는 자라면 각각의 것보다 이전의 그 무엇이 존재하리라. 그러나 그것은 그런 식으로 타당하지 않다.

만일 보는 자가 바로 듣는 자이고 듣는 자가 바로 감수하는 자라면 아뜨만은 하나인 꼴이 되며 이런 식의 눈 따위의 감각기관은 응당 미리 본주가 있어야 하리라. 그래서 모양[色], 소리[聲], 냄새[香] 따위를 아는 기관이 각각 별도로 있지 않아서 [그 모두가 한 놈이 아는 것이 될 테니] 때로는 눈으로도 소리를 들을 수 있게 된다. 이는 여섯 가지 [지각의] 방향으로 자기 뜻대로 보거나 들을 수 있는 사람과 같다. 만일 듣는 자와 보는 자가 같다면 눈 따위의 지각기관이 자기 마음대로 보거나 들을 수 있게 된다. 그러나 결코 그럴 수는 없다.

9) 若見聞各異 受者亦各異 見時亦應聞 如是則神多
만일 보는 것과 듣는 것이 서로 다르고 감수자도 역시 다르다면 볼 때도 응당 들어야 하리라. 이렇다면 신아(神我)는 여러 개가 된다.

9) draṣṭānya eva śrotānyo vedako 'nyaḥ punaryadi/

---

17) 9-8) *draṣṭā〉 draṣṭṛ: (m. Sg. nom.) 보는 자. *sa〉 saḥ〉 tad: (m. Sg. nom.): 그가. *eva: indeed. *sa: 상동. *śrotā〉 śrotṛ: (m. Sg. nom.) 듣는 자. *sa: 상동. *eva: 실로, 결코. *yadi: 만일. *vedakaḥ〉 vedaka: (a. nom.) 感受者. *ekaikasmād〉 eka + ekasmāt: (Sg. abl.) 낱낱의 것으로부터. *bhavet〉 √bhū: (opt. Sg. Ⅲ) ~ 되리라. *pūrvam: (n. Sg. nom.) 先行하는 것. *evam: 그와 같은. *ca: 그리고. *etat: (지시대명사, Sg. nom.) 그것은. *na: ~ 아니다. *yujyate〉 √yuj: (수동태, Sg. Ⅲ) 타당하다.

sati syāddraṣṭari śrotā bahutvaṃ cātmanāṃ bhavet//18)
그와 달리 만일 보는 자도 따로 있고 듣는 자도 따로 있고 감수하는 자도 따로 있다면 보는 자가 있을 때 듣는 자가 있으리라. 또 아뜨만이 여럿이 되리라.

만일 보는 자와 듣는 자와 감수하는 자가 서로 다르다면 보고 있을 때도 응당 들어야 할 것이다. 왜 그런가? 보는 자를 떠나서 듣는 자가 있기 때문이다. 그래서 코와 혀와 몸 [등 그 모든 감관] 가운데에서 아뜨만이 응당 한꺼번에 작용해야 하리라. 만일 이렇다면 사람은 하나인데 [그] 아뜨만은 여럿인 꼴이 되어 그 모든 지각기관으로 한순간에 모든 대상을 포착하게 돼야 하겠지만 실제는 그렇지 못하다. 그러므로 보는 자와 듣는 자와 감수하는 자는 한꺼번에 작용할 수 없는 것이다. 다시 설명해 보자.

10) 眼耳等諸根 苦樂等諸法 所從生諸大 彼大亦無神
눈과 귀 따위의 모든 지각기관과 고와 락 등, 그것들이 비롯하는 여러 대(大)들[= 四大] 그 대에도 역시 신아(神我)는 없다.

10) darśanaśravaṇādīni vedanādīni cāpyatha/
bhavanti yebhyasteṣveṣa bhūteṣvapi na vidyate//19)
그런데 보는 작용, 듣는 작용과 감수작용 등이 비롯되어 존재하는 그 대종(大種= 四大)들에도 역시 이것[= 아뜨만]은 존재하지 않는다.

18) (9-9)*draṣṭā> draṣṭṛ: (m. Sg.nom.) 보는 자. *anya> anyaḥ> anya: (a.) 다른. *eva: 실로. *śrotā>śrotṛ: (m. Sg. nom.) 듣는 자. *anyo> anya: 상동. *vedako> vedakaḥ: 감수하는 자. *anyaḥ> anya: 상동. *punar: 다시, 더욱이. *yadi: 만일. *sati> sat> √as: (현재분사, loc.) 존재. *syād> syāt> √as: (미래, Sg. Ⅲ) ~이리라. *draṣṭari> draṣṭr.: (m. Sg. loc.) 보는 자에. *śrota: 상동. *bahutvam> bahutva: (n. Sg. nom.) 다종다양. *ca: 그리고. *ātmanām> ātman: (m. Pl. gen.) 아뜨만, 神我. *bhavet> √bhū: (opt. Sg. Ⅲ) 되리라.

만일 어떤 사람이 눈이나 귀 등의 모든 지각기관과 고와 락 등의 모든 법을 떠나서 따로 본주라는 것이 있다고 말한다면 이것은 이미 논파했다. 그런데 지금 눈이나 귀 따위의 인(因)이 되는 사대(四大)의 경우를 놓고 볼 때 이 사대 가운데도 역시 본주는 없다.

【문】 만일 눈이나 귀 등의 모든 지각기관과 고와 락 등의 모든 법이 본주를 갖지 않는다는 점은 수긍할 만하다. 그러나 눈이나 귀 등의 모든 지각기관과 고와 락 등의 모든 법은 분명히 존재한다.

【답】

11) 若眼耳等根 苦樂等諸法 無有本住者 眼等亦應無
만일 눈이나 귀 등의 감각기관과 고, 락 등의 모든 법이 본주를 갖지 않는다면 눈 등도 역시 응당 없으리라.

11) darśanaśravaṇādīni vedanādīni cāpyatha/
na vidyate cedyasya sa na vidyanta imānyapi//[20]
그런데 보는 작용이나 듣는 작용 따위 그리고 감수작용 등이 속해 있는 그것[= 본주]이 만일 존재하지 않는다면 이것들[= 보는 작용 등] 역시 존재하지 않으리라.

---

19) (9-10)*darśana: (n.) 보는 작용. *śravaṇādīni〉 śravaṇa + ādi(等) +ini(n. Pl. nom.): 듣는 작용 등. *vedanādīni〉 vedanā + ādi(等) + ini(n. Pl. nom.): 감수 작용 等. *ca: 그리고. *api: ~도 역시. *atha: then. *bhavanti〉 √bhū: (Pl. Ⅲ) 존재하다. *yebhyas〉 yebhyaḥ〉 yad: (관계대명사, abl.) ~로부터. *teṣv〉 teṣu: (n. Pl. loc.) 그것. *eṣa〉 eṣah〉 etad: (m. Sg. nom.) 이것이. *bhūteṣv〉 bhūteṣu: 大種, 원소. *api: ~도 역시. *na: ~ 아니다. *vidyate〉 √vid: 존재하다.

20) (9-11)*darśana: (n.) 보는 작용 . *śravaṇa + ādi(等) +ini(n. Pl. nom.): 듣는 작용 등. *vedanādīni〉 vedanā + ādi(等) + ini(n. Pl. nom.): 감수 작용 等. *ca: 그리고. *api: ~도 역시. *atha: then. *na: ~ 아니다. *vidyate〉 √vid: 존재하다. *cet: 만일. *yasya〉 yad: (관계대명사, gen.) of which. *sa〉 saḥ〉 tad: (지시대명사, m. Sg. nom.) 그것이. *na: 상동. *vidyanta〉 √vid: (수동태, opt. Pl. Ⅲ) 존재하다. *imāni〉 idam:

만일 눈이나 귀 등의 지각기관과 고와 락 등의 모든 법이 본주를 갖지 않는다면 이런 지각기관을 소유하는 주체는 누구이며 이런 지각기관 들은 무엇을 연(緣)으로 하여 존재하겠는가? 그러므로 눈이나 귀 등도 역시 없다. 다시 설명해 보자.

12) 眼等無本住 今後亦復無 以三世無故 無有無分別 눈 따위에는 본주는 없다. 지금이나 나중에도 역시 다시 없다. 삼세에 없으므로 있다거나 없다는 분별도 없다. 12) prāk ca yo darśanādibhyaḥ sāṃpratam cordhvameva ca/ na vidyate 'sti nāstīti nivṛttāstatra kalpanāḥ//[21] 보는 작용 따위보다 이전에도 동시에도 후속해서도 존재하지 않는 그것[= 본주]이 있다거나 없다거나 하는 분별들은 여기서 사라진다.

본주의 존재 여부에 대해서 아무리 따져봐도 눈 따위보다 이전에도 그것은 없고 지금 동시적으로 있지도 않고 나중에도 없다. 만일 이렇게 삼세(三世)에 걸쳐 존재하지 않으면 이것은 생하는 것도 아니며 적멸하니 논란도 있을 수가 없다. 만일 본주가 없다면 어떻게 눈 따위가 있을 수 있겠는가? 이와 같이 묻고 대답하다 보니 희론이 사라졌고 희론이 사라지므로 모든 존재[法]는 공하도다.

(지시대명사, n. Pl. nom.) 이것들. *api: 역시.

21) (9-12) *prāk: ~이전에. *ca: 그리고. *yo〉 yaḥ〉 yad: (관계대명사, Sg. nom.) what, which. *darśanādibhyaḥ〉 darśana + ādi(등) + bhyaḥ(Pl. abl.): 보는 작용 등으로부터. *sāmpratam: (a.) 지금, 현재의. *ca: 그리고. *ūrdhvam: (ad.) ~ 후에. *eva: 실로. *ca: 그리고. *na: ~ 아니다. *vidyate〉√vid: 존재하다. *asti〉 √as: 존재하다. *na: ~ 아니다. *asti: 상동. *iti: ~라고. *nivṛttās〉 nivsttāḥ〉 nivṛtta〉 ni√vṛt: (p.p.p. Pl. nom.) 사라지다, 쉬다, 멈추다. *tatra: 거기에서. *kalpanāḥ〉 kalpanā: (f. Pl. nom.) 분별.

제10 관연가연품(觀燃可燃品, 16게)
불과 연료에 대한 관찰

agnīndhanaparīkṣā nāma daśamaṃ prakaraṇam
불과 연료의 검토라는 이름의 제10장(16게)

【문】 응당 취(取)함과 취(取)하는 주체[1]는 있어야 한다. 마치 불과 연료가 있는 것처럼. 불은 취하는 자에 대비되고 연료는 취(取), 즉 오음(五陰=五蘊)에 대비된다.

【답】 그렇지 않다. 왜 그런가? 불이나 연료 모두 [그 존재가] 성립하지 않기 때문이다. 불과 연료라는 것이 서로 동일한 법으로써 성립하겠는가, 아니면 서로 별개의 법으로써 성립하겠는가? 양자 모두 성립하지 못한다.

【문】 동일하다거나 별개라는 말은 차치하고라도 만일 불과 연료라는 것이 [아예] 없다고 말한다면 지금은 어째서 동일하다거나 별개라는 개념[相]을 사용하여 논파하느냐? 예를 들어 토끼 뿔이나 거북이 털은 [아예] 존재하지도 않기에 논파할 수도 없는 것과 같다. 세상에서 실제로 사물이 존재하는 것을 눈으로 보아야 이어서 그에 대한 생각을 떠올릴 수 있는 것이다. 마치 금덩어리가 존재하고 나서야 비로소 그것을 녹이고 두드릴 수 있는 것과 같다. 그러니 만일 불과 연료가 존재하지 않는 것이라면 그에 대해 동일하다거나 별개라는 식으로 생각할 수도 없다. 그러나 만일 그대가 동일하거나 별개인 법을 인정한다면 불과 연료가 존재함을 마땅히 알지어다. 만일 존재한다

---

1) 원문은 受와 受者로 되어 있으나, 그 내용으로 보아 이는 5蘊에서 受로 번역되며, 感受를 의미하는 'vedanā'의 譯語가 아니라, 일반적으로 '취(取)'로 번역되는 'upādāna'의 역어이다. 五受陰이라는 역어에서 볼 수 있듯이 upādāna가 受로 漢譯되기도 하지만 vedanā와 혼동될 우려가 있기에 이하 수(受)는 모두 취(取)로 번역하였다.

는 것을 인정한다면 그것은 이미 존재하는 것이다.

【답】 세속의 법도에 따라 말하는 것이니 허물은 없다. 불과 연료라는 것이 동일하다거나 다르다거나 말은 해도 그것을 받아들이는 것은 아니다. 만일 세속의 언설을 떠난다면 어떤 논의라는 것이 있을 수가 없다. 만일 불이나 연료라는 말을 하지 않는다면 어떻게 능히 [그에 대해] 논파할 수 있겠는가? 만일 말을 하지 않는다면 어떤 의미건 명확히 할 수가 없다. 어떤 논사가 있어서 무엇인가를 논파할 때 그것이 있다거나 없다는 것을 논파하려면 반드시 있다거나 없다는 말을 해야 한다. 그가 있다거나 없다는 말을 하였다고 해서 있다거나 없다는 사실을 받아들이는 것은 아니다. 그는 그저 세속의 언설을 따르는 것이기에 허물은 없다. 만일 입으로 무슨 말을 하였다고 해서 그것이 곧 그 말의 실체성을 인정하는 것이라고 한다면 그대가 '파(破)한다.'라는 말을 하면 그 순간 그 말 자체가 파괴되어야 하리라. 불과 연료라는 것도 역시 이와 같아서 비록 그에 대해 떠벌리기는 하지만 그 실체성을 용납[= 受]하는 것은 아니다. 그러므로 동일하다거나 별개라는 개념[法]으로 불과 연료[의 관계]를 생각하는 두 경우 모두 성립되지 않는다. 왜 그런가?

1) 若燃是可燃 作作者則一 若燃異可燃 離可燃有燃
만일 불이 그대로 연료라면 행위와 행위자는 동일하리라. 만일 불이 연료와 다르다면 연료 없이도 불이 있으리라.

1) yadindhanaṃ sa cedagnirekatvaṃ kartṛkarmaṇoḥ/
anyaścedindhanādagnirindhanādapyṛte bhavet//[2)]
만일 연료인 것, 그것이 불이라면 행위자와 행위가 동일성의 것으로 된다. [반대로] 만일 불이 연료와 다르다면 [불은] 연료 없이도 존재하리라.

---

2) (10-1) *yad〉 yat〉 yad: (관계대명사, n. Sg. nom.) ~인 것. *indhanam〉 indhana: (n. Sg. nom.) 연료. *sa〉 saḥ〉 tad: (지시대명사, m. Sg. nom.) 그것이. *cet: 만일.

불은 타오르는 불길이며 연료는 장작이다. 행위자는 사람이고 행위는 업(業)이다. 그런데 만일 불과 연료가 동일하다면 행위와 행위자도 동일하여야 한다. 만일 행위와 행위자가 동일하다면 그것은 도공과 [그가 만든] 항아리가 동일하다는 말이다. 행위자는 도공이고 행위는 [만들어진] 항아리이다. 도공은 항아리가 아니고 항아리도 도공이 아니다. 어떻게 [그 양자가] 동일할 수 있겠는가? 그러므로 행위와 행위자는 동일하지 않으며, 불과 연료도 역시 동일하지 않다.

만일 동일하다는 것이 불가능하다고 말한다면 응당 달라야 하겠지만 이 역시 옳지 못하다. 왜 그런가? 만일 불과 연료가 다르다면 응당 연료를 떠나서 따로 불이 있어서 이것은 연료이고 이것은 불이라고 분별되어 곳곳에 연료 없는 불이 있어야 하리라. 그러나 실제로는 그렇지 못하다. 그러므로 다르다는 것도 불가능하다. 다시 설명해 보자.

> 2) 如是常應燃 不因可燃生 則無燃火功 亦名無作火
>
> 이와 같다면 [불은] 항상 타올라야 하리니 연료로 인해 생하는 것이 아니어서 불타게 하는 공능도 없는 꼴이 되며 짓지도 않은 불이라고 이름하게도 된다.
>
> 2) nityapradīpta eva syādapradīpanahetukaḥ/
> punarārambhavaiyartyamevaṃ cākarmakaḥ sati//[3]
>
> 실로 영원히 타오르게 되며 타오름의 원인이 되는 것도 없게 되리라. 더욱이, [점화의] 시작이 헛수고가 될 테니 이와 같다면 행위도 존재하지 않게 되리라.

---

*agnir〉 agniḥ〉 agni: (m. Sg. nom.) 불. *ekatvam〉 ekatva: (n. Sg. nom.) 一性, 단일성. *kartṛ: (m.) 행위자. *karmaṇoḥ 〉karman: (n. Sg. gen.) 행위. *anyaś〉 anyaḥ〉 anya: (a. m. Sg. nom.) 다른. *ced〉 cet: 상동. *indhanād〉 indhanāt〉 indhana: (n. Sg. abl.) 연료로부터. *agnir: 上同. *indhanād: 上同. *api: ~도 역시. *ṛte: ~없이(abl. 지배). *bhavet〉 √bhū: (opt. Sg.) 존재하리라.

3) (10-2) *nitya: (a.) 항상된, 불멸의. *pradīpta〉 pra√dīp: (p.p.p.) 점화된, 타오르는.

만일 불과 연료가 다르다면 불은 연료를 공급받지 않고도 항상 타오르게 된다. 만일 항상 타오르는 것이라면 스스로 그 실체를 갖고 있을 테니 다른 인연을 필요로 하지 않게 되며 [불을 켜는] 사람의 행위도 무의미[= 空]하게 된다. 사람의 행위라는 것은 장차 불을 보전하여 타오르게 하는 것을 의미한다. 이런 행위는 역력히 존재한다. 그러므로 불이 연료와 다른 것도 아님을 알지어다.

다시 설명해 보자. 만일 불이 연료와 다르다면 불은 지펴질[作] 수도 없다. 연료를 떠나서 불이 어느 곳에서 타오르겠는가? 만일 그렇다면 불은 지펴지지도 않은 것이 된다. [그러나] 지펴지지도 않은 불이란 있을 수가 없다.

【문】 어째서 불이 다른 인연을 필요로 하지 않게 되며 [불을 켜는] 사람의 행위도 무의미하게 되겠는가?

【답】

> 3) 燃不待可燃 則不從緣生 火若常燃者 人功則應空
> 불이 연료에 의존하지 않는다면 인연에서 생하지도 않는다. 불이 만일 항상 타고 있는 것이라면 사람의 [불 지피는] 행위도 응당 공허하게 되리라.
> 3) paratra nirapekṣatvādapradīpanahetukaḥ/
> punarārambhavaiyarthyaṃ nityadīptaḥ prasajyate//[4)]
> 다른 것에 의존하지 않기 때문에 타오름은 원인 없는 것이 된다. 더욱이, 항상 탄다면 [점화의] 시작이 헛수고가 되는 과실에 빠

---

*eva: 실로. *syad〉 syat〉 √as: (미래, Sg. Ⅲ) ~ 이리라. *apradīpanahetukaḥ〉 a(부정의 뜻) + pradīpana(점화, 타오름) + hetuka(원인) + ḥ(Sg. nom.): 타오름의 원인 없는. *punar: 다시. *ārambha: (m. Sg. nom.) 시작, 개시. *vaiyarthyam〉 vaiyarthya: (n. Sg. nom.)무익, 헛수고. *evam: ~처럼. *ca: 그리고. *akarmakaḥ〉 a(부정의 뜻) + karmaka +ḥ(nom.): 無행위. *sati〉 sat: (loc.)존재.

진다.

불과 연료가 만일 다르다면 연료에 의존하지 않고서도 불이 존재하게 된다. 만일 연료에 의존하지 않고서도 불이 존재한다면 [연료와 불 양자는] 서로 의존함이 없는 법이 되리니 인연에서 생하는 것이 아니리라.

또 만일 불이 연료와 다르다면 응당 항상 타오르고 있어야 하리라. 만일 항상 타오르고 있다면 응당 연료를 떠나서 따로 불이 있어서 다시 사람의 [불 지피는] 행위를 필요로 하지 않아야 하리라. 왜 그런가?

4) 若汝謂燃時 名爲可燃者 爾時但有薪 何物燃可燃
만일 그대가 지금 타오르고 있는 중인 것을 연료라고 부른다면 그런 때는 다만 장작만 존재하는데 무엇이 연료를 태우겠는가?

4) tatraitasmādidhyamānamindhanaṃ bhavatīti cet/
kenedhyatāmindhanaṃ tattāvanmātramidaṃ yadā//[5]
만일 거기서 연료가 지금 타오르고 있는 중인 것이라고 한다면 이것[= 타오르고 있는 것]은 오직 그것[= 연료]뿐인 상황인데 무엇에 의해 그 연료가 타겠는가?

만일 장작이 먼저 존재하고 그것이 타는 중인 것을 연료라고 부르는 것이

---

4) (10-3) *paratra: elsewhere, in another place. *nirapekṣatvād> nir(부정의 뜻) + apekṣgā(f. 의존하다) + tva(~性) + āt(abl.): 의존성이 아니기 때문에. *apradīpanahetukaḥ> a(부정의 뜻) + pradīpana(점화, 타오름) + hetuka(원인) + ḥ(Sg. nom.): 타오름의 원인 없는. *punar: 다시. *ārambha: (m. Sg. nom.) 시작, 개시. *vaiyarthyam> vaiyarthya: (n. Sg. nom.) 무익, 헛수고. *nitya: (a.) 영원한. *dīptaḥ> dīpta> √dīp: (p.p.p.) 타오르다. *prasajyate> pra√sañj: (수동태, Sg. Ⅲ) 오류에 빠진다.

5) (10-4) *tatra: 거기서. *etasmāt> etad: (지시대명사), n. Sg. abl.) 이것으로부터. *idhyamānam> √idh 또는 √indh: (현재분사, 수동, n. Sg. nom.) 타오르는 중인. *indhanam> indhana: (n. .Sg.nom.) 연료. *bhavati> √bhū: (Sg. Ⅲ) become. *iti: ~라고. *cet: 만일. *kena> kim: (의문대명사, ins.) 무엇에 의해. *idhyatām> √idh 또는 √indh: (명령법의 opt.적 의미, Sg. Ⅲ) 타오르다. *indhanam: 上同. *tat> tad: (n. Sg.

라고 말한다면 그것은 옳지 못하다. 만일 불을 떠나서 따로 [장작이라는] 연료가 존재했던 것이라면 어째서 지금 타고 있는 중일 때를 [새삼] 연료라고 부르겠는가? 다시 설명해 보자.

5) 若異則不至 不至則不燒 不燒則不滅 不滅則常住 만일 다르다면 도달하지 못한다. 도달하지 못하는 것은 태우지도 못한다. 태우지 않으면 소멸하지도 않는다. 소멸하지 않는다면 상주하리라. 5) anyo na prāpsyate 'prāpto na dhakṣyatyadahan punaḥ/ na nirvāsyatyanirvāṇaḥ sthāsyate vā svaliṅgavān//6) [서로] 다르다면 도달하지 못한다. 도달하지 않는 것은 태우지 못하리라. 더욱이 타지 않은 것은 소멸하지 않으리라. 그런데 소멸하지 않은 것은 자상(自相)을 갖고 머물러 있으리라.

만일 불이 연료와 다르다면 불은 연료에 도달하지 못한다. 왜 그런가? 서로 의존하여 성립하지 않는 꼴이 되기 때문이다. 만일 불이 의존하여 성립하는 것이 아니라면 스스로 그 실체를 지키고 있으리니 연료는 무슨 소용이 있겠는가? 그러므로 [그렇게 연료와 불이 다르다면] 도달하지 못한다. 만일 도달하지 못한다면. 연료를 태우지도 못한다. 왜 그런가? 도달하지 않고서도 능히 태우는 일은 없기 때문이다. 만일 태우지 않는다면 소멸함도 없어서 [언

---

nom.) 그것이. *tāvat: ~인 한(限). *mātram〉 mātra: (n. Sg. nom.) 오직 ~뿐. *idam: (지시대명사, n. Sg. nom.) 이것. *yadā: ~인 때에.

6) (10－5) *anyo〉 anyaḥ〉 anya: (a. m. Sg. nom.) 다른. *na: ~이 아니다. *prāpsyate〉 pra√āp: (미래, 수동, Sg. Ⅲ) 도달하다. *aprāpto〉 a(부정의 뜻) + prāptaḥ(〉 prapta〉 pra√āp: (p.p.p. m. Sg. nom.) 도달되지 않은 것. *na: 上同. *dhakṣyati〉 √dah: (미래, Sg. Ⅲ) 타버리다. *adahan〉 a + dahat(〉 √dah, 현재분사): 타지 않은 것. *punaḥ: 더욱이. *na: 상동. *nirvāsyati〉 nir√vā: (미래, Sg. Ⅲ) 끄다. *anirvānaḥ〉a + nirvāṇa + ḥ: (a. m. Sg. nom.) 꺼지지 않는 것. *sthāsyate〉 √sthā: (미래, 수동, Sg. Ⅲ) 머물다. *vā: 또는, 그런데, 그러나. *svaliṅgavān〉 svalingavāt: (a. m. Sg. nom.) 自相을 가진.

제나] 그 스스로의 모습을 지키고 있다는 말이 되니 이런 일은 옳지 못하다.

【문】

> 6) 燃與可燃異 而能至可燃 如此至彼人 彼人至此人[7]
> **불이 연료와 다르면서도 능히 연료에 도달하는 것은 이 사람이 저 사람에게 도달하고 저 사람이 이 사람에게 도달하는 것과 같다.**
> 6) anya evendhanādagnirindhanaṃ prāpnuyādyadi/
> strī saṃprāpnoti puruṣaṃ puruṣaśca striyaṃ yathā//[8]
> **만일 연료와 다른 불이 [있어서 그것이] 연료에 도달하는 것이라면, 여자가 남자에게 도달하고 또 남자가 여자에게 도달하는 것과 같다.**

불이 연료와 다르면서도 능히 연료에 도달하는 것은 남자가 여자에게 도달하고 여자가 남자에게 도달하는 것과 같으리라.

【답】

> 7) 若謂燃可燃 二俱相離者 如是燃則能 至於彼可燃
> 만일 불과 연료 이 두 가지가 모두 서로 떨어져 있는 것이라면 이러한 불은 그 연료에 능히 도달할 수 있으리라.

---

7)『月稱疏』에서는 형식상 용수의 게송과 같이 되어있지만, 실질적으로는 적대자의 게송이다.

8) (10-6) *anya: ~와 다른(abl. 지배). *eva: 실로. *indhanāt〉 indhana: (n. Sg. abl.) 연료로부터. *agnir〉 agniḥ: (m. Sg. nom.) 불은. *indhanam: (n. Sg. acc.) 연료를. *prāpnuyāt〉pra√āp + nu(5류 동사 약어간化) + yāt(opt. Sg. Ⅲ)〉 pra√āp: 도달하다. *yadi: 만일. *strī: (f. Sg. nom.) 여성, 부인. *saṃprāpnoti〉 saṃ-pra√āp + no(5류 동사 강어간化) + ti: (Sg. Ⅲ) 도달하다. *puruṣam〉 puruṣa: (m. Sg. acc.) 남자, 사람. *puruṣaś〉 puruṣaḥ: (m. Sg. nom.) 남자, 사람. *ca: 그리고. *striyaṃ〉 strī: (f. Sg. acc.) 여성, 부인. *yathā: ~인 것처럼.

> 7) anya evendhanādagnirindhanaṃ kāmamāpnuyāt/
> agnīndhane yadi syātāmanyonyena tiraskṛte//[9]
> 실로 연료와 다른 불이 연료에 기꺼이 도달하리라. 만일 불과 연료가 서로 떨어져 있다면 ….

만일 불을 떠나서 연료가 따로 존재한다거나 연료를 떠나서 불이 따로 존재한다고 한다면 [불과 연료 그 각각이] 스스로 성립되어 있는 꼴이 된다. 만일 이러하다면 응당 불이 연료에 도달하는 식이 될 텐데 실제로는 그렇지 못하다. 왜 그런가? 불을 떠나서는 연료라는 것이 존재할 수 없고 연료를 떠나서도 불이라는 것이 존재할 수 없기 때문이다. [불과 연료의 관계가 남자와 여자가 만나는 식이라는 그대의 비유가 타당한지 검토해 보자.] 남자를 떠나서 여자가 존재하고 여자를 떠나서 남자가 존재할 수 있다. 그러므로 그대의 비유는 옳지 못하다. 비유가 성립하지 않기 때문에 불은 연료에 도달하는 것이라고 할 수 없다.

【문】 [그렇다면] 불과 연료는 서로 의존하여 존재한다고 하겠다. 연료로 인해 불이 존재하고 불로 인해 연료가 존재한다. 이 두 가지 법은 서로 의존하여 성립되는 것이다.

【답】

> 8) 若因可燃燃 因燃有可燃 先定有何法 而有燃可燃
> 만일 연료로 인해 불이 있고 불로 인해 연료가 있는 것이라면

---

9) (10-7) *anya: ~와 다른(abl. 지배). *eva: 실로. *indhanāt> indhana: (n. Sg. abl.) 연료. *agnir> agni: (m. Sg. nom.) 불. *indhanam> indhana: (n. Sg. acc.). *kāmam: (ad.) 기꺼이. *āpnuyāt> √āp(reach) + nu(5류 동사 약어간化) + yāt(opt. Sg. Ⅲ)> 도달하다. *agnīndhane> agni + indhane: (n. Du. nom.) 불과 연료가. *yadi: 만일. *syātām> √as: (opt. Du. Ⅲ) ~이리라. *anyonyena> anyonya: (m. Sg. ins.) 서로. *tiraskṛte> tiraskrta> tiras√kṛ: (p.p.p. loc.) ~와 떨어지다. to set aside.

> 먼저 어떤 것이 정해져 있어서 불과 연료를 존재하게 하겠는가?
> 8) yadīndhanamapekṣyāgnirapekṣyāgniṃ yadīndhanaṃ/
> kataratpūrvaniṣpannaṃ yadapekṣyāgnirindhanaṃ//10)
> 만일 불이 연료에 의존해 있고 연료가 불에 의존해 있다면 그 둘 중의 어느 쪽이 미리 성취되어 있어서 불이나 연료가 의존하게 되겠는가?

만일 연료로 인해 불이 성립되는 것이라면 불로 인해 연료도 역시 성립되는 것이어야 하리라. 여기서 만약 미리 연료라는 것이 실제로 존재한다면 그 연료로 인해 불이 성립하게 된다. 또 만약 미리 불이라는 것이 실제로 존재한다면 그 불로 인해 연료가 성립하게 된다.

이제 만일 연료로 인해 불이 성립하는 것이라면 이때는 먼저 연료가 있고 나서 나중에 불이 있는 꼴이 되니 불에 의존하지 않고도 연료가 존재하는 꼴이 된다. 왜 그런가? 연료가 먼저 존재하고 불은 나중에 존재하는 것이기 때문이다. 만일 불이 연료를 태우지 않는다면 연료라는 것이 성립될 수 없다. 그렇다고 연료가 어떤 다른 곳에 존재할 수도 없다. [다른 곳에는] 불이 없기 때문이다. 만일 연료가 성립하지 못하면 불도 역시 성립하지 못한다.

[반대로] 만일 먼저 불이 존재하고 나중에 연료가 존재한다면 그때의 불도 이런 오류에 빠진다. 그러므로 불과 연료라는 것 두 가지 모두 옳지 못하다.

다시 설명해 보자.

---

10) (10-8) *yadi: 만일. *indhanam〉 indhana: (n. Sg. acc.) 연료. *apekṣya: (ind.) ~에 의존하여. *agnir〉 agniḥ: (m. Sg. nom.) 불. *apekṣya: 상동. *agnim: (m. Sg. acc.) 불을. *yadi: 만일. *indhanam: (n. Sg. nom.) 연료. *katarat(= katara): (a.) 둘 중의 누구. *purva: (a.) ~이전의. *niṣpannam〉 niṣpanna〉 niṣ√pad: 성취하다. *yad〉 yat〉 yad: (관계대명사, n. acc.) which, what. *apekṣya: 上同. *agnir: 上同. *indhanam: 上同.

9) 若因可燃燃 則燃成復成 是爲可燃中 則爲無有燃
만일 연료로 인해 불이 존재한다면 불이 성립되고 나서 다시 성립되는 꼴이다. 이는 연료 중에 불이 없는 꼴이 된다.
9) yadīndhanamapekṣyāgniragneḥ siddhasya sādhanaṃ/
evaṃ satīndhanaṃ cāpi bhaviṣyati niragnikaṃ//[11]
만일 불이 연료에 의존한다면 성립된 불이 [또다시] 성립[되는 꼴이] 된다. 이와 같은 존재라면 불 없는 연료 역시 존재하리라.

만일 연료로 인해 불이 성립된다고 말하고자 한다면 그것은 불이 성립되고 나서 다시 성립하는 꼴이 된다. 왜 그런가? 불이 [연료 없이] 그 스스로 불로써 존재하였기 때문이다. 만일 불이 그 자신의 모습을 미처 띠지도 않고 연료에 의지해 성립된다면 그런 일은 있을 수 없다. [즉 무엇인가 존재한 이후에야 그것이 다른 무엇에 의존할 수 있는 것이다.] 그러므로 여기에 존재하는 불이 [다시] 연료로부터 성립된다는 말은 지금 이미 성립해 있던 불이 다시 성립된다는 말이니 이런 여러 가지 잘못이 있는 것이다.

또 [이런 경우] 불 없이 연료가 존재한다는 과실에 빠진다. 왜 그런가? 연료가 불 없이 그 모습을 띠고 있기 때문이다. 그러므로 불과 연료가 서로 의존해 있다는 표현도 옳지 못하다. 다시 설명해 보자.

10) 若法因待成 是法還成待 今則無因待 亦無所成法
만일 어떤 존재가 의존적으로 성립한다면 이 존재가 거꾸로 의

11) (10-9) *yadi: 만일. *indhanam: (n. Sg. acc.) 연료. *apekṣya: (ind.) ~에 의존하여. *agnir〉 agniḥ〉 agni: (m. Sg. nom.) 불. *agneḥ〉 agni: (m. Sg. gen.) 불. *siddhasya: (a. m. Sg. gen.) 성취, 성립. *sādhanam:(a. n. Sg. nom.) 성립. *evam: 이와 같이. *sati〉 sat〉 √as: (현재분사, loc.) 존재. *indhanam: 상동. *ca: 그리고. *api: ~도 역시. *bhaviṣyati〉 √bhū: (미래, Sg. Ⅲ) 존재하리라. *niragnikam〉 nir(부정의 뜻) + agni + ka(형용사化) + m(n. nom.): 불 없는.

존 받음이 성립되리니 지금은 의존함도 없고 성립될 존재도 없다.

10) yo 'pekṣya sidhyate bhāvastamevāpekṣya sidhyati/
yadi yo 'pekṣitavyaḥ sa sidhyatāṃ kamapekṣya kaḥ//[12]
만일 의존될 것, 그것이 무엇인가에 의존하여 성립되는 그런 존재, 실로 그런 것[= 존재]에 의존하여 성립한다면 무엇이 무엇에 의존하여 성립할 것인가?

만일 어떤 존재가 의존적으로 성립한다면 [이렇게 성립된] 이 존재는 거꾸로 애당초 의존했던 것을 성립시키게 된다. 이것이 확실하다면 [의존하는 쪽이나 의존 받는 쪽의] 양쪽 모두 존재하지 않는다. 마치 연료로 인하여 불이 성립하며, 거꾸로 불로 인하여 연료가 성립하는 것과 같아서 양쪽 모두 실체는 없다. 실체가 없기 때문에 포착할 수도 없다. 왜 그런가?

11) 若法有待成 未成云何待 若成已有待 成已何用待
만일 어떤 존재가 의존하여 성립되는 것이라면 아직 성립되지 않은 것에는 어떻게 의존할 수 있겠는가? 만일 성립되고 나서 의존하는 것이라면 이미 성립이 끝났는데 의존할 필요가 무엇 있겠는가?[13]
11) yo 'pekṣya sidhyate bhāvaḥ so 'siddho 'pekṣate kathaṃ/

---

12) (10-10) *yo> yaḥ> yad: (관계대명사, Sg. nom.) what, which. *apekṣya: ~에 의존하여. *sidhyate> √sidh: (수동태, Sg. Ⅲ) 성립되다. *bhāvas> bhāvaḥ: (m. Sg. nom.) 존재. *tam> tad: (지시대명사, m. Sg. acc.) 그것을. *eva: 실로. *apekṣya: 상동. *sidhyati> √sidh: (Sg. Ⅲ) 성립하다. *yadi: 만일. *yo: 上同. *apekṣitavyaḥ> apekṣitavya> apa√ikṣ: (미래수동분사, Sg. nom.) 의존될 것, 의존의 대상. *sa> saḥ> tad: (지시대명사, m. Sg. nom.) 그것은. *sidhyatām> √sidh: (명령법, ātm. Sg. Ⅲ) 성립하다. (원망법처럼 쓰이는 명령형). * kam> kim: (의문대명사, m. Sg. acc.) 무엇을. *apekṣya: 上同. *kaḥ> kim: (의문대명사, m. Sg. nom.) 무엇이.

athāpyapekṣate siddhastvapekṣāsya na yujyate//14)
[무엇인가에] 의존하여 성립된 그런 존재, 그것이 아직 성립하지 않았다면 어떻게 의존하겠는가? 더욱이 이미 성립된 것이 [다시] 의존한다는 것도 의존에 있어서는 타당치 않다.

만일 어떤 존재가 의존적으로 성립하는 것이라면 이 존재는 먼저 성립되지 않은 상태이어야 한다. 성립되지 않았다면 존재하지도 않는 것이며 존재하지도 않는다면 어떻게 의존할 수 있겠는가? [이와 반대로] 이 존재가 먼저 성립되어 있는 것이라면 이미 성립이 끝났는데 [성립하기 위해] 의존할 필요가 뭐 있겠는가? [의존하는 쪽이나 의존받는 쪽의] 양쪽 모두 서로 의존한다고 할 수 없다. 그러므로 불과 연료는 서로 의존하여 성립된다는 그대의 말은 옳지 못하다. 그러므로 …

12) 因可燃無燃 不因亦無燃 因燃無可燃 不因無可燃
연료에 의존한 불은 없다. [연료에] 의존하지 않아도 불이 없다. 불에 의존한 연료는 없다. [불에] 의존하지 않아도 연료는 없다.

12) apekṣyendhanamagnirna nānapekṣyāgnirindhanaṃ/
apekṣyendhanamagniṃ na nānapekṣyāgnimindhanaṃ//15)
불은 연료에 의존하지 않는다. 불은 연료에 의존하지 않는 것도 아니다. 연료는 불에 의존하지 않는다. 연료는 불에 의존하지 않는 것도 아니다.

---

13) 제1 관인연품 제8게, 제4 관오음품 제4게, 제7 관삼상품 제14, 18게 참조.

14) (10-11) *yo〉 yaḥ: (관계대명사, Sg. nom.) what, which. *apekṣya: ~에 의존하여. *sidhyate〉 √sidh: (수동태, Sg. Ⅲ) 성립되다. *bhāvaḥ: (m. Sg. nom.) 존재. *so〉 saḥ〉 tad: (지시대명사, m. Sg. nom.) 그것이. *asiddho〉 a + siddhaḥ: (a. m. Sg. nom.) 不成立. *apekṣate〉 apa√ikṣ: (ātm. Sg. Ⅲ) 의존하다. *katham: 어떻게. *atha: 그런데, 그런 경우. *api: ~도 역시. *apekṣate: 上同. *siddhas〉 siddhaḥ〉 siddha: (a. m. Sg. nom.) 성립. *tu: 그러나. *apekṣāsya〉 apekṣā(f.) + sya(Sg. gen.): 의존에 있어서. *na: ~ 아니다. *yujyate〉 √yuj: (수동태, Sg. Ⅲ) 타당하다.

지금 연료에 의존해서 불이 성립하는 것은 아니다. 연료에 의존하지 않고서도 역시 불은 성립되지 않는다. 연료도 이와 마찬가지다. 불에 기인하건 불에 기인하지 않건 두 경우 모두 [연료는] 성립되지 않는다. 여기에 대한 오류는 앞에서 이미 설명하였다. 다시 설명해 보자.

> 13) 燃不餘處來 燃處亦無燃 可燃亦如是 餘如去來說
> 불은 다른 곳에서 오는 것이 아니다. 불타는 곳에도 불은 없다. 연료도 역시 이와 같으니 나머지는 거(去), 래(來)에 대한 설명과 같다.[16]
>
> 13) āgacchatyanyato nāgnirindhane 'gnirna vidyate/
> atrendhane śeṣamuktaṃ gamyamānagatāgataiḥ//[17]
> 불은 다른 곳으로부터 오는 것이 아니다. 불은 연료 속에 존재하는 것이 아니다. 연료에 있어서 다른 것들은 거시(去時), 이거(已去), 미거(未去)에 의해 설명되었다.

불은 다른 곳에서 와서 연료 속으로 들어가는 것이 아니다. 연료 속에도 불은 없다. [연료라고 하는] 장작을 아무리 뒤져봐도 불을 찾을 수 없기 때문이다. 연료도 역시 이와 마찬가지다. 다른 곳에서 와서 불로 들어가는 것도 아니고 불 속에도 연료는 없다. 이는 마치 이미 불타 버린 것은 불타는 것이

---

15) (10-12) *apekṣya: ~에 의존하여. *indhanam〉 indhana: (n. Sg. acc.) 연료를. *agnir〉 agniḥ〉 agni: (m. Sg. nom.) 불이. *na: ~ 아니다. *anapekṣya〉 an(부정의 뜻) + apekṣya: ~에 의존하지 않고서. *agnir: 上同. *indhanam: 상동. *apekṣya: 상동. *indhanam: 상동. *agaim: (acc.) 상동. *na: 상동. *anapeksya: 상동. *agnim: 상동. *indhanam: (nom.) 상동.

16) 제2 관거래품 참조.

17) (10-13) *āgacchati〉 ā√gam: (Sg. Ⅲ) 오다. *anyato〉 anyatas: (ad.) 다른 곳에서. *na: ~ 아니다. *agnir〉 agniḥ: (m. Sg. nom.) 불. *indhane: (n. Sg. loc.) 연료에서. *agnir: 上同. *na:上同. *vidyate〉 √vid: (수동태, Sg.) 존재하다. *atra: 여기서, 지금, 이 점에서. *indhane: 上同. *śeṣam〉 śeṣa: (n. Sg. nom.) 나머지. *uktam〉 ukta〉 √vac: (p.p.p. n. Sg. nom.) 말하다. *gamyamānagatāgataiḥ〉 gamyamāna(去時) + gata(已去) + agata(未去) + iḥ(Pl. ins.): 去時, 已去, 未去에 의해.

아니며 아직 불타지 않은 것도 불타는 것이 아니며 지금 불타고 있는 것도 불타는 것이 아닌 것과 같다.[18] 이런 식의 논리는 [제2] 관거래품에서 이미 설명하였다. 그러므로 …

> 14) 可燃卽非燃 離可燃無燃 燃無有可燃 燃中無可燃 可燃中無燃
> 연료는 불이 아니다. 연료를 떠나서 불은 없다. 불은 연료를 갖지 않는다. 불 속에 연료는 없다. 연료 속에도 불은 없다.[19]
>
> 14) indhanaṃ punaragnirna nāgniranyatra cendhanāt/
> nāgnirindhanavānnāgnāvindhanāni na teṣu saḥ//[20]
> 더욱이 불은 연료가 아니다. 또 불은 연료와 다른 곳에서 [비롯되는 것]도 아니다. 불은 연료를 가진 것이 아니다. 불에 연료들이 있지도 않고 그것[= 연료]에 그것[= 불]이 있지도 않다.

연료는 불이 아니다. 왜 그런가? 앞에서[21] 설명했던 '행위와 행위자가 동일한 꼴이 된다.'는 허물이 있기 때문이다. 연료를 떠나서 불은 있을 수 없다. 항상 불이 존재한다는 등의 오류에 떨어지기 때문이다. 불은 연료를 소유하지도 않고 불 속에 연료가 존재하는 것도 아니며 연료 속에 불이 존재하는 것도 아니다. [불과 연료가] 서로 별개의 것이라는 오류에 빠지기 때문에 이런 세 가지 경우는 모두 성립하지 않는다.

---

18) 제3 관육정품 제3게 장행 참조.
19) 제22 관여래품 제1게 참조.
20) (10-14) *indhanam: (n. Sg. nom.) 연료는. *punar: 더욱이, again. *agnir〉 agniḥ〉 agni: (m. Sg. nom.) 불은. *na: ~ 아니다. *agnir: 上同. *anyatra: (ad.) 다른 곳에서. *ca: 그리고. *indhanāt〉 indhana: (n. Sg. abl.) 연료로부터. *na: 上同. *agnir: 上同. *indhanavān〉 indhanavāt(nom.)〉 indhana + vat(~를 가진): 연료를 가진 것. *na: 上同. *agnāv〉 agnau(뒤에 i가 오므로 sandhi법칙에 따라 av로 변한다.)〉 agni: (m. Sg. loc.)불에. *indhanāni: (n. Pl. nom.) 연료에. *na: 上同. *teṣu〉 tad: (지시대명사, m. Sg. loc.) 그것에. *saḥ〉 tad: (m. Sg. nom.) 그것이.
21) 本 品 제1게.

【문】 어째서 하필이면 불과 연료를 거론하느냐?

【답】 마치 연료로 인하여 불이 존재하듯이 '취(取)'로 인하여 '취(取)하는 주체'가 존재한다. 취란 오음[= 오온]을 말하고 '취하는 주체'란 사람을 말한다. 불과 연료가 성립하지 않기 때문에 취나 취하는 주체도 역시 성립하지 않는다. 왜 그런가?

> 15) 以燃可燃法 說受受者法 及以說甁衣 一切等諸法
> 불과 연료라는 존재에 의해 취(取)와 취하는 주체를 설명하였다.
> 또 항아리나 옷감 및 일체 모든 존재를 설명함으로써 …
> 15) agnīndhanābhyāṃ vyākhyāta ātmopādānayoḥ kramaḥ/
> sarvo nirvaśeṣeṇa sārdhaṃ ghaṭapaṭādibhiḥ//[22]
> 불과 연료의 양자에 의해 아뜨만과 취착의 모든 절차가 남김없이 설명되었다. 항아리와 옷감 따위들과 더불어 ….

마치 연료가 불이 아니듯이 취와 취하는 주체[의 상호 관계]도 마찬가지다. 행위와 행위자가 동일한 꼴이 되는 허물이 있기 때문이다. 또 취를 떠나서 취하는 주체는 있을 수 없다. 서로 [완전히] 다르다고 볼 수도 없기 때문이다. 다르다고 해도 허물이 있기 때문에 [연료와 불의 관계와 같은] 세 가지 경우 모두 성립하지 않는다.

취와 취하는 주체의 경우와 마찬가지로 바깥 사물인 항아리나 옷 등 일체법이 모두 앞에서 설명한 바와 같이 무생(無生)이고 필경공(畢竟空)하다. 그러므로 …

---

22) (10-15) *agnīndhanābhyām〉 agni(불) + indhana(연료) + ābhyām(Du. ins.): 불과 연료에 의해. *vyākhyāta〉 vyā√khyā + ta: (p.p.p.) 설명되었다. *ātmopādānayoḥ〉 ātmā(〉 ātman, nom.) + upādāna + yoḥ: (Du. gen.) 아뜨만과 取의 양자에 의해서. *kramah: (m. Sg. nom.) 행로, 차제. *sarvo〉 sarvaḥ: (a. m. Sg. nom.) 일체의. *niravaśeṣana〉 niravaśeṣa: (a. ins) 남김없이, 완전히. *sārdham〉 sārdha: (a.) 함께. *ghaṭapaṭādibhiḥ〉 ghaṭa(m. 항아리) +pata(m. 옷감) + ādi(등) + bhiḥ(Pl. ins.): 항아리와 옷감에 의해.

16) 若人說有我 諸法各異相 當知如是人 不得佛法味
만일 어떤 사람이 자아가 있고 모든 존재는 서로 다른 모습을 띠고 있다고 말한다면 이런 사람은 부처님 가르침의 묘미를 포착하지 못한 것임을 마땅히 알지어다.

16) ātmanaśca satattvaṃ ye bhāvānāṃ ca pṛthak pṛthak/
nirdiśanti na tānmanye śāsanasyārthakovidān//[23]
어떤 사람들은 아뜨만의 참된 성질과 사물들의 개별성을 말하는데 나는 그들이 교법의 의미를 잘 안다고 생각하지 않는다.

모든 존재는 원래 무생이고 필경 적멸의 모습을 띠고 있다. 그러므로 이 품의 말미에서 이런 게송을 설하는 것이다. 간혹 아상(我相)을 설하는 사람들이 있다. 예를 들어 독자부(犢子部)의 무리는 '색(色)이 자아라고 할 수도 없고 색을 떠나서 자아가 있다고 할 수도 없으며 자아란 제5의 불가설장(不可說藏)[24] 속에 있다.'라고 말한다. 또 설일체유부의 무리들은 '모든 법들의 상(相)이 제각각이어서 선(善), 불선, 무기(無記)로 나눠지기도 하며 유루(有漏)와 무루(無漏), 유위(有爲)와 무위(無爲) 등으로 서로 다르게 나눠진다.'[25]라고 설한다. 이런 사람들은 모든 법의 적멸한 모습을 체득하지 못하여 부처님의 말씀을 가지고 갖가지 희론을 늘어놓는 것이다.

---

23) (10-16) *ātmanaś〉 ātmanaḥ〉 ātman: (m. Sg. gen.) 아뜨만, 神我. *ca: 그리고. *satattvam〉 satattva: (n. Sg. nom.) 참된 성질. *ye〉 yad: (관계대명사, Pl. nom.) who, ~인 자들. *bhāvānām〉 bhāva: (m. Pl .gen.) 사물들의. *ca: 上同. *pṛthak pṛthak: (ad.) 각각으로. *nirdiśanti〉 nir√diś: (Pl. Ⅲ) ~을 지시하다. 선언하다. *na: ~가 아니다. *tān〉 tad: (지시대명사, Pl. acc.) 그것들을. *manye: 나는 ~라고 생각한다(문장 중에서 전후 구성과 상관없이 삽입되는 때가 많다). *śāsanasya: (a. Sg. gen.) 교법, 가르침. *artha: (m.) 의미. *kovidān〉 kovida: (a. Pl. acc.) ~을 잘 알다.

24) 독자부(犢子部)의 五藏說: 五藏이란 과거, 미래, 현재의 삼세의 세 가지와 넷째의 無爲, 그리고 마지막 제5의 不可說藏을 말하는데 독자부에서는 이 불가설장을 자아의 실체로 간주한다. 김동화, 『불교교리발달사』, p.151 참조.

25)『俱舍論』 참조.

제11 관본제품(觀本際品, 8게)
근본 한계에 대한 관찰

pūrvāparakoṭiparīikṣā nāmaikādaśamaṃ prakaraṇam

전후(前後)의 궁극의 검토라는 이름의 제14장(8게)

【문】『무본제경(無本際經)』[1]에서는 '중생이 왕래하는 생사[윤회]에서 그 시작과 끝을 얻을 수 없다.'[2]고 말한다. 그런데 여기서는 중생도 존재하고 생사도 존재한다고 설하는데 무슨 까닭으로 이런 말을 하는가?

【답】

> 1) 大聖之所說 本際不可得 生死無有始 亦復無有終
>
> 대성(大聖)께서는 한계[= 본제(本際)]는 얻을 수 없다고 말씀하신바, 생사(生死)는 시작도 없고 끝도 없다.
>
> 1) pūrvā prajñāyate koṭirnetyuvāca mahāmuniḥ/
> saṃsāro 'navarāgro hi nāsyādirnāpi paścimaṃ//[3]
>
> 이전의 끝[4][= 시작점]은 인식되지 않는다고 대성자(大聖者)께서 말씀하셨다. 왜냐하면, 윤회는 시종(始終)이 없으니 그 시작도 없고 끝도 없기 때문이다.

---

1) 일본 학자들은 이 경이 중아함의『本際經』을 지칭하는 듯하다고 설명하지만『본제경』에는 위와 같은 구절이 없다. 오히려 잡아함경에서 위와 같은 구절을 많이 발견할 수 있다(대정2, p.41c, 42b, 69bc, 183c, 240bc, 243a 등).

2) '衆生無始生死 無明所蓋 愛繫其頸 長夜生死輪轉 不知苦之本際' (대정2, p.240b) ; 'anamataggāyam bhikkave satisāro pubbakoṭi(= purva koṭi) na paññāyati avijjānīvar anānam sattānaṃ taṇhāsamyojānaṃ sandhāvataṃ saṃsarataṃ' (Gaddula, S.N.Ⅲ. p. 149): '비구들이여 윤회의 시작은 무량하다. 무명에 싸이고 갈애에 묶여서 윤회를 달음질치며 살아가는 자는 그 시작을 알지 못한다.' (P.T.S. 英譯에서).

성인에는 세 가지 부류가 있다. 첫째는 오신통(五神通)[5]의 능력을 갖춘 외도(外道)들이다. 둘째는 아라한과 벽지불[6]이다. 셋째는 신통을 갖춘 대보살들이다. 부처님께서는 이 세 가지 부류의 성자 중에서 가장 훌륭한 분이시기에 대성(大聖)이라고 말하는 것이다. 부처님께서 하신 말씀 중에 참된 말씀이 아닌 것은 전혀 없다. 생사는 그 시작이 없다. 왜 그런가? 생사의 처음이나 끝을 얻을 수 없기 때문이다. 그러므로 시작이 없다고 말한다. 그대는 '만일 처음과 끝이 없다면 응당 중간은 있어야 하리라.'라고 말할지 모른다. 그러나 이 또한 옳지 못하다. 왜 그런가?

> 2) 若無有始終 中當云何有 是故於此中 先後共亦無
> 만일 시작과 끝이 존재하지 않는다면 중간이 어떻게 있을 수 있겠는가? 그러므로 여기서 선(先)도 후(後)도 동시(同時)도 역시 없다.
>
> 2) naivāgraṃ nāvaraṃ yasya tasya madhyaṃ kuto bhavet/
> tasmānnātropapadyante pūrvāparasahakramāḥ//[7]
> 실로 시작도 없고 끝도 없는 것에 있어서 그것의 중간은 어디에 존재하리요. 그러므로 여기서 이전(以前)과 나중과 동시라는 차제(次第)는 성립하지 않는다.

---

3) (11-1) *pūrvā> pūrva: (a. f.) 이전의. *prajñāyate> pra√jñā: (수동태, Sg. Ⅲ) 알다, 인식하다. *koṭi: (f. sg. nom.) 극단, 첨단, 끝. *na: ~이 아니다. *iti: ~라고. *uvāca> √vac: (완료, Sg.) 말하다. *mahāmuniḥ: (m. Sg. nom.) 大聖人, 大賢人. *saṃsāro> saṃsāraḥ: (m. Sg. nom.) 윤회. *anavarāgro> an(부정) + avara(last) + agra(first): 始終없는. *hi: 왜냐하면. *na: ~아니다. *asya> idam: (지시대명사, m. Sg. gen.) 이것의. *ādir> ādiḥ> adi: (m. Sg. nom.) 시작, 최초. *na: ~아니다. *api: ~도 역시. *paśc imam> paścima: (a.) 後의, 나중의.

4) 월칭은 'koṭi'라는 말은 'bhāga(부분)'이나 'deśa(장소)'와 동의어라고 한다.

5) 天眼通, 天耳通, 他心通, 宿命通, 神足通.

6) praty-eka-buddha의 음사어. 獨覺 또는 緣覺이라고 번역하기도 한다.

중간과 나중이 있기 때문에 처음이 있을 수 있다. 처음과 중간이 있기 때문에 나중이 있을 수 있다. 만일 처음도 없고 나중도 없다면 어떻게 중간이 있겠는가? 생사(生死) 중에는 처음도 없고 중간도 없고 나중도 없다. 그러므로 '선(先)도 후(後)도 동시(同時)도 역시 없다.'라고 설한다. 왜 그런가?

> 3) 若使先有生 後有老死者 不老死有生 不生有老死
> 만일 생이 먼저 존재하고 노사(老死)가 나중에 존재한다면 노사 없이도 생이 있는 꼴[8])이 되고, 생 없이도 노사가 있는 꼴이 된다.
> 3) pūrvaṃ jātiryadi bhavejjarāmaraṇamuttaraṃ/
> nirjarāmaraṇā jātirbhavejjāyeta cāmṛtaḥ//[9])
> 만일 생이 앞선 것이고 노사가 나중의 것이라면 노사 없는 생이 되리라. 또 죽지도 않은 것이 생하리라.

> 4) 若先有老死 而後有生者 是則爲無因 不生有老死
> 만일 노사가 먼저 존재하고 나중에 생이 존재하는 것이라면 이것은 무인(無因)인 꼴이 되고 생하지 않고 노사가 존재하는 꼴이 된다.
> 4) paścājjātiryadi bhavejjarāmaraṇamāditaḥ/
> ahetukamajātasya syājjarāmaraṇaṃ kathaṃ//[10])
> 만일 생이 나중이고 노사가 먼저라면 무인(無因)이다. 생이 없는

---

7) (11-2) *na: ~ 이 아니다. *eva: 실로. *agram> agra: (a.) 시작. *na: 상동. *avaram> avara: (a.) 後의. *yasya> yad: (관계대명사, gen.) ~인 것의. *tasya> tad: (지시대명사, gen.) 그것의. *madhya: (a.) 중간. *kuto> kutas: (ind.) 어디에, 어떻게. *bhavet> √bhū: (opt. Sg. Ⅲ) 존재하다. *tasmāt> tad: (지시대명사, abl.) 그러므로. *na: ~ 아니다. *atra: 여기에. *upapadyante> upa√pad: (수동태, Pl. Ⅲ) 성립하다. *pūrvā> purva: (a. f.) 以前의. *para: (a.) 이후의, 멀리 떨어진. *saha: (ad.) 함께. *kramāḥ> krama: (m. Pl. nom.) going, order, 次第.

> 노사가 어떻게 존재하리요?

[끝없이] 태어나고[生] 죽고[死] 하는 중생들의 경우 만일 애초에 생이란 것이 먼저 있어서 점점 늙어가다가 나중에 죽고 마는 것이라면 그 애초의 생은 [전생에] 늙고 죽어본 적도 없이 존재하는 꼴이 된다. 모든 존재[法]는 생하면 노사하게 되고 노사하면 다시 생하게 되는 법이다. 그러니 노사하지도 않고 생한다는 것은 옳지 못하다.

또 생에 기인하지도 않고 노사가 있다는 말을 고찰해 보자. 만일 노사가 먼저 존재하고 나중에 생이 존재하는 것이라면 그런 노사는 원인 없이 존재하는 꼴이 된다. 왜냐하면 [그 말에서는] 생이 나중에 위치하기 때문이다. 또 생하지도 않았는데 어떻게 노사가 존재할 수 있겠는가?

이렇게 생과 사의 선후 관계를 알 수 없다고 해서 그 양자가 동시에 성립하는 것이라고 한다면 이것 역시 허물이 있다. 왜 그런가?

> 5) 生及於老死 不得一時共 生時則有死 是二俱無因
> 생과 노사는 동시에 함께 존재할 수 없다. [함께 존재한다면] 생하는 순간에 사망하게 되고 이 [생과 사] 양자 모두 무인인 꼴이

---

8) 존재론적으로는 '전생에 죽었어야 금생에 태어날 수 있기 때문'에. 인식론적으로는 '노사의 개념이 있어야 탄생의 개념이 있을 수 있기 때문'이다.

9) (11-3) *pūrvam〉 purva: (a.) 앞선, 이전의. *jātir〉 jatiḥ: (f. Sg. nom.) 생. *yadi: 만일. *bhavet〉 √bhū: (opt. Sg. Ⅲ) ~이다. *jarāmaraṇam〉 jarā(f.) + maraṇa(n.) + m(nom.): 老死가. *uttaram: ~보다 위의, ~보다 나중의. *nirjarāmaraṇā〉 nir(부정의 뜻) + jarā + maraṇā(a.f.): 노사하지 않는 . *jātir: 상동. *bhavet〉 √bhū: (opt.) ~되다, ~이다. *jāyeta〉 √jan: (ātm. opt.) 생하리라. *ca: 또. *amṛtaḥ〉 a(부정의 뜻) + √mṛ(죽다) + ta(p.p.p.) + ḥ(nom.): 不死의 것이.

10) (11-4) *paścāj〉 pascāt: 나중. *jātir〉 jātiḥ: (f. Sg. nom.) 生. *yadi: 만일. *bhavej〉 bhavet〉 √bhū: (opt.) would be. *jarāmaraṇam: (n. Sg. nom.) 老死. *āditaḥ〉 ādi: 먼저, 첫째, 앞에, 이전에. *~tas: abl.化 접미사. *ahetukam: 無因의, 원인 없는. *ajātasya〉 a(부정의 뜻) + jata(√jan의 p.p.p.) + sya(gen.): 生하지 않는, 生이 없는. *syāj〉 syāt〉 √as: (opt. Sg. Ⅲ) ~이리라. *jarāmaranam: 상동. *katham: 어떻게.

된다.

5) na jarāmaraṇenaiva jātiśca saha yujyate/
mriyeta jāyamānaśca syāccāhetukatobhayoḥ//[11)]
실로 노사와 생이 동시적이라는 것은 타당하지 않다. [그렇다면] 지금 생하고 있는 중인 것이 죽어버리게 될 것이며 또 그 양자가 무인의 존재가 될 것이다.

생과 노사가 동시에 존재한다면 이것은 옳지 못하다. 왜 그런가? 생하는 순간에 [그것의] 죽음이 있게 되기 때문이다. 모든 사물은 생할 때는 존재하지만 멸할 때는 존재하지 말아야 한다. 만일 생하는 순간에 사멸(死滅)한다면 이는 옳지 못하다. 동일한 순간에 생한다면 [생과 사의 양자가] 서로 인(因)이 없이 존재하는 꼴이 된다. 비유하자면 소뿔 두 개가 동시에 솟아나지만 서로 인(因)이 되지 않는 것과 같다. 그러므로 다음과 같이 말한다.

6) 若使初後共 是皆不然者 何故而戲論 謂有生老死
만일 먼저 있다거나 나중에 있다거나 함께한다는 것이 전혀 옳지 않다면 어째서 생이나 노사가 존재한다고 지껄이며 희론하는 것이냐?

6) yatra na prabhavantyete pūrvāparasahakramāḥ/
prapañcayanti tāṃ jātiṃ tajjarāmaraṇaṃ ca kiṃ//[12)]
전(前)과 후(後)와 동시의 차제(次第)가 성립되지 않는 상황인데

11) (11-5) *na: ~이 아니다. *jarāmaraṇena: (n. Sg. ins.) 노사. *eva: 실로. *jātiś〉 jātiḥ: (f. Sg. nom.) 生. *ca: 그리고. *saha: (a.) 동시적인. *yujyate〉 √yuj: 타당하다. *mriyeta〉 √mṛ: (ātm. opt. Ⅲ) 죽다. *jāyamanas〉 jāyamanaḥ〉 √jan: (현재분사, nom.): 生하고 있는 중인 것이. *ca: 그리고. *syāc〉 syāt〉 √as: (opt. Sg. Ⅲ) ~이리라. *ca: 상동 . *ahetukatā〉 ahetuka + tā(추상명사화 어미): 無因의 것. *ubhayoḥ〉 ubha: (a. Du. gen.) 兩者의.

그런 생과 그런 노사에 대해 희론하는 것은 어찌된 일인가?

생과 노사에 대해 곰곰이 생각해 보니 [그 양자 간의 전(前), 후(後), 공(共)의] 세 가지 [관계]가 모두 오류를 수반하므로 무생(無生)이며 필경공하다. 그런데 그대는 어째서 집착을 내며 생이나 노사가 결정된 모습을 갖고 있다고 희론을 늘어놓느냐? 다시 설명해 보자.

7) 諸所有因果 相及可相法 受及受者等 所有一切法
존재하는 모든 인(因)과 과(果), 상(相)과 상을 띤 존재, 수(受)와 수자(受者) 등 존재하는 일체의 것들은

8) 非但於生死 本際不可得 如是一切法 本際皆亦無
단지 생사뿐만이 아니라, 그 본제를 얻을 수 없다. 이처럼 일체의 것 역시 모두 그 본제가 없다.

7) kāryaṃ ca kāra aṃ caiva lakṣyaṃ lakṣaṇameva ca/
vedanā vedakaścaiva santyarthā ye ca ke cana//[13]
결과와 원인, 특징을 띤 것과 특징, 감수작용과 감수자 같은 사체(事體)들은 그 어떤 것이건,

8) pūrvā na vidyate koṭiḥ saṃsārasya na kevalaṃ/
sarveṣāmapi bhāvānāṃ pūrvā koṭī na vidyate//[14]
단지 윤회에 있어서만 그 궁극점이 존재하지 않는 것이 아니라, 모든 존재에 있어서도 그 궁극점은 존재하지 않는다.

---

12) (11-6) *yatra: ~인 경우에, ~인 곳에. *na: ~아니다. *prabhavanty〉 prabhavanti〉 pra√bhū: (Pl. Ⅲ) ~에게 나타나다, 일어나다. *ete〉 etad: (지시대명사, m. Pl. nom.) 이것. *pūrvā〉 pūrva: (a. f.) 이전의, 前의. *para: (a.) 이후의, 멀리 떨어진. *saha: (ad.) 함께. *kramāḥ〉 krama: (m. Pl. nom.) going, order, 次第. *prapañcayanti〉 pra√pañc: (caus. Pl. Ⅲ) 희론하다. *tām〉 tad: (f. acc.) 그것. *jātim〉 jāti: (f. Sg. acc.) 生들이. *taj〉 tat〉 tad: (n. nom.) 그것이. *jarāmaraṇam: (n. Sg. acc.) 老死를. *ca: 그리고. *kim: (ind. 의문사) 왜?, 어째서.

일체법이라는 것은 이른바 인(因)과 과(果), 상(相)과 상을 띤 것, 감수작용과 감수자 등을 말하는데 이 모두가 본제를 갖지 않는다. 단지 생사만 그 본제가 없는 것이 아니지만 간단하게 알려주기 위해 [한 가지 예만 들어] 생사에 본제가 없다고 설명한 것이다.

13) (11 - 7)*kāryam: (a. n, Sg. nom.) 결과. *ca: 그리고. *kāraṇam: (n. Sg. nom.) 원인. *ca: 그리고. *eva: 실로. *lakṣyam: (n.) 所相, 특징을 갖는 것. *lakṣaṇam: (n.)能相, 특징. *eva: 실로 *ca: 그리고. *vedanā: (f. Sg. nom.) 감수 작용. *vedakaś〉 vedakaḥ: 感受者. *ca: 그리고. *eva: 실로. *santi〉 √as: (Pl. Ⅲ) ~이다. *arthā〉 arthāḥ〉 artha: (m. Pl. nom.) 사물, 대상. *ye〉 yad: (관계대명사, Pl. nom.) which, who. *ca: 상동. *ke〉 kim: (의문대명사, Pl. nom.) 무엇들. *ke cana: (부정칭) 무엇들이건.

14) (11-8) *pūrvā: (a. f.) 이전의, 앞의. *na: ~ 아니다. *vidyate〉 √vid: (수동) 존재하다. *koṭiḥ: koṭi: (f. Sg. nom.) 극단, 첨단, 끝. *saṃsārasya〉 samsāra + sya(gen.): (m. Sg. gen.) 윤회에 있어서. *na: ~아니다. *kevalam: (m.) 唯一, only. *sarveṣām〉 sarva: (m. Pl. gen.) 모든 것에 있어서. *api: 역시. *bhāvānām〉 bhāva: (m. Pl. gen.) 존재들에 있어서. *pūrvā: 上同. *koṭī: (f. Pl. nom.) 극단, 첨단, 끝. *na: 上同. *vidya te: 上同.

제12 관고품(觀苦品, 10게)
고(苦)에 대한 관찰
duḥkhaparīikṣā nāma dvādaśamaṃ prakaraṇam
고(苦)의 검토라는 이름의 제12장(10게)

어떤 사람들은 다음과 같이 주장[1]하기도 한다.

> 1) 自作及他作 共作無因作 如是說諸苦 於果則不然[2]
> 스스로 짓거나 남이 짓거나 함께 짓거나 무인(無因)으로 짓는다는 등과 같이 갖가지 고(苦)를 설하기도 한다.[3] 그러나 결과에 있어서는 옳지 못하다.
>
> 1) svayaṃ kṛtaṃ parakṛtaṃ dvābhyāṃ kṛtamahetukaṃ/
> duḥkhamityeka icchanti tacca kāryaṃ na yujyate//[4]
> 어떤 사람들은 고를 '스스로 짓는다, 남이 짓는다, [스스로와 남의] 양자가 짓는다, 무인이다.'라고 주장한다. 그런데 그것[苦]이 지어지리라는 것은 불합리하다.[5]

---

1) 제1게 전체가 아니라 上半部의 四句만을 가리킨다.
2) 제1 관인연품 제3게 참조.
3) [2020년 개정본 수정주] 일반적인 十四難問 이외에, '苦의 自作, 他作 여부'에 대해서도 붓다는 침묵[無記]을 지킨다. 그러나 침묵에서 그치는 것이 아니라 이어서 東問西答과 같이 십이연기의 교설이 이어진다. 苦의 自作, 他作 여부에 대한 무기설은 다음과 같은 과정을 밟는다: 苦의 自作, 他作 여부에 대한 질문→ 無記→ 自作自覺은 常見이고 他作他覺은 斷見이다.→ 義說[각론]과 法說[총론]은 이런 二邊을 떠난 中道→ 연기공식[此有故彼方 此起故被起]→ 십이연기설(『잡아함경』, 대정2, p.85c.). 여기서 붓다의 답은 無記로 그치는 것이 아니라 애초의 의문이 있게끔 한 병적인 사고방식[邪見]의 치료법인 연기설로 이어진다. 이에 대한 자세한 설명은 제27 觀邪見品에서 상술하기로 하겠다.

어떤 사람들은 고뇌6)를 스스로 짓는 것7)이라고 하고 또는 타자가 짓는 것8)이라고 하기도 하고 또는 스스로도 짓고 타자도 짓는 것이라고 하기도 하고, 아무 원인 없이 지어지는 것이라고 하기도 한다. 그러나 결과는 도저히 그렇게 지어질 수 없다. 결과는 도저히 그렇게 지어질 수 없다는 것은 무슨 뜻인가? 중생들은 여러 가지 인연에 의해 고[라는 결과]에 이르게 되나 고를 싫어하기에 소멸시키고자 한다. 그러나 그런 고뇌의 진짜 인연을 몰라 위에서 말한 네 가지 오류를 범하게 된다. 그러므로 결과는 도저히 그렇게 지어질 수 없다고 설하는 것이다. 왜 그런가?

만일 고(苦)가 '스스로' 지어지는 것이라면 여러 가지 인연으로부터 발생하지 말아야 하리라. '스스로'라는 것은 자성(自性= 그 자체)에서 발생한다는

---

4) (12-1) *svayam: (ind.) 스스로. *kṛtam〉 √kṛ + ta + m: (p.p.p. n. nom.) 짓다. *para: (a.) far, succeeding, previous. *kṛtam: 상동. *dvābhyām〉 dvi: (abl.) 둘, 兩者. *kṛtam: 上同. *ahetukam: (a. n.) 無因의. *duḥkha: (n.) 苦 *iti: ~라고. *eka: 어떤 자. *icchanti〉 √iś: (Pl. Ⅲ) 희구하다, 추구하다. *tac〉 tat〉 tad: 그것. *ca: 그리고. *kāryam〉 √kṛ: (미래수동형, n. nom.) 결과, 지어질 것. *na: ~이 아니다. *yujyate〉 √yuj: (수동태) 타당하다.

5) [2020년 개정본 수정주] 여기서 말하는 것은 생사 윤회하는 인간이 오온(五蘊= 오음)으로 짓는 업에 상응하여 과보로서 오온의 苦를 받는 과정을 조명하면서, 짓는 자와 받는 자가 같다[自作自覺]고 해도 옳지 않고 다르다[他作他覺]고 해도 옳지 않다는 점을 얘기하는 것이다. 즉 업을 짓고 과보를 받는 자아와 관련하여 자작자각설은, 짓는 자와 받는 자가 동일하다는 상견이고, 타작타각설은 짓는 자와 받는 자가 다르다는 단견이다.

6) 五陰盛苦를 말한다.

7) 지금의 이 오음 중에서 자아라고 생각되는 것.

8) 지금의 이 오음과 다른 남[他]인 이전의 오음.

9) (12-2) *svayam: (ind.) 스스로. *kṛtam〉 √kṛ + ta + m: (p.p.p. n. nom.) 짓다. *yadi: 만일. *bhavet〉 √bhū: (opt.) would be. *pratītya: ~을 緣하여. *na: ~이 아니다. *tato〉 tataḥ: therefore. *bhavet: 상동. *skandhan〉 skandha: (m. Pl. acc.) 蘊, 쌓임. *imān〉 idam: (지시대명사, m. Pl. acc.) 이것들을. *amī〉 adas: (지시대명사, m. Pl. nom.) 저것들이. *skandhāḥ〉 skandha: (m. Pl. nom.) 蘊, 쌓임. *sambhavanti〉 sam√bhū: (Pl. Ⅲ) 발생하다, 일어나다. *pratītya: 상동. *hi : 실로, 왜냐하면.

10) 五蘊 相續 緣起를 염두에 둔 말이다. 즉 십이연기 각 지분은 오음을 포함하고 있다. 십이연기설은 오온 상속의 각 단계에서 세력이 강한 것으로 지분의 명칭을 삼은 것이다.

2) 苦若自作者 則不從緣生 因有此陰故 而有彼陰生
고가 만일 스스로 지어지는 것이라고 한다면 연(緣)으로부터 발생하지 말아야 하리라. [연(緣)인] 이 [오]음(陰= 蘊)이 있음으로 인하여 [고과(苦果)인] 저 [오]음이 발생하는 것이다.

2) svayaṃ kṛtaṃ yadi bhavetpratītya na tato bhavet/
skandhānimānamī skandhāḥ saṃbhavanti pratītya hi//9)
만일 스스로 짓는 것이라고 한다면, 그렇다면 [무엇인가를] 연(緣)하여 존재하는 것은 아닐 것이다. 실로 이 여러 온(蘊)들[오온]을 연하여 저 여러 온들s이 발생하는 것인데 …10)

말이다. 그러나 이럴 수는 없다. 왜 그런가? [연(緣)인] 앞선 오음(五陰)으로 인하여 [과(果)로서의 고(苦)인] 뒤의 오음이 발생할 수 있는 것이기 때문이다. 그러므로 고는 '스스로' 지어질 수 없다.

【문】 만일 [그대의 말대로 앞선] 이 오음이 [뒤의] 저 오음을 짓는 것이라고 말한다면 이는 '남[他]이 짓는 것'이 되리라.

【답】 그렇지 않다. 왜 그런가?

3) 若謂此五陰 異彼五陰者 如是則應言 從他而作苦
만일 [인(因)인11)] 이 오음(五陰)이 [과(果)인] 저 오음과 다르다고 말한다면, 이렇다면 다른 것으로부터 [과로서의 오음인] 고가 지어진다고 말해야 하리라.

3) yadyamībhya ime 'nye syurebhyo vāmī pare yadi/
bhavetparakṛtaṃ duḥkhaṃ parairebhiramī kṛtāḥ//12)
만일 이것들이 저것들과 다르다면 또는 저것들이 이것들과 별개

의 것이라면 고는 어떤 다른 것이 짓는 꼴이 될 것이며 별개의 것인 이것에 의해 저것이 지어지리라.

만일 이 오음(五陰)과 저 오음이[13] 다르고 저 오음이 이 오음과 다르다면 응당 다른 것으로부터 지어져야 하리라. 마치 실과 옷감이 다른 것이라면 응당 실과 상관없이 옷감이 존재해야 하는 것처럼. [그러나 그럴 수는 없다.] 만일 실을 떠나서는 옷감이 존재하지 않는 것이라면 옷감 이란 것은 실과 다른 것이 아니다. 이와 같이 저 오음이 이 오음과 다른 것이라면 응당 이 오음을 떠나서 저 오음이 존재해야 하리라. 그러나 만일 이 오음을 떠나서는 저 오음이 있을 수 없는 것이라면 이 오음은 저 오음과 다른 것이 아니다. 그러므로 고(苦)가 다른 것으로부터 지어진다고 말해서는 안 된다.

【문】 스스로 짓는 놈은 바로 이 사람이다. 사람이 스스로 고를 짓고 스스로 고를 받는다.

【답】

4) 若人自作苦 離苦何有人 而謂於彼人 而能自作苦 만일 사람이 스스로 고를 짓는 것이라면 고와 관계없이 어떻게

11) 次第緣으로서의 因.

12) (12-3) *yady〉 yadi : 만일. *amībhyaḥ〉 adas: (지시대명사, Pl. m. n. abl.) 저것. *ime〉 idam: (지시대명사, Pl. m. nom.) 이것. *anye〉 anya: (a. Pl. nom.) 다른. *syur〉 √as: (opt. Pl. Ⅲ) would be. *ebhyo〉 ebhyaḥ〉 idam: (지시대명사, Pl. m. n. abl.) 이것. *vā: 혹은. *amī〉 adas: (지시대명사, Pl. m. nom.) 저것. *pare〉 para: (a. Pl. nom.) 다른. *yadi: 만일. *bhavet〉 √bhū: (opt.) would be. *para:(a. nom.) 다른. *kṛtam〉 √kṛ + ta + m: (p.p.p. n. nom.) 짓다. *duḥkham: (a. n. nom.) 苦. *parair〉 paraiḥ〉 para :(a. Pl. ins.) 다른. *ebhir〉 ebhiḥ〉 idam: (m. n. Pl. ins.) 이것. *amī〉 adas: (지시대명사, Pl. nom.) 저것. *kṛtāḥ〉 √kṛ + ta + āḥ (p.p.p. Pl. m. nom.) 짓다.

13) [2020년 개정본 수정주] 五蘊의 상속에서 前찰나의 오온과 後찰나의 오온, 또는 과거의 오온과 현재의 오온, 또는 전생의 오온과 내생의 오온을 말한다.

사람이 있어서 그 사람이 능히 스스로 고를 짓는다고 말하는 것이냐?

4) svapudgalakṛtaṃ duḥkhaṃ yadi duḥkhaṃ punarvinā/
svapudgalaḥ sa katamo yena duḥkhaṃ svayaṃ kṛtaṃ//14)
만일 고가 개체 스스로에 의해 지어진 것이라면, 그렇다면 고를 스스로 짓는 어떤 개체가 고를 떠나서 존재하는 것이겠는가?

만일 사람이 스스로 고를 짓는다고 말한다면 고인 오음을 떠난 어디엔가 따로 사람이 존재해서 능히 스스로 고를 짓는 것이겠는가? 응당 이런[= 오음과 상관없는 별도의] 사람이 있다고 말해야 할 텐데 그렇게 말할 수는 없다. 그러므로 고는 사람이 스스로 짓는 것이 아니다.

만일 사람이 스스로 고를 짓는 것이 아니라고 말한다면 다른 사람이 고를 지어 이 사람에게 주는 것이라고 하겠지만 이 역시 옳지 못하다. 왜 그런가?

5) 若苦他人作 而與此人者 若當離於苦 何有此人受
만일 고가 다른 사람이 지어서 이 사람에게 주어지는 것15)이라면 고를 떠난 이 사람이 어떻게 존재해서 그것을 받겠는가?

5) parapudgalajaṃ duḥkhaṃ yadi yasmai pradīyate/
pareṇa kṛtvā tadduḥkhaṃ sa duḥkhena vinā kutaḥ//16)
만일 다른 개체가 생한 고라면 다른 놈에 의해 지어지고서 그 고가 주어지는 자, 그자는 고가 없이 어떻게 존재하겠는가?

---

14) (12-4) *svapudgala〉 sva(스스로의) + pudgala: (a.) 個體 스스로. *kṛtam〉 √kṛ + ta + m: (p.p.p. n. nom.) 짓다. *duḥkham: (a. n. nom.) 苦. *yadi: 만일. *duḥkham: 상동. *punar: 한편, 반면에. *vinā: ~ 없이. *svapudgalaḥ〉 sva + pudgala + ḥ: (nom.) 上同. *sa〉 saḥ〉 tad: (지시대명사, m. Sg. nom.) 그것. *katamo〉 katama: (a.) who or which of many, 그들 중 누가. *yena〉 yad: (관계대명사, ins.) by which. *duḥkham: 上同. *svayam: 스스로. *kṛtam〉 √kṛ + ta +m: (p.p.p. n. nom.) 짓다.

만일 다른 사람이 [오음인] 고를 짓고서 [오음이 없는] 이 사람에게 [그 오음을] 주는 것이라고 하지만 오음을 떠나서 이 사람이 받는다는 것은 있을 수 없다. 다시 설명해 보자.

> 6) 苦若彼人作 持與此人者 離苦何有人 而能授於此
> 고가 만일 저 사람이 지어 그것을 갖고 이 사람에게 주는 것이라면 고를 떠나서 어떻게 [짓는] 사람이 있을 수 있어서 능히 이 사람에게 주는 것이겠는가?
> 6) parapudgalajaṃ duḥkhaṃ yadi kaḥ parapudgalaḥ/
> vinā duḥkhena yaḥ kṛtvā parasmai prahiṇoti tat//17)
> 만일 다른 개체가 생한 고라면 고없는 상태에서 [고를 생하는] 작업을 해서 다른 개체에게 그것[= 고]을 떠넘기는 다른 개체가 어떻게 있을 수 있겠는가?

만일 저 사람이 고를 지어 이 사람에게 주는 것이라고 말한다면 오음의 고를 떠나 어떻게 저 사람이 존재해서 고를 지어 그것을 갖고 이 사람에게 주는 것이겠는가? 만일 [그런 사람이] 존재한다면 응당 그런 장면[相]을 설

15) 여기서 말하는 '다른 사람'이란 남을 얘기하는 것이 아니라 전생의 '나'이거나 이전의 '나' 또는 전 찰나의 '나'다.
16) (12-5) *parapudgalajam〉 para(다른) + pudgala(개체) + ja(a. ~에서 생하다) + m (n. nom.): 다른 個體에서 생한. *duḥkham〉 duḥkha: (n. nom.) 苦. *yadi: 만일. *yasmai〉 yad: (관계대명사, m. n. Sg. dat.) to which. *pradīyate〉 pra√dā: (수동태) 주다. *pareṇa〉 para: (a. ins.) 다른. *kṛtvā〉 √kṛ: (절대분사) 짓고서, 행하고서. *tad: 그것. *duḥkham: 上同. *sa〉 saḥ〉 tad: (지시대명사, m. Sg. nom.) 그것. *duḥkhena〉 duḥkha: (ins.) 상동. *vinā: ~없이. *kutaḥ〉kutas: 어떻게.
17) (12~6) *parapudgalajam〉 para(다른) + pudgala(개체) + ja(a. ~에서 生하다) + (n. nom.): 다른 개체에서 생한. *duḥkham: (n.nom.) 苦. *yadi: 만일. *kaḥ〉 kim: (의문대명사, m. nom.) 누구. *parapudgalaḥ: (m. Sg. nom.) 다른 個體. *vinā: (ins.를 지배) ~ 없이. *duḥkhena〉 duḥkha: (n. ins.) 苦. *yaḥ〉 yad: (관계대명사, nom.) who. *kṛtva〉 √kṛ: (절대분사) 짓고서, 행하고서. *parasmai〉 para: (a. Sg. dat.) 다른 것에게. *prahiṇoti〉 pra√hi: 보내다, 넘기다. *tat〉 tad: (n. acc.) 그것을.

할 수 있어야 하리라. 다시 설명해 보자.

> 7) 自作若不成 云何彼作苦 若彼人作苦 卽亦名自作
> 스스로 짓는다는 것이 성립하지 않는다면 어떻게 남이 짓겠는가? 만일 [남인] 저 사람이 고를 짓는다면 [저 사람의 입장에서 보면] 이것은 곧 스스로 짓는다고 부른다.18)
> 7) svayaṃ kṛtasyāprasiddherduḥkhaṃ parakṛtaṃ kutaḥ/
> paro hi duḥkhaṃ yatkuryāttattasya syātsvayaṃ kṛtaṃ//19)
> 스스로 짓는다는 것이 성립하지 않으므로 다른 놈이 짓는 고가 어떻게 있을 수 있겠는가? 왜냐하면, 다른 놈이 짓는 고, 그것은 그 [다른] 놈에 있어서는 스스로 짓는 것이 될 것이기 때문이다.

여러 가지 이유로 인해 그가 스스로 고를 짓는다는 것은 성립하지 않지만 남이 고를 짓는다고 하는데 이 역시 옳지 못하다. 왜 그런가? 이쪽이나 저쪽이라는 개념은 서로 상대적인 개념이기 때문이다. 그래서 만일 '저놈이 고를 짓는다.'고 하면 그 저놈에게 있어서는 역시 스스로 고를 짓는 것이 되는데 '스스로 고를 짓는다.'는 것은 앞에서 이미 논파했다. 그대가 스스로 고를 짓는 것이 성립하지 않음을 인정했기에 다른 놈이 짓는다는 것도 역시 성립되지 않는다. 다시 설명해 보자.

> 8) 苦不名自作 法不自作法 彼無有自體 何有彼作苦
> 고를 [고가] 스스로 짓는다고 말하지 못한다. 사물은 스스로 사

---

18) 제1 관인연품 제4게 長行 참조.

19) (12-7) *svayam: 스스로. *kṛtasya> √kṛ + ta(p.p.p.) + sya(gen.): 짓다. *aprasiddher> a(부정의 뜻) + prasiddhi(f.) +eh(abl.) 不成立. *duḥkham> duḥkha: (a. n. nom.) 苦. *para: (a.) 다른. *kṛtam> kr + ta + m: (p.p.p. n. nom.) 짓다. *kutaḥ> kutas: 어떻게. *paro> para: 上同. *hi: 실로, 왜냐하면. *duḥkham: 상동. *yat> yad: (관계대명사, n. nom. acc.) what, which. *kuryāt> √kṛ: (opt. Sg. Ⅲ) 짓다, 행하다. *tat> tad: (m. nom.) 그것. *tasya> tad: (m. gen.) 그것. *syat> √as: (opt.) would be. *svayam: 상동. *kṛtam: 상동.

물을 짓지 않는다. [다른 것인] 저놈이 그 실체가 없는데 어떻게 저놈이 고를 짓겠는가?

8) na tāvatsvakṛtaṃ duḥkhaṃ na hi tenaiva tatkṛtaṃ/
paro nātmakṛtaścetsyādduḥkhaṃ parakṛtaṃ kathaṃ//[20]

우선, 고는 스스로 짓는 것이 아니다. 왜냐하면 그것[자신]에 의해 그것[자신]이 지어지는 일은 없기 때문이다. 만일 다른 놈이 그 스스로 짓는 것이 아니라면 어떻게 고가 다른 것에 의해 지어지겠는가?

[고가] 스스로 고를 짓는다는 것은 옳지 못하다. 왜 그런가? 예를 들어 칼날이 [칼날] 자체를 벨 수 없는 것과 같다. 이처럼 사물 스스로 사물을 지을 수는 없다. 그러므로 스스로 짓지 못한다.

다른 놈이 짓는다는 것도 옳지 못하다. 왜 그런가? 고를 떠나서는 다른 놈이라는 것도 그 자성이 있을 수 없기 때문이다. 만일 고를 떠나서 그놈의 자성이 있다고 한다면 응당 그놈이 고를 짓는다고 말해야 하리라. 그러나 그 놈이라는 것도 바로 고이니 어떻게 고가 스스로 고를 짓겠는가?

【문】 만일 스스로 짓는다거나 다른 놈이 짓는다는 것이 옳지 않다면 그 양자가 함께 지음은 있어야 하리라.

【답】

---

20) (12-8) *na: ~ 아니다. *tāvat: 먼저, 우선, 첫째로. *sva: 스스로. *kṛtam〉 √kṛ + ta + m: (p.p.p. n. nom.) 짓다. *duḥkham: (a. n. nom.) 苦. *na: 상동. *hi : 왜냐하면 ~때문이다. *tena〉 tad: (ins.) 그것. *eva: 참으로. *tat〉 tad: 그것. *kṛtam: 上同. *paro〉 para: (a.) 다른. *na: 上同. *ātmakṛtas〉 ātmakṛta: (p.p.p.) 스스로 짓는. *cet: 만일. *syad〉 syat〈 √as: (opt.) would be. *duḥkham: 상동. *para: 상동. *kṛtam: 상동. *katham: 어떻게.

21) (12-9) *syād〉 syāt〉 √as: (opt.) would be. *ubhābhyām〉 ubha: (a. Du. ins.) 양자에 의해. *kṛtam〉 √kṛ + ta + m: (p.p.p. n. nom.) 짓다. *duḥkham: (n. nom.)

9) 若此彼苦成 應有共作苦 此彼尙無作 何況無因作
만일 이놈과 저놈이 고를 성립시킨다면 응당 함께 짓는 고가 존재해야 하리라. [또] 이놈이나 저놈도 오히려 짓는 것이 아니었는데 하물며 무인(無因)으로 짓는 것이겠는가?
9) syādubhābhyāṃ kṛtaṃ duḥkhaṃ syādekaikakṛtaṃ yadi/
parākārāsvayaṃkāraṃ duḥkhamahetukaṃ kutaḥ//[21]
만일 [자(自)와 타(他)] 각각이 짓는 고라면 양자가 함께 짓는 것이 되리라. [그러나 그럴 수는 없다. 또] 다른 것이 짓지 않고 스스로 지은 것도 아닌 고인데 어떻게 무인의 것이겠는가?

스스로 짓는다거나 다른 놈이 짓는다는 것도 오히려 허물이 있었는데 하물며 무인으로 짓는다는 것이야 어떠하겠는가? 관작작자품[24]에서 논파하며 설명했던 것처럼 무인론은 허물이 많다. 다시 설명해 보자.

10) 非但說於苦 四種義不成 一切外萬物 四義亦不成
단지 고에 있어서만 네 가지 의미[22]가 성립하지 않는 것이 아니라 바깥의 일체 만물도 네 가지 의미가 성립하지 않는다.
10) na kevalaṃ hi duḥkhasya cāturvidhyaṃ na vidyate/
bāhyānāmapi bhāvānāṃ cāturvidhyaṃ na vidyate//[23]
단지 고에 있어서만 네 가지의 지(知)가 존재하지 않는 것이 아니라 외계에 있는 존재들에 있어서도 역시 네 가지의 지(知)가 존재하지 않는다.

苦. *syād: 上同. *ekaika> eka + eka: 하나하나, 각각. *kṛtam: 上同. *yadi: 만일. *parākarā> para + a(부정의 뜻) + kāra(~ 하는) 다른 놈이 짓지 않는. *asvayam> a(부정의 뜻) + svayam: 스스로가 아닌. *kāram> kāra: (a.) doing. *duḥkham: 상동. *ahetukam: (a. n. nom.) 無因의. *kutaḥ> kutas: 어떻게.

불법(佛法) 가운데서 비록 오수음(五受陰= 五取蘊)이 [모두] 고라고 설하더라도 [그게 아니라] 고수(苦受)만이 고라고 말하는 외도들이 있다. 그러므로 '단지 고에 있어서만 네 가지 의미가 성립하지 않는 것이 아니라 바깥의 일체 만물, 즉 땅, 물, 산, 나무 등 일체법도 모두 성립하지 않는다.'고 설하는 것이다.

---

22) 自作, 他作, 共作, 無因作.
23) (12-10) *na: ~아니다. *kevalam: (a. n. nom.) only. *hi: 실로. *duḥkhasya〉 duḥkha(a. gen.) 苦. *cāturvidhyam〉 cāturvidhya〉 catur-vidha(a.): (n.) 4종의. *na: 상동. *vidyate〉 √vid: (수동태) 존재하다. *bāhyānām〉 bāhya: (a. Pl. gen.) 외계에 존재하는. *api: ~도 역시. *bhāvānām〉 bhāva: (m. Pl. gen.) 존재. *caturvidhyam: 상동. *na: 上同. *vidyate:上同.
24) 제8 관작작자품 제3-6게.

제13 관행품(觀行品, 9게)
행(行)에 대한 관찰

samşkāraparīikşā nāma trayodaśamaṃ prakaraṇam

형성작용(行)의 검토라는 이름의 제13장(8게)

【문】

1) 如佛經所說 虛誑妄取相 諸行妄取故 是名爲虛誑[1)]

불경에서 허광(虛誑)하고 허망하게 취(取)한 상(相)을 설한 바와 같이, 모든 행(行)[2)]은 허망하게 취해진 것들이라서 허광이라고 부른다.

1) tanmṛṣā moṣadharma yadbhagavānityabhāṣata/

sarve ca moṣadharmāṇaḥ saṃskārāstena te mṛṣā//[3)]

거짓된 사물, 그것은 헛된 것이라고 세존께서 말씀하셨다. 그리고 모든 '형성 작용[行]'들은 기만적인 성질을 갖는 것들이다. 그러므로 그것[行]들은 헛되다.

---

1) 『월칭소』, 『무외소』, 『불호주』, 『대승중관석론』에서는 용수의 게송으로 취급한다.

2) 諸行(saṃaskārāḥ(Pl.)〉 saṃskāra) 불교 교리 중 行의 개념만큼 논란거리가 되는 개념도 드물 것이다. 五蘊說에서의 諸行, 十二緣起說에서의 諸行, 三法印說에서 諸行無常이라고 할 때의 諸行, 『俱舍論』 5位 75法에서 46가지 심소 가운데 수(受), 상(想) 심소를 제외한 44가지 심소[心相應行]와 14가지 심불상응행법(心不相應行法)을 합한 총 58法의 行에 대해 똑같이 行이란 표현이 복수형으로 사용되고 있다. Saṃkhya철학에서는 '회전하면서 그 자신을 계속 움직여 가는 수레바퀴의 상태'를 의미하기도 하였고 Vaiśeṣika철학에서도 '날고 있는 화살을 계속 운동 속에 머물게 하는 추진력'을 의미하기 위해 사용되기도 하였다. 어쨌든 그것은 '정신적 영향력, 정신적 用意의 발휘'를 의미하며 불교 경전에서도 이와 같은 의미로 통용되었다. 모든 용례에 해당하지는 않겠지만 이 경우 '누구인가가 무엇을 하려고 할 때 그 정신적 用意'의 뜻으로 흔히 '心的인 형성작용'이라고 이해할 수 있다. Frauwallner, *History of Indian Philosophy*, 박태섭 역주, 『원시불교

불경에서 설하는 허광이라는 것은 바로 허망하게 취해진 형상을 뜻한다. 최고로 진실한 것은 소위 '열반'으로, 허망하게 취해진 형상(妄取相)이 아니다. 이렇게 불경에서 설하므로 '허광하여 허망하게 취해진 형상인 갖가지 행(行)들'이 존재함을 알아야 한다.

【답】

> 2) 虛誑妄取者 是中何所取 佛說如是事 欲以示空義
> 허광하여 허망하게 취하는 것, 이 중에서 취할 것은 무엇이겠는가? 부처님께서는 이런 것을 설해 주심으로써 공의 이치를 보이고자 하셨다.
>
> 2) tanmṛṣā moṣadharma yadyadi kiṃ tatra muṣyate/
> etattūktaṃ bhagavatā śūnyatāparidīpakaṃ//[4]
> 거짓된 존재들, 그것들이 헛된 것이라면 거기서 무엇이 홀리겠는가? 그런데 세존에 의해 이것이 설해져서 공성이 훤히 드러났다.

만일 허망하게 취해진 형상을 띤 존재가 허광한 것이라면 이런 갖가지 행

』, pp.145-147 참조.

3) (13-1) *tan〉 tat〉 tad: (지시대명사) 그것. *mṛṣā: (ind.) in vain, uselessly. *moṣa: (m.)속이다. 훔치다. *dharma: (m. Sg. nom.) 法, 존재, 사물. *yad: (관계대명사) which, what. *bhagavān〉 bhagavat: (a. Sg. nom.) 世尊, 尊者. *ity〉 iti: ~라고. *abhāṣata〉 √bhāṣ: (과거, Sg. Ⅲ) 설하다. *sarve〉 sarva: (Pl. nom.) 일체, 모든 것. *ca: 그리고. *moṣa: 上同. *dharmāṇaḥ〉 dharman: (Pl. nom.) 본질, 특성. *saṃskārās〉 saṃskārāḥ: (Pl. nom.) 行, 聯合작용, 形成작용. *tena〉 tad: (지시대명사, Sg. ins.) 그에 의해, 그러므로. *te〉 tad: (Pl. nom.) 그것들은. *mṛṣā:上同.

4) (13-2) *tan〉 tat〉 tad: (지시대명사) 그것. *mṛṣā: (ind.) in vain, usclessly. *moṣa: (m.) 속이다. 훔치다. *dharma: (m. Sg. nom.) 法, 존재, 사물. *yad: (관계대명사) which, what. *yadi: 만약. *kim: (의문대명사) 무슨. *tatra: 거기서. *muṣyate〉 √muṣ: (수동태) 매혹시키다, 강탈하다. *etat〉 etad: (지시대명사, Sg. nom.) 이것. *tu: 그러나, 그런데. *uktam〉 √vac: (p.p.p.) 말하다. *bhagavatā〉 bhagavat: (a. Sg. ins.) 세존. *śūnyatā: (f.) 공성. *paridīpakam〉 paridīpaka: (a.) 說示하다, 명백히 하다.

중에서 취[하고 말고] 할 것이 무엇 있겠는가? 부처님께서 이와 같이 말씀하셨으니 공을 설하신 뜻을 알지어다.

【문】 일체의 모든 행(行)이 공(空)한 것을 어떻게 알 수 있느냐?

【답】 일체의 모든 행은 허망한 형상이기에 공하다. 모든 행은 항상 생멸하여 머무르지 않으니 그 자성이 없으므로 공하다. 모든 행[제행]은 오음(五陰)을 말한다. 행에서 생하므로 오음을 행이라고 부른다. 이 오음은 모두 허망하며 결정적인 형상이 없다. 왜 그런가?

예를 들어보자. [오음 중의 첫 번째 것인 색의 경우] 갓 났을 때의 형상[色]은 기어 다닐 때의 형상이 아니다. 기어 다닐 때의 형상은 걸어 다닐 때의 형상이 아니다. 걸어 다닐 때의 형상은 동자 시절의 형상이 아니다. 동자 시절의 형상은 청년 시절의 형상이 아니다. 청년 시절의 형상은 노인일 때의 형상이 아니다. 형상[色]의 경우 매 순간마다 머무르지 않으므로 결정된 성품을 분별할 수는 없다.

갓난아기일 때의 형상이 청년 내지 노년일 때의 형상과 완전히 같다거나 전혀 다르다거나 하는 생각의 양극단은 모두 허물이 있다. 왜 그런가?

만일 갓난아기일 때의 형상이 기어 다닐 때 내지(乃至) 노년일 때의 형상 그대로라면 그 모두가 한 가지 형상으로 갓난아기의 모습만 있고 기어 다닐 때 내지 노년일 때의 형상은 존재하지 않게 될 것이다. 또 [항아리의 예를 들면] 진흙 반죽 덩어리는 항상 진흙 덩어리로 존재하고 끝내 항아리가 되지 못할 것이다. 왜 그런가? 그 형상이 항상 확고하게 존재해야 하기 때문이다.

만일 갓난아기일 때의 형상이 기어 다닐 때의 형상과 완전히 다르다면 갓난아기는 결코 기는 아기가 될 수 없고 기는 아기는 갓난아기와 전혀 다를 것이다. 왜 그런가? 그 양쪽의 형상이 전혀 다르기 때문이다. 또 이런 경우에는 동자, 소년, 청년, 노년까지 그 형상이 상속(相續= 연속)되지 못할 것이다. 그래서 가족 관계가 파괴되고 아비도 없고 자식도 없는 꼴이 되어버린다. 또 만일 그렇게 된다면 오직 갓난아기만 아비를 갖게 되고 나머지 상태, 즉 기어 다닐 때 내지 노년일 때는 [완전히 다른 사람이 될 테니까] 아비가 없어지게 될 것이다. 그러므로 [동일하다거나 다르다고 하는] 양쪽 모두 허물이 있다.

【문】 형상이 비록 정해져 있지 않다고 하지만 갓 태어났던 형상이 사라지고 나면 상속하여 다시 소년 내지(乃至) 노년의 형상을 생하게 된다. 이렇게 말하면 앞에서 말한 오류가 없지 않느냐?

【답】 갓 태어났을 때의 형상에서 상속하여 [그 이후의 형상들이] 생기는 것이라면 처음의 형상이 소멸하고 나서 상속하여 생하는 것이겠는가, 아니면 소멸하지 않고서 상속하여 생하는 것이겠는가? [먼저] 만일 갓난아기의 형상이 [완전히] 소멸했다면 어떻게 그것이 상속할 수 있겠는가? 원인이 없게 되므로, 상속할 수 없다. 예를 들어 비록 불타는 장작이 있다고 해도 불기운이 사라지면 [그 불타는 모습이] 상속될 수 없는 것과 같다.

또 만일 갓난아기의 형상이 사라지지 않은 상태에서 상속하는 것이라면 갓난아기의 형상이 사라지지 않고 항상 그 모습 그대로 머물러 있을 테니 이 경우 역시 상속할 수 없다.

【문】 나는 [갓난아기의 형상 등이] 사라지거나 사라지지 않은 상태로 상속하여 [그 다음의 형상이] 생한다고 말하는 것은 아니다. 다만 [그 형상이] 머무르지 않고 비슷하게 [다음의 형상을] 생하는 것이기에 상속하여 생한다고 말하는 것이다.

【답】 만일 그렇다면 어느 순간의 결정적인 형상이 다시 다음 순간의 형상을 생하는 것이란 말이냐? 그렇게 되면 각 순간마다에 해당하는 천만가지 형상이 존재해야 하리라. 그러나 결코 그럴 수는 없다. 그러니 이 경우도 상속은 없다.

지금까지 살펴보았듯이 그 어느 경우건 형상[色]을 찾아보았지만, 그 확고한 모습은 없었다. [형상은] 다만 세속의 언설의 차원에서 존재하는 것이다. 마치 파초 나무가 그 속이 텅 비고 껍질과 잎새만 있는 것과 같다. 지혜로운 사람은 이런 식으로 추구한다. 형상의 상(相)은 순간순간 소멸하여 잡을 수 있는 실제의 형상은 전혀 없어서 그 형태나 그 상에 머무르고 있지 않다. 그저 비슷하게 점차적으로 생하는 것이라서 분별하기 힘들다. 마치 등불의 불꽃에서 그 확고한 형상을 분별해 잡을 수 없는 것과 같다. 어떤 확고한 형상에서 다시 형상의 생함이 있다고 포착할 수 없다. 그러므로 형상은 자성이 없고 또 그러기에 공하다. 다만 세속의 언설에 따라 존재할 뿐이다.

[오음 중의 두 번째 것인] 감수작용[受]도 또한 [형상의 경우와] 마찬가지다. 지혜로운 자가 여러 가지로 관찰해볼 때 차례대로 비슷하게 이어지므로 생멸한다고 하지만 매 순간순간을 따로 떼어서 인지하기는 곤란하다. 마치 흐르는 물처럼 상속하는 중에서 다만 어떤 느낌이 들기에 세 가지 감수작용[三受][5]이 나의 한 요소라고 설한 것이다. 그러므로 감수작용도 형상[色]에 대한 설명과 똑같[이 논파된]다는 것을 알아야 한다.

[오음 중의 세 번째 것인] 표상작용[想]은 뜻을 가진 이름[名相]으로 인해 생한다. 만일 뜻을 가진 이름을 떠난다면 표상작용이 생길 수 없다. 그러므로 부처님께서 '명자(名字)의 뜻을 분별하여 알기에 표상작용이라고 부른다.'라고 말씀하신 것이다. 표상작용은 미리 그 고정된 실체가 존재하는 것은 아니다. 여러 가지 인연에서 생하는 것이기에 그 정해진 성품이 없다. 정해진 성품이 없기에 마치 어떤 모습의 물체에 종속하여 존재하는 그림자와 같은 것이다. 어떤 형체가 존재하기에 그로 인해 그림자가 존재하며 형체가 없으면 그림자도 없다. 이 경우 그림자는 결정적인 성품을 갖지 않는다. 만일 그림자가 확고하게 존재하는 것이라면 물체가 없어도 그림자가 따로 존재해야 하리라. 그러나 그럴 수는 없다. 그러므로 그림자는 여러 가지 인연으로부터 생하는 것이며 그 자성이 없기에 잡을 수가 없다. 표상작용[想]도 이와 마찬가지

5) 苦, 樂, 不苦不樂.

여서 다만 바깥 세계의 '뜻을 가진 이름[名相]'에 의존해서 존재할 뿐이다. 즉 다만 세속 언설의 차원에서 존재하는 것이다.

[오음중의 다섯 번째 것인] 인식[識]은 색, 성, 향, 미, 촉 따위와 안, 이, 비, 설, 신 따위로 인해 생한다. 안(眼) 등의 모든 감각기관이 서로 다르기 때문에 식(識)도 여러 가지가 있게 된다. 그런데 [안]식이란 것이 색[형상]에 존재하는지 안[눈]에 존재하는지 아니면 그 중간에 존재하는지 결정할 수가 없다. 다만 [식이] 생기고 난 후에 대상도 인식하고, 이 사람도 인식하고 저 사람도 인식하는 것이다. 이 사람을 인식한 식이 저 사람을 인식한 식과 동일한 식인지 아니면 다른 식인지 두 가지 경우 모두 분별하기 힘들다. 안식의 경우와 마찬가지로 이식(耳識)도 역시 그렇게 분별하기 힘들다. 분별하기 어렵기 때문에 동일한 것이라고 말하기도 하고 다른 것이라고 말하기도 하여 결정적으로 분별할 수가 없다. 다만 여러 가지 인연으로부터 [식이] 생하는 것이기에 안(眼) 따위가 분별하는 것이고 그러므로 공하여 그 자성이 없다.

예를 들면 마술사가 구슬 하나를 입에 물었다가 뱉어서 보여줄 때 사람들이 그것을 보고 이 구슬이 원래의 그 구슬인가 아니면 다른 것인가 하고 의심을 내는 경우와 같다. 식도 또한 이와 같아서 생하고 다시 또 생할 때 그것이 원래의 식인지 아니면 다른 식인지 애매하다.

그러므로 식(識)은 머무르지 않기에 그 자성이 없고 허광하여 허깨비[幻]와 같음을 마땅히 알지어다.

[오음 중의 네 번째 것인] 여러 가지 행들[諸行]도 역시 마찬가지다. 모든 행이란 신(身), 구(口), 의(意) 삼행(三行)을 의미한다. 행은 또 청정행과 부정행(不淨行)의 두 가지로 나눌 수 있다. 어떤 것들이 부정행인가? 중생을 뇌란(惱亂)시키고 탐욕적으로 집착하게 하는 것 따위를 부정한 행이라고 부른다. 중생을 뇌란시키지도 않고 참된 말을 하며 탐욕스럽게 집착하지 않는 것 따위를 청정한 행이라고 부른다.

[청정행과 부정행은] 늘어나기도 하고 줄어들기도 한다. 청정행을 한 자가

인간이나 육욕천(六欲天), 색계천(色界天), 무색계천(無色界天) 등 [좋은 곳]에서 그 과보를 받고 나면 그 받은 만큼 [청정행의 양이] 줄어들고 다시 [청정행을] 지으면 [청정행의 양이] 늘어난다. 부정행의 경우도 역시 마찬가지다. 지옥이나 아귀, 축생, 수라와 같은 나쁜 곳에서 그 과보를 받고 나면 [부정행의 양이] 줄어들고 다시 [부정행을] 지으면 늘어난다.

이렇게 여러 가지 행들은 늘기도 하고 줄기도 하므로 머무르지 않는다. 사람이 병에 걸렸을 때 알맞게 치료하면 병이 낫지만 제대로 치료하지 않으면 다시 병이 생기는 것과 같다. 여러 가지 행들도 역시 이와 같아서 늘기도 하고 줄기도 하여 결정되어 있지 않다. 다만 세속 언설의 차원에서 존재하는 것이다.

세속제(世俗諦)를 인(因)하므로 제일의제(第一義諦)를 볼 수 있다. 소위 무명(無明)을 연(緣)하여 제행이 있고 제행으로부터 식(識)의 집착이 있게 되며 식이 집착하기에 명색(名色)이 있고 명색으로부터 육입(六入)이 있게 되며 육입으로부터 촉(觸)이 있게 되고 촉으로부터 수(受)가 있게 되며 수로부터 애(愛)가 있게 되고 애로부터 취(取)가 있게 되며 취로부터 유(有)가 있게 되고 유로부터 생(生)이 있게 되며 생으로부터 노사(老死)와 우(憂), 비(悲), 고(苦), 뇌(惱)와 '사랑하는 사람과 헤어지는 고통'과 '미워하는 사람과 만나는 고통' 등이 존재하게 된다. 이런 여러 가지 고통들은 모두 행을 근본으로 삼는다. 부처님께서는 세속제의 차원에서 위와 같이 설하신 것이다.

만일 제일의제를 터득하여 참된 지혜가 생긴 사람이라면 무명이 사라지게 된다. 무명이 쉬기에 여러 가지 행들이 모이지 않게 되고 여러 가지 행들이 모이지 않기에 견도(見道)[6]에서 끊어지는 [유]신견(身見), 의(疑), 계[금]취견(戒[禁]取見) 등이 끊어지고 수도(修道)[7]에서 끊어지는 탐욕, 진(瞋), 색염

6) 四善根位의 마지막 世第一法에서 欲界 苦諦 下의 1行相을 1찰나에 觀하고 그 다음 見道位에 돌어가서 다시 四諦를 16찰나에 걸쳐 上下 8諦를 觀하는 바 前 15찰나를 見道라 하고 마지막 제16 찰나는 修道에 속한다.

7) 四果중 豫流果 이상 阿羅漢向까지의 聖位.

(色染), 무색염(無色染), 조희(調戲), 무명(無明)도 역시 끊어진다. 이렇게 끊어지므로 [십이연기] 각각의 지분이 멸하게 된다. 소위 무명, 제행, 식, 명색, 육입, 촉, 수, 애, 취, 유, 생, 노사, 우, 비, 고, 뇌 및 '사랑하는 사람과 헤어지는 고통'과 '미워하는 사람과 만나는 고통' 등이 모두 멸한다. 이런 것들이 멸하기 때문에 오음으로 이루어진 몸뚱이도 결국 멸하여 조금도 남은 것이 없게 되니 오직 공만 있을 뿐이다. 그러므로 부처님께서는 공의 이치를 설명하기 위해 모든 행은 허광하다고 설하셨다. 또 모든 존재는 그 자성이 없기에 허광하며 허광하기에 공하다. 그래서 다음과 같은 게송을 설하는 것이다.

3) 諸法有異故 知皆是無性 無性法亦無 一切法空故[8]
모든 존재는 달라지기 때문에 그 모두가 무자성임을 알아라. 무자성인 존재도 역시 없다. 일체의 존재가 공하기 때문이다.

3) bhāvānāṃ niḥsvabhāvatvamanyathābhāvadarśanāt/
asvabhāvo bhāvo nāsti bhāvānāṃ śūnyatā yataḥ//[9]
모든 존재는 무자성성(無自性性)이다. 존재가 변모함을 보기 때문이다. [그렇다고] 무자성인 존재가 있는 것은 아니다. 모든 존재가 공하기 때문이다.

모든 존재는 그 자성이 없다. 왜 그런가? 모든 존재는 비록 생하더라도 그 자성이 머물러 있지를 않는다. 그러므로 자성이 없다. 예를 들어 갓난아이가 그 자성에 그대로 머물러 있다면 끝내 기는 아이 내지(乃至) 노인으로 될 수 없겠지만 실제 갓난아이는 점차적으로 상속(相續)하여 변모해 가면서 기

8) 『무외소』, 『불호주』, 『대승중관석론』에서는 반대자의 게송으로 취급한다.
9) (13-3) *bhāvānām〉 bhāva: (m. Pl. gen.) 사물, 존재. *niḥsvabhāvatvam〉 niḥ (無) + svabhāva(自性) + tva(~性) + m(n. nom.): 無自性性. *anyathā: (ind.) 다르게. *bhāva: 상동. *darśanāt〉 darśana: (Sg. abl.) 보이기 때문에. *asvabhāvo〉 a(부정의 뜻) + svabhāva: (m. Sg. nom.) 無自性. *bhāvo〉 bhāva: 상동. *na: ~이 아니다. *asti〉 √as: ~이다. *bhāvānām: 상동. *śūnyatā: (f. Sg. mom.) 空性. *yataḥ: ~때문에.

는 아이 내지 노인의 모습을 나타내는 것과 같다. 그래서 모든 존재가 변모해 가니까 그 자성이 없음을 알라고 설하는 것이다.

【문】 만일 모든 사물이 변모해 가므로 그 자성(自性)이 없다고 한다면 '자성이 없는 존재[法]'는 있다고 하면 무슨 허물이 있겠는가?

【답】 자성이 없는데 어떻게 존재[= 法]가 있을 수 있겠으며 어떻게 모습이 있겠는가? 왜 그런가? [자성이 없는 것은] 그 근본이 존재하지 않기 때문이다. 다만 그 성품을 파하기 위해 자성이 없다고 설한 것이다. 그런데 이렇게 무자성인 존재가 있다면 '일체의 존재[法]는 공하다.'라고 말하지 않았을 것이다. 일체의 존재가 공하다면 어떻게 무자성인 존재가 있을 수 있겠는가?

【문】

> 4) 諸法若無性 云何說嬰兒 乃至於老年 而有種種異
> **만일 모든 존재가 그 자성이 없다면 어떻게 갓난아이에서 노인에 이르기까지 다양하게 변모해 간다고 설하겠는가?**

만일 모든 존재가 그 성품이 없다면 변모할 수도 없을 텐데 그대는 변모한다고 말한다. 그러므로 모든 존재의 자성은 있다. 만일 모든 존재의 자성이 없다면 어떻게 변모할 수 있겠는가?

【답】

> 5) 若諸法有性 云何而得異 若諸法無性 云何而有異
> 만일 모든 존재가 그 자성이 있다면 어떻게 변화할 수 있겠는가? 만일 모든 존재가 자성이 존재하지 않는다면 어떻게 변화가 있겠는가?
> 4) kasya syādanyathābhāvaḥ svabhāvaścenna vidyate/

kasya syādanyathābhāvaḥ svabhāvo yadi vidyate//[10] 만일 자성이 존재하지 않는다면 어떻게 사물이 변모되겠는가? 만일 자성이 존재한다면 어떻게 사물이 변모되겠는가?[11]

만일 모든 존재가 고정된 자성을 갖고 있다면 어떻게 변화할 수 있겠는가? 자성이란 고정적으로 존재해서 변화할 수 없는 것을 말한다. 예를 들어 순금은 변할 수 없는 것과 같다. 또 어둠 그 자체의 자성은 밝음으로 변할 수 없고 밝음 그 자체의 자성은 어둠으로 변할 수 없는 것과 같다. 다시 설명해 보자.

6) 是法則無異 異法亦無異 如壯不作老 老亦不作壯 같은 존재는 변화하지 않는다. 다른 존재도 역시 변화하지 않는다. 젊은이가 늙은이로 되지 못하고 늙은이가 늙은이로 되지 못하는 것과 같다. 5) tasyaiva nānyathābhāvo nāpyanyasyaiva yujyate/ yuvā na jīryate yasmādyasmājjīrṇo na jīryate//[12] 존재는 바로 그것[= 동일한 것]이 변화하는 것이 아니며 다른 것[이 변화 한다는 것]도 역시 타당하지 않다. 왜냐하면, 젊은이가 늙어지지 못하고 늙은이도 늙어지지 못하기 때문이다.

10) (13-4) *kasya〉 kim: (의문대명사, gen. Sg.) 어떤. *syād〉 syāt〉 √as: (opt. Sg. Ⅲ) would be ~. *anyathā: (ind.) 다르게. *bhāvaḥ: (m. Sg. nom.) 존재, 사물. *svabhāvaś〉 svabhāva: 自性. *cet: 만일. *na: ~ 아니다. *vidyate〉 √vid: 존재하다. *kasya: 上同. *syād: 上同. *anyathā: 上同. *bhāvaḥ: 상동. *svabhāvo〉 svabhāva: 상동. *yadi: 만일. *vidyate: 존재한다.

11)『무외소』,『불호주』,『반야등론』에서는 전반은 반대자의 게송, 후반은 용수의 게송으로 본다.

12) (13-5) *tasya〉 tad: (지시대명사, Sg. gen.) 그것. *eva: 실로. *na: ~아니다. *anyathā: (ind.) 다르게. *bhāvo〉 bhāvaḥ: (m. Sg. nom.) 존재, 사물. *na: 상동. *apy〉 api: ~도 역시. *anyasya: (a. gen.). 다른. *eva: 실로. *yujyate〉 √yuj: 타당하다. *yu

만일 존재가 변하는 것이라면 응당 그 변하는 모습이 있어야 할 텐데 그 경우 같은 존재가 변하는 것이겠는가, 아니면 다른 존재가 변하는 것이겠는가? 두 경우 모두 옳지 못하다. 만일 똑같은 존재가 변하는 것이라면 응당 늙은이가 늙은이로 돼야 할 텐데 실제 늙은이가 그대로 늙은이로 되는 것은 아니다. 또 만일 다른 존재가 변하는 것이라면 늙은이와 젊은이는 서로 다르니 응당 젊은이가 늙은이로 돼야 할 텐데 실제로 젊은이는 늙은이로 되지 못한다. 그러니 두 가지 경우 모두 허물이 있다.

【문】 만일 같은 존재에서 변하는 것이라면 무슨 허물이 있겠는가? 예를 들어 지금 어린아이를 눈으로 보지만 세월이 지나면 [같은 사람인] 그 아이가 늙어지는 것처럼 말이다.

【답】

7) 若是法卽異 乳應卽是酪 離乳有何法 而能作於酪
만일 같은 존재가 변하는 것이라면 우유는 응당 야쿠르트이어야 하리라. 또 우유를 떠나서 그 어떤 존재가 있어서 능히 야쿠르트로 되겠는가?

6) tasya cedanyathābhāvaḥ kṣīrameva bhaveddadhi/
kṣīrādanyasya kasya ciddadhibhāvo bhaviṣyati//13)
만일 존재가 바로 그것[= 같은 것]에서 변한다면 우유가 그대로 야쿠르트로 되리라. 또 [이와 반대로] 우유와 다른 그 어떤 것이 있어서 야쿠르트라는 존재로 될 것인가?

---

vā〉 yuva: (a. m. nom.) 젊은. *na: 상동. *jīryate〉 √jṝ: 장성하다, 늙다. *yasmād 〉 yasmat〉 yad: (관계대명사. abl.) 때문에. *yasmaj〉 yasmāt: 상동. *jīrṇo〉 jīrṇa〉 √jṝ: (p.p.p.) 장성하다, 늙다. *na: 상동. *jīryate: 상동.

13) (13-6) *tasya〉 tad: (지시대명사, Sg. gen.) 그것. *ced〉 cet: 만일. *anyathā: (ind.)

만일 같은 존재가 변하는 것이라면 우유는 응당 그 자체가 야쿠르트이어야 하는바 이때 또 다른 인연을 필요로 하지 않으리라. 그러나 이것은 옳지 못하다. 왜 그런가? 우유와 야쿠르트는 여러 가지 면에서 다르기 때문이다. 우유 그 자체가 야쿠르트일 수는 없다. 그러므로 어떤 존재건 그 자체가 변화하는 것은 아니다.

만일 다른 존재가 변하는 것이라면 이 역시 옳지 못하다. 우유를 떠나서 또 다른 어떤 사물이 있어서 그것이 야쿠르트로 변하겠는가? 이렇게 생각을 전개해 보니 같은 존재가 변하는 것도 아니고 다른 존재가 변하는 것도 아니지 않느냐? 그러므로 외곬으로 고집을 피우지 말지어다.

【문】 같다는 측면과 다르다는 측면이 모두 논파된다면 오히려 '공이란 존재'는 있다. 다시 말해 공은 존재한다.

【답】

8) 若有不空法 則應有空法 實無不空法 何得有空法
만일 공하지 아니한 존재가 있다면 응당 공한 존재가 있어야 한다. 실제 공하지 아니한 존재가 없는데 어떻게 공한 존재가 있을 수 있겠는가?

7) yadyaśūnyaṃ bhavetkiṃ citsyācchūnyamiti kiṃ cana/
na kiṃ cidastyaśūnyaṃ ca kutaḥ śūnyaṃ bhaviṣyati//[14)]
만일 공하지 아니한 그 무엇이 존재한다면 공한 그 무엇이 존재

다르게. *bhāvaḥ: (m. Sg. nom.) 존재, 사물. *kşiram)〉 kṣīra: (n. Sg. nom.) 우유. *eva: 실로. *bhaved〉 bhavet〉 √bhū: (opt.) ~되리라, 이리라. *dadhi: (n. Sg. nom.) coagulated milk, 야쿠르트. *kṣīrād〉 kṣīrāt〉 kṣīra: (n. Sg. abl.) 우유. *anyasya〉 anya: (a. gen.) 다른. *kasya〉 kim: (의문대명사, gen. Sg.) 어떤. *cid〉 cit: ~ 것. *kasya cit: 어떤 것. *dadhi: 上同. *bhāvo〉 bhāvaḥ: (m. Sg. nom.) 존재, 사물. *bhaviṣyati〉 √bhū: (미래) 될 것이다, ~ 일 것이다.

> 하리라. 그런데 공하지 아니한 그 무엇이 존재하지 않는데 어떻게 공이 존재하겠는가?

만일 공하지 아니한 존재가 있다면 그에 상대되는 공한 존재가 있어야 하겠지만 앞에서 여러 가지 인연으로 공하지 아니한 존재를 논파하였다. 그래서 공하지 아니한 존재가 없기 때문에 그에 상대되는 것도 없게 된다. 상대되는 것이 없는데 어떻게 공한 존재가 있겠는가?

【문】 그대는 '공(空)하지 아니한 존재가 없으므로 공한 존재도 역시 없다.'고 말하였다. 만일 그렇다면 이것이 바로 공을 설한 말인데 [공은] 상대되는 것이 없을 뿐이기 때문에 그것에 집착하는 것도 있어서는 안 된다. [다시 말해서] 만일 [공이] 대상적인 것이라면 그 상대[= 불공(不空)]가 있어야 한다. [그렇다면 앞에서의 설명대로 논리에 모순되니 옳지 못하다.] 반대로 대상적인 것이 아니라면 그 상대되는 것도 없게 되고 상대되는 것이 없으므로 그 모습[相]도 없으며 그 모습이 없기 때문에 그것에 대한 집착도 없는 것이다. 이것이 바로 공에 대한 설명이다.

【답】

> 9) 大聖說空法 爲離諸見故 若復見有空 諸佛所不化
> 위대한 성인께서는 갖가지 견해에서 벗어나게 하시려고 공의 진리를 말씀하셨다. 그러나 만일 공이 있다는 견해를 다시 갖는다

---

14) (13 -7) *yadi: 만일. *aśūnyam〉 a(부정의 뜻) + śūnya(空) + m: 空하지 않은. *bhavet〉 √bhū: (opt. Sg. Ⅲ.) would be. *kim cit: anything, 그 무엇. *syac〉 syat〉 √as : (opt. Sg. Ⅲ) ~ 이리라. *chūnyam〉 śūnyam: 空. *iti: ~라고. *kim cana: 그 무엇. *na: ~아니다. *kim cid〉 kim cit: 上同. *asty〉 asti〉 √as: (현재, Sg. Ⅲ) ~이 있다. *aśūnyam: 上同. *ca : 그리고, 그런데 . *kutaḥ〉 kutas: (ind.) how, 누구로부터. *śūnyam: 상동. *bhaviṣyati〉 √bhū: (미래) ~ 될 것이다. ~ 일 것이다.

면 어떤 부처님도 [그런 자는] 교화하지 못하신다.15)
8) śūnyatā sarvadṛṣṭīnāṃ proktā niḥsaraṇaṃ jinaiḥ/
yeṣāṃ tu śūnyatādṛṣṭistānasādhyān babhāṣire//16)
공성이란 일체의 견해(見解)에서 벗어나는 것이라고 여러 승자(勝者)17)들에 의해 교시되었다. 그러나 공성의 견해를 가진 사람들은 구제불능이라고 말씀하셨다.

위대한 성인께서는 육십이 가지 삿된 견해들18)과 무명, 갈애(渴愛) 등

15) 이는 空을 取하여 이해한 惡取空의 폐해를 설명한 게송이다. 『大智度論』(대정25, pp. 193c-194a.)에서도 이런 폐해에 대해 邪見人[= 惡取空者]과 觀空人[= 空을 올 바로 이해한 者]의 예를 들어 다음과 같이 보다 구체적으로 해설하고 있다.

사견인(邪見人)	관공인(觀空人)
① 모든 법을 파해서 공이 되게 함. ② 모든 법이 다 공하여 없다고 말하며 모든 법의 공상(空相)을 취해서 희론(戱論)한다. ③ 비록 입으로는 일체가 공하다고 말하지만, 욕심이 날 때는 욕심을 내고 화가 날 때는 화를 내고 … 뽐내고 … 어리석고 스스로 기만한다. ④ 금세에 폐악인(弊惡人)이 되고 후세에는 지옥에 떨어진다. ⑤ 공공(空空)삼매가 없다.	① 모든 법이 원래 진공(眞空)이라 불파불괴)不破不壞한 것임을 안다. ② 모든 법이 공함은 알지만 그 상(相)을 취하지도 않고 희론하지도 않는다. ③ 공을 참되게 알아 마음에 동요가 없고 어떤 번뇌도 생기지 않는다. 허공이 불에 타지 않고 비에 젖지 않는 것과 같다. ④ 금세에는 명예를 날리고 후세에는 부처가 된다. ⑤ 공공삼매가 있다.

16) (13-8) *sūnyatā: (f. Sg. nom.) 공성. *sarva: (a.) 모든, 일체의. *dṛṣṭīnām> dṛṣṭi: (f. Pl. gen.) 견해, 見. *proktā> pra√vac: (p.p.p. Pl. nom.) explain, teach. *niḥsaraṇam: (n. Sg. nom.) 퇴출. *jinaiḥ> jina: (a. Pl. ins.) 勝者. *yeṣām> yad: (관계대명사, m. Pl. gen.) ~인 사람들의, ~인 사람들에 있어서. *tu: 그러나. *śūnyatā: 上同. *dṛṣṭis> dṛṣṭiḥ: (f. Sg. nom.) 見解. 見. *tān> tad: (지시대명사, m. Pl. acc.) 그들. *asādhyān> asādhya: (a. Pl. acc.) 不可治, 구제불능의. *babhāṣire> √bhās: (ātm. 완료, Pl.) 말하다.
17) 부처님의 別號. Jaina교에서도 그 교주 마하비라를 부를 때 쓰는 호칭이다.
18) 62견: 緣起의 實相에 대한 無知로 인해 外道들이 형이상학적 문제에 대해 갖는 62가

모든 번뇌들을 타파하기 위해 공을 말씀하신 것이다. 그러나 만일 어떤 사람이 그런 공을 또 다른 견해로써 갖게 되면 이 사람은 교화가 불가능하다.

비유하여 말한다면 병이 들었을 때 그 병에 따라 약을 복용하면 치료할 수가 있는데 그 약으로 다시 병이 생긴다면 더이상 치료할 수 없는 것과 같다. 또 장작에 불이 붙었을 때는 물을 뿌리면 끌 수 있지만, 물에 불이 났으면 도대체 무엇으로 그 불을 끌 수 있겠는가? 공도 바로 이 물과 같아서 능히 온갖 번뇌의 불길을 끌 수가 있는 것이다.

그러나 어떤 사람은 죄가 막중하고 탐내고 집착하는 마음이 깊으며 그 지혜가 우둔해서 공에 대해 견해를 갖게 되어 혹은 공이 있다고 말하기도 하고, 혹은 공이 없다고 말한다. 그러나 그렇게 '있다'거나 '없다'는 생각이 다시 번뇌를 야기한다. 이런 사람을 공으로 교화시키려고 하면, 이 사람은 '나는 그런 공을 오래전부터 알고 있었다. 만일 이 공을 떠난다면 열반의 길도 없다. 경전에서는 공(空), 무상(無相), 무작문(無作門)[19]을 떠나서 해탈을 얻는 사람이 있다면 그것은 다만 말뿐이라고 설한다.'[20]라고 지껄인다.

지 견해로 常在論(4), 一分常在論(4), 邊無邊論(4), 詭辯論(4), 無因論(2), 死後論(32), 斷滅論(7), 現在涅槃論(5)으로 분류할 수 있다(『梵網六十二見經』 및 『梵動經』, 제27 관사견품 제21게 각주 참조).

19) 三解脫門.

20) 『靑目疏』만으로는 이 문장 중 어디까지가 惡取空者의 말인지 분명하지 않지만 『월칭소』에서 空, 無相, 無願의 三解脫門에 대해 질문자가 강변하는 것으로 되어있기에 역자는 위와 같이 문장을 꿇었다.

제14 관합품(觀合品, 8게)
결합에 대한 관찰
saṃsaragaparīikṣā nāma caturdaśamaṃ prakaraṇam
결합의 검토라는 이름의 제14장(8게)

앞에서, 즉 감각기관을 논파하는 품[1]에서 '보는 작용'과 '보이는 대상'과 '보는 주체'가 모두 성립하지 않음을 설명했다. 그런데 이 세 가지는 서로 별개의 존재가 아니기 때문에 결합될 수도 없다. 이렇게 결합이 없다는 이치를 지금 설명하겠다.

【문】 어째서 '보는 작용' 등의 세 가지에 결합이 없는 것인가?

【답】

1) 見可見見者 是三各異方 如是三法異 終無有合時
'보는 작용', '보이는 대상', '보는 자' 이 셋은 서로 다른 데 있다.
이처럼 셋이 다르니 끝내 합하는 때가 없다.

1) draṣṭavyaṃ darśanaṃ draṣṭā trīṇyetāni dviśo dviśaḥ/
sarvaśaśca na saṃsargamanyonyena vrajantyuta//[2]
'보이는 대상', '보는 작용', '보는 자' 이 삼자(三者)는 두 개씩
두 개씩이건 한꺼번에건 서로 결합한 상태로 되지 않는다.

'보는 작용'은 감각기관인 눈이다. '보이는 대상'은 형상을 갖는 대상이다.

---

1) 제3 관육정품.

2) (14-1) *draṣṭayam〉 draṣṭaya〉 √dṛś: (미래수동분사, n. Sg. nom.) 보여 질 것, 보이는 대상. *darśanam: (a. n. Sg. nom.) 보는, 봄. *draṣṭā〉 draṣṭṛ: (m. Sg. nom.) 보는 자. *trīṇy〉 tri: (n. Pl. nom.) 셋. *etāni〉 etad: (지시대명사, n. Pl. nom.) 이것. *dviś o〉 dviśas: 두 개씩. *sarvaśas: (ind.) 전체로, 완전히. *ca: 그리고. *na ~ 아니다.

'보는 자'는 바로 나다. 이 세 가지는 서로 다른 곳에 존재하니 끝내 합하는 때가 없다. 다른 곳이란 말을 설명해 보자. 눈은 몸 가운데 붙어 있고 [대상인] 형상은 몸 바깥에 있으며 나는 몸속에 있다고도 하고 모든 곳에 두루 퍼져 있다[3]고도 한다. 그러므로 [이 세 가지가] 결합함은 없다.

또 만일 '본다는 사실'이 존재한다면 [세 가지가] 합쳐서 보는 것이겠는가 아니면 합치지 않고서 보는 것이겠는가? 이 둘 모두 옳지 못하다. 왜 그런가? 만일 합쳐서 보는 것이라면 대상이 존재하는 장소에 감각기관도 존재하고 나도 존재해야 하리라. 그러나 이럴 수는 없다. 그러므로 합쳐서 보는 것이 아니다. 반대로 합치지 않고서 보는 것이라면 감각기관과 나와 대상이 서로 다른 곳에 존재해도 보게 돼야 할 텐데 실은 그 경우 보지 못한다. 왜 그런가? 이곳에 존재하는 시각기관은 먼 곳에 있는 항아리를 보지 못하기 때문이다. 그러므로 [합치건 합치지 않건] 두 경우 모두 보지 못한다.

【문】 나[我]와 의지[意]와 감각기관[根]과 대상[塵], 이 네 가지가 합치기 때문에 지각이 생겨서 능히 항아리나, 옷가지 등 만물을 지각할 수 있다. 그러므로 '보는 작용'과 '보이는 대상'과 '보는 자'라는 세 가지는 존재한다.

【답】 이 점에 대해서는 감각기관을 논하는 품(品)[4]에서 이미 논파하였지만 지금 다시 설명해 보겠다. 그대는 [我, 意, 根, 塵이라는] 네 가지가 합하기 때문에 지각이 생긴다고 했는데 이 지각은 항아리나 옷가지 등의 사물을 보고 나서 생기는 것이냐 아니면 아직 보지 않은 상태에서 생기는 것이냐? 만일 보고 나서 생기는 것이라면 지각은 쓸모없게 된다.[5] 반대로 아직 보지

*saṃsargam〉 saṃsarga: (m. Sg. acc.) ~과의 결합. *anyonyena〉 anyonya: (a.) mutual, 서로. *vrajanty〉 vrajanti〉 √vraj: (Pl. Ⅲ) 행하다, 나아가다. *uta: 문장 끝의 iti나 동사의 뒤에서 강조의 뜻.

3) 범아일여(梵我一如) 사상을 말한다.
4) 제3 관육정품.
5) 이런 논리는 1-8, 4-4, 7-14, 7-18, 10-11에도 등장한다.

않은 상태에서 생기는 것이라면 이때는 아직 합쳐지지도 않았는데 어떻게 지각이 생기는 일이 있겠는가?

또 만일 네 가지가 동시에 합쳐져서 지각이 생기는 것이라면 이 역시 옳지 못하다. 만일 동시에 생긴다면 서로 의존하지 않는 꼴이 된다. 왜 그런가? 먼저 항아리가 존재하고 그다음에 그것을 보며 그리고 나서 지각이 생기는 법인데 동시에 생긴다면 전후 관계가 파괴된다. 이렇게 지각이 없기 때문에 '보는 작용'이나 '보이는 대상', '보는 자'도 역시 존재하지 않는다.

지금까지 설명했듯이 모든 존재는 허깨비와 같고 꿈과 같아 그 확고한 실체[定相]가 없다. 그런데 어떻게 합할 수 있겠는가? 합함이 없기 때문에 공(空)하다.

다시 설명해 보자.

> 2) 染與於可染 染者亦復然 餘入餘煩惱 皆亦復如是
> '탐욕'과 '탐욕의 대상'과 '탐욕을 내는 자'도 역시 그러하며 나머지 지각영역[入處]과 나머지 번뇌도 모두 역시 그와 같다.
>
> 2) evaṃ rāgaśca raktaśca rañjanīyaṃ ca dṛśyatāṃ/
> traidhena śeṣāḥ kleśāśca śeṣāṇyāyatanāni ca//[6)]
> 이와 마찬가지로 '탐욕'과 '탐욕을 내는 자'와 '탐욕의 대상'이 관찰되어야 하며 여타의 번뇌와 여타의 입처(入處)들도 세 가지로 … [관찰되어야 한다].

6) (14-2) *evam: 이와 같이, thus, in this way. *rāgaś> rāgaḥ: (m. Sg. nom.) 오염, 애욕, 탐욕. *ca: 그리고. *raktaś> raktaḥ: (p.p.p. m. Sg. nom.) 탐욕을 내는 者. *ca: 上同. *rañjanīyam> rañjanīya(미래수동, n. nom.)> √raj 또는 √rañj: 욕구될 것. *ca: 上同. *dṛśyatām> √drś: (ātm. 명령.) 관찰하다. *traidhena> traidha: (a. ins.) 三種의. *śeṣāḥ> śeṣa: (a. m. Pl. nom.) 餘他의 것, 나머지의 것. *kleśaś> kleśa: (m. Pl. nom.) 번뇌, 結使. *ca: 상동. *śeṣāny> śeṣāni> sesa: (a. n. Pl. nom.) 餘他의 것. *āyatanāni> āyatana: (n. Pl. acc.) 處, 영역, 쉬는 곳, 자리, 집. *ca: 그리고.

'보는 작용'과 '보이는 대상'과 '보는 자'의 경우에 합함이 없었기 때문에 '탐욕'과 '탐욕의 대상'과 '탐욕을 내는 자'도 역시 합함이 없어야 한다.[7] 그리고 '보는 작용'과 '보이는 대상'과 '보는 자'의 세 가지 존재를 설명했던 것과 똑같이 '듣는 작용'과 '들리는 대상'과 '듣는 자'도, 또 나머지 다른 지각영역[= 入處]도 설명된다. '탐욕'과 '탐욕의 대상'과 '탐욕을 내는 자'를 설명했던 것과 똑같이 '화[嗔]'와 '화의 대상'과 '화내는 자'도, 또 나머지 다른 번뇌들도 설명된다.

다시 설명해 보자.

> 3) 異法當有合 見等無有異 異相不成故 見等云何合
> 서로 다른 존재라면 마땅히 합하겠지만 '보는 작용' 등은 서로 전혀 다른 것이 아니다. 서로 다른 상(相)이 성립하지 않는데 '보는 작용' 등[의 세 가지 것]이 어떻게 합하겠는가?
> 3) anyenānyasya saṃsargastaccānyatvaṃ na vidyate/
> draṣṭavyaprabhṛtīnāṃ yanna saṃsargaṃ vrajantyataḥ//[8]
> [서로 전혀] 다른 것이 다른 것과 결합하는 것이다. 그런데 '보이는 대상' 등[의 세 가지]는 서로 다름이 존재하지 않는다. 그러므로 그것은 결합에 이르지 못한다.

무릇 모든 사물은 서로 다르기 때문에 합하게 된다. 그러나 '보는 작용' 등[의 세 가지]은 서로 다른 상(相)이 있을 수 없다. 그러므로 합함은 없다.

---

7) 제6 관염염자품 참조.
8) (14-3) *anyena〉 anya: (a. ins.) 다른. *anyasya〉 anya: (a. gen.) 다른. *saṃsargas〉 saṃsarga: (m. Sg. nom.) ~과의 결합. *tac〉 tat〉 tad: (지시대명사, n. nom.) 그것. *ca: 그리고. *anyatvam〉 anyatya: (a. n. Sg. nom.) 別異性. *na: ~ 아니다. *vidyate〉 √vid: 존재하다. *draṣṭavya〉 √dṛś: (미래수동분사) 보여질 것, 보이는 대상. *prabhṛtīnām〉 prabhṛti: (f. Pl. gen.) ~등. *yan〉 yat〉 yad: (관계대명사) what, which. *na: ~ 아니다. *saṃsargam: (acc.) 上同. *vrajanty〉 vrajanti〉 √vraj: 행하다, 나아가다. *ataḥ〉 atas: 그러므로.

다시 설명해 보자.

> 4) 非但見等法 異相不可得 所有一切法 皆亦無異相
> 단지 '보는 작용' 등의 존재만 서로 다른 상(相)이 있을 수 없는 것이 아니라 존재하는 모든 사물 역시 다른 상(相)이 없다.
> 4) na ca kevalamanyatvaṃ draṣṭavyāderna vidyate/
> kasya citkena citsārdhaṃ nānyatvamupapadyate//[9]
> 비단 '보이는 대상' 따위에 있어서 서로 다름이 존재하지 않는 것이 아니라 그 어떤 것에 있어서도 그 어떤 것과도 공(共)히 서로 다름이 성립하지 않는다.

단지 '보는 작용', '보이는 대상', '보는 자' 등 세 가지만 서로 다른 상이 있을 수 없는 것이 아니라 모든 존재도 역시 서로 다른 상이 없다.

【문】 어째서 서로 다른 상이 없는가?

【답】

> 5) 異因異有異 異離異無異 若法從因出 是法不異因
> 다른 것은 다른 것으로 인해 다르다. 다른 것이 다른 것을 떠나면 다름이 없다. 만일 어떤 존재가 어떤 원인에서 나오는 것이라면 이 존재는 그 원인과 다르지 않다.
> 5) anyadanyatpratītyānyannānyadanyadṛte 'nyataḥ/
> yatpratītya ca yattasmāttadanyannopapadyate//[10]

9) (14-4) *na: ~ 아니다. *ca: 그리고. *kevalam: (ind.) 오직, ~뿐. *anyatvam: (n. Sg. nom.) 別異性. *draṣṭavyāder〉 draṣṭavya〉 √dṛś: (미래수동) + ādi(따위) + eḥ(Sg. gen.): 보이는 대상 따위의. *na:上同. *vidyate〉 √vid: 존재하다. *kasya cit〉kim cit: (부정칭, gen.) 그 무엇. *kena cit〉 kim cit: (부정칭, ins.) 그 무엇. *sārdham〉 sārdha: (a.) 함께, 共히. *na: 上同. *anyatvam: 상동. *upapadyate〉 upa√pad: (수동태) 성립하다.

> 다른 것은 다른 것을 연(緣)하여 다른 것이다. 다른 것이 다른 것을 떠나서 다른 것은 아니다. 어떤 것이 또 어떤 것을 연(緣)할 때 그것과 그것이 다름은 성립하지 않는다.

그대가 말하는 바 다른 것, 그런 다른 것은 다른 존재로 인해 다르다고 말한다. 다른 존재를 떠나면 다르다고 말하지 못한다. [그렇지만 원인과 결과는 그렇게 다른 것이 아니다.] 왜 그런가? 만일 [결과로서의] 어떤 사물이 [그 원인인] 여러 가지 인연에서 생기는 것이라면 그 사물은 그 인연과 다르지 않기에 인연이 무너지면 결과도 무너지기 때문이다. 예를 들어 대들보와 서까래 등을 인연으로 집이 있게 되는 경우 그 집은 대들보와 서까래 등과 다르지 않기에 대들보와 서까래가 무너지면 집도 역시 무너지는 것과 같다.

【문】 만일 서로 완전히 다른 사물이 있다면 무슨 허물이 있겠는가?

【답】

> 6) 若離從異異 應餘異有異 離從異無異 是故無有異
> 만일 [이쪽이 저쪽의] 다른 것을 떠나서 다르다면 응당 [저쪽의] 상대되는 다른 것은 [이쪽과 상관없이] 다름이 있으리라. 그러나 다른 것을 떠나서는 다름이 없다. 그러므로 다름은 없다.
> 6) yadyanyadanyadanyasmādanyasmādapyṛte bhavet/
> tadanyadanyadanyasmādṛte nāsti ca nāstyataḥ//11)

10) (14-5) *anyad: (n. Sg. nom.) 다른 것. *anyad ~anyad: the one ~ the other. *anyat〉 anyad: (n. Sg. nom.) 다른 것. *pratītya: ~을 緣하여. *anyan〉 anyad: 상동. *na: ~ 아니다. *anyad: 上同. *ṛte: ~을 떠나서. *anyataḥ〉 anyatas: 나머지. *yat〉 yad: (관계대명사, n. Sg. nom.) which, what. *pratītya: 上同. *ca: 그리고. *yat: 上同. *tasmāt〉 tad: (abl.) 그것. *anyan: 上同. *na: 上同. *upapadyate〉 upa/pad: (수동태) 성립하다.

만일 어느 한쪽과 다른 한쪽이 서로 다르다면 상대방 없이도 그러하리라. 그 어느 한쪽과 다른 한쪽은 서로 상대방 없이 존재하는 것이 아니다. 그러므로 존재하지 않는다.

만일 [그것과] 다른 것과 상관없이 다른 [고유의 특성을 지닌] 사물이 [독립적으로] 존재한다면 응당 [상대되는] 다른 것[= 타자]과도 상관없이 [그렇게 독립적인] 다른 사물이 존재해야 하리라. 그러나 다른 것과 상관없이 [고유의 특성을 지닌] 다른 사물은 [독립적으로] 존재하지 않는다. 그러므로 상대되는 다른 것[이라는 개념]도 성립하지 않는다. 예를 들면 '다섯 손가락'의 다름과 상관없는 '주먹'의 다름이 [독립적으로] 있다면 그 주먹의 다름은 응당 [그 밖의 여러 가지 다른 것들인] 항아리 등과 달라야 하겠으나 실제로 '다섯 손가락'의 다름을 떠나서는 주먹의 다름이 존재할 수 없다. 그러므로 [실체가 없는] 그런 주먹의 다름은 항아리 등의 다름과 다른 존재가 아니다.12)

【문】 우리 학파의 소의경전에서는 다른 상은 여러 인연에서 생기는 것이 아니라 '전체적인 상[總相]'을 파악하여 '다른 상[異相]'이 있게 되고 그 다른 상으로 인하여 다른 존재가 있게 되는 것이라고 설한다.

---

11) (14-6) *yady〉 yadi: 만일. *anyad: (n. Sg. nom.) 다른 것. *anyad ~anyad: the one ~the other. *anyasmād〉 anyasmāt〉 anya: (a. abl.) 다른. *apy〉api: ~도. *ṛte: ~없이, ~을 떠나서. *bhavet〉 √bhū: (opt.) ~이 되리라, ~ 이리라. *tad〉 tat〉 tad: (지시대명사, n. Sg. nom.) 그것. *anyadanyad: 上同. *anyasmād: 上同. *ṛte:上同. *na: ~이 아니다. *asti〉 √as: (Sg. Ⅲ) ~이다. *ca: 그리고. *na: 上同. *asti: 上同. *ataḥ〉 atas: 그러므로.

12) 우리 눈에 잡다한 사물들의 다양성이 눈에 보인다. 컵과 화초와 하늘과 사람이 모두 다르다고 느낀다. 그러나 A가 B와 다르다고 하려면 A라는 것이 확고하게 존재해야 한다. 그러나 A는 因緣所生의 존재이기에 확고하게 존재하지 않으니 B와 다르다는 말을 할 수 없다.

【답】

> 7) 異中無異相 不異中亦無 無有異相故 則無此彼異
> 다른 것에는 다른 상(相)은 없으며 다르지 않은 것에도 역시 없다. 다른 상이 존재하지 않으므로 이것과 저것의 다름도 없다.
> 7) nānyasmin vidyate 'nyatvamananyasmin na vidyate/
> avidyamāne cānyatve nāstyanyadvā tadeva vā//13)
> 다르다는 성품은 다른 것에 존재하는 것이 아니며 다르지 않은 것에 존재하는 것이 아니다. 다르다는 성품이 존재하지 않는다면 다른 것이건 같은 것이건 존재하지 않는다.

그대는 '[사물의] 전체적인 상을 파악하니 [여러 사물들이] 서로 다른 상이 있게 되고 그 다른 상[異相]으로 인하여 다른 존재가 있게 되는 것'이라고 말하였는데 이렇다면 다른 상은 여러 인연에서 생긴다는 말이 된다. 또, 존재도 여러 인연에서 비롯된다는 말이 된다. 왜냐하면, 다른 상이란 것은 다른 존재를 떠나서는 있을 수 없기 때문이다. 다른 상은 다른 존재로 인하여 있는 것이지 홀로 성립될 수는 없다. 그런데 지금 얘기하는 다른 존재에는 다른 상이 없다. 왜 그런가? 미리 다른 존재가 있었는데 다른 상은 무슨 소용이 있겠는가?14)

---

13) (14-7) *na: ~ 이 아니다. *anyasmin〉 anya: (a. m. loc. tad형 변화) 다른 것. *vidyate〉 √vid: (수동태) 존재하다. *anyatvam〉 anyatva: (n. Sg. nom.) 별이성. *ananyasmin〉 an(부정의 뜻) + anyasmin(上同): 다르지 않은 것. *na: 上同. *vidyate: 상동. *avidyamāne〉 a(부정의 뜻) + vidyamāna〉 (√vid의 수동, 현재분사, loc.): 지금 존재하는 중이 아니라면. *ca: 그리고. *anyatve〉 anyatva: (n. Sg. loc.) 별이성. *na: 상동. *asty〉 asti〉 √as: (Sg. Ⅲ) ~이다. *anyad: (n. Sg. nom.) 다른 것. *va: 또는. *tad〉 tat〉 tad: (지시대명사, n. nom.) 그것. *eva: 실로. *tad eva: 바로 그것, 동일한 것. *vā: 上同.

14) 다르다는 것이 他者를 因하여 다르다는 판단이 생길 수 있는 것이라면 因하기 이전에 他者가 성립되어 있어야 하고 다름 자체도 이미 성립되어 있어야 하므로 새삼 다시 因하여 다름이 성립할 필요가 없다는 말(이런 논리 는 1-8, 4-4, 7-14, 7- 18, 10-11, 14-1

다르지 않은 존재에도 역시 다른 상은 없다. 왜 그런가? 만일 다른 상이 다르지 않은 상(相) 중에 있다면 다르지 않은 존재라고 부르지 못하기 때문이다. 그래서 만일 이렇게 두 가지 경우 모두 다른 상이 없다면 다른 상은 어디에도 없는 것이다. 다른 상이 없기 때문에 이것이나 저것이라는 법도 역시 없다.

또, 다른 존재가 없기 때문에 결합도 역시 없다.

8) 是法不自合 異法亦不合 合者及合時 合法亦皆無
동일한 존재는 스스로 결합하지 않는다. 다른 존재도 역시 결합하지 않는다. 결합하는 놈과 결합하는 순간과 결합하는 존재도 역시 전혀 존재하지 않는다.

8) na tena tasya saṃsargo nānyenānyasya yujyate/
saṃsṛjyamānaṃ saṃsṛṣṭaṃ saṃsraṣṭā ca na vidyate//15)
동일한 것이 동일한 것과 결합하는 것도, 또 다른 것이 다른 것과 결합하는 것도 타당하지 않다. 또 지금 결합되고 있는 중인 것, 이미 결합된 것, 결합하는 놈 모두 존재하지 않는다.

동일한 존재는 자기 자신과 결합하지 못한다. 왜냐하면, 하나뿐이기 때문이다. 이는 마치 손가락 하나가 스스로에 합할 수 없는 것과 같다. 다른 존재도 역시 결합하지 못한다. 왜냐하면, 다르기 때문인데 사물이 이미 서로 다른 상태로 성립됐으니 결합할 필요가 없다. 이렇게 생각해 보니 어떤 존재가 결

장행에도 등장한다.).

15) (14-8) *na: ~아니다. *tena〉 tad: (지시대명사, ins.) 그것, 같은 것. *tasya〉 tad: (지시대명사, gen.) 그것, 같은 것. *saṃsargo〉 samsarga: (m. Sg. nom.) ~과의 결합. *na: ~아니다. *anyena〉 anya: (a. m. ins.) 다른 것. *anyasya〉 anya: (a. m. gen.) 다른.*yujyate〉 √yuj: 타당하다. *saṃsṛjyamāna〉 saṃ√sṛj + ya(수동) + māna(현재분사, Ⅲ.): 지금 결합하고 있 는 중인 것. *saṃsṛṣṭam〉 sam√sṛj: (a.) 결합된 것. *saṃ sraṣṭā〉 saṃsraṣṭṛ: (m. nom.) 가담자, 결합된 자. *ca: 그리고. *na: ~ 아니다. *vidyate〉 √vid: 존재하다.

합한다는 일은 있을 수 없다. 그러므로 '결합하는 놈' 이나 '결합하는 순간'이나 '결합하는 존재' 모두 있을 수 없다고 설하는 것이다.

제15 관유무품(觀有無品, 11게)
유(有)와 무(無)에 대한 관찰

svabhāvaparīikṣā nāma pañcadaśamaṃ prakaraṇam
자성(自性)의 검토라는 이름의 제15장(11게)

【문】 모든 존재는 각각 그 자성[= 실체]을 갖고 있다. 왜냐하면 그 성질[力用]이 있기 때문이다. 항아리는 항아리의 자성(自性)이 있고 옷감은 옷감으로서의 자성이 있다. 이런 자성은 여러 가지 인연이 합쳐질 때 곧바로 나타나는 것이다.

【답】

> 1) 衆緣中有性 是事則不然 性從衆緣出 卽名爲作法
> 여러 인연 가운데 그 자성이 있다면 이것은 옳지 못하다. 자성이 여러 인연에서 나온다면 지어진 존재라고 말해야 한다.
> 1) na saṃbhavaḥ svabhāvasya yuktaḥ pratyayahetubhiḥ/
> hetupratyayasaṃbhūtaḥ svabhāvaḥ kṛtako bhavet//1)
> 자성이 여러 인(因)과 연(緣)에 의해 생한다는 것은 타당하지 않다. 인과 연이 모여 생기는 자성은 작위(作爲)된 것이 되리라.

만일 모든 존재가 그 자성이 있다면 여러 가지 인연에서 나타나지 말아야

---

1) (15-1) *na: ~ 아니다. *saṃbhavaḥ: (m. Sg. nom.) 출현, production, origin. *svabhāvasya> svabhāva: (m. Sg. gen.) 자성. *yuktaḥ> yukta> √yuj: (p.p.p. m. Sg. nom.) 타당한. *pratyayahetubhiḥ> pratyaya + hetu + bhiḥ(Pl. ins.): 인과 연에 의해. *pratyaya: (m.) 緣, 토대, basis. *hetu: (m.) 因. *hetupratyaya: 因과 緣. *saṃbhūtaḥ> saṃbhūta> saṃ√bhū: (p.p.p. m. Sg. nom.) 산출, 생산. *svabhāvaḥ: (m.Sg.nom.) 자성. *kṛtako> kṛtaka: (a. m. Sg. nom.) 조작된, 인공의, 작위된. *bhavet> √bhū: (opt.) ~이 되리라.

하리라. 왜 그런가? 만일 여러 가지 인연에서 나온다면 이것은 지어진 존재가 되고 따라서 그 정해진 자성이 없기 때문이다.

【문】 만일 모든 존재의 자성이 여러 가지 인연에서 지어진 것이라고 말하면 무슨 잘못이 있겠는가?

【답】

> 2) 性若是作者 云何有此義 性名爲無作 不待異法成
> 자성이 만일 만들어진 것이라면 어떻게 그런 이치가 있겠는가? 자성이란 지어지지 않고 다른 존재에 의존하지 않고 성립된 것을 일컫는다.
> 2) svabhāvaḥ kṛtako nāma bhaviṣyati punaḥ kathaṃ/
> akṛtrimaḥ svabhāvo hi nirapekṣaḥ paratra ca//2)
> 더욱이 어째서 그야말로 자성이 만들어진 것이겠는가? 왜냐하면 자성이란 만들어진 것이 아니며 또 다른 것에 의존한 것이 아니기 때문이다.

예를 들어 금이 구리와 섞이면 순금이 안 되듯이 [순금과 같이] 자성이 존재한다면 [구리와 같은 불순물인] 다른 여러 인연이 필요없[을 것이]다. [이렇듯이] 만일 여러 인연에서 생겨나는 것이라면 순수한 자성이 없는 것임을 알지어다. 또 만일 자성이 결정되어 있다면 '길고 짧음'이나 '이것과 저것'이라는 개념이 그 고정된 자성이 없으므로 서로 상대방에 의존해 존재하는 경

---

2) (15-2) *svabhāvaḥ: (m. Sg. nom.) 자성. *kṛtako> kṛtakaḥ: (a. m. Sg. nom.) 조작된, 인공의, 작위된. *nāma: (ind.) indeed, certainly, 그야말로. *bhaviṣyati> √bhū: (미래, Ⅲ) ~이 되다. *punaḥ: again.*katham: 어떻게. *akṛtrimaḥ: (a. Sg. nom.) 지어지지 않은, 非作. *svabhāvo> svabhāvaḥ: (m. Sg. nom.) 자성. *hi: 왜냐하면. *nira pekṣaḥ> nir(부정의 뜻) + apekṣa: (nom.) ~에 의존하지 않은 것. *paratra: (ind.) elsewhere, 다른 것에. *ca: 그리고.

우와는 달리 다른 것에 의존하여 생겨나지 않아야 하리라.

【문】 만일 모든 존재가 그 자성이 없다면 응당 타성(他性)은 있으리라.
【답】

> 3) 法若無自性 云何有他性 自性於他性 亦名爲他性
> 존재가 그 자성이 없다면 어떻게 타성(他性)이 있겠는가? 타성에 있어서 자성은 역시 타성이라고 부른다.[3]
> 3) kutaḥ svabhāvasyābhāve parabhāvo bhaviṣyati/
> svabhāvaḥ parabhāvasya parabhāvo hi kathyate//[4]
> 자성이 없다면 어떻게 타성이 있겠는가? 왜냐하면, 다른 존재의 자성은 타성이라고 불리기 때문이다.

모든 존재의 자성은 여러 가지 인연이 짓는 것이기에, 또 서로 의존해서 성립하는 것이기에 자성이 없다. 만일 그렇다면 타성이란 것도 그 다른 존재에 있어서는 자성이 되고 이 역시 여러 가지 인연에서 생하고 서로 의존해 있기에 역시 존재하지 않는다. 이렇게 존재하지 않는데 어떻게 모든 존재가 타성에서 생긴다고 말할 수 있겠는가? 왜냐하면 [타성 자체의 입장에서 보면] 타성도 역시 자성과 같기 때문이다.

【문】 만일 자성과 타성을 떠나서 모든 존재가 있는 것이라면 어떤 허물이 있겠는가?

---

3) 제12 관고품 제7게 참조.
4) (15-3) *kutaḥ〉 kutas: (ind.) from what, 어떻게. *svabhāvasya〉 svabhāva: (m. Sg. gen.) 自性. *abhāve〉 a(부정의 뜻) + bhāva: (m. Sg. loc.) 존재하지 않는 때에. *parabhāvo〉 parabhāva: (m. Sg. nom.) 他性, 다른 성품. *bhaviṣyati〉 √bhū: (미래, Sg. Ⅲ) 존재하다. *svabhāvaḥ: (m. Sg. nom.) 상동. *parabhāvasya: (m. Sg. gen.) 상동. *parabhāvo: 상동. *hi: 왜냐하면. *kathyate〉 √kath: (수동태, Sg. Ⅲ) ~와 대화하다, 말하다.

【답】

4) 離自性他性 何得更有法 若有自他性 諸法則得性
자성과 타성을 떠나서 어떻게 다시 사물이 있을 수 있겠는가? 만일 자성과 타성이 존재한다면 모든 사물은 그 자성이 있을 수 있다.

4) svabhāvaparabhāvābhyāmṛte bhāvaḥ kutaḥ punaḥ/
svabhāve prabhāve vā sati bhāvo hi sidhyati//[5]
더욱이 자성과 타성의 양자를 떠나서 사물이 어떻게 존재하겠는가? 왜냐하면, 자성이나 타성이 존재할 때에 [비로소] 사물이 성립하기 때문이다.

그대는 자성과 타성을 떠나서 사물이 존재한다고 하나 이것은 옳지 못하다. 만일 자성과 타성을 떠난다면 사물은 존재하지 않는다. 왜 그런가? 자성과 타성이 존재해야 사물이 성립된다. 예를 들어 항아리 그 자체가 자성이라면 옷감 등의 사물[6]은 [항아리에 대해] 타성이 된다.

【문】 만일 자성이나 타성이라는 개념으로 존재[有]를 논파[하여 무(無)가 되게] 한다면 응당 그런 무는 존재해야 하리라.

【답】

---

5) (15-4) *svabhāva: (m. Sg. nom.) 自性. *parabhāva: (m. Sg. nom.) 他性. * ~ābhyam: (m. Du. abl 어미) *svabhāvaparabhāvābhyām: 자성과 타성의 양자. *ṛte: ~을 떠나서. *bhāvaḥ: (m. Sg. nom.) 존재, 사물. *kutaḥ〉 kutas:어떻게. *punaḥ: again. *svabhāve〉 svabhāva: (m. Sg. loc.) 상동. *prabhāve〉 parabhāva: (loc.) 타성. *vā: 혹은, 또는. *sati〉 sat〉 √as: (현재분사, loc.) 존재한다면. *bhāvo〉 bhāva: (m. Sg. nom.) 사물, 존재. *hi: 왜냐하면. *sidhyati〉 √sidh: (4류 동사, 어근 + ya = 어간, Sg. Ⅲ) 성립하다.

6) 原文은 '依物'이지만, 宋, 元, 明 三本에는 '衣物'로 되어 있다. 후자에 의거하여 '옷감 등의 사물'로 번역하였다.

5) 有若不成者 無云何有成 因有有法故 有壞名爲無
유(有)가 만일 성립하지 않는다면 무(無)가 어떻게 성립하겠는가? 유라는 법이 있기 때문에 유가 파괴될 수 있고 그것을 무라고 부른다.
5) bhāvasya cedaprasiddhirabhāvo naiva sidhyati/
bhāvasya hyanyathābhāvamabhāvaṃ bruvate janāḥ//[7)]
만일 존재가 성립하지 않는다면 비존재도 실로 성립하지 않는다. 왜냐하면, 존재가 변화함을 사람들은 비존재라고 말하기 때문이다.

만일 그대가 유(有)가 성립하지 않는다는 사실을 수긍했다면 무(無)도 역시 없다는 사실을 수긍해야 한다. 왜 그런가? 유라는 법이 파괴되기 때문에 무라고 부른다. 무란 것은 유가 파괴됨으로 인해 존재한다.

다시 설명해 보자.

6) 若人見有無 見自性他性 如是則不見 佛法眞實義
만일 유나 무를 보거나 자성이나 타성을 보는 사람이 있다면 이런 사람은 불법(佛法)의 참된 의의를 보지 못한다.
6) svabhāvaṃ parabhāvaṃ ca bhāvaṃ cābhāvameva ca/
ye paśyanti na paśyanti te tattvaṃ buddhaśāsane//[8)]
자성이나 타성, 존재나 비존재를 [있다고] 보는 사람들, 그들은 부처의 가르침에 있는 진실을 보지 못한다.

---

7) (15-5) *bhāvasya〉 bhāva: (m. Sg. gen.) 존재, 사물. *ced〉 cet: 만일. *aprasiddhir〉 a(부정의 뜻) + prasiddhi + ḥ: (f. Sg. nom.) 不成立. *abhāvo〉 a(부정의 뜻) + bhāva: (m. Sg. nom.) 비존재. *na: ~이 아니다. *eva: 실로, indeed. *sidhyati〉 √sidh: (4류 동사, 어근 + ya = 어간, Sg. Ⅲ) 성립하다. *bhāvasya: 上同. *hy〉 hi: 왜냐하면, 실로. *anyathābhāvam: (m. Sg. acc.) 변화. *abhāvam: (acc.) 上同. *bruvate〉 √brū: (ātm. Pl. Ⅲ) 말하다, 발언하다. *janāḥ〉 jana: (m. Pl. nom.) 사람, 생물, 人民.

만일 어떤 사람이 모든 사물에 대해 깊이 집착하면 반드시 그것들이 있다[有]는 견해를 내고야 만다. 그래서 자성을 논파하면 곧바로 타성을 보게 되고 타성도 논파하면 있음[有]을 보고 그 있음[有]도 논파하면 없음[無]을 보게 된다. 또 그 없음[無]도 논파하면 미혹에 빠지고 만다.

그러나 근기가 뛰어나고 집착하는 마음이 희박한 사람은 온갖 견해가 사라진 고요한 경지를 잘 알기 때문에 [위에서 말한] 네 가지 희론을 내지 않는다. 이런 사람이야말로 불법의 참된 뜻을 보는 사람이다. 그러므로 위의 게송을 설한 것이다.

다시 설명해 보자.

> 7) 佛能滅有無 如化迦旃延 經中之所說 離有亦離無
> 가전연을 교화하던 경전[9])에서 설하신바, 유도 떠나 있고 무도 역시 떠나 있다고 하신 것과 같이 부처님은 능히 유와 무를 진멸시키신다.
>
> 7) kātyāyanāvavāde cāstīti nāstīti cobhayaṃ/
> pratiṣiddhaṃ bhagavatā bhāvābhāvavibhāvinā//[10])
> 있다거나 없다거나 하는 양자는 까뜨야야나에게 내리신 설법에서 존재와 비존재를 구분해 보여줌으로써 세존에 의해 부정되었다.

부처님께서는 『산타가전연경(刪陀迦旃延經)』에서 유와 무를 떠난 것이

---

8) (15-6) *svabhāvam〉 svabhāva: (m. Sg. acc.) 自性. *parabhāvam〉 parabhāva: (m. Sg. acc.) 他性. *ca: 그리고. *bhāvam〉 bhāva: (m. Sg. acc.) 존재. *ca: 그리고. *abhāvam: (m. Sg. acc.) 비존재. *eva: 실로. *ca: 上同. *ye〉 yad: (관계대명사, Pl. nom.) who, what. *paśyanti〉 √paś: (Pl. Ⅲ) 보다. *na: 아니다. *paśyanti: 上同. *te〉 tad: (지시대명사, m. Pl. nom.) 그들은. *tattvam〉 tattva: (m. Sg. acc.) 진실. *buddha: (m.) 佛陀, 붓다. *śāsane〉 śāsana: (n. loc.) 교의, 교훈, 칙령.

9) 『잡아함경』, 대정2, p.66c. (S.N.22, p.90, *Channa*).

10) (15-7)*kātyāyana: (인명) 까뜨야야나, 가전연. *avavāde〉 avavāda: (m. Sg. loc.) 교시, 설법. *ca: 그리고. *asti〉 √as: (Sg. Ⅲ) 있다, 존재하다. *iti: ~라고. *na: ~

정견(正見)의 뜻이라고 설하셨다. 만일 모든 존재에 조금이라도 결정적인 유(有)가 있다면 부처님께서는 유와 무를 파하지 않으셨을 것이다. 만일 유를 파하면 사람들은 [그 반대가 되는] 무라고 말한다. 부처님께서는 모든 사물의 진상에 통달하고 계시기에 [유와 무] 두 가지 모두 없다고 설하셨다. 그러므로 그대는 응당 유라거나 무라는 견해를 버려야 한다.

다시 설명해 보자.

> 8) 若法實有性 後則不應異 性若有異相 是事則不然
> 만일 사물이 실제로 존재하는 것이라면 다시 변하지 않아야 하리라. 만일 자성이 달라지는 모습을 띤다면 이것은 옳지 못하다.
> 8) yadyastitvaṃ prakṛtyā syānna bhavedasya nāstitā/
> prakṛteranyathābhāvo na hi jātūpapadyate//11)
> 만일 유가 근본적으로 존재한다면 그것[有]의 무는 존재하지 않으리라. 왜냐하면, 근본이 변화한다는 것은 결코 성립하지 않기 때문이다.

만일 모든 존재가 확고하게 자성을 갖고 있다면 끝내 변화해서는 안 된다. 왜 그런가? 만일 확고하게 그 자성을 갖고 있다면 앞에서 순금의 예를 들었듯이 그것이 달라지는 모습을 띠어서는 안되기 때문이다. [그러나] 지금 눈앞에서 모든 존재가 달라지고 있음을 보기에 그 확고한 상(相)이 없음을 알지

아니다. *asti〉 √as: (Sg. Ⅲ) 있다, 존재하다. *iti: ~라고. *ca: 上同. *ubhayam〉 ubhya: (a. n. Sg. nom.) 양자. *pratiṣiddham: (p.p.p. n. Sg. nom.) 所遮, 滅, 斷, 부정됨. *bhagavatā〉 bhagavat: (m. Sg. ins.) 세존. *bhāva: (m.) 존재. *abhāva: (m.) 비존재. *vibhāvinā〉 vi(구별의 뜻) + bhāvin(~로 됨) + ā(ins.): ~로 구분함.

11) (15-8) *yady〉 yadi: 만일. *astitvam: (n. Sg. nom.) 有性, 있음. *prakṛtya〉 prakrti: (f. Sg. ins.) 근본, 본질, 원질. *syān〉 syāt〉 √as: (opt.) ~이리라. *na: ~이 아니다. *bhaved〉 bhavet〉 √bhū: (opt.) ~이 되리라. *asya〉 idam: (지시대명사, m. n. Sg. gen.) 이것. *na: ~이 아니다. *astitā〉 asti + tā: (f. Sg. nom.) 존재, 실재. *prakṛter〉 prakṛti: (f. Sg. gen.) 상동. *anyathābhāvo〉 anyathā(otherwise) + bhāva: (m. Sg. nom.) 변화, 변이. *na: 上同. *hi: 왜냐하면. *jātu: at all, ever, 결코, 아마. *upapadyate〉 upa√pad: (수동태, Sg. Ⅲ) 성립하다.

어다.

다시 설명해 보자.

> 9) 若法實有性 云何而可異 若法實無性 云何而可異
> 만일 사물이 실재한다면 어떻게 변할 수 있겠는가? 만일 사물이 실재하지 않는다면 어떻게 변할 수 있겠는가?
> 9) prakṛtau kasya cāsatyāmanyathātvaṃ bhaviṣyati/
> prakṛtau kasya ca satyāmanyathātvaṃ bhaviṣyati//[12)]
> 본성이 존재한다면 무엇에 있어서 변이가 존재하겠는가? 본성이 존재하지 않는다면 무엇에 있어서 변이가 존재하겠는가?[13)]

만일 사물이 결정적으로 존재하는 것이라면 어떻게 변할 수 있겠는가? [반대로] 만일 [사물이] 그 자성이 없다면 그 자체가 없는 것인데 어떻게 변할 수 있겠는가?

다시 설명해 보자.

> 10) 定有則著常 定無則著斷 是故有智者 不應著有無
> 결정적으로 존재한다는 것은 항상됨에 집착하는 것이고 결정적으로 존재하지 않는다는 것은 단멸에 집착하는 것이다. 그러므로 지혜로운 사람은 있다거나 없다는 데 집착해서는 안 된다.
> 10) astīti śāśvatagrāho nāstītyucchedadarśanaṃ/
> tasmādastitvanāstitve nāśrīyeta vicakṣaṇaḥ//[14)]
> 존재한다고 하는 것은 상주에 대한 집착이고 존재하지 않는다고

---

12) (15-9) *prakṛtau〉 prakṛti: (f. Sg. loc.) 근본, 본질, 원질. *kasya〉 kim: (의문대명사, Sg. gen.) 어떤. *ca: 그리고. *asatyām〉 a(부정의 뜻) + sati: (f. Sg. loc.) 존재하지 않는다면. *anyathātvam〉 anyathātva: (n. Sg. nom.) 變異性. *bhaviṣyati〉 √bhū: (미래, Sg. Ⅲ) 존재하다. *prakrtau: 上同. *kasya: 上同. *ca:上同. *satyām〉 sati: (f. Sg. loc.) 존재하다면. *anyathātvam: 上同. *bhaviṣyati: 上同.

13) 『월칭소』에서는 전반은 적대자의 게송, 후반은 용수의 게송으로 본다.

하는 것은 단멸적 견해이다. 그러므로 명석한 자는 존재성이나 비존재성에 의거해서는 안 된다.

만일 사물이 결정적으로 존재하여 그 존재하는 형상이 있다면 끝내 형상이 없어지는 상태로 되지 않는데 이것이 바로 상주한다는 것이다. 왜 그런가? 예를 들어 [과거, 미래, 현재의] 삼세가 있다고 주장하는 경우와 같다. 즉, 미래에 사물의 상[= 法相]이 존재하다가 그 사물이 현재에 이르게 되고 다시 과거로 유전해 들어가는 경우 그 본래의 상을 버리지 않는다고 설하는데 이것이 바로 '상견(常見)'이다. 또 원인 중에 미리 결과가 존재한다[因中有果][15]고 설하는 것 역시 상견의 예이다.

만일 결정적인 무(無)가 있다면 이 무는 먼저 있던 것이 지금은 [완전히] 없어진다[無]는 말인데 이것은 '단멸견(斷滅見)'이다. 단멸이란 상속(相續)되지 않는 것을 말한다.

이런 두 가지 견해[= 常見과 斷見]로 말미암아 부처님의 가르침에서 멀리 벗어나는 것이다.

【문】 어째서 있음[有]으로 인하여 상견이 생기고 없음[無]으로 인하여 단견이 생기는가?

【답】

---

14) (15-10) *asti〉 √as: (Sg.) 있다, 존재하다. *iti: ~라고. *śāśvata: (a.) 恒常된, 상주하는. *grāho〉 grāha: (m. Sg. nom.) 집착, 잡다. *na: ~아니다. *astity〉 asti + iti: 상동. *uccheda: (m.) 단절. *darśanam〉 darśana〉 √dṛś(알다, 보다) + ana(작용): (n.) 견해. *tasmād〉 tasmāt〉 tad: (지시대명사, abl.) 그러므로. *astitvanāstitve〉 astitva(存在性) + na +astitva + e(loc.): 존재성과 비존재성에. *na: ~이 아니다. *āśrīyeta〉 ā√śrī: (수동태, opt.) ~에 의거하다, rest on. *vicakṣaṇaḥ: (a. m. Sg. nom.) 명백한, 명석한 자.

15) 상캬나 베단따적 세계관.

16) (15-11) *asti〉 √as: (Sg. Ⅲ) 존재하다. *yaddhi〉 yad + d(sandhi 삽입음) + hi.

11) 若法有定性 非無則是常 先有而今無 是則爲斷滅
만일 사물이 결정적인 자성을 가져 없어지는 것이 아니라면 항상[되다는 말]이 [되]고, 미리 존재하다가 지금은 없어졌다면 단멸[했다는 말]이 된다.
11) asti yaddhi svabhāvena na tannāstīti śāśvataṃ/
nāstīdānīmabhūtpūrvamityucchedaḥ prasajyate//[16)]
실로 자성을 가지고 존재하는 것, 그것이 존재하지 않게 되지 않는다면 '상주함'[이라는 오류에 떨어지고], 이전에 존재했던 것이 지금 존재하지 않는 것은 '단멸함'이라는 오류에 떨어진다.

만일 사물의 자성이 결정적으로 존재[有]한다면 그것은 무(無)라는 상이 아니라 유(有)라는 상이니 결코 무로 되어서는 안 된다. 만일 무가 된다면 유가 아니니 사물 자체가 존재하지 않는다는 말이 된다. 앞에서 이미 설명했던 오류가 있기에 이렇게[= 사물의 자성이 존재한다고] 말하면 상견에 떨어진다.

[반대로] 만일 사물이 미리 있었는데 부서져 없어졌다면 단멸됐다고 말한다. [그러나 이는 옳지 않다.] 왜 그런가? 유는 [완전히] 무로 될 수 없기 때문이다.

그대는 유나 무가 각각 결정적인[= 확고한] 상을 갖는다고 하는데 만일 그런 식으로 단견이나 상견을 갖게 되면 죄나 복 따위도 없어지며 세상만사가 모두 파괴된다. 그러므로 그런 견해는 버려야 한다.

---

*yad:(관계대명사) what. *hi: 실로, 왜냐하면. *svabhāvena〉 svabhāva: (m. Sg. ins.) 自性. *na: ~ 아니다. *tan〉 tat〉 tad: (지시대명사) 그것. *na: 상동. *asti: 上同. *iti: ~라고. *śāśvatam: (a. n. Sg. nom.) 항상된. *na: 상동. *asti:上同. *idānīm(= idā): 지금. *abhūt〉 √bhū: (직설법, aor. Sg. Ⅲ) 존재했다. *pūrvam: 이전에. *ity〉 iti: ~라고. *ucchedaḥ〉uccheda: (m. Sg. nom.) 단멸. *prasajyate〉 pra√sañj: (수동태) 過失에 떨어지다, ~로 귀결되다.

제16 관박해품(觀縛解品, 10게)
속박과 해탈에 대한 관찰

bandhanamokṣaparīkṣā nāma ṣoḍaśamaṃ prakaraṇam
속박과 해탈의 검토라는 이름의 제16장(10게)

【문】 중생이 생사윤회할 때 그 주체가 전혀 없는 것은 아니다. 그렇게 생사윤회하는 도중 중생은 죽으면 어디론가 가고 태어날 때는 어디선가 오는 것이 분명하다. 이렇게 제행(諸行)이 오고 가는 것일 텐데 그대는 어째서 중생이나 제행이 다 공하여 오거나 가거나 하는 것이 없다고 하는가?

【답】

1) 諸行往來者 常不應往來 無常亦不應 衆生亦復然
제행이 왕래한다면 항상되어도 왕래할 수 없고 무상하여도 왕래할 수 없다. 중생도 역시 이와 마찬가지다.

1) saṃskārāḥ saṃsaranti cenna nityāḥ saṃsaranti te/
saṃsaranti ca nānityāḥ sattve 'pyeṣa samaḥ kramaḥ//[1]
만일 형성작용들[제행]이 윤회한다면 그 [제행]들은 상주하는 것이 윤회하는 것이 아니며 무상한 것들이 윤회하는 것도 아니다. 중생에 있어서도 이것은 같은 절차를 밟는다.

---

1) (16-1)*saṃskārāḥ〉 saṃskāra: (m. Pl. nom.) 諸行, 형성작용들. *samṣaranti〉 saṃ√sṛ: (Pl. Ⅲ) 윤회하다, 방황하다. *cen〉 cet: 만일. *na: ~ 아니다. *nityāḥ〉 nitya: (a. Pl. nom.) 영원한. *saṃsaranti: 상동. *te〉 tad:(지시대명사, Pl. nom.) 그것들. *saṃsaranti: 上同. *ca: 그리고. *na:上同. *anityāḥ〉 la(부정의 뜻) + nitya(上): (Pl. nom.) 無常한, 영원하지 않은. *sattve〉 sattva: (m. Sg. loc.) 衆生, 有情. *apy〉 api: ~도 역시. *eṣa〉 etad: (지시대명사, m. Sg. nom.) 이것. *samaḥ(a. m. Sg. nom.) same. *kramaḥ: (m. Sg. nom.) 순서, 차제, 절차.

제행이 육도(六道) 생사 가운데서 왕래한다고 하는 경우 상주하는 모습을 띠고 왕래하는 것이겠는가, 아니면 무상한 모습을 띠고 왕래하는 것이겠는가? 이 두 가지 모두 옳지 못하다.

만일 상주하는 상태로 왕래한다면 [태어났다 죽었다 하는] 생사가 계속 이어지지 않아야 하리라. 왜냐하면, 그 상주하는 상태란 확고하여 변하지 않기 때문이며 또 그 모습의 자성에만 머물러 있기 때문이다.

반대로 만일 무상한 상태로 왕래한다고 해도 역시 생사가 계속 이어지며 왕래할 수 없다. 왜냐하면, 무상한 것이라면 윤회의 주체라고 결정되어 있는 것이 없으며 그 자성도 없기 때문이다.

또 중생이 생사왕래한다고 하는 경우도 역시 위와 같은 오류를 수반한다. 다시 설명해 보자.

> 2) 若衆生往來 陰界諸入中 五種求盡無 誰有往來者
>
> 만일 중생이 왕래한다면 오음(五陰), 십이입(十二入), 십팔계(十八界)[2] 중에서 다섯 가지로[3] 추구해 보아도 [그런 개아(個我)는] 모두 존재하지 않는데 누가 왕래하는 자이겠는가?
>
> 2) pudgalaḥ saṃsarati cetskandhāyatanadhātuṣu/
> pañcadhā mṛgyamāṇo 'sau nāsti kaḥ saṃsariṣyati//[4]
>
> 만일 개아(個我)가 윤회한다면 온(蘊), 처(處), 계(界)들에서 다섯 가지로 조사해 보아도 그것[= 개아]은 존재하지 않는다. [그런데] 누가 윤회하겠는가?

2) 三科說: 五蘊說은 心所에 대해 어리석은 上根機를 위해 설한 것이고, 十二處說은 色에 대해 어리석은 中根機를 위해 설한 것이며, 十八界說은 色과 心 모두에 어리석은 下根機를 위해 설한 것이다. 『俱舍論』(대정29, p.5b) 참조.

3) 이 陰, 界, 入과 自我(atman)는 1. 같다. 2. 다르다. 3. (자아가 그것들을 소유 한다. 4. (자아가 그것들 속에 있다. 5. 자아속에 그것들이 있다(제 22 관여래 품 제 1, 8게 참조).

4) (16-2) *pudgalaḥ: (m. Sg. nom.) 개인, 個我. *saṃsarati〉 saṃ√sṛ: (Sg. Ⅲ) 윤회하

생사라는 말이나 오음이라는 말이나 십이입이라는 말이나 십팔계라는 말은 모두 같은 것에 대한 말이다. '중생이 이런 음, 계, 입 가운데서 왕래하며 윤회하는 것이다.'라고 하는데 이 중생이란 것은 [제10] 관연가연품에서[5] 다섯 가지로 추구해 보아도 찾을 수 없었다. 그런데 누가 이런 음, 계, 입 중에 존재하여 왕래하는 것이겠는가?

다시 설명해 보자.

> 3) 若從身至身 往來卽無身 若其無有身 則無有往來
> 만일 몸에서 몸으로 왕래한다면 몸이 없는 꼴이 된다. 그렇게 몸이 없다면 왕래도 없다.
>
> 3) upādānādupādānaṃ saṃsaran vibhavo bhavet/
> vibhavaścānupādānaḥ kaḥ sa kiṃ saṃsariṣyati//[6]
> [하나의] 집착[取][7]으로부터 [다른] 집착[取]으로 윤회하는 자는 신체가 없는 자가 되리라. 신체가 없고 또 집착[取]이 없는 자는 어떤 자이겠는가? 또 그자가 어떻게 윤회하겠는가?

만일 중생이 [육도를] 왕래한다면 몸을 갖고 왕래하겠는가 아니면 몸 없이 왕래하겠는가? 그 양자 모두 옳지 못하다. 왜 그런가? 만일 몸을 가지고 왕래

다, 방황하다. *cet: 만일. *skandha: (m.) 蘊, 陰, 衆, 쌓임, 덩어리. *ayatana: (n.) 處, 入, 入處, field, 영역. *dhātuṣu〉 dhātu: (m. Pl. loc.) 界, 뿌리. *pañcadhā: (ind.) 다섯 가지로. *mṛgyamāṇo〉 √mṛg: (현재분사) 조사하다. *asau〉 adas: (지시대명사, m. Sg. nom.) 그것, 저것. *na: 아니다. *asti〉 √as: (Sg. Ⅲ) 있다, 존재하다. *kaḥ〉 kim: (의문대명사, m. Sg. nom.) who, 누구. *saṃsariṣyati〉 saṃ√sṛ: (미래, Sg. Ⅲ) 윤회하다. 방황하다.

5) 제10 관연가연품 제10~14게 및 그 長行.

6) (16-3)*upādānāt〉 upādāna: (n. abl.) 取, 포획, 의존. *upādānam: (acc.) 상동. *saṃ saran〉 saṃsarat(a.)〉 saṃ√sṛ: 윤회하는. *vibhavo〉 vi(결여의 뜻) + bhava(생존): 신체 없는, 생존 없는. *bhavet〉 √bhū: (opt.) ~이 되다. *vibhavaś〉 vibhava: 상동. *ca: 또. *anupādānaḥ〉 an(부정의 뜻) + upādāna: (nom.) 상동. *kaḥ〉 kim: (m. nom.) 누구. *sa〉 saḥ〉 tad: (m. Sg. nom.) 그 자, 그것. * kim: 어떻게. *saṃsarisyati〉 saṃ√sṛ: (미래, Ⅲ) 윤회하다.

7) 五取蘊의 取. 즉 五陰身을 말한다.

한다면 하나의 몸에서 다른 하나의 몸으로 건너오게 되는 것이니 그런 경우는 왕래하는 자는 몸이 없을 것이다. 또 만일 이미 몸이 있었다면 또다시 이 몸에서 저 몸으로 이동하지 못하리라. 만일 먼저 몸이 없었다면 존재하는 것도 아니며 존재하는 것이 아니라면 어떻게 태어나고 죽으면서 [육도를] 왕래하겠는가?

【문】 경전에서는 '열반은 모든 고(苦)를 소멸한다'고 설한다. [그런데] 여기서 말하는 소멸은 제행[모든 형성력]의 소멸이냐 혹은 중생이 소멸한다는 것이냐?

【답】 그 두 가지 모두 옳지 못하다. 왜 그런가?

> 4) 諸行若滅者 是事終不然 衆生若滅者 是事亦不然
> 제행이 만일 소멸하는 것이라면 이것은 결코 옳지 못하다. 중생이 만일 소멸하는 것이라면 이것도 역시 옳지 못하다.
>
> 4) saṃskārāṇāṃ na nirvāṇaṃ kathaṃ cidupapadyate/
> sattvasyāpi na nirvāṇaṃ kathaṃ cidupapadyate//[8)]
> 형성작용들[제행]의 경우에 있어서 열반이라고 하는 것은 어떻게 해도 성립하지 않는다. 중생에 있어서도 또한 열반이라고 하는 것은 어떻게 해도 성립하지 않는다.

그대는 [열반의 상태가 되면] 혹은 제행이 멸하든지 혹은 중생이 멸한다고 설한다. 이것에 대해서는 앞에서 이미 대답하였다. 제행은 그 자성이 없다. 중생도 역시 그 생사왕래를 갖가지로 찾아봐도 포착할 수 없다. 그러므로 제행은 [원래 없었으니] 소멸하지 않고 중생도 [원래 없었으니] 역시 소멸하지

---

8) (16-4)*saṃskārāṇām〉 saṃskāra: (m. Pl. gen.) 행들, 형성작용들. *na: not. *nirvāṇam: (n. nom.) 열반. *kathaṃ cid〉 kathaṃ cit: 어떻게 해도. *upapadyate〉 upa√pad: (수동태) 성립하다. *sattvasya〉 sattva: (gen.) 중생. *api: ~도 역시. *na: 상동. *nirvāṇam: 상동. * kathaṃ cid: 상동. *upapadyate: 상동.

않는다.

【문】 만일 그렇다면 속박도 없고 해탈도 없다. [왜냐하면] 그 근본을 포착할 수 없기 때문이다.

【답】

5) 諸行生滅相 不縛亦不解 衆生如先說 不縛亦不解
제행의 생멸하는 모습은 속박되지도 않고 해탈하지도 않는다.9)
중생도 앞에서 설명한 것처럼10) 속박되지도 않고 해탈하지도 않는다.

5) na badhyante na mucyanta udayavyayadharmiṇaḥ/
saṃskārāḥ pūrvavatsattvo badhyate na na mucyate//11)
생과 멸의 성질을 갖추고 있는 것인 형성작용들[제행]은 속박되지도 않고 해탈하지도 않는다. 앞에서와 같이 중생도 속박되지도 않고 해탈되지도 않는다.

그대는 제행과 중생이 속박됨과 해탈함이 있다고 말한다. 그러나 그것은 옳지 못하다. 제행은 순간순간마다 생멸하기 때문에 속박되거나 해탈하는 것이 있을 수 없다. [또] 중생도 앞에서 다섯 가지로 추구해 봐도 포착할 수 없었으니 어떻게 속박됨이나 해탈함이 있겠는가?

다시 설명해 보자.

---

9) 『小品般若經』(대정8, p.551b).
10) 本 品 제2게.
11) (16-5) *na: 부정의 뜻. *badhyante〉 √bandh: (수동태, Pl.) 묶다, 계박하다. *na: 상동. *mucyanta(연성: e + u → a + u)〉 mucyante〉 √muc: (수동태, Pl. Ⅲ) 해방하다, ~에서 떠나다. *udaya〉 ud√i: (a.) 일어나는, 발생하는. *vyaya〉 vi√i: 지나가는, 쇠멸하는. *dharmiṇaḥ〉 dharmin: (a. m. Pl. nom.) 성질을 갖는 것들, 법을 갖는 것들. *samskārāḥ〉 saṃskāra: (m. Pl. nom.) 형성작용들, 行들. *pūrvavat: (ad.) 전과 같이. *sattva: (nom.) 중생. *badhyate〉 √bandh: (수동태) 묶다, 繫縛하다. *na: not. *mucyate〉 √muc: (수동태, Sg. Ⅲ) 해탈하다, ~에서 벗어나다.

6) 若身名爲縛 有身則不縛 無身亦不縛 於何而有縛
만일 몸을 속박이라 부른다면 몸이 있는 경우는 [그것이 다시] 속박되지 않고 몸이 없는 경우도 [아예] 속박되지 못한다. [그러니] 어떠한 상태에 속박이 존재하겠는가?

6) bandhanaṃ cedupādānaṃ sopādāno na badhyate/
badhyate nānupādānaḥ kimavastho 'tha badhyate//[12)]
만일 집착[取]이 속박이라면 집착[取]을 [이미] 갖고 있는 자는 속박되지 않고 [지금] 집착[取]이 없는 자는 속박되지 않는다. 그렇다면 어떠한 상태로 되는 것이 속박되는 것이겠는가?

오음신(五陰身)을 속박이라고 부르는 경우, 만일 중생이 미리 오음이 있다면 [재차] 속박될 수가 없다. 왜 그런가? 한 사람이 [원래의 오음과 나중의 오음이라는] 두 몸을 갖게 되기 때문이다. 또 [오음인] 몸이 없어도 속박될 수가 없다. 만일 몸[身]이 없으면 오음도 없고 오음이 없다면 허공과 같으리니 어떻게 속박할 수 있겠는가? 이처럼 제3의 것[13)]도 역시 속박되는 일이 없다.

다시 설명해 보자.

7) 若可縛先縛 則應縛可縛 而先實無縛 餘如去來答
만일 속박되는 것이 먼저 속박되어 있다면 응당 속박된 것을 [다시] 속박해야 하리라. 그러나 실제 속박이 먼저 있을 수는 없다.

---

12) (16-6) *bandhanam: (a. n. nom.) 속박의. *cet: 만일. *upādānam〉 upādāna: (n. nom.) 取, 취득, 포획, 의존. *sopadāno〉 sa(~를 갖는) + upādāna: (m.) 取를 갖는. *na: not. *badhyate〉 √bandh: (수동태) 묶다, 계박하다. *na: not. *anupādānaḥ〉 an(부정의 뜻) + upādāna: (nom.) 집착 없는. *kim: 어떤. *avastha: (m.) state, condition, situation. *atha: 그러면. *badhyate: 상동.

13) 『중론』에서 '제3의 것'이라고 하면 대개 4구 중 제3구를 일컫는다. 이 경우는 '오음이 있기도 하고 없기도 한 것'을 지칭한다고 볼 수 있다.

나머지는 [제2 관]거래품의 대답과 같다.

7) badhnīyādbhandhanaṃ kāmaṃ bandhyātpūrvaṃ bhavedyadi/
na cāsti tac cheṣamuktaṃ gamyamānagatāgataiḥ//[14)]

만일 속박될 것에 앞서서 속박이 존재한다면 [그자는] 기꺼이 속박되리라. 그런데 그것[속박]은 [속박될 것에 앞서서] 존재하지 않는다. 그 이외의 것은 '거시(去時), 미거(未去), 이거(已去)[=제2 관거래품]'에 의해 이미 설명하였다.

만일 속박될 것이 먼저 속박되어 있었다면 응당 속박될 것을 [다시] 속박해야 한다. 그러나 실제로는 속박될 것을 떠나서 미리 속박이 있을 수는 없다. 그러므로 '중생에 속박이 있다.'고 말할 수는 없다. 혹자는 중생은 속박되는 것이고 오음은 속박이라고 말하기도 한다. 혹자는 오음 가운데서 일어나는 모든 번뇌가 속박이고 오음이 속박될 것이라고 말하기도 한다. 그러나 그럴 수는 없다. 왜 그런가? 만일 오음과는 별도로 미리 중생이 존재하는 것이라면 응당 오음으로 중생을 속박하는 것이겠지만 실제로는 오음을 떠나 별도로 중생이 있는 것이 아니다. [또] 오음을 떠나서 별도로 번뇌가 존재하는 것이라면 응당 번뇌로 오음을 속박하는 것이겠지만 실제로는 오음을 떠나서 번뇌가 따로 있는 것이 아니다. 또 [제2 관]관거래품[15)]에서 설명했듯이 '이미 가버린 것'은 가는 것이 아니고 '아직 가지 않은 것'도 가는 것이 아니며 '지금 가는 중인 것'도 가는 것이 아닌 것처럼 '아직 속박되지 않은 것'은 속박된

14) (16-7) *badhnīyāt〉 √bandh(9류 동사) + nī(9류 동사 약어간化): (opt. Sg. Ⅲ) 묶다, 계박하다. *bhandhanam: (a. n. nom.) 속박의. *kāmam: (ad.) 기꺼이. *bandhyāt〉 √bandh(4류 동사): (opt. Sg. Ⅲ) 상동. *pūrvam: 이전의. *bhavet〉 √bhū: (opt.) ~이 되다. *yadi: 만일. *na: 아니다. *ca: 또. *asti〉 √as: (Ⅲ) ~이다. *tac〉 tat: 그것. *cheṣam〉 śeṣam: (n. nom.) 나머지. *ukta〉 vac: (p.p.p.) 말하다. *gamyamāna(현재분사, 수동, 去時) + gata(p.p.p. 已去) + agata(p.p.p. 未去)〉 √gam: (Pl. ins.) 거시, 이거, 미거에 의해.

15) 제2 관거래품 제1게.

것이 아니고 '이미 속박된 것'도 속박된 것이 아니며 '지금 속박되고 있는 중인 것'도 속박된 것이 아닌 것이다. 또 [속박과 반대로] 해탈한다는 것도 역시 있을 수 없다. 왜 그런가?

> 8) 縛者無有解 無縛亦無解 縛時有解者 縛解則一時
> 속박된 자는 해탈하지 못한다. 속박되지 않은 자도 해탈하지 않는다. [또] 속박되어 있는 중인 자가 해탈하는 것이라면 속박과 해탈이 동시인 꼴이 된다.
>
> 8) baddho na mucyate tāvadabaddho naiva mucyate/
> syātāṃ baddhe mucyamāne yugapadbandhamokṣaṇe//16)
> 우선, 이미 속박된 자는 해탈되지 않는다. 또 속박되지 않은 자는 결코 해탈되지 않는다. 이미 속박된 자가 지금 해탈되고 있는 중이라고 한다면 속박과 해탈이 동시에 있는 것이 되리라.

속박된 자는 해탈하지 못한다. 왜 그런가? 이미 속박되어 있기 때문이다. [또] 속박되지 않은 자도 역시 해탈하지 못한다. 왜 그런가? [아예] 속박이 없었기 때문이다. 만일 속박되어 있는 중인 때에 해탈이 있다고 말한다면 속박과 해탈이 동시에 존재하는 꼴이 된다. [그러나] 그럴 수는 없다. [왜냐하면] 속박과 해탈은 서로 위배되는 개념이기 때문이다.

【문】 도(道)를 닦아 지금 열반에 들어 해탈하는 사람들이 [엄연히] 있는데, 어째서 [해탈이] 없다고 말하느냐?

---

16) (16-8) *baddho〉 baddhaḥ〉 〉 baddha〉 √bandh: (p.p.p.) 이미 속박된 것(者). *na: 아니다. *macyate〉 √muc: (수동태, Ⅲ) 해방하다, ~에서 벗어나다. *tāvat: 그만큼, 우선, 첫째로. *abaddha〉 a(부정의 뜻) + baddha: 속박되지 않은 것. *na: ~ 아니다. *eva: 실로, 결코. *mucyate: 상동. *syātām〉 √as: (Du. opt.) ~이다. *baddhe〉 baddha: (loc.) 상동. *mucyamāne〉 √muc: (수동, 현재분사) 상동. *yugapad: (ad.) 동시에, 함께. * bandhamokṣane: (n. Du. nom.) 속박과 해탈이.

【답】

9) 若不受諸法 我當得涅槃 若人如是者 還爲受所縛
만일 모든 법을 취(取)[17]하지 않는다면 나는 열반을 획득하리라. 만일 이와 같이 말하는 사람이라면 도리어 취함에 속박된 꼴이 된다.
9) nirvāsyāmyanupādāno nirvāṇaṃ me bhaviṣyati/
iti yeṣāṃ grahasteṣāmupādānamahāgrahaḥ//[18]
'취하는 요소가 없는 나는 열반할 것이다. 나에게 열반이 존재할 것이다'라고 집착하는 자들은, 그들은 취하는 요소에 대한 커다란 집착이 있다.

만일 어떤 사람이 '나는 취(取)함에서 떠났으니 열반을 얻으리라.'라고 생각한다면 이 사람은 곧 취함에 속박된 꼴이 된다.

다시 설명해 보자.

10) 不離於生死 而別有涅槃 實相義如是 云何有分別
생사를 떠나서 따로 열반이 존재하는 것이 아니다. 실상의 뜻이 이러하니 어떻게 [생사와 열반을] 분별하겠는가?[19]
10) na nirvāṇasamāropo na saṃsārāpakarṣaṇaṃ/
yatra kastatra saṃsāro nirvāṇaṃ kiṃ vikalpyate//[20]
무릇 열반을 꾸며내지 않고 윤회를 무시하는 일도 없는 경우에

---

17) 한역문은 受이나 이는 感受(vedanā)와 혼동할 수 있기에 이하 取로 번역한다.
18) (16-9) *nirvāsyāmi〉 nir√vā: (미래, I) 불다, 꺼지다, 열반하다. *anupādāna〉 an(부정의 뜻) + upadāna: 취함이 없는. *nirvāṇaṃ〉 nirvāṇa: (n.) 열반 *me: mama(gen.) mahyam(dat.): (1인칭 대명사 축약형) 나의(gen.), 나에게(dat.). *bhavisyati〉 √bhū: (미래, III) ~이 되리라. *iti: ~라고. *yeṣām〉 yad: (관계대명사, Pl. gen.) of which. *graha: (a.) 집착. *teṣām〉 tad: (Pl. gen.) 그것. *upādāna: 취(取). *mahā〉 maha: (a. f.) 큰. *grahaḥ〉 graha: 상동.

는 어떠한 윤회와 어떠한 열반이 분별되겠는가?

모든 존재의 참된 모습[제법실상(諸法實相)]인 제일의제(第一義諦)에서는 생사를 떠나서 따로 열반이 존재한다고 설하지 않는다. 경전에서 '열반이 곧 생사이고 생사가 곧 열반이다.'[21]라고 설하는 것과 같다. 이처럼 모든 존재의 참된 모습[제법실상] 가운데서 어떻게 '이것이 생사이고 이것이 열반이다.'라고 말할 수 있겠는가?

---

19) 제22 관여래품 제16게 및 제25 관열반품 제19, 20게 참조.

20) (16-10) *na: ~이 아니다. *nirvāṇa: (n.) 열반. *samāropa: (m.) ~에 위치한 것, [활]시위를 늘이다. *na: 상동 *saṃsāra: (m.) 윤회. *apakarṣaṇam〉 apakarṣaṇa: (a.) 철거하다, 제거하다. *yatra: ~인 곳, ~인 경우. *kas〉 kaḥ〉 kim: (nom.) 어떤. *tatra: 그곳에서, 그 경우에. *saṃsāra: 상동. *nirvāṇa: 상동. *kim: 상동. *vikalpyate〉 vi√kḷp: (수동태) 분별하다.

21) 『大智度論』에서는 『반야경』의 구절을 예로 들면서 다음과 같이 설명한다. '… 보살법 가운데서는 세간이 바로 열반이라고 설한다. 왜냐하면, 지혜가 諸法에 깊이 들어갔기 때문이다. 그 예는 다음과 같다. '부처님께서 수보리에게 고하셨다. 色이 바로 空이며 空이 바로 色이다. 受, 想, 行, 識이 바로 空이고 空이 바로 受, 想, 行, 識이다. 空은 바로 열반이고 열반은 바로 空이다. 『中論』에서도 역시 '열반은 세간과 다르지 아니하고, 세간은 열반과 다르지 아니하다. 열반의 한계는 세간의 한계다. 같은 한계라서 다르지 않다.'라고 설한다.' 대정25, pp.197c-198a.

제17 관업품(觀業品, 33게)
업(業)에 대한 관찰

karamaphalaparīkṣā nāma saptadaśamaṃ prakaraṇam

업(業)과 과보(果報)의 검토라는 이름의 제17장(33게)

【문】 그대가 비록 여러 가지로 모든 법을 논파하지만 '업(業)'[이란 法]은 결정코 존재한다. 그래서 일체 중생들로 하여금 [그 업에 대한] 과보를 받게 한다. 경전에서 설하듯이 일체의 중생들은 모두 그 업에 따라 태어난다. 사악한 놈은 지옥에 들어가고 복을 닦은 자는 천상에 태어나며 도를 닦은 자는 열반을 얻는 것이다. 그러므로 일체의 법이 [모두] 공일 수는 없다. [그런데] 이른바 업이란 것은 다음과 같다.

1) 人能降伏心 利益於衆生 是名爲慈善 二世果報種

사람은 능히 그 마음을 억누르고 중생을 이익되게 할 수 있다. 이것을 자선이라고 부르며 [이것은 현세와 내세의] 2세의 과보를 초래하는 씨앗이다.

1) ātmasaṃyamakaṃ cetaḥ parānugrāhakaṃ ca yat/
maitraṃ sa dharmastadbījaṃ phalasya pretya ceha ca//[1)]

자신을 억제하고[2)] 타인을 이익되게 하는 자애로운 마음은 [사람이 행해야 할] 법도이다. 그것은 금세에도 후세에도 과보의 씨앗이다.

1) (17-1) *ātman: (m.) 자아. *saṃyamakaṃ> saṃyama(억제, 율의) + ka(형용사화): 감관을 억제하는, 禁戒를 지키는. *cetas: (n.) 心, 정신. *para: 남, 他. *anugrāhaka: (a.) 자비로운, 친절한. *maitra: (a.) 우정 어린, 호의적인. *sa> saḥ> tad: (m. com.) 그것. *dharma: (m.) 법. *tad: 그것. *bīja: (n.) 씨앗. *phalasya> phala: (gen.) 열매,

사람에게는 세 가지 독[三毒][3]이 있는데 [그 삼독심은] 다른 사람을 괴롭히기 위해 발생하기에 선을 행하는 사람은 먼저 스스로 [그 삼독심인] 악을 소멸시키는 것이다. 그러므로 '그 마음을 억누르고 다른 사람을 이익되게 한다.'고 설한다. '다른 사람을 이익되게 한다.'는 것은 보시나 지계, 인욕 등을 행하여 중생을 괴롭히지 않는 것이다. 이것을 이름하여 다른 사람을 이익되게 하는 것이라고 부르지만 '자선의 복덕'이라고도 부르며 '금세와 후세의 즐거운 과보를 초래하는 씨앗'이라고도 부른다.

다시 설명해 보자.

> 2) 大聖說二業 思與從思生 是業別相中 種種分別說
> **위대한 성인께서는 두 가지 업을 설하셨는데 '생각의 업'과 '생각에서 생한 업'이다. 이 업 개개의 모습 속에서 갖가지로 구분하여 설하셨다.**
>
> 2) cetanā cetayitvā ca karmoktaṃ paramarṣiṇā/
> tasyānekavidho bhedaḥ karmaṇaḥ parikīrtitaḥ//[4]
> **최고의 성인은 '생각하는 업'과 '생각한 후의 업'이 있다고 말씀하셨다. 또 그 업에는 갖가지 구별이 있다고 선언되었다.**

위대한 성인[부처님]께서는 업에는 [크게] 두 종류가 있다고 말씀하셨다. 첫째는 '생각'이고 둘째는 '생각에서 생기는 것'이다. 이 두 가지 업은 '아비달마'에서 자세히 설명하는 바와 같다.[5]

과보. *pretya: 死後에. *ca: 또. *iha:(ad.) 이곳에.

2) 'saṃyama(억제)'는 계율을 지키는 것을 의미한다.

3) 탐욕, 진에, 우치.

4) (17-2) *cetanā: (f. nom.) 생각, 지능. *cetayitva〉 √cit: (사역형) 생각하고 나서의 것, 思已, 從思生. *ca: 그리고. *karman: (n. nom.) 행위, 업. *uktam〉 √vac: (p.p.p.) 말하다. *paramarṣiṇā〉 paramarṣi: (m. ins.) 大仙人. *tasya〉 tad: (gen.) 그것. *aneka: (a.) 하나 이상의 *vidha: (a.) 종류. *bhedaḥ: (nom.) 구별. *karmaṇaḥ〉 karman: (Sg. gen. abl.) 상동. *parikīrtitaḥ〉 pari√kīrt: (p.p.p.) 널리 포고하다, 선언하다.

5) 『아비달마구사론』(대정29, p.67b)과 『아비달마대비바사론』(대정27, p.637b)에 의거하

3) 佛所說思者 所謂意業是 所從思生者 卽是身口業
부처님께서 설하신 '생각'이란 것은 이른바 의업이고 '생각으로부터 생한 것'은 바로 신업과 구업이다.

3) tatra yaccetanetyuktaṃ karma tanmānasaṃ smṛtaṃ/
cetayitvā ca yattūktaṃ tattu kāyikavācikaṃ//[6]
그 중에서 '생각'이라고 설한 업, 그것은 의[업]에 속한다고 전해진다. 또 '생각한 후'라고 설한 것은 신[업]과 구[업]에 속한다.

'생각[思]'은 심수법(心數法)[7] [중의 하나]이다. 여러 심수법 가운데서 능히 발생하여 짓는 바가 있기에 업이라고 부른다. 이 '생각'이 원인이 되므로 바깥의 신업과 구업을 일으킨다. 비록 다른 심왕법이나 심수법이 그 작업이 있기는 하지만 오직 '생각[思][이라는 심수(心數= 心所)]'만이 [모든] 작업의 근본이 되므로 '생각'을 업이라고 설하는 것이다. 이런 업에 대해서 이제 그 모습을 설명해 보고자 한다.

여 정리하면 다음과 같다.

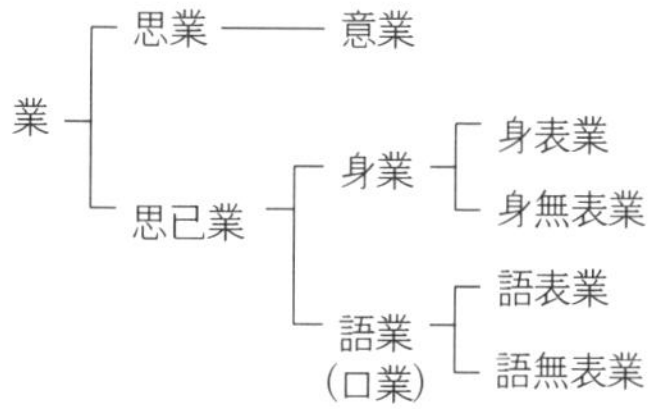

6) (17-3) *tatra: 거기서. *yat〉 yad: (관계대명사) which. *cetanā: (f. nom.) 생각. *iti: ~라고. *uktam〉 √vac: (p.p.p.) 말하다. *karma: 업. *tat: 그것. *mānasa: (a. n.) ~에 관한. *smṛta〉 √smṛ: (p.p.p.) ~을 기억하다, 상기하다, 전하다. *cetayitvā〉 √cit: (사역형) 생각하고 나서의 것, 思已, 從思生. *ca: 또. *yat: (관계대명사) which. *tu: 그러나. *ukta: 상동. *tat: 그것. *tu: 상동. *kāyika: (a.) 신체의. *vācika: (a.) 언어의, 말에서 생한.

7) 心所法이라고도 한다. 아비달마 法數에서 心王의 작용에 수반되어 일어나는 잡다한 마음의 작용들을 일컫는다.

4) 身業及口業 作與無作業 如是四事中 亦善亦不善
5) 從用生福德 罪生亦如是 及思爲七法 能了諸業相
①신업과 ②구업과 ③작업과 ④무작업의 네 가지 중에는 선한 것도 있고 선하지 못한 것도 있다. ⑤그 작용에서 생한 복덕과 ⑥죄가 생기는 것도 역시 마찬가지며 ⑦또 생각까지 일곱 가지 법이 되는데 [이것들이] 능히 모든 업의 모습을 망라한다.

4) vāgviṣpando ’viratayo yāścāvijñaptisaṃjñitāḥ/
avijñaptaya evānyāḥ smṛtā viratayastathā//[8]

5) paribhogānvayaṃ puṇyamapuṇyaṃ ca tathāvidhaṃ/
cetanā ceti saptaite dharmāḥ karmāñjanāḥ smṛtāḥ//[9]

①말과 ②[신체의] 동작과 ③[번뇌에서] 아직 떠나지 않은 무표(無表)[10]라고 불리는 것과 또, ④같은 종류로 [번뇌에서] 떠나 있는 다른 갖가지 무표[11]라고 전해진다. 또 ⑤수용(受用)과 결합된 복(福)[12], ⑥동종(同種)의 비복(非福)[13], ⑦생각, 이런 일곱 가지 법들이 업의 산물이라고 전해진다.

---

8) (17-4) *vāk> vāc: 말. *viṣpanda: (m.) 떨림, 鼓動. *avirataya> a + virati: (f. Pl. nom.) 끝내지 않은. *yāś> yāḥ: (관계대명사, f. nom. acc.) *ca: 또. *avijñapti: (f.) 無表, 인지할 수 없는. *saṃjñiitāḥ: (Pl.) 名, 想. *avijñaptaya> avijñapti: 상동. *eva: 실로. *anyāḥ> anya: (a. Pl. nom.) 다른. *smṛta> √smṛ: (p.p.p. Pl. nom.) ~을 기억하다, 상기하다, 전하다. *viratayas> virati: (f. Pl. nom.) 끝내다, 중단하다, 버리다. *tathā: 그와 같이.

9) (17-5) *paribhoga: (m.) 향수, 수용. *anvaya: (m.) 수반, 연결. *puṇya: (a.) 공덕, 행운. *apunya: 불운, 비공덕. *ca: 또. *tathā: 그와 같은. *vidha: 종류. *cetanā: (f. nom.) 생각. *ca: 상동. *iti: ~라고. *sapta: 일곱. *ete> etad: (Pl. nom.) 이, 이것. *dharmāḥ: (Pl. nom.) 법. *karmāñ> karmān >karma: (n. Pl. nom. 어간) 업. *janāḥ> jana: (m. Pl. nom.) 산물, 所生. *smṛtāḥ> smṛta> √smṛ: (p.p.p. Pl. nom.) ~을 기억하다, 전하다.

10) 不律儀無表業(俱舍論 참조). 『월칭소』에서는 다음과 같이 예를 든다. ‘지금 부터 나는

구업에는 네 가지 구업이 있고 신업에는 세 가지 신업이 있다. 이런 일곱 가지 업은 두 가지 차별이 있다. 즉 '짓고 있는 것'과 '짓고 있지 않은 것'이다. 지금 짓고 있는 중일 때는 '짓는 업[作業]'이라고 부른다. 짓고 난 후에도 항상 수반되어 있다가 생하는 것을 '지음이 없는 업[無作業]'이라고 부른다. [또] 이 두 가지 종류의 업에는 선과 불선의 차별이 있다. 불선은 악을 그치지 못하는 것이라고 부르고 선은 악을 그치는 것이라고 부른다.

또 그 작용에서 생하는 복덕이 있다. 예를 들어 베푸는 사람이 받는 사람에게 베풀 경우에 받는 사람이 그 작용을 받을 경우 베푼 사람은 두 가지 복을 얻게 된다. 첫째는 베풂[의 행위]에서 생하는 것이고 둘째는 그 [받는] 작용에서 생하는 것이다. 또 어떤 사람이 화살로 다른 사람을 쏘았을 경우 그 화살이 사람을 죽였다면 두 가지 죄가 있게 되는 것과 같다. 첫째는 그 [화살을] 쏨에서 생기는 것이고 둘째는 [화살 맞은 사람을] 죽임에서 생기는 것이다. 만일 쏘긴 했지만 죽이지는 못했다면 쏜 사람은 단지 쏜 죄만 있지 [그 작용에서 생하는] 죽인 죄는 없다. 그러므로 게송에서 '죄 와 복은 그 작용에서 생한다.'고 설하는 것이다. 이런 것들을 여섯 가지 업이라고 부르고 일곱 번째는 '생각[思]'이라고 부른다. 이 일곱 가지가 바로 업의 모습을 구별해 보인 것이다. 이 업들은 금세나 후세의 과보를 초래하게 된다. 그러므로 확실히 업도 존재하고 그 과보도 존재하며 모든 법이 결코 공할 수는 없다.

【답】

생물을 죽이고 도둑질을 하여 생계를 유지해야 한다.'고 악한 행위를 마음먹은 순간 이후 그 행위를 하지 않아도 악행을 마음먹은 것이 원인이 되어, 항상 사람들에게 직접 드러나지 않는 악행이, 그에 수반되어 발생하는 것을 말한다. 또 어부가 그물을 준비한 이후 고기를 잡지 않아도 無表의 業이 그에 수반되어 발생한다.

11) 律儀無表業을 지칭하는 듯하다. 『월칭소』에서는 다음과 같이 설명한다. 예를 들어 '지금부터 나는 살생에서 손을 떼겠다.'고 마음먹는 것이 '번뇌로부터 떠난 無表'다.

12) 시주한 것을 승가교단에서 수용하여 쓰는 것이 그 예이다. 『월칭소』.

13) 살생하는 희생제를 지내는 神殿등을 건립하는 일에 시주하는 것에서 비롯되는 非福. 『월칭 소』.

14) (17-6) *tiṣṭhati〉 √sthā: (Sg. Ⅲ) 머물다. *ā: (전치사) ~ 까지. *pāka〉 √pac :

6) 業住至受報 是業卽爲常 若滅卽無業 云何生果報

업이 [그대로] 머물러서 과보를 받는 것데까지 이어진다면 이 업은 상주하는 것이 된다. [반대로] 소멸한다면 업이 없어진 것이니 어떻게 과보를 생하겠는가?

6) tiṣṭatyāpākakālāccetkarma tannityatāmiyāt/

niruddhaṃ cenniruddhaṃ satkiṃ phalaṃ janayiṣyati//[14)]

[만일] 업이 익을 때까지 존속한다면 그것은 상주하는 것이 되리라. [반대로 업이] 소멸해 버린다면 소멸한 존재가 어떻게 과보를 생하겠는가?

업이 만일 그대로 머물러 있다가 그 과보를 받는 것이라면 그것은 [업이] 상주한다는 말이 되는데 그것은 옳지 못하다. 왜 그런가? 업은 생멸의 모습을 띠고 있기에 단 한 순간도 머물러 있지 못하는데 하물며 과보를 받을 때까지 머물러 있겠는가? [반대로] 업이 소멸하는 것이라고 말한다면 소멸한 것은 존재하지 않는 것이니 어떻게 능히 그 과보를 생하겠는가?

【문】

7) 如芽等相續 皆從種子生 從是而生果 離種無相續

싹 따위가 상속하는 것이 모두 씨앗에서 생기는 것 같이 그것[싹]으로부터 결실이 생기고 씨앗 없이는 상속도 없다.

7) yo 'ṅkuraprabhṛtirbījātsaṃtāno 'bhipravartate/

(m.) 익음. 끓임, 삶음. *kālāt: (m. abl.) 시간, 때. *cet: 만일. *karman: (n) 업. *tan〉tat〉 tad: 그것. *nityatām: (f. Sg. acc.) 항구성, 영원. *iyāt〉 √i: (opt. Ⅲ) 가다. *niruddham〉 ni√rudh: (p.p.p.) 소멸. *cet: 만일. *niruddham: 상동. *sat: 존재. *kim: 어떤. *phalam〉 phala: 과보. janayiṣyati〉 √jan: (미래, Sg. Ⅲ) ~에서 生하다.

tataḥ phalamṛte bījātsa ca nābhipravartate//[15]
싹에서 시작하는 연속[상속]은 씨앗으로부터 출현한다. 그것[싹]으로부터 열매가 [출현한다]. 씨앗이 없다면 그것[연속체]은 출현하지 않는다.

8) 種有相續 從相續有果 先種後有果 不斷亦不常
종자[씨앗]로부터 상속이 있고 상속으로부터 과실(果實)이 있다. 종자가 먼저 있고 다음에 과실이 있으므로 단절된 것도 아니고 항상된 것도 아니다.[16]

8) bījācca yasmātsaṃtānaḥ saṃtānācca phalodbhavaḥ/
bījapūrvaṃ phalaṃ tasmānnocchinnaṃ nāpi śāśvataṃ//[17]
종자로부터 연속이, 또 그 연속으로부터 과실이 생기(生起)한다. 종자가 선행하고 과실이 있기 때문에 [종자와 과실의 관계가] 단절된 것도 아니고 항상된 것도 아니다.

---

15) (17-7) *yo〉 yaḥ: (관계대명사) which. *aṅkura: (m.) 싹, 풀. *prabhṛtiḥ: (f. nom.) ~에서 시작하다. *bījāt〉 bīja: (n. abl.) 씨앗, 종자. *saṃtāna: (m.) 연속. *abhipravartate〉 abhi-pra√vṛt: (ātm. Ⅲ) 출현하다, 일어나다. *tataḥ〉 tatas: (ad.) 그것으로부터, 거기서. *phalam〉 phala: (n. nom.) 과보, 결과, 결실. *ṛte: (abl. 지배) ~없이. *bījāt: (abl.) 상동. *sa〉 saḥ〉 tad: (m. nom.) 그것. *ca: 또. *na: ~이 아니다. *abhipravartate: 상동.
16) 제1 관인연품 제1, 2게 長行 참조.
17) (17-8) *bījāt〉 bīja: (n. abl.) 씨앗, 종자. *ca: 또. *yasmāt〉 yad: (관계대명사, abl.) from which. *saṃtānaḥ〉 saṃtāna: (m. nom) 연속, 相續. *saṃtānāt〉 saṃtāna: (m. abl.) 연속, 상속. *ca: 상동. *phala: 결실. *udbhavaḥ〉 udbhava: (m. nom.) 출현, 출생. *bīja: 상동. *pūrvam: 이전에. *phalam〉 phala: 상동. *tasmāt〉 tad: (abl.) 그러므로. *na: ~이 아니다. *ucchinnam: (p.p.p.) 단절된. *na: 상동. *api: ~도 역시. *śāśvatam〉 śāśvata: (a.) 常住, 영원의.
18) (17-9) *yas〉 yad: (관계대명사) *tasmāt〉 tad: (abl.) 그것. *citta: (n.) 思考, 의지,

9) 如是從初心 心法相續生 從是而生果 離心無相續
이처럼 초심으로부터 심법이 상속하여 생한다. 그것으로부터 결과가 생하고 마음을 떠나서는 상속도 없다.
9) yastasmāccittasaṃtānaścetaso 'bhipravartate/
tataḥ phalamṛte cittātsa ca nābhipravartate//[18]
무릇 마음의 연속[상속]은 그 마음에서 나타난다. 거기서 결실이 [나타난다]. 그것[마음의 연속]은 마음을 떠나서는 나타나지 않는다.

10) 從心有相續 從相續有果 先業後有果 不斷亦不常
마음으로부터 상속이 존재하고 상속으로부터 결과가 존재한다. 업이 먼저 존재하고 나중에 그 과보가 있는 것이기에 [업과 과보의 관계가] 단절된 것도 아니고 항상된 것도 아니다.
10) cittācca yasmātsaṃtānaḥ saṃtānācca phalodbhabaḥ/
karmapūrvaṃ phalaṃ tasmānnocchinnaṃ nāpi śāśvataṃ//[19]
그래서 마음으로부터 연속[= 상속]이 또 연속으로부터 결과가 생기(生起)한다. 업이 선행하고 결과[= 과보]가 있는 것이므로, 그러므로 단절된 것도 아니고 항상된 것도 아니다.

예를 들어 곡식의 낱알로부터 싹이 존재하게 되고 싹으로부터 줄기와 잎

마음. *saṃtāna: 상속, 연속. *cetasa> cetasaḥ> cetas: (n. abl.) 心. *abhipravartate> abhi-pra√vṛt: (ātm.) 움직이다, 일어나다. *tatas: 거기서, 그러므로. *phala: 과보, 결과. *ṛte: ~없이. *cittāt> citta: (abl.) 상동. *sa> saḥ> tad: (m. Sg. nom.) 그것.
19) (17-10) *cittāt> citta: (abl.) 마음. *yasmāt> yad: (관계대명사, abl.) ~로부터, ~때문에. *saṃtānah,> saṃtāna(Sg. nom.): 相續. *saṃtānāt> saṃtāna: (Sg. abl.) 상동. *phala: 결과. *udbhavaḥ: (m. nom.) 출현, 출생. *karman: 업. *pūrvam: 이전에. *tasmāt> tad: (abl.) 그것. *ucchinnam: (p.p.p.) 단절. *api: ~도 역시. *śāśvatam: 常住, 영원.

등의 상속이 존재하고 이런 상속으로부터 결과[열매]의 발생이 존재하는 것에서 볼 수 있듯이 종자를 떠나서는 상속하여 생하는 것이 존재하지 않는다. 그러므로 곡식의 낱알로부터 상속이 있게 되고 상속으로부터 그 결과가 존재하는 것이다. 종자가 먼저 있고 나중에 결과가 존재하게 되므로 [종자와 그 결과의 관계는] 단절된 것도 아니고 항상된 것도 아니다. 곡식 종자의 비유에서 볼 수 있듯이 업과 그 과보의 관계도 역시 마찬가지다. 처음 마음이 죄나 복을 일으키는데 마치 곡식 종자의 경우와 같이 그 마음으로 인하여 다른 마음[心王]이나 마음의 작용[心數法]이 상속하여 발생하고 결국 그 과보에까지 이르게 된다. [여기서] 먼저 업을 짓고 나중에 과보를 받으므로 [업과 과보의 관계는] 단절된 것도 아니고 항상된 것도 아니다. 만일 업을 떠나서 과보가 존재한다면 단절되어 있거나 항상된 것이리라. 이제 선업을 인연으로 하는 과보에 대해 설명해 보겠다.

11) 能成福德者 是十白業道 二世五欲樂 卽是白業報
능히 복덕을 성취시키는 것은 십백업도(十白業道)[20]이다. 두 세상의 오욕락이 바로 백업의 과보다.

11) dharmasya sādhanopāyāḥ śuklāḥ karmapathā daśa/
phalaṃ kāmaguṇāḥ paṃca dharmasya pretya ceha ca//[21]
열 가지의 깨끗한 업의 길[십백업도]은 법(法)을 달성하는 수단이다. 다섯 개의 욕락은 후세와 금세에서 법의 과보다.[22]

---

20) 十善業道라고도 한다.

21) (17-11) *dharmasya〉 dharma: (gen.) 法. *sadhana: (a.) 목표로 이끄는, 성취하는. *upāyāḥ〉 upāya: (m. Pl.) 방편, 수단. *śuklāḥ〉 śukla: (a. n. Pl. nom.) white, bright, clear. *karma〉 karman: (n.) 업. *pathā〉 pathāḥ〉 patha: (m. Pl.) 길. *daśa: 열, 10. *phala: 과보, 결과. *kāmaguṇāḥ〉 kāmaguṇa: (m. Pl.) 애정, 욕락. *paṃca: 다섯, 5. *pretya〉 pra + √i +tya(절대분사): 죽고 나서. *iha: 여기서.

22) 선업을 지으면 금생이나 내생에 오욕락의 과보를 받는다는 뜻.

희다[白]는 것은 선하고 청정한 것을 일컫는다. 복덕의 인연을 성취한다는 것은 다음과 같다. 이 열 가지의 길[십백업도]로부터 죽이지 않고[불살], 훔치지 않고[부도], 삿된 음행을 하지 않고[불사음], 거짓말하지 않으며[불망언], 한 입으로 두말하지 않고[불양설][23], 험한 욕을 하지 않고[불악구], 쓸모없는 말도 하지 않고[불무익어], 시샘하지 않고[부질], 화내지 않으며[불에], 잘못된 세계관을 갖지 않는 것[불사견][24]이 발생한다. 이것을 선이라고 부른다. 몸이나 입이나 생각으로 이런 과보를 생하는 사람은 금세에는 명예와 이익을 얻고 후세에는 천상이나 인간계의 고귀한 곳에 태어나게 된다.

비록 보시나 공경 등 갖가지 복덕이 있기는 하지만 요약해서 말하면 모두 이 십선도(十善道) 가운데 포함된다.

【답】

12) 若如汝分別 其過則甚多 是故汝所說 於義則不然

만일 그대의 분별과 같다면 그 잘못은 매우 크다. 그러므로 그대가 말한 바는 그 이치에 있어서 옳지 못하다.

12) bahavaśca mahāntaśca doṣāḥ syurapi kalpanā/
yadyeṣā tena naivaiṣā kalpanātropapadyate//[25]

만일 이와 같은 분별이 존재한다면 엄청난 잘못이 있게 되리라. 그러므로 이런 분별은 여기서 결코 성립하지 않는다.[26]

만일 업과 그 과보가 상속하기 때문에 곡식에 비유를 하는 것이라면 그 잘못은 매우 크다. 그러나 여기서는 자세히 설명하지 않았다. 그대가 설명한

---

23) 이간질하는 말, 즉 험담.

24) 잘못된 종교관을 갖지 않는 것도 포함된다.

25) (17-12) *bahava: (m.) 生起, 존재. *mahāntaś〉 mahāntaḥ〉 mahat: (a. m. Pl. nom.) 큰, 엄청남. *ca: 또. *doṣāḥ〉 dosa: (m. Pl. nom.) 잘못, 결함. *syur〉 √as: (opt. Pl. Ⅲ) ~이리라. *kalpanā: (f.) 가설, 허구, 분별. *eṣā〉 etad: (f. Sg. nom.) 이것. *tena〉 tad: (ins.) *atra: 여기서. *upapadyate〉 upa√pad: (수동태) 성립하다.

26) 『무외소』에서는 반대자의 게로 본다.

곡식의 비유는 비유가 되지 못한다. 왜 그런가? 곡식은 만져지기도 하고 그 형태도 있으며 상속이 존재한다는 것을 볼 수 있다고 말하지만 내가 생각하는 바로는 그 말에 대해서도 용납할 수가 없다. 그런데 하물며 마음이나 업과 같이 만질 수도 없고 형태도 없고 볼 수도 없는 것은 어떠하겠는가? 계속 생멸하여 머무르지 않는데 상속함을 바란다니 이것은 옳지 못하다. 또 곡식의 씨앗으로부터 싹 등의 상속이 존재한다면 [씨앗이] 소멸한 다음에 상속하겠는가 아니면 소멸하지 않고서 상속하겠는가? 만일 곡식의 씨앗이 소멸하고 나서 상속한다면 그것은 원인 없는 꼴이 되고 만일 곡식의 씨앗이 소멸하지 않고서 상속하는 것이라면 [소멸하지 않고 싹의 상태에도 겹쳐서 그대로 존재할] 그 곡식의 씨앗으로부터 항상 모든 곡식이 생기게 되리라. 만일 이렇게 된다면 곡식의 씨 한 알에서 이 세상의 모든 곡식이 생길 것이다. 그러므로 이것은 옳지 못하다. 그러므로 업이 그 과보로 상속한다는 것은 옳지 못하다.

【문】

13) 今當復更說 順業果報義 諸佛辟支佛 賢聖所稱歎
이제 또 업에 순응하는 과보의 의미를 다시 설명하리라. [그것은] 모든 부처님들과 벽지불들, 또 현성(賢聖)들께서 칭찬하시고 찬탄하신 것이다.

13) imāṃ punaḥ pravakṣyāmi kalpanāṃ yātra yojyate/
buddhaiḥ pratyekabuddhaiśca śrāvakaiścānuvarṇitāṃ//[27]
다시 모든 부처님들과 벽지불들과 성문들에 의해 칭송되었고 이 경우에 적합한 사고방식을 나는 [이제] 설명하리라.

---

27) (17-13) *imām> idam: (f. Pl. acc.) 이것. *punaḥ> punar: 다시, 더욱이. 47). *pra

그것은 이른바 다음과 같다.

> **14) 不失法如券 業如負財物 此性則無記 分別有四種**
> **'불실법[없어지지 않는 법]'[28]은 채권과 같고 업은 빚진 재물과 같다. 그것의 성품은 무기성(無記性)[29]이고 분별하자면 네 종류[30]가 있다.**
> **14) pattraṃ yathā 'vipraṇāśastathārṇamiva[31] karma ca/ caturvidho dhātutaḥ sa prakṛtyā 'vyākṛtaśca saḥ//[32]**
> **예를 들어 '없어지지 않는 것'은 채권과 같고 행위는 부채와 같은 것이다. 그것[= 없어지지 않는 것]은 계(界)로 말하면 네 종류이며 본성으로 보면 무기성이다.**

---

vakṣyāmi〉 pra/vac: (미래, Sg. Ⅰ) 공언하다. 선언하다. *kalpanā: 분별. *yā〉 yad: (관계대명사, f. Pl. nom.) who. *atra: 여기서. *yojyate(= yujyate)〉 √yuj: (수동태) 타당하다, 적합하다. *buddhaiḥ〉 buddha: (Pl. ins.) 부처. *pratyekabuddhaiś〉 pratyekabuddha: (ins.) 벽지불, 獨覺, 緣覺. *ca: 그리고. *śrāvakaiś〉 śrāvakaiḥ〉 śrāvaka: 聲聞. *ca: 상동. *anuvarṇitām〉 anu√varṇ: (p.p.p.) 說하다, 宣說하다, to mention, describe, recount, to praise.

28) 不失法: 正量部에서 말하는 업의 담지체(『길장소』, 대정42, p.1211b). 『阿毘達磨界身足論』에 의하면 心所法중 十大地法의 하나인 念이 不失法이다. '念은 무엇인가? 念은 隨念, 別念, 憶念이라고 한다. 憶念性은 不忘性이고 不忘法은 不失性이며 不失法은 不忘失性이다. 心에 명확히 記憶되는 것을 念이라고 한다.' 대정26, p.614c.

29) 善, 惡, 無記의 三性중 無記.

30) 欲界, 色界, 無色界, 無漏界의 넷.

31) tathārṇamiva: Poussin本 Prasannapadā나 三枝充悳의 번역서에는 tathārṇamiva로 되어 있으나 청목소의 한역문과 대조하면 tathā-ṛṇam-iva가 옳다. K. Inada도 이렇게 본다.

32) (17-14) *pattram〉 pattra: (n. nom.) 깃털, 잎, 금박조각, 돈. *yathā: ~ 처럼. *avipraṇāśa: (m.) 소멸되지 않는 것, 不失. *tathā: 그와 같이. *ṛṇam: (m.) 負債, 의무. *iva: 그와 같은, 바로 그러한. *karma: 업. *ca: 그리고. *catur: 넷, 4. *vidha: 종류. *dhātutaḥ〉 dhātu(界) + tas(abl. 부사화 어미). *saḥ〉 sa〉 tad: (m. Sg. nom.) 그것, 그자. *prakṛtyā〉 prakṛti: (f. abl.) 본성, 본질. *avyākṛta: 無記性(善도 惡도 아닌 것). *ca: 상동. *saḥ: 상동.

15) 見諦所不斷 但思惟所斷 以是不失法 諸業有果報
사제(四諦)의 관찰[= 견도(見道)]에 의해 끊는 바가 아니고 오직 사유수(思惟修)[= 수도(修道)]로 끊어진다. 이런 불실법으로 모든 업이 그 과보를 갖게 된다.

15) prahāṇato na praheyo bhāvanāheya eva vā/
tasmādavipraṇāśena jāyate karmaṇāṃ phalaṃ//33)
[見道의 四諦 관찰을 통한 끊음인] 단(斷)에 의해 끊어지지 않고 실로 수도(修道)34)에 의해서 끊어진다. 그러므로 '없어지지 않는 것[= 不失法]'에 의해 갖가지 업의 과보가 생하는 것이다.

16) 若見諦所斷 而業至相似 則得破業等 如是之過咎
만일 사제(四諦)의 관찰[見道]에 의해 끊어져도 업이 비슷하게 도달한다면35) 업을 파하는 따위의 그런 허물이 있게 된다.

16) prahāṇataḥ praheyaḥ syātkarmaṇaḥ saṃkrameṇa vā/
yadi doṣāḥ prasajyeraṃstatra karmavadhādayaḥ//36)
만일 [그 不失法이 見道의] 단(斷)에 의해 혹은 업의 이전(移轉)에 의해 끊어진다면 거기서는 업의 파괴라는 오류에 빠지게 된다.

---

33) (17-15) *prahāṇato〉 prahāṇa(끊음, 추상작용, 사변) + tas(abl. 부사화 어미). *na: 부정의 뜻. *praheya〉 pra√hā: (미래수동) 끊다, 버리다, 제거하다. *bhāvanā: (f.) 修習, 修道. *heya〉 √hā: (미래수동) 끊다, 버리다. *eva: 실로, 결코. *vā: 혹은. *tasmāt〉 tad: (abl.) 그것. *avipraṇāśena〉 avipraṇāśa: (ins.) 不失. *jāyate〉 √jan: (수동태) 生하다. *karmaṇām〉 karman: (Pl. gen.) 업, 행위. *phalam〉 phala: 과보.

34) 아비달마교학에서 얘가하는 四向四果중 豫流果 이상의 聖人들의 수행 단계.

35) [2020년 개정본 주] 이에 대한 길장의 주석 가운데 한 가지를 소개하면 다음과 같다. "若見諦所斷 而業至相似者 第五破異門 影師云 見諦所斷都無 無記一向得報 此不失法 若為見諦所斷便得報 其已是無記復得無記報 故云至相似 無記得報名破業也."『中

17) 一切諸行業 相似不相似 一界初受身 爾時報獨生
일체의 모든 행업은 비슷하건 비슷하지 않건 하나의 계에서 처음 몸을 받는 그때 그 과보가 홀로 생한다.
17) sarveṣāṃ visabhāgānāṃ sabhāgānāṃ ca karmaṇāṃ/
pratisaṃdhau sadhātūnāmeka utpadyate tu saḥ//[37]
동류(同類)[38] 또는 동류가 아닌 같은 계의 모든 업들이 결합할 때에는 그것[불실법] 하나만이 발생한다.

18) 如是二種業 現世受果報 或言受報已 而業猶故在
이처럼 두 가지의 업은 현세에 그 과보를 받는다. 혹은 과보를 받고 나서도 그 업은 아직 존속한다고도 말한다.
18) karmaṇaḥ karmaṇo dṛṣṭe dharma utpadyate tu saḥ/
dviprakārasya sarvasya vipakve 'pi ca tiṣṭhati//[39]
두 가지 종류[40]의 모든 업 하나하나의 경우 현재 눈앞에서 그 법이 생하기도 하지만 또는 [과보가] 익을 때[까지][41] 존속하기

觀論疏』, 대정42, p.120c.
36) (17-16) *prahāṇataḥ〉 prahāna(斷) + tas(abl. 부사화). *praheya〉 pra√hā: (미래수동) 끊다, 버리다, 제거하다. *syat〉 √as : (opt. Sg. Ⅲ) ~이리라. *karmaṇaḥ〉 karman: (n. gen.) 업, 행위. *saṃkramena〉 samkrama: (m. ins.) 진보, 이전. *vā: 혹은. *yadi: 만일. *doṣāḥ〉 doṣa: (m. Pl. nom.) 결점, 결함. *prasajyeraṃ〉prasajyeran〉 pra√sañj: (ātm. opt. Pl. Ⅲ) ~가 수반된다, ~에 떨어진다. *tatra: 거기서. *karman: 상동. *vandha: (m.) 파괴자. *ādayaḥ〉 ādi: (Pl.nom.) ~ 등.
37) (17-17) *sarveṣam〉 sarva: (Pl. gen.) 일체의, 모든. *visabhāgānām〉 vi(결여, 분리의 뜻) + sabhāga(同分, 相似): (Pl .gen.) 同分이 아닌. *sabhāgānām〉 sabhāga(同分, 相似): (Pl .gen.) 同分의. *ca: 그리고. *karmaṇaḥ〉 karman: (Pl. n. gen.) 業. *pratisaṃdhau〉 pratisaṃdhi: (m. loc.) 결합, 탁생, 胎중에 다시 들어가는 것. *sa ~와 함께하는, ~와 같은. *dhātūnām〉 dhātu: (Pl. gen.) 界. *eka: 하나. *utpadyate〉 ut√pad: 발생하다. *tu: 그러나. *saḥ〉 tad: 그것, 그자.
38) 同分으로도 번역된다. 『俱舍論』에서는 衆同分(nikāya-sabhāga)이라고 한다.

도 한다.

19) 若度果已滅 若死已而滅 於是中分別 有漏及無漏
혹은 과보를 건너고 나서 소멸하거나 혹은 죽고 나서 소멸한다.
거기서 유루와 무루를 분별한다.
19) phalavyatikramādvā sa maraṇādvā nirudhyate/
anāsravaṃ sāsravaṃ vibhāgaṃ tatra lakṣayet//[42)]
그것[불실법]은 과보를 초월[43)]하고 나서 혹은 죽고 나서 소멸된다. 거기서 유루, 무루의 구별이 인지될 것이다.

불실법[= 없어지지 않는 법]이란 것은 채권과 같은 것임을 알아라. 업은 구입한 물건과 같다. 이 불실법은 욕계에 매여 있거나 색계에 매여 있거나 무색계에 매여 있기도 하고 어느 곳에도 매여 있지 않은 것도 있다. 또 선, 불선, 무기[의 三性] 중에서 분별해 보면 이것은 무기성(無記性)이다. 이 무기의 의미에 관해서는 아비달마에 자세히 설명되어 있는데 '사제(四諦)의 관찰[見道]'로는 끊어지지 않는다. 하나의 과(果)에서 다른 하나의 과에 이르는[44)]

39) (17-18) *karmaṇaḥ〉 karman: (n. Sg. gen.) 업. *karmaṇo〉 karmaṇaḥ: 상동. *dṛṣṭe〉 dṛṣṭa: (loc.) 現見. *dharma: 법. *utpadyate〉 ut√pad: 발생하다. *tu: 그러나. *saḥ〉 tad: (m. Sg. nom.) 그것, 그자. *dvi: 2. *prakārasya〉 prakāra: (gen.) 종류. *sarvasya〉 sarva: (gen.) 모든, 일체의. *vipakve〉 vipakva: (a. loc.) 요리된, 익은, 異熟의. *api: ~도 역시. *ca: 그리고. *tiṣṭhati〉 √sthā: (Sg. Ⅲ) 머물다.
40) 思業과 思已業 혹은 有漏業과 無漏業(『월칭소』).
41) 異熟을 의미한다.
42) (17-19) *phala: 과보. *vyatikramāt〉 vyatikrama: (m. abl.) ~에서 벗어나다. *vā: 혹은. *sa〉 saḥ〉 tad: 그것, 그자. *maraṇāt〉 maraṇa〉√mṛ: (n. abl.) 死滅. *vā: 혹은. *nirudhyate〉 ni√rudh: (수동태) 소멸하다. *anāsravam〉 an(부정의 뜻) + āsrava(漏, 번뇌): 無漏. *sāsravam〉 sa(~과 함께하는) + āsrava: 有漏. *vibhāgam〉 vibhāga: (m.) 차이, 구분, 배분. *tatra: 거기서. *lakṣayet〉 √lakṣ: (10류 동사, opt.) 지시하다, 형상을 띠다.
43) 즉 修道를 닦음에 의해. 上果를 얻으면 下果를 버리는 것(『길장소』, 대정42, p.121a).

수도(修道)의 단계에서 끊어진다. 그러므로 모든 업은 불실법이 있음으로 인해 그 과보가 생한다. 만일 [불실법이 수도 이전의] 사제의 관찰[見道]에 의해 끊어져서 업이 비슷하게 도달한다면 업을 파하는 허물이 있게 된다. 이것에 관해서는 아비달마에 자세히 설명되어 있다.

다시 불실법에 대해 설명해 보겠다. 하나의 계에서 그 업들이 비슷하건 비슷하지 않건 처음 몸을 받을 때 과보가 홀로 생한다. 현재의 몸에 있어서는 업으로부터 다시 업이 생기는데 이 업은 두 가지가 있어서 그 비중에 따라 과보를 받는다. 혹은 이 업은 그 과보를 받고도 업이 아직 남아 있기도 하는데 순간순간 소멸하는 것이 아니기 때문이다. 과보를 초월하는 단계[修道]를 지나 소멸하든지 죽고 나서 소멸한다는 것[에 대해 설명해 보겠다]. 수다원과(須陀洹果) 등은 과(果)를 지난 후 [불실법이] 소멸하고 범부들과 아라한은 죽고 나서야 [불실법이] 소멸한다.[45] 여기서 유루와 무루를 분별한다는 것[에 대해 설명해 보자]. 수다원등의 성현들로부터 유루, 무루 등을 분별해야 한다.[46]

【답】 지금까지의 설명의 의미는 모두 단견(斷見)이나 상견(常見)의 과오를 떠나지 못한다. 그러므로 이 역시 용납할 수 없다.

【문】 만일 그렇다면 업도 없고 그 과보도 없다는 말이 된다.

【답】

20) 雖空亦不斷 雖有亦不常 業果報不失 是名佛所說[47] 비록 공하지만 단멸이 아니고 비록 존재하지만 상주는 아니다.

44) 四向四果중 예류과 이후 일래과 불환과 아라한과에로의 상승을 의미한다.

45) 이에 대해 吉藏은 다음과 같이 설명한다: '羅漢 無上果可度故 業與報死已便滅 凡夫亦無果可度 一形之業與一形之報 死已而滅也.' 대정42, p.121a.

46) '첫째, (上)果를 얻으면 (下)果를 버린다. 이 두 가지 滅은 오직 무루 이다. 둘째, 범부의 業果가 滅하는 것은 오직 有漏이다. 셋째, 아라한은 버리기에 業과 그 果報身은 유루이다. 만일 智를 버리고 열반에 드는 것은 무루이다.' 『길장소』, 대정42, pp.121a-b.

업과 그 과보가 잃어지지 않음은 부처님께서 설하신 것이다.

20) śūnyatā ca na cocchedaḥ saṃsāraśca na śāśvataṃ/
karmaṇo 'vipraṇāśaśca dharmo buddhena deśitaḥ//[48]
부처에 의해 교시된 업의 불실이라는 법은 공성이나 단멸이 아니며 윤회하나 상주가 아니다.

이 논[『中論』]이 설명하는 바의 이치는 단견이나 상견을 떠나 있다.[49] 왜 그런가? 업은 필경 공하여 적멸한 모습이고 그 실체[自性]는 존재하지 않으니 어떤 존재가 단멸일 수 있고 어떤 존재가 상실될 수 있겠는가? [그러나 다만] 전도망상으로 인하여 생사를 왕래하는 것이다. 또 상주할 수도 없다. 왜 그런가? 만일 존재[法]라는 것이 전도망상으로부터 일어나는 것이라면 이것은 허망하여 그 실체가 없는 것이다. 실체가 없으니 상주하는 것이 아니다. 또 전도망상에 탐착하여 실상을 알지 못하기에 '업은 불실이다.'라고 말하는 것이다. 이상은 부처님께서 말씀하셨던 바이다.

다시 설명해 보자.

21) 諸業本不生 以無定性故 諸業亦不滅 以其不生故[50]
모든 업은 그 결정된 성품이 없기 때문에 본래 생하지 않는다.
모든 업은 생하는 것이 아니기에 소멸하는 것도 아니다.

21) karma notpadyate kasmān niḥsvabhāvaṃ yatastataḥ/
yasmācca tadanutpannaṃ na tasmādvipraṇaśyati//[51]

---

47) 청목은 이것을 용수의 게송이라고 봤지만 월칭소에서는 반대론자의 게송 으로 본다.
48) (17-20) *śūnyatā: (f.) 空性. *ca: 그리고. *na: ~ 아니다. *ca: 상동. *uccheda: : 斷滅. *saṃsāra: 윤회. *ca *na *śāśvata: 常住, 恒常, 영원. *karmaṇo> karmaṇaḥ> karman: (n. gen.) 업, 행위. *vipraṇāśa: (m.) 不失. *ca: 상동. *dharma: 상동. *buddhena> buddha: (ins.) 부처. *deśitaḥ> √diś: (p.p.p. 使役) 가르치다.
49) 길장은 『中論』의 '中'의 의미가 바로 이 구절이라고 설명한다(대정42, p.1).

무엇 때문에 업은 생하지 않는 것일까? 왜냐하면, 자성이 없는 것이기 때문이다. 또 그것은 발생하지 않는 것이기 때문에 소멸하지도 않는다.

22) 若業有性者 是則名爲常 不作亦名業 常則不可作

만일 업이 그 성품이 있다면 그것은 상주한다는 말이 되고 짓지 않은 것도 역시 업이라고 부르게 된다. 상주하는 것이라면 지어질 수 없다.

22) karma svabhāvataścetsyācchāśvataṃ syādasaṃśayaṃ/
akṛtaṃ ca bhavetkarma kriyate na hi śaśvataṃ//[52]

만일 업이 자성[실체]을 갖는 존재라고 한다면 의심의 여지 없이 [그것은] 상주하리라. 또 업은 지어지지 않는 것이 되리라. 왜냐하면, 상주하는 것은 지어지지 않기 때문이다.

---

50) 『월칭소』 등에서는 반대론자의 게송으로 본다.

51) (17-21) *karman *na *utpadyate〉 ut√pad: (수동태) 발생하다. *kasmāt〉 kim: (abl.) 무엇 때문에. *niḥsvabhāvam〉 niḥ + svabhāva: (m.) 無自性, 실체 없는. *yatas: ~ 때문에. *tatas: 그 때문에. *yasmāt〉 yad: (관계대명사, abl.) *ca: 그리고. *tad: 그것. *anutpannam〉 an + ut√pad: (p.p.p.) 발생하지 않는. *na *tasmāt〉 tad: (abl.) 그것. *vipraṇaśyati〉 vipra√naś: (미래, Sg. Ⅲ) 소실되다.

52) (17-22) *karman: 업. *svabhāvatas〉 svabhāva(자성, 실체) + tas(부사화). *cet: 만일. *syāt〉 √as: (opt. Sg. Ⅲ) ~이리라. *śāśvata: 상주하는, 항상된. *syāt: 상동. *asaṃśayam〉 a + saṃśayam: 의심 없이, 확실히. *akṛtam〉 a(부정의 뜻) +kṛta(p.p.p.): 지어지지 않은. *ca: 상동. *bhavet〉 √bhū: (opt.) ~ 되리라. *karman: 업. *kriyate〉 √kṛ: (수동태) 짓다. *na: ~아니다. *hi: 왜냐하면, 실로. *śāśvata: 상동.

53) 청정한 不淫行.

54) (17-23) *akṛta〉 a(부정의 뜻) + kṛta(p.p.p.)〉 √kṛ: 지어지지 않은. *abhyāgama: (m.) 접근, 도착, 결과에 이르는 것. *bhaya: (m.) 두려움, 공포. *syāt〉 √as: (opt.) ~ 이리라. *karma: 업. *akṛtakam: 지어지지 않은 것. *yadi: 만일. *abrahmacarya〉

23) 若有不作業 不作而有罪 不斷於梵行 而有不淨過
만일 짓지도 않은 업이 존재한다면 짓지도 않고 죄가 있게 되고 범행(梵行)[53]을 끊지 않았는데도 부정하게 되는 오류에 빠진다.
23) akṛtābhyāgamabhayaṃ syātkarmākṛtakaṃ yadi/
abrahmacaryavāsaśca doṣastatra prasajyate//[54]
만일 지어지지도 않은 업이 존재한다면 짓지도 않았는데 [과보를] 받는다는 두려움이 있게 되리라. 그리고 그 경우에는 범행에 머물지 않는다는 오류에 떨어지게 된다.

24) 是則破一切 世間語言法 作罪及作福 亦無有差別
그것은 세간의 모든 언어법칙을 파괴하게 된다. 죄를 짓거나 복을 짓는 것도 역시 차별이 없어진다.
24) vyavahārā virudhyante sarva eva na saṃśayah/
puṇyapāpakṛtornaiva pravibhāgaśca yujyate//[55]
[그렇다면] 일체의 언어관습[56]과 모순되는 것은 의심할 여지가 없다. 그리고 복덕을 행하는 자와 죄악을 행하는 자를 구별하는 것도 실로 불합리하게 된다.

---

a(부정의 뜻) + brahmacarya: 非梵行, 청정하지 못한 行. *vāsa: (m.) 주거, 휴식. *ca *doṣa: 오류. *tatra: 거기서. *prasajyate> pra√sañj: 수반하다, 떨어지다.

55) (17-24) *vyavahārā> vyavahārāḥ: (m. Pl. nom.) 풍습, 관계, 세간의 언어규칙. *vir udhyante> vi√rudh: (수동태, Pl.) 위배하다, 배반하다. *sarva: 일체의. *eva: 실로. *na: ~아니다. *saṃśaya: (m.) 의심. *puṇya: 福德, 공덕. *pāpa: 악한, 죄악의. *kṛt or> kṛtoḥ> kṛtṛ: (Du. gen.) 행위자. *na: ~아니다. *eva: 실로, 결코. *pravibhāga: 구분. *ca: 상동. *yujyate> √yuj: (수동태) 타당하다.

56) vyavahāra satya는 saṃvṛtti satya와 함께 世俗諦를 의미한다.

57) (17-25) *tad: 그것. *vipakva: (a.) 익은. *vipākam> vipāka: (a.) 익은, 異熟. *ca: 그리고. *punar: 다시 *eva:실로. *vipakṣyati> vi√pac: (미래). 익다. *karman: 업.

25) 若言業決定 而自有性者 受於果報已 而應更復受
만일 업이 결정적이어서 그 자성이 존재하는 것이라면 과보를 받고 나서 다시 또 받아야 하리라.
25) tadvipakvavipākaṃ ca punareva vipakṣyati/
karma vyavasthitaṃ yasmāttasmātsvābhāvikaṃ yadi//[57)]
만일 업이 확립되어 있기 때문에 그 때문에 자성이 존재하는 것이라고 한다면 이미 익은 과보[異熟]가 그야말로 다시 익게 될 것이라는 꼴이 된다.

26) 若諸世間業 從於煩惱生 是煩惱非實 業當何有實
만일 세간의 갖가지 업들이 번뇌로부터 생기는 것이라면 이 번뇌는 참된 것이 아닌데 업이 어떻게 참될 수 있겠는가?
26) karma kleśātmakaṃ cedaṃ te ca kleśā na tattvataḥ/
na cette tattvataḥ kleśāḥ karma syāttattvataḥ kathaṃ//[58)]
또 이 업은 번뇌를 본질로 하는 것이다. 그러나 그런 갖가지 번뇌들은 진실된 것이 아니다. 만일 그런 갖가지 번뇌들이 진실되게 있는 것이 아니라면 어떻게 업이 진실되게 존재하겠는가?

제일의제(第一義諦)에서 보면 모든 업들은 생하는 것이 아니다. 왜 그런가? 그 자성[= 실체]이 없기 때문이다. [또] 생하지 않기 때문에 멸하지도

---

*vyavasthitam〉 vyava√sthā: (p.p.p.) 정착된, 확립된. *yasmāt〉 yad: (관계대명사, abl.) ~때문에. * tasmāt〉 tad: (abl.) 그 때문에. *svābhāvikam〉 svābhāva + ika(형용사화): 실체적인, 自性的인. *yadi: 만일.

58) (17-26) *karman: 업. *kleśa: 번뇌. *ātmaka: (a.) ~성질을 가진. *ca: 그리고. *idam: 이것. *te〉 tad: (m. Pl. nom.) 그것들이. *ca: 상동. *kleśāḥ〉 kleśa(Pl.nom.) 번뇌. *na: ~아니다. *tattvataḥ〉 tattva(진실) + tas(abl. 부사화): 진실로부터. *na: 상동. *cet: 만일. *te: 상동. *tattvataḥ: 상동. *kleśāḥ: 상동. *karman: 업. *syat〉 √as: (opt.) ~이리라. *tattvataḥ: 상동. *katham: 어떻게.

않는 것이지 상주하기 때문에 멸하지 않는 것이 아니다.[59] 만일 그렇지 않다면 업의 자성[실체]이 결정적으로 존재해야 한다. 만일 업이 결정적 자성이 있다면 상주할 것이다. 그래서 만일 상주한다면 업을 짓지 못하게 된다. 왜 그런가? 상주하는 법은 [새로] 짓지 못하기 때문이다.

또 만일 짓지도 않은 업이 존재한다면 다른 사람이 지은 죄인데 그 과보를 이 사람이 받게 되고, 다른 사람이 범행(梵行)을 끊었는데 이 사람이 죄가 있는 꼴이 되어 세속의 법도를 파괴하게 된다. 만일 미리 존재하는 것이라면 겨울은 결코 봄이 된다고 생각해서는 안 되고 봄은 결코 여름이 된다고 생각해서는 안 되는 것 같은 그런 잘못이 있게 된다.

또 복을 짓는 사람이나 죄를 짓는 사람이 차이가 없게 된다. 보시나 지계 등의 업을 일으키는 것을 복을 짓는다고 말하고 살생이나 도둑질 등의 업을 일으키는 것을 죄를 짓는다고 말한다. 그런데 짓지도 않고 업이 존재하게 되면 그런 구별이 없어진다.

또 이런 업이 결정적으로 그 자성이 존재한다면 한 번 그 과보를 받고 난 후에도 [업이 그대로 남아 있을 테니] 다시 또 [그 과보를] 받아야 하리라. 그러므로 그대가 '불실법이므로 업보가 존재한다.'라고 말한 것은 이런 여러 가지 잘못이 있다.

또 혹은 업이 번뇌에서 일어나는 것이라고 하는데 이런 번뇌는 결정적으로 존재하는 것이 아니라 단지 망상분별로부터 존재하게 되는 것이다. 만일 이렇게 모든 번뇌가 그 실체가 없다면 어떻게 업이 실체가 있겠는가? 왜 그런가? 그 자성이 없는 것에 의존[因]하여 존재하니 업도 역시 자성이 없는 것이다.

【문】 모든 번뇌와 업이 그 자성이 없고 실체가 없는 것이라고 하지만 지

---

59) 흔히 眞我는 不生不滅하기에 영원하다는 인식이 있지만 이 구절로 미루어 볼 때 그것은 常邊見으로 옳지 않다.

금 과보로 받은 이 몸뚱이가 역력히 존재하니 [번뇌와 업은] 응당 그 실체가 있어야 한다.

【답】

27) 諸煩惱及業 是說身因緣 煩惱諸業空 何況於諸身
모든 번뇌와 업은 몸뚱이의 인연이다. 번뇌와 모든 업이 공한데 하물며 모든 몸뚱이는 어떠하겠는가?
27) karma kleśaśca dehānāṃ pratyayāḥ samudāhṛtāḥ/
karma kleśaśca te śūnyā yadi deheṣu kā kathā//60)
업과 번뇌들은 신체들의 연(緣)들이라고 설해지고 있다. 만일 그 업과 번뇌들이 공하다면 신체들에 있어서 무슨 말을 하겠는가?

현성(賢聖)들께서는 번뇌와 업이 몸뚱이의 인연이 된다고 말씀하셨다. 이 가운데서 갈애가 능히 생에 양분을 주고 업이 능히 상중하나 잘생기고 못생기거나 귀하거나 천한 따위의 과보를 생하게 한다. 지금 모든 번뇌와 업은 아무리 추구해 보아도 결정적인 성품이 없었는데 하물며 [과보인] 몸뚱이들이 결정적 성품이 있겠는가? 왜냐하면, 과보는 인연에 따라가기 때문이다.

【문】 그대가 비록 갖가지 까닭을 들어 업과 과보를 논파하지만, 경전에서

---

60) (17-27) *karman: 업. *kleśāḥ: (Pl. nom.) 번뇌들이. *ca: 그리고. *dehānām〉deha: (m. n. Pl. gen.) 신체, 덩어리. *pratyayāḥ〉 pratyaya: (Pl. nom.) 緣. *samudāhṛtāḥ〉 sam + ud + ā√hṛ: (p.p.p. Pl. nom.) 宣說하다. *karma: 업. *kleśāś〉 kleśa: 번뇌, 結使. *ca: 그리고. *te〉 tad: (Pl. nom.) 그. *śūnyā〉 śūnyāḥ: (a. Pl. nom.) 空虛한. *yadi: 만일. *deheṣu〉 deha: (Pl. loc.) 상동. *kā〉 kim: (f. Pl. nom.) 어떤. *kathā: (f.) 언설, 말.

61) (17-28) *avidyā: (f.) 無明, 어리석음. *nivṛta〉 ni√vṛ: (p.p.p.) 은폐된, 幽閉된. *jantu: (m.) 生者, 生類. *tṛṣṇā: 갈애, 욕망. *saṃyojana: (n.) 결합. *ca: 그리고. *saḥ〉 tad: 그것, 그자. *sa〉 saḥ: 상동. *bhoktā〉 bhoktṛ: (Sg. nom.) 享受者, 받는자. *sa: 상동. *ca: 그리고. *na: ~아니다. *kartṛ〉 kartuḥ: (m. abl. gen.) 행위자. *anya: 다른. *na: 상동. *ca: 상동. *sa: 상동. *eva : 실로, 결코. *saḥ: 상동.

28) 無明之所蔽 愛結之所縛 而於本作者 不即亦不異
무명에 덮이고 갈애(渴愛)에 묶여 있고 본래의 짓던 놈은 [지금의 나와] 같지도 않고 다르지도 않다.
28) avidyānivṛto jantustṛṣṇāsaṃyojanaśca saḥ/
sa bhoktā sa ca na karturanyo na ca sa eva saḥ//[61]
살아 있는 놈은 무명에 덮이고 갈애에 매여 있다. 그는 [업의 과보를] 받는 자이다. 또 [업을] 지었던 자와 다른 것도 아니고 바로 그것[= 같은 것]도 아니다.

는 업을 일으키는 사람이 존재한다고 설한다. 업을 일으키는 사람이 존재하므로 업도 존재하고 그 과보도 존재한다. 그것은 다음과 같은 설명에서와 같다.

『무시경(無始經)』에서는 다음과 같이 설한다. '중생은 무명에 덮이고 갈애에 매여 무시의 생사 가운데 왕래하며 갖가지 고통과 쾌락을 받는다.'[62] 지금 [그런 과보를] 받는 자는 앞서서 짓던 자와 동일하지도 않고 다르지도 않다. 바로 이 사람이 죄를 지어 [다시 태어날 때] 소의 형상을 받는다고도 하는데 사람이 소가 될 수도 없고 소가 사람이 될 수도 없다. [그렇다고] 만일 다르다고 한다면 업과 과보의 법칙을 잃어버려 무인론(無因論)에 떨어지고 만다. 무인이라면 [업이] 단절되어 소멸했다[斷滅]는 말이 된다. [그러나 그럴 수는 없다.] 그러므로 지금 [과보를] 받는 자는 먼저 [업을] 지었던 자와 같지도 않고 다르지도 않다.

【답】

29) 業不從緣生 不從非緣生 是故則無有 能起於業者

62) 『잡아함경』, 대정2, p.69b 등 ; 제11 관본제품 제1게 주석 참조.

업은 연(緣)에서 생하는 것도 아니고 연 아닌 것에서 생하는 것도 아니다. 그러므로 능히 업을 일으키는 자는 없다.

29) na pratyayasamutpannaṃ nāpratyayasamutthitaṃ/
asti yasmādidaṃ karma tasmātkartāpi nāstyataḥ//[63)]

이 업은 연에서 생기[緣起]하는 것도 아니고 비연(非緣)에서 생기하는 것도 아니기 때문에, 그 때문에 업을 짓는 주체도 또한 존재하지 않는다.

30) 無業無作者 何有業生果 若其無有果 何有受果者

업도 없고 짓는 자도 없는데 어떻게 업이 [그] 과보를 생하겠는가? 만일 그렇게 과보가 존재하지 않는다면 어떻게 과보를 받는 자가 존재하겠는가?

30) karma cennāsti kartā ca kutaḥ syātkarmajaṃ phalaṃ/
asatyatha phale bhoktā kuta eva bhaviṣyati//[64)]

만일 업도 업을 짓는 주체도 존재하지 않는다면 업에서 생한 과보는 어떻게 존재하겠는가? 더욱이 과보가 존재하지 않는다면 [과보를] 받는 자는 어떻게 존재하겠는가?

만일 업도 없고 업을 짓는 자도 없다면 어떻게 업으로부터 과보가 생하겠

63) (17–29) *na: ~아니다. *pratyaya: 緣. *samutpannam〉 sam + ut + √pad: (p.p.p.) 生起하다. *na: 상동. *apratyaya〉 a + pratyaya: 非緣. *samutthita〉 samut√sthā: (p.p.p.) 생하다, 일어나다. *asti〉 √as: (Ⅲ) ~있다, 이다. *yasmāt〉 yad: (관계대명사, abl.) ~로부터. *idam: 이것. *karman: 업. *tasmāt〉 tad: (abl.) 그 때문에. *kartā〉 kartṛ: (m. nom.) 행위자. *api: ~도 역시. *na: 상동. *asti: 상동. *atas: 그러므로.

64) (17–30) *karman: 업. *cet: 만일. *na: ~아니다. *asti〉 √as: 존재하다. *kartā〉 kartṛ: (m. nom.) 행위자. *ca: 그리고. *kutaḥ〉 kutas: 어떻게, 어디서. *syat〉 √as: (opt.) ~이리라. *karma〉 karman: 상동. *jaṃ〉 √jan: (a.) 生하다. *phala: 과보. *asati〉 a + sat: (loc.) ~이 없다면. *atha: 그래서, 게다가. *phale〉 phala: (loc. 조건의

는가? 만일 과보가 존재하지 않는다면 어떻게 과보를 받는 자[= 주체]가 존재하겠는가? 업에는 세 종류가 있다.[65] 오음(五陰) 가운데서 거짓 되게 이름 붙인 주체가 '짓는 자'이다. 이 업이 선처(善處)나 악처(惡處)에서 생하는 것을 '과보(果報)'라고 부른다. 만일 애당초 업을 일으키는 자가 없다면 하물며 '업'과 '과보'와 '과보를 받는 자'가 존재하겠는가?

【문】 그대가 비록 갖가지로 '업'과 '과보'와 '업을 일으키는 자'의 존재를 논파하지만 지금 바로 눈앞에서 중생이 업을 짓고 그 과보를 받는 것을 역력히 보는데 이는 어찌 된 까닭이냐?

【답】

31) 如世尊神通 所作變化人 如是變化人 復變作化人
32) 如初變化人 是名爲作者 變化人所作 是則名爲業

마치 세존의 신통력으로 지어진 변화인, 그런 변화인이 다시 변화인을 지어내는 것과 같다.
마치 처음의 변화인은 짓는 자라고 부르고 그 변화인이 지은 것은 바로 업이라고 부르는 것과 같다.

31) yathā nirmitakaṃ śāstā nirmimīta ṛddhisaṃpadā/
nirmito nirmimītānyaṃ sa ca nirmitakaḥ punaḥ//[66]
32) tathā nirmitakākāraḥ kartā yatkarma tatkṛtaṃ/
tadyathā nirmitenānyo nirmito nirmitastathā//[67]

마치 신통력을 갖추고 있는 교주(敎主, 부처)께서 변화인[= 신통에 의해 나타난 허깨비]을 환출(幻出)해 내고 그 변화인이 다시 다른 변화인을 환출해 내는 것처럼,

---

뜻). *bhoktā> bhoktṛ: (Sg. nom.) 享受者, 받는 者. *kutas: 어떻게. *eva: 실로. *bhaviṣyati> √bhū: (미래) 존재하리라.
65) 身口意 三業. 또는 福, 非福, 不動의 세 가지 業.

그와 같이 업의 주체는 변화인의 자태(姿態)를 하고 있다. [그의] 행위는 지어진 것이다. 그것은 마치 다른 변화인이 변화인에 의해 환출(幻出)되는 것과 같다.68)

33) 諸煩惱及業 作者及果報 皆如幻與夢 如炎亦如嚮69)
모든 번뇌와 업, 짓는 자와 과보는 모두 환상과 같고 꿈과 같으며 햇살무늬와 같고 메아리와 같다.70)
33) kleśāḥ karmāṇi dehāśca kartāraśca phalāni ca/
gandharvanagarākārā marīcisvapnasaṃnibhāḥ//71)
번뇌들과 업들과 신체들 또 업의 주체들과 과보들도 신기루의 자태를 띠고 있으며 햇살무늬나 꿈과 같다.

마치 부처님의 신통력으로 지으신 변화인이 있을 때, 이 변화인이 다시 변

66) (17-31) *yathā: ~와 같이. *nirmitaka: (a.) 化人, 變化人, 허깨비. *śāśtā〉 śāśtṛ: (m. nom.), 징벌자, 지배자, 教師(佛). *nirmimīta〉 nir√mā(2류 동사, 어근 중복하여 어간 만듦): (p.p.p.) build, fabricate, 짓다, 만들다. *ṛddhi: (f.) 위덕, 신통력. *saṃpadā: (f.) 具足한, 갖춘. *nirmita: (p.p.p.) 변화된 것. *nirmimita: 상동. *anyam〉 anya: (acc.) 다른. *sa〉 saḥ〉 tad: 그것. *ca: 그리고. *nimitaka: 상동. *punar: 다시.
67) (17-32) *tathā: 그와 같이. *nirmitaka: (a.) 化人, 變化人, 허깨비. *ākāra: (m.) 자태, 형상, 모습. *kartā〉 kartṛ: 행위자, 업을 짓는 자. *yat〉 yad: (관계대명사) ~인 것은. *karma〉 karman: (n. nom.) 업. *tat〉 tad: (n. nom.) 그것. *kṛta〉 √kṛ: (p.p.p.) 지어진 것. *tad: 그것. *yathā: ~와 같은. *nirmitena〉 nirmita〉 nir√mā: (p.p.p. ins.) 변화인에 의해서. *anya: 다른. *nirmita: 상동. *nirmita: 상동. *tathā: 그와 같은.
68) 이와 맥락은 다르지만『廻諍論』제23게에서도 용수는 變化人(nimitaka)의 비유를 들고 있다.
69) 嚮(향할 향). 다른 판본에서는 響(메아리 향).
70) 제2 관거래품 제25게 주석 참조.
71) (17-33) *kleśāḥ: (Pl.nom.) 번뇌. *karmāṇi〉 karman: (n. Pl. nom.) 업. *dehāḥ〉 deha: (m. n. Pl. nom.) 신체, 덩어리. *ca: 그리고. *kartāraḥ〉 kartṛ: (Pl. nom.) 행위

화인을 지어내는 것과 같다. 변화인은 진짜 존재하는 것이 아니고, 다만 눈에만 보이는 것이다. 또 변화인은 입으로는 설법이라는 행위를 하고 몸으로는 보시 등의 행위를 하기도 하는데 이런 행위들은 그 실체는 없지만 눈으로는 볼 수 있다. 그처럼 태어나고 죽는 몸뚱이의 짓는 자와 업도 역시 이와 같다고 알아야 한다.

번뇌들이라는 것은 삼독(三毒)이라고 부르는데 그것을 분류해 보면 아흔여덟 가지 결사(結使)[72]와 열 가지 전(纏)[73], 여섯 가지 구(垢)[74] 등 한없이 많은 번뇌가 있다. 업에는 신구의(身口意) 삼업이 있는데 금세와 후세의 관계에서 보면 선성(善性), 불선성(不善性), 무기성(無記性)의 업을 지으면 그에 대응하여 고보(苦報), 락보(樂報), 불고불락보(不苦不樂報)의 과보를 받게 된다. 또 그 받는 시기에 따라 현보업(現報業), 생보업(生報業), 후보업(後報業)으로 분류할 수도 있다. 이처럼 한없이 많은 '짓는 놈[作者]'들을 '능히 갖가지 번뇌와 업을 일으키고 능히 그 과보를 받는 자'라고 부른다. 과보란 선업이나 악업으로부터 생한 무기성(無記性)의 오음(五陰)을 일컫는다. 이런 모든 업은 모두 다 공(空)하여 그 자성이 없어 환상과 같고 꿈과 같으며 햇살무늬와 같고 메아리와 같다.

자, 업의 주체. *ca: 그리고. *phalāni〉 phala: (n. Pl. nom.) 과보. *ca: 그리고. *gandharvanagara: (n.) 건달바城, 즉 사막의 신기루. *ākārā〉 ākārāḥ〉 ākāra: (m. Pl. nom.) 형상, 모습. *marīci: (f) 햇살무늬. *svapna: (m.) 꿈. *saṃnibhaḥ〉 saṃnibha: (a. Pl. nom.) ~과 유사한, ~과 같은.

72) 見道에서 끊어지는 88使와 修道에서 끊어지는 10惑(欲界의 貪, 瞋, 癡, 慢 + 色界의 貪, 癡, 慢 + 無色界의 貪, 癡, 慢).

73) 十纏(십전): 無慚, 無愧, 嫉, 慳, 悔, 睡眠, 掉擧, 惛沈, 忿, 覆

74) 六煩惱垢(육번뇌구): 惱, 害, 恨, 諂, 誑, 憍.

제18 관법품(觀法品, 12게)
법(法)에 대한 관찰

ātmaparīkṣā nāmāṣṭadaśamaṃ prakaraṇam
아뜨만[自我]의 검토라는 이름의 제18장(12게)

【문】 만일 제법(諸法)이 모두 필경 공하여 생하는 것도 없고 멸하는 것도 없으며[= 무생무멸] 이것을 제법의 실상이라고 부른다면 [그 상태로] 어떻게 하면 들어갈 수 있겠는가?

【답】 '나'라든가 '나의 것'에 대한 집착을 소멸시키므로 일체법이 공함을 터득한다. 즉 무아의 지혜가 [제법실상에] 들어가는 방법이다.

【문】 그러면 어떻게 하면 제법이 무아임을 알 수 있겠는가?
【답】

1) 若我是五陰 我卽爲生滅 若我異五陰 則非五陰相
만일 자아가 오음(五陰)이라면 자아는 생멸하게 되리라. 만일 자아가 오음과 다르다면 [자아는] 오음의 상(相)[을 띠는 것]이 아닐 것이다.[1]

1) ātmā skandhā yadi bhavedudayavyayabhāgbhavet/
skandhebhyo 'nyo yadi bhavedbhavedaskandhalakṣaṇaḥ//[2]
만일 자아[아뜨만]가 오온(五蘊)이라면 [자아는] 생멸을 가진 것으로 되리라. 만일 [자아가] 오온과 다르다면 [자아는] 오온의 모습[相]이 아닐 것이다.

---

1) 이는 身과 命의 一異 문제를 답하는 정형적인 무기설중의 하나이다. 『잡아함경』, 대정

2) 若無有我者 何得有我所 滅我我所故 名得無我智
만일 자아가 존재하지 않는 것이라면 어떻게 '나의 것'이 존재하겠는가? '나'와 '나의 것'[이라는 생각]이 없어지므로 무아의 지혜를 얻었다고 말한다.
2) ātmanyasati cātmīyaṃ kuta eva bhaviṣyati/
nirmamo nirahaṃkāraḥ śamādātmātmanīnayoḥ//[3]
자아가 존재하지 않는다면 '자아에 속한 것'이 어떻게 존재하겠는가? 자아와 이기심이 소멸함으로 인해 '나의 것'이라는 관념도, '자의식'도 사라진다.

3) 得無我智者 是則名實觀 得無我智者 是人爲希有
무아의 지혜를 터득한 사람은 바로 진실을 보는 자라고 말할 수 있는데 무아의 지혜를 터득한 자, 그런 사람은 드물다.
3) nirmamo nirahaṃkāro yaśca so 'pi na vidyate/
nirmamaṃ nirahaṃkāraṃ yaḥ paśyati na paśyati//[4]
'나의 것'이라는 관념을 떠나고 '자의식'이 사라진 그런 자도 역시 존재하지 않는다. '나의 것'이라는 관념을 떠나고 '나'라는 관념을 떠난 것을 보는 자는 [제대로] 보는 것이 아니다.

2, pp.34b-c 참조.
2) (18-1) *ātmā> ātman: (m. Sg. nom.) 자아. *skandhāḥ: (Pl. nom.) 蘊, 쌓임. *yadi: 만일. *bhavet> √bhū: (opt.) ~되다. *udaya: (m.). 生起. *vyaya: (m.) 壞滅. *bhāg> bhāj: (a.) ~에 속한, ~에 참여한, ~을 가진 . *bhavet: 상동. *skandhebhyaḥ: (Pl. abl.) *anya: 다른. *yadi: 만일. *bhavet: 상동. *askandhalakṣaṇaḥ> a(부정의 뜻) + skandha(蘊) + lakṣaṇa(相, 모습): (Sg. nom.)
3) (18-2)*ātmani: (m. loc.) *asati> a + sat(> √as 현재분사): (loc.) ~없다면. *ca:

4) 內外我我所 盡滅無有故 諸受卽爲滅 受滅則身滅
안이건 바깥이건 '나'와 '나의 것'이 모두 사라져 존재하지 않기 때문에 모든 취(取)[5]가 사라지게 되고 취가 사라지면 몸도 사라진다.

4) mametyahamiti kṣīṇe bahirdhādhyātmameva ca/
nirudhyata upādānaṃ tatkṣayājjanmanaḥ kṣayaḥ//[6]
바깥에 관해서도 자신에 관해서도 '나의 것'이라든가 '나'라는 관념이 소멸할 때에 집착[取]이 억제된다. 그런 소멸로 인해 [다시] 태어남이 소멸한다.

5) 業煩惱滅故 名之爲解脫 業煩惱非實 入空戲論滅
업과 번뇌가 소멸하기 때문에 해탈이라고 부른다. 업과 번뇌는 실재하는 것이 아니며 공에 들어가면 희론이 소멸한다.

5) karmakleśakṣayānmokṣaḥ karmakleśā vikalpataḥ/
te prapañcātprapañcastu śūnyatāyāṃ nirudhyate//[7]
업과 번뇌가 사라지기 때문에 해탈이 있다. 업과 번뇌는 분별에서 [일어나고], 그것[= 분별]은 희론에서 [일어난다]. 그러나 희론은 공성에서 사라진다.

그리고. *ātmīya: 자기 자신의. *kutas: 어디에, 어떻게. *eva: 실로. *bhavisyati〉 √bhū: (미래) ~이 되다. *nirmama〉 nir(결여한) + mama(1인칭 대명사, gen.) *nirahaṃkāraḥ〉 nir(결여한) + ahaṃkāra(m. 自意識) *śamād〉 śama: (m. abl.) 休止, 평정, 소멸. *ātma〉 ātman: 자아. *ātmanīnayoḥ〉 ātmanīna: (a. Du. gen.) 자기를 위한, 자기 행복의, 이기적인.

4) (18-3) *nirmama〉 nir(결여한) + mama(1인칭대명사, gen.) *nirahaṃkāraḥ〉 nir(결여한) + ahaṃkāra(m. 自意識) *yaḥ〉 yad: (관계대명사, m. nom.) *ca: 그리고. *saḥ〉 tad: 그것. *api: ~도 역시. *na: ~아니다. *vidyate〉 √vid: (수동태, Sg. Ⅲ) 존재하다.

6) 諸佛或說我 或說於無我 諸法實相中 無我無非我
모든 부처님께서는 때로는 '자아'를 설하셨고 때로는 '무아'를 설하셨다. 제법의 실상에서 보면 '자아'도 없고 '무아'도 아니다.

6) ātmetyapi prajñapitamanātmetyapi deśitaṃ/
buddhairnātmā na cānātmā kaścidityapi deśitaṃ//8)
부처님들에 의해 '자아[가 있다]'라고도 가설(假說)되었고 '무아'라고도 교시되었으며 '자아이거나 무아인 어떤 것이 아니다.'9) 라고도 교시되었다.

---

*nimamam〉 nimama: (acc.) 상동. *nirahaṃkāram: (acc.) 상동. *yaḥ: 상동. *paśyati〉 √paś: 보다. *na: ~아니다. *paśyati: 상동.

5) upādāna: 구마라습은 受라고 번역하나 이는 vedāna(感受)와 혼동할 수 있기에 取로 번역하였다. 그 의미는 五取蘊의 뜻으로 五蘊으로 이루어진 신체를 말한다.

6) (18-4) *mama: (1인칭 대명사, gen.) 나의 것. *iti: ~라고. *aham: (1인칭대명사, nom.) 나. *iti: 상동. *kṣīṇe〉 kṣīṇa〉 √kṣi: (p.p.p. loc.) 소진되다. 다하다. *bahirdhā: (ad.) ~의 바깥에. *ādhyātmam: 자아에 관한, 주관적인, 내부의. *eva: 실로. *ca: 또. *nirudhyata(연성)〉 nirudhyate〉 ni√rudh: (수동태) 소멸하다, 억제하다. *upādāna: 집착, 取. *tat〉 tad: 그것. *kṣayāj〉 kṣayāt〉 kṣaya: (m. abl.) 소멸, 파괴, 손실. *janmanaḥ〉 janman: (n. gen.)탄생, 기원. *kṣayaḥ〉 kṣaya: (nom.) 상동.

7) (18-5) *karma〉 karman: (n. nom.) 業, 행위. *kleśa: 번뇌, 結使. *kṣayāt〉 kṣaya: (m. abl.) 소멸, 파괴, 손실. *mokṣa: 해탈. *karma: 상동. *kleśāḥ〉 kleśa: (Pl. nom.) 번뇌. *vikalpatas〉 vikalpa + tas(abl. 부사화) 분별로부터. *te〉 tad: (Pl. nom.) 그것. *prapañcāt〉 prapañca: (m. abl.) 戲論. *prapañcaḥ〉 prapañca: (m. nom.) 상동. *tu: 그러나. *śūnyatāyām〉 śūnyatā: (Sg. loc.) 空性. *nirudhyate〉 ni√rudh: (수동태) 소멸하다, 억제하다.

8) (18-6) *ātmā〉 ātman: (Sg. nom.) 자아. *iti: ~라고. *api: ~도 역시. *prajñapita: (사역, p.p.p.) 가설하다. *anātmā〉 an(부정의 뜻) + ātman: 무아. *iti: ~라고. *api: ~도 역시. *deśitam〉 deśita〉√diś: (p.p.p.) 설하다, 가르치다. *buddhaiḥ: (Pl. ins.) 부처. *na: ~ 아니다. *ātmā〉 ātman: 자아. *na: ~ 아니다. *ca: 그리고. *anātmā: 상동. *kaścid〉 kim cit: (m. Sg. nom.) 누군가, 어떤 것. *iti: 상동. *api: 상동. *deśitam: 상동.

9) 『잡아함경』(대정2, p.245b)의 無記說 참조. '有我라고 하면 常見에 빠지고 無我라고 하면 斷見에 빠진다.'

7) 諸法實相者 心行言語斷 無生亦無滅 寂滅如涅槃
제법의 실상은 마음의 작용이나 언어가 끊어져 있다. 발생도 없고 소멸도 없으며 적멸하여 열반과 같다.

7) nivṛttamabhidhātavyaṃ nivṛtte cittagocare/
anutpannāniruddhā hi nirvāṇamiva dharmatā//[10]
마음이 작용하는 영역이 사라지면 언어의 대상[11]이 사라진다. 실로 발생하지도 않고 사라지지도 않는 법성은 열반과 마찬가지다.[12]

8) 一切實非實 亦實亦非實 非實非非實 是名諸佛法
일체는 진실이다, 진실이 아니다, 진실이기도 하고 진실이 아니기도 하다, 진실도 아니고 진실이 아닌 것도 아니다. 이것을 모든 부처님의 법이라고 부른다.

8) sarvaṃ tathyaṃ na vā tathyaṃ tathyaṃ cātathyameva ca/
naivātathyaṃ naiva tathyametadbuddhānuśāsanaṃ//[13]
'일체는 진실이다.' 혹은 '[일체는] 진실이 아니다.', '[일체는] 진실이며 진실이 아니다.' 또 '[일체는] 진실도 아니고 진실이 아닌 것도 아니다.' 이것이 부처님의 교설이다.[14]

---

10) (18 -7) *nivṛtta〉 ni√vṛt: (p.p.p.) 쉬다, 사라지다. *abhidhātavyam〉 abhi√dhā: (미래수동) 발언하다, 설명하다. *nivṛtte〉 nivṛtta: (loc. 조건의 뜻) *citta: 마음. *gocare〉 gocara: (loc.) 영역. *anutpannā〉 an(부정의 뜻) + ut√pad: (p.p.p. f.) 不生의. *aniruddhā〉 a(부정의 뜻) + ni√rudh: (f.) 不滅의. *hi: 왜냐하면. *nirvāṇa: 열반. *iva: ~과 같은. *dharmatā: (f.) 본질, 法性.

11) abhidhātavyam: 문자 그대로 번역하면 '말해져야 할 것'이지만 제2 관거래품 제25게에서와 같이 미래수동분사는 행위의 대상을 뜻한다.

9) 自知不隨他 寂滅無戲論 無異無分別 是則名實相
스스로 알며, 다른 것에 휘둘리지 않는다. 적멸하고 희론이 없으며 다름도 없고 분별도 없다. 이것을 실상이라고 부른다.
9) aparapratyayaṃ śāntaṃ prapañcairaprapañcitaṃ/
nirvikalpamanānārthametattattvasya lakṣaṇaṃ//[15)]
다른 연(緣)에 의해서가 아니며, 고요하고, 희론들에 의해 희론되지 않고, 무분별이며, 다양하지도 않은 것이 진리의 특징[相]이다.

10) 若法從緣生 不卽不異因 是故名實相 不斷亦不常
만일 사물[法]이 [인]연에서 발생한다면 [그것은] 인[연]과 같은 것도 아니고 다른 것도 아니다. 그러므로 실상은 단절된 것도 아니고 항상된 것도 아니라고 말한다.
10) pratītya yadyadbhavati na hi tāvattadeva tat/
na cānyadapi tasmānnocchinnaṃ nāpi śāśvataṃ//[16)]
어떤 것이 어떤 것에 연(緣)하여 존재한다면 그런 경우에는 그것

12) 이 게송은 제25 관열반품의 제19, 20게와 맥락을 같이한다.
13) (18-8) *sarva: 일체의, 모든. *tathyam> tathya: (a. n.) 진실의. *na: ~이 아니다. *vā: 혹은. *tathyam: 상동. *ca: 그리고. *atathyam> a(부정의 뜻) + tathyam. *eva: 실로, 결코. *ca: 상동. *na: 상동. *eva: 상동. *atathyam: 상동. *na: 상동. *eva: 상동. *tathyam: 상동. *etat> etad: (n.nom.) 이것. *buddha: 부처. *anuśāsana: (n.) 교리, 가르침.
14) 對機說法에 대한 설명이다.
15) (18-9) *apara> a(부정의 뜻) + para(다른). *pratyaya: 연, 조건. *śānta: 寂靜의, 고요한. *prapañcaiḥ> prapañca: (Pl. ins.) 희론. *aprapañcitam> a(부정의 뜻) + prapañcita: (p.p.p.) 희론되지 않는. *nirvikalpa: 무분별. *anānārtham> a(부정의 뜻) + nānā(ind. 다양한) + artha(의미): 갖가지가 아닌, 不異. *etat> etad: 이것. *tattvasya> tattva: (gen.) 진리. *lakṣaṇa: 특징, 相.

이 그대로 그것인 것은 아니며 또 다른 것도 아니다. 그러므로 [그 양자는] 단절된 것도 아니고 항상된 것도 아니다.

11) 不一亦不異 不常亦不斷 是名諸世尊 教化甘露味
하나도 아니고 다르지도 않으며 항상되지도 않고 단절되지도 않는다. 이것이 모든 세존들께서 교화하신 감로의 맛이다.
11) anekārthamanānārthamanucchedamaśāśvataṃ/
etattallokanāthānāṃ buddhānāṃ śāśanāmṛtaṃ//[17]
동일한 의미도 아니고 다른 의미도 아니며 단절도 아니고 상주도 아니다. 이것은 세간의 구호자이신 부처님[= 깨달은 분]들의 감로의 가르침이다.

12) 若佛不出世 佛法已滅盡 諸辟支佛智 從於遠離生
부처님이 세상에 나타나지 않아 불법(佛法)이 이미 소멸해서 없어졌을 때 모든 벽지불들의 지혜가 원리행(遠離行)으로부터 생한다.
12) saṃbuddhānāmanutpāde śrāvakāṇāṃ punaḥ kṣaye/
jñānaṃ pratyekabuddhānāmasaṃsargātpravartate//[18]
부처님[완전히 깨달은 분]들께서 태어나지 않을 때에, 또 성문들이 사라져 버렸을 때 독각들의 지혜가 원리행[19]으로부터 나타난다.

영혼[自我, 아뜨만]의 존재를 말하는 사람들이 있는데 그렇다면 응당 두

16) (18-10) *pratītya〉 prati + √i + tya(절대분사화): 緣하여. *yad: (관계대명사) which. *bhavati〉 √bhū: (Sg. Ⅲ) ~이 되다. *na: ~ 아니다. *hi: 실로, 왜냐하면. *tāvat:

가지 경우이어야 한다. 즉 오음(五陰)이 바로 영혼이든가 오음을 떠나 따로 영혼이 있어야 한다. 만일 오음이 바로 영혼이라면 영혼도 생멸의 모습을 해야 하리라. 앞의 게송에서 설한 것처럼 만일 영혼이 오음이라면 그것은 생멸의 모습을 띠어야 한다. 왜 그런가? [오음은] 발생하자 곧 무너져버리기 때문이다. 생멸하기 때문에 오음은 무상(無常)하다. 오음이 무상한 것처럼 생멸이라는 두 법도 역시 무상하다. 왜 그런가? 생멸이라는 것도 역시 발생하자마자 곧 무너져버리기 때문이다. 만일 영혼이 바로 오음이라면 오음이 무상한 것이기에 영혼도 역시 무상하여 생멸의 모습을 띠어야 한다. 그러나 이것은 결코 옳지 못하다.

만일 오음을 떠나서 영혼이 따로 존재한다면 그런 영혼에는 오음이 존재하지 않는다. 앞의 게송에서 설명하듯이 만일 영혼이 오음과 다르다면 그것은 오음의 모습을 띠지 못하는 것인데 오음을 떠나서는 새삼 어떤 존재도 있을 수 없다. 만일 오음을 떠나서 존재하는 그 무엇이 있다면 도대체 어떤 모습을 한 그 무엇이 존재하겠는가? 그렇다고 만일 영혼이 허공과 같이 오음

그런 만큼, 그때에는, 우선. *tad〉 tad〉 tad: 그것. *eva: 바로, 실로. *tat〉 tad: 상동. *na: 상동. *ca: 그리고. *anyad[= anya]: 다른. *api: ~도 역시. *tasmāt〉 tad: (abl.) 그러므로. *na: 상동. *ucchinna: 단절. *na: 상동. *api: 상동. *śāśvata: 상주.

17) (18-11) *anekārtham〉 an(부정) + eka(하나) + artha(義): 不一義. *anānārtham〉 a(부정) + nānā(갖가지) + artha(義): 不異義, 種種의 의미를 가진. *anucchedam〉 an(부정) + uccheda(단절): 不斷. *aśāśvatam〉 a(부정의 접두어) + śāśvata: 不常의. *etat〉 etad: 이것. *tat〉 tad: 그것. *lokanāthānām〉 lokanātha: (m. Pl. gen.) 세계의 왕, 구호자, 구세주. *buddhānānam〉 buddha: (Pl. gen.) 부처님들의. *śāsana: (a.) 교법, 가르침. *armṛta〉 a√mṛ: (p.p.p.) 不死의, 甘露의.

18) (18-12) *sambuddhānām〉 sam(완전) + buddha: (Pl. gen.) 완전히 깨달은 자(부처), 正覺者. *anutpāde〉 an + utpada: (loc.) 生하지 않는, 不生의. *śrāvakāṇām〉 śrāvaka: (Pl. gen.) 聲聞. *punar: 다시. *kṣaye〉 kṣaya: (loc.) 소멸, 파괴. *jñāna: (n. nom.) 지식, 지혜. *pratyekabuddhānām〉 pratyekabuddha: (Pl. gen.) 辟支佛, 獨覺, 緣覺. *asaṃsargāt〉 a + saṃsarga: (abl.) ~와 접촉하지 않은 것, 遠離. *pravartate〉 pra√vṛt: (ātm. Ⅲ) 나타나다.

19) 독각(獨覺), 즉 벽지불은 세속을 멀리 등지고[遠離] 꽃이 떨어지는 것 등을 관찰하여 연기의 법칙을 터득함으로써 깨닫는다고 한다.

을 떠나서 존재하는 것이라고 한다면 이 역시 옳지 못하다. 왜 그런가? 이것은 육종(六種)을 파(破)하는 품(品)[20]에서 이미 허공에 대해서 논파하였[기 때문이]다. 허공은 아무 존재[法]도 없는 것을 일컫는다.

만일 확실한 믿음이 있기에 영혼이 존재한다면 이것은 옳지 못하다. 왜 그런가? 믿음은 네 가지[21]가 있다. 첫째, 지금 그대로 보이는 것[22]은 믿을 수 있다. 둘째, 추리를 통해 안 것[23]도 믿을 수 있다. 연기만 보고 불의 존재를 알 수 있는 것이 그 예이다. 셋째, 비유를 통한 것도 믿을 수 있다.[24] 어떤 나라에 구리[銅]가 없을 때 금과 같은 것이라고 비유를 하는 것이 그 예이다. 넷째, 성인이 말씀하신 것[25]이기에 믿을 수 있다. 지옥이 있고 천상이 있고 울단월(鬱單月)[26]이 있다고 설하는 것이 그 예이다. 그것들을 본 적이 없는 사람들은 성인의 말씀을 믿기 때문에 그것들이 있다고 안다. 그러나 영혼[神]이라는 것은 위의 네 가지 믿음 중 어느 곳에도 속하지 않는다.

지금 그대로 눈에 보이는 중에도 존재하지 않고 추리지에도 역시 있을 수 없다. 왜냐하면, 추리지란 '먼저 눈앞에서 역력히 본 적이 있기 때문에 나중에 같은 종류라고 추측하여 알게 되는 것'이기 때문이다. 이를테면 먼저 불이 나면 연기도 생기는 것을 본 적이 있기에 나중에 연기만 보고도 불이 났음을 아는 것과 같다. 그런데 영혼[神]의 경우는 그렇지 못하다. 누가 능히 이전에 영혼이 오음과 합하는 것을 본 적이 있어 나중에 오음을 보고 영혼이 존재함을 알게 되겠는가?

조금 더 설명하자면 추리에는 세 가지[27]가 있다. 첫째는 '원래대로 아는

---

20) 제5 관육종품.
21) 인도철학 각 학파에서 주장하는 네 가지 인식 방법, 즉 現量, 比量, 比喩量, 聖言量.
22) 現量(pratyakṣa), 즉 직접 지각.
23) 比量(anumāna), 즉 推理知.
24) 比喩量(upamāna).
25) 聖言量(śabda),
26) 鬱單曰이라고도 한다. 梵語 Uttara kuru의 音寫. 수미산 북쪽에 있다는 理想鄕.
27) 인도 六派哲學의 하나인 Nyāya학파의 논리학에서도 Vyāpti(周延關係)의 성격에 따라 추리(比量)를 ①원인적 추리(pūrvavat arumāna), ②결과적 추리 (śeṣavat anuman

추리[如本]'이고 둘째는 '나머지도 아는 추리[如殘]'이며 셋째는 '모습이 공통되어 아는 추리[共見]'이다. '원래대로 아는 추리'를 예를 들면 먼저 불에서 연기가 나는 것을 본 적이 있는데 지금 연기만 보아도 근본처럼 불이 있을 것임을 아는 것이다. '나머지도 아는 추리' 를 예를 들면 밥을 지을 때 밥알 하나만 익었어도 나머지가 모두 익었다고 아는 것이다.

'모습이 공통되어 아는 추리'를 예를 들어보자. 어떤 사람이 여기서 떠나서 저기에 도착한 것을 볼 때 중간에 이동하는 것도 보게 되는데 태양도 이와 마찬가지로 동쪽에서 떠서 서쪽까지 갈 때 비록 그 도중에 태양이 움직여 가는 것은 느껴지지 않지만, 앞에서 사람의 경우 이동해 가는 모습을 본 적이 있으므로 태양도 역시 움직여 갔다고 아는 것이다. 또 백성이면 반드시 왕에게 의지해 있는 것이 보이는 것처럼 고통이나 쾌락, 미움이나 사랑, 지각이나 생각 등이 그 의지할 중심이 있어야 한다[고 아는 것도 '모습이 공통되어 아는 추리'이다.]. 그러나 [영혼의 경우는] 이 모두에 적용할 수 없다. 왜 그런가? '모습이 공통되어 아는 추리'에서 생기는 믿음은 먼저 '사람'이 '이동해 가는 작용'과 합하여 다른 곳에 도달하는 것을 보고 나서 태양이 다른 쪽에 도착하는 것을 본 후 태양에도 '이동해 가는 작용'이 있음을 아는 것인데 [영혼의 경우 이를 적용하면] 먼저 오음과 영혼[神]이 합치는 것을 보지도 못했는데 나중에 오음만 보고 영혼이 있다고 아는 꼴이 된다. 그러므로 '모습이 공통되어 아는 추리'로 검토해 보아도 영혼은 존재하지 않는다.

성인의 말씀을 통해 봐도 영혼[神]은 없다. 왜냐하면 성인들의 말씀은 모두 먼저 눈으로 보고 나서 설하신 것이고, 또 성인들의 말씀 중 다른 것은 믿을 수 있기 때문이다. 그러므로 지옥 등이 존재한다는 교설은 믿을 수 있지만, 영혼의 경우는 그렇지 못하니 전에 영혼을 본 적이 없으면서도 나중에

---

a), ③유추적 추리 (sāmānyatodṛṣṭa anumāna)의 세가지 로 구분한다. 靑目의 구분에서 如은 원인적 추리, 은 결과적 추리에 해당하고 共見은 유추적 추리에 해당한다고 볼 수 있다.

영혼이 있다고 설하는 것임을 알지어다. 그러므로 네 가지의 믿음[28] 등 어떠한 믿음을 통해서건 영혼을 찾아봐도 얻을 수 없다. 얻을 수 없으므로 영혼은 존재하지 않는다. 그러므로 오음을 떠나서 따로 영혼은 없다.[29]

또 육정(六情)을 논파하는 품(品)[30]에서 '보는 작용'과 '보는 주체'와 '보이는 대상'이 논파 됐으므로 영혼도 역시 마찬가지로 논파 된다. 또 눈에 보이는 조대(粗大)한 존재도 얻을 수 없는데 하물며 망상분별 등 [미세한 작용]을 통해 존재하는 영혼이야 어떠하겠는가? 그러므로 자아[영혼, 아뜨만]는 없음[無我]을 알아라. 자아가 있음으로 인해 '나의 것'이 있는 것인데 자아[=영혼]가 없다면 '나의 것'이랄 것도 없다. 팔정도를 닦고 익히면 '나'와 '나의 것'이 사라지기 때문에 '나'라든가 '나의 것'이 없다는 결정적인 지혜를 획득하게 된다.[31]

또 '무아(無我)'와 '무아소(無我所, 나의 것이 없다)'라는 것도 제일의제(第一義諦)에서는 역시 있을 수가 없다. 무아이고 무아소인 사람은 모든 존재를 진실되게 볼 수 있다. 범부들은 '나'와 '나의 것'이라는 생각이 혜안을 가려 진실을 볼 수 없다.[32] 그러나 성인들은 '나'와 '나의 것'이 없기 때문에 모든 번뇌도 역시 사라지고 모든 번뇌가 사라지므로 제법의 실상을 볼 수 있다. 안팎에서 '나'와 '나의 것'이라는 생각이 사라졌기 때문에 모든 집착[33]도 역시 사라진다. 모든 집착이 사라지기 때문에 무량한 후신(後身, 다시 윤회하는 몸)도 역시 모두 사라진다. 이것을 무여열반(無餘涅槃)이라고 말한다.[34]

---

28) 現量, 比量, 比喩量, 聖言量.
29) 이상은 제1게에 대한 설명.
30) 제3 관육정품.
31) 이상은 제2게에 대한 설명,
32) 제3게에 대한 설명.
33) 원문에서는 受. 이 品 제4게에서 보듯이 이는 取(취, 집착: upādāna)의 번역어이기에 집착으로 번역하였다.
34) 제4게에 대한 설명.

【문】 유여열반(有餘涅槃)은 무엇인가?

【답】 모든 번뇌와 업이 사라지기 때문에 마음이 해탈을 얻었다고 말한다. 이런 모든 번뇌와 업은 모두 망상분별에서 생긴 것이라서 그 실체가 없다. 모든 망상분별은 모두 희론[35]에서 생긴 것이다. 제법의 실상인 필경공을 터득하면 모든 희론이 사라지게 되는데 이것을 유여열반이라고 부른다.[36]

모든 존재의 실상이란 이와 같다. 모든 부처님께서는 일체를 아는 지혜로 중생을 관찰하시기에 갖가지로 설하신다. 그래서 '자아가 있다[有我]'라고 설하기도 하고 '자아가 없다[無我]'라고 설하기도 한다. 마음이 아직 성숙하지 않은 사람은 열반할 준비가 안 되어있고 죄를 두려워할 줄 모른다. 이런 사람들을 위해 자아가 있다고 설하신 것이다. 또 득도(得道)한 사람의 경우는 제법이 공함을 알기에 거짓 이름으로 자아가 있다고 설하셨다. 이런 이유로 '자아'를 설하여도 허물이 없다.[37]

또 보시나 지계 등의 복덕을 행하고 생사의 고뇌를 싫어하여 벗어나고자 하지만 열반이 영원히 소멸하는 것일까 두려워하는 사람들이 있는데 부처님께서는 이런 사람들을 위해 자아가 없다고 설하셨다. 모든 존재[諸法]는 인연이 모인 것일 뿐이기 때문에 생겨날 때는 공연히 생겨나고, 소멸할 때는 공연히 소멸한다. 그러므로 자아가 없다고 설한 것이고 단지 거짓 이름으로 자아가 있다고 설할 뿐이다.

또 득도한 사람들은 '자아가 없음'을 알지만 단멸에 떨어지지는 않기 때문에 '자아가 없다'라고 설하여도 허물이 없다. 그러므로 앞의 게송에서 "모든 부처님께서는 때로는 '자아(自我)'를 설하셨고 때로는 '무아(無我)'를 설하셨다. 진실 중에서는 '자아'라거나 '무아'라고 설하지 않으셨다."라고 설한 것이

---

35) 緣起實相에 대해 無知하여 모든 것을 實體視한 잘못된 토대 위에서 갖가지 고민을 하고 그 고민을 그 토대 위에서 해결하려고 쓸모없이 따지는 것.

36) 제5게에 대한 설명.

37) 無咎(허물이 없다): 周易에서 사용하는 용어가 차용된 것이다. 格義佛敎의 편린을 볼 수 있다.

다.

【문】 만일 자아가 없다는 것이 진실이고 다만 세속의 언설에 따라서 '자아가 있다'고 한다면 무슨 허물이 있겠는가?

【답】 '자아'라는 법을 논파하기 때문에 '자아가 없다[무아]'는 말이 있는 것이다. '자아'도 그 결정적인 모습을 얻을 수 없는데 어떻게 '자아 없음[無我]'이 있겠는가? 만일 '자아 없음[無我]'이 결정적으로 존재한다면 단멸론이 되고 탐욕과 집착을 생하게 된다. 반야경에서 설하듯이 보살은 자아가 있어도[有我] 보살행이 아니고 자아가 없어도[無我] 보살행이 아니다.[38]

【문】 만일 '자아'라든가 '비아(非我)'라든가 '공(空)'이라든가 '불공(不空)'이라고 설하지 않는다면 불법은 무엇을 위해 설해졌느냐?

【답】 부처님께서는 제법의 실상을 설하셨다. 실상에서는 언어의 길도 없고 모든 마음 작용도 끊어져 있다. 마음이란 상(相)을 취하는 인연으로 생기고 전생에 지은 업의 과보로 존재하는 것이라서 제법에 대해서 진실되게 보지 못한다. 그러므로 [제법의 실상은] 마음의 작용이 사라져 있다고 설하는 것이다.

【문】 만일 모든 범부의 마음이 진실을 보지 못한다면 성인들의 마음은 응당 진실을 볼 수 있어야 할 텐데 어째서 일체의 마음 작용이 끊어졌다고 설하느냐?

【답】 제법의 실상이 바로 열반이다. 열반은 소멸이라고 한다. 여기서의 [마음 작용의] 소멸도 열반으로 향하고 있는 것이므로 역시 소멸이라고 부른다. 만일 마음이 진실된 것이라면 어떻게 공(空) 등의 해탈문[39]을 사용할 수

38) 이상은 제6게에 대한 설명.
39) 空, 無相, 無作의 三解脫門.

있겠는가? 또 갖가지 선정(禪定)중에서 어째서 멸진정(滅盡定)[40]을 제일로 치고 마침내 [그를 통해] 무여열반으로 가는 것이겠는가? 그러므로 일체의 마음 작용은 모두 허망하다는 것을 알아라. 허망한 것이기 때문에 반드시 소멸하게 된다. 제법실상은 갖가지 심수법(心數法)[41]을 출현시키지만 생하는 것도 없고 멸하는 것도 없어 열반과 같이 지극히 고요하다.

【문】 경전에서는 '모든 존재[제법]는 원래 적멸한 것이라서 그대로 열반이다.'라고 설하는데 어떻게 해서 [모든 존재가] 열반과 같다고 말하느냐?

【답】 법에 집착하는 사람들은 법을 두 가지로 구분하여 이것은 세간이고 저것은 열반이라고 한다. 그리고 열반이 적멸이라고 설하지 세간이 적멸이라고 설하지는 않는다. 이 논문[中論]에서는 일체의 법이 그 성품이 공하여 적멸한 相이라고 설하였지만, 법에 집착하는 사람들이 이해하지 못하기 때문에 [그들을 위해] 굳이 열반이라는 말을 써서 비유한 것이다. [그러나 원래는] 그대가 말한 대로 열반의 상(相)은 공(空)하고 형상이 없으며[無相] 적멸하고 희론도 사라진다. 그뿐만 아니라 일체의 세간법도 역시 마찬가지다.[42]

【문】 만일 부처님께서 '자아(自我)'나 '비아(非我)', 모든 마음의 소멸, 언어의 길이 끊어진 경지를 설하지 않으셨다면 어떻게 사람들로 하여금 제법의 실상을 알게 만들겠는가?

【답】 모든 부처님께서는 무량한 방편의 힘을 갖고 계시고, 모든 존재 또한 정해진 모습이 없다. [부처님께서는] 중생을 제도하고자 어떤 때는 '모든 것이 진실되다.'고 설하기도 하고 어떤 때는 '모든 것이 진실되지 않다.'고

40) 想受滅定, 즉 생각과 느낌이 모두 소멸된 상태. 천둥이 쳐도 안 들리고, 의식에 떠오르는 것이 전혀 없기에 그냥 멸진정에 들어가면 삼매에서 나올 수가 없지만, 들어가기 전에 깨어날 시기를 자정을 하고 들어가면 바로 그 시기에 깨어난다.

41) 心所, 즉 心王에 수반되어 발생하는 다양한 마음 작용들.

42) 제7게에 대한 설명,

설하기도 하고 어떤 때는 '모든 것이 진실이기도 하고 진실이 아니기도 하다.'고 설하기도 하고 어떤 때는 '모든 것이 진실이 아니기도 하고 진실이 아니지 않기도 하다.'고 설하신다.

'모든 것이 진실이다.'라는 것은 다음과 같다. 제법의 참된 성품을 추구하면 언제나 제일의제의 평등하고 동일한 모습[一相]으로 들어간다. 그것은 이른바 무상(無相)[이라는 一相]이다. 마치 색도 다르고 맛도 다른 모든 강물이 큰 바다에 들어가면 색도 동일해지고 맛도 동일해지는 것과 같다.

'모든 것이 진실이 아니다.'라는 것은 다음과 같다. 제법이 아직 실상에 들어가지 못했을 때는 [제법의] 각각을 분별하여 관찰해 보면 그 실체가 없고 다만 여러 가지 인연이 합쳐서 존재한다.

'모든 것이 진실이기도 하고 진실이 아니기도 하다.'라는 것은 다음과 같다. 중생은 세 등급[三品]으로 나눌 수 있어서 상중하가 있다. 상근기는 '모든 것의 모습이 진실도 아니고 진실이 아닌 것도 아님'을 본다. 중근기는 '모든 것의 모습이 모두 진실되기도 하고 모두 진실되지 않기도 함'을 본다. 하근기는 지혜의 힘이 천박하여 '모든 것의 모습이 약간은 진실되고 약간은 진실되지 않다.'고 보는데 무위법인 열반은 파괴되지 않기에 진실되고 유위법인 생사는 거짓되기 때문에 진실되지 않다고 본다.

'모든 것이 진실되지도 않고 진실되지 않은 것도 아니다.'라는 것은 다음과 같다. '진실되기도 하고 진실되지 않기도 하다는 것을 파(破)하기 위해 진실되지도 않고 진실되지 않은 것도 아니다.'라고 설한다.

【문】 부처님께서는 다른 곳에서는 비유비무(非有非無)도 떠나라고 하셨는데 여기서는 어째서 비유비무가 부처님의 말씀이라고 하느냐?

【답】 다른 곳에서는 네 가지 집착[사구(四句)[43]에 대한 집착]을 파(破)하

43) 四句란 어떤 사물에 대해 내리는 ①有 ②無 ③亦有亦無 ④非有非無와 같은 네 가지 판단을 말한다.

기 위해 설하신 것이지만 여기서는 사구에 대해 희론을 벌이는 것이 아니고 부처님의 말씀을 듣자마자 곧 득도한다. 그러므로 '진실되지도 않고 진실되지 않지도 않다.'고 말씀하신 것이다.44)

【문】 부처님께서 그렇게 사구의 이유[因緣]를 설하신 것은 알겠다. 그러나 무엇을 보고 제법의 실상을 터득한 사람이라고 알 수 있겠는가? 또 실상은 도대체 무엇이냐?

【답】 다른 것에 휘둘리지 않을 수 있으면[不隨他] 실상을 터득한 사람이다. 다른 것을 따르지 않는다는 것은 다음과 같다. 만일 외도(外道)가 비록 신통력을 나타내어 '이것은 옳고 이것은 그르다.'라고 설하더라도 스스로 자기의 마음을 믿기에 그것에 휘둘리지 않는다. 또 [그들이 신통력으로] 변신을 하더라도 비록 [그 모습이] 부처님이 아닌 줄은 모르지만 제법의 실상을 잘 파악하고 있으므로 마음이 동요하지 않는다. 여기서 '취하거나 버릴 수 있는 법'이 없기 때문에 적멸상이라고 부른다. 적멸한 상이기 때문에 희론에 희론되지 않는다. 희론에는 두 가지가 있다. 첫째는 애론(愛論)이고 둘째는 견론(見論)이다.45) 그런데 이 [적멸한] 실상 중에는 그런 두 가지 희론이 존재하지 않는다. 그런 두 가지 희론이 존재하지 않기 때문에 망상분별도 존재하지 않아 차별도 존재하지 않게 된다. 이것을 실상이라고 부른다.46)

【문】 만일 제법이 완전히 공하다면 단멸론[= 허무주의]에 빠지게 되지 않겠는가? 또 불생불멸이라고 하면 혹시 상주론에 빠지지 않겠는가?

---

44) 제8게에 대한 설명.
45) 사물에 애착하는 迷妄心에서 일어난 不正한 言論을 愛論이라고 하고 갖가지 편견에서 일어난 言論을 見論이라고 한다. 鈍根機는 愛論을 일으키고 利根機는 見論을 일으키며 在家者는 愛論, 出家者는 見論, 天魔는 愛論, 外道는 見論, 범부는 愛論, 二乘은 見論을 고집한다고 말한다. 中村元, 『佛教語大典』, p.301.
46) 제9게에 대한 설명.

【답】 그렇지 않다. 앞에서 '실상에는 희론이 존재하지 않으며 마음이 고요히 사라지고[寂滅] 말길이 끊어져 있다[= 言語道斷].'라고 설하였다. 그런데 그대는 지금 집착을 내어 상(相)을 취해 실상법에서 단멸이나 상주를 보는 잘못을 범하는구나. 실상을 터득한 사람은 제법이 여러 가지 인연으로부터 생하니 그 인연과 동일한 것도 아니고 다른 것도 아니라고 설한다. 그러므로 [因과 果가] 단절된 것도 아니고 [因이 果에까지] 이어지는 것도 아니다[不斷不常]. 만일 결과가 원인과 다르다면 단멸론이 되고 원인과 다르지 않다면 상주론이 된다.47)

【문】 그렇게 해석하면 무슨 이익이 있느냐?

【답】 도(道)를 행하는 사람이라면 능히 그런 의미를 통달한다. 즉 일체법에 대해 동일하지도 않고 다르지도 않으며[不一不異], 단절된 것도 아니고 상주하는 것도 아니라는 것[不斷不常]을 통달한다는 말이다. 만일 능히 이렇게 할 수 있으면 모든 번뇌와 희론을 멸하게 되어 상락(常樂)의 열반을 획득한다. 그러므로 '모든 부처님께서는 감로미(甘露味)로 교화하신다.'라고 설하였다. 마치 세간에서 '하늘나라의 감로즙을 얻으면 늙고 병들고 죽는 것이 없고 전혀 쇠약해지거나 고통받지 않는다.'라고 말하는 것처럼 이 실상법은 참된 감로미이다.48)

부처님께서는 실상[을 터득하는 길]에는 세 가지가 있다고 설하셨다. 만일 제법의 실상을 터득하여 모든 번뇌가 사라진다면 ①성문법(聲聞法)이라고 부른다. 만일 대비심을 내고 무상의 보리심을 발한다면 ②대승법이라고 부른다. 만일 부처님께서 세상에 출현하지 않으셔서 불법이 존재하지 않을 때라면 벽지불이 [세상을 멀리 떠나는] 원리행(遠離行)을 함으로 인하여 지혜를 생하게 된다. 부처님이 중생을 제도하고 나서 무여열반에 들어가신 후 남기

47) 제10게에 대한 설명.
48) 제11게에 대한 설명.

신 법도 모두 사라지게 되면 전생에 득도가 예정되었던 사람이 약간의 염세적 관조로 인해 홀로 고요한 산림에 들어가 소란함을 떠나서 득도하게 되는데 이런 자를 ③벽지불이라고 부른다.[49]

---

49) 제12게에 대한 설명,

제19 관시품(觀時品, 6게)
시간(時間)에 대한 관찰

kālaparīkṣā nāmaikonaviṃśatitamaṃ prakaraṇam

시간의 검토라는 이름의 제19장(6게)

【문】 응당 시간은 존재해야 한다. [三時가 서로] 의존함으로써 성립한다. 즉 과거의 시간이 있으므로 미래나 현재의 시간이 존재하고 현재의 시간이 있으므로 과거와 미래의 시간이 존재하며 미래의 시간이 있으므로 과거와 현재의 시간이 존재한다. 상중하나 같음과 다름[一異] 따위의 법도 역시 서로 의존하기에 존재한다.

【답】

1) 若因過去時 有未來現在 未來及現在 應在過去時

만일 과거의 시간을 인(因)하여 미래와 현재가 존재한다면 미래와 현재는 응당 과거의 시간에 존재해야 하리라.[1]

1) pratyutpanno 'nāgataśca yadyatītamapekṣya hi/

pratyutpanno 'nāgataśca kāle 'tīte bhaviṣyataḥ//[2]

만일 현재와 미래가 과거에 의존하고 있다면 현재와 미래는 과거의 시간 속에 존재하는 것이 되리라.

만일 과거의 시간으로 인하여 미래와 현재의 시간이 존재하는 것이라면

---

1) 『小品般若經』(대정8, p.562c.) 참조.

2) *pratyutpanna〉 prati-ut√pad: (p.p.p.) 현존하는, 현재의. *anāgataḥ〉 an + āgata(〉 ā√gam): (p.p.p.) 오지 않은, 미래. *ca: 또. *yadi: 만일. *atītam〉 atīta〉 ati√i: (p.p.p.) 지나간, 과거의. *apekṣya: 의존하여. *hi: 실로. *pratyutpanna: 상동. *anāgata: 상동. *ca: 상동 *kāle〉 kāla: (m. loc.) 시간. *atīte〉 atīta: (loc.) 상동. *bhaviṣyataḥ〉 bhaviṣyatas〉 √bhū: (미래, Du. Ⅲ) 되다.

과거의 시간 중에 응당 미래와 현재의 시간이 존재해야 하리라. 왜 그런가? [어떤 존재가 있을 경우 그 존재의] 원인이 되는 곳을 따라 그 존재가 성립한다면 그곳에 응당 그 존재가 존재해야 하기 때문이다. 예를 들어 등불을 원인으로 하여 밝음이 성립될 때 등불이 있는 곳을 따라 응당 밝음이 존재해야 하는데 이와 마찬가지로 과거의 시간을 원인으로 하여 미래와 현재의 시간이 성립하는 것이라면 과거의 시간 속에 응당 미래와 현재의 시간이 존재해야 한다. 만일 과거의 시간 속에 미래와 현재의 시간이 존재한다면 [과거, 현재, 미래의] 삼시(三時)를 모두 과거라고 부르게 되리라. 왜 그런가? 미래와 현재의 시간이 과거의 시간 속에 존재하기 때문이다. 만일 [그렇게] 일체의 시간이 모두 과거의 시간이라면 미래와 현재의 시간이 존재하지 않는 꼴이 된다. 모두 과거이기 때문이다. 만일 미래와 현재의 시간이 존재하지 않는다면 [애초의] 과거의 시간도 존재하지 않아야 한다. 왜 그런가? 과거의 시간은 미래와 현재의 시간을 원인으로 하기에 과거의 시간이라고 부르는 것이다. [다시 말해] 과거의 시간을 원인으로 하여 미래와 현재의 시간이 성립하는 것처럼 응당 미래와 현재의 시간을 원인으로 하여 과거의 시간이 성립해야 한다. 그런데 지금 [위에서의 설명대로] 미래와 현재의 시간이 존재하지 않기에 과거의 시간도 역시 없어야 한다. 그러므로 앞에서 [그대가] 말한 '과거의 시간을 원인으로 하여 미래와 현재의 시간이 성립하는 것이다.'라는 말은 옳지 못하다. [그렇다고 해서] 만일 과거의 시간 속에는 미래와 현재의 시간이 없지만, 과거의 시간을 원인으로 하여 미래와 현재의 시간이 성립하는 것이라면 그것은 옳지 못하다. 왜 그런가?

> 2) 若過去時中 無未來現在 未來現在時 云何因過去
> 만일 과거의 시간 속에 미래와 현재가 존재하지 않는다면 미래와 현재의 시간이 어떻게 과거에 기인(起因)하겠는가?
> 2) praryutpanno 'nāgataśca na stastatra punaryadi/

> pratyutpanno 'nāgataśca syātāṃ kathamapekṣyataṃ//[3]
> 만일 또 현재와 미래가 그 [과거] 속에 존재하지 않는다면 현재와 미래가 어떻게 그 [과거]에 의존하여 존재하겠는가?

만일 미래와 현재의 시간이 과거의 시간 속에 존재하지 않는다면 어떻게 과거의 시간을 원인으로 하여 미래와 현재의 시간이 성립하겠는가? 왜 그런가? 만일 [과거와 현재와 미래의] 삼시가 서로 완전히 다르다면 서로 의존하여 성립하는 것이어서는 안 된다. 항아리나 의복 등의 사물은 각각 따로 성립하는 것이라서 서로 의존하는 것이 아니지만 지금 [그와 달리 시간의 경우] 과거의 시간을 원인으로 하지 않는다면 미래와 현재의 시간은 성립하지 않고 현재의 시간을 원인으로 하지 않으면 과거와 미래의 시간은 성립하지 않으며 미래의 시간을 원인으로 하지 않고서는 과거와 현재의 시간은 성립하지 않는다. [그러니] 그대가 앞에서 '과거의 시간 속에는 비록 미래와 현재의 시간이 존재하지 않지만, 과거의 시간을 원인으로 하여 미래와 현재의 시간이 성립하는 것이다.'라고 말한 것은 옳지 못하다.

【문】 만일 과거의 시간을 원인으로 하지 않고서 미래와 현재의 시간이 성립한다면 무슨 허물이 있겠는가?

【답】

> 3) 不因過去時 則無未來時 亦無現在時 是故無二時
> 과거의 시간을 인(因)하지 않는다면 미래의 시간은 존재하지 않고 현재의 시간도 역시 존재하지 않는다. 그러므로 두 가지 시간

---

3) (19－2) *praryutpanna: 현재. *anāgataḥ〉 anāgata: (nom.) 미래. *ca: 그리고. *na: ~아니다. *staḥ〉 √as: (직설법, 현재, Du. Ⅲ) 존재하다. *tatra: 거기에. *punar: 다시. *yadi : 만일 *pratyutpanna: 상동. *anāgataḥ: 상동. *ca: 그리고. *syātām〉 √as: (opt. Du. Ⅲ) 상동. *katham: 어떻게. *apekṣya: 의존하여. *tam〉 tad: (acc.) 그것.

대는 존재하지 않는다.

3) anapekṣya punaḥ siddnirnātītaṃ vidyate tayoḥ/
pratyutpanno 'nāgataśca tasmātkālo na vidyate//4)
게다가 과거에 의존하지 않는다면 그 양자[현재와 미래]의 성립은 존재하지 않는다. 그러므로 현재와 미래의 시간은 존재하지 않는다.

과거의 시간을 원인으로 하지 않으면 미래와 현재의 시간이 성립하지 않는다. 왜 그런가? 만일 과거의 시간을 원인으로 하지 않고서 현재의 시간이 존재한다면 어느 곳에 현재의 시간이 존재하겠는가? 미래도 역시 이와 마찬가지로 어느 곳에 미래의 시간이 존재하겠는가? 그러므로 과거의 시간을 원인으로 하지 않으면 미래와 현재의 시간이 없다. 이처럼 서로 의존하여 존재하므로 실제로 시간이란 없다.

4) 以如是義故 則知餘二時 上中下一異 是等法皆無
그런 의미가 있기 때문에 나머지 두 가지 시간대도 안다. 상중하나 일이(一異) 등의 법도 모두 존재하지 않는다.

4) etenaivāvaśiṣtau dvau krameṇa parivartakau/
uttamādhamamadhyādīnekatvādīṃśca lakṣayet//5)
바로 이런 절차에 의해 남은 두 가지 [시간대]의 전개가 있다. 또 상과 하와 중 따위와 동일성 따위[一異]를 관찰할 것이다.

---

4) (19-3) *anapekṣya〉 an(부정의 뜻) + apekṣya(ap√īkṣ의 절대분사): 의존하지 않고서. *punar: 다시, 게다가. *siddhiḥ: (f. nom.) 성취, 완성, 달성. *na: ~ 아니다. *atītam: (acc.) 과거. *vidyate〉 √vid: (수동태) 존재하다. *tayoḥ〉 tad: (m. Du. gen.) 그것. *pratyutpanna: 현재. *anāgataḥ: (nom.) 미래. *ca: 그리고. *tasmāt〉 tad: (abl.) 그러므로. *kāla: 시간. *na: 상동. *vidyate: 상동.

5) (19-4) *etena〉 etad: (ins.) 이것. *eva: 실로. *avaśiṣṭau〉 avaśiṣṭa: (Du. nom.)

이런 뜻에서 나머지 미래나 현재도 역시 존재할 수 없다. 또 상중하(上中下)나 같음과 다름[一異] 등의 모든 법도 역시 모두 존재할 수 없다. 이를테면 상이 있기에 중이나 하가 존재하는 것이지 상을 떠나서는 중이나 하가 없다. 만일 상을 떠나서 중과 하가 존재한다면 서로 의존하지 않는다는 말이 된다.

또 같음[一]으로 인하여 다름[異]이 존재하고 다름으로 인하여 같음이 존재한다. 만일 같음이 실제로 존재한다면 응당 다름으로 인하지 않고 존재해야 하고 만일 다름이 실제로 존재한다면 응당 같음으로 인하지 않고 존재해야 한다. 이와 같은 모든 법은 이렇게 논파할 수 있다.

【문】 [그렇다면] 해[歲]와 달[月]과 날[日]과 찰나[須臾] 등의 차별이 있기에 시간이 존재함을 안다.

【답】

> 5) 時住不可得 時去亦叵得 時若不可得 云何說時相
> 시간이 머무르는 것은 얻을 수 없고 시간이 흘러가는 것도 역시 얻을 수 없다. 만일 시간을 얻을 수 없다면 어떻게 시간의 상(相)을 설하겠는가?
> 5) nāsthito gṛhyate kālaḥ sthitaḥ kālo na vidyate/
> yo gṛhyetāgrhītaśca kālaḥ prajñapyate kathaṃ//[6)]
> 머물러 있지 않은 시간은 포착되지 않는다. 또 이미 머물러 있는

나머지. *dvau〉 dvi: (m. Du. nom.) 둘, 양자. *krameṇa〉 krama: (ins.) 절차, 차제. *parivartakau〉 parivarta(p.p.p.) +ka(형용사화)〉 pari√vṛt: (Du. nom.) ~로 나타나다(ins.와 함께 쓰임). *uttama: 최상. *adhama: 최하의, 下. *madhyādīn〉 madhya(중간) + ādi(等) +īn(m. Pl. acc.): 중간 따위. *ekatvādīn〉 eka(하나) + tva(性) + ādi(等) + īn(m. Pl. acc.): 동일성 등을. *ca: 그리고. *lakṣayet〉 √lakṣ: (opt.) 정의하다. 관찰하다.

시간이 포착됨은 존재하지 않는다. 그런데 포착되지 않는 시간이 어떻게 파악되겠는가?

6) 因物故有時 離物何有時 物尙無所有 何況當有時
사물을 인(因)하여 시간이 존재하니 사물을 떠나서 어떻게 시간이 존재하겠는가? 사물도 오히려 존재하지 않는데 어찌 하물며 시간이 존재하겠는가?
6) bhāvaṃ pratītya kālaścetkālo bhāvādṛte kutaḥ/
na ca kaścana bhāvo 'sti kutaḥ kālo bhaviṣyati//[7]
시간이 사물을 연(緣)하여 존재한다면 사물을 떠나서 시간이 어떻게 존재하겠는가? 그리고 어떠한 사물도 존재하지 않는데 어떻게 시간이 존재하겠는가?

시간이 만일 머무르지 않는다면 [시간을] 얻을 수가 없고 시간의 머무름도 역시 없다. 만일 시간을 얻을 수가 없다면 어떻게 시간의 상(相)을 설하겠는가? 만일 시간의 상이 존재하지 않는다면 시간은 없는 것이다. 사물을 원인으로 하여 생기므로 시간이라고 부른다. 만일 사물을 떠난다면 시간도 없다. 지금까지 앞에서 갖가지 이유를 들어 모든 사물을 논파하였다. 그래서 사물도 존재하지 않는데 어떻게 시간이 존재하겠는가?

---

6) (19-5) *na ~ 아니다. *asthita〉 a(부정의 뜻) + sthita(p.p.p.)〉 √sthā: 머물지 않는. *gṛhyate〉 √grah: (수동태) 포착하다. *kāla: 시간. *sthita〉 √sthā: (p.p.p.) 머물다. *kāla: 상동. *na: 상동. *vidyate: 존재하다. *yaḥ〉 yad: (nom.) 관계대명사. *gṛhyeta〉 √grah: (수동태, opt.) 포착하다. *agṛhītaḥ〉 a(부정의 뜻) +gṛhīta(p.p.p.): 포착되지 않는. *ca: 그리고. *kāla: 시간. *prajñapyate: (사역, 수동, Sg. Ⅲ) 파악하다. *katham: 어떻게.

7) (19-60) bhāvam〉 bhāva: (acc.) 존재, 사물. *pratītya〉 prati√i: 緣하여. *kāla: 시간. *cet: 만일. *kāla: 상동. *bhāvāt〉 bhāva: (abl.) 사물. *ṛte〉 ~ 없이. *kutas: 어디에, 어떻게. *na: ~ 아니다. *ca: 그리고. *kaścana〉 kaḥ(kim의 m. nom.) + cana: (부정대명사) 그 어떤 것이. *bhāva〉 √bhū: 존재하다. *asti〉 √as: 존재하다. *kutas: 어떻게. *kāla: 시간. *bhaviṣyati〉 √bhū: (미래, Sg. Ⅲ) 상동.

제20 관인과품(觀因果品, 24게)
인과관계에 대한 관찰

sāmagrīparīkṣā nāma viṃśatitamaṃ prakaraṇam

집합(集合)의 검토라는 이름의 제20장(24게)

【문】 여러 가지 인연이 화합하여 현재 결과가 발생하므로 이 결과는 여러 가지 인연이 화합하여 존재하는 것임을 마땅히 알지어다.

【답】

1) 若衆緣和合 而有果生者 和合中已有 何須和合生
만일 여러 가지 인연이 화합하여 결과가 발생한다면 화합 중에 이미 존재하는데 어떻게 화합하여 발생할 필요가 있겠는가?

1) hetośca pratyayānāṃ ca sāmagryā jāyate yadi/
phalamasti ca sāmagryāṃ sāmagryā jāyate kathaṃ//1)
만일 원인[因]과 연(緣)들의 결합에 의해 [결과가] 생하고 또 그 결과는 [이미] 결합에 존재한다면 [결과는] 어떻게 결합에 의해 생하겠는가?

만일 여러 가지 인연이 화합하여 결과가 발생한다면 그런 결과는 화합 가운데 이미 존재할 테니 화합에서 발생한다는 것은 옳지 못하다. 왜 그런가? 결과가 만일 미리 그 실체가 존재했다면 [새삼] 화합에서 발생해서는 안 될

1) (19-1) *hetoh〉 hetu: (m. Sg. gen.) 원인. *ca: 그리고. *pratyayānām〉 pratyaya: (Pl. gen.) 緣, 조건. *ca: 그리고. *sāmagryā〉 sāmagī: (f. ins.) 集合, 결합. *jāyate〉 √jan: (수동태) 생하다. *yadi: 만일. *phalam: (n.nom.) 결과. *asti〉 √as: 존재하다. *ca: 상동. *sāmagryām〉 sāmagī: (f. loc.) *samagryā: 상동. *jāyate: 상동. *katham: 어떻게.

것이기 때문이다.

【문】 여러 가지 인연이 화합한 속에 비록 결과가 존재하지는 않더라도 결과가 여러 가지 인연에서 발생하는 것이라면 무슨 허물이 있겠는가?

【답】

> 2) 若衆緣和合 是中無果者 云何從衆緣 和合而果生
> 만일 여러 가지 인연의 화합에 결과가 존재하지 않는다면 어떻게 여러 가지 인연들로부터 화합하여 발생하겠는가?
> 2) hetośca pratyayānāṃ ca sāmagryā jāyate yadi/
> phalaṃ nāsti ca sāmagryāṃ sāmagryā jāyate kathaṃ//2)
> 만일 인(因)과 연(緣)들의 결합에 의해 [결과가] 발생하고 그 결합에는 결과가 존재하지 않는다면 [결과는] 어떻게 결합에 의해 발생하겠는가?

만일 여러 가지 인연의 화합으로부터 결과가 발생한다고 할 때 이 화합 가운데는 결과가 없지만, 화합으로부터 발생하는 것이라고 해도 그것은 옳지 못하다. 왜 그런가? 만일 사물이 그 자성[= 실체]이 없다면 그 사물은 결코 발생하지 않기 때문이다. 다시 설명해 보자.

> 3) 若衆緣和合 是中有果者 和合中應有 而實不可得
> 만일 여러 가지 인연의 화합 가운데 결과가 존재한다면 화합 가운데 존재해야 하는데 실제로는 [거기서] 얻을 수 없다.

---

2) (20-2) *hetoḥ〉 hetu: (m. gen.) 원인. *ca: 그리고. *pratyayānām: (Pl. gen.) 緣. *ca: 상동. *sāmagryā〉 sāmagrī: (f. abl.) 전체, 集合, 결합. *jāyate〉 √jan: (수동태) 생하다. *yadi: 만일. *phalam: (n. nom.) 결과. *na: 상동. *asti〉 √as: 존재하다. *ca: 상동. *sāmagryām〉 sāmagrī: (f. loc.) 상동. *sāmagryā: 상동. *jāyate: 상동. *katham: 어떻게.

3) hetośca pratyayānāṃ ca sāmagryāmasti cetphalaṃ/
gṛhyeta nanu sāmagryāṃ sāmagryāṃ ca na gṛhyate//[3]
만일 인과 연들의 결합에 의해 결과가 존재하는 것이라면 [결과는] 결합에서 파악되어야 하지 않을까? 그런데 결합에서는 파악되지 않는다.

만일 여러 가지 인연의 화합 가운데 결과가 존재하는 것이라면 [안근(眼根)과 색경(色境)과 이식(意識)의 삼자(三者)의 인연이 화합하여 안식(眼識)이라는 결과가 발생할 때] 모든 형상[色]은 다 눈[眼根]에 보여야 하고 형상이 아닌 모든 것[非色]은 다 의식되어야 할 텐데 실제로는 그런 것들이 화합하기만 한 것에서는 결과를 얻을 수 없다. 그러므로 화합한 가운데 결과가 존재한다는 것은 옳지 못하다. 다시 설명해 보자.

4) 若衆緣和合 是中無果者 是則衆因緣 與非因緣同
만일 여러 가지 인연이 화합한 가운데 결과가 존재하지 않는다면, 그 여러 가지 인연들은 인연이 아닌 것들과 마찬가지가 된다.[4]
4) hetośca pratyayānāṃ ca sāmagryāṃ nāsti cetphalaṃ/
hetavaḥ pratyayāśca syurahetupratyayaiḥ samāḥ//[5]
만일 인(因)과 연(緣)들의 결합에 의해서 결과가 존재하는 것이 아니라면 인들과 연들은 인이나 연이 아닌 것들과 마찬가지인 꼴이 되리라.

---

3) (20-3)*hetoś〉 hetu: (gen.) 원인. *pratyayānām: (Pl. gen.) 연(緣), 조건. *ca: 그리고. *sāmagryām〉 sāmagrī: (f. loc.) 결합, 집합. *asti〉 √as: 있다. *cet: 만일. *phalam: (n. nom.) 결과. *gṛhyeta〉 √grah: (수동태, opt. 현재, Ⅲ) 잡다, 포착하다. *nanu: ~은 아닐까, ~이 아니라, 확실히. *sāmagryām: 상동. *ca: 그리고. *na: ~이 아니다. *gṛhyate〉 √grah: (수동태, 직설법, 현재, Ⅲ) 포착되다.

만일 여러 가지 인연의 화합 가운데 결과가 존재하지 않는다면 그런 여러 가지 인연들은 인연이 아닌 것과 마찬가지가 될 것이다. 예를 들어 야쿠르트[酪]의 인연인 우유의 경우, 만일 우유 속에 야쿠르트가 존재하지 않는다면 맹물 속에도 야쿠르트가 존재하지 않으니 야쿠르트가 존재하지 않는 우유는 야쿠르트가 존재하지 않는 맹물과 마찬가지가 되어 오직 우유에서만 야쿠르트가 나온다고 말해서는 안 된다. [즉 맹물에서도 야쿠르트가 나와야 하리라.] 그러므로 여러 가지 인연의 화합 가운데 결과가 존재하지 않는다는 것은 옳지 못하다.

【문】 원인은 결과에 대해 원인 노릇을 하자마자 소멸하여 인과관계가 성립하는 것이라면 무슨 허물이 있겠는가?

【답】

> 5) 若因與果因 作因已而滅 是因有二體 一與一則滅
> 만일 원인이 결과에 주는 원인이고 [그렇게] 원인을 짓고 나서 소멸하는 것이라면 그런 원인은 그 실체가 둘이 되니 하나는 '주는 것'이고 하나는 '소멸하는 것'이다.
> 5) hetukaṃ phalasya dattvā yadi heturnirudhyate/
> yaddattaṃ yanniruddhaṃ ca hetorātmadvayaṃ bhavet//[6]
> 만일 원인이 '원인이 되는 것'을 결과에 주고서 소멸하는 것이라면 '준 것'과 '소멸한 것'이라고 하는, 그 실체가 두 개인 원인이

---

4) 제1 관인연품 제7게 참조.
5) (20-4) *hetoś〉 hetoḥ〉 hetu: (m. Sg. gen.) 원인. *ca: 그리고. *pratyayānām〉 pratyaya: (m. Pl. gen.) 조건, 緣. *ca: 상동. *sāmagryām〉 sāmagrī: (f. loc.) 결합, 집합. *na: ~ 이 아니다. *asti〉.√as: 있다. *cet: 만일. *phalam: (nom.) 결과. *hetavaḥ〉 hetu: (Pl. nom.) 상동. *pratyayāḥ〉 pratyaya: (m. Pl.nom.) 緣. *ca: 그리고. *syur〉 √as: (Pl. opt. Ⅲ) ~이리라. *hetupratyayaiḥ〉 hetu + pratyaya: (m. Pl. ins.) 인연들에 의해서. *samāḥ〉 sama: (a. m. Pl. nom.) 같은, same.

존재하게 되리라.

만일 원인이 결과에게 인(因)의 노릇을 해주고 나서 소멸하는 것이라면 이 인은 두 개의 실체를 가져야 한다. 첫째는 '해주는 인(因)'이고 둘째는 '소멸하는 인'이다. 그러나 이것은 옳지 못하다. 왜냐하면, 하나의 존재[法]가 두 개의 실체를 갖기 때문이다. 그러므로 원인이 결과에게 인의 노릇을 해주고 나서 소멸한다는 것은 옳지 못하다.

【문】 만일 원인이 결과에 대해 원인 노릇을 해주지 않고서 소멸하는데도 결과가 생긴다면 무슨 허물이 있겠는가?

【답】

6) 若因不與果 作因已而滅 因滅而果生 是果則無因
만일 원인이 결과에 대해서 원인의 노릇을 하지 않고서 소멸하는 것이라면 원인이 소멸하고 결과가 발생하는 것이니 이런 결과는 무인(無因)의 것이다.

6) hetuṃ phalasyādattvā ca yadi heturnirudhyate/
hetau niruddhe jātaṃ tatphalamāhetukaṃ bhavet//[7]
만일 원인이 원인을 결과에 주지 않고서 소멸된다면 원인이 이미 소멸한 때에 생한 그 결과는 원인 없는[無因의] 것이 될 것이다.

---

6) (20-5) *hetukam〉 hetu(원인) + ka(형용사화): (a. nom.) 원인. *phalasya〉 phala: (gen.) 결과. *dattvā〉 √dā: (절대분사) 주다. *yadi: 만일. *hetuh〉 hetu: (m. nom.) 원인. *nirudhyate〉 ni√rudh: (수동) 소멸하다. *yad〉 yat〉 yad: (관계대명사) which, who. *datta〉 √dā: (p.p.p.) 준 것. * yan〉 yat〉 yad: 상동. *niruddha〉 ni√rudh: (p.p.p.) 소멸. *ca: 그리고. *hetoḥ〉 hetu: (gen.) 상동. *ātma〉 ātman: 자체, 자아. *dvayam: 2종의. *bhavet〉 √bhū: (opt.) ~ 되리라.

7) (20-6) *hetum〉 hetu: (Sg. acc.) 원인. *phalasya〉 phala: (gen.) 결과. *adattvā〉a(부

만일 이 원인이 결과에 대해 원인 노릇을 해주지 않고서 소멸하는 것이라면 원인이 소멸했는데도 결과가 생기는 것이니 이 결과는 원인 없는 꼴이 된다. 이것은 옳지 못하다. 왜 그런가? 어떤 결과라고 하더라도 원인 없이 발생하는 것은 전혀 없기 때문이다. 그러므로 그대가 '원인이 결과에 대해 원인 노릇을 해주지 않고서 소멸하는데도 역시 결과는 생긴다.'라고 한 것은 옳지 못하다.

【문】 [그러면] 여러 가지 인연이 모이는 순간에 동시에 결과가 생기는 것이라면 무슨 허물이 있겠는가?

【답】

> 7) 若衆緣合時 而有果生者 生者及可生 則爲一時俱
> 만일 여러 가지 인연이 화합할 때에 결과의 발생이 존재하는 것이라면 발생케 한 놈이나 발생한 놈이 한순간에 함께 한다는 꼴이 된다.
>
> 7) phalaṃ sahaiva sāmagryā yadi prādurbhavetpunaḥ/
> ekakālau prasajyete janako yaśca janyate//8)
> 더욱이 만일 결과가 결합과 동시에 출현하는 것이라면 '발생케 하는 것'과 '발생된 것'이 같은 시간에 존재한다는 꼴이 된다.

정의 뜻) + dattvā(절대분사): 주지 않고서. *ca: 그리고. *yadi: 만일. *hetuḥ〉 hetu: (Sg. nom.) 상동. *nirudhyate〉 ni√rudh: (수동태) 소멸하다. *hetau〉 hetu: (Sg. loc.) 원인. *niruddhe〉 niruddha: (loc.) 소멸. *jāta〉 √jan: (p.p.p.) 생하다. *tat〉 tad: 그것. *phalam〉 phala: 결과. *āhetuka= ahetuka〉 a(부정의 뜻) + hetu(원인) + ka. *bhavet〉 √bhū: (opt.) ~되다.

8) (20-7) *phala: 결과. *saha: (ad.) 함께, 동시에. *eva: (강조) 실로, 결코. *sāmagryā〉 sāmagrī: (f. ins.) 결합. *yadi: 만일. *prādur: (ad.) 목전에, 명백히. *bhavet〉 √bhū: (opt.) ~되다. *punar: 다시. *eka: 하나, 동일한. *kālau〉 kāla: (Du. nom.) 시간. *prasajyete〉 pra√sañj: (ātm. 직설법, 현재, Du. Sg. Ⅲ) ~인 꼴이 된다. *janaka: 발생(케) 하는 것. *yaḥ〉 yad: (관계대명사) which, what. *ca: 그리고. *janyate〉 √jan: (수동태) 발생하다.

만일 여러 가지 인연이 모이는 순간에 동시에 결과가 생기는 것이라면 '생기게 한 것'이나 '생겨난 것'이 동시에 함께한다는 말이 된다. [그러나] 이것은 결코 옳지 못하다. 왜 그런가? 예를 들어 아버지와 아들이 동시에 태어날 수는 없는 것과 같다. 그러므로 그대가 '여러 가지 인연이 모이는 순간에 동시에 결과가 생기는 것이다.'라고 설한 것은 옳지 못하다.

【문】 만일 먼저 결과가 생기고 나중에 여러 가지 인연이 보이는 것이라면 무슨 허물이 있겠는가?

【답】

8) 若先有果生 而後衆緣合 此卽離因緣 名爲無因果
만일 먼저 결과의 발생이 존재하고 나중에 여러 가지 인연이 결합하는 것이라면 그것은 인연을 떠난 것으로 무인(無因)의 결과라고 부른다.

8) pūrvameva ca sāmagryāḥ phalaṃ prādurbhavetyadi/
hetupratyayanirmuktaṃ phalaṃahetukaṃ bhavet//[9]
또 만일 결과가 결합에 선행하여 출현하는 것이라면 그 결과는 인(因)과 연(緣)을 벗어나서 원인 없는 것이 될 것이다.

만일 여러 가지 인연이 아직 합하지 않았는데 먼저 결과가 생기는 것이라면 그것은 옳지 못하다. [그렇게 되면] 결과는 인연을 떠나 존재하므로 원인 없는 결과라고 말하게 되리라. 그러므로 그대가 '여러 가지 인연이 아직 합하지 않았을 때 미리 결과가 존재한다.'라고 설한 것은 옳지 못하다.

---

9) (20-8) *pūrvam〉 pūrva: (a. abl. 지배) 이전의. *eva: 실로, 결코 (강조의 뜻). *ca *sāmagryāḥ〉 sāmagrī: (f. Sg. abl.) 결합. *phala: 결과. *pradur: (ad.) 목전에, 명백히. *bhavet〉 √bhū: (opt.) ~이 되리라. *yadi: 만일. *hetu: 因. *pratyaya: 緣. *nir mukta〉 nir√muc: (p.p.p.) ~에서 벗어나다. 해방하다. *phala: 결과. *ahetukam〉 a(부정의 뜻) + hetu +ka(형용사화): 無因의. *bhavet: 상동.

【문】 그렇다면 원인이 소멸하면서 변하여 결과가 된다면 무슨 허물이 있겠는가?

【답】

> 9) 若因變爲果 因卽至於果 是則前生因 生已而復生
> 만일 원인이 변하여 결과가 된다면 원인은 결과에 도달한다는 말이 된다. 그것은 앞에서 발생한 원인이 발생하고 나서 다시 발생한다는 말이 된다.
> 9) niruddhe cetphalaṃ hetau hetoḥ saṃkramaṇaṃ bhavet/
> pūrvajātasya hetośca punarjanma prasajyate//[10]
> 만일 원인이 소멸할 때 결과가 있다면 원인은 이행(移行)하는 것이 되리라. 또 먼저 발생했던 원인이 다시 출현하는 꼴이 된다.

원인에는 두 가지가 있다. 첫째는 '앞서서 생기는 것[前生]'[11]이고 둘째는 '함께 생기는 것[共生]'[12]이다. 만일 원인이 소멸하면서 변하여 결과가 되는 것이라면 이 경우의 '앞서서 생긴 인(因)'은 응당 다시 거듭 생해야 한다. 그러나 그것은 옳지 못하다. 왜 그런가? 이미 생한 사물은 다시 생할 수는 없기 때문이다. 만일 이 원인 그대로 [소멸하지 않고 그저] 변하여 결과가 되는 것이라고 말한다면 이 역시 옳지 못하다. 왜 그런가? 만일 그대로라면 변한다고 말하지 못한다. [거꾸로] 만일 변한다면 그대로라고 말하지 못한다.

---

10) (20-9) *niruddhe〉 niruddha: (loc.) 소멸. *cet: 만일. *phalam〉 phala: (n. nom.) 결과. *hetau〉 hetu: (loc. Sg.) 원인. *hetoḥ〉 hetu: (gen.) 상동. *saṃkramaṇa: 이행, 전이. *bhavet〉 √bhū: (opt.)~이 되리라. *pūrva: 선행하는. *jātasya(gen.)〉 jāta〉√jan: (p.p.p.) 생하다. *hetoḥ: 상동. *ca: 그리고. *punar: 다시. *janma: (n.) 탄생, 출현. *prasajyate〉 pra√sañj: ~인 꼴이 된다.

11) 시간적으로 결과보다 이전에 존재하는 원인(길장소). 또 四緣說의 次第緣이나 六因說의 同類因, 異熟因, 遍行因 등이 이에 속한다고 볼 수 았다.

12) 시간적으로 결과와 공존하는 원인으로 家屋(果)에 대한 대들보나 서까래(因)가 그 예이다(『길장소』), 또 六因說의 俱有因이나 相應因이 이에 속한다고 볼 수 있다.

【문】 원인이 완전히 소멸하는 것이 아니라 다만 그 이름만 소멸하고 원인 그 자체는 변하여 결과가 되는 것이다. 예를 들어 진흙 덩어리가 변하여 항아리가 되는 경우 진흙 덩어리라는 이름은 상실했지만, 항아리라는 이름이 생긴 것과 같다.

【답】 진흙 덩어리가 먼저 소멸하고서 항아리가 생기니 변하는 것이라고 말하지 못한다. 또 진흙 덩어리가 항아리 하나만을 생하는 것은 아니다. 화분이나 옹기 등도 모두 진흙 덩어리에서 나온다. 또 만일 진흙 덩어리가 오직 이름만 갖는다면 항아리로 변해서는 안 되리라. 이름이 변한다는 것은 우유가 야쿠르트로 변하는 것과 같은 것이다. 그러므로 그대가 '원인의 이름은 비록 소멸하지만 변해서 결과가 된다.'라고 설한 것은 옳지 못하다.

【문】 그렇다면 인(因)이 비록 소멸하여 소실되지만, 능히 결과를 생하고 그로 인해 결과가 존재하게 된다면 그런 허물이 없으리라.

【답】

> 10) 云何因滅失 而能生於果 又若因在果 云何因生果
> 어떻게 원인이 소멸하여 소실되었는데 능히 결과를 생하겠는가? 또 만일 원인이 결과에 존재한다면 어떻게 원인이 결과를 생하겠는가?
>
> 10) janayetphalamutpannaṃ niruddho 'staṃgataḥ kathaṃ/
> tiṣṭhannapi kathaṃ hetuḥ phalena janayedvṛtaḥ//[13]
> 이미 멸하여 상실된 것이 어떻게 이미 발생해 있는 결과를 발생시키겠는가? 결과에 가려진 상태로 머물러 있는 원인도 역시 어떻게 [결과를] 발생시키겠는가?

만일 원인이 소멸하여 소실된다면 어떻게 능히 결과를 생할 수 있겠는가?

---

13) (20-10) *janayet〉 √jan: (opt.) 생하다. *phalam: (acc.) 결과. *utpannam〉 utpan

[반대로] 만일 원인이 소멸하지 않고서 결과와 합해 있다면 또 어떻게 결과를 생할 수 있겠는가?

【문】 그렇다면 이 원인은 결과에 두루 퍼져 있으면서 결과를 생한다.

【답】

11) 若因遍有果 更生何等果 因見不見果 是二俱不生
만일 원인이 결과에 편재해 있다면 다시 어떤 결과들을 生하겠는가? 원인은 결과를 만나건[見] 안 만나건[不見] 두 경우 모두 [결과를] 발생시키지 못한다.

11) athāvṛtaḥ phalenāsau katamajjanayetphalaṃ/
na hyadṛṣṭvā vā dṛṣṭvā vā heturjanayate phalaṃ//[14]
그런데 결과에 덮이지 않은 그것[원인]이 어떻게 결과를 발생시키겠는가? 왜냐하면, 원인은 [결과를] 보건 보지 않건 결과를 발생시키지도 못하기 때문이다.

이 원인은 결과를 만나지[見] 못하더라도 결과를 생하지 못하는데 하물며 만난 다음이야 어떠하겠는가? 만일 원인 자체가 결과를 만나지 못했다면 결과를 생할 수 없다. 왜 그런가? 만일 결과를 만나지 못했다면 결과는 원인에 잇따를 수 없고 또 아직 결과가 존재하지 않는다면 어떻게 결과를 생하겠는

na: (p.p.p. acc.): 발생한. *niruddha: 소멸. *astaṃgata: (a.) 몰락한, 상실된. *katham: 어떻게. *tiṣṭhann(연성)〉 tiṣṭhat〉 √sthā: (현재분사) 머무르다. *api: ~도 역시. *katham: 어떻게. *hetu: 원인. *phalena〉 phala: (ins.) 결과. *janayet: 상동. *vṛtaḥ〉 √vṛ: (p.p.p.) 덮다, 가리다, 은폐하다.

14) (20-11) *atha: 그런데. *avṛtaḥ〉 a(부정의 뜻) + vṛta: (p.p.p) 덮이지 않은. *phalena〉 phala: (ins.) 결과. *asau〉 adas: (m. Sg. nom.) 그것, 저것. *katamaj〉 katamad: 어떻게. *janayet〉 √jan: (opt. Ⅲ) 발생시키다. *phalam: (acc.) 결과. *na: ~이 아니다. *hi: 왜냐하면, 실로. *adṛṣṭvā〉 a(부정) + dṛṣṭvā〈〉 √dṛś: (절대분사) 보지 않고서. *va: 혹은. *dṛṣṭvā: 보고서, 現見하고서. *vā: 혹은. *hetuḥ〉 hetu: (nom.) 원인.*janayate〉 √jan: (ātm. 사역) 발생시키다. *phalam〉 phala: (acc.) 상동.

가? 만일 원인이 먼저 결과를 만났다면 결과가 다시 생길 수는 없다. 결과가 이미 존재하기 때문이다. 다시 설명해 보자.

12) 若言過去因 而於過去果 未來現在果 是則終不合
혹, 과거의 인(因)을 말하지만 과거의 결과와 미래 및 현재의 결과에 대해 결코 결합하지 않는다.
12) nātītasya hyatītena phalasya saha hetunā/
nājātena na jātena saṃgatirjātu vidyate//15)
과거의 결과가 과거의 원인과 함께하지 않는다. [과거의 결과가] 아직 생하지 않은 것[미래]과 이미 생한 것[현재]과 결합함은 결코 존재하지 않는다.

13) 若言未來因 而於未來果 現在過去果 是則終不合
혹, 미래의 인(因)을 말하지만, 미래의 결과와 현재 및 과거의 결과에 대해 결코 결합하지 않는다.
14) nājātasya hi jātena phalasya saha hetunā/
nājātena na naṣtena saṃgatirjātu vidyate//16)
아직 생하지 않은 결과가 이미 생한 원인과 함께하지 않는다. [아직 생하지 않은 결과가] 아직 생하지 않은 것과 이미 멸한 것과 결합함은 결코 존재하지 않는다.

15) (20-12) *na: ~이 아니다. *atītasya> atīta: (gen.) 과거. *hi: 실로. *atītena> atīta: (ins.) 상동. *phalasya> phala: (gen.) 결과. *saha: (ad.) 함께. *hetunā> hetu: (m. ins.) 원인. *na: 상동. *ajātena> a(부정의 뜻) + jāta(p.p.p.)> √jan: 생하다. *na: 상동. *jātena: 상동. *saṃgati: (f.) 만남. *jātu: 결코. *vidyate: 존재하다.
16) (20-14) *na: ~이 아니다. *ajātasya> a + jātasya: (gen.) 아직 생하지 않은. *hi: 실로. *jātena> jāta: (ins.) 생한 것. *phalasya: (gen.) 결과. *saha: ~가 함께하다. *het

14) 若言現在因 而於現在果 未來過去果 是則終不合
혹, 현재의 인(因)을 말하지만 현재의 결과와 미래 및 과거의 결과에 대해 결코 결합하지 않는다.
13) na jātasya hyajātena phalasya saha hetunā/
nātītena na jātena saṃgatirjātu vidyate//[17]
이미 생한 결과는 아직 생하지 않은 원인과 함께하지 않는다. [이미 생한 결과가] 과거의 것과 또 이미 생한 것과 결합함은 결코 존재하지 않는다.

과거의 결과는 과거나 미래나 현재의 원인과 합하지 않는다. 미래의 결과는 미래와 현재와 과거의 원인과 합하지 않는다. 현재의 결과는 현재와 미래와 과거의 결과와 합하지 않는다. 이처럼 세 종류의 결과는 결코 과거와 미래와 현재의 원인과 합하지 않는다. 다시 설명해 보자.

15) 若不和合者 因何能生果 若有和合者 因何能生果
만일 화합하지 않는다면 인(因)이 어떻게 결과를 생할 수 있겠는가? 만일 화합한 것이라면 인이 어떻게 결과를 생할 수 있겠는가?
15) asatyāṃ saṃgatau hetuḥ kathaṃ janayate phalaṃ/
satyāṃ vā saṃgatau hetuḥ kathaṃ janayate phalaṃ//[18]
서로 결합한 것이 존재하지 않는 경우에 어떻게 원인이 결과를

---

unā〉 hetu: (m.ins.) 원인. *na: 상동. *ajātena〉 a(부정의 뜻)+jātena(상동). *na: 상동. *naṣtena(ins.)〉 nasta(p.p.p.)〉 √naś: 소멸, 파괴, 단절. *sarṃgati: (f.) 만남, 결합. *jātu: 결코. *vidyate: 존재하다.

17) (20-13) *na: ~이 아니다. *jātasya〉 jātasya: (gen.) 생한. *hi: 실로. *phalasya: (gen.) 결과. *saha: ~가 함께하다. *het unā〉 hetu: (m.ins.) 원인. *na: 상동. *atīten a: (ins.) 과거. *na: 상동. *jātena〉 jāta: (ins.) 생한 것. *saṃgati: (f.) 만남, 결합. *jātu: 결코. *vidyate: 존재하다.

생하겠는가? 또 서로 결합한 것이 존재하는 경우에 어떻게 원인이 결과를 생하겠는가?

만일 원인과 결과가 화합되어 있지 않다면 결과는 존재하지 않는다. 만일 결과가 존재하지 않는다면 어떻게 원인이 능히 결과를 생하겠는가? 만일 원인과 결과가 화합되어 있을 때 원인이 능히 결과를 생하는 것이라면 이 역시 옳지 못하다. 왜 그런가? 만일 결과가 원인 속에 존재한다면 원인 속에 이미 결과가 있으나 어떻게 다시 [결과를] 생하겠는가? 다시 설명해 보자.

16) 若因空無果 因何能生果 若因不空果 因何能生果

만일 인(因)이 공(空)하여 결과가 존재하지 않는다면 인이 어떻게 결과를 생할 수 있겠는가? 만일 인이 공하지 않아서 결과가 존재한다면 인이 어떻게 결과를 생할 수 있겠는가?

16) hetuḥ phalena śūnyaścetkathaṃ janayate phalaṃ/
hetuḥ phalenāśūnyaścetkathaṃ janayate phalaṃ//[19]

만일 원인이 결과에 대해서 공[허]하다면 어떻게 결과를 생하겠는가? 만일 원인이 결과에 대해 공하지 않다면 어떻게 결과를 생하겠는가?

만일 원인이 결과에 존재하지 않는다면 결과에 존재하지 않기 때문에 원

18) (20-15) *asatyām〉 a(부정의 뜻) + satī: (f. Sg. loc.조건의 뜻) 존재하지 않는. *samgatau〉 saṃgati: (f. loc.) 만남, 결합. *hetuḥ〉 hetu: (nom.) 원인. *katham: 어떻게. *janayate〉 √jan: (ātm. 사역) 생하다. *phalam: (acc.) 결과. *satyām〉 satī: 존재한다면. *vā: 혹은. *saritigatau: 상동. *hetuḥ: 상동. *katham: 상동. *janayate: 상동. *phalam: 상동.

19) (20-16) *hetuḥ〉 hetu: (nom.) 원인. *phalena〉 phala: (ins.) 결과. *śūnyaḥ: (a. nom.) 空한. *cet: 만일. *katham: 어떻게. *janayate〉jan : (ātm. 사역, Ⅲ) 生하다. *phalam〉 phala: (acc.) 상동. *hetuḥ: 상동. *phalena: 상동. *aśūnyaś〉 a(부정의 뜻) + śūnya: (nom.) 공하지 않은. *cet: 상동. *katham: 상동. *janayate: 상동. *phalam: 상동.

인은 공한데 어떻게 그런 원인이 결과를 생하겠는가? 이것은 마치 '임신도 하지 않은 사람이 어떻게 자식을 낳겠는가?'라는 의문과 같다. 만일 원인이 먼저 결과를 갖고 있다면 이미 결과를 갖고 있기 때문에 [결과가] 또다시 생길 수는 없다. 이제 또 결과에 대해서 설명하겠다.

> 17) 果不空不生 果不空不滅 以果不空故 不生亦不滅
> 결과가 공하지 않다면 불생이다. 결과가 공하지 않다면 불멸이다. 결과가 공하지 않으므로 불생이기도 하고 불멸이기도 하다.
> 17) phalaṃ notpatsyate 'śūnyamaśūnyaṃ na nirotsyate/
> aniruddhamanutpannamaśūnyaṃ tadbhaviṣyati//[20]
> 공하지 않은 결과는 발생하지 않으리라. 공하지 않은 것은 소멸하지 않으리라. 공하지 않은 그것은 불멸이며 불생으로 되리라.

> 18) 果空故不生 果空故不滅 以果是空故 不生亦不滅
> 결과는 공하기 때문에 불생이고 결과는 공하기 때문에 불멸이다. 결과가 공하기 때문에 불생이기도 하고 불멸이기도 하다.
> 18) kathamutpatsyate śūnyaṃ kathaṃ śūnyaṃ nirotsyate/
> śūnyamapyaniruddhaṃ tadanutpannaṃ prasajyate//[21]
> 공한 것이 어떻게 생하겠는가? 공한 것이 어떻게 멸하겠는가? 공한 그것은 불멸이기도 하고 불생이라는 오류에 빠진다.

결과가 만일 공하지 않다면 생길 수도 없고 소멸할 수도 없다. 왜 그런가?

---

20) (20-17) *phalam〉 phala: (n. nom.) 결과. *na: ~이 아니다. *utpatsyate〉 ut√pad: (ātm. 미래) 발생하다. *aśūnyam〉 a(부정의 뜻) + śūnya(a.): 공하지 않은. *na: 상동. *nirotsyate〉 ni√rudh: (ātm. 미래) 소멸하다. *aniruddham〉 a + niruddha: (n. nom.) 불멸. *anutpannam〉 an(부정의 뜻) + utpanna: (n. nom.) 불생. *aśūnyam: 상동. *tad〉 tat〉 tad: 그것. *bhaviṣyati〉 √bhū: (미래) ~이 되다.

21) (20-18) *katham: 어떻게. *utpatsyate〉 ut√pad: (ātm. 미래) 발생하다. *śūnya:

결과가 만일 원인 중에 미리 결정적으로 존재한다면 다시 또 생길 필요가 없다. 생함이 없기 때문에 멸함도 없다. 이렇게 결과가 공하지 않다면 [오히려 그렇기 때문에] 불생불멸이다. [반대로] 만일 결과가 공하기 때문에 생멸이 존재한다고 말한다면 이 역시 옳지 못하다. 왜 그런가? 결과가 만일 공하다면 공하다는 것은 존재하지 않는다는 것인데 어떻게 생멸이 존재하겠는가? 그러므로 결과가 공하기 때문에 불생불멸이라고 설하는 것이다. 또 이제는 같다[一]거나 다르다[異]는 점으로 인과 관계를 논파하겠다.

19) 因果是一者 是事終不然 因果若異者 是事亦不然
원인과 결과가 하나라는 것, 그것은 결코 옳지 못하다. 원인과 결과가 다르다는 것, 그것도 역시 옳지 못하다.

19) hetoḥ phalasya caikatvaṃ na hi jātūpapadyate//
hetoḥ phalasya cānyatvaṃ na hi jātūpapadyate//[22]
원인과 결과가 동일하다는 것도 결코 성립하지 않는다. 원인과 결과가 다르다는 것도 결코 성립하지 않는다.

20) 若因果是一 生及所生一 若因果是異 因則同非因
만일 원인과 결과가 하나라면 발생케 하는 것과 발생된 것이 하나가 된다. 만일 원인과 결과가 다르다면 원인은 원인 아닌 것과

(a.) 空한. *katham: 상동. *śūnyam〉 śūnya: (a. n. nom.) 상동. *nirotsyate〉 ni√rudh: (ātm. 미래) 소멸하다. *śūnyam: 상동. *api: ~도 역시. *aniruddham〉 a(부정의 뜻) + ni√rudh: (p.p.p.) 불멸의. *tad〉 tat〉 tad: 그것. *anutpannam〉 an + utpanna: 不生. *prasajyate〉 pra√sañj: (수동태) ~꼴이 된다.

22) (20-19) *hetoḥ〉 hetu: (Sg. gen.) 원인. *phalasya〉 phala: (gen.) 결과. *ca: 그리고. *ekatvam〉 eka + tva(性): (n. nom.): 동일성. *na:~이 아니다. *hi: 실로. *jātu: (ad.) 전혀, 확실히. *upapadyate〉 upa√pad: (수동태) 성립하다. *hetoḥ: 상동. *phalasya: 상동. *ca: 그리고. *anyatvam〉 anya(다른) + tva: 別異性. *na: 상동. *hi: 상동. *jātu: 상동. *upapadyate: 상동.

같은 꼴이 된다.

20) ekatve phalahetvoḥ syādaikyaṃ janakajanyayoḥ/
pṛthaktve phalahetvoḥ syāttulyo heturahetunā//[23]
원인과 결과가 하나라면 발생하는 것과 발생될 것이 일치하리라.
원인과 결과가 별개라면 원인은 원인 아닌 것과 동등한 것이 되리라.

21) 若果定有性 因爲何所生 若果定無性 因爲何所生
만일 결과가 결정적으로 그 성품이 있다면 [결과는] 원인이 무엇을 위해 생한 것이겠는가? 만일 결과가 결정적으로 그 성품이 없다면 [결과는] 원인이 무엇을 위해 생한 것이겠는가?

21) phalaṃ svabhāvasadbhūtaṃ kiṃ heturjanayiṣyati/
phalaṃ svavbhāvāsadbhūtaṃ kiṃ heturjanayiṣyati//[24]
결과가 실체로서 실재한다면 원인은 무엇을 생하게 하겠는가?
결과가 실체로서 실재하지 않는다면 원인은 무엇을 생하게 하겠는가?[25]

---

23) (20-20) *ekatve〉 ekatva: (loc.) 동일성. *phalahetvoḥ〉 phala + hetu: (Du. loc.) 결과와 원인. *syāt〉 √as: (opt.) ~이리라. *aikyam: (a.) 동일, 일치. *janaka: (a.) generating, 生하는. *janya〉 √jan: (a.) to be produced, 발생될 것. *janakajanyayoḥ〉 janaka + janya: (Du. gen.) *pṛthaktve〉 pṛthaktva: (loc.) 각각, 별개. *phalahetvoḥ: 상동. *syāt: 상동. *tulya: (a.) 동등한. *hetuḥ〉 hetu: (nom.) 원인. *ahetunā〉 a + hetu: (ins.) 無因.

24) (20-21) *phalam〉 phala: (n. nom.) 결과. *svabhāva: 자성, 실체. *sadbhūtam: (a. n. nom.) 실재하는, 실유의, 참된. *kim: (n. acc.) 무엇. *hetur〉 hetuḥ〉 hetu: (nom.) 원인. *janayiṣyati〉 √jan: (사역, 미래, Sg. Ⅲ) 생하게 할 것이다. *phalam: 상동. *svabhāva: 상동. *asadbhūtam〉 a(부정의 뜻) + sadbhūta: (n. nom.) 실재하지 않는. *kim: 상동. *hetuḥ: 상동. *janayiṣyati: 상동.

22) 因不生果者 則無有因相 若無有因相 誰能有是果

결과를 발생시키지 않는 원인이라면 원인의 상(相)을 갖지 않는다. 만일 원인의 상을 갖지 않는다면 능히 누가 그 결과를 갖겠는가?

22) na cājanayamānasya hetutvamupapadyate/

hetutvānupapattau ca phalaṃ kasya bhaviṣyati//[26]

또 지금 발생하는 중이 아닌 것에서 원인인 것은 성립하지 않는다. 또 원인이 되는 것이 성립하지 않는다면 그 어떤 결과가 존재하겠는가?

23) 若從衆因緣 而有和合生 和合自不生 云何能生果

만일 여러 가지 인연으로부터 화합이 존재하여 발생한다면 화합한 것은 발생하지 않는데 어떻게 능히 결과를 생하겠는가?

23) na ca pratyayahetūnāmiyamātmānamātmanā/

yā sāmagrī janayate sā kathaṃ janayetphalaṃ//[27]

연(緣)과 인(因)들의 결합은 스스로 자신을 발생시키지 않는다. 그것이 어떻게 결과를 발생시키겠는가?

---

25) 三枝充悳이나 Inada는 중성 의문사 kim이 hetu를 수식하는 것으로 보아 '어떠한 원인'이라고, 번역하지만 그렇게 되려면 hetu가 남성 명사이므로 'ko(〉 kaḥ) hetu'가 되어야 한다. 따라서 kim은 중성 명사 phalam을 지칭하는 것으로 봐야 한다. 또 이 문장은 yadi나 cet 같이 '조건'을 나타내는 보조어는 없지만 보조어 없이도 조건문을 나타낼 수 있기에[『サンスクリット句文と講讀』, p.142] 위와 같이 번역하는 것이 타당하다. 티벳역본에서도 위와 같이 번역한다.

26) (20-22) *na: ~이 아니다. *ca: 또. *ajanayamānasya〉 a(부정의 뜻) + √jan(생하다) + ya(수동) + māna(ātm. 현재분사) + sya(gen.): 지금 생하고 있는 중이 아닌. *hetutvam〉 hetutva〉 hetu(원인) + tva(性): (n. nom.). *upapadyate〉 upa√pad: 성립하

24) 是故果不從 緣合不合生 若無有果者 何處有合法
그러므로 결과는 연(緣)과 결합하거나 결합하지 않고서 발생하는 것이 아니다. 만일 결과가 존재하지 않는다면 어디에 결합이라는 법이 있겠는가?
24) na sāmagrīkṛtaṃ phalaṃ nāsāmagrīkṛtaṃ phalaṃ/
asti pratyayasāmagrī kuta eva phalaṃ vinā//[28]
[인연들의] 총체[= 결합]에 의해 지어진 결과는 없다. [인연들의] 총체가 아닌 것에 의해 지어진 결과는 없다. 결과가 전혀 없는데 연(緣)의 총체란 것은 어디에 존재하겠는가?

이렇게 여러 가지 인연이 모여 성립된 존재[法]는 그 자체를 생할 수 없다. 그 자체가 없는데 어떻게 능히 결과를 생하겠는가? 그러므로 결과는 인연이 결합하여 생하는 것도 아니고 결합하지 않고서 생하는 것도 아니다. 만일 이렇게 결과가 존재하지 않는 것이라면 어디에 합하는 존재가 있겠는가?

다. *hetutva: 상동. *anupapattau〉 an + upapatti: (f. loc.) 발생하지 않은. *ca: 그리고. *phalam〉 phala: (n. nom.) 결과. *kasya〉 kim: (gen.) 무엇. *bhavisyati〉 √bhū: (미래, Sg. Ⅲ) 존재하리라.

27) (20-23) *na: ~이 아니다. *ca: 그리고. *pratyayahetūnām〉 pratyaya(緣) +hetu(因): (Pl. gen.) 연과 인. *iyam〉 idam: (f. nom.) 이것(sāmagrī를 지칭). *ātmānam〉 ātman: (Sg. acc.) 스스로, 自身. *ātmanā〉 ātman: (ins.) 상동. *yā〉 yad: (관계대명사, f. nom.) which, who. *sāmagrī: (f. nom.) 총체, 결합. *janayate〉 √jan: (ātm. 使役) 生하게 하다. *sā〉 tad: (f. nom.) 그것, 그녀. *katham: 어떻게. *janayet〉 √jan: (사역, opt.) 생하다. *phalam〉 phala: (acc.) 결과.

28) (20-24) *na: ~이 아니다. *sāmagrī: (f. nom.) 총체, 결합. *kṛtam〉 √kṛ: (p.p.p.) 짓다. *phalam〉 phala: (n. nom.) 결과. *na: 상동. *asāmagrī〉 a(부정의 뜻) + sāmagrī(결합). *kṛtam: 상동. *phalam: 상동. *asti〉 √as: 있다. *pratyaya: 緣. *sāmagrī: 상동. *kutas: 어디에, 어떻게. *eva: 도대체, 실로. *phalam: (n. acc.): 상동. *vinā: ~ 없는.

제21 관성괴품(觀成壞品, 20게)
생성과 괴멸에 대한 관찰

saṃbhavavibhavaparīkṣā nāmaikaviṃśatitamaṃ prakaraṇam

생성과 괴멸의 검토라는 이름의 제21장(21게)

【문】 모든 세상일은 이렇게 괴멸되는 모습을 나타낸다. 그러므로 괴멸이 존재한다.

【답】

> 1) 離成及共成 是中無有壞 離壞及共壞 是中亦無成
> 생성(生成)을 떠나건 생성과 함께하건 그중에 괴멸(壞滅)은 없다. 괴멸을 떠나건 괴멸과 함께하건 그중에도 역시 생성은 없다.
> 1) vinā vā saha vā nāsti vibhavaḥ saṃbhavena vai/
> vinā vā saha vā nāsti saṃbhavo vibhavena vai//[1)]
> 괴멸은 생성을 떠나서건 함께하건 결코 존재하지 않는다. 생성은 괴멸을 떠나서건 함께하건 결코 존재하지 않는다.

생성이 존재하건 존재하지 않건 괴멸은 존재하지 않는다. 괴멸이 존재하건 존재하지 않건 생성은 존재하지 않는다. 왜 그런가?

> 2) 若離於成者 云何而有壞 如離生有死 是事則不然
> 만일 생성을 떠난다면 어떻게 괴멸이 존재하겠는가? 탄생을 떠

1) (21-1) *vinā: (전치사) ~을 결여한, ~을 떠난. *vā: 혹은. *saha: ~와 함께 하는. *vā: 상동. *na: ~ 이 아니다. *asti〉 √as: 존재하다. *vibhava: (a.) 壞滅한. *saṃbhavena〉 saṃbhava: (ins.) 生成. *vai: (ind. 先行하는 말을 강조). *vinā: 상동. *vā: 상동. *saha: 상동. *vā: 상동. *na: 상동. *asti: 상동. *saṃbhava: 상동. *vibhavena〉 vibhava: (ins.) 상동. *vai: 상동.

나 죽음이 존재한다는 것처럼 이것은 옳지 못하다.

2) bhaviṣyati kathaṃ nāma vibhavaḥ saṃbhavaṃ vinā/
vinaiva janma maraṇaṃ vibhavo nodbhavaṃ vinā//2)
생성 없는 괴멸이 도대체 어떻게 존재하겠는가? [존재한다면 그것은] 태어나지도 않았는데 죽는 것이다. 출생하지도 않은 것은 괴멸하지 않는다.

3) 成壞共有者 云何有成壞 如世間生死 一時俱不然
생성과 괴멸이 함께 존재한다면 어떻게 생성과 괴멸이 존재하겠는가? 마치 세간에서 생(生)과 사(死)가 동시에 함께하는 것이 옳지 않은 경우에서 보듯이.

3) saṃbhavenaiva vibhavaḥ kathaṃ saha bhaviṣyati/
na janmamaraṇaṃ caivaṃ tulyakālaṃ hi vidyate//3)
어떻게 괴멸이 생성과 함께 존재하겠는가? 왜냐하면, 태어나는 것과 죽는 것은 그와 같이 동시에 존재하지 않기 때문이다.

---

2) (21-2) *bhaviṣyati〉 √bhū: (미래) 존재하리라. *katham: 어떻게. *nāma: (ad.) 실로, 확실히, 물론, 이른바, 아마, 도대체. *vibhavaḥ〉 vibhava: (m. nom.) 괴멸. *sambhavam〉 sambhava: (acc.) 생성. *vinā: ~ 없이. *eva: 실로, 도대체, 결코. *janma: (n. nom.) 生. *maraṇam: (n. nom.) 死, 죽음. *vibhava: 상동. *na: ~ 아니다. *udbhavam: (m. acc.) 출생, 출현. *vinā: 상동.

3) (21-3) *sambhavena〉 sambhava: (ins.) 생성. *eva: 실로, 도대체, 결코. *vibhavaḥ: (nom.) 괴멸. *katham: 어떻게. *saha: ~와 함께하는. *bhaviṣyati〉 √bhū: (미래) 존재하리라. *na: ~이 아니다. *janma: 출생, 출현. *maraṇam: (n. nom.) 죽음. *ca: 그리고. *evam: 그와 같이. *tulyakālam: (ad.) 동시에. *hi: 왜냐하면, 실로. *vidyate: 존재하다.

4) (21-4) *bhaviṣyati〉 √bhū: (미래) 존재하리라. *katham: 어떻게. *nāma: 왜냐하면, 실로. *saṃbhava: 생성. *vibhavam: (acc.) 괴멸. *vinā: ~ 없는. *anityatā〉 anitya

4) 若離於壞者 云何當有成 無常未曾有 不在諸法時
만일 괴멸을 떠난다면 어떻게 생성이 성립하겠는가? 무상(無常)은 모든 법에 있지 않을 때가 없다.
4) bhaviṣyati kathaṃ nāma saṃbhavo vibhavaṃ vinā/
anityatā hi bhāveṣu na kadācinna vidyate//[4]
도대체 어떻게 생성이 괴멸을 떠나서 존재하겠는가? 왜냐하면 사물들에 무상(無常)함이 없는 것은 그 언제건 존재하지 않기 때문이다.

만일 생성을 떠난다면 괴멸은 얻을 수 없다. 왜 그런가? 만일 생성을 떠나서 괴멸이 존재하는 것이라면 생성을 하지 않고 파멸이 있는 것이니 괴멸이 무인(無因)인 꼴이 된다. 또 존재가 생성되지도 않았는데 괴멸할 수 있다는 말이 된다. 생성이란 여러 가지 인연이 모이는 것이고 괴멸이란 여러 가지 인연이 흩어지는 것이다. 만일 생성을 떠나서 괴멸이 존재다면 생성된 것이 없는데 무엇이 괴멸하겠는가? 예를 들어 항아리가 없다면 항아리가 깨졌다[괴멸]는 말을 할 수 없는 것과 같다. 그러므로 생성이 없으면 괴멸도 없다.

만일 생성과 함께 괴멸이 존재한다면 이 역시 옳지 못하다. 왜 그런가? 존재[법]란 먼저 별개로 성립되고 나중에 합하는 것이기 때문이다. 즉 [무엇과 무엇이] 합한다는 것은 [그 무엇과 무엇이] 다르다는 사실을 떠나서 존재하지 못한다. 만일 괴멸이 [생성과] 다르다는 사실[異]을 떠나서 [다름에 의존하지 않고] 존재한다면 괴멸은 무인[의 존재]인 꼴이 된다. 그러므로 [괴멸이] 생성과 함께 하는 경우도 역시 괴멸은 존재하지 않는다. 이제 '괴멸을 떠나건 괴멸과 함께하건 생성은 존재하지 않는다.'는 것에 대해 설명해 보자.

+ tā(추상명사화): 無常함. *hi: 왜냐하면, 실로. *bhāveṣu〉 bhāva: (m. Pl. loc.) 존재, 사물. *na: ~아니다. *kadā cit: 그 언제든. *na: 상동. *vidyate〉 √vid: (수동태) 존재하다.

만일 괴멸을 떠나서 생성이 존재한다면 생성은 상주하는 것이리라. 상주하는 것은 괴멸의 모습[相]을 띠지 않는 것인데 실제로는 상주하여 괴멸되지 않는 존재[法]가 있는 것을 보지 못한다. 그러므로 괴멸을 떠나서 생성은 존재할 수 없다.

[그렇다고] 만일 괴멸과 함께 생성이 존재한다면 이 역시 옳지 못하다. 생성과 괴멸이 서로 위배되는 것인데 어떻게 동시에 존재하겠는가? 예를 들어 머리칼이 있는 사람과 머리칼이 없는 사람이 동시에 한 사람일 수 없는 것과 같다. 생성과 괴멸도 역시 이와 마찬가지다. 그러므로 괴멸과 함께 생성이 존재한다는 것은 옳지 못하다. 또 다른 이유를 말해 보자. 만일 법(法)을 분별하는 사람이 생성 속에는 항상 괴멸이 존재한다고 말한다면 이것은 옳지 못하다. 왜 그런가? 만일 생성 속에 항상 괴멸이 존재한다면 머무름이라는 법[住法][5]이 있을 수 없기 때문이다. 그러나 실제로 머무름이라는 법은 존재한다. 그러므로 괴멸을 떠나 건 괴멸과 함께하건 생성은 존재할 수 없다. 다시 설명해 보자.

5) saṃbhavo vibhavenaiva kathaṃ saha bhaviṣyati/
na janmamaraṇaṃ caiva tulyakālaṃ hi vidyate//[6]
어떻게 도대체 생성이 괴멸과 함께 존재하겠는가? 왜냐하면, 태어남과 죽음은 결코 동시에 존재하지 못하기 때문이다.

5) 成壞共無成 離亦無有成 是二俱不可 云何當有成
생성과 괴멸이 함께한다는 것은 성립하지 않고, 떠나 있다는 것도 성립하지 않는다. 이 두 경우가 모두 불가능하니 어떻게 [생성과 소멸이] 성립하겠는가?

6) sahānyonyena vā siddirvinānyonyena vā yayoḥ/
na vidyate tayoḥ siddhiḥ kathaṃ nu khalu vidyate//[7]

---

5) 생성과 머무름과 괴멸, 즉 生住城 三相에서의 머무름[住法].

서로 함께한다고 해도 또 서로 떠나 있다고 해도 양자의 성립은 존재하지 않는, 그러한 양자의 성립이 실로 어떻게 존재할까?

생성과 괴멸이 함께 한다고 하는 것도 성립하지 않고 서로 따로라고 하는 것도 역시 성립하지 않는다. 만일 함께한다고 하면 [생성과 괴멸의] 양자가 상반되는데 어떻게 동시에 있을 수 있겠는가? 또 만일 따로 있다고 하면 무인설(無因說)이 된다. 그 두 가지 경우가 모두 성립하지 않는데 어떻게 [생성과 괴멸이] 성립하겠는가? 만일 존재한다고 생각하면 말해봐라.

【문】 지금 눈앞에서 사라져 없어지는 법이 존재한다. 사라져 없어지는 법은 없어졌다고도 말하고 없어지지 않았다고도 말한다. 그러니 응당 생성과 괴멸이 존재해야 한다.

【답】

6) 盡則無有成 不盡亦無成 盡則無有壞 不盡亦不壞 사라진다면 생성은 존재하지 않고 사라지지 않아도 생성은 존재하지 않는다. 사라진다면 괴멸은 존재하지 않고 사라지지 않아도 역시 괴멸하지 않는다. 7) kṣayasya saṃbhavo nāsti nākṣayasyāsti saṃbhavaḥ/

---

6) (21-5) *saṃbhava: 생성. *vibhavena: (ins.) 괴멸. *eva: 실로, 도대체, 결코. *katham: 어떻게. *saha: 함께하는. *bhaviṣyati〉 √bhū: (미래) 존재하다. *na: ~이 아니다. *janma: 출생. *maraṇam: (n. nom.) 죽음. *ca: 그리고. *eva: 상동. *tulyakālam: (ad.) 동시에. *hi: 왜냐하면. *vidyate: 존재하다.

7) (21-6) *saha: 함께하는. *anyonyena〉 anyonya: (ins.) 서로, 상호간에. *vā: 혹은. *siddiḥ〉 siddhi: 성취, 성립. *vinā: ~ 없이. *anyonyena: 상동. *vā: 상동. *yayoḥ〉 yad: (관계대명사, Du. gen.) *na: ~ 아니다. *vidyate〉 √vid: (수동태) 존재하다. *tayoḥ〉 tad: (Du. gen.) 그것. *siddhiḥ: 상동. *katham: 어떻게. *nu: 실로, 게다가, 확실히, 그러나. *khalu: 실로. *vidyate: 상동.

> kṣayasya vibhavo nāsti vibhavo nākṣayasya ca//[8]
> 사라진 것에 생성은 존재하지 않는다. 사라지지 않은 것에는 생성은 존재하지 않는다. 사라진 것에는 괴멸은 존재하지 않는다. 또 사라지지 않은 것에도 괴멸은 존재하지 않는다.

모든 존재는 밤낮 순간순간 언제나 소멸하여 사라져 흘러가 버린다. 이는 마치 물이 끊임없이 흐르는 것과 같다. 이를 사라져 다하는[盡] 것이라고 부른다. 이 사실은 취(取)할 수도 없고 말할 수도 없다. 마치 아지랑이가 그 실체가 없어서 포착할 수 있는 그 확고한 실체가 없는 것과 같다. 이처럼 '사라져 다함'은 포착할 수 있는 실체가 없는데 어떻게 생성이 존재한다고 분별하여 말할 수 있겠는가? 그러기에 '사라진다면 생성되지 않는다.'고 말하는 것이다. 생성이 없기 때문에 괴멸이 있어서도 안 된다. 그러므로 '사라진다면 괴멸은 존재하지 않는다.'고 설하는 것이다.

또 순간순간 생멸하여 언제나 계속되어[相續] 끊이지 않기에 '사라지지 않는다.'고 말한다. 이렇게 존재가 확실히 상주하여 끊이지 않는다면 어떻게 '지금이 생성되는 순간이다.'라고 분별하여 말할 수 있겠는가? 그러므로 '사라지지도 않고, 생성되는 것도 없다.'고 설한다. [또] 생성이 없기 때문에 괴멸도 없다. 그러므로 '사라지지도 않고 괴멸되는 것도 없다.'고 말한다. 이렇게 추구해 보아도 그 실체가 포착되지 않기에 생성도 없고 괴멸도 없다.

【문】 생성이나 괴멸은 그렇다 하더라도 사물[法]만은 존재한다고 하면 무슨 허물이 있겠는가?

---

8) (21-7) *kṣayasya〉 ksaya: (m. gen.) 상실, 소멸, 파괴, 종말. *saṃbhava: 생성. *na: ~이 아니다, ~이 없다. *asti〉 √as: ~이다, ~이 있다. *na: 상동. *aksayasya〉 a(부정의 뜻) + kṣaya + sya: 소멸하지 않은 것의. *asti: 상동. *saṃbhava: 상동. *ksayasya: 상동. *vibhava: 괴멸. *na: 상동. *asti: 상동. *vibhava: 상동. *na: 상동. *akṣayasya *ca: 그리고.

【답】

> 7) 若離於成壞 是亦無有法 若當離於法 亦無有成壞
> 만일 생성이나 괴멸을 떠난다면 이때도 역시 사물[法]은 존재하지 않는다. 만일 사물을 떠난다면 역시 생성이나 괴멸은 존재하지 않는다.
>
> 8) saṃbhavo vibhavaścaiva vinā bhāvaṃ na vidyate/
> saṃbhavaṃ vibhavaṃ caiva vinā bhāvo na vidyate//[9]
> 사물을 떠나서 생성이나 괴멸은 결코 존재하지 않는다. 또 생성과 괴멸을 떠나서 사물은 결코 존재하지 않는다.

'생성이나 괴멸을 떠나면 사물은 존재하지 않는다'는 것에 대해 설명해 보자. 만일 사물이 생성도 없고 괴멸도 없다면 이런 사물은 응당 존재하지 않든가 영원한[常住] 것이어야 하리라. 그러나 이 세상에 영원한 존재는 없다. 그러니 '생성이나 괴멸을 떠나서 사물이 존재한다.'는 그대의 말은 옳지 못하다.

【문】 만일 사물을 떠나서 오직 생성과 괴멸만 존재한다면 무슨 허물이 있겠는가?

【답】 '사물을 떠나서 생성과 괴멸이 존재한다.'라는 것도 역시 옳지 못하다. 왜 그런가? 만일 사물을 떠난다면 무엇이 생성되고 괴멸하겠는나? 그러므로 '사물을 떠나서 생성과 괴멸이 존재한다'는 것은 옳지 못하다. 다시 설명해 보자.

---

9) (21-8) *saṃbhava: 생성. *vibhava: 괴멸. *ca: 그리고. *eva: 실로. *vinā: ~ 없이. *bhāvam〉 bhāva: (m. acc.) 존재, 사물. *na: ~ 이 아니다. *vidyate〉 √vid: (수동태) 존재하다. *saṃbhava: 상동. *vibhavam〉 vibhava: (acc.) 상동. *ca: 그리고. *eva: 실로, 도대체, 결코.: 실로. *vinā: 상동. *bhāva: 상동. *na: 상동. *vidyate〉 √vid: (수동태) 존재하다.

8) 若法性空者 誰當有成壞 若性不空者 亦無有成壞
만일 사물이 공한 것이라면 무엇이 생성이나 괴멸을 갖겠는가? 만일 자성이 공하지 않은 것이라면 역시 생성이나 괴멸은 존재하지 않는다.

9) saṃbhavo vibhava caiva na śūnyasyopapadyate/
saṃbhavo vibhavaścaiva nāśūnyasyopapadyate//[10)]
공한 것에 있어서는 생성과 괴멸이 결코 성립하지 않는다. 또 공하지 않은 것에 있어서는 생성과 괴멸이 결코 성립하지 않는다.

만일 모든 사물[諸法]의 성품이 공하다면 공한데 어떻게 생성이나 괴멸이 존재하겠는가? 만일 모든 사물의 성품이 공하지 않다면 공하지 않으니 결정적으로 존재하여 역시 생성이나 괴멸이 존재할 수 없다. 다시 설명해 보자.

9) 成壞若一者 是事則不然 成壞若異者 是事亦不然
생성과 괴멸이 만일 동일하다면 그것은 옳지 못하다. 생성과 괴멸이 만일 다르다면 그것도 역시 옳지 못하다.

10) saṃbhavo vibhavaścaiva naika ityupapadyate/
saṃbhavo vibhavaścaiva na nānetyupapadyate//[11)]
생성과 괴멸이 동일하다는 것은 결코 성립하지 않는다. 또 생성과 괴멸이 다르다는 것도 결코 성립하지 않는다.

생성과 괴멸이 동일한지 [아무리] 추구해봐도 포착되지 않는다. 왜 그런

10) (21-9) *saṃbhava: 생성. *vibhava: 소멸. *ca: 그리고. *eva: 실로, 도대체, 결코.: 실로. *na: ~이 아니다. *śūnyasya> śūnya: (a. gen.) 空한. *upapadyate> upa√pad: (수동태, Sg. Ⅲ): 성립하다. *sambhava: 상동. *vibhava: 상동. *ca: 상동. *eva: 실로, 도대체, 결코.: 상동. *na: 상동. *aśūnyasya> a(부정의 뜻) + śūnya: (a. gen.) 空하지 않은. **upapadyate> upa√pad: (수동태, Sg. Ⅲ) 성립하다.

가? 모습[相]이 다르기 때문이며 여러 가지로 구별되기 때문이다. 또 생성과 괴멸이 다르다는 것도 역시 포착되지 않는다. 왜 그런가? [양자는] 별개의 것이 아니기 때문이며 무인론(無因論)이 되기 때문이다. 다시 설명해 보자.

> 10) 若謂以眼見 而有生滅者 則爲是癡妄 而見有生滅
> 만일 눈에 [역력히] 생성과 괴멸이 보이니 생성과 괴멸이 존재한다고 한다면 이것은 어리석어서 생성과 괴멸이 존재한다고 보는 것이다.
> 11) dṛśyate saṃbhavaścaiva vibhavaścaiva te bhavet/
> dṛśyate saṃbhavaścaiva mohādvibhava eva ca//[12)]
> 생성과 괴멸이 보인다고 그대에게 떠오른다면 생성과 괴멸은 실로 어리석음 때문에 보이는 것이다.

만일 눈에 [역력히] 생성과 괴멸이 보이니 어떻게 말로 그것을 논파하겠는가고 말한다면 이것은 옳지 못하다. 왜 그런가? 눈으로 역력히 생성과 괴멸을 본다면 이것은 어리석음으로 전도되었기 때문에 보는 것이다. 모든 사물은 그 성품이 공하여 실체가 없으니 환상과 같고 꿈과 같은 것인데 단지 범부들이 전생의 전도된 인연으로 지금의 눈[眼]을 얻어서 금생에 망상분별의 인연으로 '눈에 역력히 생성과 괴멸[生滅]이 보인다.'고 말하는 것이다. 제일의

---

11) (21-10) *saṃbhava: 발생. *vibhava: 괴멸. *ca: 그리고. *eva: 실로, 도대체, 결코. *na: ~이 아니다. ~이 없다. *eka: 하나. *iti: ~라고. *upapadyate〉 upa√pad: (수동태, Sg. Ⅲ) 성립하다. *sambhava: 상동. *vibhava: 상동. *ca: 그리고. *eva: 실로, 도대체, 결코. *na: ~이 아니다, ~이 없다. *nāna: (ad.) 種種, 各各. *iti: ~라고. *upa padyate〉 upa√pad: (수동태, Sg.Ⅲ) 성립하다.

12) (21-11) *dṛśyate〉 √dṛś: (수동태) 보다. *sambhava: 생성. *ca: 그리고. *eva: 실로, 도대체, 결코. *vibahava: 괴멸. *ca: 상동. *eva: 실로, 도대체, 결코. *te〉 tvam: (2인칭대명사, 부대형, Sg. dat.) 그대에게. *bhavet〉 √bhū: (opt. 조건법으로 쓰임) 존재하다. *dṛśyate: 상동. *saṃbhava: 생성. *ca: 그리고. *eva: 실로, 도대체, 결코. *mohād〉 mohāt〉 moha: (m. abl.) 미망, 어리석음. *vibhava: 상동. *eva: 실로, 도대체, 결코. *ca: 그리고.

제(第一義諦)에서 보면 실제로 생성이나 괴멸이 없다. 이것은 이미 관삼상품[13]에서 자세히 설명하였다. 다시 설명해 보자.

> 11) 從法不生法 亦不生非法 從非法不生 法及於非法
> 법[= 존재]에서 법을 생하지 않고, 법 아닌 것을 생하지도 않는다. 법 아닌 것에서 법이나 법 아닌 것이 생하지 않는다.
> 12) na bhāvājjāyate bhāvo bhāvo 'bhāvānna jāyate/
> nābhāvājjāyate 'bhāvo 'bhāvo bhāvānna jāyate//[14]
> 존재는 존재로부터 발생하지 않는다. 존재는 비존재로부터 발생하지 않는다. 비존재는 비존재로부터 발생하지 않는다. 비존재는 존재로부터 발생하지 않는다.

존재[= 法]에서 존재가 생하지 않는다는 것에 대해 설명해 보자. [생기게 한 존재가 거기서 생겨난 존재로] 이어지거나 소실되거나 두 가지 경우 모두 옳지 못하다. 존재에서 존재가 생긴다는 것은 이어지거나 소실된다는 것으로 무인론에 빠진다. 무인(無因)이라면 단멸론이나 상주론에 떨어진다.

만일 이미 이어졌는데 존재에서 존재가 생한다면 이런 존재는 [처음의 존재가 나중의 존재로] 이어졌는데 생한다고 말하는 것이니 상주론이 된다. 또 생긴 것이 다시 생기는 꼴이 되고 원인 없이[無因] 생기는 꼴이 된다. 이것은 옳지 못하다.

만일 [존재가] 이미 소실되었는데 존재에서 존재가 생긴다면 이는 원인을 상실한 꼴이 된다. 여기서 생긴 것은 원인 없이 생긴 꼴이 되고, 만다. 그러므로 소실된 것으로부터도 역시 존재가 생가지 못한다.

---

13) 제7 관삼상품.
14) (21-12) *na: ~이 아니다. ~이 없다. *bhāvāt〉 bhāva: (m. abl.) 존재. *jāyate〉 √jan: (수동태) 생하다. *bhāva: 상동. *abhāvāt〉 a(부정의 뜻) + bhāva: (abl.) 비존재. *na: ~이 아니다. ~이 없다. *jāyate: 상동. *na: ~이 아니다, ~이 없다. *abhāvāt: 상동. *jāyate: 상동. *abhāva: 상동. *bhāvāt: 상동. *na: 상동. *jāyate: 상동.

존재에서 비존재가 생기지 못한다는 것에 대해 설명해 보자. 비존재[非法]는 없는 것을 말하고 존재라는 것은 있는 것을 말하는데 어떻게 있는 것[有相]에서 없는 것[無相]이 생기겠는가? 그러므로 존재에서 비존재는 생기지 못한다.

비존재에서 존재가 생기지 못한다는 것에 대해 설명해 보자. 비존재는 없는 것을 말하는데 없는 것에서 어떻게 있는 것이 생기겠는가? 만일 없는 것에서 있는 것이 생긴다면 무인론이 된다. 무인이라면 엄청난 잘못이 있다. 그러므로 존재에서 존재가 생기지 못한다.

비존재에서 비존재는 생기지 못한다는 것에 대해 설명해 보자. 비존재는 없는 것인데 어떻게 없는 것에서 [없는 것이] 생기겠는가? 예를 들면 토끼 뿔에서 거북이 털이 생기지 않는 것과 같다. 그러므로 비존재에서 비존재는 생기지 않는다.

【문】 존재건 비존재건 비록 갖가지로 따져봐도 생하는 것이 없다면 다만 존재가 웅당 존재를 생해야 한다.

【답】

> 12) 法不從自生 亦不從他生 不從自他生 云何而有生
> 존재는 스스로 생기지 않으며, 타자(他者)에서 생기는 것도 아니다. 스스로나 타자에서 생기는 것이 아닌데 어떻게 생함이 있겠는가?[15]
>
> 13) na svato jāyate bhāvaḥ parato naiva jāyate/
> na svataḥ parataścaiva jāyate jāyate kutaḥ//[16]
> 존재는 스스로 생기지 못한다. 또 타자에서 생기는 것이 아니다. 자기 스스로거나 타자에서 생기는 것이 아니라면 어디서 생기겠는가?

존재가 아직 생기지 않았을 때는 있는 것이 아니기 때문에, 또 자기 자체에서는 생기지 않기 때문에 존재는 스스로 생기지 않는다. 만일 존재가 아직 생기지 않았으면 [그 존재에 대한] 타자도 역시 없다. 타자가 없기 때문에 타자에서 생긴다고 말할 수 없다. 또 아직 생기지 않았다면 그 자체가 없다. 그 [존재] 자체도 없고 타자도 없으므로 [자기 자체와 타자가] 함께 해도 [존재는] 역시 생기지 않는다. 만일 이렇게 세 방면에서 생기지 않는다면 어떻게 존재에서 존재가 생기겠는가?

13) 若有所受法 卽墮於斷常 當知所受法 爲常爲無常
만일 받아들이는 존재가 있다면 단멸론이나 상주론에 떨어진다.
받아들이는 존재는 상주하거나 무상한 것이 됨을 알아야 한다.
14) bhāvamabhyupapannasya śāśvatocchedadarśanaṃ/
prasajyate sa bhāvo hi nityo 'nityo 'tha vā bhavet//[17]
존재를 인정하는 것은 상견과 단견의 오류에 빠진다. 왜냐하면,
그 존재가 상주한 것이거나 무상한 것이 될 것이기 때문이다.

존재를 받아들인다는 것은 '이것은 선(善)이다. 이것은 선하지 않은 것이다. 상주한다. 무상하다.'라는 따위를 분별하는 것이다. 이런 사람은 반드시

15) 제1 관인연품 제3게 참조.
16) (21-13) *na: ~이 아니다. ~이 없다. *svatas: (ad.) 자발적으로. *jāyate> √jan: (수동태) 生하다. *bhāva: 존재. *paratas: (ad.) 他로부터. *na: ~이 아니다, ~이 없다. *eva: 실로, 도대체, 결코. *jāyate: 상동. *na: ~이 아니다, ~이 없다. *svatas: 상동. *paratas: 상동. *ca: 그리고. *eva: 실로, 도대체, 결코. *jāyate: 상동. *kutas: 어디에, 어떻게.
17) (21-14) *bhāvam> bhāva: (m. acc.) 존재. *abhyupapannasya> abhyapapanna: (gen.) 인정하는, 동의하는. *śāśvata: 常住하는. *uccheda: 斷滅, 단절. *darśana: 見解,觀. *prasajyate> pra√sañj: (수동태) ~꼴이 된다. *sa> saḥ> tad: (m, nom.) 그것. *bhāva: (m. nom.) 존재. *hi: 왜냐하면, 실로. *nitya: 영원한. *anitya: 영원하지 않은, 無常한. *atha: (ind.) 자!, 그러면. *vā: 혹은. *atha vā: either ~ or ~. *bhavet> √bhū: (opt.) ~이 되다.

상견이나 단견에 떨어진다. 왜 그런가? 받아들인 존재는 응당 두 가지 종류가 있어야 한다. 즉 상주하거나 무상한 것인데 그 두 가지 모두 옳지 못하다. 왜 그런가? 만일 상주한다면 상견의 극단[적 사고방식]에 떨어지고 만일 무상하다면 단견의 극단에 떨어진다.

【문】

14) 所有受法者 不墮於斷常 因果相續故 不斷亦不常
받아들이는 존재가 있는 자는 단견이나 상견에 떨어지지 않는다. 원인과 결과가 상속되므로 단절도 아니고 상속도 아니다.

15) bhāvamabhyupapannasya naivocchedo na śāśvataṃ/
udayavyayasaṃtānaḥ phalahetvorbhavaḥ sa hi//[18)]
존재를 인정하는 자에게는 단절도 없고 상주도 없다. 왜냐하면, 이 생존은 결과와 원인 양자의 발생과 소멸이 계속[相續]되는 것이기 때문이다.

어떤 사람이 비록 모든 존재를 믿고 받아들여 분별하여 말한다고 해도 단멸론이나 상주론에 떨어지지 않는다. 마치 경전에서 '무상(無常)과 고(苦)와 공(空)과 무아(無我)'를 설하여도 단멸론이 아닌 것과 같다. 또 비록 '죄나 복은 무량겁의 시간이 지나도 소실되지 않는다'고 말하지만, 그것이 상주론은 아닌 것과 같다. 왜 그런가? 이런 존재들은 원인과 결과가 항상 생멸하며 상속되어서 왕래가 끊이지 않기 때문이다. 생멸하기에 상주하지 않고[不常] 상속되기에 되지 않는다[不斷].

---

18) (21-15) *bhāvam: (m. acc.) 존재. *abhyupapannasya: (gen.) 인정하는. *na: ~이 아니다. ~이 없다. *eva: 실로, 도대체, 결코. *uccheda: 단절. *na: 상동. *śāśvata: 상주. *udaya: 生. *vyaya: 滅. *saṃtānaḥ〉 saṃtāna: (nom.) 상속, 계속, 연속. *phala hetvoḥ: (Du. gen.) 결과와 원인. *bhavaḥ: (m.nom.) 존재, 생존. *sa〉 saḥ〉 tad: (m. nom.) 그것. *hi: 왜냐하면.

【답】

15) 若因果生滅 相續而不斷 滅更不生故 因卽爲斷滅
만일 원인과 결과의 생멸이 상속되어 끊어지지 않는다면 소멸한 것은 다시 생하지 않으므로 원인은 단멸되고 만다.
16) udayavyayasaṃtānaḥ phalahetvorbhavaḥ sa cet/
vyayasyāpunarutpatterhetūccehedaḥ prasajyate//[19]
만일 이 생존이 결과와 원인의 생멸의 연속이라고 한다면 소멸한 것이 다시 발생하지 않기 때문에 원인이 [결과와] 단절된다는 오류에 빠진다.

만일 그대가 모든 존재는 원인과 결과가 상속되기에 단절도 아니고 상주도 아니라고[不常不斷] 말한다면 [순간순간 생멸하며 등불처럼 이어지는 상속의 과정에서] 소멸한 존재는 이미 소멸했기에 다시 또 생하지 않을 테니 원인이 단절된 꼴이 된다. 만일 이렇게 원인이 단절되어 있다면 어떻게 상속이 존재하겠는가? 왜냐하면, 이미 소멸한 것은 생하지 않기 때문이다. 다시 설명해 보자.

16) 法住於自性 不應有有無 涅槃滅相續 則墮於斷滅
존재가 그 자성에 머물러 있다면 유가 무로 되는 것은 있을 수 없다. 열반에서는 상속이 소멸하니 단멸에 떨어진다.
17) sadbhāvasya svabhāvena nāsadbhāvaśca yujyate/
nirvāṇakāle cocchedaḥ praśamādbhavasaṃtateḥ//[20]

---

19) (21-16) *udaya: 生. *vyaya: 滅. *saṃtāna: (nom.) 연속, 상속, 계속. *phalahetvoh: (Du. gen.) 결과와 원인. *bhavah: (m. nom.) 생존. *sa> saḥ> tad: 그것. *cet: 만일. *vyayasya> vyaya: (gen.) 상동. *apunar> a(부정의 뜻) + punar(다시). *utpatteḥ> utpatti: (f. abl.) 발생. *hetu: 원인. *ucchedaḥ> uccheda:(nom.) 단멸. *prasajyate> pra√sañj: (수동태) ~꼴이 된다.

그 본성[自性]상 실재하는 것이 실재하지 않는다는 것은 타당하지 않다. 또 열반에 들 때에는 생존의 연속이 멈추므로 단멸이다.

존재가 있음[有相] 속에 확실히 존재한다면 그때에는 없음[無相]이 없다. 이를테면 항아리가 확실히 항아리의 모습에 존재한다면 그때에는 소실되어 괴멸하는 모습이 존재하지 않는 것과 같다. 항아리가 존재할 때도 소실되어 괴멸하는 모습이 있을 수 없지만 [반대로] 항아리가 존재하지 않을 때도 소실되어 괴멸하는 모습이 있을 수 없다. 왜 그런가? 만일 항아리가 존재하지 않는다면 깨질 것도 없기 때문이다. 그러므로 소멸은 포착되지 않는다. 소멸을 떠나 있으므로 발생도 없다. 왜 그런가? 발생과 소멸은 서로 의존해 있기 때문이며 상주론 등의 잘못이 있기 때문이다. 그러므로 하나의 존재에 있음과 없음이 있을 수 없다. 또 그대는 앞에서 '원인과 결과의 생멸이 상속하므로 비록 모든 존재를 인정하지만, 단견이나 상견에 떨어지지 않는다.'는 의미의 말을 했다. 이는 옳지 못하다. 왜 그런가? 그대는 '원인과 결과가 상속하므로 생존의 세 가지 상태[三有][21]가 계속[相續]된다.'고 말했다. 그런데 상속을 소멸하는 것을 열반이라고 부른다.[22] 만일 그렇다면 열반에 들 때는 응당 단멸에 빠져야 하리라. 왜냐하면, 삼유(三有)의 상속을 소멸했기 때문이다. 다시 설명해 보자.

---

20) (21-17) *sadbhāvasya〉 sadbhāva: (m. gen.) 실재하는 것, 존재. *svabhāvena〉 svabhāva: (m. ins.) 본성, 실체. *na: ~이 아니다. ~이 없다. *asadbhāva〉 a(부정의 뜻) + sadbhāva: 실재하지 않는 것. *ca: 그리고. *yujyate〉 √yuk: (수동태) 타당하다. *nirvāṇa: 열반. *kāle: (loc.) 시간, 때. *ca: 그리고. *uccheda: 단절, 단멸. *praśamāt〉 praśama: (m. abl.) 평정하게 되는 것, 진정, 정지. *bhava: 생존. *saṃtateḥ〉 saṃtati: (f. abl.) 연속, 계속, 지속.

21) 삼계에서의 삶을 뜻한다. 즉 윤회의 세계인 욕계, 색계, 무색계에서의 생존.

22) 열반은 '등불을 불어 꺼버리다.'는 의미이고, 생존의 상속은 흔히 불이 계속 타는 것에 비유되므로 위와 같은 설명이 가능하다.

23) 한 생존의 마지막 상태로 보는 梵語 原文과 달리 앞선 하나의 생존을 뜻한다. 즉 三世兩重因果的인 십이연기설에서 현생의 有支分과 함께하는 오온을 지칭한다고 볼 수 있

17) 若初有滅者 則無有後有 初有若不滅 亦無有後有
만일 최초의 생존[23]이 소멸한다면 나중의 생존은 존재하지 못한다. 처음의 생존이 만일 소멸하지 않는다고 해도 역시 나중의 생존은 존재하지 않는다.

18) carame na niruddhe ca prathamo yujyate bhavaḥ/
carame nāniruddhe ca prathamo yujyate bhavaḥ//[24]
최후의 것[25]이 소멸한다면[26] 최초의 생존[27][이 있다는 것]은 타당하지 않다. 최후의 것이 소멸하지 않는다고 해도 최초의 생존[이 있다는 것]은 타당하지 않다.

처음의 생존이라는 것은 금세의 생존을 말하고 나중의 생존이라는 것은 내세의 생존을 말한다.[28] 만일 처음의 생존이 소멸하고 그다음에 나중의 생존이 있게 된다면 그것은 무인론이 되어 옳지 못하다. 그러므로 '처음의 생존이 소멸하고 나중의 생존이 존재한다.'고 말할 수 없다. [반대로] 만일 처음의 생존이 소멸하지 않는다고 해도 역시 나중의 생존은 존재할 수 없다. 왜 그런가? 만일 처음의 생존이 아직 소멸하지도 않았는데 다음의 생존이 존재한다

다.

24) (21-18) *carame〉 carama: (a. loc.) 최종의. *na: ~이 아니다. ~이 없다. *niruddhe: (loc.) 소멸. *ca: 그리고. *prathama: (a.) 제1의, 가장 이른, 최초의. *yujyate〉 √yuj: (수동태) 타당하다. *bhava: 생존. *carame: 상동. *na: ~이 아니다, ~이 없다. *aniruddhe〉 a(부정의 뜻) + niruddha: (loc.) 不滅. *ca: 그리고. *prathamo〉 prathama: 상동. *yujyate〉 √yuk: (수동태) 타당하다. *bhavaḥ〉 bhava: (nom.) 상동.

25) 衆生이 삼계 속에서 윤회할 때 現生에서 숨을 거두기 직전 마지막 五蘊.

26) 『중론』에서는 梵語 文法의 處格(locative)을 (조건의 표시로 해석해야 하는 문장이 많다.

27) 내생에 다시 태어난다고 할 때 모태 속에 처음 싹을 튼 名色의 오온.

28) 위 게송의 범어 원문과 비교해 볼 때 靑目의 이 설명은 잘못되었다. 初有 란 來世에 태어나는 순간의 생존을 말하고 後有란 今世의 죽는 순간의 생존을 말한다고 보는 것이 십이연기실의 이치에 부합된다. 중론 『無畏疏』에서도 최후의 有를 죽는 순간의 最後心이라고 보고 최초의 有는 태어나는 순간의 最初의 心이라고 본다.

면 한순간에 두 가지 생존이 존재하는 꼴이 되니 이는 옳지 못하다. 그러므로 처음의 생존이 소멸하지 않아도 나중의 생존은 존재하지 않는다.

【문】 [그렇게] 나중의 생존은 처음의 생존이 소멸하고 생하는 것도 아니고 소멸하지 않고서 생하는 것이 아니라면 소멸하는 순간에 생하는 것이다.

【답】

18) 若初有滅時 而後有生者 滅時是一有 生時是一有
만일 처음의 생존이 소멸하는 순간에 나중의 생존이 발생하는 것이라면 소멸하는 순간이 하나의 생존이고 발생하는 순간이 [다른] 하나의 생존이[라는 오류에 빠지게] 된다.

19) nirudhyamāne carame prathamo yadi jāyate/
nirudhyamāna ekaḥ syājjāyamāno 'paro bhavet//[29)]
만일 [현생의] 최후의 것이 소멸하고 있는 중인 때에 [내생의] 최초의 것이 발생한다면 전자는 소멸하는 중인 것이고 후자는 발생하고 있는 중인 것이 되리라.

만일 처음의 생존이 소멸할 때에 나중의 생존이 발생하는 것이라면 두 가지 생존이 한순간에 함께하는 꼴이 된다. 하나는 소멸하는 순간의 생존이고 다른 하나는 발생하는 순간의 생존이다.

【문】 소멸하는 순간과 발생하는 순간이 함께한다는 것은 옳지 못하겠지만 지금 분명히 처음의 생존이 소멸할 때에 나중의 생존이 발생하는 것이

29) (21－19) *nirudhyamāne〉 ni√rudh + ya(수동) + māna(ātm. 현재분사): (loc.) 멸하고 있는 중인. *carame: (a. loc.) 최종의. *prathama: 최초의. *yadi: 만일. *jayate〉 √jan: (수동태) 生하다. *nirudhyamāna: 상동. *~ eke ~ apara: 前者는 ~ 後者는 ~. *syāt〉 √as: (opt.) ~이다. *jāyamāna〉 √jan + ya(수동태) + māna(ātm. 현재분사): 지금 生하고 있는 중인 것. *apara: 상동. *bhavet〉 √bhū: (opt.) ~이 되리라.

보인다.

【답】

19) 若言於生滅 而謂一時者 則於此陰死 卽於此陰生
만일 발생과 소멸이 동시에 있다고 한다면 이 오음(五陰)에서 죽어 [같은] 이 오음에서 생하는 꼴이 된다.

20) na cennirudhyamānaśca jāyamānaśca yujyate/
sārdhaṃ ca mriyate yeṣu tesu skandheṣu jāyate//30)31)
만일 지금 소멸하는 중인 것과 지금 발생하는 중인 것이 함께하는 것이 타당하다면 죽은 바로 그 [오(五)]온(蘊)에서 생하지 않겠는가?

만일 생하는 순간과 소멸하는 순간이 한 순간이기에 두 개의 생존은 없으며 처음의 생존이 소멸할 때 [그 순간]에 나중의 생존이 생한다고 말한다면 지금 어떤 오음에서 죽어 있는지에 따라 바로 그 오음에서 생해야 하지 다른 오음에서는 생해서는 안 된다. [그러니 옳지 못하다.] 왜 그런가? 죽은 자가 바로 생한 자가 되기 때문이다. 이처럼 죽음과 삶이라는 서로 위배되는 법은 한순간에 한 곳에 있을 수 없다. 그러므로 그대가 앞에서 '소멸하는 순간과 발생하는 순간이 한 순간이기에 두 개의 생존이 없으므로 지금 분명히 처음의 생존이 소멸할 때에 나중의 생존이 발생하는 것이 보인다.'고 말한 것은

30) (21-20) *na cet: : ~이 아니겠는가? *nirudhyamāna> ni√rudh + ya(수동) + māna(ātm. 현재분사): 멸하고 있는 중인. *ca: 그리고. *jāyamāna> √jan + ya + māna: (ātm. 현재분사, nom.) 지금 生하고 있는 중인 것. *ca: 상동. *yujyate: 타당하다. *sārdham: (ad.) ~와 함께. *ca: 상동. *mriyate> √mṛ: (수동태) 죽다. *yeṣu> yad: (관계대명사, Pl. loc.) which, who. *teṣu> tad: (Pl. loc.) 그것. *skandheṣu> skandha: (Pl. loc.) 蘊, 쌓임. *jāyate> √jan: (수동태) 생하다.

31) 三枝充悳은 이 문장에서 문두의 'na'가 'yujyate'를 부정하는 것으로 해석하지만 'na ced' 용법, 즉 '~ 이 아니겠는가?'의 뜻으로 보면서, 문장 전체를 받는 것으로 해석해야 한역이나 티벳역과 일치한다.

옳지 못하다. 다시 설명해 보자.

> 20) 三世中求有 相續不可得 若三世中無 何有有相續
> 삼세[32] 중에 생존이 상속하는 것은 포착되지 않는다. 만일 삼세 중에 존재하지 않는다면 어떻게 생존의 상속이 존재하겠는가?
> 21) evaṃ triṣvapi kāleṣu na yuktā bhavasaṃtatiḥ/
> triṣu kāleṣu yā nāsti sā kathaṃ bhavasaṃtatiḥ//[33]
> 이와 같이 세 가지 시간[三世]에서도 생존이 연속한다는 것은 타당하지 않다. 삼세에 존재하지 않는 그러한 생존의 연속이 어떻게 [존재하겠는가]?

삼유(三有)는 욕유(欲有)와 색유(色有)와 무색유(無色有)[34]를 말한다. 시작 없는 생사윤회의 흐름에서 참된 지혜를 획득하지 못해 언제나 삼유의 상속이 존재하게 된다. 그러나 삼세 가운데서 그런 생존을 살펴 찾아봐도 포착할 수 없다. 삼세 중에 존재하지 않는다면 어느 곳에서 생존의 상속이 존재하겠는가? 생존의 상속은 모두 전도된 어리석음으로부터 존재하는 것이고 실제로는 존재하지 않는다.

---

32) 과거, 현재, 미래의 삼세.
33) (21-21) *evam: 그와 같이. *triṣv〉 triṣu〉 tri: (Pl. loc.) 셋, 3. *api: ~도 역시. *kāleṣu〉 kāla:(Pl. loc.) 시간. *na: ~이 아니다, ~이 없다. *yuktā〉 yukta〉 √yuj: (p.p.p. f.) 타당한. *bhava: 생존. *saṃtaiḥ: (f. nom.) 연속, 상속, 계속. *triṣu: 상동. *kāleṣu: 상동. *ya〉 yad: (관계대명사, f.) which, who. *na: ~이 아니다. ~이 없다. *asti〉 √as: 존재하다. *sā〉 tad: (f.) 그것, 그녀. *katham: 어떻게. *bhava: 상동. *samtatiḥ: 상동.
34) 욕계와 생계와 무색계에서의 생존(有).

제22 관여래품(觀如來品, 16게)
여래에 대한 관찰

tathāgataparīkṣā nāma dvāviṃśatitamaṃ prakaraṇam
여래의 검토라는 이름의 제22장(16게)

【문】 온 세상에서 존귀한 분은 오직 정변지(正遍知)인 여래뿐으로 [우리는 그분을] 법왕이라고 부른다. 모든 것을 아는 분인 이분은 분명히 존재한다.

【답】 이제 곰곰이 생각해 보아라. 만일 존재한다면 응당 포착할 수 있어야 하고 존재하지 않는다면 어떻게 포착하겠는가? 왜냐하면, 여래는 다음과 같기 때문이다.

1) 非陰不離陰 此彼不相在 如來不有陰 何處有如來
오음(五陰)도 아니고 오음을 떠난 것도 아니며 이것[여래]과 저것[오온]이 서로 내재하는 것도 아니다. 여래는 오음을 소유하지도 않으니 어디에 여래가 존재하겠는가?[1]

1) skandhā na nānyaḥ skandhebhyo nāsmin skandhā na teṣu saḥ/
tathāgataḥ skandhavānna katamo 'tra tathāgataḥ//[2]
[여래는] 오온(五蘊)이 아니고 오온과 다른 것이 아니며 그분[여래] 속에 오온이 있는 것도 아니고 그것들[오온] 속에 그분이 있는 것도 아니며 여래가 오온을 갖는 것도 아닌데 이런 가운데 어느 것이 여래이겠는가?[3]

---

1) 제10 연가연품 제14게 및 제18 관법품 제1게 참조.
2) (22-1) *skandhāḥ〉 skandha: (Pl. nom.) 蘊들[= 五蘊]. *na: ~이 아니다, ~이 없다.

만일 여래가 실제로 존재한다면 오음이 바로 여래이겠는가, 오음을 떠나서 여래가 존재하겠는가, 여래 속에 오음이 존재하겠는가, 오음 속에 여래가 존재하겠는가, 여래가 오음을 소유하겠는가? 이 모든 경우가 다 옳지 못하다.

오음은 여래가 아니다. 왜 그런가? [오음이란] 생멸하는 것이기 때문이다. 오음은 생멸하는 모습을 띠는데 만일 여래가 오음과 같다면 여래도 생멸하는 모습을 띠어야 하리라.[4] 만일 [이렇게 여래가] 생멸하는 것이라면 여래는 무상한 것이고 단멸하는 것이라는 잘못이 있게 된다. 또 취하는 주체[受者][5]와 취하는 내용[法]이 같은 꼴이 된다. 취하는 주체는 여래이고 취하는 내용은 오음이란 말인데 [그 양자가 같다는] 그것은 옳지 못하다. 그러므로 여래는 오음이 아니다.

오음을 떠나서 여래가 존재하는 것도 아니다. 만일 오음을 떠나서 여래가 존재한다면 [여래에게] 생멸의 모습이 있지 않아야 한다. 만일 그렇다면[=생멸하지 않는다면] 여래는 영원[常住]하다는 등의 잘못이 있게 된다. 또 눈 따위의 감각기관으로 [여래를] 볼 수 없어야 하는 데 그것은 결코 옳지 못하다. 그러므로 오음을 떠나서도 역시 여래는 존재하지 않는다.

여래 가운데 오음이 존재하지도 않는다. 만일 여래 가운데 오음이 존재한다면 이는 마치 그릇 속에 과일이 들어 있고 물속에 고기가 있는 것과 같아

---

*anyaḥ: (nom.) 다른. *skandhebhyaḥ〉 skandha: (Pl. abl.) 상동. *na: ~이 아니다, ~이 없다. *asmin〉 idam: (loc.) 이것. *skandha: 상동. *na: ~이 아니다, ~이 없다. *teṣu〉 tad: (Pl. loc.) 그것. *saḥ〉 tad: (m. nom.) 그것, 그. *tathāgataḥ〉 tathāgata: (m. nom.) 여래. *skandhavāt= skandhavat〉 skandha +vat(~을 가진): 蘊들을 가진. *na: ~이 아니다, ~이 없다. *katama: 어떤 것. *atra: 이곳에, 이 경우에. *tathāgataḥ: 상동.

3) 『잡아함경』의 무기설: '色(受想行識)是如來? 異色有如來? 色中有如來? 如來中有色?' (대정2, p.32c). 自我에 대해서도 이와 똑같이 논의된다: '色(受想行識)是我? 色異我? 我中色? 色中我?' (대정2, p.34b-c).

4) 제25 관열반품 제4게 참조.

5) 구마라습은 왕왕 取(upādāna)를 受로 漢譯한다. 이를 그대로 국역할 경우 vedāna(感受)와 혼동할 수 있기에 取로 번역하였다.

[여래와 오음이] 다르다는 말[異]이 된다. 만일 다르다면 앞에서 말한 상주론 등의 잘못이 있게 된다. 그러므로 여래 가운데 오음이 존재하지 않는다.

또 오음 속에 여래는 존재하지 않는다. 만일 오음 속에 여래가 존재한다면 평상[床] 위에 사람이 앉아 있는 것이나 그릇 속에 우유가 들어 있는 것과 같아 [여래와 오음이] 다르다[別異]는 말이 되어 앞에서 말한 것 같은 잘못이 있게 된다.

여래가 오음을 소유하는 것도 아니다. 왜 그런가? 만일 여래가 오음을 소유한다면 이는 마치 사람이 자식을 소유한 것과 같아 [여래와 오음이] 다르다는 말이 된다. 만일 그렇다면 앞에서 말한 것과 같은 잘못이 있게 되어 옳지 못하다. 그러므로 여래는 오음을 소유하지 않는다.

이상과 같이 다섯 가지 방향에서 추구해봐도 포착할 수 없으니 무엇이 여래이겠는가?

【문】 그렇게 다섯 가지 측면에서 여래를 추구해봐도 포착할 수 없다면 오음이 화합하여 여래가 존재하는 것이다.

【답】

2) 陰合有如來 則無有自性 若無有自性 云何因他有
오음이 화합하여 여래가 존재한다면 그 자성은 없다. 만일 자성이 없다면 어떻게 다른 것으로 인(因)해 존재하겠는가?

2) buddhaḥ skandhānupādāya yadi nāsti svabhāvataḥ/
svabhāvataśca yo nāsti kutaḥ sa parabhāvataḥ//6)
부처[여래]가 오온에 의존[取]한다면 자성으로서7) 존재하지 않는다. 자성으로서 존재하지 않는 것, 그것이 어떻게 타성(他性)으로서8) [존재하겠는가]?

만일 여래가 오음이 화합하여 존재하는 것이라면 그 자성은 없다. 왜 그런가? 오음의 화합으로 인하여 존재하기 때문이다.

【문】 [그렇다면] 여래는 자성으로서[= 실체로] 존재하는 것이 아니라 단지 타성을 인하여 존재한다.

【답】 만일 자성이 없다면 어떻게 타성을 인하여 존재하겠는가? 왜 그런가? 타성도 역시 [타성 그 자체의 입장에서 보면] 그 자성이 없고 [타성의] 의존개념인 [자성이라는] 인이(因) 없기 때문에 있을 수가 없다. 있을 수가 없기 때문에 타(他)라고 말하지 못한다. 다시 설명해 보자.

> 3) 法若因他生 是卽爲非我 若法非我者 云何是如來
> 존재가 만일 다른 것을 인연으로 하여 발생한다면 그것은 자아가 아니다. 만일 존재가 자아가 아니라면 어떻게 그것이 여래이겠는가?
> 3) pratītya parabhāvaṃ yaḥ so 'nātmetyupapadyate/
> yaścānātmā sa ca kathaṃ bhaviṣyati tathāgataḥ//[9]
> 타성[다른 실체]을 연(緣)하여 있는 것, 그것은 무아임이 성립된다. 그런데 무아인 것, 그것이 어떻게 여래가 되겠는가?

---

6) (22-2) * buddhaḥ: (m. nom.) 깨달은 자, 부처님. *skandhān: (Pl. acc.) 蘊들. *upādaya: ~에 의존하는, ~을 취하는. *yadi: 만일. *na: ~이 아니다, ~이 없다. *asti〉 √as: ~이다, ~이 있다. 존재하다. *svabhāvataḥ〉 svabhāva + tas(부사화): 자체로서, 자성으로서. *svabhāvatas: 상동. *ca: 그리고. *yaḥ〉 yad: (관계대명사, m. nom.) who, which. *na: ~이 아니다, ~이 없다. *asti〉 √as: ~이다, ~이 있다. *kutas: 어디에, 어떻게. *saḥ〉 tad: (m. nom.) 그, 그것. *parabhāvataḥ〉 parabhāva + tas(부사화): 다른 것으로서, 他性으로서.

7) 그 자체에 기인하여.

8) 다른 것에 기인하여.

9) (22-3) *pratītya〉 prati√i: (절대분사) ~을 하여, ~에 의존하여. *parabhāvam: (acc.) 다른 실체. *yaḥ〉 yad: (관계대명사, m. nom.) which, who. *saḥ〉 tad: (m. nom.) 그, 그것. *anātmā〉 an(부정의 뜻) + ātman: (Sg. nom.) 무아. *iti: ~라고. *upapadyate〉 upa√pad: (수동태, Sg. Ⅲ) 성립하다. *yaḥ: 상동. *ca: 그리고. *anātma: 상동.

만일 존재가 여러 가지 연(緣)을 인(因)하여 발생한다면 [그것의] 자아는 없다. 예를 들어 다섯 손가락을 인하여 주먹이 있는 경우 주먹은 그 자신의 실체가 없는 것과 같다. 이 [주먹에서]처럼 오음을 인하여 자아라고 말하는데 이때의 자아는 그 자신의 실체가 없다. 자아는 여러 가지 호칭을 갖는다. 중생이라고도 하고 사람, 천신, 여래 등으로 부른다. 그런데 만일 여래가 오음을 인(因)하여 존재한다면 자성이 없는 것이다. 자성이 없으므로 무아(無我)다. 무아라면 어떻게 여래라고 이름 붙여 말하겠는가? 그러므로 위의 게송에서 '존재가 만일 다른 것을 인연으로 하여 발생한다면 그것은 자아가 아니다. 만일 존재가 아(我)가 아니라면 어떻게 그것이 여래이겠는가?'라고 설하는 것이다. 다시 설명해 보자.

4) 若無有自性 云何有他性 離自性他性 何名爲如來
만일 자성이 존재하지 않으면 어떻게 타성이 존재하겠는가? 자성과 타성을 떠나서 무엇을 여래라고 부르겠는가?

4) yadi nāsti svabhāvaśca parabhāvaḥ kathaṃ bhavet/
svabhāvaparabhāvābhyāmṛte kaḥ sa tathāgataḥ//10)
만일 자성이 존재하지 않는다면 어떻게 타성이 존재하겠는가?
자성과 타성을 떠나서 무엇이 그 여래이겠는가?

만일 자성이 없다면 타성도 역시 없어야 한다. 자성이 있음으로 인하여 타성이라고 부르는 것이다. 이쪽이 없으므로 저쪽도 역시 없다. 그러므로 자성과 타성 양자는 모두 없다. 만일 자성과 타성을 떠난다면 누가 여래이겠는

---

*saḥ: 상동. *ca: 그리고. *katham: 어떻게. *bhaviṣyati> √bhū: (미래) 존재하다, ~이 되다. *tathāgataḥ: (m. Sg. nom.) 여래.

10) (22-4) *yadi : 만일. *na: ~이 아니다, ~이 없다. *asti> √as: ~이다, ~이 있다. *svabhavaḥ: (m. nom.) 自性. *ca: 그리고. *parabhāva: 他性. *katham: 어떻게. *bhavet> √bhū: (opt.) 존재하다. *svabhāvaparabhāvābhyām> svabhāva +parabhāvata + ābhyām(Du. abl.): 자성과 타성. *ṛte: (abl. 지배) ~을 떠나서. *kaḥ> kim: (m. Sg. nom.) 무엇. *saḥ> tad: (m. nom.) 그, 그것. *tathāgataḥ: (m. nom.) 여래.

가? 다시 설명해 보자.

5) 若不因五陰 先有如來者 以今受陰故 則說爲如來
혹 오음을 인하지 않고 먼저 여래가 존재한다고 하지만 지금 오음을 취하고 있기 때문에 여래라고 말한다.
5) skandhānyadyanupādāya bhavetkaścittathāgataḥ/
sa idānīmupādadyādupādāya tato bhavet//[11]
만일 오온을 의존[取][12]하지 않고 그 어떤 여래가 존재한다면 그는 지금 의존[取]하리라. 그래서 의존[取]하여 존재하리라.

6) 今實不受陰 更無如來法 若以不受陰 今當云何受
이제 실제로 오음을 취(取)하지 않는다면 여래라는 존재는 결코 없다. 만일 오음을 취하지 않는다면 이제 어떻게 취하겠는가?
6) skandhān cāpyanupādāya nāsti kaścittathāgataḥ/
yaśca nāstyanupādāya sa upādāsyate katham//[13]
또 오온에 의존[取]하지 않아도 역시 그 어떤 여래도 존재하지 않는다. 또 [오음을] 의존[取]하지 않고서는 존재하지 않는 것, 그것이 어떻게 의존[取]하겠는가?

---

11) (22-5) *skandhān〉 skandha: (Pl. acc.) 蘊, 쌓임. *yadi: 만일. *anupādāya〉 an + upadaya: 取(의존)하지 않고서. * bhavet〉 √bhū: (opt.) ~되다, 존재하다. *kaścit〉 kim cit: (m. nom. 부정칭) 그 무엇. *tathāgataḥ: (m. nom.) 여래. *saḥ〉 tad: 그것. *idānīm: (ad.) 지금. *upādadyāt〉 upā√dā: (opt.) 의존하다. *upādāya: 의존하여. *tatas: 그러므로, 그곳에서. *bhavet〉 √bhū: (opt.) 존재하다.

12) 梵語로는 'upādāya(의존하여)' 혹은 'upādāna(취득)'인데 受또는 取로 한역하기도 한다. 또는 五取蘊 또는 五受陰에서 取나 受의 산스끄리뜨 원어다.

13) (22-6) *skandhān: (m. Pl. acc.) 蘊. *ca: 그리고. *api: ~도 역시. *anupādāya〉 an(부정의 뜻) + upādāya: 의존하지 않고서. *na: ~이 아니다, ~이 없다. *asti〉 √as:

7) 若其未有受 所受不名受 無有無受法 而名爲如來
만일 취함이 아직 없다면 취한 것은 취라고 부르지 못한다. 법을 취함이 없이 여래라고 부르는 일은 없다.
7) na bhavatyanupādattamupādānaṃ ca kiṃ cana/
na cāsti nirupādānaḥ kathaṃ cana tathāgataḥ//[14)]
의존[取]하지 않는 그 어떤 의존[取]도 존재하지 않는다. 의존[取함]이 없는 여래는 도저히 존재하지 않는다.

8) 若於一異中 如來不可得 五種求亦無 云何受中有
만일 동일(同一)이나 별이(別異) 중에 여래가 있을 수 없다면 다섯 가지로 추구해도[15)] 역시 없는데 어떻게 취(取)하는 가운데 존재하겠는가?
8) tattvānyatvena yo nāsti mṛgyamāṇaśca pañcadhā/
upādānena sa kathaṃ prajñapyate tathāgataḥ//[16)]
동일성과 별이성에 의해서 다섯 가지로 추구하여 존재하지 않는 여래가 어떻게 의존[取]에 의해 파악되겠는가?

~이다, ~이 있다. *kascit: (부정칭) 그 무엇. *tathāgata: 여래. *yaḥ> yad: (관계대명사). *ca: 그리고. *na: ~이 아니다, ~이 없다. *asti> √as: ~이다, ~이 있다. *anupādāya: 의존하지 않고서. *saḥ> tad: 그것. *upādāsyate> upā√dā: (ātm. 미래) 받다, 획득하다, 의존하다. *katham: 어떻게.

14) (22-7) *na: ~이 아니다, ~이 없다. *bhavati> √bhū: (Sg. Ⅲ) 존재하다. *anupādattam> an + upādatta(upā√dā): (p.p.p.) 의존(取)하지 않는. *upādānam: 의존. *ca: 그리고. *kim cana: (부정칭) 그 무엇. *na: ~이 아니다, ~이 없다. *ca: 그리고. *asti> √as: ~이다, ~이 있다. *nirupādānaḥ> nir(제거된) + upādāna: (nom.) 의존이 제거된. *kathaṃ cana: in any way, scarcely. 도저히. *tathāgataḥ: (nom.) 여래.

15) 본품 제1게 참조.

16) (22-8) *tattvānyatvena> tattva(바로 그것임) + anyatva(다른 것임): (ins.) 같고 다름

9) 又所受五陰 不從自性有 若無自性者 云何有他性
또 취한 바 오음은 자성으로부터 존재하지 않는다. 만일 자성이 없다면 어떻게 타성이 존재하겠는가?
9) yadapīdamupādānaṃ tatsvabhāvānna vidyate/
svabhāvataśca yannāsti kutastatparabhāvataḥ//[17)]
이런 의존[取]도 자성으로서 존재하지 않는다. 또 자성으로서 존재하지 않는 것이 어떻게 타성으로서 [존재하겠는가?]

만일 오음을 아직 취하지도 않았는데 먼저 여래가 존재한다면 [그렇게 존재하는] 이 여래는 지금 응당 오음을 취하고 나서 여래가 된다. 그러나 실제 아직 오음을 취하지 않은 때는 미리 여래가 있지 못하니 그때 어떻게 [오음을] 취하겠는가?

또 오음을 취하지 않은 자에 있어서 오음은 취라고 말하지 못하며 [오음을] 취하지도 않았는데 여래라고 부르는 일은 없다. 여래는 [오음과의] 동일성이나 별이성으로 추구해 봐도 있을 수 없다. 오음 중에서 다섯 가지로 추구해 봐도 역시 포착할 수 없다. 만일 그렇다면 어떻게 오음 가운데 여래가 있다고 말하겠는가? 또 취하는 오음이 그 자성으로서 존재하는 것은 아니니 혹자는 타성으로서 존재한다고 말하지만 자성으로서 존재하지 않는 것이 어

에 의해. *yaḥ〉 yad: (관계대명사, nom.) who, which. *na: ~이 아니다, ~이 없다. *asti〉 √as: ~이다, ~이 있다. : 존재하다. *mṛgyamāṇaḥ〉 √mṛg + ya(수동) + māṇa (현재분사): 추구하다, 조사하다. *ca: 그리고. *pañcadhā〉 pañca(5) +dhā(ad. 種): 다섯 가지로. *upadānena〉 upadāna: (ins.) 取, 의존. *saḥ〉 tad: 그것, 그. *katham: 어떻게. *prajñapyate〉 pra√jñā: (수동태) 알다, 파악하다. *tathāgata: 여래.

17) (22-9) *yad: (관계대명사) who, which. *api: ~도 역시. *idam: 이것. *upādāna: 의존(取). *tat〉 tad: 그것. *svabhāvāt〉 svabhāva: (abl.) 自性. *na: ~이 아니다. *vid yate〉 √vid: (수동태) 존재하다. *svabhāvatas〉 svabhāva + tas(abl. 부사화) 자성으로서. *ca: 그리고. *yat〉 yad: 상동. *na: 상동. *asti〉 √as: ~이다, ~이 있다. *kutas: 어디에, 어떻게. *tat〉 tad: 그것. *parabhavatas: 他性으로서.

떻게 타성으로서 존재하겠는가? 왜 그런가? 자성이 없으면 [그 상대 개념인] 타성도 없기 때문이다. 다시 설명해 보자.

> 10) 以如是義故 受空受者空 云何當以空 而說空如來
> 이런 의미에서 취하는 작용도 공하고 취하는 자도 공하다. 어떻게 공으로 공한 여래를 설하겠는가?
> 10) evaṃ śūnyamupādānamupādatā ca sarvaśah/
> prajñapyate ca śūnyena kathaṃ śūnyastathāgataḥ//[18]
> 이와 같이 의존[取]하는 작용도 의존[取]하는 주체도 모든 점에서 공하다. 공한 것에 의해 공한 여래가 어떻게 파악되겠는가?

이런 의미에서 취함과 취하는 주체를 사유해 보면 모두 공하다. 만일 취함이 공하다면 어떻게 공한 취로써 공한 여래를 설하겠는가?

【문】 그대가 '취함도 공하고 취하는 주체도 공하다'고 한다면 [그런] 공은 분명히 존재한다.

【답】 그렇지 않다. 왜 그런가?

> 11) 空則不可說 非空不可說 共不共叵說 但以假名說
> 공은 말할 수 없고 비공(非空)도 말할 수 없다. [공과 비공의] 양자든, 양자가 아니든 말할 수 없다.[19] 단지 가명으로 설한다.
> 11) śūnyamiti na vaktavyamaśūnyamiti vā bhavet/
> ubhayaṃ nobhayaṃ ceti prajñaptyarthaṃ tu kathyate//[20]
> 공이라고 혹은 불공(不空)이라고 말의 대상[21]이 되어서는 안 되

---

18) (22-10) *evam: 그와 같이. *śūnyam> śūnya: (a. n. nom.) 공한. *upādānam: (n. nom.) 의존(取). *upādātā> upādātṛ: (nom.) 의존하는 자. *ca: 그리고. *sarvaśas: 완전히, 철저히. *prajñāpyate> pra√jñā: (수동태) 알다, 파악하다. *ca: 상동. *śūnyen a> śūnya: (ins.) 상동. *katham: 어떻게. *śūnya: 상동. *tathāgata: 여래.

> 는 것이리라. 또 양자나 양자가 아닌 것도 [마찬가지다]. 그러나 교훈을 위해 설해진다.

모든 존재[諸法]가 공하다면 말해서는 안 된다[= 입만 뻥끗해도 안 된다]. 모든 존재가 공하지 않아도 말해서는 안 된다. 모든 존재가 공하기도 하고 공하지 않기도 해도 말해서는 안 된다. 또 공하지도 않고 공하지 않지도 않아도 말해서는 안 된다. 왜 그런가[= 그럼에도 불구하고 왜 설했는가]? 단지 서로 위배되는 것을 파(破)하기 위해 가명으로 설한 것이다. 이처럼 올바로 관찰해 사유해 보면 모든 존재의 실상[諸法實相] 중에서는 어떤 비난으로도 따져서는 안 된다. 왜 그런가?

> 12) 寂滅相中無 常無常等四 寂滅相中無 邊無邊等四[22]
> 적멸한 상(相) 중에는 항상하다든지 무상하다는 등의 네 가지가 없다. 적멸한 상 중에는 끝이 있다든지 끝이 없다든지 하는 등의 네 가지가 없다.
>
> 12) śāśvatāśāśvatādyatra kutaḥ śānte catuṣṭayaṃ/
> antānantādi cāpyatra kutaḥ śānte catuṣṭayaṃ//[23]
> 적정(寂靜)의 경지, 거기에 어떻게 상주나 무상 따위의 네 가지가 [있겠는가]? 또 적정의 경지, 거기에 어떻게 유변(有邊)이나 무변(無邊) 따위의 네 가지가 [있겠는가]?

---

19) 제25 관열반품 24게 참조. [개정판 주] 空, 非空, 亦空亦非空, 亦非空亦非非空의 4구.

20) (22-11) *śūnyam: (a. n.) 空한. *iti: ~라고. *na: ~이 아니다, ~이 없다. *vaktavya> √vac: (미래수동분사) 말해져야 할 것. *aśūnyam> a(부정의 뜻) + śūnyam: 不空. *iti: 상동. *vā: 혹은. *bhavet> √bhū: (opt.) ~이 되리라. *ubhayam: 양자. *nobhayam> na + ubhayam: 양자가 아닌. *ca: 그리고. *iti: ~라고. *prajñapti: (f.) 교훈, 진술. *artham: (ad.) ~ 하기 위해. *tu: 그러나. *kathyate> √kath: 말하다.

21) vaktavyam: 원 뜻은 '말해져야 할 것'이지만 범어의 미래수동분사는 그 대상을 의미하기도 한다(제2 관거래품 제25게 참조).

모든 존재의 실상은 이처럼 미묘한 적멸이다. 다만 과거라는 시간에 의존해서 네 가지 사견이 일어난다. 즉, 세간은 항상되다. 세간은 무상하다. 세간은 항상되기도 하고 무상하기도 하다. 세간은 항상되지도 않고 무상하지도 않다. 그러나 적멸의 경지에서는 그런 사견이 모두 존재하지 않는다. 왜 그런가? 모든 존재의 실상은 필경 청정하여 [아무것도] 취할 수가 없어서 공하다는 것도 용납[受]하지 않는데 하물며 [常, 樂, 我, 淨의] 네 가지 사견이 존재하겠는가? 네 가지 삿된 견해[邪]는 모두 취(取)로 인해 발생한다. 모든 존재의 실상에서는 그런 원인이 되는 취(取)가 존재하지 않는다. 네 가지 사견에서는 모두 자신의 견해를 귀하게 여기고 남[他]의 견해를 천하게 여긴다. 그러나 모든 존재의 실상에서 보면 이쪽[자신]이나 저쪽[남]이 존재하지 않는다. 그러므로 적멸의 경지에는 네 가지 사견(邪見)이 없다고 말한다.

과거라는 시간에 의존하여 네 가지 사견이 있는 것처럼 미래라는 시간에 의지하여 네 가지 사견이 존재하는데 이 역시 마찬가지다. 즉, 세간은 끝이 있다. 세간은 끝이 없다. 세간은 끝이 있기도 하고 없기도 하다. 세간은 끝이 있지도 않고 끝이 없는 것도 아니다.

【문】 만일 그와 같이 여래의 존재를 논파한다면 여래는 없는 것이냐?
【답】

13) 邪見深厚者 則說無如來 如來寂滅相 分別有亦非[24]
사견이 깊고 두터운 사람은 여래가 없다고 설하고 여래의 적멸

---

22) 제27 관사견품 참조.
23) (22-12) *śāśvatāśāśvatādy〉 śāśvata(常住) + aśāśvata(不常) + ādi(등). *atra: 거기에. * kutas: 어떻게, 어디에. *śānte(loc.)〉 śānta(p.p.p.)〉 √śam: 寂靜, 적멸, 고요. *catuṣṭayam〉 catuṣṭaya(a.) + m(n. nom.): 4종의, 네 가지. *antānantādi〉 anta(有限한) + ananta(無限한) + ādi(等). *ca: 그리고. *api: ~도 역시. *atra: 여기에. *kutas: 상동. *śānte: 상동. *catuṣṭayam: 상동.

한 모습에 대해서도 있다거나 그렇지 않다고 분별한다.

13) yena grāho gṛhītastu ghano 'stīti tathāgataḥ/
nāstīti sa vikalpayan nirvṛtasyāpi kalpayet//[25]

그러나 깊은 집착에 붙들려 '여래는 존재한다.'라든가 '여래는 존재하지 않는다.'라고 분별하는 그런 자는 열반[26]에 든 자에 대해서도 역시 [그렇게] 상상하리라.

사견에는 두 가지가 있다. 첫째는 '세간의 즐거움을 파괴하는 것'이고 둘째는 '열반의 도(道)를 파괴하는 것'이다. '세간의 즐거움을 파괴하는 것'이란 조대(粗大)한 사견이어서 '죄도 없고 복도 없으며 여래나 성인도 없다.'라고 말하는 것이 그것이다. 이런 사견을 일으켜 선을 버리고 악을 행하여 세간의 즐거움을 파괴한다. '열반의 도를 파괴하는 것'이란 자아에 대해 탐욕스럽게 집착하고 유무를 분별하여 선을 일으키고 악을 멸하는 것이다. 선을 일으키기에 세간의 즐거움을 얻지만, 유와 무를 분별하기에 열반을 얻을 수가 없다. 그러므로 여래가 존재하지 않는다고 말한다면 그것은 깊고 두터운 사견이다. 결국 세간의 즐거움도 잃어버리는데 하물며 열반이야 어떠하겠는가?

만일 여래가 존재한다고 말한다면 이 역시 사견이다. 왜 그런가? 여래는 그 상이 적멸한데 갖가지로 분별하기 때문이다. 그러므로 적멸한 상(相) 가운

24) 제25 관열반품 참조.

25) (22-13) *yena〉 yad: (ins.) *grāha: (a.) 잡다, 쥐다. *gṛhītaḥ〉 √grah: (p.p.p. nom.) 붙들린. *tu: 그러나. *ghana: (a.) 굳은, 깊은. *asti〉 √as: ~이다, ~이 있다. *iti: ~라고. *tathāgatah.: (m. nom.) 여래. *na: ~이 아니다, ~이 없다. *asti〉 √as: ~이다, ~이 있다. *iti: ~라고. *saḥ〉 tad: 그것. *vikalpayat: (a.) 하는, 분별하는. nirvṛtasya〉 nir√vṛ + ta(p.p.p.) + sya(gen.): 덮개를 제거한, 열반. *api: ~도 역시. *kalpayet〉 √kḷp: (opt.) 상상하다, 분별하다.

26) *nirvṛta: 'nirvāṇa(열반)'의 어원에 대해서는 두 가지 학설이 있다. 전통적으로 '불어서 끄다.'는 의미로 보아 'nir√vā'에서 비롯된 것으로 보지만 현대 학자들 중에는 '덮개를 치우다.'는 의미인 'nir√vṛ'에서 기인했다고 보기도 한다. 위 게송에서도 '열반'의 의미로 후자에서 비롯된 'nirvṛta'를 사용한다(松本史郎, 『緣起と空』 참조).

데 여래가 존재한다고 분별한다면 이 역시 옳지 못하다.

> 14) 如是性空中 思惟亦不可 如來滅度後 分別於有無
> 이처럼 그 자성이 공한 가운데 여래가 열반에 든 다음에 존재하거나 존재하지 않음에 대해 분별하는 사유는 불가능하다.
>
> 14) svabhāvata ca śūnye 'smiṃścintā naivopapadyate/
> paraṃ nirodhādbhavati buddho na bhavatīti vā//[27]
> 자성으로서 이것[여래]이 공하다면 열반 이후 부처가 존재하거나 존재하지 않는다는 생각은 결코 성립하지 않는다.

모든 존재의 실상[諸法實相]은 그 자성이 공하기 때문에 여래가 열반에 든 후에 '존재한다.'거나 '존재하지 않는다.'거나 '존재하기도 하고 존재하지 않기도 한다.'고 사유해서는 안 된다.[28]

여래는 원래 필경 공한데 하물며 열반한 다음에는 어떠하겠는가?

> 15) 如來過戲論 而人生戲論 戲論破慧眼 是皆不見佛
> 여래는 희론을 넘어서 있는데 사람들이 희론을 낸다. 희론은 혜안을 파괴하니 그들 모두 부처를 보지 못하다.
>
> 15) prapañcayanti ye buddhaṃ prapañcātītamavyayaṃ/
> te prapañcahatāḥ sarve na paśyanti tathāgataṃ//[29]
> 희론을 초월해 있어서 불멸인 부처를, 희론자들이 모두 희론하

27) (22-14) *svabhāvatas〉 svabbāva + tas(부사화): 自性으로서. *ca: 그리고. *śūnye: (loc.) 空한. *asimin〉 idam: (m. n. loc.) 이것. *cintā: (f.) 思考, 고찰, 생각. *na: ~이 아니다, ~이 없다. *eva: 실로, 도대체, 결코. *upapadyate〉 upa√pad: (수동태, Sg. Ⅲ) 성립하다. *param: (ad.) ~한 다음에, 나중에. *nirodhāt: (abl.) 滅. *bhavati 〉 √bhū: (Sg. Ⅲ) 존재하다. *buddha: 깨달은 자, 부처. *na: ~이 아니다, ~이 없다. *bhavati: 상동. *iti: ~라는. *vā: 혹은.

28) 漏盡阿羅漢 死後의 有無 문제(『잡아함경』, 대정2, p.31b.) 및 如來 死後의 有無 문제(『잡아함경』, 대정2, p.32c) 참조.

여 해쳐서 [그들은] 여래를 보지 못한다.

희론이란 생각하고 상(相)을 취해 이것과 저것을 분별하여 부처가 멸한다거나 불멸한다고 떠드는 것을 말한다. 이런 사람은 희론하여 혜안을 덮어버리기 때문에 여래의 법신을 볼 수가 없다.

지금까지 이 관여래품에서 시종일관 사유해 봐도 여래의 진정한 자성[실체]은 포착할 수 없었다. 그러므로 다음과 같이 게송을 읊는다.

> 16) 如來所有性 卽是世間性 如來無有性 世間亦無性
> 여래가 갖는 자성은 바로 이 세간의 자성이다. 여래는 그 자성이 없으니 세간도 역시 그 자성이 없다.[30]
> 16) tathāgato yatsvabhāvastatsvabhāvamidaṃ jagat/
> tathāgato niḥsvabhāvo niḥsvabhāvamidaṃ jagat//[31]
> 여래의 자성 그것은 이 활동계[世界]의 자성인데 여래는 무자성하니 이 활동계는 무자성하다.

이 품을 통해 사유하고 추구해 보니 여래의 자성은 바로 이 세간 전체의 자성이다.

---

29) (22-15) *prapañcayanti〉 prapañca(희론) + yanti: (명사기원동사, Pl. Ⅲ): 잘못된 형태로 표현하다, 희론하다. *ye〉 yad: (관계대명사, Pl.) who, which. *buddham: (n. acc.) 부처. *prapañca: 戱論. *atītam: (acc.) 과거의, 지나간 (넘어선). *avyayam: (a. acc.) 파괴되지 않는, 불멸의. *te〉 tad: (Pl.) 그것. *prapañca: 상동. *hatāḥ〉 hata〉 √han: (p.p.p. Pl. nom.) 해치다. *sarve〉 sarva: (a. Pl. nom.) 일체, 모든. *na: ~이 아니다, ~이 없다. *paśyanti〉 √paś: (Pl. Ⅲ) 보다. *tathāgatam: (acc.) 여래.

30) 제25 관열반품 제19, 20게 및 제16 관박해품 제10게 참조.

31) (22-16) *tathāgata: 여래. *yat〉 yad: (관계대명사) who, which. *svabhāva: 자성, 실체. *tat〉 tad: (nom.) 그것. *svabhāvam: (m. acc.) 자성, 실체. *idam: (n. nom.) 이, 이것. *jagat〉 √gā:(현재분사) 움직이는, 활동하는, 生起하는. *tathāgata: 상동. *niḥsvabhāvo〉 〉 niḥsvabhāvaḥ〉 niḥsvabhāva: (m. nom.) 自性 없는, 실체 없는. *niḥ svabhāvam〉 niḥsvabhāva: (m.acc.) 상동. *idam: 이것. *jagat: 상동.

【문】 그럼 무엇이 여래의 자성이냐?

【답】 여래는 그 자성이 없어서 세간이 자성이 없는 것과 똑같다.

제23 관전도품(觀顚倒品, 24게)
전도(顚倒)에 대한 관찰

viparyāsaparīkṣā nāma trayoviṃśatitamaṃ prakaraṇam
뒤바뀜에 대한 고찰이라고 이름하는 제23장(25게)

【문】

1) 從憶想分別 生於貪恚癡 淨不淨顚倒 皆從衆緣生
망상분별로부터 탐욕과 진에와 우치가 생한다. 정(淨)과 부정(不淨)이라는 전도는 모두 여러 가지 인연에서 생한다.
1) saṃkalpaprabhavo rāgo dveṣo mohaśca kathyate/
śubhāśubhaviparyāsān saṃbhavanti pratītya hi//[1]
탐욕과 진에와 우치는 사고 작용에서 생한다고 설해진다. 왜냐하면 정과 부정의 뒤바뀜[顚倒]을 연(緣)하여 [탐진치가] 발생하기 때문이다.[2]

경전에서는 정(淨)과 부정을 전도하는[= 뒤바꿔 보는] 망상분별[3]로 인하

---

1) (23-1) *saṃkalpa: (m.) 의지, 욕망, 분별. *prabhava: (a.) ~로부터 생하는, ~ 위에 있는. *rāga: (m.) 물듦, 탐욕. *dveśa: (m.) 혐오, 증오, 미움. *moha: (m.) 어리석음, 迷妄. *ca: 그리고. *kathyate: (수동태) 말해지다. *śubha: 아름다운, 美麗한, 깨끗한. *aśubha(부정의 뜻)〉 śubha: 아름다운, 미려한, 깨끗한. *viparyāsān〉 viparyasa: (Pl. acc.) (마차의) 전복, 교환, 뒤바뀜, 전도. *sambhavanti〉 sam√bhū: (Pl. Ⅲ) 일어나다, 발생하다. *pratītya: 緣하여. *hi: 왜냐하면.
2) 탐욕(貪慾)은 자신이나 異性의 몸이 淨하다는 생각 때문에 가까이 끄는 마음이고 진에(瞋恚, 화내는 마음)는 不淨하다고 생각하여 멀리 배척하는 마음으로 양자는 상반된 심리 작용이다. 이 모두가 緣起 實相을 모르고 '무엇이 있다'고 보는 어리석음(愚癡)에서 비롯되기에 삼독심의 근원은 동일하다고 볼 수 있다. 그 치료법인 對治悉檀에서는 탐심은 不淨觀으로 치료하고 진심은 慈悲觀, 치심은 緣起觀으로 치료한다고 가르친다.
3) 無常, 苦, 無我, 不淨인 心, 受, 法, 身(四念處)을 常, 樂, 我, 淨이라고 顚倒하여 보는

여 탐진치가 발생한다고 설한다. 그러므로 탐진치는 존재한다고 봐야한다.
【답】

> 2) 若因淨不淨 顚倒生三毒 三毒卽無性 故煩惱無實
> 만일 정과 부정의 전도로 인하여 삼독심이 발생한다면 삼독심은 그 자성이 없는 것이다. 그러므로 번뇌는 그 실체가 없다.
> 2) śubhāśubhaviparyāsān saṃbhavanti pratītya ye/
> te svabhāvānna vidyante tasmātkleśā na tattvataḥ//[4]
> 정과 부정의 뒤바뀐 오해를 연(緣)하여 발생하는 것들, 그것들은 자성으로서 존재하지 않는다. 그러므로 번뇌는 진실로는 없다.

만일 모든 번뇌가 정과 부정을 뒤바꿔 보는 망상분별로 인하여 생긴다면 [번뇌는] 자성이 없다. 그러므로 모든 번뇌는 그 실체가 없다.

> 3) 我法有以無 是事終不成 無我諸煩惱 有無亦不成
> 자아라는 법의 유와 무, 이것은 결코 성립하지 않는다.[5] 자아가 없으니 모든 번뇌의 유무도 역시 성립하지 않는다.
> 3) ātmano 'stitvanāstitve na kathaṃ cicca sidhyataḥ/
> taṃ vināstitvanāstitve kleśānāṃ sidhyataḥ kathaṃ//[6]
> 자아의 존재성과 비존재성은 도저히 성립하지 않는다. 그것[자아] 없이 번뇌들의 존재성과 비존재성이 어떻게 성립하겠는가?

것. 열반의 四德인 常, 樂, 我, 淨은 無常, 苦, 無我, 不淨이라는 진리를 체득한 이후의 절대 긍정의 세계이기에 이와 차원이 다르다.

4) (23-2) *śubha: 아름다운, 美麗한, 깨끗한. *asubha〉 a(부정의 뜻) + śubha. *viparyāsāt〉 viparyāsa: (m. abl.) (馬車의) 顚覆, 교환, 뒤바뀜, 顚倒. *sambhavanti〉 sam√bhū: (Pl. Ⅲ) 일어나다, 발생하다. *pratītya: 緣하여. *ye〉 yad: (관계대명사, Pl. nom.) who, which. *te〉 tad: (지시대명사, Pl. nom.) 그, 그것. *svabhāvāt: (abl.) 자성으로서. *na: ~이 아니다, ~이 없다. *vidyante〉 √vid: (수동태, Pl.) 존재하다. *tasmāt〉 tad: (abl.) 그러므로. *kleśa〉 kleśa: (m. Pl. nom.) 번뇌, 고통, 結使. *na: ~이 아니다, ~이 없다. *tattvatas〉 tattva + tas(부사화) 진실로, 참되게.

자아는 있다거나 없다는 것으로 성립할 수 있는 까닭이 없다. 그렇게 이제 자아가 없는데 모든 번뇌가 어떻게 있거나 없는 것으로서 성립할 수 있겠는가? 왜 그런가?

> 4) 誰有此煩惱 是卽爲不成 若離是而有 煩惱則無屬
> 누가 이런 번뇌를 소유하는가? 이것은 성립하지 않는다. 만일 이것을 떠나서 존재한다면 번뇌는 그 소속이 없는 꼴이 된다.
>
> 4) kasya ciddhi bhavantīme kleśāḥ sa ca na sidhyati/
> kaścidāho vinā kaṃ citsanti kleśā na kasya cit//[7]
> 실로 이런 번뇌들은 누군가에게 속해 있는 것이다. 그러나 '누구'라고 부르는 그것도 성립하지 않는다. 누군가 어떤 사람이 없기 때문에 번뇌들은 어떠한 사람에게도 결코 존재하지 않는다.

번뇌란 남에게 괴로움을 주는 쪽을 말한다. 괴롭힘을 당하는 쪽은 중생이어야 한다. 그러나 중생은 어디서 추구해봐도 포착할 수가 없다. [그렇다고 해서] 중생을 떠나서 단지 번뇌만 있다고 하면 그런 번뇌는 그 소속이 없는 꼴이 된다. 또 비록 자아는 없지만, 번뇌란 마음에 소속되어 있다고 말한다면 이것은 옳지 못하다. 왜 그런가?

---

5) 제18 관법품 참조.
6) (23 - 3) *ātmanaḥ〉 ātman: (Sg. gen.) 자아. *astitve〉 astitva〉 asti(√as) + tva(性): (loc.) 존재성. *na: ~이 아니다, ~이 없다. *astitve: 상동. *na: 상동. *kathaṃ cit: 도저히, 어떻게 하든. *ca: 그리고. *sidhyataḥ〉 √sidh: (4류 동사, p.p.p. m. nom.) 성립하다. *tam〉 tad: (acc.) 그것. *vinā: ~ 없이. *astitva: 상동. *na: 상동. *astitve: 상동. *kleśānām〉 kleśā: (m. Pl. gen.) 번뇌. *sidhyataḥ: 상동. *katham: 어떻게.
7) (23-4) *kasya cit〉 kim cit: (부정대명사, gen.) 그 누구. *hi: 실로. *bhavanti〉 √bhū: (Pl. Ⅲ) 존재하다. *ime〉 idam: (m. Pl. nom.) 이것. *klesāḥ: (Pl. nom.) 번뇌. *saḥ〉 tad: 그것, 그. *ca: 그리고. *na: ~이 아니다, ~이 없다. *sidhyati〉 √sidh: 성립하다. *kaḥ cit: 그 누구, 누군가. *āha〉 √ah: (완료, Sg. Ⅲ) 부르다, 말하다, 표현하다. *vinā: ~ 없이. *kaṃ cit: (Sg. acc.) 그 누구를. *santi〉 √as: (Pl. Ⅲ) 존재하다. *kleśāḥ: (Pl. nom.) 번뇌. *na: ~이 아니다, ~이 없다. *kasya cit: (gen.): 그 누구의.
8) 제22 관여래품 제1게 및 그 주석 참조.

5) 如身見五種 求之不可得 煩惱於垢心 五求亦不得
몸이 있다는 견해 그것을 다섯 가지[8]로 추구해봐도 얻을 수 없듯이 번뇌는 [번뇌로] 더러워진 마음에서 다섯 가지로 추구해도 얻을 수 없다.

5) svakāyadṛṣṭivatkleśāḥ kliṣṭe santi na pañcadhā/
svakāyadṛṣṭivatkliṣṭaṃ kleśeṣvapi na pañcadhā//[9]
자신의 신체가 있다고 보는 견해[10]와 마찬가지로 번뇌들은 번뇌하는 자에 다섯 가지로 존재하지 않는다. 자신의 신체가 있다고 보는 견해와 마찬가지로 번뇌하는 자는 번뇌에 다섯 가지로 존재하지 않는다.

마치 몸이 있다는 견해를 오음(五陰) 속에서 다섯 가지로 추구해봐도 얻을 수 없었듯이 모든 번뇌도 [번뇌로] 더러워진 마음에서 다섯 가지로 추구해봐도 역시 얻을 수 없다. [반대로] 그 더러워진 마음을 번뇌 속에서 다섯 가지로 추구해봐도 역시 얻을 수 없다. 다시 설명해 보자.

6) 淨不淨顚倒 是則無自性 云何因此二 而生諸煩惱
정(淨)과 부정의 전도, 그것은 자성이 없다. 어떻게 그 양자로 인하여 모든 번뇌가 발생하겠는가?

6) svabhāvato na vidyante śubhāśubhaviparyayāḥ/

9) (23-5) *svakāyadṛṣṭivat〉 svakāyadṛṣti(有身見) + vat(~ 와 같이, 부사적 접미사) *sva: 스스로. *kāya: 몸. *dṛṣṭi: 見解. *kleśāḥ: (Pl. nom.) 번뇌. *kliṣṭe(loc.)〉 kliṣṭa(p.p.p.)〉 √kliś: 고뇌하는. *santi〉 √as: (Pl. Ⅲ) 존재하다. *na: ~이 아니다. *pañcadhā〉 pañca(5) + dhā(종류): 다섯 가지. *svakāyadṛṣṭivat: 상동. *kliṣṭam(n. nom.)〉 kliṣṭa: 상동. *kleśeṣv〉 kleśeṣu〉 kleśeṣa: (Pl. loc.) 번뇌. *api: ~도 역시. *na: ~이 아니다, ~이 없다. *pañadhā: 상동.

10) *svakāyadṛṣti: satkāyadṛṣṭi(有身見)와 같은 의미. 나(我)와 나의 것(我所)이 있다고 보는 견해. 제18 觀法品 제2, 3, 4게 참조.

pratītya katamān kleśāḥ śubhāśubhaviparyayān//11)
정과 부정의 뒤바뀜은 자성으로서 존재하지 않는다. [그런데] 어떠한 정과 부정의 뒤바뀜을 연(緣)하여 번뇌들이 있겠는가?

정(淨)과 부정의 전도에서 전도란 허망하다고 말한다. 허망하다면 그 자성[실체]이 없다. 그 자성이 없다면 전도는 없다. 전도가 없다면 어떻게 전도로 인하여 모든 번뇌가 일어나겠는가?

【문】

7) 色聲香味觸 及法爲六種 如是之六種 是三毒根本
색(色)과 성(聲)과 향(香)과 미(味)와 촉(觸), 그리고 법(法)은 여섯 가지인데 이런 여섯 가지는 삼독심의 뿌리이다.
7) rūpaśabdarasasparśā gandhā dharmāśca ṣaḍvidhaṃ/
vastu rāgasya dveṣasya mohasya ca vikalpyate//12)
형상과 소리와 맛들, 냄새들과 감촉들, 그리고 생각의 내용[法]들은 탐욕과 진에[화]와 우치의 여섯 가지 대상이라고 분별된다.

이 여섯 가지 감각 영역[六入]은 삼독의 근본이다. 이 육입으로 인하여 정

---

11) (23-6) *svabhāvatas〉 svabhāva: (부사화) 自性으로서. *na: ~이 아니다, ~이 없다. *vidyante: (수동태, Pl.) 존재하다. *śubhāsubhaviparyayāḥ〉 śubhāsubhaviparyaya: (Pl. nom.) *śubha: 아름다운, 美麗한, 깨끗한. *aśubha〉 a(부정의 뜻) + śubha: 깨끗지 못한. *viparyaya: (a.) 顚倒된, 뒤바뀐. *pratītya: ~을 緣하여. *katamān〉 katama: (Pl. acc.) 여럿 가운데 누구 또는 무엇? *kleśāḥ: (Pl. nom.) 번뇌. *śubhāśubhaviparyayān〉 śubhāsubhaviparyaya: (Pl. acc.) 상동.

12) (23-7) *rūpa: (n.) 외관, 色, 형태. *śabda: (m.) 소리, 말. *rasa: (m.) 액, 즙, 맛. *sparśāḥ〉 sparśa: (a. Pl. nom.) 접촉, 촉각. *gandhāḥ: (Pl. m. nom.) 향기. *dhamāḥ (m. Pl. nom.) 법. *ca: 그리고. *ṣaḍvidham〉 ṣaḍ(6) + vidham(종류): 여섯 가지. *vastu: 대상. *rāgasya〉 rāga: (m. gen.) 물듦, 탐욕. *dveṣasya: (gen.) 증오, 화. *mohasya〉 moha: (gen.) 어리석음. *ca: 상동. *vikalpyate: (수동태) 분별된다.

(淨)과 부정(不淨)의 뒤바뀜[= 뒤바꿔 보는 마음]이 생긴다. 정과 부정의 뒤바뀜으로 인하여 탐진치가 생긴다.

【답】

8) 色聲香味觸 及法體六種 皆空如炎夢 如乾闥婆城
색과 성과 향과 미와 촉, 그리고 법 그 자체의 여섯 가지는 모두 공하여 햇살무늬나 꿈과 같고 신기루와 같다.13)

8) rūpaśabdarasasparśā gandhā dharmāśca kevalāḥ/
gandharvanagarākārā maricisvapnasaṃnibhāḥ//14)
형상과 소리와 냄새와 맛과 감촉 그리고 생각의 내용은 오직 신기루와 같은 모습을 하고 있으며 햇살무늬나 꿈과 같다.

9) 如是六種中 何有淨不淨 猶如幻化人 亦如鏡中像
이처럼 여섯 가지 중에는 어떻게 정(淨)이나 부정이 존재하겠는가? 마치 환상으로 만들어진 사람과 같고 거울 속의 모습과도 같은데.

9) aśubhaṃ vā śubhaṃ vāpi kutasteṣu bhaviṣyati/
māyāpuruṣakalpeṣu pratibimbasameṣu ca//15)
[육입이] 허깨비와 같고 비친 모습과 같다면 거기에[= 육입에] 정이나 부정이 역시 어떻게 존재하겠는가?

색과 성과 향과 미와 촉, 그리고 법은 그 자체가 아직 마음과 화합하지

13) 제2 관거래품 제25게 長行 각주 참조.
14) (23-8) *rūpa: (n.) 외관, 色, 형태. *śabda: (m.) 소리, 말. *rasa: (m.) 액, 즙, 맛. *sparśāḥ> sparśa: (a. Pl. nom.) 접촉, 촉각. *gandhāḥ: (Pl. m. nom.) 향기. *dhamāḥ (m. Pl. nom.) 법. *ca: 그리고. *kevalāḥ> kevala: (Pl. nom.) 유일한, 그것뿐인. *gandharvanagara: (n.) 건달바성, 신기루. *ākārāḥ> ākāra: (m. Pl. nom.) 구조, 형상, 외관. *marīci: (m.) 光, 炎, 햇살. *svapna: (m.) 꿈. *saṃnibhāḥ> samnibha: (a. Pl. nom.) ~와 유사한.

않았을 때는 공하여 존재하지 않는다. 햇살무늬와 같고 꿈과 같으며 허깨비와 같고 거울 속의 모습과 같이 단지 마음을 홀리는 것이지 그 실체가 있지는 않다. 이처럼 여섯 가지 감각영역 가운데 어떻게 정이나 부정이 있겠는가? 다시 설명해 보자.

10) 不因於淨相 則無有不淨 因淨有不淨 是故無不淨
정(淨)의 상(相)을 인(因)하지 않는다면 부정은 없다. 정을 인해 부정이 있으니 부정은 존재하지 않는다.
10) anapekṣya śubham nāstyaśubhaṃ prajñapayemahi/
yatpratītya śubhaṃ tasmācchubhaṃ naivopapadyate//[16]
정에 의존하지 않는 부정은 존재하지 않는다. 그것에 연하여 정이 있다고 우리들은 이해하리라. 그러므로 정은 결코 성립하지 않는다.

만일 정(淨)을 인(因)하지 않는다면 먼저 부정이 존재하지 않는데 무엇을 인해 부정이 있다고 말할 수 있겠는가? 그러므로 부정은 없다. 다시 설명해 보자.

11) 不因於不淨 則亦無有淨 因不淨有淨 是故無有淨
부정(不淨)을 인하지 않으면 정도 역시 없다. 부정을 인하여 정

---

15) (23 -9) *aśubham〉 a(부정의 뜻) + śubha(아름다운, 淨). *vā: 혹은. *śubham〉 śubha: 상동. *vā: 혹은. *api: ~도 역시. *kutas: 어디에, 어떻게. *teṣu〉 tad: (m. Pl. loc.) 그것, 그. *bhaviṣyati〉 √bhū: (미래) 존재하다. *māyāpuruṣa〉 māyā(幻) + puruṣa(人): 허깨비. *kalpeṣu〉 kalpa: (a.) ~와 같은, 실행할 수 있는. *pratibimba: (m.) 영상, 거울에 비친 모습, 그림자. *sameṣu〉 sama: (Pl. loc.) 같은. *ca: 그리고.
16) (23-10) *anapekṣya〉 an(부정) + apekṣya(의존하여). *śubham: (a. n. nom.) 아름다운, 깨끗한. *na: ~이 아니다, ~이 없다. *asti〉 √as: ~이다, ~이 있다. *aśubham〉 a(부정) + subham. *prajñapayemahi〉 pra√jñā + paya + imahi: (opt. 사역, Pl. Ⅰ) 알다, 식별하다, 이해하다. *yat〉 yad: (관계대명사). *pratītya: ~을 緣하여. *śubham: 상동. *tastmāt〉 tad: (abl.) 그러므로. *śubham: 상동. *na: 상동. *eva: 실로, 도대체, 결코. *upapadyate〉 upa√pad: (수동태, Sg. Ⅲ) 성립하다.

이 있으니 정은 존재하지 않는다.

11) anapekṣyāśubhaṃ nāsti śubhaṃ prajñapayemahi/
yatpratītyāśubhaṃ tasmādaśubhaṃ naiva vidyate//17)
부정에 의존하지 않는 정은 존재하지 않는다. 그것을 연(緣)하여 부정이 있다고 우리들은 이해하리라. 그러므로 부정은 결코 성립하지 않는다.

만일 부정을 인하지 않으면 미리 정이 있을 수 없는데 무엇을 인하여 정을 설하겠는가? 그러므로 정은 존재하지 않는다. 다시 설명해 보자.

12) 若無有淨者 何由而有貪 若無有不淨 何由以有恚
만일 정(淨)이 존재하지 않는다면 무엇을 말미암아 탐욕이 존재하겠는가? 만일 부정이 존재하지 않는다면 무엇을 말미암아 진에가 존재하겠는가?

12) avidyamāne ca śubhe kuto rāgo bhaviṣyati/
aśubhe 'vidyamāne ca kuto dveṣo bhaviṣyati//18)
정이 존재하고 있지 않다면 어떻게 탐욕이 존재하겠는가. 부정이 존재하지 않는다면 어떻게 진에가 존재하겠는가?19)

---

17) (23-11) *anapekṣya〉 an(부정) + apekṣya(의존하여). *aśubham〉 a(부정) + śubham(아름다운, 깨끗한): (a. n. nom.) 不淨. *na: ~이 아니다, ~이 없다. *asti〉 √as: ~이다, ~이 있다. *aśubham: 상동. *prajñapayemahi〉 pra√jñā + paya + imahi: (opt. 사역, Pl. Ⅰ) 알다, 식별하다, 이해하다. *yat〉 yad: (관계대명사). *pratītya: ~을 緣하여. *aśubham: 상동. *tasmāt〉 tad: (abl.) 그러므로. *aśubham: 상동. *eva: 실로, 도대체, 결코. *upapadyate〉 upa√pad: (수동태, Sg. Ⅲ) 성립하다.

18) (23-12) *avidyamāne〉 a + √vid + ya(수동) + māna(ātm. 현재분사): (loc. 조건의 뜻) 지금 존재하는 중이 아닌. *ca: 그리고. *śubhe〉 śubha: (loc.) 淸淨, 아름다움. *kutas: 어디에, 어떻게. *rāga: 물듦, 탐욕. *bhaviṣyati〉 √bhū: (미래) 존재하다. *aśubhe: (loc.) 不淨한. *avidyamāne: 상동. *ca: 그리고. *kutas: 상동. *dveśa: 화, 성냄, 증오, 진에. *bhaviṣyati: 상동.

정(淨)이나 부정이 존재하지 않기 때문에 탐욕이나 진에[= 화]가 생기지 않는다.

【문】 경전에서는 상(常) 따위의 네 가지 전도[20]를 설한다. 만일 무상(無常)한 것을 상(常)이라고 보면 이를 전도라고 말한다. 그러나 무상을 무상으로 보면 이는 전도가 아니다. 나머지 세 가지 전도도 역시 마찬가지다. 전도가 있기에 전도된 자도 역시 존재해야 하는데 어째서 전혀 없다고 말하느냐?

【답】

> 13) 於無常著常 是則名顚倒 空中無有常 何處有常倒
> 무상(無常)을 상이라고 집착하는 것 이것을 전도라고 부르지만
> 공에는 상(常)이 없는데 어디에 상이라는 전도가 존재하겠는가?
> 13) anitye nityamityevaṃ yadi grāho viparyayaḥ/
> nānityaṃ vidyate śūnye kuto grāho viparyayaḥ//[21]
> 만일 무상(無常)인 것을 상주한다고 하는 이와 같은 집착이 전도라면, 공[의 입장]에서 [보면] 무상이 존재하지 않는데 어떻게 [그런] 집착이 전도이겠는가?

만일 무상한 것에 대해 상주한다고 집착한다면 그것을 전도라고 부른다. [그러나] 모든 존재의 자성이 공한 가운데에는 상주란 존재하지 않는다. [그러니] 그 가운데에서 어디에 상주한다는 전도가 존재하겠는가? 나머지 세 가

---

19) 무엇을 깨끗하다(淨)고 생각하기에 그에 대해 탐욕[貪]을 내고 더럽다고(不淨) 생각하기에 그에 대해 화[瞋]를 낸다는 의미.

20) 身을 淨, 受를 樂, 心을 常, 法을 我라고 보는 것. 이런 전도는 그 각각을 不淨, 苦, 無常, 無我으로 관찰하는 四念處 수행으로 치료한다.

21) (23-13) *anitye〉 a + nitya(常): (loc.) 無常한. *nitya: 常住하는, 항상된. *iti: ~라고. *evam: 그와 같이. *yadi: 만일, 或是. *grāha: (a.) 집착, 쥐는, 잡은. *viparyaya: (a.) 전도된, 뒤바뀐. *na: ~이 아니다, ~이 없다. *anityam: (a. n. nom.) 무상한. *vidyate〉 √vid: (수동태) 존재하다. *śūnye: (loc.) 空한. *kutas: 어떻게, 어디에. *grāha: 상동. *viparyaya: 상동.

지[22]도 역시 마찬가지다.

다시 설명해 보자.

> 14) 若於無常中 著無常非倒 空中無無常 何有非顚倒
> 만일 무상을 무상이라고 집착하는 것이 전도가 아니라면, 공 가운데는 무상도 없는데 어떻게 전도 아님이 존재하겠는가?
> 14) anitye nityamityevaṃ yadi grāho viparyayaḥ/
> anityamityapi grāhaḥ śūnye kiṃ na viparyayaḥ//[23]
> 만일 무상한 것에 대해 [거꾸로] 항상되다고 하는 집착이 전도라면, 무상하다고 하는 집착도 공[의 입장]에서 [보면] 어떻게 전도가 아니겠는가?

혹, 무상[이라는 사실]을 집착하여 이것이 무상이라고 말하는 것을 전도라고 부를 수 없다고 하지만 모든 존재의 자성이 공한 가운데에는 무상 역시 존재하지 않는다. 무상이 존재하지 않는데 누구를 전도되지 않은 놈이라고 하겠는가? 나머지 세 가지도 역시 마찬가지다. 다시 설명해 보자.

> 15) 可著著者著 及所用著法 是皆寂滅相 云何而有著
> 집착될 것, 집착하는 자, 집착, 또 집착에 쓰이는 것은 모두 그 상(相)이 적멸한데 어떻게 집착이 존재하겠는가?
> 15) yena gṛhṇāti yo grāho grahītā yacca gṛhyate/
> upaśāntāni sarvāṇi tasmādgrāho na vidyate//[24]

22) 四念處의 나머지 셋, 즉 苦, 無我, 不淨.
23) (23-14) *anitye〉 anitya: (loc.) 無常한. *nityam: (ad.) 常住, 항상. *iti: ~라고. *evam: 그와 같은. *yadi: 만일. *grāha: (a.) 쥐다. 잡다, 집착. *viparyayaḥ〉 viparyaya: (m. nom.) 전도. *anityam〉 anitya: 상동. *iti: ~라고. *api: ~도 역시. *grāha: 상동. *śūnye〉 śūnya: (a. loc.) 空한. *kim: (ad.) 어떻게. *na: ~이 아니다, ~이 없다. *viparyaya: 상동.

> 집착하는 수단과 집착과 집착하는 자 그리고 집착되는 것은 모두 적멸되어 있다. 그러므로 집착은 존재하지 않는다.

집착될 것이란 사물을 뜻하고 집착하는 자란 행위자를 뜻하며 집착은 행위를 뜻하고 집착에 쓰이는 것이란 쓰이는 일을 뜻한다. 이 모든 것들이 그 자성이 공하여 상이 적멸하다. 이에 대해서는 관여래품[25]에서 설명한 바가 있다. 그러므로 집착은 존재하지 않는다. 다시 설명해 보자.

> 16) 若無有著法 言邪是顚倒 言正不顚倒 誰有如是事
> 전도는 나쁘다고 말하고 비전도는 옳다고 말하지만, 만일 집착이라는 법이 존재하지 않는다면, 그런 일을 소유하는 주체는 누구이겠는가?
> 16) avidyamāne grāhe ca mithyā vā samyageva vā/
> bhavedviparyayaḥ kasya bhavetkasyāviparyayaḥ//[26]
> 집착이 존재하지 않는다면 옳건 그르건 누구에게 전도가 존재하고 누구에게 비전도가 존재하겠는가?

집착은 '이것이다, 저것이다, 있다, 없다'라고 망상분별하는 것을 말한다.

---

24) (23-15) *yena〉 yad: (관계대명사, ins.) *gṛhiṇati〉 √grah: (Sg. Ⅲ) 취하다, 쥐다. *yaḥ〉 yad: (nom.) 상동. *grāha: (a.) 쥠, 집착. *grahītā〉 grahītṛ: (m. nom.) 집착하는 자. *yad: 상동. *ca: 그리고. *gṛhyate〉 √grah: (수동태) 상동. *upaśāntāni(Pl. n. nom.)〉 upaśānta(p.p.p.)〉 upa√śam: 제거, 적멸. *sarvāṇi〉 sarva: (Pl. nom.) 모든. *tasmāt〉 tad: 그것. *grāha: 상동. *na: ~이 아니다, ~이 없다. *vidyate〉 √vid: (수동태) 존재하다.

25) 제22 관여래품, 제12게 및 長行 참조.

26) (23-16) *avidyamāne(loc.)〉 a(부정) + √vid + ya(수동) + māna(ātm. 현재분사): 지금 존재하고 있지 않은. *grāhe〉 grāha: (loc.) 집착. *ca: 그리고. *mithyā: (ad.) 부정직하게, 삿되게, 거짓되게. *vā: 혹은. *samyak: (ad.) 옳게, 정확히. *eva: 실로, 도대체, 결코. *vā: 상동. *bhavet〉 √bhū: (opt.) 존재하다. *viparyayaḥ: (nom.) 전도. *kasya〉 kim: (gen.) 누구, 무엇. *bhavet〉 √bhū (opt.) 존재하다. *kasya: 상동. *vip

그런데 만일 이런 집착이 없다면 누군 삿돼서 전도되었고 누군 옳아서 전도되지 않았다고 할 수 있겠는가? 다시 설명해 보자.

> 17) 有倒不生倒 無倒不生倒 倒者不生倒 不倒亦不生
>
> 전도가 존재해도 전도가 발생하지 않고 전도가 존재하지 않아도 전도가 발생하지 않는다. 전도된 자는 전도되지 않고 전도되지 않은 자도 역시 전도되지 않는다.
>
> 17) na cāpi viparītasya saṃbhavanti viparyayāḥ/
>
> na cāpyaviparītasya saṃbhavanti viparyayāḥ//27)
>
> 이미 전도된 자에게는 전도들이 발생하지 않는다. 아직 전도되지 않은 자에게도 역시 전도들이 발생하지 않는다.

> 18) 若於顚倒時 亦不生顚倒 汝可自觀察 誰生於顚倒
>
> 만일 전도되는 중일 때도 역시 전도가 발생하지 않는다면 그대는 누가 전도를 생하는지 스스로 관찰할 수 있으리라.
>
> 18) na viparyasyamānasya saṃbhavanti viparyayāḥ/
>
> vimṛśasva svayaṃ kasya saṃbhavanti viparyayāḥ//28)
>
> 지금 전도되고 있는 중인 것에는 전도들이 발생하지 않는다. 누구에게 전도들이 발생하는지 그대 스스로 고찰하거라.

이미 전도된 자는 다시 전도를 생하지 않는다. 이미 전도되었기 때문이다.

---

aryayaḥ: 상동.

27) (23-17) *na: ~이 아니다, ~이 없다. *ca: 그리고. *api: ~도 역시. *viparītasya〉 viparīta: (p.p.p. gen.) 전도된 것. *saṃbhavanti〉 sam√bhū: (Pl. Ⅲ) 발생하다. *viparyayāḥ〉 viparyaya: (Pl. nom.) 전도. *na: ~이 아니다, ~이 없다. *ca: 그리고. *api: ~도 역시. *aviparītasya〉 a(부정의 뜻) + viparīta(상동). *saṃbhavanti: 상동. *viparyayāḥ: 상동.

28) (23-18) *na: ~이 아니다, ~이 없다. *viparyasyamānasya〉 vi-pary-√as(to thro

아직 전도되지 않은 자도 역시 전도되지 않는다. 전도가 [아예] 없기 때문이다. 지금 전도되고 있는 중인 때도 역시 전도되지 않는다. 두 가지가 함께하는 오류[29]가 있기 때문이다.[30] 그대는 지금 교만한 마음을 버리고 스스로 잘 관찰하거라. 여기서 누가 전도된 자이겠는가? 다시 설명해 보자.

19) 諸顚倒不生 云何有此義 無有顚倒故 何有顚倒者
모든 전도가 불생이라는 것, 어떻게 이런 일이 있겠는가? 전도가 존재하지 않는데 어떻게 전도된 자가 존재하겠는가?

19) anutpannāḥ kathaṃ nāma bhaviṣyanti viparyayāḥ/
viparyayeṣvajāteṣu viparyayagataḥ kutaḥ//[31]
불생이 도대체 어떻게 전도이겠는가? 전도가 생(生)하지 않는다면 어떻게 전도에 빠진 자가 있겠는가?

20) na svato jāyate bhāvaḥ parato naiva jāyate/
na svataḥ parataśceti viparyayagataḥ kutaḥ//[32]
존재는 그 자신에서 발생하지 않고 결코 타자에서 발생하지도 않으며 자신과 타자에서도 [발생하는 것이] 아닌데 전도에 빠진 자가 어떻게 있겠는가?[33]

여러 가지 이유를 들어 파(破)했기에 전도는 불생(不生)인 것으로 낙착된

---

w) + ya(4류 동사 어간化) + māna(현재분사) + sya(gen.): 전도되고 있는 중인. *saṃbhavanti〉 sam√bhū: (Pl. Ⅲ) 발생하다. *viparyayāḥ〉 viparyaya: (Pl. nom.) 전도. *vimṛśasva〉 vi√mṛś: (ātm. 명령법, Sg. Ⅱ) to investigate, examine, consider, reflect on. *svayam: (ind.) 자발적으로, 스스로. *kasya〉 kim: (gen.) 누구, 무엇. *saṃbhavanti: 상동. *viparyayaḥ〉 viparyaya: (Sg. nom.) 상동.

29) 전도와 비전도의 두 가지가 동시에 존재하는 오류. 형식논리학의 배중률에 위배된다고 볼 수 있다.

30) 제2 관거래품 제1게 참조.

31) (23-19) *anutpannāḥ(Pl. nom.)〉 anutpanna(p.p.p.)〉 an + ut√pad: 발생하지 않는. *katham: 어떻게. *nāma: 실로, 도대체. *bhaviṣyanti〉 √bhū: (미래, Pl. Ⅲ) 존재하다, 되다. *viparyayāḥ〉 viparyaya: (Pl. nom.) 전도. *viparyayesu〉 viparyaya: (Pl. loc.) 상동. *ajāteṣu(Pl. loc.)〉 a +jāta(p.p.p.〉 √jan): 불생. *viparyayagataḥ〉 viparyaya

다. 그러자 그런 불생에 집착을 내어 불생이 전도의 실상이라고 말한다. 그러므로 게송에서 '어떻게 불생을 전도라고 하겠는가?'라고 설한다. 뿐만 아니라 무루법(無漏法)도 불생을 상(相)으로 하지 않는데 하물며 전도가 불생을 상으로 하겠는가?

전도가 존재하지 않는데 전도된 자는 어떻게 존재하겠는가? 전도로 인하여 전도된 자가 존재하는 것인데 …. 다시 설명해 보자.

20) 若常我樂淨 而是實有者 是常我樂淨 則非是顚倒
만일 상(常)과 아(我)와 락(樂)과 정(淨), 이것이 실제로 존재한다면 이 상과 아와 락과 정은 전도가 아니다.

21) ātmā ca śuci nityaṃ ca sukhaṃ ca yadi vidyate/
ātmā ca śuci nityaṃ ca sukhaṃ ca na viparyayaḥ//[34]
만일 아(我)와 정(淨)과 상(常)과 락(樂)이 [실제로] 존재한다면 아와 정과 상과 락은 전도가 아니다.

만일 상과 아와 락과 정의 네 가지가 실제로 존재하는 성품이라면 이 상과 아와 락과 정은 전도가 아니다. 왜 그런가? 분명히 실제로 존재하는 것인데 어째서 전도라고 말하겠는가?

만일 상과 아와 락과 정의 네 가지가 존재하지 않는다면 무상과 고와 무아

+ gata(~에 빠진, ~속에 있는): (nom.) 전도에 빠진. *kutas: 어디에, 어떻게.

32) (23-20) *svato> svatas> sva + tas(abl. 부사화): (ind.) 스스로. *jāyate> √jan: (수동태) 生하다. *bhāvaḥ: (m. nom.) 존재, 사물. *paratas: 다른 것에서. *na: ~이 아니다, ~이 없다. *eva: 실로, 도대체, 결코. *jāyate: 상동. *na: ~이 아니다, ~이 없다. *svatas: 상동. *paratas: 상동. *ca: 그리고. *iti: ~라고. *viparyayagata: 상동. *kutas: 어떻게.

33) 제12 관고품 제1게 및 제1 관인연품 제3게 참조.

34) (23 -21) *ātmā> ātman: (Sg. nom.) 자아. *ca: 그리고. *śuci: (a.) 순수한, 고결한. *nityam> nitya: (a. n. nom.) 항상된. *ca: 그리고. *sukham> sukha: (a. n. nom.) 즐거운. *vidyate> √vid: (수동태) 존재하다. *ātmā: 상동. *ca: 그리고. *śuci: 상동. *nityam: 상동. *ca: 그리고. *sukham: 상동. *ca: 그리고. *na: ~이 아니다, ~이 없다. *viparyayaḥ: (nom.) 전도.

와 부정의 네 가지는 응당 실제로 존재해야 한다. [그래서 그것들을] 전도라고 말하지 못하고 전도된 것들에 상반되는 것이므로 전도되지 않은 것이라고 불러야 할 테지만 이는 옳지 못하다. 왜 그런가?

> 21) 若常我樂淨 而實無有者 無常苦不淨 是則亦應無
> 만일 상과 아와 락과 정이 실제로 존재하지 않는다면 무상과 고와 부정, 이것도 역시 존재하지 않는다.[35)]
> 22) nātmā ca śuci nityaṃ ca sukhaṃ ca yadi vidyate/
> anātmā 'śucyanityaṃ ca naiva duḥkhaṃ ca vidyate//[36)]
> 만일 아와 정과 상과 락이 존재하지 않는다면 무아와 부정과 무상과 고도 결코 존재하지 않는다.

만일 상과 아와 락과 정의 네 가지 법이 실제로 존재하지 않는다면 무상 등의 네 가지 법도 역시 존재할 수 없다. 왜 그런가? 서로 상대되는 것이 존재하지 않기 때문이다. 다시 설명해 보자.

> 22) 如是顚倒滅 無明則亦滅 以無明滅故 諸行等亦滅
> 이와 같이 전도가 소멸하면 무명도 역시 소멸한다. 무명이 소멸하기 때문에 제행(諸行) 따위도 역시 소멸한다.
> 23) evaṃ nirudhyate 'vidyā viparyayanirodhanāt/
> avidyāyāṃ niruddhāyāṃ saṃskārādyaṃ nirudhyate//[37)]
> 이처럼 전도가 소멸되기 때문에 무명이 소멸된다. 무명이 소멸

---

35) 本品 제1게 각주 참조.
36) (23-22) *na: ~이 아니다, ~이 없다. *ātmā〉 ātman: (Sg. nom.) 자아. *ca: 그리고. *śuci: 淨, 순수한, 깨끗한, 고결한. *nitya: 항상된. *ca: 그리고. *sukha: 즐거운. *ca: 그리고. *yadi: 만일. *vidyate: 존재하다. *anātmā〉 an + ātman: 무아. *śuci: 상동. *anitya〉 a + nitya: 無常. *ca: 그리고. *na: ~이 아니다, ~이 없다. *eva: 실로, 도대체, 결코. *duḥkha: 苦. *ca: 그리고. *vidyate〉 √vid: (수동태) 존재하다.

할 때에 행 등이 소멸된다.

'이와 같이'라는 말은 '앞에서의 설명과 같다'는 말이다. 모든 전도가 소멸하기 때문에 십이연기의 근본인 무명도 역시 소멸한다. 무명이 소멸하기 때문에 세 가지 행업(行業)[38]을 필두로 하여 급기야 노사(老死)에 이르기까지 모두 소멸한다.

다시 설명해 보자.

> 23) 若煩惱性實 而有所屬者 云何當可斷 誰能斷其性
> 만일 번뇌의 자성은 실재하고 그것[= 번뇌]이 속한 자가 존재한다면 어떻게 [그 번뇌를] 끊을 수 있겠으며 또 누가 능히 그 [번뇌의] 자성을 끊을 수 있겠는가?
>
> 24) yadi bhūtāḥ svabhāvena kleśāḥ ke ciddhi kasya cit/
> kathaṃ nāma prahīyeran kaḥ svabhāvaṃ prahāsyati//[39]
> 만일 자성으로서 존재하는 그 어떤 번뇌가 그 누군가에게 있다면 도대체 어떻게 [그 번뇌를] 제거하겠는가? 누가 자성을 제거하겠는가?

---

37) (23-23) *evam: 그와 같이. *nirudhyate〉 ni√rudh: (수동태) 소멸하다. *avidyā: (f.) 무명. *. *viparyaya: 전도. *nirodhanāt〉 nirodhana: (n.) 소멸. *avidyāyām〉 avidyā: (f. loc.) 무명. *niruddhāyām: (p.p.p. f. loc.) 소멸. *samṣkārādyam〉 saṃskāra(行) + ādya(a. 제1의, 등): 행 등. *nirudhyate: 상동.

38) 십이연기설의 둘째 支分인 行은, 그것이 일어나는 기관으로 구분하면 身業, 口業, 意業의 三業이 되고 가치론적으로 구분하면 福行, 非福行, 不動行의 三行이 된다.

39) (23-24) *yadi: 만일. *bhūtāḥ〉 bhūta: (p.p.p. Pl. nom.) 존재하는. *svabhāvena〉 svabhāva: (ins.) 자성, 실체. *kleśāḥ〉 kleśa: (Pl. nom.) 번뇌. *ke〉 kim: (의문대명사, m. Pl. nom.) what, which, who. *kim cit: 그 어떤 것. *hi: 실로. *kasya cit〉 kim cit *katham: 어떻게. *nāma: 실로. *prahīyeran〉 pra√hā: (ātm. opt. Ⅲ) 제거하다, 버리다. *kaḥ〉 kim: (m. nom.) 누구. *svabhāvam: (acc.) 자성. *prahāsyati〉 prāy√hā: (미래) 제거하다. 버리다.

만일 모든 번뇌가 전도된 것이지만 실제로 그 자성이 존재한다면 어떻게 [그것을] 끊을 수 있겠는가? 또 누가 능히 그 자성을 끊을 수 있겠는가?

[그렇다고 해서] 만일 모든 번뇌는 다 허망하여 자성이 없지만 끊을 수는 있다고 한다면 이 역시 옳지 못하다. 왜 그런가?

24) 若煩惱虛妄 無性無屬者 云何當可斷 誰能斷無性
만일 번뇌가 허망한 것이라 자성도 없고 소속된 자도 없다면 어떻게 끊을 수 있겠으며, 또 누가 능히 자성도 없는 것을 끊을 수 있겠는가?

25) yadyabhūtāḥ svabhāvena kleśāḥ ke ciddhi kasya cit/
kathaṃ nāma prahīyeran ko 'sadbhāvaṃ prahāsyati//[40]
만일 자성으로서 존재하지 않는 그 어떤 번뇌가 그 누군가에게 있다면 도대체 어떻게 [그 번뇌를] 제거하겠는가? 누가 실재하지도 않는 존재를 제거하겠는가?

만일 모든 번뇌가 허망하여 그 자성이 없다면 [그것이] 속한 곳도 없으니 어떻게 [그 번뇌를] 끊을 수 있겠는가? 또 누가 능히 자성[= 실체]이 없는 존재를 끊을 수 있겠는가?

---

40) (23-25) *yadi: 만일. *bhūtāḥ〉 bhūta: (Pl. nom.) 존재하지 않는. *svabhāvena〉 svabhāva: (ins.) 자성, 실체. *kleśāḥ〉 kleśa: (Pl. nom.) 번뇌. *ke〉 kim: (의문대명사, m. Pl. nom.) 누구. *kim cit: 그 어떤 것. *hi: 실로. *kasya cit〉 kim cit: (gen.) 상동. *katham: 어떻게. *nāma: 실로. *prahīyeran〉 pra√hā: (ātm. opt. Ⅲ) 제거하다, 버리다. *ko〉 kaḥ〉 kim: (m. nom.) 누구. *asadbhāvam〉 a + sadbhāvam: (acc.) 실재하지 않는. *prahāsyati〉 pra√hā: (미래) 버리다, 방출하다.

제24 관사제품(觀四諦品, 40게)
사성제(四聖諦)에 대한 관찰

āryasatyaparīkṣā nāma caturviṃśatitamaṃ prakaraṇam
성스러운 진리[聖諦]의 검토라는 이름의 제24장(40게)

【문】 네 가지 전도를 파하고[1] 사제(四諦)를 통달하면 네 가지 사문과(沙門果)[2]를 얻는다.

> 1) 若一切皆空 無生亦無滅 如是則無有 四聖諦之法
> **만일 일체가 모두 공하다면 생도 없고 멸도 없다. 그렇다면 사성제(四聖諦)의 법도 존재하지 않는다.[3]**
>
> 1) **yadi śūnyamidaṃ sarvamudayo nāsti na vyayaḥ/**
> **caturṇāmāryasatyānāmabhāvaste prasajyate//[4]**
> **만일 이 모든 것이 공하다면 일어남[起]도 없고 소멸함도 없다.**
> **[그래서] 그대는 사성제도 존재하지 않는다는 오류에 빠진다.**

---

1) 제23 관전도품 참조.
2) 預流果, 一來果, 不還果, 阿羅漢果.
3) 龍樹는 『大智度論』에서도 이와 같이 '공의 가르침'과 '분별적 가르침'이 상충하는 문제를 이제설(二諦說)에 의해 해결한다. 대정25, p.642a, c ; 66a ; 117c ; 121c ; 133b ; 162c ; 170c ; 197c ; 210c ; 254a ; 255a ; 274a ; 282c ; 288a 참조.
4) (24-1) *yadi: 만일. *śūnyam: (a. n. nom.) 空한. *idam: (n. nom.) 이것. *sarvam: (a. n. nom.) 모든, 일체의. *udaya: 起, 발생. *na: ~이 아니다, ~이 없다. *asti〉 √as: 있다, 존재하다. *na: ~이 아니다, ~이 없다. *vyaya: 소멸. *caturṇām: (Pl. gen.) 넷. *āryasatyānām〉 ārya(聖스러운) + satya(진리): (Pl. gen.). *abhāvaḥ〉 a + bhāva: (nom.) 비존재. *te〉 tvad: (Sg. gen.) 그대. *prasajyate〉 pra√sañj: (수동태) ~꼴이 된다.
5) (24-2) *parijñā: (f.) 知, 이해, 解. *ca: 그리고. *prahāṇam: (n. nom.) 放棄, 끊음,

2) 以無四諦故 見苦與斷集 證滅及修道 如是事皆無

사성제가 존재하지 않기에 고(苦)의 견(見)과 집(集)의 단(斷)과 멸(滅)의 증(證)과 도(道)의 수(修), 이런 것들이 모두 없다.

2) parijñā ca prahāṇam ca bhāvanā sākṣikarma ca/
caturṇāmāryasatyānāmabhāvānnopapadyate//[5]

사성제가 존재하지 않기 때문에 '완전하게 아는 지(知)'와 '[번뇌의] 끊음'과 '실천하는 수행'과 '깨달음의 증득'[6]도 성립하지 않는다.

3) 以是事無故 則無四道果 無有四果故 得向者亦無

그것이 존재하지 않기 때문에 네 가지 도과(道果)는 존재하지 않는다. 사과(四果)가 존재하지 않기 때문에 향(向)을 얻은 자도 역시 존재하지 않는다.[7]

3) tadabhāvānna vidyante catvāryāryaphalāni ca/
phalābhāve phalasthā no na santi pratipannakāḥ//[8]

그것이 존재하지 않기 때문에 사과(四果)[9]도 존재하지 않는다. 과가 존재하지 않는다면 그 과에 오른 자도 없고 [그 果로] 향하여 나아가는 자[四向]도 존재하지 않는다.

斷. *ca: 그리고. *bhāvanā: (f.) 명상, 修道. *sākśikarma〉 sākśin(observing, witnessing) + karma: 증명 행위, 證. *ca: 그리고. *caturṇām〉 catur: (Pl. gen) 넷. *arya satyānām 〉 arya(聖)+satya(진라): (Pl. gen.). *abhāvāt〉 a + bhāva: (abl.) 비존재. *na: ~이 아니다, ~이 없다. *upapadyate〉 upa√pad: (수동태) 성립하다.

6) 四聖諦에 대한 三轉十二行의 길을 통해 정각을 이루는 과정을 의미한다. 『잡아함경』, 대정2, pp.103c-104a 및 S.N. Vol.5 Tathāgatena Suttā, pp.420-425 참조.

7) 豫流(srota āpanna), 一來(sakṛdagamin), 不還(anāgamin), 阿羅漢(arhat)의 네 가지 聖位를 향한 向과 그 聖位인 果를 말한다.

8) (24-3) *tad〉 tat〉 tad: 그것. abhāvāt: (abl.) 비존재. *na: ~이 아니다, ~이 없다.

4) 若無八賢聖 則無有僧寶 以無四諦故 亦無有法寶
만일, 여덟 가지 현성(賢聖)이 존재하지 않는다면 승보도 존재하지 않는다. 사성제가 존재하지 않기 때문에 법보도 역시 존재하지 않는다.
4) saṃgho nāsti na cetsanti te 'ṣṭau puruṣapudgalāḥ/
abhāvāccāryasatyānāṃ saddharmo 'pi na vidyate//[10]
만일 그런 여덟 가지 사람들[11]이 존재하지 않는다면 승가도 존재하지 않는다. 또 사성제가 존재하지 않기 때문에 정법도 역시 존재하지 않는다.

5) 以無法僧寶 亦無有佛寶 如是說空者 是則破三寶
법보와 승보가 존재하지 않기 때문에 불보도 역시 없다. 이처럼 공을 설하는 자는 삼보를 파괴한다.
5) dharme cāsati saṃghe ca kathaṃ buddho bhaviṣyati/
evaṃ trīṇyapi ratnāni bruvāṇah pratibādhase//[12]
법과 승이 존재하지 않는다면 어떻게 불이 존재하겠는가? 이와 같이 말한다면 그대는 삼보를 파괴하는 것이 되리라.

---

*vidyante> √vid: (수동태, Pl.) 존재한다. *catvāryāryaphalāni> catvāri(4) + ārya(聖) + phala(果): (n. Pl. nom.) 네 가지 성스러운 결과. *ca: 그리고. *phala: 결과. abhāve> abhāva: (loc.) 비존재. *phalasthāḥ> phalastha: (Pl. nom.) 과를 얻은 자. *na: ~이 아니다, ~이 없다. *santi> √as: (Pl. Ⅲ) 있다, 이다. *pratipannakāḥ> pratipannaka> prati√pad(약속하다) + na(p.p.p.) + ka(축소형, 형용사화): 向, 向者.

9) 聲聞四果.

10) (24-4) *saṃgha: (m. nom.) 무리, 多數, 승단, 僧伽. *na: ~이 아니다, ~이 없다. *asti> √as: ~이다, ~이 있다. *na: 상동. *cet: 만일. *santi> √as: (Pl. Ⅲ) 상동. *te> tad: (m. Pl. nom.) 그들. *aṣṭau> aṣṭa: (Du. nom.) 여덟. *puruṣapudgalāḥ:

만일 일체의 세간이 다 공하여 존재하지 않는다면 응당 발생하는 것도 없고 소멸하는 것도 없어야 한다. 발생하는 것도 없고 소멸하는 것도 없기 때문에 사성제도 없다. 왜 그런가? 집제(集諦)로부터 고제(苦諦)가 '발생'하기 때문이다. 여기서 집제는 인(因)이고 고제는 과(果)다. 이런 고집제(苦集諦)가 소멸하는 것을 멸제라고 부르고 멸제에 능히 도달하는 것을 도제라고 부른다. 여기서 도제는 인이고 멸제는 과다. 이와 같이 사제는 인과 과를 갖는다. 그러니 발생하는 것도 없고 소멸하는 것도 없다면 사제도 있을 수 없다. 사제가 없기 때문에 고를 견(見)하고 집을 단(斷)하고 멸을 증(證)하고 도를 수(修)하는 것도 있을 수 없다. 고를 견하고 집을 단하고 멸을 증하고 도를 수하는 것이 있을 수 없기 때문에 네 가지 사문과(沙門果)도 존재하지 않는다. 네 가지 사문과가 없기 때문에 사향(四向)이나 사과(四果)에 드는 사람도 존재하지 않는다. 이 여덟 가지 현성(賢聖)이 존재하지 않는다면 승보도 없다. 또 사성제가 없기 때문에 법보도 역시 존재하지 않는다. 만일 법보와 승보가 존재하지 않는다면 어떻게 불보가 존재하겠는가? [왜냐하면] 법을 획득했기에 불(佛)이라고 불리는 것인데 법이 없으면 어떻게 불이 존재하겠는가? 그래서 그대는 모든 존재가 공하다고 말하는데 이는 삼보를 파괴하게 된다.

다시 설명해 보자.

(m. Pl. nom.) 賢聖, 聖人. *abhāvāt〉 a + bhāva: (abl.) 존재하지 않기 때문에. *ca: 그리고. *āryasatyānām〉 ārya + satya: (Pl. gen.) 聖스러운 진리의. *saddharma: (m.) 좋은 法, 참된 정의, 佛法. *api: ~도 역시. *na: ~이 아니다, ~이 없다. *vidyate: 존재하다.

11) 四向 및 四果의 계위에 있는 성자들.

12) (24- 5) *dharme: (loc.) 法. *ca: 그리고. *asati〉 a + sat: (loc. 조건의 뜻) 비존재. *saṃghe: (loc.) 승가. *ca: 그리고. *katham: 어떻게. *buddha: 깨달은 자, 부처. *bhaviṣyati〉 √bhū: (미래) 존재하다. √bhū: (미래) 존재하다. *evam: 그와 같이. *trīṇi〉 tri: (Pl. nom.) 3, 셋. *api: ~도 역시. *ratnāni〉 ratna: (Pl. nom.) 보물. *bruvāṇaḥ〉 bruvāṇa(현재분사)〉 √brū: ~라고 말하다. *pratibādhase〉 prati√bādh: (ātm. Ⅲ) 격퇴하다, 억제하다.

13) (24-6) *śūnyatām〉 sūnyatā: (f. acc.) 空性. *phala: 과보. *sadbhāva: 실재하는. *adharma: 非法. *dharma: 法. *eva: 실로, 도대체, 결코. *ca: 그리고. *sarva: 일체

6) 空法壞因果 亦壞於罪福 亦復悉毀壞 一切世俗法
공이란 법은 인과도 파괴하고 죄와 복도 파괴하고 일체의 세속적인 존재를 모두 훼손하고 파괴한다.

6) śūnyatāṃ phalasadbhāvamadharmaṃ dharmameva ca/
sarvasaṃvyavahārāṃśca laukikān pratibādhase//13)
공성을 주장한다면 그대는 과보의 실재와 비법(非法)과 법과 세간에서의 일체의 언어관습을 파괴하게 된다.

만일 공이라는 법을 용납한다면 죄와 복 및 그 과보도 파괴하고 세속의 법도 파괴하게 된다. 이런 여러 가지 오류가 있기 때문에 모든 존재는 공해서는 안 된다.

【답】

7) 汝今實不能 知空空因緣 及知於空義 是故自生惱
그대는 지금 공과 공인 까닭과 공의 의의14)를 알 수 없다. 그러므로 스스로 고뇌를 생한다.

7) atra brūmaḥ śūnyatāyāṃ na tvaṃ vetsi prayojanaṃ/
śūnyatāṃ śūnyatārthaṃ ca tata evaṃ vihanyase//15)
여기서 우리들은 말한다. '그대는 공성에서 [그] 효용과 공성과 또 공성의 의의를 알지 못한다. 그러므로 그대는 그처럼 저항한다.'라고.

그대는 이 공의 상(相)이 어떠한지, 무슨 까닭으로 공을 설했는지 이해하지 못하고 공의 의의도 이해하지 못한다. '있는 그대로' 알 수 없기에 그런

의. *saṃvyavahārān〉 samvyavahāra: (m. Pl. acc.) ~와의 교제, 언어관습. *ca: 그리고. *laukikān〉 laukika: (a. m. Pl. acc.) 일상적인, 통상의. *pratibadhase〉 prati√bādh: (ātm. Ⅱ) 격퇴하다, 억제하다.
14) 월칭과 청변은 空性과 空義와 空用에 대해 다음과 같이 해설한다.

의심과 비난이 생기는 것이다. 다시 설명해 보자.

8) 諸佛依二諦 爲衆生說法 一以世俗諦 二第一義諦
모든 부처님들께서는 이제(二諦)에 의거하여 중생을 위해 설법하신다. 첫째는 세속제로써, 둘째는 제일의제로써.

8) dve satye samupāśritya buddhānāṃ dharmadeśanā/
lokasaṃvṛtisatyaṃ ca satyaṃ ca paramārthataḥ//16)
부처님들의 교법은 이제에 의거한다. [그것은] 세간에서 행해지는 진리와 승의(勝義)로서의 진리이다.

9) 若人不能知 分別於二諦 則於深佛法 不知眞實義
만일 누군가가 이제(二諦)를 분별함을 알 수 없다면 심오한 불법에서 진실한 뜻을 알지 못한다.

9) ye 'nayorna vijānanti vibhāgaṃ satyayordvayoḥ/
te tattvaṃ na vijānanti gambhīraṃ buddhaśāsane//17)

	空性(śūnyatā)	空義(śūnyatā artha)	空用(śūnyatā prayojana)
월칭	희론이 사라지고 분별을 초월한 진여(眞如)	연기(緣起)	업과 번뇌의 뿌리인 희론(戱論)을 소멸시키는 것
청변	모든 집착을 떠난 것	진여	모든 희론의 지멸(止滅)

15) (24-7) *atra: 여기서. *brūmaḥ〉 √brū: (Pl. Ⅰ) ~라고 말하다. *śūnyatāyām〉 śūnyatā: (f. loc.) 공성. *na: ~이 아니다, ~이 없다. *tvam〉 tvad: (Sg. nom.) 그대, 당신. *vetsi〉 √vid: (Sg. Ⅱ) 알다. *prayojanam: (n. acc.) 대상, 목적, 동기. *śūnyatām〉 śūnyatā: (acc.) 상동. *śūnyatārtham〉 śūnyatā + artha(목적, 의미): (acc.) 공성의 의미. *ca: 그리고. *tatas: 그러므로. *evam: 그와 같이. *vihanyase〉 vi√han: (직설법, Ⅱ) 파괴하다, 저항하다, 방해하다.

16) (24-8) *dve〉 dva: (loc.) 둘, 2. *satye: (loc.) 진리. *samupāśritya〉 samupā√śri(~에 토대를 두다) + tya(절대분사化). *buddhānām〉 buddha: (Pl. gen.) 부처. *dharma: 법. *deśanāḥ: (n. Pl. nom.) 說, 가르침. *loka: (m.) 세간. *saṃvṛti: (f.) 은폐, 폐쇄. *satya: 진리. *ca: 그리고. *paramārthataḥ〉 parama(최고의) + artha(대상, 義) + tas(abl. 부사화): 勝義이기 때문에.

> 이 두 가지 진리의 구별을 모르는 사람들은 부처님의 가르침에 있는 심원(深遠)한 진실을 알지 못한다.

세속제란 무엇인가? 모든 존재는 그 자성이 공하다. 그러나 세간의 전도망상으로 인해 허망한 법을 생하는데 세간에서는 그것[= 허망한 법]이 진실이다. 반면 모든 현성들은 전도됐다는 것을 진짜 알기에 모든 존재가 다 공하여 생함이 없음을 안다. 성인에게 있어서는 이런 제일의제가 진실이라고 불린다. 모든 부처님께서는 이제(二諦)에 의거하여 중생을 위해 설법하신다. 만일 어떤 사람이 이제를 '있는 그대로' 분별하지 못한다면 심오한 불법에서 진실한 뜻을 알지 못한다. 만일 '모든 존재가 불생인 것이 제일의제라면 둘째인 세속제가 필요하지 않다.'라고 말한다면 이 역시 옳지 못하다. 왜 그런가?

> 10) 若不依俗諦 不得第一義 不得第一義 則不得涅槃
> 만일 속제에 의지하지 않는다면 제일의제를 얻을 수 없다. 제일의제를 얻지 못하면 열반을 얻을 수 없다.
> 10) vyavahāramanāśritya paramārtho na deśyate/
> paramārthamanāgamya nirvāṇaṃ nādhigamyate//[18]
> [세간의] 언어 관습에 의거하지 않고서는 최고의 의의는 가르쳐지지 않는다. 최고의 의의에 도달하지 않고서는 열반은 증득되지 않는다.

---

17) (24-9) *ye〉 yad: (관계대명사, Pl. nom.) which, who. *anayor〉 anayoḥ〉 idam: (지시대명사, Du. gen) 이것. *na: ~이 아니다. *vijānanti〉 vi√jñā: (Pl. Ⅲ) 알다, 구별하다. *vibhāgam: (m. acc.) 차별, 분배, 분리. *satyayoḥ: (Du. gen.) 진리. *dvayoḥ: (Du. gen.) 둘, 2. *te〉 tad: (Pl. nom.) 그것. *tattvam〉 tattva: (n. acc.) 진실. *na: ~이 아니다, ~이 없다. *vijānanti: 상동. *gambhīram: (a. acc.) 깊은, 심원한. *buddha: 부처. *śāsane〉 śāsana: (a. loc.) 교훈, 가르침.

18) (24-10) *vyavahāra〉 vyava√hṛ(to disinguish): (acc.) 언어 관습. *anāśritya〉 an(부정의 뜻) + ā√śri: (절대분사) ~에 의존하지 않다. *paramārtha: 초월적 의미, 승의.

제일의제는 모두 언설에 의존한다. 언설은 바로 세속의 것이다. 그러므로 세속에 의지하지 않는다면 제일의제는 말할 수 없다. 또 제일의제를 획득하지 않는다면 어떻게 열반에 이를 수 있겠는가? 그러므로 모든 존재가 비록 생하는 바 없는 것이지만 이제(二諦)는 존재한다. 다시 설명해 보자.

> 11) 不能正觀空 鈍根則自害 如不善呪術 不善捉毒蛇
> 공을 올바로 관(觀)할 수 없어서 둔근기는 스스로를 해친다. 잘못된 주술이나 잘못 잡은 독사와 같이.[19]
>
> 11) vināśayati durdṛṣṭā śūnyatā mandamedhasaṃ/
> sarpo yathā durgṛhīto vidyā vā duṣprasādhitā//[20]
> 잘못 파악된 공성은 지혜가 열등한 자를 파괴한다. 마치 잘못 잡은 뱀이나 잘못 닦은 주술과 같이.

---

*na: ~이 아니다, ~이 없다. *deśyate> √diś: (수동태) 보여주다, 가르치다, 宣說하다. *paramārtha: 승의. *anāgamya> an(부정의 뜻) + ā√gam(오다) + ya(절대분사): 오지 않고서. *nirvāṇa: 열반. *na: ~이 아니다, ~이 없다. *adhigamyate> adhi + √gam + yate: (수동태) ~ 에 도달하다, 획득하다.

19) '그렇다면 우리가 空을 어떻게 이해해야 할까?'라는 문제에 대한 훌륭한 비유를 『대지도론』(대정25, p.194a)에서 볼 수 있는데 이를 요약하면 다음과 같다. '농사 짓는 사람들은 처음에는 소금에 대해 전혀 모르고 있었다. 그런데 어떤 귀인(貴人)이 갖가지 고기와 채소에 소금을 쳐서 먹는 것을 보고 그에게 '왜 그렇게 하느냐?'고 물었다. 그 귀인은 '소금이란 것이 모든 음식을 맛있게 하기 때문입니다.'라고 대답했다. 농부는 '이 소금은 어떤 음식이든 맛있게 하니 그 자체가 맛이 기가 막히겠구나.'라고 생각하곤 갑자기 소금을 빼앗아 입에 잔뜩 털어 넣었다가 짜고 써서 입안이 헐었다. 그러자 귀인에게 따졌다. '당신은 어째서 소금이 맛이 좋다고 하였소?' 귀인은 '양을 잘 맞추어야 맛이 있지 소금만 먹으면 어떡하냐!'라고 대답하였다. 이와 같이 지혜롭지 못한 사람은 공해탈문(空解脫門)에 대해 들으면 공덕은 행하지 않고 공(空)만 얻으려고 한다.

20) (24-11) *vināśayati> vi√naś: (사역, Ⅲ) 파괴하다, 좌절시키다. *durdṛṣṭā> dur(잘못) + √dṛś: (p.p.p. f.) 잘못 보다. *śūnyatā: (f. nom.) 공성. *mandamedhasam> manda(박약한) + medhas(이해력): (acc.) 지력이 박약한 자, 둔근기. *sarpa: (m.) 뱀. *yathā: ~와 같이. *durgṛhita> dur(잘못) + √grah(잡다): (p.p.p.) 잘못 잡은. *vidyā: (f.) 학문, 주술. *vā: 혹은. *duṣprasādhitā> dus(잘못) + pra√sādh(획득하다): (p.p.p. f.) 잘못 획득하다.

만일 근기가 둔한 사람이 공법에 대해 제대로 이해하지 못하면 공 때문에 오히려 손해를 보고 사견을 내게 된다. 마치 이득을 얻으려고 독사를 잡으려다 제대로 잡지 못해 [독사에 물려서] 도리어 손해를 보는 경우와 같고 소원을 이루려고 주술을 쓰다가 제대로 쓰지 못해서 거꾸로 자기를 해치는 경우와 같다. 근기가 우둔한 사람이 공에 대해 관(觀)하는 것도 역시 이와 마찬가지다. 다시 설명해 보자.

> 12) 世尊知是法 甚深微妙相 非鈍根所及 是故不欲說
> 세존께서는 이 법이 아주 깊고 미묘한 상(相)이어서 둔근기가 미칠 바 아니라고 아셨다. 그래서 설하려고 하지 않으셨다.[21]
> 12) ataśca pratyudāvṛttaṃ cittaṃ deśayituṃ muneḥ/
> dharmaṃ matvāsya dharmasya mandairduravagāhatāṃ//[22]
> 그래서 이 법이 미천한 사람에게는 이해되기 어려우리라고 생각하셔서 [석가]모니[= 聖者]의 설법하려는 마음은 후퇴하였다.

세존께서는 [공이라는] 법이 아주 깊고 미묘하여 둔근기가 이해할 수 없기에 설하려고 하지 않으셨다. 다시 설명해 보자.

> 13) 汝謂我著空 而爲我生過 汝今所說過 於空則無有

21) 세존께서 성도(成道)후 4주간 깨달음의 열락(悅樂)을 음미하신 후 범천(梵天)의 권청이 있기 이전에 읊은 다음과 같은 시송을 염두에 둔 게송이다: '간신히 내가 증득한 것도 지금 설해야 할 필요가 없도다. 탐욕과 분노에 패배한 자들은 이 법을 잘 깨닫지 못하리니 흐름에 거스르고, 미묘하며 깊고 깊은 것이고, 보기 어려우며 미세한 것이도다. 탐욕에 물들고 암흑에 덮여 있는 자들은 볼 수 없도다.'

22) (24-12) *atas: 그러므로. *ca: 그리고. *pratyudavṛttam〉 praty-ud-ā√vṛt: (p.p.p.) 물러나다. *citta: (n.) 마음. *deśayitum〉 √diś: (부정사) 그르치다, 보여주다, 설하다. *muneḥ〉 muni: (gen.) 聖者. *dharma: 법. *matvā〉 √man : (절대분사) 생각하다. *asya〉 idam: (gen.) 이것, 이런. *dharmasya〉 dharma: (gen.) 법. *mandaiḥ〉 manda: (a. Pl. ins.) 어리석은, 약한. *duravagāhatām〉 dur(곤란한) + ava√gāh(들어가다): (ātm. 원망법적 명령형, Sg. Ⅲ): 이해되기 어렵다, 들어가기 힘들다.

그대는 내가 공에 집착하여 내가 허물을 내었다고 말하지만, 그대가 지금 말하는 [그런] 허물은 공에는 존재하지 않는다.

13) śūnyatāyāmadhilayaṃ yaṃ punaḥ kurute bhavān/
doṣaprasaṅgo nāsmākaṃ sa śūnye nopapadyate//[23]
그대는 다시 공성인 것에 집착을 짓는다. 오류에 집착하는 것은 우리들의 것이 아니다. 그것[= 집착]은 공성에서는 성립하지 않는다.[24]

그대는 내가 공에 집착하므로 내가 허물을 내었다고 말하지만 내가 말한 성공(性空)은 공도 역시 다시 공하다는 것[空空][25]으로 그런 허물이 없다.

14) 以有空義故 一切法得成 若無空義者 一切則不成
공의 이치가 있기 때문에 모든 존재가 성립할 수 있다. 만일 공의 이치가 없다면 어떤 존재도 성립하지 않는다.[26]

14) sarvaṃ ca yujyate tasya śūnyatā yasya yujyate
sarvaṃ na yujyate tasya śūnyaṃ yasya na yujyate//[27]
공성이 타당한 것, 그것에서는 모든 것이 타당하다. 공성이 타당하지 않은 것, 그것에서는 모든 것이 타당하지 않다.

공의 이치가 있기 때문에 세간과 출세간의 일체의 법들이 모두 다 성립된

---

23) (24-13) *śūnyatāyām: (f. loc.) 공성에. *adhilayam〉 adhi + layam: (m. acc.) ~에 관한 고착. *yam〉 yad: (관계대명사, acc.) who, which. *punar: 다시. *kurute〉 √kṛ: (ātm. Ⅲ) 짓다, 행위하다. *bhavān: (경칭) 그대. *doṣa: 오류. *prasaṅga: (m.) 집착, 애호. *na: ~이 아니다, ~이 없다. *āsmākam〉 mad: (대명사, Pl. gen.) 우리들의. *sa〉 saḥ〉 tad: 그것 그. *śūnye: (a. loc.) 空. *na: ~이 아니다, ~이 없다. *upapadyate〉 upa√pad: (수동태, Sg.Ⅲ) 성립하다.

24) 三枝充悳은 漢譯에 토대를 두고 다음과 같이 번역한다.: '그대가 다시 空性에 관해 비난하지만 우리들에게는 오류가 부수되지 않는다. 공에서 그것(= 오류)이 성립되지 않는다.' 위의 번역은 寺本婉雅의 번역에 기초한 것이며 梵語 문법상 위의 번역이 옳다.

25) 空은 마치 비누와 같아서 공이라는 비누로 분별의 때를 빨았으면 그 공의 비눗기도

다. 만일 공의 이치가 없다면 그 모두가 성립되지 않는다. 다시 설명해 보자.

> 15) 汝今自有過 而以迴向我 如人乘馬者 自忘於所乘
> 그대는 지금 스스로 과오가 있는데 [그것을] 나에게 돌린다. 마치 말을 탄 사람이 스스로 탄 것을 잊고 있는 것처럼.
> 15) sa tvaṃ doṣānātmanīyānasmāsu paripātayan/
> aśvamevābhirūḍhaḥ sannaśvamevāsi vismṛtaḥ//[28]
> 그러한 그대는 자신에 속한 과오들을 우리들에게 전가하고 있다. 마치 그대가 말을 타고 있으면서 그 말을 잊어버리고 있는 것 같이.

그대는, 유(有)의 법[= 실재론적 관점] 가운데 과오가 있는데 [그것을] 스스로 깨닫지 못하고 공 가운데서 과오를 본다. 이는 마치 말을 타고서 그 탔다는 사실을 잊어버리고 있는 것과 같다. 왜 그런가?

> 16) 若汝見諸法 決定有性者 卽爲見諸法 無因亦無緣

다시 헹궈 내야 한다[空空]. 空의 비눗기가 남아 있으면 가치 판단이 상실된 惡取空者로 전락하고 만다.

26) 空하기에 눈에 보이는 모든 현상이 벌어질 수 있는 것이다. 예를 들어 '문의 열림'이라는 현상은 일체가 공하고 무상(無常)하기에 있을 수 있는 것이다. 공하지 않다면 닫혀있는 문에는 결코 '열리는 현상'이 있을 수 없다.

27) (24-14) *sarvam: (a. n. nom.) 일체, 모든. *ca: 그리고. *yujyate> √yuk: (수동태) 타당하다. *tasya> tad: (gen.) 그, 그것. *sūnyatā: 공성. *yasya> yad: (관계대명사, gen.) *yujyate: 상동. *sarvam: 상동. *na: ~이 아니다, ~이 없다. *yujyate: 상동. *tasya: 상동. *śūnya: 공한. *yasya: 상동. *na: 상동. *yujyate: 상동.

28) (24-15)*saḥ> tad: 그것, 그. *tvam: (인칭대명사. nom.) 당신. *doṣān> doṣa: (Pl. acc.) 오류, 과오. *ātmanīyān: (Pl. acc.) 자기에 속한. *asmāsu> aham: (인칭대명사, Pl. loc.) 우리들에. *paripātayan> paripātayat(사역)> pari√pat: 던지다, 공격하다. *a śvam> aśva: (m. acc.)말. *eva: 실로, 도대체, 결코. *abhirūḍha(p.p.p.)> abhi√ruh: 오르다, 타다. *sann(연성법칙)> san(복합어용)> sat(현재분사)> √as: 존재. *aśvam: 상동. *eva: 실로, 도대체, 결코. *asi> √as: (직설법, Ⅱ) ~이다. *vismṛtaḥ> vi(제거된) + √smṛ(기억하다) + ta(p.p.p.)+ h.(nom.): 망각한.

만일 그대가 모든 존재들이 분명히 자성이 있다고 본다면 그것은 모든 존재들이 인(因)도 없고 연(緣)도 없는 것이라고 보는 것이다.

16) svabhāvādyadi bhāvānāṃ sadbhāvamanupaśyasi/
ahetupratyayān bhāvāṃstvamevaṃ sati paśyasi//[29]

만일 그대가 존재들이 자성으로서 실재한다고 생각한다면, 그와 같다면 그대는 존재들을 인과 연이 없는 것으로 보는 것이다.

그대는 모든 존재가 분명한 자성이 있다고 말하는데 만일 그렇다면 그것은 모든 존재가 인도 없고 연도 없다고 보는 꼴이다. 왜 그런가? 만일 존재에 분명한 자성이 있다면 응당 생기지도 않고 소멸하지도 않아야[不生不滅] 한다.[30] 그런데 그런 존재에 인과 연이 무슨 소용이 있겠는가? 어떤 존재건 인과 연에서 발생한다면 그 자성이 있을 수 없다. 그러므로 모든 존재에 분명한 자성이 있다는 말은 인이나 연이 없다는 말이 된다. 또 모든 존재가 분명히 그 자성에 머물고 있다면 이는 옳지 못하다. 왜 그런가?

17) 卽爲破因果 作作者作法 亦復壞一切 萬物之生滅

그것은 곧 인과와 행위와 행위자와 행위되는 것을 파괴하는 것이며 일체 만물의 생멸을 다시 파괴하는 것이기도 하다.

17) kāryaṃ ca kāranaṃ caiva kartāraṃ karaṇaṃ kriyāṃ/
utpādaṃ ca nirodhaṃ ca phalaṃ ca pratibādhase//[31]

---

29) (24－16) *svabhāvāt: (abl.) 자성. *yadi: 만일. *bhāvānām: (Pl. gen.) 존재. *sadbhāvam: (acc.) 실재하는. *anupaśyasi〉 anu√paś: (Ⅱ) 보다, 탐지하다, 발견하다. *ahetupratyayān〉 a(부정의 뜻) + hetu(因) + pratyaya(緣): (m. Pl. acc.) 인과 연들을. *bhāvān: (Pl. acc.) 존재를. *tvam: (인칭대명사, nom.) 그대. *evam: 그와 같이. *sati〉 sat〉 √as: (현재분사, loc.) 존재. *paśyasi〉 √paś: (직설법, Ⅱ) 보다.

30) 이는 常住하기에 不生不滅하다고 비난하는 뜻으로 귀경게의 中道 因果的인 不生不滅과는 그 의미가 다르다.

그대는 결과와 원인과 행위의 주체와 수단과 작용과 발생과 소멸과 과보를 파괴한다.

모든 존재가 진정한 자성이 있다고 하면, 이 게송에서 읊었듯이 인과관계 등 모든 일이 존재하지 않는 꼴이 된다.

18) 衆因緣生法 我說卽是無 亦爲是假名 亦是中道義
여러 가지 인연(因緣)으로 생한 존재를 나는 무(無)라고 말한다. 또 가명(假名)이라고도 하고 또 중도(中道)의 이치라고도 한다.[32]

18) yaḥ pratītyasamutpādaḥ śūnyatāṃ tāṃ pracakṣmahe/
sā prajñaptirupādāya pratipatsaiva madhyamā//[33]
연기(緣起)인 것 그것을 우리들은 공성(空性)이라고 말한다. 그것[= 공성]은 의존된 가명(假名)이며 그것[= 공성]은 실로 중(中)의 실천이다.[34]

---

31) (24-17) *kāryam: (acc.) 결과, 목적. *ca: 그리고. *kāranam: (acc.) 원인. *ca: 상동. *eva: 실로, 도대체, 결코. *kartāram〉 kartṛ: (Sg. acc.)행위자. *karaṇam: (acc.) 수단, 방법. *kriyām: (acc.) 작용. *utpādam: (acc.) 발생. *ca: 그리고. *nirodham: (acc.) 소멸. *ca: 그리고. *phalam: (acc.) 결과. *ca: 그리고. *pratibādhase〉 prati√bādh: (ātm. Ⅱ) 격퇴하다, 파괴하다.

32) [2020년 개정본 주] 삼제게(三諦偈): 천태(天台) 지의(智顗)는 이 게송에 입각해서 천태학을 구축하였고 길장(吉藏)의 삼론학(三論學)의 중요한 테마가 되기도 하지만, 다음과 같은 『회쟁론(廻諍論)』의 마지막 게송에서 보듯이, 이 게송의 핵심 개념은 '연기'와 '공성'과 '중도'다. '공성(śūnyatā)과 연기(pratītyasamutpāda)와 중도(madhyamā pratipad)가 하나의 의미임을 선언하셨던 분, 함께 견줄 이 없는 붓다이신 그분께 [나는 이제] 예배 올립니다.'(제71게). 김성철 역주, 『회쟁론』(경서원, 1999년) 참조.

33) (24-18) *yaḥ〉 yad: (관계대명사, m. nom.) who, which. *pratītyasamutpādaḥ: (nom.) 緣起. *śūnyatām〉 śūnyata: (acc.) 空性. *tām〉 tad: (acc.) 그, 그것. *pracakṣmahe〉 pra√cakṣ: (ātm. 직설법, Pl. 현재, I) 말하다. *sā〉 tad: (f. nom.) 그것, 그녀.

19) 未曾有一法 不從因緣生 是故一切法 無不是空者
인연으로부터 발생하지 않는 존재는 단 하나도 없다. 그러므로 일체의 존재는 공 아닌 것이 없다.

19) apratītya samutpanno dharmaḥ kaścinna vidyate/
yasmāttasmādaśūnyo hi dharmaḥ kaścinna vidyate//[35]
연(緣)하여 생기(生起)[= 緣起]하지 않은 존재[= 法]는 그 무엇도 존재하지 않는다. 그러므로 공하지 않은 존재는 그 무엇도 결코 존재하지 않는다.

여러 가지 인연에서 생한 존재를 나는 공이라고 말한다. 왜 그런가? 여러 가지 인연이 다 갖춰지고 화합하여 사물이 생기는데 이 사물은 여러 가지 인연에 속하기 때문에 그 실체[= 自性]가 없다. 실체가 없기 때문에 공하다.

---

*prajñāptiḥ: (f. nom.) 교훈, 진술, 假名. *upādāya: ~에 의존하여. *pratipad : (f.) 道, 길. *sā: 상동. *eva: 실로, 도대체, 결코. *madhyamā〉 madhyama: (a.) 中間의.

34) [2020년 개정본 주] 월칭은 '의존된 가명(prajñaptirupādāya)'의 의미를 설명하면서 수레의 비유를 든다. 즉 수레 그 자체는 실재하지 않지만 바퀴, 굴대 등 그 구성요소가 모임으로써 수레라는 이름이 거짓되게 부여[가명(假名)]되듯이, 수레는 자성을 갖지 않아서 공하고, 공한 것은 있는 것도 아니고 없는 것도 아니기에 중도라고 설명한다. 그런데 청목소에서 보듯이 '의존된 가명'은 공성의 방편적 성격을 의미하며, 청목소에 근거하여 이 게송에 행간의 의미를 드러내어 다시 기술하면 다음과 같다. '연기(緣起)인 것, 그것을 우리들은 공성(空性)이라고 말한다. 그것[= 공성]은 [사물에 '자성'이 있다고 생각하는 중생의 착각에] 의존된 가명(假名)이며, 그것[= 공성]은 실로 [유견(有見)이나 상견(常見)과 같은 '치우친 생각(변견: 邊見)'을 시정해 주는] '중(中)의 실천[中道]'이다.' 여기서 말하는 '중의 실천'은, '중도(中道)라는 제3의 도그마'를 제시하는 것이 아니라, '사물에 실체가 있다.'는 사고방식을 적정에 들게 하는 '중화작용(Neutralization)'이라고 이해해도 좋을 것이다. 김성철, 『중관사상』(민족사, 2006년) 참조.

35) (24-19)*apratītya〉 a + pratītya: 緣하지 않고서. *samutpanna(p.p.p.)〉 sam-ut√pad: 모여서 발생하다. *dharmaḥ〉 dharma: (nom.) 법. *kaścit〉 kim cit: 그 무엇. *na: ~이 아니다, ~이 없다. *vidyate〉 √vid: (수동태) 존재하다. *yasmāt〉 yad: (관계대명사, abl.) *aśūnya〉 a + śūnya: (a.) 공하지 않은. *hi: 실로, 결코. *dharmaḥ: (m. nom.) 법. *kaścit: 상동. *na: ~이 아니다, ~이 없다. *vidyate〉 √vid: (수동태) 존재하다.

더욱이 이 공도 역시 또 공하다. 다만 중생을 인도하기 위해 거짓된 이름[假名]을 붙여 [空이라고] 설한 것이다. 또 유와 무의 양 극단[二邊]을 떠난 것이기에 이를 중도라고 부른다. 이 법은 그 자성이 없으므로 유라고 하지 못하고 공도 존재하지 않기에 무라고 말할 수도 없다. 만일 어떤 법이 그 자성과 상(相)을 갖는다면 여러 가지 인연을 만나서 존재하지는 못한다. 그렇게 여러 가지 인연을 만나지 않는다면 법도 존재하지 못한다. 그러므로 공하지 아니한 법은 존재하지 않는다.

그대는 앞에서 공이라는 진리에 오류가 있다고 말하였는데 그 오류는 도리어 그대에게 있다. 왜 그런가?

> 20) 若一切不空 則無有生滅 如是則無有 四聖諦之法
> 만일 일체의 것이 공하지 않다면 생멸은 존재하지 않는다. 그렇다면 사성제의 진리도 존재하지 않는다.
>
> 20) yadyaśūnyamidaṃ sarvamudayo nāsti na vyayaḥ/
> caturṇāmāryasatyānāmabhāvaste prasajyate//[36]
> 만일 이 모든 것이 공하지 않다면 생기(生起)는 존재하지 않고 소멸은 존재하지 않는다. 그대는 네 가지 성스러운 진리가 존재하지 않는다는 오류에 빠진다.

만일 일체의 법이 각각 그 자성[= 실체]이 있어서 공하지 않다면 [그 자성을 고수하고 있을 테니] 생멸은 존재하지 않는다. 생멸이 존재하지 않기에 사성제의 진리도 존재하지 않는다. 왜 그런가?

---

36) (24-20) *yadi: 만일. *aśūnyam〉 a + śūnya:(a. n. nom.) 공하지 않은. *idam: 이것. *sarvam: (a.) 모든. *udayaḥ: (nom.) 발생. *na: ~이 아니다, ~이 없다. *asti〉 √as: 존재하다. *na: ~이 아니다, ~이 없다. *vyayaḥ: (nom.) 소멸. *caturṇām〉 catur: (Pl. gen.) 넷, 4. *āryasatyānām〉 ārya(성스러운) + satya(진리): (Pl. gen.). *abhāvaḥ〉 a(부정) + bhāva(존재): (m. nom.). *te〉 tvam: (Sg. gen.). *prasajyate〉 pra√sañj: (수동태) ~꼴이 된다.

21) 若不從緣生 云何當有苦 無常是苦義 定性無無常
만일 연(緣)으로부터 발생하지 않았다면 어떻게 고(苦)가 존재하겠는가? 무상(無常)은 고(苦)의 이치이지만 결정된 자성으로는 무상도 없다.
21) apratītya samutpannaṃ kuto duḥkhaṃ bhaviṣyati/
anityamuktaṃ duhkhaṃ hi tatsvābhāvye na vidyate//[37)]
연(緣)하지 않고 생기(生起)한 고(苦)가 어떻게 존재하겠는가? 왜냐하면 '무상(無常)한 것은 苦다.'라고 말해졌는데 그것[= 무상한 것]은 자성에 있어서 존재하지 않기 때문이다.

[일체가 공하지 않다면] 고(苦)가 연(緣)으로부터 생하지 않으므로 고는 존재하지 않는 [자가당착에 빠진] 꼴이 된다. 왜 그런가? 경전에서는 무상(無常)이 고의 이치라고 설하기 때문이다. 만일 고가 확고한 자성이 있다면 [그 자성을 버리지 못할 텐데] 어떻게 [자성 없이 변해간다는] 무상의 진리가 존재하겠는가? [그렇게 고에 자성이 있다면 무상이 없고 무상이 없으니 결국 고도 없게 되는 자가당착에 빠진다.] 다시 설명해 보자.

22) 若苦有定性 何故從集生 是故無有集 以破空義故
만일 고(苦)가 확고한 자성을 갖는다면 어떻게 집(集)에서 생하겠는가? 그러므로 공의 이치를 파했기에 집은 존재하지 않는다.
22) svabhāvato vidyamānaṃ kiṃ punaḥ samudeṣyate/

37) (24-21) *apratitya〉 a + pratītya: 緣하지 않고서. *samutpannam(p.p.p. n. nom.)〉 sam-ut√pad: 모여 발생하다. *kutas: 어디에, 어떻게. *duḥkham: (a. n. nom.) 苦. *bhaviṣyati〉 √bhū: (미래) 존재하다. *anityam〉 a + nitya: 無常한. *uktam〉 ukta〉 √vac: (p.p.p.) 말하다. *duḥkham: 상동. hi: 왜냐하면. *tat〉 tad: 그, 그것. *svābhāvye〉 svābhāvya: (n. loc.) 특성, 자성. *na: ~ 아니다. *vidyate〉 √vid: (수동태) 존재하다.

tasmātsamudayo nāsti śūnyatāṃ pratibādhataḥ//[38]
자성으로서 지금 존재하고 있는 그 무엇이 다시 생기(生起)[39]하겠는가? 그러므로 공성을 파괴한다면 집기(集起)는 존재하지 않는다.

만일 고(苦)가 확고한 자성을 갖는다면 다시 생겨나서는 안 된다. 왜냐하면, 먼저 이미 존재했기 때문이다. 만일 그렇다면 집성제(集聖諦)도 없다. [이런 부당한 결론이 나는 것은] 공의 이치를 파괴했기 때문이다. 다시 설명해 보자.

23) 苦若有定性 則不應有滅 汝著定性故 卽破於滅諦
고가 만일 확고한 자성이 있다면 소멸이 있어서는 안 된다. 그대는 확고한 자성에 집착하므로 멸제(滅諦)를 파괴하게 된다.
23) na nirodhaḥ svabhāvena sato duḥkhasya vidyate/
svabhāvaparyavasthānānnirodhaṃ pratibādhase//[40]
자성으로서 존재하는 고에 소멸은 존재하지 않는다. 그대는 자성을 고집하기 때문에 소멸을 파괴하게 된다.

고가 만일 확고한 자성이 있는 것이라면 소멸이 있어서는 안 된다. 왜 그런

---

38) (24-22) *svabhāvatas〉 svabhava + tas(부사화): 自性으로서. *vidyamānam〉 √vid: (ātm. 수동, 현재분사) 지금 존재하는 중인. *kim: 무엇. *punar: 다시. *samadeṣyate〉 sam-ud√i: (ātm. 미래) 集起하다, 모여 발생하다. *tasmāt〉 tad: (abl.) 그러므로. *samudaya: 集起. *na: ~이 아니다, ~이 없다. *asti〉 √as: ~이다, ~이 있다.*sūnyatām: (acc.) 空性. *pratibādhataḥ〉 prati√badh: 격퇴하다, 억제하다.
39) 集起(samudaya): 四聖諦 중 第二聖諦.
40) (24-23) *na: ~이 아니다, ~이 없다. *nirodhaḥ: (nom) 소멸. *svabhāvena: (ins.) 자성, 실체. *sato〉 sataḥ〉 sat: (Sg. gen.) 존재. *duḥkhasya: (gen.) 苦. *vidyate〉 √vid: (수동태) 존재하다. *svabhāva: 자성, 실체. *paryavasthānāt〉 paryavasthāna〉 paryava√sthā: (abl.) 고집하다, to become firm or steady. *nirodham: (acc.) 상동. *pratibādhase〉 prati√bādh: (ātm. Ⅱ) 격퇴하다, 물리치다.

가? 자성에는 소멸이 없기 때문이다. 다시 설명해 보자.

> 24) 苦若有定性 則無有修道 若道可修習 卽無有定性
> 고(苦)가 만일 확고한 자성이 있다면 수도(修道)는 존재하지 못한다. [반대로] 만일 도(道)가 수습(修習)할 수 있다면 확고한 자성은 존재하지 못한다.[41]
> 24) svābhāvye sati mārgasya bhāvanā nopapadyate/
> athāsau bhāvyate mārgaḥ svābhāvyaṃ te na vidyate//[42]
> 도(道)가 자성으로서 존재한다면 [道의] 수습(修習)은 성립하지 않는다. 그런데 그 도가 수습된다면 그대가 말한 자성으로서의 것은 존재하지 않는다.

법이 만일 확고히 존재한다면 수도는 있을 수가 없다. 왜 그런가? 만일 법이 실제로 존재한다면 그것은 상주한다는 말인데 상주한다면 더 증장[44]될 수도 없다. 만일 도가 닦을[修] 수 있는 것이라면 도에는 확고한 자성이 있을 수 없다. 다시 설명해 보자.

> 25) 若無有苦諦 及無集滅諦 所可滅苦道 竟爲何所至
> 만일 고제(苦諦)가 존재하지 않고 집제(集諦)나 멸제(滅諦)가 존재하지 않는다면 고를 멸할 수 있는 것인 도는 마침내 어떻게 도달되겠는가?
> 25) yadā duḥkhaṃ samudayo nirodhaśca na vidyate/

41) 이상 21-24게는 각각 苦, 集, 滅, 道 四聖諦에 관한 논의다.

42) (24-24) *svābhāvye〉 svābhāvya: (n. loc.) 특성, 자성. *sati〉 sat: (loc.) 존재. *mārgasya: (gen.) 길, 道. *bhāvanā: (f.) 수행, 수습. *na: ~이 아니다, ~이 없다. *upapadyate〉 upa√pad: (수동태, Sg. Ⅲ) 성립하다. *atha: 그런데, 거기서. *asau〉 adas: (m. Sg. nom.) 그것. *bhāvyate〉 √bhū: (수동태) ~에 도달하다, ~을 이루다. *mārga(nom.): 상동. *svabhāvya: 自性. *te〉 tvam: (Sg. gen.) 그대. *na: ~이 아니다, ~이 없다. *vidyate〉 √vid: (수동태) 존재하다.

> mārgo duḥkhanirodhatvātkatamaḥ prāpayiṣyati//43)
> 고와 집과 멸이 존재하지 않는 경우에 고의 멸로부터 있게 되는 도에 어떻게 도달하겠는가?

모든 존재가 만일 미리 확고한 자성이 있다면 고제나 집제나 멸제는 존재하지 않는다. 이제 고를 멸하는 도는 결국 고를 멸하는 그 어떤 곳에 이르기 위해 존재하겠는가? 다시 설명해 보자.

> 26) 若苦定有性 先來所不見 於今云何見 其性不異故
> 만일 고가 확고한 자성이 있다면 앞서서 보지 못한 것인데 지금 어떻게 볼 수 있겠는가? 그 자성은 변이하는 것이 아니기 때문이다.
> 26) svabhāvenāparijñānaṃ yadi tasya punaḥ kathaṃ/
> parijñānaṃ nanu kila svabhāvaḥ samavasthitaḥ//45)
> 만일 자성으로서 완전히 파악되지 않는 것이라면 어떻게 그것의 완전한 파악이 다시 있겠는가? 실로 확립되어 있는 것이 자성 아닌가?

만일 [수행에 들어가기] 이전의 범부의 차원에서 고의 자성을 볼 수 없었

---

43) (24-25) *yadā: ~인 때에. *duḥkham: (n. nom.) 苦. *samudaya:(m.) 集. *nirodhaḥ: (m.nom.) 滅. *ca: 그리고. *na: ~이 아니다, ~이 없다. *vidyate> √vid: (수동태) 존재하다. *mārga: 道. *duḥkha: 상동. *nirodhatvāt> nirodha + tva: (abl.) 滅. *katamaḥ: (nom.) 어떤. *prāpayisyati> pra√āp: (미래, 사역) 도달하다.

44) 增益: 이 경우는 수도의 계위가 향상되는 것을 말한다.

45) (24-26) *svabhavena: (ins.) *aparjñānam> a + pari√jnā(인식, 식별) + ana: (nom.): 식별되지 않는. *yadi: 만일. *tasya> tad: (gen.) 그, 그것. *punar: 다시. *katham: 어떻게. *parjñānam: 상동. *nanu: ~가 아니라, ~이 아닐까? *kila: 실로, 확실히, 즉. *svabhāvaḥ: (nom.) 自性. *samavasthitaḥ> sam-ava√sthā: (p.p.p. nom.) 확립된, 不動의.

다면 지금도 그 자성을 볼 수 없어야 한다. 왜 그런가? 자성이 확립되어 있는 것을 볼 수 없기 때문이다. 다시 설명해 보자.

27) 如見苦不然 斷集及證滅 修道及四果 是亦皆不然
고를 파악하는 것이 옳지 않은 것처럼 집을 단(斷)하고 멸을 증(證)하며 도를 수(修)하는 것 및 사과(四果)도 역시 모두 옳지 않다.

27) prahāṇasākṣātkaraṇe bhāvanā caivameva te/
parijñāvanna yujyante catvāryapi phalāni ca//[46]
'[苦諦를] 완전히 파악하는 것'과 마찬가지로 '단멸(斷滅)'도 '깨달음의 획득'도 '수습(修習)'도 또 사과(四果)도 그대에게 있어서 타당하지 않다.

고제(苦諦)를 앞서서 파악하지 못했다면 나중에도 파악되지 않는 것과 같아 집(集)을 단(斷)하고 멸(滅)을 증(證)하며 도(道)를 수(修)하는 것도 마찬가지다. 왜 그런가? 우선 집의 자성이 원래 단절되지 못하는 것이라면 지금도 역시 단절될 수 없다. 자성은 단절할 수 없기 때문이다. 멸이 원래 증득되지 않았다면 지금도 증득될 수 없다. 원래 증득되지 않는 것이기 때문이다. 도가 원래 수(修)하지 않은 것이라면 지금도 역시 수할 수 없다. 원래 수하는 것이 아니기 때문이다. 그러므로 사성제(四聖諦)의 견(見)[47], 단, 증, 수의 사종행(四種行)[48]은 모두 존재할 수 없다. 사종행이 없기 때문에 사도과(四

---

46) (24-27) *prahāṇa: (n.) 放棄, 사색, 단멸. *sākṣātkaraṇe: (n. loc.) 證, 作證. *bhāvanā: (f.) 수습, 명상. *ca: 그리고. *evam: 그와 같이. *eva: 실로, 도대체, 결코. *te〉tvam: (Pl. gen.) 그대. *parijñāvat〉 parijnā(f. 지식) + vat(~을 가진). *na: ~이 아니다, ~이 없다. *yujyante〉 √yuj: (Pl. Ⅲ) 타당하다. *catvāri〉 catur: (n. nom.) 넷. *api: ~도 역시. *phalāni: (Pl. nom.) 결과. *ca: 그리고.

47) 일반적으로 '解'로 漢譯한다.

48) 見道, 修道, 無學道의 三種에 대해 解, 斷, 證, 修의 四種行을 하므로 총 十二行相이 된다. 이를 三轉十二行이라고 부른다. 本品 제2게 각주 참조.

道果)도 역시 존재하지 않는다. 왜 그런가?

28) 是四道果性 先來不可得 諸法性若定 今云何可得
이 네 가지 도의 과보[49]의 자성은 원래 포착되지 않는 것인데 모든 존재의 자성이 확립되어 있다면 지금 어떻게 그것을 포착하겠는가?
28) svabhāvenānadhigataṃ yatphalaṃ tatpunaḥ kathaṃ/
śakyaṃ samadhigantuṃ syātsvabhāvaṃ parigṛhṇataḥ//[50]
자성이 보전되어 있다면 자성으로서 증득되지 않는 [사]과, 그것을 다시 증득함이 어떻게 가능하겠는가?

모든 존재가 만일 확고한 자성을 갖는다면 원래 획득하지 못한 네 가지 사문과(沙門果)를 지금 어떻게 획득하겠는가? 만일 획득할 수 있다면 그 자성은 확고한 것이 아니다. 다시 설명해 보자.

29) 若無有四果 則無得向者 以無八聖故 則無有僧寶
만일 사과가 존재하지 않는다면 사향을 획득한 자도 존재하지 않는다. 이렇게 팔성(八聖)이 존재하지 않기에 승보도 존재하지 않는다.
29) phalābhāve phalasthā no na santi pratipannakāḥ/
saṃgho nāsti na cetsanti te 'ṣṭau puruṣapudgalāḥ//[51]
[사]과가 존재하지 않는다면 그 과에 도달하는 자도 없고 그 과

49) 聲聞 4果.
50) (24-28) *svabhāvena: (ins.) 자성으로서. *anadhigatam〉 an + adhigata(p.p.p.) + adhi√gam(달성하다): (n. nom.) 달성되지 않는, 화득되지 않는. *yat〉 yad: (관계대명사, n. acc.). *phalam: (n. nom.) 결과. *tat〉 tad: (n. acc.) 그것. *punar: 다시. *katham: 어떻게. *śakyam〉 śakya: (미래수동) 가능한, 실행할 수 있는. *samadhigantum〉 sam-adhi√gam: (부정사) 도달하다, 증득하다, 획득하다. *syāt〉 √as: (opt.) ~이다. *svabhāvam: 자성. *parigṛhṇataḥ〉 pari√grah: 경험하다, 받다.

로 향해 나아가는 자도 없다. 만일 이들 팔현성(八賢聖)이 존재하지 않는다면 승가는 존재하지 않게 된다.

네 가지 사문과가 없기 때문에 과(果)나 향(向)이라는 결과를 획득하는 자도 없다. 이렇게 팔현성이 없기 때문에 승보도 없지만 경전에서는 팔현성을 승보라고 부른다고 설하고 있다. 다시 설명해 보자.

30) 無四聖諦故 亦無有法寶 無法寶僧寶 云何有佛寶
사성제가 존재하지 않기 때문에 법보도 역시 존재하지 않는다.
법보와 승보가 존재하지 않는데 어떻게 불보가 존재하겠는가?
30) abhāvāccāryasatyānāṃ saddharmo 'pi na vidyate/
dharme cāsati saṃghe ca kathaṃ buddho bhaviṣyati//[52]
[사]성제가 존재하지 않기 때문에 정법도 역시 존재하지 않는다.
법과 승이 존재하지 않는다면 어떻게 불이 존재하겠는가?

사성제의 수행을 하면 열반을 얻게 된다. 그런데 만일 사성제가 존재하지 않는다면 법보가 존재하지 않는다는 말이다. 그래서 [법보와 승보의] 두 가지 보배가 존재하지 않는데 어떻게 불보가 존재하겠는가? 그대는 모든 존재가

51) (24-29) *phala:果. *abhāve〉 a + bhāva: (loc.) 존재하지 않는다면. *phalasthā: (Pl. nom.) 得果者. *na: ~이 아니다, ~이 없다. *santi〉 √as: (Pl. Ⅲ) 존재하다. *pratipannakāḥ: (Pl. nom.) 向者(사향의 상태에 있는 자). *saṅgha: 僧伽. *na: 상동. *asti〉 √as: ~이다, ~이 있다. *na: 상동. *cet: 만일. *santi: 상동. *te〉 tad: (Pl. nom.) 그, 그것. *aṣṭau〉 aṣṭa: (Du. nom.) 여덟. *puruṣapudgalaḥ: (m.Pl. nom.) 현성, 성인.
52) (24-30) *abhāvāt〉 a + bhāva: (abl.) 존재하지 않기 때문에. *ca: 그리고. *āryasatyanāṃ〉 ārya(聖) + satya(진리, 諦): (Pl. gen.) 사성제의. *saddharma: (m.) 좋은 법, 참된 정의(불교나 자이나교에서 자신의 교리를 일컫는 말). *api: ~도 역시. *na: ~이 아니다, ~이 없다. *vidyate〉 √vid: (수동태) 존재하다. *dharme: (loc.) 法. *ca: 그리고. *asati〉 a + sat(존재): (loc.) 존재하지 않는다면. *saṃghe: (loc.) 승가. *ca: 그리고. *katham: 어떻게. *buddha: 깨달은 자, 부처. *bhaviṣyati〉 √bhū: (미래) 존재하다.

확고한 자성이 있다고 하는데 그렇다면 이런 까닭으로 삼보를 파괴하는 꼴이 되고 만다.

【문】 그대가 비록 모든 존재를 논파하지만 궁극적인 경지[道]인 '아뇩다라삼먁삼보리[無上正等正覺]'[53]는 존재하는 것이 분명하다. 이 경지로 인해 불(佛)이라고 부른다.

【답】

31) 汝說則不因 菩提而有佛 亦復不因佛 而有於菩提 그대는 보리를 인(因)하지 않고서 불(佛)이 있고 또 불을 인하지 않고서 보리가 있다고 말하는 꼴이 된다. 31) apratītyāpi bodhiṃ ca tava buddhaḥ prasajyate/ apratītyāpi buddhaṃ ca tava bodhiḥ prasajyate//[54] 깨달음을 연(緣)하지 않고도 부처가 있다는 오류가 그대에게 있어서 발생한다. 또 부처를 연(緣)하지 않고도 깨달음이 있다는 오류가 그대에게 있어서 발생한다.

그대는 모든 존재가 확고한 자성이 있다고 말하는데 그렇다면 보리[깨달음]를 인하여 부처[깨달은 자]가 존재하거나 부처를 인하여 보리가 존재하지 말아야 하리라. 왜냐하면, 그런 경우 보리나 부처의 자성이 확고하기 때문이다. 다시 설명해 보자.

32) 雖復勤精進 修行菩提道 若先非佛性 不應得成佛

53) anuttarā-samyak-saṃbodhi.
54) (24-31) *apratītya〉 a +pratītya: 緣하지 않고서. *api: ~도 역시. *bodhim: (m.) 보리, 깨달음.*ca: 그리고. *tava〉 tvam: (인칭대명사, Sg. gen.) 그대. *buddhaḥ: (nom.) 부처. *prasajyate〉 pra√sañj: (수동태) ~꼴이 된다. *apratītya: 상동. *api: ~도 역시. *buddham: (acc.) 상동. *ca: 상동. *tava: 상동. *bodhiḥ: (nom.) 상동. *prasajyate: 상동.

비록 다시 부지런히 정진하여 보리도를 수행하여도 원래 불성(佛性)이 없으면 성불할 수 없으리라.

32) yaścābuddhaḥ svabhāvena sa bodhāya ghaṭannapi/
na bodhisattvacaryāyāṃ bodhiṃ te 'dhigamiṣyati//55)
그대의 말대로라면[te] 자성으로서 부처가 아닌 자, 그자가 깨달음을 위해 정진하여도 보살행에서 깨달음에 도달하지 못하리라.

원래 그 자성이 없기 때문에 마치 철이 금의 성질이 없어서 비록 다시 온갖 제련을 다 하여도 결코 금이 되지 못하는 것과 같다. 다시 설명해 보자.

33) 若諸法不空 無作罪福者 不空何所作 以其性定故
만일 모든 존재가 공하지 않다면 죄나 복을 짓는 자도 없다. 공하지 않은 것은 그 자성이 확고히 있는데 어떻게 지어지겠는가?

33) na ca dharmamadharmaṃ vā kaścijjātu kariṣyati/
kimaśūnyasya kartavyaṃ svabhāvaḥ kriyate na hi//56)
또 어느 누구도 법[= 善]과 비법[= 惡]을 작위(作爲)하지 못하리라. 공하지 않은 상태에서 무엇이 작위(作爲)되겠는가? 왜냐하면 자성은 작위되지 않기 때문이다.

---

55) (24-32) *yaḥ〉 yad: (관계대명사, nom.). *ca: 그리고. *abuddhaḥ〉 a + buddha: (nom.) 부처가 아닌 자. *svabhavena : (ins.)자성으로서. *saḥ〉 tad: (m. nom.)그는. *bodhāya〉 bodha:(a. Sg. dat.) 이해하는, 아는. *ghaṭann(현재분사)〉 √ghaṭ: 정진하다. *api: ~도 역시. *na: ~이 아니다, ~이 없다. *bodhisattvacaryāyām) bodhisattva(보살) + caryā(행): (f. loc.) 보살행에서. *bodhim: (acc.) 보리, 깨달음. *te〉 tvam: (gen.) 그대에게 있어서. *adhigamiṣyati〉 adhi√gam: (미래, Ⅲ) ~에 도달하다.

56) (24—33) *na: ~이 아니다, ~이 없다. *ca: 그리고. *dharmam: (acc.) 법. *adharmam〉 a +dharma: (acc.) 非法. *vā: 혹은. *kascit〉 kim cit: (부정칭, m. nom.) 그 누가. *jātu: 실로. *kariṣyati〉 √kṛ: (미래) 짓다, 작위하다. *kim: (n. nom.) 무엇, 누구. *aśūnyasya〉 a + śūnya: (gen.) 空하지 않은. *kartavyarm〉 √kṛ: (미래수동분

만일 모든 존재가 공하지 않다면 죄나 복을 짓는 사람이 결코 존재할 수 없을 것이다. 왜 그런가? 죄나 복의 자성이 이미 결정되어 있기 때문이며 작위나 작위자도 없기 때문이다. 다시 설명해 보자.

> 34) 汝於罪福中 不生果報者 是則離罪福 而有諸果報
> 그대는 [공하다면] 죄나 복을 지어도 과보가 생하지 않는다고 하[면서 불공이라고 주장하]는데 이것은 죄나 복을 떠나서 모든 과보가 존재한다는 말이 된다.
> 34) vinā dharmamadharmaṃ ca phalaṃ hi tava vidyate/
> dharmādharmanimittaṃ ca phalaṃ tava na vidyate//[57]
> 그대[의 주장]에서는 법과 비법[을 행함]이 없이도 과보가 존재하는 꼴이 된다. 그대[의 주장]에서는 법과 비법으로 인한 과보는 존재하지 않는 꼴이 된다.

그대는 [모든 것이 공하다면] 죄나 복의 인연이 있어도 전혀 그 과보를 받지 않는다고 하는데 그것은 죄나 복의 인연이 없어도 과보를 받는다는 말이 된다. 왜 그런가? 과보가 인(因) 없이도 나타난다는 말이기 때문이다.

【문】 죄나 복을 짓지 않으면 선이나 악의 과보를 받지 않는다는 것은 부인하지 않겠다. 그러나 죄나 복을 짓는 경우만은 선과 악의 과보가 존재한다.

【답】

사) 짓다, 작위하다. *svabhāvaḥ: (nom.) 자성. *kriyate〉 √kṛ: (수동태) 작위하다. *na: ~이 아니다, ~이 없다. *hi: 왜냐하면.

57) (24-34) *vinā: ~ 없이. *dharmam: (acc.) 法. *adharmam: (acc.) 非法. *ca: 그리고. *phalam: (n. nom.) 과보, 결과. *hi: 실로. *tava= te〉 tvam: (gen.) 그대에 있어서. *vidyate〉 √vid: (수동태) 존재하다. *dharma: (nom.) 상동. *adharma: (nom.) 상동. *nimittam: (n. nom.) 원인, 동력인, 목표. *ca: 그리고. *phalam: 상동. *tava〉 tvam: (gen.) 그대, 당신. *na: ~이 아니다, ~이 없다. *vidyate〉 √vid: (수동태) 존재하다.

58) (24—35) *dharma: (nom.) 법. *adharma: (nom.) 비법. *nimittam: (n. nom.) 원인, 동력인, 목표. *vā: 혹은. *yadi : 만일. *te〉 tava: (gen.) 그대, 당신. *vidyate〉

35) 若謂從罪福 而生果報者 果從罪福生 云何言不空
만일 죄나 복에서 과보가 생기는 것이라면 과보는 [그 실체가 있는 것이 아니라] 죄나 복에 [의존해]서 생기[기에 실체가 없]는데 어떻게 불공(不空)이라고 말하느냐?

35) dharmādharmanimittaṃ vā yadi te vidyate phalaṃ/
dharmādharmasamutpannamaśūnyaṃ te kathaṃ phalaṃ//[58]
혹은 만일 그대에게 있어서 법과 비법으로 인한 과보가 존재한다면 법과 비법에서 생기(生起)한 과보가 그대에게 있어서 어떻게 불공이겠는가?

만일 죄나 복을 짓지 않으면 선악의 과보도 존재하지 않는데 어떻게 과보가 불공이라고 말하느냐? 만일 그렇게 짓는 놈도 없기에 죄나 복도 없다면 그대가 앞에서 모든 존재는 공하지 않다고 한 말은 옳지 못하다. 다시 설명해 보자.

36) 汝破一切法 諸因緣空義 則破於世俗 諸餘所有法
그대가 일체법의 모든 인연과 공한 이치를 파괴한다면 그것은 곧 세속에 있는 다른 모든 존재를 파괴하는 꼴이다.

36) sarvasaṃvyavahārāṃśca laukikān pratibādhase/
yatpratītyasmutpādaśūnyatāṃ pratibādhase//[59]
그대가 연기(緣起)이고 공성인 것을 파괴한다면 그대는 또 세간에서의 모든 언어관습을 파괴하는 꼴이 된다.

√vid: (수동태) 존재하다. *phalam: 과보. *dharma: 상동. *adharma: 상동. *samutpannam〉 sam-ut√pad: 발생하다, 生起하다. *aśūnyam〉 a + śūnya: 공하지 않은. *te: 그대에게 있어서. *katham: 어떻게. *phalam: 상동.

59) (24－36) *sarva: 일체. *saṃvyavahārān〉 saṃvyavahāra: (m. Pl. acc.) ~와의 교제,

그대가 만일 갖가지 인연의 법칙과 최고의 공의 이치를 파괴[하여 불공이라고 주장]한다면 그것은 곧 일체 세속의 법도를 파괴하는 꼴이 된다. 왜 그런가?

37) 若破於空義 卽應無所作 無作而有作 不作名作者
만일 공의 이치를 파괴하면 지을 것도 없다. 지은 것도 없는데 지었다고 하고 짓지도 않았는데 지은 놈이라 부르게 된다.
37) na kartavyaṃ bhavetkiṃ cidanārabdhā bhavetkriyā/
kārakaḥ syādakurvāṇaḥ śūnyatāṃ pratibādhataḥ//[60]
공성을 파괴하는 자에게는 작위할 그 어떤 대상도 없으며 작용이 시작함도 없으며 행위자는 어떠한 행위도 하지 않게 되리라.

만일 공의 이치를 파괴하면 짓지도 않고 인(因)도 없는데 모든 과보가 존재하는 꼴이 된다. 짓지도 않았는데 지은 꼴이 되고 또 모든 행위자가 행한 것도 없는 꼴이 된다. 또 행위자 없이 행위[業]도 있고 과보도 있고 [과보를] 받는 놈도 있는 꼴이 된다. 그러나 이 모두가 전혀 옳지 않다. 그러므로 공의 이치를 파(破)해선 안 된다. 다시 설명해 보자.

38) 若有決定性 世間種種相 則不生不滅 常住而不壞

언어관습. *ca: 그리고. *laukikān〉 laukika: (a. m. Pl. acc.) 일상적인, 세간의. *pratibādhase〉 prati√bādh: (ātm. Ⅱ) 격퇴하다, 억제하다. *yat〉 yad: (관계대명사) who, which *pratītyasamutpāda: 연기. *śūnyatām〉 śūnyatā: (f. acc.) 공성. *pratibādhase: 상동.

60) (24-37) *na: ~이 아니다, ~이 없다. *kartavyam〉 √kṛ: (미래수동분사) 작위하다. *bhavet〉 √bhū: (opt.) 존재하다. *kim cit: 그 무엇. *anārabdhā〉 an + ā√rabh(시작하다): (p.p.p. f.) 시작 없는. *bhavet〉 √bhū: (opt.) 존재하다. *kriya: (f.) 작용. *kārakaḥ: (a. m. nom.) ~을 짓는, 수행하는. *syāt〉 √as: (opt. Sg. Ⅲ) ~이리라. *akurvāṇaḥ〉 a(부정) + kuru(약어간) + āṇa(현재분사, ātm.)〉 √kṛ(8류동사): (현재분사, m. nom.) 행위하지 않는. *śūnyatām: (f. acc.) 空性. *pratibādhataḥ〉 prati√bādh: (p.p.p.) 격퇴하다, 억제하다.

만일 확고한 자성이 있다면 세간의 다양한 모습들은 생하지도 않고 멸하지도 않으며 상주하여 괴멸되지 않는 것이리라.

38) ajātamaniruddhaṃ ca kūṭasthaṃ ca bhaviṣyati/
vicitrābhiravasthābhiḥ svabhāve rahitaṃ jagat//[61]

자성이 있다면 세계[활동계]는 갖가지 상태를 떠나서 생하지도 않고 멸하지도 않아 상주부동인 것으로 되리라.

만일 모든 존재가 확고한 자성을 갖는다면 세간의 다양한 모습들 즉 천신과 인간과 짐승 등의 만물이 모두 생하지도 않고 멸하지도 않으며 상주하여 괴멸되지도 않는 것이리라. 왜 그런가? 존재가 참된 자성이 있다면 변화할 수는 없기 때문이다. 그러나 만물이 낱낱이 변화의 모습을 띠고 생멸하며 바뀌어 가는 것이 역력히 보인다. 그러므로 확고한 자성은 있을 수 없다.

다시 설명해 보자.

39) 若無有空者 未得不應得 亦無斷煩惱 亦無苦盡事

만일 공이 존재하지 않는다면 아직 획득되지 않은 것은 획득할 수 없고 번뇌도 끊을 수 없으며 고(苦)가 사라지는 일도 있을 수 없다.

39) asaṃprāptasya ca prāptirduḥkhaparyantakarma ca/
sarvakleśaprahānaṃ ca yadyaśūnyaṃ na vidyate//[62]

만일 공하지 않다면 아직 획득되지 않은 것이 획득하는 것도 고

---

61) (24-38) *ajātam> a + jāta(p.p.p.)> √jan(생하다): (n.nom.) 생하지 않는. *aniruddham> a + ni√rudh: (p.p.p. n. nom.) 멸하지 않는. *ca: 그리고. *kūṭastham>kūṭa(산정상) + stha(움직일 수 없는): (a. n. nom.) 불변의, 부동의, 꼭대기에 위치한. *ca: 그리고. *bhaviṣyati> √bhū: (미래) 존재하다. *vicitrābhiḥ> vicitra: 갖가지의. *avasthabhiḥ> avasthā: (a. f. Pl. ins.) 상태. *svabhāve: (loc.) 자성. *rahitam> √rah + ita(p.p.p.): (ins. 지배) ~로부터 떠나다. *jagat: (n.) 활동계, 세계.

를 종식시키는 행위도 또 모든 번뇌를 제거하는 것도 존재하지 않는 꼴이 된다.

만일 공이라는 진리가 존재하지 않는다면 세간이나 출세간에 존재하는 공덕을 아직 획득하지 않은 사람은 모두 그 공덕을 획득할 수 없어야 하리라. 또 번뇌를 끊는 사람도 존재할 수 없다. 또 고가 모두 사라지는 일도 있을 수 없다. 왜 그런가? 그 모든 것들의 자성이 확립되어 있기 때문이다.

40) 是故經中說 若見因緣法 則爲能見佛 見苦集滅道
그러므로 경전에서는 '연기의 법칙[63]을 본다면 능히 부처를 볼 수 있고 고, 집, 멸, 도를 본다.'라고 설한다.[64]

40) yaḥ pratītyasamutpādaṃ paśyatīdaṃ sa paśyati/
duḥkhaṃ samudayaṃ caiva nirodhaṃ mārgameva ca//[65]
이런 연기를 보는 자, 그는 이것을 본다. 즉 고와 집 그리고 멸과 도.

만일 어떤 사람이 일체의 존재가 여러 가지 인연에서 생긴다는 것을 본다

---

62) (24-39) *asamprāptasya〉 a(부정) + sam-pra-√āp(도달하다) + ta(p.p.p.) + sya(gen.): 도달되지 않은, 획득되지 않은. *ca: 그리고. *prāptir〉 pra√āp + ti(명사화) + ḥ(nom.): 도달, 획득. *duḥkha: 苦. *paryanta〉 pari + anta: (m.) 완전한 종식, 끝. *karma: 업. *ca: 그리고. *sarva: 일체. *kleśa: 번뇌. *prahānam〉 pra√han(destroy, kill): (n.nom.). *ca: 그리고. *yadi: 만일. *aśūnyam〉 a + śūnya: (nom.) 空하지 않은. *na: ~이 아니다, ~이 없다. *vidyate〉 √vid: (수동태) 존재하다.
63) 구마라습은 pratītyasamutpāda(緣起)를 대개 因緣으로 漢譯한다.
64) 『도간경(稻芉經)』의 최초 한역본인 支謙 譯의 『요본생사경(了本生死經)』에도 같은 맥락의 경문이 보인다. '佛說是 若比丘見緣起為見法 已見法為見我.' 대정16, p.815b.
65) (24—40) *yaḥ〉 yad: (관계대명사, m. nom.) who, which. *pratītyasamutpādam: (acc.) 연기, 인연. *paśyati〉 √paś: (Sg. Ⅲ): 보다. *idam: (n. acc.) 이것. *saḥ〉 tad: (m. nom.) 그, 그것. *paśyati: 상동. *duḥkham: (acc.) 苦. *samudayam: (acc.) 集, 集起. *ca: 그리고. *eva: 실로, 도대체, 결코. *nirodham: (acc.) 滅. *mārgam: (acc.) 道. *eva: 실로, 도대체, 결코. *ca: 그리고.

면 이런 사람이야말로 부처님의 법신(法身)을 볼 수 있기에 지혜를 늘려 능히 사성제인 고, 집, 멸, 도를 볼 수 있고 사성제를 보기에 사과(四果)를 득하여 모든 고뇌를 소멸시킬 수 있다. 그러므로 공의 이치를 파(破)하지 말아야 한다. 만일 공의 이치를 파한다면 연기의 법칙을 파하게 되고 연기의 법칙을 파하게 되면 삼보를 파하게 된다. 삼보를 파하게 되면 결국 스스로 파멸하게 되고 만다.

제25 관열반품(觀涅槃品, 24게)
열반에 대한 관찰

nirvāṇaparīkṣā nāma pañcaviṃśatitamaṃ prakaraṇam
열반에 대한 고찰이라고 이름하는 제25장(24게)

【문】

> 1) 若一切法空 無生無滅者 何斷何所滅 而稱爲涅槃
> **만일 모든 존재가 공하여 발생도 없고 소멸도 없다면 무엇이 끊어지고 무엇이 소멸되기에 열반이라 칭하겠는가?**
> 1) yadi śūnyamidaṃ sarvamudayo nāsti na vyayaḥ/
> prahāṇādvā nirodhādvā kasya nirvāṇamiṣyate//[1]
> **만일 이 모든 것이 공하다면 생은 존재하지 않고 멸은 존재하지 않는다. 어떤 제거나 소멸로부터 열반이 추구되겠는가?**

만일 모든 존재가 공하다면 발생도 없고 소멸도 없다. 발생도 없고 소멸도 없는데 무엇이 끊어지고 무엇이 소멸되기에 열반이라 부르겠는가? 그러므로 모든 존재는 공할 수가 없다. 모든 존재가 공하지 않기에, 번뇌를 끊고 오음(五陰)을 멸하는 것을 이름하여 열반이라고 부른다.

【답】

> 2) 若諸法不空 則無生無滅 何斷何所滅 而稱爲涅槃

1) (25-1) *yadi: 만일. *śūnya: (a.) 空한. *idam: 이것. *sarva: 모든. *udaya: 생. *na: ~이 아니다, ~이 없다. *asti〉 √as: ~이다, ~이 있다. *vyaya: 소멸. *prahāṇāt〉 prahāṇa: (abl.) 斷滅, 제거. *vā 혹은. *nirodhāt: (abl.) 소멸. *vā: 상동. *kasya〉 kim: 어떤. *nirvāṇa: 열반. *iṣyate〉 √iṣ: (수동태) 희구하다, 바라다.

[그대의 말대로] 만일 모든 존재가 공하지 않다면 [오히려] 발생도 없고 소멸도 없으니 무엇이 끊어지고 무엇이 소멸되기에 열반이라 칭하겠는가?

2) yadyaśūnyamidaṃ sarvamudayo nāsti na vyayaḥ/
prahāṇādvā nirodhādvā kasya nirvāṇamiṣyate//[2)]
만일 이 모든 것이 공하지 않다면 생은 존재하지 않고 멸은 존재하지 않는다. 어떤 제거나 소멸로부터 열반이 추구되겠는가?

만일 이 세상 전체가 공하지 않다면[= 不空] 발생도 없고 소멸도 없을테니 무엇이 끊어지고 무엇이 소멸되어 열반이라 부르겠는가? 그러므로 유(有= 不空)나 무(無= 空)의 두 가지 문(門)은 열반에 이르는 문이 아니다. 진정 열반이라고 부르는 것은 다음과 같은 것이다.

3) 無得亦無至 不斷亦不常 不生亦不滅 是說名涅槃
획득되는 것도 아니고 도달되는 것도 아니며 단멸된 것도 아니고 상주하는 것도 아니며 발생하는 것도 아니고 소멸하는 것도 아닌 것 이것을 열반이라고 말한다.[3)]

3) aprahīṇamasaṃprāptamanucchinnamaśāśvataṃ/
aniruddhamanutpannametannirvāṇamucyate//[4)]
제거되지도 않고 도달되지도 않으며 단멸의 상태도 아니고 상주하는 것도 아니며 소멸하는 것도 아니고 발생하는 것도 아닌 이것이 열반이라고 설해진다.

2) (25－2) *yadi: 만일. *aśūnyam〉 a + śūnya: (a. n. nom.) 不空의. *idam: 이것. *sarva: 모든, 일체. *udayaḥ: (nom.) 소멸. *na: ~이 아니다, ~이 없다. *asti〉 √as: ~이다, ~이 있다. *na: 상동. *vyaya: 상동. **prahāṇāt〉 prahāṇa: (abl.) 斷滅, 제거. *vā: 혹은. *nirodhāt: (abl.) 滅. *vā: 상동. *kasya〉 kim: (gen.) 어떤. *nirvāṇa: 열반. *iṣyate〉 √iṣ: (수동태) 희구하다, 바라다.

획득되지도 않는다는 것은, 행동을 하여 결과로서 획득되는 것이 아니라는 말이다. 도달되는 것도 아니라는 것은 도달될 곳이 있는 것이 아니라는 말이다. 단멸된 것도 아니라는 것은 오음(五陰)이 원래 필경 공하므로 득도하여 무여열반에 들 때 새삼 끊어버릴[斷] 것이 없다는 말이다. 상주하는 것도 아니라는 것은 분별할 수 있는 법이 존재하는 경우 상주한다는 말이 쓰이는데 열반은 적멸의 상태라 분별할 수 있는 법이 존재하지 않으므로 상주한다는 말을 쓰지 못한다는 말이다. 또 발생이나 소멸에 대한 언급도 마찬가지다. 이러한 것을 열반이라고 부른다. 또 경전에서는 '열반은 있는 것도 아니고[6] 없는 것도 아니며[7] 있기도 하고 없기도 한 것도 아니며[8] 있지도 않고 없지도 않은 것도 아니다.[9] 어떤 법도 그 속에 용납하지 않아 적멸한 것을 열반이라고 부른다.'라고 설한다. 왜 그런가?

4) 涅槃不名有 有則老死相 終無有有法 離於老死相
열반은 존재라고 할 수 없다. 존재라면 노사(老死)의 모습을 띤다. 노사의 모습을 떠난 존재는 전혀 없다.

4) bhāvastāvanna nirvāṇam jarāmaraṇalakṣaṇaṃ/
prasajyetāsti bhāvo hi na jarāmaraṇaṃ vinā//[5]
우선 열반은 존재가 아니다. [열반이 어떤 존재라면] 노사의 모습을 갖는다는 오류에 빠지기 때문이다. 왜냐하면, 노사를 떠난 존재는 없기 때문이다.

---

3) 제22 관여래품 제1게 長行 참조.
4) (25－3) *aprahīṇam〉 a(부정) + prahīṇa(p.p.p.)〉 pra√hā: 제거되지 않는.*asaṃprāptam〉 a + sam-pra√āp(도달하다): (p.p.p.) 도달되지 않는. *anucchinnam〉 an + ucchinn: 단절되지 않는. *aśāśvatam〉 a+sasvata: 상주하지 않는 *aniruddham〉 a + niruddham: 소멸하지 않는. *anutpannam〉 an + utpanna: 발생하지 않는. *etat〉 etad: (n. Sg. acc.) 이것. *nirvāṇa: 열반. *ucyate〉 √vac: (수동태) 말하다.
5) (25-4) *bhāvaḥ: (m. nom.) 존재. *tavat: 우선, 그만큼. *na: ~이 아니다, ~이 없다. *nirvāṇam: (n. acc.) 열반. *jarāmaraṇa〉 jarā + maraṇa: 노사. *lakṣaṇa: 相, 특징,

일체의 만물이 다 생멸하는 것이 지금 역력히 보이기 때문에 [일체의 존재는] 노사의 모습[= 相]을 띤다고 한다. 열반이 만일 존재라면 응당 노사의 모습을 띠어야 하리라. 그러나 그것은 결코 옳지 못하다. 그러므로 열반을 존재라고 부르지 않는 것이다. 또 생멸하는 노사의 모습이 없는 열반이라는 확고한 존재[= 法]가 별도로 존재하는 것을 보지 못한다. 만일 열반이 존재라면 응당 생멸하는 노사의 모습을 띠어야 하겠지만 원래 노사의 모습을 떠나 있기에 열반이라고 불렀던 것이다. 다시 설명해 보자.

5) 若涅槃是有 涅槃卽有爲 終無有一法 而是無爲者
만일 열반이 존재라면 열반은 유위법이리라. 무위법인 존재는 단 하나도 없다.

5) bhāvaśca yadi nirvāṇaṃ nirvāṇaṃ saṃskṛtaṃ bhavet/
nāsaṃskṛto hi vidyate bhāvaḥ kva cana kaścana//[10]
열반이 만일 존재라면 열반은 작위된 것[= 유위법]이리라. 왜냐하면 그 어디서건 그 무엇이건 작위되지 않은 것[= 무위법]은 존재하지 않기 때문이다.

열반은 존재가 아니다. 왜 그런가? 일체 만물은 여러 가지 인연으로부터 생하는데 그것들이 다 유위의 것이[기 때문이]다. 무위법이라고 부르는 존재

定義. *prasajyeta〉pra√sañj: (ātm. opt. Ⅲ) 오류에 빠진다, 귀결된다. *asti〉 √as: ~이다, ~이 있다. *bhāva: 존재. *hi: 왜냐하면. *na: 상동. *jarāmaraṇa: 상동. *vinā: ~ 없이.

6) 以下 4, 5, 6개.

7) 以下 7, 8게.

8) 以下 10, 11, 12, 13, 14게.

9) 以下 15, 16게.

10) (25-5) *bhāvaḥ〉 bhāva: (m.nom.) 존재. *ca: 그리고. *yadi: 만일. *nirvāṇam: (n.nom.) 열반. *saṃskṛtam〉 sam + s + √kṛ + ta(p.p.p): 作爲된, 有爲의. *bhavet〉 √bhū: (opt.) 존재하다. *na: ~이 아니다, ~이 없다. *asaṃskṛta〉 a + saṃskṛta: 작위되지 않은, 無爲의. *hi: 왜냐하면. *vidyate〉 √vid: (수동태) 존재하다. *bhāvaḥ〉 상동. *kva cana: 어디에건. *kaḥ cana〉 kim cana: (m. Sg. nom.) 무엇이건.

는 단 하나도 없다는 것을 설명해 보자. 비록 영원한[= 常] 존재를 거짓 이름 붙여 무위법이라고 하지만 그 이치로 따져보면 무상한 존재도 오히려 존재하지 못하는데 하물며 볼 수도 없고 잡을 수도 없는 영원한 존재[= 常法]는 어떠하겠는가?

6) 若涅槃是有 云何名無受 無有不從受 而名爲有法
만일 열반이 존재라면 어떻게 [五陰인] 취(取)[11]가 없다고 부르겠는가? [오음인] 취에 기인하지 않는데 존재[= 有]라고 부르는 법은 없다.

6) bhāvaśca yadi nirvāṇamanupādāya tatkathaṃ/
nirvāṇaṃ nānupādāya kaścidbhāvo hi vidyate//[12]
또 만일 열반이 존재라면 그런 열반이 어떻게 [오음에] 의존[= 取]하지 않는 것이겠는가? 왜냐하면 그 어떤 존재도 [오음에] 의존[= 取]하지 않고서는 존재하지 않기 때문이다.

만일 열반이 존재하는 법[= 有法]이라고 말한다면 경전에서 [오음을] 취함이 없는 상태가 열반이라고 설하지 말았어야 했다. 왜 그런가? [오음을] 취하지 않았는데도 존재하는 법은 없기 때문이다. 그러므로 열반은 존재[有]가 아니다.

【문】 만일 존재가 열반이 아니라면 비존재[= 無]가 열반이어야 하느냐?
【답】

---

11) upādāya: 구마라습은 受라고 번역하나 이는 오온설의 (vedāna)와 혼동할 수 있기에 통상 쓰이는 取로 번역하였다.

12) (25-6) *bhāvaḥ〉 bhāva: (m. nom.) 존재. *ca: 그리고. *yadi: 만일. *nirvāṇam〉 nirvāṇa: (n. Sg. nom.) 열반. *anupādāya〉 an(부정의 뜻) + upādāya: 의존하지 않은, 取하지 않은. *tat〉tad: 그, 그것. *katham: 어떻게. *nirvāṇa: 상동. *na: ~이 아니다, ~이 없다. *anupādāya: 상동. *kaścit〉 kim cit: (m. Sg. nom.) 그 무엇, 그 누구. *bhāvaḥ: 상동. *hi: 왜냐하면. *vidyate〉 √vid: (수동태) 존재하다.

7) 有尙非涅槃 何況於無耶 涅槃無有有 何處當有無
존재가 오히려 열반이 아닌데 하물며 비존재는 어떠하겠는가?
열반에는 존재가 없는데 어디에 비존재가 있겠는가?
7) yadi bhāvo na nirvāṇamabhāvaḥ kiṃ bhaviṣyati/
nirvāṇaṃ yatra bhāvo na nābhāvastatra vidyate//13)
만일 존재가 열반이 아니라면 어떠한 비존재가 열반이겠는가?
존재가 존재하지 않는 곳, 그런 곳에는 비존재도 존재하지 않는다.

만일 존재가 열반이 아니라면 비존재가 어떻게 열반이겠는가? 왜 그런가? 존재가 있으므로 인하여 비존재가 있는 것이니 만일 존재가 없다면 어떻게 비존재가 있겠는가? 경전에서 설하듯이 먼저 있던 것이 지금 없어야 '없다'고 말할 수 있는 것이다. 그러나 열반은 그렇지 않다. 왜 그런가? 있던 법이 변해서 없어진 것이 아니기 때문이다. 그러므로 비존재도 역시 열반일 수 없다. 다시 설명해 보자.

8) 若無是涅槃 云何名不受 未曾有不受 而名爲無法
만일 비존재가 열반이라면 어떻게 취하지 않음이라고 부르겠는가? 취하지도 않고 비존재라고 부르는 것은 전혀 없다.
8) yadyabhāvaśca nirvāṇamanupādāya tatkathaṃ/
nirvāṇaṃ na hyabhāvo 'sti yo 'nupādāya vidyate//14)
만일 비존재가 열반이라면 그 열반이 어떻게 의존[= 取] 없이 존재하겠는가? 왜냐하면 의존[= 取]함이 없는 비존재는 존재하

13) (25-7) *yadi: 만일. *bhāvaḥ: (m. Sg. nom.) 존재. *na: ~이 아니다, ~이 없다. *nirvāṇa: 열반. *abhāvaḥ> a + bhāva: (nom.)비존재. *kim: 어떤. *bhaviṣyati> √bhū: ~이 되다. *nirvāṇam: 상동. *yatra: ~인 곳에. *bhāvaḥ: 상동. *na: 상동. *abhāvaḥ> a + bhāva:상동. *tatra: 그곳에서. *vidyate> √vid: (수동태) 존재하다.

지 않기 때문이다.

만일 비존재가 열반이라면 경전에서 '취함이 없음을 열반이라고 부른다.' 라고 설하지 않았을 것이다. 왜 그런가? 취하지도 않았는데 비존재라고 부르는 것은 없기 때문이다.[15] 그러므로 열반은 비존재도 아님을 알아라.

【문】 만일 열반이 존재도 아니고 비존재도 아니라면 도대체 열반은 무엇이냐?

【답】

9) 受諸因緣故 輪轉生死中 不受諸因緣 是名爲涅槃
여러 인연을 취해 생사를 윤회하는 중에 그 모든 인연을 취하지 않는 것, 그것을 열반이라고 부른다.

9) ya ājavaṃjavībhāva upādāya pratītya vā/
so 'pratītyānupādāya nirvāṇamupadiśyate//[16]
[오온에] 의존[取]하거나 연(緣)하여 생사를 왕래하는 존재, 그 것[존재]이 의존[取]하지 않고 연하지 않기에 열반이라고 교시되었다.

전도됐다는 사실을 제대로 알지 못하기에 오수음(五受陰= 五取蘊)으로

---

14) (25—8) *yadi: 만일. *abhāvaḥ〉 a + bhāva: (m. nom.) 비존재. *ca: 그리고. *nirvāṇa: 열반. *anupādāya〉 an + upādāya: 의존(取)하지 않고서. *tat〉 tad: 그것. *katham: 어떻게. *nirvāṇa: 열반. *na: ~아니다. *hi: 왜냐하면. *abhāvaḥ: 비존재. *asti〉 √as: ~이다, ~이 있다.) *yaḥ〉 yad: (관계대명사, m. nom.). *anupādāya: 상동. *vidyate〉 √vid: (수동태) 존재하다.

15) 즉 무엇이 존재했다가 없어진 후 비로소 그것의 비존재가 성립한다는 것.

16) (25-9) *yaḥ〉 yad: (관계대명사, m. nom.) *ājavaṃjavībhāva: 生死往來하는. *upādāya: ~에 의존[取]하여. *pratītya: ~에 緣하여. *vā: 혹은. *saḥ〉 tad: 그것. *apratītya〉 a(부정) + pratītya: 緣하지 않고서. *anupādāya〉 an + upādāya: 의존[取]하지 않고서. *nirvāṇa: 열반. *upadiśyate〉 upa√diś + yate: (수동태) 敎示하다, 가르치다.

인해 생사를 왕래한다. 반면 전도됐다는 사실을 제대로 알기에 또다시 오음으로 인해 생사를 왕래하지 않는다. 그 자성이 없어진 오음은 다시는 상속하지 않기 때문이다. 이것을 열반이라고 부른다. 다시 설명해 보자.

> 10) 如佛經中說 斷有斷非有 是故知涅槃 非有亦非無
> 불경에서 설했듯이 생존도 끊고 비생존도 끊는다. 그러므로 열반은 존재도 아니고 비존재도 아님을 알지어다.
> 10) prahāṇaṃ cābravīcchāstā bhavasya vibhavasya ca/
> tasmānna bhāvo nābhāvo nirvāṇamiti yujyate//[17]
> 또 스승께서는 생존과 비생존의 제거를 설하셨다. 그러므로 열반은 '존재도 아니고 비존재도 아니다.'라는 것이 타당하다.

존재란 세 가지 생존[= 三有][18]을 말한다. 비존재란 세 가지 생존 양태[三有]가 끊어져 사라지는 것을 말한다. 부처님께서는 존재와 비존재의 양자를 끊으라고 설하셨기에 열반은 존재도 아니고 비존재도 아님을 알지어다.

【문】 만일 존재나 비존재가 열반이 아니라면 존재와 비존재가 함께 합한 것이 열반이다.

【답】

> 11) 若謂於有無 合爲涅槃者 有無卽解脫 是事則不然
> 만일 존재와 비존재가 합한 것이 열반이라고 말한다면 존재와

---

17) (25-10) *prahāṇam: (acc.) 제거, 단절. *ca: 그리고. *abravīt> √brū: (완료) ~을 말하다, 전달하다. *śāstā> śāstṛ: 벌하는 이, 교훈자, 교사. *bhavasya> bhava +sya(gen.): 생존, 有. *vibhavasya> vi + bhava: (gen.) 비생존. *ca: 그리고. *tasmāt> tad: (abl.) 그러므로. *na: ~이 아니다, ~이 없다. *bhāvaḥ: (m. nom.) 존재. *na: 상동. *abhāyaḥ> a + bhāva: 비존재. *nirvāṇa: 상동. *iti: ~라고. *yujyate> √yuk: (수동태) 타당하다.

18) 三界에서의 삶. 즉 欲界, 色界, 無色界에서의 삶.

비존재가 바로 해탈이리니 이것은 옳지 못하다.
11) bhavedabhāvo bhāvaśca nirvāṇamubhayaṃ yadi/
bhavedabhāvo bhāvaśca mokṣastacca na yujyate//[19]
만일 비존재와 존재의 양자가 열반이라면 해탈은 비존재와 존재이리라. 그러나 그것은 타당하지 않다.

만일 존재와 비존재가 합한 것이 열반이라고 말한다면 존재와 비존재의 양자가 합한 상태가 해탈이라는 말이 되니 옳지 못하다. 왜 그런가? 존재와 비존재의 양자는 상반된 것인데 어떻게 한 곳에 있을 수 있겠는가.[20] 다시 설명해 보자.

12) 若謂於有無 合爲涅槃者 涅槃非無受 是二從受生
만일 존재와 비존재가 합한 것이 열반이라고 말한다면 열반은 취(取)함이 없는 것이 아니리라. 그 양자는 취함에서 생한다.
12) bhavedabhāvo bhāvaśca nirvāṇamubhayaṃ yadi/
nānupādāya nirvāṇamupādāyobhayaṃ hi tat//[21]
만일 열반이 비존재와 존재의 양자라면 열반은 의존[取]함이 없는 것이 아닌 꼴이 되리라. 왜냐하면 그 양자 모두 의존[取]하여 존재하는 것이기 때문이다.

---

19) (25-11) *bhavet〉 √bhū: (opt.) 존재하다. *abhāvaḥ〉 a + bhāva: (nom.) 비존재. *bhāvaḥ: 존재. *ca: 그리고.: *nirvāṇa: 열반. *ubhayam: (a. n. nom.) 양자. *yadi: 만일. *bhavet〉 √bhū (opt.) 존재하다. *abhāvaḥ: 상동. *bhāvaḥ: 상동. *ca: 그리고. *mokṣaḥ: (m. nom.) 해탈. *tat〉 tad: 그것. *ca: 그리고. *na: ~이 아니다, ~이 없다. *yujyate〉 √yuk: (수동태) 타당하다.
20) 형식논리학의 모순율에 위배된다는 말.
21) (25-12)*bhavet〉 √bhū (opt.) 존재하다. *abhāvaḥ〉 a + bhāva: (nom.) 비존재. *bhāvaḥ: 존재. *ca: 그리고. *nirvāṇa: 열반. *ubhayam: (a. n. nom.) 兩者. *yadi: 만일. *na: ~이 아니다, ~이 없다. *anupādāya〉 an + upādāya: 의존하지 않는. *nirvāṇam: 상동. *upādāya: 의존(取)하여. *ubhayam: 양자. *hi: 왜냐하면. *tat〉 tad: 그

만일 존재와 비존재가 합한 것이 열반이라면 경전에서 '열반은 취함이 없는 것이다.'라고 설하지 않았어야 한다. 왜 그런가? 존재와 비존재의 양자는 취함에서[= 의존에 의해] 생기니 서로 인(因)이 되어 존재하는 것이기 때문이다.22) 그러므로 존재와 비존재의 양자가 합하여 열반이 될 수 없다. 다시 설명해 보자.

> 13) 有無共合成 云何名涅槃 涅槃名無爲 有無是有爲
> 존재와 비존재가 함께 합하여 이루어진 것을 어떻게 열반이라 부르겠는가? 열반은 무위이고 존재와 비존재는 유위인데.
> 13) bhavedabhāvo bhāvaśca nirvāṇamubhayaṃ kathaṃ/
> asaṃskṛtaṃ ca nirvāṇam bhāvābhāvau ca saṃskṛtau//23)
> 어떻게 열반이 비존재와 존재의 양자가 되겠는가? 열반은 작위(作爲)되지 않은 것[無爲法]이며 존재와 비존재는 작위된 것[有爲法]인데.

존재와 비존재가 함께 합한 것을 열반이라고 말할 수 없다. 열반은 무위법이고 존재와 비존재는 유위법이다. 그러므로 존재와 비존재는 열반이 아니다. 다시 설명해 보자.

것.

22) 존재와 비존재가 의존(取)에 의해 생긴다는 사실을 월칭소에서는 다음과 같이 설명한다: '… 왜 그런가? 왜냐하면 이 [존재와 비존재의] 양자는 [원인을] 취(取= 의존)하여 존재하기 때문이다. 존재를 원인으로 하여 비존재가, 또 비존재를 원인으로 하여 존재가 있기 때문이다. [취하여 존재하는] 이 존재와 비존재 양자를 원인으로 하여야만 [열반이] 존재하며 원인으로 하지 않고서는 존재하지 못한다. 이와 같이 열반은 존재와 비존재 양자를 성품으로 하는 것이 되리라. 그런데 열반은 그런 것이 아니다. …' 本多惠 譯, *Prasannapadā*, p.481.

23) (25-13) *bhavet〉 √bhū: (opt.) ~ 되다, 존재하다. *abhāvaḥ〉 a + bhāva: (nom.) 비존재. *bhāva: 존재. *ca: 그리고. *nirvāṇa: 열반. *ubhaya: (a. n.) 兩者. *katham: 어떻게. *asaṃskṛta〉 a(부정의 뜻) + sam-s-√kṛ + ta(p.p.p.): 作爲되지 않은, 無爲의. *ca: 그리고. *nirvāṇa: 상동. *bhāvābhāvau〉 bhāva + abhāva: (Du. nom.) 존재와 비존재. *ca: 그리고. *saṃskṛtau: (Du. nom.) 作爲된, 有爲의.

14) 有無二事共 云何是涅槃 是二不同處 如明暗不俱
존재와 비존재가 함께하는 것이 어떻게 열반이겠는가? 그 양자는 밝음과 어둠이 같이 있지 못하듯이 한 곳에 있지 못한다.

14) bhavedabhāvo bhāvaśca nirvāṇa ubhayaṃ kathaṃ/
na tayorekatrāstitvamālokatamasoryathā//[24]
어떻게 열반에 비존재와 존재의 양자가 되겠는가? 이 양자는 같은 곳에 존재하지 않는다. 그것은 마치 밝음과 어둠과 같다.

'존재와 비존재[=존재하면서 비존재인 것]'는 열반이라고 말하지 못한다. 왜 그런가? 존재와 비존재는 상반되어 한 곳에 있을 수 없기 때문이다. 이는 마치 밝음과 어둠이 같이 있지 못하는 것과 같다. 그러므로 존재가 있을 때 비존재가 있을 수 없고 비존재가 있을 때 존재가 있을 수 없다. 그러니 어떻게 존재와 비존재가 함께 합한 것을 열반이라 할 수 있겠는가?

【문】 만일 존재와 비존재가 함께 합한 것이 열반이 아니라면 존재도 아니고 비존재도 아닌 것[非有非無]이 열반이겠구나.

【답】

15) 若非有非無 名之爲涅槃 此非有非無 以何而分別
만일 '존재도 아니고 비존재도 아닌 것'이 열반이라면 이런 '존재도 아니고 비존재도 아닌 것'을 무엇으로 분별하겠는가?

24) (25-14) *bhavet> √bhū: (opt.) 존재하다. *abhāva> a + bhāva (nom.) 비존재. *bhāvaḥ: 존재. *ca: 그리고. *nirvāna: 열반. *ubhayam: (a.n.nom.) 양자. *katham: 어떻게. *na: ~이 아니다, ~이 없다. *tayoḥ> tad: (Du.gen.) 그, 그것. *ekatra: (ad.) 한 곳에. *astitvam> asti + tva: (n. nom.) 존재함, 有性. *āloka: (m.) 빛, 보는 것. *tamas: 어둠. *ālokatamasoḥ> āloka + tamas + oḥ: (Du. gen.) 빛과 어둠. *yathā: ~인 것처럼.

16) naivābhāvo naiva bhāvo nirvāṇaṃ yadi vidyate/ naivābhāvo naiva bhāva iti kena tadajyate//[25] 만일 '존재도 아니고 비존재도 아닌' 열반이 존재한다면 비존재도 아니고 존재도 아니라는 그것이 무엇에 의해 표시되겠는가?

만일 열반이 존재도 아니고 비존재도 아니라면 이런 존재도 아니고 비존재도 아닌 것[非有非無]을 무엇으로 인해 분별하겠는가? 그러므로 존재도 아니고 비존재도 아닌 것이 열반이라는 것은 옳지 못하다. 다시 설명해 보자.

16) 分別非有無 如是名涅槃 若有無成者 非有非無成 존재도 아니고 비존재도 아니라고 분별하여 그것을 열반이라고 하는데 만일 존재와 비존재가 성립한다면 존재도 아니고 비존재도 아닌 것이 성립한다. 15) naivābhāvo naiva bhāvo nirvāṇamiti yā 'ñjanā/ abhāve caiva bhāve ca sā siddhe sati sidhyati//[26] 열반이 존재도 아니고 비존재도 아니라고 상정하는 것, 그것은 존재와 비존재의 성립이 존재할 때에 성립한다.

그대는 존재도 아니고 비존재도 아닌 것[非有非無]이 열반이라고 분별하

25) (25-16) *na: ~이 아니다, ~이 없다. *eva: 실로, 도대체, 결코. *abhāvaḥ〉 a + bhāvaḥ: (m. nom.) 비존재. *na: 상동. *eva: 상동. *bhāvaḥ〉 bhāva: (m. nom.) 존재. *nirvāṇam: (n. nom.) 열반. *yadi: 만일. *vidyate: 존재하다. *na: ~이 아니다, ~이 없다. *eva: 상동. *abhāvaḥ: 상동. *na: 상동. *eva: 상동. *bhāva: 상동. *iti: ~라고. *kena〉 kim: (ins.) 무엇에 의해. *tat〉 tad: 그, 그것. *ajyate〉 √añj : (수동) 표시되다.

26) (25—15) *na: ~이 아니다, ~이 없다. *eva: 실로, 도대체, 결코. *abhāvah: (m. nom.) 비존재. *na: 상동. *eva: 상동. *bhāvaḥ: (m. nom.) 존재. *nirvāṇa: 열반. *iti: ~라고. *yā〉 yad: (관계대명사, f. Sg. nom.) *añjanā: (f.) 지시, 표시. *abhāve〉 a + bhāva: (loc.). *ca: 그리고. *eva: 상동. *bhāve: (loc.) *ca: 그리고. *sā〉 tad: (f. nom) 그것, 그녀. *siddhe: (loc.) 성취. *sati〉 sat: (loc.) 존재. *sidhyati〉 √sidh: (성립하다.

는데 그것은 옳지 못하다. 왜 그런가? 존재이면서 비존재인 것[有無]이 성립한 연후에야 비로소 존재도 아니고 비존재도 아닌 것이 성립하기 때문이다. 그런데 존재에 상반되는 것은 비존재라고 하고 비존재에 상반되는 것은 존재라고 한다. 존재하면서 비존재인 것에 대해서는 [四句 중] 세 번째 논의[=三句]에서 이미 논파하였다. 그래서 존재하면서 비존재인 것이 없는데 어떻게 존재하지도 않고 비존재도 아닌 것이 있겠는가? 그러므로 열반은 '존재하지도 않고 비존재도 아닌 것'이 아니다. 다시 설명해 보자.

17) 如來滅度後 不言有與無 亦不言有無 非有及非無
여래가 멸도한 후에 존재하거나, 존재하지 않는다고 말하지 말라. 또 존재하면서 존재하지 않는다거나, 존재하지도 않고 존재하지 않는 것도 아니라고도 말하지 말라.[27]

17) paraṃ nirodhādbhagavān bhavatītyeva nohyate/
na bhavatyubhayaṃ ceti nobhayaṃ ceti nohyate//[28]
세존이 입멸한 후에도 존재한다고는 결코 생각되지 않는다. 존재하지 않는다고도, 양자라고도, 양자가 아니라고도 결코 생각되지 않는다.

18) 如來現在時 不言有與無 亦不言有無 非有及非無
여래가 지금 존재할 때 있다거나 없다고 말하지 말라. 또 있으면서 없다거나 있지도 않고 없지도 않다고 말하지 말라.

---

27) 『잡아함경』(대정2, p.32c.) 참조.
28) (25-17) *param: (ad.) ~을 넘어서, ~ 한 후. *nirodhāt: (abl.) 멸도, 적멸. *bhagavāt: (a.) 존자, 세존. *bhavati〉 √bhū: 존재하다. *iti: ~라고. *eva: 실로, 도대체, 결코. *na ~ 아니다, 없다.. *ūhyate〉 √ūh: (수동태) 관찰하다, 추론하다, 상상하다. *na: 상동. *bhavati: 상동. *ubhayam: (a. n. nom.) 양자. *ca: 그리고. *iti: ~라고. *na: ~이 아니다, ~이 없다. *ubhayam: 상동. *ca: 상동. *iti: 상동. *na: 상동. *ūhyate: 상동.

18) tiṣṭhamāno 'pi bhagavān bhavatītyeva nohyate/
na bhavatyubhayaṃ ceti nobhayaṃ ceti nohyate//[29)]
지금 머물러 있는 중인 세존도 역시 결코 존재한다고 생각되지 않는다. 존재하지 않는다고도, 양자라고도, 양자가 아니라고도 생각되지 않는다.

여래가 멸도하신 다음이거나 지금 생존해 계실 때 '여래가 존재한다'는 것도 용납되지 않고 '존재하지 않는다'는 것도 용납되지 않으며 '여래가 존재하기도 하고 존재하지 않기도 하다'는 것도 역시 용납되지 않고 '여래가 존재하는 것도 아니고 여래가 존재하지 않는 것도 아니라는 것'도 역시 용납되지 않는다. 이렇게 [그 어떤 생각도] 용납되지 않기 때문에 열반이 존재한다거나 존재하지 않는 것이라고 분별해서는 안 된다. 즉 여래가 없는데 누가 열반을 얻겠으며 언제 어디서 무슨 말로 열반을 설명할 수 있겠는가? 그러므로 그 언제건, 그 어떤 방법으로 건 열반의 상(相)을 추구해 봤자 포착할 수 없다. 다시 설명해 보자.

19) 涅槃與世間 無有少分別 世間與涅槃 亦無少分別
열반은 세간과 조금도 구별되지 않는다. 세간도 열반과 조금도 구별되지 않는다.[30)]
19) na saṃsārasya nirvāṇātkiṃ cidasti viśeṣaṇaṃ/
na nirvāṇasya saṃsārātkiṃ cidasti viśeṣaṇaṃ//[31)]

---

29) (25-18) *tiṣṭhamāna〉 √sthā : (ātm. 현재분사) 지금 머무르고 있는 중인. *api: ~도 역시. *bhagavat: 존자, 세존. *bhavati〉 √bhū: 존재하다. *iti: ~라고. *eva: 실로, 도대체, 결코. *na: ~이 아니다, ~이 없다. *ūhyate〉 √ūh: (수동태) 관찰하다, 추론하다. *na: 상동. *bhavati: 상동. *ubhayam: (a. n. nom.) 양자. *ca: 그리고. *iti: ~라고. *na: ~이 아니다, ~이 없다. *ubhayam: 상동. *ca: 상동. *iti: ~라고. *na: ~이 아니다, ~이 없다. *ūhyate: 상동.

윤회가 열반과 구별되는 점은 그 어떤 것도 없다. 열반이 윤회와 구별되는 점은 그 어떤 것도 없다.

오음이 상속하여 왕래하는 까닭에 세간이라고 부른다. 그러나 오음의 실체[= 自性]는 궁극적으로 공하고 취함도 없으며 적멸하다. 이것은 앞에서 이미 설명하였다. 그렇게 [세간의] 모든 존재가 불생불멸이기에 세간은 열반과 구별되지 않고 열반도 세간과 구별되지 않는다. 다시 설명해 보자.

20) 涅槃之實際 及與世間際 如是二際者 無毫釐差別 열반의 참된 한계와 세간의 한계, 이 양자의 한계는 털끝만큼의 차이도 없다. 20) nirvāṇasya ca yā koṭiḥ saṃsaraṇasya ca/ na tayorantaraṃ kiṃ citsusūkṣmamapi vidyate//[32] 열반에 있어서 한계인 것은 윤회에 있어서도 그렇다. 그 양자의 사이에는 그 어떤 미세한 틈도 존재하지 않는다.

21) 滅後有無等 有邊等常等 諸見依涅槃 未來過去世 입멸 후 존재하는가 존재하지 않는가, 유변(有邊) 등, 상주 등의 견해들은 열반과 미래세와 과거세에 의존해 있다.

30) 제16 관박해품 제10게 및 제22 관여래품 제16게 참조.
31) (25-19) *na: ~이 아니다, ~이 없다. *saṃsārasya: (gen.) 윤회. *nirvāṇāt〉 nirvāṇa: (abl.): 열반. *kim cit: 그 무엇. *asti〉 √as: ~이다, ~이 있다. *viśeṣaṇa: (n.) 차이, 구별. *na: ~이 아니다, ~이 없다. *nirvāṇasya: (gen.) 열반의. *saṃsārāt: (abl.) 윤회. *kim cit: 상동. *asti〉 √as: ~이다, ~이 있다. *viśeṣana: 상동.
32) (25-20) *nirvāṇasya: (gen.) 열반. *ca: 그리고. *yā〉 yad: (관계대명사, f. nom.). *koṭiḥ: (nom.) 끝, 한계. *saṃsaraṇasya〉 saṃsaraṇa(n.) + sya(gen.): 윤회의. *ca: 그리고. *na: ~이 아니다, ~이 없다. *tayoḥ〉 tad: (Du. loc.) 그것. *antara: (n. nom.) 틈, 사이, 중간. *kiṃ cit 그 어떤. *susūkṣmam〉 susūkṣma: (a. n. nom.) 극히 미세한. *api: ~도 역시. *vidyate〉 √vid: (수동태) 존재하다.

21) paraṃ nirodhādantādyāḥ śāśvatādyāśca dṛṣṭayaḥ/
nirvāṇamaparāntaṃ ca pūrvāntaṃ ca samāśritāḥ//[33]
[여래] 입멸 후, 유한(有限) 등, 상주 등의 견해들은 열반과 후(後)의 한계와 전(前)의 한계에 의거한 것들이다.[34]

여래가 입멸한 다음에 '존재한다', '존재하지 않는다', '존재하면서 존재하지 않는다', '존재하는 것도 아니고 존재하지 않는 것도 아니다'. '세간에는 한계가 있다', '한계가 없다', '한계가 있으면서 한계가 없다', '한계가 있는 것도 아니고 한계가 없는 것도 아니다'. '세간은 상주한다', '상주하지 않는다', '상주하면서 상주하지 않는다', '상주하는 것도 아니고 상주하지 않는 것도 아니다'. 이상 세 가지 종류의 열두 가지 견해[35]에서 여래가 입멸한 후의 존재 여부에 대한 네 가지 견해는 '열반'에 의존해서 일어난다. 세간에 한계가 있는지 여부에 대한 네 가지 견해는 '미래'에 의존해서 일어난다.[36] 세간이 상주하는지 여부에 대한 네 가지 견해는 '과거'에 의존해서 일어난다.[37]

여래가 입멸한 후 존재하는지 존재하지 않는지 여부가 언표를 벗어나[不可得] 있었는데 열반도 역시 이와 마찬가지다. [현생인] 세간[38]이 끝나는 마지막 순간이 한계가 있는지 없는지 여부와 [현생인] 세간이 시작하는 순간이

---

33) (25-21) *param: ~ 한 후에. *nirodhāt: (abl.) 滅. *antādyāḥ> anta(한계) + ādi(등): (Sg. gen). *śāśvatādyaś> śāśvata(상주) + ādi(등): (Sg. gen). *ca: 그리고. *dṛṣṭayaḥ> dṛṣṭi: (Pl. nom.) 견해. *nirvāṇa: 열반. *apara: (a.) 後의, 다음의. *anta: 한계. *ca: 그리고. *pūrva: 이전의. *anta: 상동. *ca: 상동. *samāśritāḥ> sam-ā√śri: (p.p.p. Pl. nom.) 기대다, 의지하다.
34) 제27 관사견품 참조.
35) 여기에 영혼(命)과 몸뚱이(身)가 같은가 다른가 여부를 포함시키면 전형적인 無記說의 소재가 된다.
36) 제27 관사견품 제2게.
37) 제27 관사견품 제1게.
38) 여기서 말하는 세간(loka)이란 나와 관계없이 존재할 것 같은 이 세상 전체[= 器世間]를 의미하는 것이 아니라 내가 현생에 태어난 이후부터 목숨을 마치기 전까지 살아가는 세상만을 의미한다. 제27 관사견품 제24게 長行 참조.

전생의 세간에서 이어져 온 것인지[常] 아닌지[無常] 여부 등이 언표를 벗어나 있는 것처럼 열반도 역시 이와 마찬가지다. 그러므로 세간과 열반 등은 다르지 않다고 설하는 것이다. 다시 설명해 보자.

> 22) 一切法空故 何有邊無邊 亦邊亦無邊 非有非無邊
> 모든 존재가 공하므로 무엇이 유변이고, 무변이며, 유변이면서 무변이기도 하고, 유변도 아니고 무변도 아닌 것이겠는가?[39]
> 22) śūnyeṣu sarvadharmeṣu kimanantaṃ kimantavat/
> kimanantamantavacca nānantaṃ nānatavacca kiṃ//[40]
> 모든 존재가 공하다면 무엇이 무한하고, 무엇이 유한하며, 무엇이 무한하면서 유한하고, 무엇이 무한하지도 않고 유한하지도 않는 것이겠는가?

> 23) 何者爲一異 何有常無常 亦常亦無常 非常非無常
> 무엇이 같거나 다른 것이겠으며 무엇이 상주하거나, 무상하거나, 상주하면서 무상하거나, 상주하지도 않고 무상하지도 않은 것이겠는가?[41]
> 23) kiṃ tadeva kimanyatkiṃ śāśvataṃ kimaśāśvataṃ/
> aśāśvataṃ śāśvataṃ ca kiṃ vā nobhayamapyataḥ//[42]
> 무엇이 바로 그것[= 같은 것]이고 무엇이, 다른 것이며, 무엇이 영원한 것이고, 무엇이 영원하지 않은 것이며, 무엇이 영원하면

39) 第27 판사견품 제2, 21, 22, 23, 24, 25, 29게 참조.
40) (25-22) *sūnyeṣu: (Pl. loc.) 공한. *sarva: 일체. *dharmeṣu: (Pl. loc.) 법. *kim: 무엇. *anantam〉 an(부정) + anta(한계): 無限한. *kim: 상동. *antavat〉 anta + vat(~을 가진): 한계를 가진, 有限한. *kim: 상동. *anantam antavat ca: 무한하고 유한한. *na: ~아니다. *anantam na anatavat: 무한하지도 않고 유한하지도 않은. *ca: 그리고. *kim: 무엇.

서 영원하지 않은 것이고, 거기서 또 무엇이 그 양자도 아닌 것이겠는가?

24) 諸法不可得 滅一切戲論 無人亦無處 佛亦無所說 모든 법은 잡을 수 없다. 모든 희론이 사라졌으며 사람도 없고 장소도 없으며 부처님께서도 역시 말씀하신 것이 없다.[43] 24) sarvopalambhopaśamaḥ prapañcopaśamaḥ śivaḥ/ na kva citkasya citkaściddharmo buddhena deśitaḥ//[44] 모든 지각(知覺)이 적멸하고 희론이 적멸한 길상(吉祥)이다. 어디서건 누구에게건 그 어떤 법도 부처님에 의해 교시되지 않았다.

모든 법, 모든 시간, 모든 종류의 것들이 여러 가지 인연에서 생기므로 궁극적으로는 공하다. 그러므로 그 모든 것들은 자성이 없다. 이런 법들 가운데

---

41) 제27 관사견품 제1, 15, 16, 17, 18, 20게 참조.

42) (25-23) *kim: 무엇. *tad> tat> tad: 그것. *eva: 실로, 도대체, 결코. *kim *anyat> anyad: (n.) 다른 것. *kim. *śāśvatam: 常住하는. *kim. *aśāśvatam: 상주하지 않는. *aśāśvatam śāśvatamn ca: 상주하고 상주하지 않는 것. *kim. *vā: 혹은. *na: ~이 아니다, ~이 없다. *ubhaya: 兩者. *api: ~도. *atas: 그래서, 거기서.

43) 『金剛經』의 다음과 같은 구절이 이에 해당한다고 볼 수 있다: '수보리야 네 뜻이 어떠하냐? … 如來가 설법한 바가 있느냐? 수보리가 말하기를 여래께서 설법하신 확고한 법은 있지 않사옵니다. …'(第7 無得無說分). ; '… 수보리야 그대는 여래가 '나는 마땅히 설법한 것이 있다.'라고 생각을 한다고 말하지 말지어다. 이러한 생각을 하지 말지어다. 왜 그런가? 만일 어떤 사람이 여래께서 설법한 바가 있다고 말한다면 이것은 부처를 비방하는 꼴이 되느니라. 왜냐하면 내가 설명한 바를 이해할 수 없기 때문이니라. …' (第21 非說所說分).

44) (25-24) *sarva: 모든. *upalambha: (m. nom.) 관찰, 지각, 감각. *upaśamaḥ: (m. nom.) 息, 止. *prapañca: (m. nom.) 희론. *upaśamaḥ. *śivah: (a. m. nom.) 吉祥의, 상서로운. *na: ~이 아니다, ~이 없다. *kva cit: 어디서건. *kasya cit: (gen): 그 누구에 있어서건. *kaḥ cit: (m.nom.) 그 어떤. *dharma: 법. *buddhena: (ins.) 부처에 의해. *deśitaḥ> √diś: (p.p.p.) 가르치다, 교시하다.

서 무엇이 한계가 있는 것이고, 누구에게 한계가 있으며, 무엇에 한계가 없고, 한계가 있으면서 한계가 없고, 한계가 있는 것도 아니고 한계가 없는 것도 아니겠으며 누구에게 한계가 있지도 않고 없지도 않겠는가? 또 무엇이 영원한 것이고 누가 영원하며 무엇이 영원하지 않은 것이고, 영원하면서 영원하지 않은 것이고 영원하지도 않고 영원하지 않은 것도 아니겠으며 누가 영원하지도 않고 영원하지 않은 것도 아니겠는가? 또 몸과 영혼이 같은 것이 무엇이고 몸과 영혼이 다른 것은 무엇이겠는가? 이런 육십이 가지 견해[45)]는 궁극적인 공[= 필경공]의 입장에서 보면 모두 있을 수 없으니 포착했던 모든 것이 다 쉬고 희론도 모두 사라진다. 희론이 사라지므로 모든 존재의 실상에 통달하여 편안하고 그윽한 도(道)를 얻게 된다. [제1장인] 관인연품 이래 모든 법을 분별하여 추구해 보니 유(有)도 없고 무(無)도 없으며 유무도 없고 비유비무도 역시 없었다. 이것을 모든 존재의 실상이라고도 부르고 여법성(如法性), 실제(實際), 열반이라고도 부른다. 그래서 여래는 언제 어디서건 사람들에게 열반의 확고한 상(相)을 말씀하신 적이 없었다. 그러므로 '포착했던 모든 것이 다 쉬고 희론도 모두 사라진다.'라고 말하는 것이다.

---

45) 六十二見: 『梵動經』(『장아함경』, 대정1, p.88)이나 『梵網六十二見經』(대정1, p.264) 참조.

제26 관십이인연품(觀十二因緣品, 9게)
십이연기에 대한 관찰
dvādaśāṅgaparīkṣā nāma ṣaḍviṃśatitamaṃ prakaraṇam
십이지(十二支)의 검토라는 이름의 제26장(12게)

【문】 그대는 지금까지 대승으로 제일의제(第一義諦)의 도(道)를 설하였다. 이제 나는 성문법(聲聞法)에서 제일의제에 들어가는 도에 대한 설명을 듣고 싶다.

【답】

1) 衆生癡所覆 爲後起三行 以起是行故 隨行墮六趣
중생들은 어리석음에 덮여 나중을 위해 세 가지 행[1]을 지어낸다. 그런 행을 짓기에 그 행에 따라 육취(六趣)에 떨어진다.[2]

1) punarbhavāya saṃskārānavidyānivṛtastridhā/
abhisaṃskurute yāṃstairgatiṃ gacchati karmabhiḥ//[3]
무명에 덮인 자는 나중의 생존[4]을 위해 세 가지 형성작용[行]을 지어낸다. 그런 행위[業]에 의해 취(趣)[5]로 간다.

---

1) 그 작용 영역에서 보면 신(身), 구(口), 의(意) 3업으로 분류하고 가치론적인 면에서는 복(福), 비복(非福), 부동행(不動行)의 3행으로 분류한다.
2) 십이연기의 삼세양중인과적(三世兩重因果論的) 해석에서 과거의 2因(無明, 行)으로 인해 현생의 몸을 받게 되는 과정.
3) (26-1) *punar: 다시, 다음의. *bhavāya> bhava: (dat.) 생존. *saṃskārān> saṃskāra: (Pl. acc.) 行, 형성작용. *avidyā: (f. nom.) 무명. *nivṛtas> ni√vṛ: (p.p.p. m. nom.) 덮다. *tridhā: 세 가지. *abhisaṃskurute> abhisaṃs√kṛ: (직설법, 현재,): 짓다. *yāṃs(연성)> yān(m.P1.acc.)> yad: (관계대명사). *taiḥ> tad: (Pl. ins.) 그것. *gatim> gati: (acc.) 趣. *gacchati> √gam: (Sg. Ⅲ) 가다. *karmabhiḥ> karman: (Pl. ins.) 業, 행위.

2) 以諸行因緣 識受六道身 以有識著故 增長於名色

제행(諸行)을 인연으로 식(識)[6]이 육도(六道)의 몸을 받는다. 식의 집착이 있기에 명색[7]을 키운다.

2) vijñānaṃ saṃniviśate saṃskārapratyayaṃ gatau/
saṃniviṣṭe 'tha vijñāne nāmarūpaṃ niṣicyate[8]//[9]

형성작용들을 연(緣)으로 하는 식이 취에 들어간다. 그래서 들어간 식에서 명색이 나타난다.

3) 名色增長故 因而生六入 情塵識和合 而生於六觸

명색이 자라나기에 그것을 인하여 육입(六入)[10]이 생긴다. 육정(六情)[= 六根][11]과 육진(六塵)[= 六境][12]과 육식(六識)[13]이 화합하여 육촉(六觸)[14]을 생한다.

3) niṣikte nāmarūpe tu ṣaḍāyatanasaṃbhavaḥ/
ṣaḍāyatanamāgamya saṃsparśaḥ saṃpravartate//[15]

명색이 나타날 때에[16] 여섯 가지 감각영역이 발생한다. 여섯 가지 감각영역에 의존하여 접촉이 출현한다.

---

4) 내생(來生).

5) 취(趣, gati)〉 육취(六趣)= 육도(六道): 천상, 수라, 인간, 아귀, 축생, 지옥.

6) 六識: 眼識, 耳識, 鼻識, 舌識, 身識, 意識.

7) 母胎의 胎內에 형성된 五蘊 덩어리(名은 受, 想, 行, 識).

8) ni√sic〉 ni(아래로) + √sic: '임신되게끔 精子를 수용한다.'는 뜻도 있다. 이런 해석이 가능한 이유는 gandhabba, 모태의 배란기, 부모의 성교라는 세 가지 인연으로 名色의 싹이 틀 수 있는데 이때 gandhabba는 바로 vijnana(識)이기 때문이다. 『잡아함경』(대정 1, p.61b) 및 *Mahā-nidāna-suttanta*(D.N.Ⅲ, 62.f) 참조.

9) (26-2) *vijñānam(n. nom.) 識. *saṃniviśate〉 saṃni√viś: (ātm. Ⅲ) ~에 들어가다, 위치시키다. *saṃskāra: 형성작용, 行. *pratyayam: (n. nom.) 緣. *gatau〉 gati: (loc.) 취. *saṃniviṣṭe〉 sanimi√viś: (p.p.p. loc.) 상동. *atha: 거기서. *vijñane: (loc.) 識. *nāmarūpam: (n. nom.) 名色. *niṣicyate〉 ni√ṣic: 나타나다, 정자가 수용되다.

4) cakṣuḥ pratītya rūpaṃ ca samanvāhārameva ca/ nāmarūpaṃ pratītyaivaṃ vijñānaṃ saṃpravartate//17) 눈이 형상(色)과 주의력을 연(緣)하여, 그렇게 명색(名色)을 연하여 식(識)이 출현한다.18)

4) 因於六觸故 卽生於三受 以因三受故 而生於渴愛 육촉을 인(因)하기 때문에 세 가지 수(受)19)가 발생한다. 세 가지 수를 인하기 때문에 갈애20)가 발생한다.21) 5) saṃnipātastrayāṇāṃ yo rūpavijñānacakṣuṣāṃ/ sparśaḥ sa tasmātsparśācca vedanā saṃpravartate//22) 형상[色]과 인식과 눈의 세 가지가 화합하는 것, 그것이 접촉이다. 그 접촉으로부터 감수작용이 출현한다.

10) 六入處: 眼, 耳, 鼻, 舌, 身, 意入處.
11) 眼, 耳, 鼻, 舌, 身, 意根.
12) 色, 聲, 香, 味, 觸, 法境.
13) 眼, 耳, 鼻, 舌, 身, 意識.
14) 眼, 耳, 鼻, 舌, 身, 意觸.
15) (26-3) *niṣikte〉 niṣikta〉 ni√ṣic: (p.p.p.) 나타난, 精子가 수용된. *nāmarūpe: (loc.) 名色. *tu= ca, vā. *ṣaḍ: 여섯. *āyatana: (n.) field, 영역, 入處. *saṃbhavaḥ: (nom.) 발생. *ṣaḍāyatana: 육입, 육처. *āgamya= āgatya: (ind.) ~에 관하여, ~에 나아가. *saṃsparṣa: (m.) 접촉. *saṃpravartate: (ātm. Ⅲ) 발생하다.
16) '精子가 수용된 名色에'라고 번역할 수도 있다.
17) (26-4) *cakṣuḥ: (nom.) 눈. *pratītya: 緣하여. *rūpam: (n. acc.) 色, 형상. *ca: 그리고. *samanvāhāram: (m. acc.) 주의력. *eva: 실로, 도대체, 결코. ca: 또. *na: ~이 아니다, ~이 없다. *nāmarūpam: (n. acc.) 名色. *pratītya: 상동. *evam: 그와 같이. *vijñānam: (n. nom.) 識. *saṃpravartate: (ātm. Ⅲ) 발생하다.
18) '因彼眼與色 及作意三種 與名色爲緣 爾乃識得生'(『般若燈論釋』); '因眼及與色 與名色為緣 如是法和合 是故識生起'(『大乘中觀釋論』).
19) 괴로운 느낌(苦受), 즐거운 느낌(樂受), 괴롭지도 즐겁지도 않은 느낌(不苦不樂受).
20) 동물적 욕망(欲愛), 존재하고 싶은 욕망(有愛), 자살하고 싶은 욕망(無有愛).

5) 因愛有四取 因取故有有 若取者不取 則解脫無有
애(愛)로 인하여 네 가지 취(取)[23]가 존재한다. 취를 인하여 유(有)[24]가 존재한다. 만일 취하는 자가 취하지 않으면 바로 해탈하여 아무것도 존재하지 않는다.[25]

6) vedanāpratyayā tṛṣṇā vedanārthaṃ hi tṛṣyate/
tṛṣyamāṇa upādānamupādatte caturvidhaṃ//[26]
감수작용에 연(緣)하여 욕망[= 갈애]이 있다. 왜냐하면, 감수된 대상을 욕구하기 때문이다. 욕구하는 중인 것이 네 가지 종류의 취함을 취득한다.[27]

7) upādāne sati bhava upādātuḥ pravartate/
syāddhi yadyanupādāno mucyeta na bhavedbhavaḥ//[28]
취함이 존재할 때에 취하는 자에게서 생존[有]이 발생한다. 왜냐하면, 만일 취함이 없다면 해탈할 것이며 생존이 존재하지 않을 것이기 때문이다.[29]

---

21) 이상 2, 3, 4게는 십이연기설의 삼세양중인과적 해석에서 현재의 5과(果)인 '식, 명색, 육입, 촉, 수'의 발생과정을 기술한 것이다.
22) (26-5) *saṃnipātaḥ〉 saṃinipāta: (m. nom.) ~와의 접촉. *trayāṇām〉 tri: (a. m. n. Pl. gen.): 셋, 3. *yaḥ〉 yad: (관계대명사, m. nom.). *rūpa: 색(色). *vijñāna: 식(識). *cakṣuṣām〉 cakṣu(눈))〉 √cakṣ(보다): (m. n. Pl. gen.) 눈. *sparśaḥ〉 sparśa: (nom.) 접촉. *saḥ〉 tad: 그, 그것. *tasmāt〉 tad: (abl.) 그러므로. *sparśāt〉 sparśa: (abl.) 접촉. *ca: 그리고. *vedanā: 感受작용. *saṃpravartate: (ātm. Sg. Ⅲ) 나타나다.
23) 欲取, 見取, 戒禁取, 我語取.
24) 三有: 欲有, 色有, 無色有.
25) 십이연기의 삼세양중인과적 해석에서 현재의 3인(因)인 '애, 취, 유'의 발생 과정.
26) (26-6) *vedanā: 감수작용. *pratyayā: (a. f.) 緣. *tṛṣṇā: (f.) 갈애, 욕망. *vedanā: 상동. *artha: 대상. *hi: 왜냐하면, 실로. *tṛṣyate〉 √tṛṣ: (수동) 갈구하다, 욕구하다. *vedanā: 상동. *arthan: 대상. *hi : 왜냐하면. *tṛṣyate: 상동. *tṛṣyamāna〉 √tṛṣ + ya(수동) + māna(ātm. 현재분사): 상동. *upādana: 取. *upādatte〉 upā√dā: (p.p.p. loc.) 取하다. *caturvidha〉 catur(4) + vidha(종류).

6) 從有而有生 從生有老死 從老死故有 憂悲諸苦惱
유(有)로부터 생(生)이 존재한다. 생으로부터 노사(老死)가 존재한다. 노사로부터 우(憂)와 비(悲) 및 모든 고뇌가 존재한다.30)

8) pañca skandhāḥ sa ca bhavo bhavājjātiḥ pravartate/
jarāmaraṇaduhkhādi śokāḥ saparidevanāḥ//31)
그리고 그 생존[有]은 오온이다. 생존에서 생[태어남]이 발생한다. 노사와 고(苦) 등, 비애와 비탄을 가진 것들이 [발생한다].

7) 如是等諸事 皆從生而有 但以是因緣 而集大苦陰
이런 모든 일들은 다 생으로부터 존재한다. 단지 이런 까닭으로 막대한 고(苦)의 온(蘊)이 모인다.

9) daurmanasyamupāyāsā jāteretatpravartate/
kevalasyaivametasya duḥkhaskandhasya saṃbhavaḥ//32)
낙담과 초조, 이것들은 생[태어남]에서 나타난다. 이처럼 오직 고(苦)뿐인 집합체[蘊]가 발생한다.

8) 是謂爲生死 諸行之根本 無明者所造 智者所不爲
이것을 생사하는 제행의 근본이라고 한다. 무명한 자가 짓는 것이지만 지혜로운 자는 그리 하지 않는다.

10) saṃsāramūlān saṃskārānavidvān saṃskarotyataḥ/
avidvān kārakastasmānna vidvāṃstattvadarśanāt//33)
그래서 무지한 자는 윤회의 뿌리인 형성작용들[諸行]을 짓는다. 그러므로 무지한 자는 [그런 것들을] 짓는 자이다. 지자(知者)는 진실을 관(觀)하기 때문에 그렇지 않다.

11) avidyāyāṃ niruddhāyāṃ saṃskārāṇāmasaṃbhavaḥ/
avidyāyā nirodhastu jñānenāsyaiva bhāvanāt//34)
무명이 사라질 때에 형성작용들[諸行]은 발생하지 않는다. 무명의 소멸은 이 [十二緣起의] 지혜를 수습[念想]함에 의한다.35)

9) 以是事滅故 是事則不生 但是苦陰聚 如是而正滅
이것이 사라지므로 이것이 생하지 않는다. 오직 고(苦)뿐인 이 음(陰)의 덩어리가 그렇게 하여 제대로 사라진다.
12) tasya tasya nirodhena tattannābhipravartate/
duḥkhaskandhaḥ kevala 'yamevaṃ samyagnirudhyate//36)
이것, 저것[= 십이지의 前支]이 소멸함에 의해 이것, 저것이[= 後支] 발생하지 않는다. 그렇게 하여 오직 고(苦)뿐인 이 집합체[蘊]가 올바르게 사라진다.37)

범부들은 무명으로 눈이 멀어 있기에 후신(後身)을 위해 신구의(身口意)

---

27) '受為起愛緣　為受故起愛　愛又為取緣 取者有四種', 『般若燈論釋』; '因受起於愛 以受故愛生 從愛生於取 所取有四種', 『大乘中觀釋論』.
28) (26-7) *upādāne: (loc.) 取. *sati〉 sat(현재분사)〉 √as: (loc.) 존재. *bhava: 有, 생존. *upādātuḥ〉 upādātṛ: (abl.) 취(取)하는 자. *pravartate〉 pra√vṛt: (ātm. Ⅲ) 발생하다. *syāt〉 √as: (opt. Sg. Ⅲ) ~이리라. *hi: 왜냐하면, 실로. *yadi: 만일. *anupādāno〉 an + upādānaḥ: (Sg. nom.) 取가 없는. *mucyeta〉 √muc: (ātm. opt.) 해탈하다. *na: ~이 아니다, ~이 없다. *bhavet〉 √bhū (opt.) 존재하다. *bhava: 상동.
29) '由取諸有故 取者起於有 以無取者故 脫苦斷諸有', 『般若燈論釋』; '因取故有有 謂取者有故　若無取解脫 是故無彼有', 『大乘中觀論』
30) 십이연기의 삼세양중인과적 해석에서 미래의 2과(果)의 발생 과정.
31) (26-8) *pañca: 5, 다섯. *skandhāḥ〉 skandha: (Pl. nom.) 蘊, 쌓임. *saḥ〉 tad: (m. nom.) 그, 그것. *ca: 그리고. *bhavaḥ〉 bhava: (m. nom.) 有, 생존. *bhavāt〉 bhava: (abl.) 상동. *jātiḥ: (nom.) 生. *pravartate〉 pra√vṛt: (ātm. Ⅲ) 발생하다. *jarāmaraṇa: 老死. *duḥkha: 苦. *ādi: 等. *śokāḥ〉 śoka: (m. Pl. nom.) 비애, 고뇌.

삼업으로 육취(六趣)의 제행을 일으킨다. 그들이 일으키는 제행은 상중하의 구별이 있다. 그래서 식(識)이 육취에 들어가 그 행업에 따라 몸을 받는다. 식의 집착이 인연이 돼서 명색이 모인다. 명색이 모이기에 여섯 가지 감각영역[六入]이 존재한다. 여섯 가지 감각영역이 인연이 돼서 여섯 가지 접촉[六觸]이 존재한다. 여섯 가지 접촉이 인연이 따서 세 가지 감수작용[三受]이 존재한다. 세 가지 감수작용이 인연이 돼서 욕구[渴愛]가 생긴다. 욕구가 인연이 돼서 네 가지 취함[四取]이 존재한다. 네 가지 취함을 취할 때에 신구의 삼업을 지어 죄나 복을 일으킨다. 그래서 그다음의 세 가지 생존 양태[三有]가 상속하게 된다. 생존 양태로부터 태어남[生]이 있게 되고 태어남으로부터

---

*saḥ: 상동. *paridevanāḥ: (m. Pl. nom.) 비탄.

32) (26-9) *daurmanasyam〉 daurmanasya: (n. nom.) 낙담, 비애. *upāyāsāḥ: (m. Pl. nom.) 곤란, 불안, 당혹. *jater〉jati: (Sg. abl.) 生. *etat〉 etad: (nom.) 이것. *pravartate〉 pra√vṛt: (ātm. Ⅲ) 발생하다. *kevalasya: (gen.) 유일한, 오직 ~ 뿐인. *evam: 그와 같이. *etasya〉 etad: (gen.) 이것. *duḥkha: 苦. *skandhasya: (gen.) 온(蘊), 더미. *saṃbhavaḥ: (nom.) 발생.

33) (26-10) *saṃsāramūlān〉 saṃsāra(윤회) + mūla(뿌리) + ān: (Pl. acc.). *samskārān: (Pl. acc.) 行, 형성작용. *avidvān: (m. nom.) 무지한 자. *saṃskaroti〉 saṃs√kṛ: (현재, Ⅲ) 짓다. *atas: 그래서, 거기서. *avidvān: 상동. *kārakaḥ: (m. nom.) 짓는 자. *tasmāt〉 tad: 그러므로. *na: ~이 아니다, ~이 없다. *vidvāṃs(연성)〉 vidvān: 지자(知者). *tattva: 진실. *darśanāt: (abl.) 觀, 見.

34) (26-11) *avidyāyām〉 avidyā: (f. loc.) 무지, 무명. *niruddhāyām〉 niruddhā: (f. loc.) 소멸. *saṃskārāṇām: (Pl. gen.) 형성작용. *asaṃbhavaḥ〉 a + sarṃbhava: (nom.) 발생하지 않는. *avidyāyā〉 avidyā: (gen.) 상동. *nirodhaḥ: (nom.) 소멸. *tu= ca, vā. *jñānena〉 jñāna: (ins.) 지혜, 지식. *asya〉 idam: (gen.) 이것. *eva: 실로, 도대체, 결코. *bhāvanāt〉 bhāvanā: (f.) 修行, 修習.

35) '無明若已斷 諸行不復生 修習智慧故 無明乃得斷', 『般若燈論釋』; '若無明息滅 諸行亦復滅 無明行滅故 智者如是修', 『大乘中觀釋論』.

36) (26 - 12) *tasya〉 tad: (gen.) 그것, 그. *nirodhena〉 nirodha: (ins.) 소멸. *tat〉 tad: (nom.) 그것. *tat: 상동. *na: ~이 아니다, ~이 없다. *abhipravartate〉 abhi-pra/vṛt: (ātm. Ⅲ) 발생하다. *duḥkha: 苦. *skandhaḥ: (nom.) 온(蘊), 쌓임. *kevala: 오직 ~뿐인, 유일한. *ayam〉 idam: (m. nom.) 이, 이것. *evam: 그와 같이. *samyak: (ad.) 정확히, 올바르게. **nirudhyate: (수동태) 사라지다.

37) 십이연기의 환멸문을 의미한다.

노사가 존재하게 된다. 노사로부터 우(憂), 비(悲), 고(苦), 뇌(惱) 등 갖가지 근심거리가 존재하는바 그것은 오직 방대한 고음(苦陰)만의 모임이다.[38]

그러므로 지혜가 없는 범부는 이렇게 생사하는 제행의 근본을 일으킨다. 지혜로운 사람은 그런 것들을 일으키지 않는다. [지혜로운 자는] 진실 그대로 보기에 무명이 사라진다. 무명이 사라지기에 제행도 역시 사라진다. 즉, 원인이 사라지기에 결과도 사라지는 것이다. 이런 식으로 수습하여 십이연기가 생멸하는 지혜를 관(觀)[39]하기에 '이것이 사라진다'는 것이다. '이것이 사라지기에' 결국은 생과 노사, 우(憂), 비(悲) 등 방대한 고음(苦陰)이 모두 진실 그대로 제대로 사라진다. 제대로 사라진다는 것은 완전히 사라진다는 말이다.[40] 이것이 십이연기가 생멸하는 이치이며 아비달마에서 상세히 설명하는 바와 같다.

---

38) 십이연기설의 유전문(流轉門)에 대한 설명.
39) 십이연기 각 지분 간의 중도적인 인과관계에 대한 지혜를 의미한다고 볼 수 있다. 즉 팔부중도적(八不中道的) 인과관계에 대한 조망이 생김으로써 각 지분의 무실체성이 터득되고 그에 따라 각 지분이 적멸에 드는 것이다.
40) 십이연기설의 환멸문(還滅門).

제27 관사견품(觀邪見品, 30偈)
사견(邪見)에 대한 관찰
dṛṣṭiparīkṣā nāma saptaviṃśatitamaṃ prakaraṇaṃ
[잘못된] 견해의 검토라는 이름의 제27장(30게)1)

【문】 대승법으로 사견을 파(破)하는 것은 이미 들었다. 이제 성문법(聲聞法)에서 사견을 파하는 것을 듣고 싶다.2)

【답】 3)

1) 我於過去世 爲有爲是無 世間常等見 皆依過去世 내가 과거세에 존재했나 존재하지 않았나, 세간은 상주하는가 등의 견해는 모두 과거세에 의존한 것이다. 1) dṛṣṭayo 'bhūvaṃ nābhūvaṃ kiṃ nvatīte 'dhvanīti ca/ yāstāḥ śāśvatalokādyāḥ pūrvāntaṃ samupāśritāḥ//4) 도대체 내가 과거세[전생]에 존재했었나 존재하지 않았었나, 세간은 상주했는가 등의 견해들은 '이전의 한계'에 의거해 있다.

---

1) 신수대장경의 『청목소』에는 31게로 되어 있으나 이는 본 품 제24게 장행에 인용된 아리야제바의 『四百觀論』의 게송을 제25게로 삼아서 『中頌』에 포함시킨 것이기에 옳지 않다.

2) 이하는 無記說중 自我와 世間의 邊, 無邊 및 常, 無常 여부의 문제에 대한 논의다.

3) 이하 답변에서 용수가 전생과 내생을 부정하는 듯이 보이지만 이는 전생이나 내생이 없다는 단멸론적인 부정이 아니라, 불변의 자아가 윤회한다는 상주론적 해석에 대한 비판이다.

4) (27-1)*dṛṣṭayaḥ〉 dṛṣṭi: (f. Pl. nom.) 견해, 觀. *abhūvam〉 √bhū: (아오리스트, Sg. Ⅰ) 존재하다. *na: ~이 아니다, ~이 없다. *abhāvam: 상동. *kim nu: (강한 의문을 표시). *aīte〉 atīta: (loc.) 과거. *adhvani〉 adhvan: (m. loc.) 世. *iti: ~라고. *ca: 그리고. *yāḥ〉 yad: (관계대명사, f. Pl. nom.). *tāḥ〉 tad: (f. Pl. nom.) 그것, 그녀.

2) 我於未來世 爲作爲不作 有邊等諸見 皆依未來世
내가 미래세를 짓겠는가 짓지 않겠는가, 유변(有邊)인가 등의 여러 견해는 다 미래세에 의존한 것이다.5)
2) dṛṣṭayo na bhaviṣyāmi kimanyo 'nāgate 'dhvani/
bhaviṣyāmīti cāntādyā aparāntaṃ samāśritāḥ//6)
내가 미래세에 존재하지 않겠는가 아니면 존재하겠는가, 또 한계(限界) 등의 견해는 '나중의 한계'에 의거해 있다.

3) 過去世有我 是事不可得 過去世中我 不作今世我
과거세에 내가 있었다는 것은 성립하지 않는다. 과거세에서의 나는 지금의 내가 되지 않는다.
3) abhūmatītamadhvānamityetannopapadyate/
yo hi janmasu pūrveṣu sa eva na bhavatyayaṃ//7)
과거세에 내가 존재했다는 것은 성립하지 않는다. 왜냐하면, 이전의 생애들에서의[= 전생의] 것, 그것이 결코 이것이 되지는 않기 때문이다.

내가 과거세에[= 전생에] 존재했나, 존재하지 않았나, 존재하면서 존재하

---

*śāśvata: (a.) 영원한, 상주하는. *loka: 세간. * ādyāḥ> ādi: (m. Pl. nom.) 등. *pūrva: 이전의.*anta: 끝, 한계. *samupāśritā> sam-upā√śri(~에 기초를 두다): (p.p.p.) ~에 의거한.

5) 용수는 여기서 변(邊), 무변(無邊)의 문제를 중생 생존의 미래의 시간적 한계로 해석하지만 장아함의 『범동경』(대정1, p.91b)이나 장부 니까야의 『범망경』(D.N.I, p.22)이나 현장 역의 『아비달마대비바사론』(대정27, p.997.)에서는 기세간(器世間)의 공간적 한계로 해석한다. 그러나 한역 시기가 이른 지겸 역의 『범망육십이견경』(대정1, p.268c)에서는 그 문제가 공간에 대한 것인지 시간에 대한 것인지 여부에 대한 언급이 없다.

6) (27-2) *dṛṣṭaya> dṛṣṭi: (Pl. nom.) 견해. *na: ~이 아니다, ~이 없다. *bhaviṣyāmi> √bhū: (미래, I) 존재하다. *kim anya: 아니면. *anāgate> anāgata: (loc.) 미래.*adhv

지 않았나, 존재하지도 않고 존재하지 않지도 않았나? 이런 것들을 상주론 따위의 사견(邪見)이라고 하는데 모두 과거세에 의존해 있다. 내가 미래세를 짓겠는가[= 내생에 존재하겠는가], 짓지 않겠는가, 짓기도 하면서 짓지 않기도 하겠는가, 짓지도 않고 짓지 않는 것도 아니겠는가? 이런 것들을 유변론, 무변론 등의 사견이라고 하는데 모두 미래세에 의존해 있다. 이런 여러 가지 사견들을 어째서 사견이라고 부르는지 이제 설명해 보겠다.

4) 若謂我卽是 而身有異相 若當離於身 何處別有我
혹, 내가 바로 그것이지만 몸은 다른 모습을 띤다고 하한다. [그러나] 만일 몸을 떠난다면 어디에 따로 '나'가 존재하겠는가?
4) sa evātmeti tu bhavedupādānaṃ viśiṣyate/
upādānavinirmukta ātmā te katamaḥ punaḥ//[8)]
그것[= 전생의 나]이 바로 나[= 自我]라고 하겠지만 취(取)[9)]가 구별된다. 취를 떠난 그대의 '나'는 다시 누구이겠는가?

---

ani: (loc.) 世. *bhaviṣyāmi: 상동. *iti: ~라고. *ca: 그리고. *anta: 끝, 한계. *ādyāḥ> ādi: (m. Pl. nom.). *apara: 나중의. *anta: 상동. *samāśritāḥ> sam-ā√śri: (p.p.p. Pl. nom.) ~에 기대다, ~에 의지하다.

7) (27-3) *abhūm> √bhū:(과거, I 인칭) 존재하다. *atīta: 과거. *adhvānam> adhvan: (Sg. acc.) 世. *iti: ~라고. *etat> etad: 이것. *na: ~이 아니다, ~이 없다. *upapadyate> upa√pad: (수동태, Sg.Ⅲ) 성립하다. *yaḥ> yad: (관계대명사, m. nom.) *hi: 왜냐하면. *janmasu> janman: (n. Pl. loc.) 생. *pūrveṣu pūrva: (Pl. loc.) 이전의. *saḥ> tad: 그것, 그. *eva: 실로, 도대체, 결코. *na: 상동. *bhavati> √bhū: (현재, Ⅲ) *ayam> idam: (m. nom.) 이것.

8) (27-4) *saḥ> tad: (m.nom.) 그것, 그. *eva: 실로, 도대체, 결코. *ātmā> ātman: (m. nom.) 나. *iti: ~라고. *tu= ca, vā. *bhavet> √bhū: (opt.) ~이리라. *upādāna: 取. *viśiṣyate> vi√śiṣ: (수동태) 구별하다. *upādāna: 상동. *vinirmukta: (p.p.p.) ~을 떠난. *ātmā: 상동. *te> tvam: (Pl. gen.) 그대에 있어서(그대의 생각대로라면). *katamaḥ: (nom.) 누구, 어떤 것. *punar: 다시.

9) 오취온.

10) 신수대장경에는 '離有無身我'로 되어 있으나 고려대장경에는 위와 같이 되어 있다.

5) 離身無有我[10] 是事爲已成 若謂身卽我 若都無有我
몸을 떠나서 자아가 존재하지 않는다는 이 사실은 이미 성립했었다. 만일 몸이 그대로 자아라면 그대에게는[11] 자아가 전혀 존재하지 않는다.

5) upādānavinirmukto nāstyātmeti kṛte sati/
syādupādānamevātmā nāsti cātmeti vaḥ punaḥ//[12]
취(取)를 떠난 자아가 존재하지 않는다고 하는 경우 취가 바로 자아가 될 것이며 그대들의 견해대로라면 다시 자아가 존재하지 않는 꼴이 된다.

6) 但身不爲我 身相生滅故 云何當以受 而作於受者
몸은 결코 자아가 아니다. 몸의 상(相)은 생멸하기 때문이다. 어떻게 취(取)로써 취하는 자를 짓겠는가?

6) na copādānamevātmā vyeti tatsamudeti ca/
kathaṃ hi nāmopādānamupādātā bhaviṣyati//[13]
또 취(取)가 바로 자아[나]는 아니다. 그것[取]은 멸하고 또 생한다. 도대체 취가 어떻게 취하는 주체가 되겠는가?

법문과 대조해 볼 때 이는 신수대장경의 誤植임을 알 수 있다.

11) 여기서 若은 汝의 의미이다. 張三植 編, 『大漢韓辭典』 참조.

12) (27-5) *upādāna: 取. *vinirmuktaḥ: (p.p.p. m. nom.) ~을 떠난. *na: ~이 아니다, ~이 없다. *asti〉 √as: ~이다, ~이 있다. *ātmā〉 ātman: 自我. *iti: ~라고. *kṛte〉 kṛta〉 √kṛ: (p.p.p. loc.) 짓다. *sati〉 sat〉 √as: (현재분사, loc.) 존재. *syāt〉 √as: (opt. Sg. Ⅲ) ~이리라. *upādānam: (n. nom.) 取. *eva: 실로, 도대체, 결코. *ātmā: 상동. *na: ~이 아니다, ~이 없다. *asti〉 √as: ~이다, ~이 있다. *ca: 그리고. *ātmā: 상동. *iti: ~라고. *vaḥ〉 tvam: (인칭대명사, Pl. gen.) 당신. *punar: 다시.

13) (27-6) *na: ~이 아니다, ~이 없다. *ca: 그리고. *upādānam: (n. nom.) 取. *eva: 실로, 도대체, 결코. *ātmā〉 ātman: (m. nom.) 자아. *vyeti〉 vy√i: (Sg. Ⅲ) 멸하다.

7) 若離身有我 是事則不然 無受而有我 而實不可得

만일 몸을 떠나서 자아가 존재한다면 그것은 옳지 못하다. 취(取) 없이 자아가 존재한다는 것이지만 실제로 그런 것은 포착될 수 없다.

7) anyaḥ punarupādānādātmā naivopapadyate/
gṛhyeta hyanupādāno yadyanyo no ca gṛhyate//[14]

더욱이 취(取)와 다른 자아는 결코 성립되지 않는다. 왜냐하면, 만일 다르다면 취가 아닌 것이 포착될 터이지만 [그런 것은] 포착되지 않기 때문이다.

8) 今我不離受 亦不卽是我 非無受非無 此卽決定義

지금의 자아는 취(取)를 떠난 것이 아니다. 또한 그것이 바로 자아인 것도 아니다. 취가 없는 것도, 없지 않은 것도 아니다. 이것이 바로 결정적인 이치이다.

8) evaṃ nānya upādānānna copādānameva saḥ/
ātmā nāstyanupādāno nāpi nāstyeṣa niścayaḥ//[15]

이처럼 [자아는] 취와 다른 것도 아니고 바로 취 그것도 아니며, 취가 없는 자아는 존재하지 않으며 존재하지 않는 것도 아니라는 이것이 정확한 지식이다.[16]

---

*tat〉 tad: 그것. *samudeti〉 sam-ud√i: (Sg. Ⅲ) 생기(生起)하다. *ca: 그리고. *katham: 어떻게. *hi: 실로, 도대체. *nāma: 실로, 도대체. *upādānam: 상동. *upādātā〉 upādātṛ: (nom.) 取者, 취하는 자. *bhaviṣyati〉 √bhū: (미래) 존재하다.

14) (27-7) *anyaḥ: (nom.) 다른. *punar: 다시. *upādānāt: (abl.) 취. *ātmā〉 ātman: (m. nom.) 자아. *na: ~이 아니다, ~이 없다. *eva: 실로, 도대체, 결코. *upapadyate〉 upa√pad: (수동태, Sg. Ⅲ) 성립하다. *gṛhyeta〉 √grah: (수동태, ātm. opt. Sg. Ⅲ)

내가 과거세에 존재했다는 것은 옳지 못하다. 왜 그런가? 전생의 내가 그대로 지금의 내가 되는 것은 아니기 때문이다. 이 경우 상주론의 과실이 있다. 상주한다면 엄청난 잘못이 발생한다. 왜 그런가? 예를 들어 어떤 사람이 복을 지은 인연으로 하늘나라[天]에 태어났다가 나중에 사람으로 태어나는 경우, 만일 전생의 자아가 그대로 지금의 자아라고 한다면 천신[17] 그대로가 인간인 꼴이 된다. 또 어떤 사람이 죄업을 지은 인연으로 전다라(旃陀羅)[18]로 태어났다가 다음 생에 바라문으로 태어난 경우 전생의 자아가 그대로 금생의 자아라고 한다면 전다라가 그대로 바라문일 것이다. 비유하자면 '제바달' 이라는 사위국 바라문은 왕사성에 가도 '제바달'이라고 부르지 왕사성에 갔다고 이름이 달라지지 않는 것과 마찬가지다. 천신으로 살다가 인간으로 태어난 경우 천신이 그대로 인간이라든가 전다라가 그대로 바라문이라는 것은 결코 옳지 못하다. 왜 그런가? 천신이 그대로 인간인 것은 아니며 전다라가 그대로 바라문은 아니기 때문이다. 이상과 같이 여러 가지 과실이 있다.

전생의 내가 지금의 내가 아니라고 하니까 다음과 같이 반박하기도 한다.

잡다, 포착하다. *hi: 왜냐하면. *anupādāno〉 an + upādānaḥ: 취가 아닌. *yadi: 만일. *anya: 다른. *na: ~이 아니다, ~이 없다. *ca: 그리고. *gṛhyate √grah: (수동태, 직설법, Sg. Ⅲ) 상동.

15) (27-8) *evam: 그와 같이. *na: ~이 아니다, ~이 없다. *anya: 다른. *upādānāt〉 upādāna: (abl.) 取. *na: ~이 아니다, ~이 없다. *ca: 그리고. *upādānam〉 upādāna: (n. nom.) 상동. *eva: 실로, 도대체, 결코. *saḥ〉 tad: 그것, 그. *ātmā〉 ātman: (m. nom.) 자아. *na: ~이 아니다, ~이 없다. *asti〉 √as: ~이다, ~이 있다. *anupādāno〉 an + upādāna: 상동. *na: ~이 아니다, ~이 없다. *api: ~도 역시.; ~도 역시. *na: ~이 아니다, ~이 없다. *asti〉 √as: ~이다, ~이 있다. *eṣa〉 etad: 이것. *niścayaḥ: (m. nom.) 정확한 지식, 결정설, 진상.

16) 마지막 부분인 'nāpi nāstyeṣa niścayaḥ'를 티벳역이나 『무외소』, 『반야등론』, 『대승중관석론』 및 『월칭소』에서는 '존재하지 않는다는 이것도 결정설이 아니다.'라고 반대로 해석한다. 여기서는 구마라습의 번역에 맞추어 위와 같이 번역하였다.

17) 본 품 제15, 16, 17게에서 보듯이 天神의 梵語 원어는 'deva'이다. 삼계 중에서 욕계, 육욕천 이상에 태어나서 사는 천신들을 의미한다.

18) 범어 caṇḍāla의 음사, 과거 인도에서 사성계급 이하의 신분이 가장 낮은 천민. 도살업, 사냥, 망나니 노릇으로 살아간다.

어떤 사람이 옷을 빨래할 때는 '빨래하는 사람'이라고 부르고 풀을 벨 때는 '풀 베는 사람'이라고 불러서 '빨래하는 사람'이 '풀 베는 사람'과 비록 다르지 않지만 '빨래하는 사람' 그대로가 바로 '풀 베는 사람'이 아닌 것처럼 내가 천신의 몸을 받으면 천신이라고 부르고 내가 인간의 몸을 받으면 인간이라고 불러서 나 자체는 달라지지 않았지만 몸은 달라진다고 반박한다. 그러나 이는 옳지 못하다. 왜 그런가? 만일 그대로 똑같다면 '천신이 인간이 된다'는 말조차 할 필요가 없다. 또 이제 '빨래하는 사람'과 '풀 베는 사람'이 다른가 다르지 않은가? 만일 다르지 않다면 '빨래하는 사람'이 바로 '풀 베는 사람'이어야 하리라. 그와 마찬가지로 전생에 천신이었던 자가 그대로 지금의 인간이고 전다라가 그대로 바라문인 꼴이 되어서 자아가 상주한다는 과실이 있게 된다. 그렇다고 만일 다르다면 '빨래하는 사람'은 '풀 베는 사람'이 되지 못하듯이 천신은 인간이 되지 못한다. 자아도 무상(無常)한 꼴이 되어 '나'라는 상(相)도 있을 수 없다. 그러므로 [천신과 인간이] 같다고도 말할 수 없다.

【문】 전생의 자아가 그대로 현생의 자아이다. 다만 그 취만을 보고 이 자는 천신이고 이 자는 인간이라고 구별하는 것이다. 취(取)란 오음으로 된 몸을 말한다. 업(業)이 있는 까닭에 이 자는 천신이고 이 자는 인간이며 이 자는 전다라이고 이 자는 바라문이라고 분별한다. 그러나 자아는 천신도 아니고 인간도 아니며 전다라도 아니고 바라문도 아니다. 그러므로 위에서 말한 과실이 없다.

【답】 그렇지 않다. 왜 그런가? 만일 몸이 천신이 되고 인간이 되고, 전다라가 되고 바라문이 되는 것이라면 그런 몸은 자아가 아니다. 그러니 몸 이외에 따로 자아가 존재해야 한다. 여기서 죄나 복을 짓고 생사하여 [육도를] 왕래하는 것은 모두 다 몸이지 자아가 아니다. 죄를 지은 까닭에 삼악도(三惡道)[19]에 떨어지고 복을 짓는 까닭에 삼선도(三善道)[20]에 태어난다. 그런데

19) 육도 중 지옥, 축생, 아귀의 셋.

만일 고통, 쾌락, 성냄, 기쁨, 슬픔, 공포 등이 모두 몸의 일이고 자아의 일이 아니라면 자아는 무슨 쓸모가 있겠는가? 이는 마치 세속 사람의 죄[21]를 다스리는데 출가한 사람[22]을 참여시키지 않는 것과 같다. 또 오음의 인연이 상속하여 죄와 복이 소실되지 않기에 그것으로부터의 해탈이 있을 수 있다. 만일 그 모든 것들이 몸일 뿐이고 자아는 아니라면 자아는 무슨 쓸모가 있겠는가?

【문】 죄나 복은 자아에 의지해 있다. 자아는 지각을 갖고 몸은 지각을 갖지 않으니 지각하는 놈이 틀림없이 자아이어서 업을 짓는 인연이 된다. 또 죄나 복은 지어지는 것이기에 그것을 짓는 놈이 존재해야 한다는 것을 알아야 한다. 여기서 짓는 놈은 바로 자아이고 몸은 자아의 도구이기도 하면서 자아가 머물러 있는 곳이다. 비유하자면 집주인이 풀과 나무와 진흙과 벽 등으로 집을 고칠 때 자기 몸을 위하여 그 쓸모에 따라 집을 고치기에 좋게도 되고 나쁘게도 된다. 자아도 역시 이와 마찬가지다. 선이나 악을 짓는 바에 따라 좋거나 나쁜 몸을 받게 되니 육도의 생사가 모두 자아가 지은 것이다. 그러므로 죄나 복을 짓는 몸은 모두 자아에 속해 있다. 마치 집이 그 집의 주인에게 속해 있지 다른 사람에게 속해 있지 않은 것과 같다.

【답】 그런 비유는 옳지 못하다. 왜 그런가? 집주인은 형상이 있어서 만질 수도 있으며 힘도 있기에 능히 집을 고칠 수가 있는 것이다. 그러나 그대가 말하는 자아라는 것은 형태도 없고 만질 수도 없기에 짓는 힘도 없다. 스스로에게 짓는 힘[作力]이 없을 뿐만 아니라 다른 사람으로 하여금 짓게[作] 하지도 못한다. 만일 이 세상에 형태도 없고 만질 수도 없는데 행위할 수는 있는 놈이 단 하나라도 존재한다면 짓는 놈이 존재함을 안다는 말을 믿고 용납할 수도 있겠으나 결코 그럴 수는 없다. 만일 자아가 짓는 놈이라면 자기 스스로

---

20) 육도 중 천상, 아수라, 인간의 셋.
21) 몸에 비유됨.
22) 자아에 비유됨.

고통스러운 일은 짓지 말아야 하고 또 [자아가] 새겨두는 놈[= 念者]이라면 탐나고 즐거운 일은 잃지 말아야 하리라. 그렇다고 자아가 고(苦)를 짓는 것이 아니라 고가 저절로 생기는 것이라고 한다면 나머지 모든 법들도 역시 스스로 생하는 것이고 자아가 짓는 것이 아닌 꼴이 된다.

만일 보는 놈이 자아라고 한다면 눈은 능히 형상[色]을 보니 눈이 바로 '자아'여야 하리라. 그렇다고 눈이 보긴 하지만 자아는 아니라고 한다면 앞에서 '보는 놈이 자아다.'라고 한 말에 어긋난다. 만일 보는 놈이 바로 자아라면 자아는 소리를 들을 수 없어야 하는 등 다른 모든 감각을 느낄 수 없어야 하리라. 왜 그런가? 눈은 보는 놈이기만 해서 소리를 듣는 등 다른 모든 감각은 느낄 수 없기 때문이다. 그러므로 자아가 바로 보는 놈이라는 말은 옳지 못하다.

만일 '풀 베는 사람이 낫을 이용해 풀을 베는 것처럼 자아도 역시 이와 같아서 손[手] 같은 것들로 일을 할 수 있다'면 이는 옳지 못하다. 왜 그런가? 이 경우는 낫과는 별도로 풀 베는 사람이 존재하는 것이지만 [자아의 경우] 몸과 마음 등 여러 기관[根]들을 떠나서 따로 짓는 놈이 존재하지는 않는다. 그래도 '짓는 놈이 비록 눈이나 귀 등으로는 얻어지지 않지만 짓는 놈은 존재한다.'고 말한다면 이는 석녀(石女)[23]의 자식이 무슨 짓을 할 수 있다고 말하는 것과 같다. 이처럼 모든 지각기관[根]은 자아일 수 없다.

만일 '오른쪽 눈이 사물을 보아도 왼쪽 눈도 이를 아니[識] 별도로 보는 놈[24]이 존재한다고 알아라.'[25]고 말한다면 이것은 옳지 못하다. 오른손이 익힌 일을 왼손은 할 수 없으니[26] 별도로 짓는 놈이 존재하지 않는다. 별도로

---

23) 불임기에 자식이 있을 수 없다.

24) 통각(統覺)을 의미한다고 볼 수 있다.

25) 예를 들어 왼쪽 눈을 감고 오른쪽 눈으로 어떤 물건을 본 후 다시 오른쪽 눈을 감고 왼쪽 눈으로 그 사물을 볼 때 그 사물이 아까 봤던 사물임을 알 수 있으니 왼쪽 눈과 오른쪽 눈에 보는 놈이 존재한다는 주장.

26) 예를 들어 오른손으로 글씨 쓰기를 익힌 경우 그것을 익힌 것이 손이 아니라 그 배후의 주체라면 왼손도 오른손이 익힌 만큼 글씨를 잘 써야 할 텐데 그렇지 못한 것.

짓는 놈이 존재한다면 오른손이 익힌 일을 왼손도 역시 할 수 있어야 할 텐데 실제로는 할 수 없다. 그러므로 그 이면에 짓는 놈이 따로 있는 것이 아니다.

또 자아가 존재한다고 주장하는 사람이 '다른 사람이 과일을 먹는 것을 보고 내 입에 침이 고이는데 이것이 자아의 상(相)이다.'라고 말하는데 이는 옳지 못하다. 이것은 생각[念]의 힘이지 자아의 힘이 아니다. 이 말은 도리어 자아를 파(破)하는 근거가 된다. 즉, 여러 사람 가운데 있을 때는 그렇게 침이 고여 꼴깍거리는 것을 부끄럽게 여기지만 침이 저절로 나와서 마음대로 할 수가 없다. 그러므로 자아는 없는 것임을 알지어다.

또 [자아가 존재한다고 주장하면] 뒤바뀌는 과실(過失)과 죄(罪)가 있게 된다. [자기 동일적인 자아가 있다면] 전생에는 아버지였던 자가 금생에는 아들이 될 때 이 아버지와 아들은 자아는 동일하고 몸만 다르다는 말이 된다. 마치 한 집에서 다른 집으로 가는 것과 같다는 말이다. 이 경우 전생에 아버지였기에 지금도 아버지이어야 한다. 다른 집에 들어갔다고 갑자기 달라지는 것은 아니다. 이렇게 만일 자아가 존재한다면 [아버지와 아들의] 양자가 동일해야 하니 엄청난 과실이 있다.

그러나 '무아인 오음(五陰)이 상속하는 가운데도 그런 과실이 있다.'고 말한다면 이는 옳지 못하다. 왜 그런가? 오음이 비록 상속하지만 [자아처럼 상주불변하는 것이 아니라] 어떤 때는 작용이 있고 어떤 때는 작용이 없는 것이다. 비유하자면 계율을 지키는 사람이 포도 주스는 마셔도 되지만 [그것이 발효한] 포도주는 마셔서는 안 된다. 그러나 [포도주가] 변질되어 식초가 되면 다시 마셔도 되는 것과 같다. 오음의 상속도 이와 같아서 작용이 있기도 하고 작용이 없기도 하다. 그러니 시종 동일한 자아가 존재한다면 앞서 말한 허물이 있지만 오음이 상속한다는 것에는 그런 허물은 없다. 단지 오음이 화합하기에 가명(假名)으로 '자아'라고 말하나 그것이 확고한 것은 아니다. 마치 서까래와 대들보가 모여 집이 존재하는 것과 같다. 서까래와 대들보 없이, 별도로 집이 존재할 수 없다. 이처럼 오음이 모여 자아가 존재하는 것이지 오음을 떠나서 따로 자아가 존재하는 것은 아니다. 그러므로 자아란 단지 가명일 뿐이고 확고한 실체는 없다.

그대는 앞에서 '[오음인] 취(取)[27]를 떠나서 별도로 [오음을] 취하는 주체가 존재한다. 그 취의 모습을 보고 취한 주체가 누구인지 분별하여 천신이라든지 인간이라고 한다.'고 말하였다. 그러나 이 모두 옳지 못하다. 실제로는 단지 취만 존재하고 별도로 취하는 주체가 존재하는 것이 아님을 알지어다. 만일 취를 떠나서 별도로 자아가 존재한다면 이것은 옳지 못하다. 취를 떠나서 자아가 존재한다면 어떻게 그것을 포착하여 '이것이 자아의 상이다.'라고 말할 수 있겠는가? 상이 없어도 말은 할 수 있다고 하겠지만 취가 없으면 자아도 존재하지 않는다. 만일 '몸[28]을 떠나서 자아가 존재하지 않는다면 몸이야말로 자아이다.'라고 말한다면 이 역시 옳지 못하다. 왜 그런가? 몸은 생멸의 상(相)을 갖지만 자아는 그렇지 않은데 다시 어떻게 [오음으로 이루어진 몸인] '취'가 '취하는 주체'라고 말하겠는가? 그렇다고 취를 떠나서 취하는 주체가 존재한다면 이 역시 옳지 못하다. 만일 '오음을 취하지도 않았지만 취하는 주체는 존재한다.'면 오음을 떠나서 별도로 취하는 주체가 존재하여 눈 따위의 감각기관으로 포착할 수 있어야 하는데 실제로 [그런 주체는] 포착할 수가 없다. 그러므로 자아는 취를 떠난 것도 아니고 취 자체도 아니며 취가 없는 것도 아니고 없지 않은 것도 아니다. 이것이 확고한 이치이다. 그러므로 과거세에 자아가 있었다는 것은 옳지 못함을 알지어다. 왜 그런가?

> 9) 過去我不作 是事則不然 過去世中我 異今亦不然
> 과거의 나는 있지 않았다는 이런 일은 옳지 못하다. 과거세에서의 내가 지금과 다르다는 것도 역시 옳지 못하다.

27) 구마라습은 受라고 漢譯하였지만 受라고 하면 vedāna(感受)와 혼동할 우려가 있다. 이는 통상 取라고 번역하는 범어 'upādana'의 역어이기에 본 번역자는 이하, 受를 取로 대체하였다.

28) 身: 取하는 身體.

9) nābhūmatītamadhvānamityetannopapadyate/
yo hi janmasu pūrveṣu tato 'nyo na bhavatyayaṃ//[29)]
'과거세에 나[자아]는 존재하지 않았다.'라는 것, 그것은 성립하지 않는다. 왜냐하면, 이전의 생애들[= 전생들]과 다른 이것[금생]은 존재하지 않기 때문이다.

10) 若謂有異者 離彼應有今 我住過去世 而今我自生
만일 다르다면 그것 없이도 응당 지금이 존재해야 한다. 내가 과거세에 머물러 있지만, 지금의 나는 스스로 생한 꼴이 된다.
10) yadi hyayaṃ bhavedanyaḥ pratyākhyāyāpi taṃ bhavet/
tathaiva ca sa saṃtiṣṭhettatra jāyeta vāmṛtaḥ//[30)]
만일 이것[금생의 나]이 [전생의 나와] 다르다고 한다면 그것[= 전생의 나]을 배제하여도 [이것, 즉 금생의 나는] 존재하게 되리라. 바로 그와 같이 그것[= 전생의 나]이 같은 상태로 존속하거나 혹은 거기서 죽지도 않은 것이 태어나게 되리라.

---

29) (27-9) *na: ~이 아니다, ~이 없다. *abhūm〉 √bhū: (과거, Ⅰ) 존재하다. *atītam: 과거. *adhvānam〉 adhvan: (m. acc.) 世. *iti: ~라고. *etat〉 etad: 이것. *na: ~이 아니다, ~이 없다. *upapadyate: (수동태) 성립하다. *yaḥ〉 yad: (관계대명사, m. nom.). *hi: 왜냐하면. *janmasu〉 janman: (Pl. loc.) 生. *pūrveṣu〉 purva: (Pl. loc.) 이전의. *tatas: 거기서. *anya: 다른. *na: ~이 아니다, ~이 없다. *bhavati〉 √bhū: (Ⅲ) 존재하다. *ayam〉 idam: (m. nom.) 이것.
30) (27-10) *yadi: 만일. *hi: 실로. *ayam〉 idam: (m. nom.) 이것. *bhavet〉 √bhū: (opt.) 존재하다. *anyaḥ: (nom.) 다른. *pratyākyāya〉 praty-ā√khyā + ya(절대분사): 부인하다, 거절하다. *api: ~도 역시. *tan〉 tad: (acc.) 그것. *bhavet: 상동. *tathā eva: 마찬가지로, 그와 같이. *ca: 그리고. *saḥ〉 tad: 그것, 그. *samtiṣṭhet〉 sam√sthā: (opt.) 존속하다. *tatra: 거기서. *jāyeta〉 √jan: (수동태, ātm. opt.) 생하다. *vā: 혹은. *amṛtaḥ〉 a(부정) + √mṛ(죽다) + ta(p.p.p.): (nom.) 죽지 않는.

11) 如是則斷滅 失於業果報 彼作而此受 有如是等過
그렇다면 단멸되어 업과 그 과보가 소실된다. 저놈이 짓고 이놈이 받는, 그런 따위의 허물이 있다.
11) ucchedaḥ karmaṇāṃ nāśas tathānyena kṛtakarmaṇāṃ/
anyena paribhogaḥ syād evamādi prasajyate//31)
단멸이고, 업들의 소멸이다. 그래서 다른 이에 의해 지어진 업들이 다른 이에게 수용되는, 그런 따위의 오류에 빠지리라.

12) 先無而今有 此中亦有過 我則是作法 亦爲是無因
먼저는 없었는데 지금은 존재한다는 이 말에도 과실이 있다. 자아가 지어진 존재가 되기도 하고 원인 없이 존재하는 것이 되기도 한다.
12) nāpyabhūtvā samudbhūto doṣo hyatra prasajyate/
kṛtako vā bhavedātmā saṃbhūto vāpyahetukaḥ//32)
존재하지 않았는데 발생하는 것도 아니다. 왜냐하면, 여기서는 [다음과 같은] 과실에 떨어지기 때문이다. 자아가 [새롭게] 만들어진 것으로 되든가 혹은 원인 없이 발생하는 것이 되리라.

---

31) (27-11) *ucchedaḥ: (m. nom.) 단멸, 단절. *karmaṇām> karman: (Pl. gen.) 업, 행위. *nāśaḥ: (m. nom.) 소실, 절멸. *tathā: 그처럼. *anyena: (ins.) 다른. *kṛta> √kṛ: (p.p.p.) 짓다. *karmaṇām: 상동. *anyena: 상동. *paribhogaḥ: (nom.) 향수(享受). *syāt> √as: (opt. Sg. Ⅲ) ~이리라. *evam: 그처럼. *ādi: 等. *prasajyate> pra√sañj: (수동태) ~꼴이 된다.
32) (27-12) *na: ~이 아니다, ~이 없다. *api: ~도 역시.: ~도 역시. *abhūtvā> a + √bhū + tvā(절대 분사): 존재하지 않고서. *samudbhūto> sam-ud√bhū + ta(p.p.p.): 발생하다. *doṣa: 오류, 과실. *hi: 왜냐하면. *atra: 여기서. *prasajyate> pra√sañj: (수동태) ~꼴이 된다. *kṛtakaḥ> √kṛ + ta(p.p.p.) + ka(형용사화): (nom.) 지은, 만든. *vā: 혹은. * bhavet> √bhū: (opt.) ~이 되다. *ātmā> ātman: (m. nom.) 자아. *saṃ

과거세[전생]에 있던 내[자아]가 지금[금생]의 나로 되지 않는다면 옳지 못하다. 왜 그런가? 과거세의 나는 지금의 나와 [완전히] 다르지는 않다. 만일 지금의 내가 과거세의 나와 다르다면 응당 그 [과거세의] '나' 없이도 지금의 내가 존재해야 하리라. 또 과거세의 나는 응당 그곳[과거세]에 머물고 이 몸은 스스로 다시 생긴 것이어야 하리라. 만일 그렇다면 단견(斷見)의 극단에 떨어져 모든 업과 과보를 상실한다. 또 죄는 저놈이 지었는데 그 과보는 이놈이 받게 되리라. 이렇게 수많은 허물이 있다. 또 이 경우 이 나[我]는 먼저는 없었다가 지금은 존재하는 꼴인데 이 역시 허물이 있다. 즉 내가 [새롭게] 만들어지는 존재인 꼴이 되고 원인 없이 생한 꼴이 된다. 그러므로 '과거의 내가 지금의 나로 되는 것은 아니다.'라는 말은 옳지 못하다. 다시 설명해 보자.

> 13) 如過去世中 有我無我見 若共若不共 是事皆不然
> 그처럼 과거세에 내가 있었다, 없었다, 있으면서 없었다, 있지도 않고 없지도 않았다는 견해, 이것은 모두 옳지 못하다.[33]
> 13) evam dṛṣṭiratīte yā nābhūmahamabhūmahaṃ/
> ubhayaṃ nobhayaṃ ceti naiṣā samupapadyate//[34]
> 이와 같이 과거세에 '나는 존재하지 않았다', '나는 존재했다', '그 양자다', '양자가 아니다'라는 견해, 이것은 성립하지 않는다.

이와 같이 추구해 보니 과거세에 대한 사견, 즉 '존재했다. 존재하지 않았

---

bhūta〉 sam + √bhu: (p.p.p.) 발생하는. *api: ~도 역시. *ahetukaḥ〉 a + hetu + ka(형용사화): 원인 없는, 無因의.

33) 『잡아함경』(대정2, p.84b): '이런 인연법과 연생법에 대해 올바로 알고 제대로 보는 사람은 이전의 한계를 추구하여 '내가 과거세에 존재했었는가 아닌가? 나는 과거세에 어떤 부류의 존재였을까? 나는 과거세에 어떠했을까?'라고 말하지 않는다.'

34) (27-13) *evam: 그와 같이. *dṛṣṭiḥ: (f. nom.) 견해, 관 *atīte: (loc.) 과거. *yā〉 yad: (관계대명사, f. nom.). *na: ~이 아니다, ~이 없다. *abhūm〉 √bhū: (과거, Ⅰ) 존재하다. *aham: (nom.) 나. *abhūm: 상동. *aham: 상동. *ubhaya: 양자. *na: ~이

다. 존재하면서 존재하지 않았다. 존재하지도 않고 존재하지 않은 것도 아니다.'라는 모든 사견은 앞에서 설명한 이유에서 다 옳지 못하다.

> 14) 我於未來世 爲作爲不作 如是之見者 皆同過去世
> 내가 미래세에 존재할까, 존재하지 않을까? 이처럼 보는 것은 모두 과거세의 경우와 동일하다.[35]
> 14) adhvanyanāgate kiṃ nu bhaviṣyāmīti darśanaṃ/
> na bhaviṣyāmi cetyetadatītenādhvanā samaṃ//[36]
> '미래세에 도대체 나는 존재할 것인가?'라든가 '존재하지 않을 것이다.'라는 이런 견해는 과거세[에 관한 견해]와 동일하다.

'내가 미래세[來生]에 존재할까, 존재하지 않을까? …' 등의 네 가지 분별적 의문[四句]은 과거세에 대한 견해의 과실과 마찬가지이기에 응당 그 내용 속에서 설명해야 한다. 다시 설명해 보자.

> 15) 若天卽是人 則墮於常邊 天則爲無生 常法不生故
> 만일 [전생에 천신이었다가 죽어서 현생에 인간으로 태어난 경우] 천신이 바로 지금의 인간이라면 상견이라는 극단론에 빠진다. 천신은 생함이 없[이도 존재하]는 꼴이 된다. 상주하는 존재는 생하지 않[고도 존재하]기 때문이다.

아니다, ~이 없다. *ubhaya: 상동. *ca: 그리고. *iti: ~라고. *na: ~이 아니다, ~이 없다. *eṣā> etad: (f. Sg. nom.) 이것. *samupapadyate> sam-upa√pad: (수동태) 성립하다.

35) 『잡아함경』(대정2, p.84b-c) '… 나중의 한계를 추구하여 '내가 미래세에 존재할까, 아닐까? 어떤 부류의 존재로 태어날까? 무엇과 같을까?'라고 하지 않는다.'

36) (27-14) *adhvani> adhvan: (m. Sg. loc.) 世. *anāgate: (loc.) 미래. *kim nu: (강한 의문) 도대체. *bhavisyāmi> √bhū: (미래, Sg. I) 존재하다. *iti: ~라고. *darśanam: 견해. *na: ~이 아니다, ~이 없다. *bhaviṣyāmi: 상동. *ca: 그리고. *iti: ~라고. *etad: 이것. *atītena: (ins.) 과거. *adhvanā> adhvan: (m. Sg. ins.) 상동. *sama: (a. n. nom.) 동일한.

15) sa devaḥ sa manuṣyaṣcedevaṃ bhavati śāśvataṃ/ anutpannaśca devaḥ syājjāyate na hi śāśvataṃ//[37)] 그 천신 그대로 그 인간이 된다면, 이와 같다면 상주하는 것이 된다. 또 천신은 태어나는 것이 아니리라. 왜냐하면, 상주하는 것은 태어나지 않기 때문이다.

만일 [전생의] 천신이 바로 지금의 인간이라면 그것은 상주하는 꼴이 된다. 그래서 천신이 [천상에만 상주하고] 인간계에는 태어나지 않을 텐데 어떻게 인간이라고 부를 수 있겠는가? 상주하는 존재는 태어남이 없기 때문에 상주한다는 말은 옳지 못하다. 다시 설명해 보자.

16) 若天異於人 是卽爲無常 若天異人者 是則無相續 만일 천신이 인간과 다르다면 그것은 상주함이 없다는 말이다. 만일 천신이 인간과 다르다면 상속도 존재하지 않는다. 16) devādanyo manuṣyaścedaśāśvatamato bhavet/ devādanyo manuṣyaścetsaṃtatirnopapadyate//[38)] 만일 인간이 천신과 다르다면, 그렇다면 상주하지 않는 것이 되리라. 만일 인간이 천신과 다르다면 상속(相續)[39)]이 성립되지 않는다.

37) (27-15) *saḥ〉 tad: 그것, 그. *devaḥ: (a. m. nom.) 천신. *saḥ: 상동. *manuṣyaḥ〉 manuṣya: (m. nom.) 인간. *cet: 만일. *evam: 그와 같은. *bhavati〉 √bhū: ~이 되다. *sasvatam: 常住, kamutpannaman tutkpad th: (p.p.p.nom.不生의, 태어나지 않는. *ca: 그리고. *devaḥ *syāt〉 √as: (opt. Sg. Ⅲ) ~이리라. *jāyate〉 √jan: (수동태) 생하다. *na: ~이 아니다, ~이 없다. *hi: 왜냐하면, 실로. *śāśvata: 상주하는.

38) (27-16) *devāt〉 deva: (abl.) 신. *anya: 다른. *manuṣyaḥ: (nom.) 인간. *cet: 만일. *aśāśvatam: 상주하지 않는. *atas: 거기서. *bhavet〉 √bhū (opt. Sg. Ⅲ) 존재하다. 되다. *devāt〉 deva: (abl.) 신. *anya:; 상동. *manuṣyaḥ: 상동. *cet: 상동. *saṃtatiḥ: (f. nom.) 계속, 相續. *na: ~이 아니다, ~이 없다. *upapadyate〉 upa√pad: (수동태, Sg. Ⅲ) 성립하다.

[전생에 천신이었다가 죽어서 금생에는 인간계에 태어나는 경우] 만일 천신이 인간과 다르다면 그것은 상주함이 없다는 말이다. 상주하지 않는다면 단멸된다는 등의 과실에 떨어져 앞서 말했던 과실[40]과 마찬가지가 된다. 또 만일 천신이 인간과 다르다면 상속도 존재하지 않는 꼴이 된다. 상속이 존재한다면 다르다는 말을 할 수가 없다. 다시 설명해 보자.

> 17) 若半天半人 則墮於二邊 常及於無常 是事則不然
> 만일 반은 천신이고 반은 인간이라면 두 가지 극단[二邊]에 빠진다. 즉 상주와 무상에 [빠진다]. 이것은 옳지 못하다.
> 17) divyo yadyekadeśaḥ syādekadeśaśca mānuṣaḥ/
> aśāśvataṃ śāśvataṃ ca bhavettacca na yujyate//[41]
> 만일 일부분은 천신에 속하고 일부분은 인간에 속한다면 비상주(非常住)와 상주가 [동시에] 존재하는 꼴이 되리라. 그러나 그것은 타당하지 않다.

[전생에 천신이었다가 죽어서 금생에는 인간으로 태어나는 경우] 만일 그 중생의 몸뚱이가 반은 천신이고 반은 인간이라면 상주와 무상이 함께하는 꼴이 된다. 천신의 몸뚱이인 반은 [전생에서 금생까지] 상주한 것이고 인간의 몸뚱이인 반은 상주하지 않은 꼴이다. 그러나 결코 그럴 수는 없다. 왜냐하면, '몸뚱이 하나에 두 가지 모습[相]이 존재한다.'는 과실에 떨어지기 때문이다. 다시 설명해 보자.

---

39) 마치 등불이 연속적으로 타오르듯이 연속해서 생사하며 육도를 윤회하는 것.
40) 본 품 제9, 10, 11, 12게 참조.
41) (27-17) *divyaḥ: (a. nom.) 天上의, 天界의. *yadi: 만일. *eka: 하나. *deśaḥ: (m. nom.) 부분. *syāt〉 √as: (opt. Sg. Ⅲ) ~이리라. *ekadeśaḥ: 일부분. *ca: 그리고. *mānuṣaḥ: (nom.) 인간. *aśāśvatam〉 a(부정) + śāśvata(상주): 상주하지 않는. *śāśvata: 상동. *ca: 상동. *bhavet〉 √bhū: (opt.) 존재하다. *tat〉 tad: 그것. *ca: 그리고. *na: ~이 아니다, ~이 없다. *yujyate〉 √yuk: (수동태) 타당하다.

18) 若常及無常 是二俱成者 如是則應成 非常非無常
만일 상주와 무상의 양자가 함께 성립한다면 상주도 아니고 무상도 아닌 것 역시 성립해야 한다.
18) aśāśvataṃ śāśvataṃ ca prasiddhamubhayaṃ yadi/
siddhe na śāśvataṃ kāmaṃ naivāśāśvatamityapi//[42]
만일 비상주(非常住)와 상주의 양자가 함께 성립한다면 상주도 아니고 비상주도 아닌 것도 기꺼이 성립할 것이기 때문이다.

만일 상주와 무상의 양자가 함께 성립한다면 이어서 '상주도 아니고 무상도 아닌 것'이 성립하게 될 것이다. 왜냐하면 [그것은] '상주하면서 무상한 것'에 의존하는 반대 개념이기 때문이다. 그러나 여기서 '상주하면서 무상한 것'이 성립하지 않으니 '상주도 아니고 무상도 아닌 것'도 역시 성립하지 않는다.

또 '[상주하여] 생사가 시작이 없다.'면 이 역시 옳지 못하다. 왜 그런가?

19) 法若定有來 及定有去者 先死則無始 而實無此事
어떤 존재가 만일 오는 것이 확실히 있고 가는 것이 확실히 있다면 생사는 시작이 없는 꼴이 되겠지만 실제로 그런 일은 없다.
19) kutaścidāgataḥ kaścitkiṃ cidgacchetpunaḥ kva cit/
yadi tasmādanādistu saṃsāraḥ syānna cāsti saḥ//[43]
만일 그 무엇인가가 그 어디에서 와서 다시 그 어딘가에서 어딘

42) (27-18) *aśāśvatam〉 a(부정) + śāśvata: 상주하지 않는. *ca: 그리고. *prasiddham: (p.p.p. n. nom.) 성립. *ubhayam: (a. n. nom.) 양자. *yadi: 만일. *siddhe〉 siddha(p.p.p.)〉 √sidh: (a. loc.) 성립한다면. *na: ~이 아니다, ~이 없다. *śāśvata: 상동. *kāmam: willingly, 기꺼이. *na: ~이 아니다, ~이 없다. *eva: 실로, 도대체, 결코. *aśāśvatam: 상동. *iti: ~라고. *api: ~도 역시.

가로 가는 것이라면, 그렇기 때문에 윤회는 시작이 없는 꼴이 되리라. 그러나 그런 일은 없다.

어떤 존재가 만일 어디에서 오는 바가 확실히 있고 그 어디로 가는 바가 있는 것이라면 생사는 응당 시작이 없는 것이어야 하리라. 그러나 그 존재를 지혜로서 추구해 보면 어디에서 오는 것이나 어디로 가는 것이 있을 수 없다. 그러므로 생사가 시작이 없다는 말은 옳지 못하다. 다시 설명해 보자.

20) 今若無有常 云何有無常 亦常亦無常 非常非無常
이제 만일 상주하는 것이 존재하지 않는다면 어떻게 무상한 것과, 상주하면서 무상한 것과, 상주하지도 않고 무상하지도 않은 것이 존재하겠는가?
20) nāsti cecchāśvataḥ kaścitko bhaviṣyatyaśāśvataḥ/
śāśvato 'śāśvataścāpi dvābhyāmābhyāṃ tiraskṛtaḥ//44)
만일 그 무엇이건 상주하는 것은 없다면 상주하지 않는 그 무엇과 '상주하면서 상주하지 않는 것'도, 또 '양자를 떠난 이런 것'이 있겠는가?

---

43) (27-19) *kutas cit: (abl.) 그 어디에서. *āgataḥ> ā√gam: (p.p.p. nom.) 오는. *kaḥ cit: (nom.) 그 누가. * kim cit: (acc.) 그 어디로[범어에서는 이동 목표에 목적격(대격)을 쓴다.]. *gacchet> √gam: (opt.)가다. *punar: 다시. *kva cit: 그 어디에. *yadi: 만일. *tasmāt> tad: (abl.) 그러므로. *anādiḥ> an + ādi(시작): (nom.) 시작 없는. *tu= ca, vā. *saṃsāraḥ: (m. nom.) 윤회. *syāt> √as: (opt. Sg. Ⅲ) ~이리라. *na: ~이 아니다, ~이 없다. *ca: 그리고. *asti> √as: ~이다, ~이 있다. *saḥ> tad: 그, 그것.

44) (27-20) *na: ~이 아니다, ~이 없다. *asti> √as: ~이다, ~이 있다. *cet: 만일. *śāśvataḥ: (nom.) 상주. *kaś cit: (nom.) 그 무엇. *kaḥ> kim: (의문대명사, nom.). *bhaviṣyati> √bhū: (미래) 존재하다. *aśāśvataḥ> a + śāśvata: 상주하지 않는. *ca: 그리고. *api: ~도 역시. *dvābhyām> dva: (Du. abl.) 둘, 양자. *abhyām> idam: (Du. abl.) 이것. *tiraskṛta: ~을 떠난.

만일 그렇게 지혜로 추구해봐도 상주하는 존재를 포착할 수 없다면 그 무엇이 무상[45]한 것이겠는가? [왜냐하면] 상주가 존재하기에 그것에 의존하여 무상이 존재하는 것이기 때문이다. 그래서 만일 그 양자가 모두 존재하지 않는다면 어떻게 '상주하면서 무상한 것'이 존재하겠는가? 또 '상주하면서 무상한 것'이 존재하지 않는다면 어떻게 '상주하지도 않고 무상하지도 않은 것'이 존재하겠는가? 왜냐하면, '상주하면서 무상한 것'에 의존하여 '상주하지도 않고 무상하지도 않은 것'이 존재하기 때문이다. 그러므로 과거세에 입각해서 상주한다는 등의 네 가지 분별[四句]을 내는 것은 있을 수 없다.

한계가 있다[46]거나 한계가 없다는 등의 네 가지 분별은 미래세에 의거한 것이다. 그러나 이 모두 있을 수 없다. 이제 설명해 보겠다. 왜 그런가?

21) 若世間有邊 云何有後世 若世間無邊 云何有後世
만일 세간이 끝이 있다면 어떻게 후세[내생]가 있겠는가? 만일 세간이 끝이 없다면 어떻게 후세가 있겠는가?

21) antavān yadi lokaḥ syātparalokaḥ kathaṃ bhavet/
athāpyanantavāṃl lokaḥ paralokaḥ kathaṃ bhavet//[47]
만일 세간에 한계가 있다면 어떻게 후세[내생]가 존재하겠는가? 그렇다고 세간이 무한하다고 하면 어떻게 후세가 존재하겠는가?

만일 세간이 [시간적으로][48] 끝이 있다면 후세[내생]가 있을 수 없다. 그

---

45) 諸行無常에서 말하는 無常(anitya)이 아니라 常住(śāśvata)에 반대되는 非常(aśāśvata)의 譯語다.

46) 금생에 죽어서 내생에 태어날 때 그 금생의 마지막에 한계가 있다는 견해. 즉 죽는 순간이 모든 것의 종말이라는 생각이 유변론(有邊論), 죽은 후에도 나와 세상이 계속된다는 생각이 무변론(無邊論)이다.

47) (27 -21) *antavān> antavat: (nom.) 한계를 가진, 有邊. *yadi: 만일. *lokaḥ: (nom.) 세간. *syāt> √as: (opt. Sg. Ⅲ) ~이리라. *paralokaḥ> para(나중의) + loka: (nom.) 후세. *katham: 어떻게. *bhavet> √bhū: (opt.) 존재하다. *atha: 그런 경우, 거기서. *api: ~도 역시. *anantavān: an(부정) + antavān(상동): 常住하지 않는 *lokaḥ: 상동. *paralokaḥ: 후세. *katham: 어떻게. *bhavet> √bhū: (opt.) 존재하다.

러나 분명히 지금 후세는 존재한다. 그러므로 세간이 끝이 있다는 말은 옳지 못하다. 반대로 세간이 [시간적으로] 끝이 없다고 하여도 후세가 있을 수 없다. 그러나 실제로 후세는 존재한다. 그러므로 세간이 끝이 없다는 말도 역시 옳지 못하다. 다시 이 양 극단적인 견해[二邊]가 있을 수 없는 이유를 들겠다. 왜 그런가?

> 22) 五陰常相續 猶如燈火炎 以是故世間 不應邊無邊
> 오음(五陰)은 늘 상속하여 마치 등불의 불꽃과 같다. 그러므로 세간은 한계가 있거나 한계가 없어서는 안 된다.
> 22) skandhānāmeṣa saṃtāno yasmāddīpārciṣāmiva/[49]
> pravartate tasmānnāntānantavattvaṃ ca yujyate//
> 온들[= 五蘊]의 이런 연속[= 相續]은 바로 등불의 불꽃과 같이 나타나기 때문에, 그 때문에 무한하다거나 유한하다는 것은 타당하지 않다.

[전찰나의] 오음에서 다시 [후찰나의] 오음이 생긴다. 이 오음이란 것은 차례대로 상속한다. 예를 들어 여러 가지 인연이 모여 등불이 존재하는 경우 여러 가지 인연이 소진되지 않으면 등불은 사라지지 않는 것과 마찬가지다. 만일 [인연들이] 소진된다면 사라진다. 그러므로 세간이 한계가 있다거나 한계가 없다고 말할 수 없다. 다시 설명해 보자.

---

48) 여기서 보듯이 용수는 유변(有邊), 무변(無邊)의 문제를 현생의 시간적 한계의 문제로 본다. 본 품 각주5 참조.

49) (27-22) *skandhāṇām: (Pl. gen.) 蘊. *eṣaḥ> etad: (m. Sg. nom.) 이것. *saṃtāna: 相續. *yasmāt> yad: (관계대명사, abl.). *dīpārciṣām> dīpa(燈) + arcis(n. 불꽃): (n. Pl. gen.) 등불의 불꽃. *iva: 바로. *pravartate> pra√vṛt: (ātm. Sg. Ⅲ) 발생하다, 나타나다. *tasmāt> tad: (abl.) 그러므로. *na: ~이 아니다, ~이 없다. *anta: 한계, 끝. *anantavattvam> an(부정) + anta(한계) + vat(~를 가진) + tva(性): 무한하다는 것, 無限性. *ca: 그리고. *yujyate> √yuk: (수동태) 타당하다.

23) 若先五陰壞 不因是五陰 更生後五陰 世間則有邊
만일 선행하는 오음(五陰)이 파괴되고 그 오음을 因하지 않고서 다시 나중의 오음이 생기는 것이라면 세간은 한계가 있으리라.
23) pūrve yadi ca bhajyerannutpadyeranna cāpyamī/
skandhāḥ skandhān pratītyemānatha loko 'ntavān bhavet//50)
만일 선행하는 것들[五蘊]이 파괴되고 이 온(蘊)들[오온]에 연(緣)하여 [나중의] 저 온들이 생기는 것이 아니라면 그런 경우 세간은 유한하리라.

24) 若先陰不壞 亦不因是陰 而生後五陰 世間則無邊
만일 선행하는 오음(五陰)이 파괴되지도 않고 또 그 오음을 인(因)하지도 않고서 나중의 오음이 생기는 것이라면 세간은 한계가 없으리라.
24) pūrve yadi na bhajyerannutpadyeranna cāpyamī/
skandhāḥ skandhān pratītyemān loko 'nanto bhavedatha//51)
만일 선행하는 것들[五蘊]이 파괴되지 않고 그 온(蘊)들[오온]에 연(緣)하여 [나중의] 이 온들이 생기는 것이 아니라면 그런 경우 세간은 무한하리라.

만일 선행하는 오음이 파괴되고 그 오음을 인하지 않고 다시 나중의 오음

50) (27-23) *purve〉 purva: (Pl. nom.) 선행하는, 이전의. *yadi: 만일. *ca: 그리고. *bhajyeran〉 √bhañj: (ātm. Pl. opt. Ⅲ) 파괴하다. *utpadyeran〉 ut√pad: (ātm. Pl. opt. Ⅲ) 生起하다. *na: ~이 아니다, ~이 없다. *ca: 상동. *api: ~도 역시. *amī〉 adas: (m. Pl. nom.) 저, 그. *skandhāḥ: (Pl. nom.) 蘊들이. *skandhān: (Pl. acc.) 蘊들을. *pratītya: 緣하여. *imān〉 idam: (Pl. acc.) 이것들을. *atha: 그런 경우. *loka: 세간. *antavān〉 antavat: (nom.) 한계가 있는. * bhavet〉 √bhū: (opt.) ~이 되리라.
51) (27-24) *purve〉 purva: (Pl. nom.) 선행하는, 이전의. *yadi: 만일. *ca: 그리고.

이 생기는 것이라면, 그렇다면 세간은 한계가 있는 것이리라. 만일 선행하는 오음이 소멸해 버리고 다시는 다른 오음을 생하지 않는 것이라면 이 순간을 한계라고 말한다. 한계란 임종 시의 몸뚱이를 말한다.

만일 선행하는 오음이 파괴되지도 않고 그 오음을 인하여 나중의[= 다시 태어날 때의] 오음이 생기는 것이 아니라면 세간은 한계가 없으리라. 이것은 [오음이] 상주한다는 말인데 실제로는 그렇지 않다. 그러므로 세간에 한계가 없다는 것은 옳지 못하다. 세간에는 '국토 세간'[52]과 '중생 세간'[53]의 두 가지 종류가 있는데 여기서 말하는 것은 '중생 세간'이다. 다시 『사백관론(四百觀論)』[54]에서는 다음과 같이 설한다.

'참된 법과 설하는 자와 듣는 자를 얻을 수 없기에, 그러기에 생사는 한계가 있는 것도 아니고 한계가 없는 것도 아니다.'[55]

참된 법을 얻을 수 없었기 때문에 생사왕래에 한계가 없었다. 그러나 기회가 되어 참된 법을 듣고 득도하면 한계가 없다고 말할 수 없다. 이제 다시 '한계가 있으면서 한계가 없다는 것'을 논파해 보겠다.

---

*bhajyeran〉 √bhañj: (ātm. Pl. opt. Ⅲ) 파괴하다. *utpadyeran〉 ut√pad: (ātm. Pl. opt. Ⅲ) 생기하다. *ca: 그리고. *api: ~도 역시. *amī〉 adas: (지시대명사, m. Pl. nom.) 저것. *skandhāḥ: (Pl.nom.) 蘊들이. *skandhān: (Pl. acc.) 온들을. *pratītya: 緣하여. *imān〉 idam: (지시대명사, m. Pl. acc.) 이것들을. *loka: 세간. *antavān〉 ananta: (nom.) 無限한. *bhavet〉 √bhū: (opt.) ~이 되리라. *atha: 그런 경우.

52) 器世間.

53) 有情世間.

54) 龍樹의 直弟子 아리야제바(阿利耶提婆, Āryadeva) 著.

55) '眞法及記者 聽者難得故 如是則生死 非有邊無邊.' 이 게송의 산스끄리뜨문은 남아 있지 않고 다음과 같이 티벳역만 현존한다: 'nyan po mnyan bya 'chad po rnams/ byung ba zin tu rnyed dka' ste// des na mdor na 'khor ba ni/ mtha' med ma yin mtha' bcas min// 듣는 자, 들리는 것, 설하는 자들이 출현하는 것은 극히 얻기 어려워서, 그러므로 요컨데 윤회는 끝이 있는 것도 아니고 끝이 없는 것도 아니다.' Catuḥsataka, 제7품 제5게. 본 품 서두의 각주에서 언급했듯이, 신수대장경에서는 이를 게송으로 취급하지만 이는 게송이라기보다 장행 중에 인용된 것이다. 따라서 본품의 게송 수는 30이다.

25) 若世半有邊 世間半無邊 是則亦有邊 亦無邊不然
만일 세간이 반은 유한하고 반은 무한하다면 이것은 유한하기도 하면서 무한하다는 것인데 그럴 수 없다.
25) antavānekadeśaścedekadeśastvanantavān/
syādantavānanantaśca lokastacca na yujyate//[56]
만일 [세계가 시간적으로] 일부분은 유한하지만 일부분은 무한하다면[57] 세계는 유한하면서 또 무한하기도 한 것이리라. 그러나 그것은 타당하지 않다.

만일 세간이 반은 유한하고 반은 무한하다면 이것은 유한하기도 하면서 무한하다는 말이다. 만일 그렇다면 하나의 존재에 두 가지 상(相)이 있는 꼴이니 옳지 못하다. 왜 그런가?

26) 彼受五陰者 云何一分破 一分而不破 是事則不然
그렇게 오음을 취한 자가 어떻게 일부분은 파괴되고 일부분은 파괴되지 않겠는가? 이것은 옳지 못하다.
26) kathaṃ tāvadupādāturekadeśo vinaṅkṣyate/
na naṅkṣyate caikadeśa evaṃ caitanna yujyate//[58]
무엇보다도 우선 어떻게 취(取)하는 주체의 일부분은 소멸되는

56) (27-25) *antavān〉 anta + vat(~를 가진): (nom.) 유한한. *eka: 하나. *deśaḥ: (nom.) 부분. *cet: 만일. *ekadeśaḥ: 일부분. *tu= ca= vā. *anantavān〉 an(부정) + antavān(상동). *syāt〉 √as: (opt. Sg. Ⅲ) ~이리라. *antavān: 상동. *anantaḥ: (nom.) 무한. *ca: 그리고. *lokaḥ: (nom.) 세간. *tat: 그것. *ca: 그리고. *na: ~이 아니다, ~이 없다. *yujyate〉 √yuk: (수동태) 타당하다.
57) 유변, 무변의 문제를 기세간의 공간적 한계로 보는 경우에는 '세간은 유변이면서 무변이다.'라는 말의 의미를 우주 공간이 상하로는 유한하고 좌우, 사방으로는 무한하다는 의미라고 해석한다. 그러나 용수는 유정세간의 시간적 한계의 문제로 보기에 『중론』에 그런 해석은 등장하지 않는다.

데 일부분은 소멸되지 않는가? 그렇게 이것은 타당하지 않다.

27) 受亦復如是 云何一分破 一分而不破 是事亦不然 취(取)도 역시 마찬가지여서 어떻게 일부분은 파괴되고, 일부분은 파괴되지 않겠는가? 이것도 역시 옳지 못하다. 27) upādānaikadeśaśca kathaṃ nāma vinaṅkṣyate/ na naṅkṣyate caikadeśo naitadapyupapadyate//59) 도대체 어떻게 취(取)의 일부분은 소멸되고, 일부분은 소멸되지 않겠는가? 이것도 역시 성립하지 않는다.

취하는 오음(五陰)60)이 어떻게 일부분은 파괴되고 일부분은 파괴되지 않겠는가? 한 가지 사물이 상주하기도 하고 무상하기도 할 수는 없다. 취(取)도 이와 마찬가지라서 어떻게 일부분은 파괴되고 일부분은 파괴되지 않을 수 있겠는가? 그 경우 [取가] 상주와 무상의 두 가지 상(相)을 갖는 오류에 빠진다. 그러므로 세간이 한계가 있으면서 한계가 없다는 것은 옳지 못하다. 이제는 '한계가 있지도 않고 한계가 없지도 않다.'는 견해를 논파해 보겠다.

---

58) (27-26) *katham: 어떻게. *tavat: 우선, 첫째로, 그만큼. *upādātuḥ〉 upadātṛ: (gen. Sg.) 취하는 자. *ekadeśa: 일부분. *vinaṅkṣyate〉 vi-naṅ√kṣi + yate〉 √kṣi: (수동태) 소멸하다. *na: ~이 아니다, ~이 없다. *naṅkṣyate〉 √kṣi : 소멸하다. *ca: 그리고. *ekadeśa: 상동. *eva: 실로, 도대체, 결코. *ca: 그리고. *etat〉 etad: (nom.) 이것. *na: ~이 아니다, ~이 없다. *yujyate〉 √yuk: (수동태) 타당하다.

59) (27-27) *upadāna: 取. *ekadeśaḥ: (nom.) 일부분. *ca: 그리고. *katham: 어떻게. *nāma: 실로. *vinaṅkṣyate〉 vi-naṅ√kṣi + yate〉 √kṣi: (수동태) 소멸하다. *na: ~이 아니다. *naṅkṣyate〉 √kṣi : 소멸하다. *ca: 그리고. *ekadeśa: 상동. *na: 상동. *etat〉 etad: (nom.) 이것. *api: ~도 역시. *upapadyate〉 upa√pad: (수동태, Sg. Ⅲ) 성립하다.

60) 五取蘊 또는 五受陰.

61) (27-28) *antavat: 한계를 가진. *ca: 그리고. *api: ~도 역시. *anantam: 무한한. *prasiddha: 성립. *ubhaya: 양자. *yadi: 만일. *siddhe〉 √sidh: 성립하다. *eva: 실로, 도대체, 결코. *antavat: 상동. *kāmam: 기꺼이. *na: ~이 아니다. *eva: 실로, 도대체, 결코. *anantavat〉 an(부정) + antavat: 무한한. *iti : ~라고. *api: ~도 역시.

28) 若亦有無邊 是二得成者 非有非無邊 是則亦應成
만일 한계가 있기도 하고 없기도 하다는 것, 이 양자가 성립될 수 있는 것이라면 한계가 있지도 않고 없지도 않다는 것, 이것도 역시 성립할 수 있으리라.
28) antavaccāpyanantaṃ ca prasiddhamubhayaṃ yadi/
siddhe naivāntavatkāmaṃ naivānantavadityapi//61)
유한하기도 하고 무한하기도 하다는 양자가 만일 성립한다면 유한하지도 않고 무한하지도 않는다는 것도 기꺼이 성립할 것이다.

'한계가 있다'는 사실에 상반되기에 '한계가 없다'는 사실이 존재할 수 있는 것이다. 마치 긴 것에 상반되기에 짧은 것이 있을 수 있는 것과 마찬가지다. '유'와 '무'가 상반되기에 '유이면서 무인 것'이 존재하고 '유이면서 무인 것'에 상반되기에 '유도 아니고 무도 아닌 것'이 존재한다. 만일 '한계가 있으면서 한계가 없는 것'이 확고하게 성립한다면 '한계가 있지도 않고 한계가 없지도 않은 것'이 존재해야 하리라. 왜 그런가? 서로 의존해 있기 때문이다. 그러나 앞에서 이미 '한계가 있으면서 한계가 없는 것'이라는 세 번째 분별을 논파하였는데 지금 어떻게 '한계가 있지도 않고 한계가 없지도 않은 것'이 상대되는 개념 없이 존재하게 되겠는가? 이렇게 추구해 보니 미래세에 토대를 둔 '한계가 있다'는 등의 네 가지 견해는 모두 있을 수 없다. 다시 설명해 보자.

29) 一切法空故 世間常等見 何處於何時 誰起是諸見
일체의 존재가 공하기 때문에 세간은 상주한다는 등의 견해, 이 모든 견해를 어디서, 어느 때, 누가 일으키겠는가?
29) atha vā sarvabhāvānāṃ śūnyatvācchāśvatādayaḥ/
kva kasya katamāḥ kasmātsaṃbhaviṣyanti dṛṣṭayaḥ//62)

> 그러면 일체의 존재가 공성이기 때문에 상주 등의 견해들이 어디에, 무엇에 대해, 누구에게, 어째서 발생할 수 있겠는가?

앞에서는 성문법(聲聞法)으로 모든 사견들을 논파하였다. 그러나 지금 이 대승법에서는 모든 존재가 원래 궁극적으로 공한 성품이라고 설한다. 이렇게 공성인 존재들 가운데는 사람[人]도 없고 사물[法]도 없으니 사견(邪見)이나 정견(正見)을 생해서는 안 된다. [위의 게송에서] '어디'라는 말은 토지를 말하고 '때'라는 말은 연(年), 월(月), 일(日)을 말한다. '누가'라는 말은 사람을 뜻한다. '이[是]'라는 말은 모든 견해 그 자체를 말한다. 그런데 만일 '상주한다'거나 '무상하다'는 것 등이 확고한 견해라면 응당 이런 견해를 내는 사람이 존재해야 한다. 그러나 '자아'가 논파되기에 이런 견해를 내는 사람도 있을 수 없다. 또 지금 눈앞에 역력히 보여 확실히 존재하는 듯한 처소도 논파가 되는데 하물며 [보이지도 않는] 시간이나 방위는 어떠하겠는가? 만일 갖가지 견해들이 존재한다면 확고한 실체가 있어야 하고 만약 확고한 것이라면 논파할 수 없어야 한다. 그러나 지금까지 갖가지 이유를 들어 [그런 견해들을] 논파하였다. 그러므로 '견해'에는 확고한 실체가 없다는 것을 알지어다. 그러니 어떻게 그런 견해들이 발생할 수 있겠는가? 게송에서 '이 모든 견해를 어디서, 어느 때, 누가 일으키겠는가?'라고 말하듯이.

> 30) 瞿曇大聖王 憐愍說是法 悉斷一切見 我今稽首禮
> 대성왕 구담63)께서 연민의 마음에서 이 법을 설하셔서 모든 견해를 다 끊어 주셨기에 저는 이제 머리 조아려 예배드립니다.

62) (27-29) *atha vā: ~이지 않은가? *sarva: 모든, 일체의. *bhāvānām〉 bhāva: (Pl. gen.) 존재. *śūnyatvāt〉 śūnya + tva(性) + at(abl.): 空性이기 때문에. *śāśvata: 상주하는. *ādayaḥ〉 ādi: (Pl. nom.) 등. *kva: 어디에. *kasya: 무엇에 있어서. *katamāḥ: (Pl. nom.) 누구들이. *kasmāt: (abl.) 무엇 때문에. *saṃbhaviṣyanti〉 sam√bhū: (미래, Pl.) 발생하다. *dṛṣṭayaḥ〉 dṛṣṭi: (f. Pl. nom.) 견해.

30) sarvadṛṣṭiprahāṇāya yaḥ saddharmamadeśayat/
anukampāmupādāya taṃ namasyāmi gautamaṃ//[64]
[잘못된] 모든 견해를 제거하기 위해 연민을 갖고 정법을 설해 주셨던 가우따마 그분께 귀의합니다.

'모든 견해'란 간단히 말하면 오견(五見)[65]이고 상세히 말하면 육십이견(六十二見)[66]이다. 이런 여러 가지 견해들을 끊어 주시기 위해 진리[法]를 설하셨다. 대성왕(大聖王)이신 구담(瞿曇)은 그 지혜가 무량무변하고 불가사의한 분이시다. 그래서 저는 머리 조아려 예배드립니다.

63) Gautama, 즉 부처님의 族名, 즉 姓. '최고의 황소'라는 의미다.

64) (27-30) *sarva: 모든. *dṛṣti: (f.) 견해. *prahāṇāya> prahāṇa: (n. dat.) 제거. *yaḥ> yad: (관계대명사, nom.). *saddharmam: (acc.) 正法. *adeśayat> a + deśa + ya(4류동사 어간化) + t(2차 어미, Sg. Ⅲ)> √diś: (과거) 가르치다. *anukampām: (f. acc.) ~에 대한 연민. *upādāya: 의지하여, 의거하여. *tam> tad: (acc.) 그, 그것. *namasyāmi> √namasya: (직설법, I인칭) 歸依하다, 예배하다. *gautamam: (acc.) 고따마, 구담(붓다의 種姓).

65) 五利使라고도 한다: 身見, 邊見, 邪見, 見取見, 戒禁取見.

66) 六十二見: 常住論(4), 一分常住論(4), 邊無邊論(4), 詭辯論(4), 無因論(2), 死後論(32), 斷滅論(7), 現在涅槃論(5). 『梵網六十二見經』 등 참조.

1993년 초판, 역자 후기
사족(蛇足): 『중론』의 핵심 사상과 종교적 의의

『중론』은 대승불교의 아버지, 8종의 조사, 제2의 부처라고 칭송되는 용수(龍樹, Nāgārjuna) 보살의 대표적인 저술이다. 용수는 불멸 후 6, 7백 년 경, 즉 서력기원 후 150-250년 경 인도 남부 지방을 무대로 대승불교를 홍포하며 활약했던 대 사상가이자 종교가다. 용수 탄생 당시 인도 불교계에는 전문 수행인들을 위한 방대한 아비달마불교가 20여 종의 교파로 난립되어 있었고, 한편에서는 이에 불만을 품은 혁신적인 불교도들을 중심으로 대승경전의 편집이 이루어지고 있었다. 또 불교 외적으로는 전통적인 바라문교의 육파철학이 하나, 둘 정비되어 감과 동시에 대중적인 힌두교가 서서히 그 얼굴을 내밀기 시작하는 상황이었다. 이러한 사상계의 혼돈 속에서 불세출의 사상가 용수는 탄생하였다.

용수는 수많은 저술을 통해, 본말이 전도된 아비달마교학의 법유론적(法有論的)인 교리 해석에 메스를 가했을 뿐만 아니라 실재론적인 바라문철학 체계에까지 통렬한 비판을 퍼부었다. 용수의 제련을 거친 인도불교는 결국 대승불교의 꽃을 피우게 되었고, 최고의 힌두사상가 샹까라(Śaṅkara, 8세기)의 불이론(不二論, Advaita) 철학 역시 용수의 사상을 모태로 출현하게 되는 것이다.

『중론』은 불교인들의 실재론적 교리 이해를 타파하기 위해 저술된 것으로 용수의 저술 중 비교적 초기의 논서다. 그 당시 인도 전역에 광범위하게 퍼져 있던 각 교파의 아비달마불교에서는 붓다 재세시 산설된 교설을 체계적으로 정리하는 노력을 벌이고 있었는데 교설 자체의 법상을 정밀하게 추구하다 보니 오히려 부처님께서 45년간 설법하신 의도는 망각하고 그 문자에만 집착하는 우를 범하게 되고 만다. 즉 모든 속박으로부터의 해탈을 위해 교시된 교법을 철저하게 신봉하다 보니 거꾸로 그 교법에만은 속박되고 만다는 자가당착에 빠지고 말았던 것이다.

한편 아비달마적인 승원 불교를 소승이라고 폄하시키며 등장했던 반야계 경전의 공사상을 추구하는 대승불교인들 중에도 인식의 진정한 정화 없이 공사상을 수용하다 보니 공을 실재론적으로 이해하게 되는 부류가 생기게 되었다. 이를 후대 유식 불교에서는 악취공자(惡取空者)라고 부르지만 용수가 『중론』을 저술할 당시에도 이런 부류의 사람들이 있었고 『중론』에서는 이들을 대승불교 내의 사견인(邪見人)이라고 부른다. 『중론』은 이렇게 소승의 실재론적 교리 해석과 대승의 실재론적 공관(空觀)을시정하기 위한 두 가지 목적 하에 저술되었던 것이다.

그렇다면 용수는 무엇을 토대로 파사현정의 기치를 내걸었으며 『중론』 全품을 통해 흐르는 일관된 사상의 핵은 무엇일까? 그것은 한 마디로 연기(緣起) 사상이다. 『중론』 제1 관인연품 서두의 귀경게를 통해 용수는 '불생불멸 불상부단 불일불이 불래불출'의 팔불이 연기의 진정한 의미라고 선언한다. 용수 당시 아비달마교학에서는 부처님 교설의 핵심이라고 할 수 있는 십이연기설을 삼세양중인과설이건 태생학적 인과설이건 단순한 인과관계로만 이해하려는 경향이 있었다. 그러나 인과설은 불교뿐만 아니라 상캬(Śāṃkhya), 와이셰시까(Vaiśeṣika) 등 외도(外道)들도 공유하는 사상이었다. 상캬학파에서는 쁘라끄리띠(Prakṛti)라는 원질(原質) 속에 결과로서의 만사가 내재한다는 인중유과론(因中有果論, Satkārya-vāda)적인 인과론을 주장했으며 와이셰시까학파에서는 결과란 원인과 단절되 있다는 인중무과론(因中無果論, Asatkārya-vāda)적인 인과론을 주장하였다. 따라서 단순한 인과론이 연기의 의미일 수는 없다. 『중론』에서는 인중유과론적인 인과론은 상견(常見)이라고 비판하고 인중무과론적인 인과론은 단견(斷見)이라고 비판하면서 그런 극단적인 견해[二邊]를 떠난 중도적인 인과론이 연기의 진정한 의미라고 천명한다. 이렇게 연기가 중도적 인과관계라는 사실을 단적으로 표현한 구절이 바로 '불생불멸 불상부단 불일불이 불래불출인 연기'라는 귀경게의 선언인 것이다.[1] 즉 원인이 그대로 결과로 발생하는 것도 아니고 결과가 발생할 때 원인이 완전히 소멸하는 것도 아니며, 원인이 결과에까지 상주하지도 않고 결과가 원인과 단절된 것도 아니며, 원인과 결과가 같지도 않고 다르지도 않으며, 결과가 원인과 관계없이 다른 곳에서 오는 것도 아니고 원인에서 나가는 것도 아니라는 팔부중도(八不中道)적 인과관계가 바로 연기의 진정한 의미라는 것이다. 즉 십이연기의 삼세양중인과관계가, 더 나아가 각 지분 간의 인과관계가 중도 인과적으로 연결되어 있다는 것이다. 연기에 대한 중도적 파악은 물론 용수의 창안은 아니다. 원시경전에서 산설된 여러 가지 유형의 연기설은 자칫 단순한 인과관계로 오해할 소지가 있지만 단상(斷常)이나 유무(有無)의 양극단[二邊]을 떠난 중도로서 연기를 설한 경문 역시 적지 않다. 또 단견과 상견 등 사견(邪見)으로 인해 발생하는 14난문에 대한 무기답(無記答)과 관계시켜 연기를 설한 경문도 많이 보인다. 아비달마논서에서도 사견으로 인한 치심(癡心)의 대치법[2]으로 연기관(緣起觀)을 처방한다. 용수는 이러한 경문에 의지하여 연기설의 진정한 의미를 포착했다고 볼 수 있다.

십이연기설은 각 지분 간의 중도적 인과 관계 또는 과거, 현재, 미래 삼세의 인과 관계를 중도적으로 설명하는 유전문(流轉門)의 원리와 함께 그 중도성(中道性)의 파악[= 무명의 소멸]으로 인해 십이연기의 각 지분이 적멸에 드는 환멸문적(還滅門的) 이해도 내포하고 있다. 즉 '무명이 멸함에 행이 멸하고 행이 멸함에 식이 멸한다.'라는 식의 환멸관(還滅觀)인데 이러한 환멸문이 십이연기설의 최종 목적이다. 결국, 용수는 『중론』 전 품을 통해 소재가 되는 개념들을 중도 인과적으로 비판함으로써 마치 십이연기 각 지분들이 환멸문을 통해 적멸에 들듯이 불교 내외의 모든 개념을 하나하나 논파하여

1) 『중론』 제24 관세제품, 제18게, 소위 삼제게(三諦偈)의 선언도 이를 입증한다.
2) 삼독심 중 탐심은 부정관, 진심은 자비관, 치심은 연기관으로 대치(對治)한다.

귀멸(歸滅)시키고 있다고 볼 수 있다. 『중론』에서는 이렇게 연기의 '중도적 의미'와 '환멸문적 목적'을 토대로 하여 그 당시 아비달마불교에서 논의되던 여러 가지 교리에 대한 실체론적 이해를 시정하는 것이다. 원시불교에 토대를 두고 이루어진 용수의 이러한 작업은 결국 반야계 경전에서 주창하는 공 사상과 맥이 닿게 된다. 용수 당시 인도불교계 일부에 유포되어 있던 반야계 경전에는 아비달마불교에서 집착하는 갖가지 불교 개념이 모두 공하다는, 자칫하면 불교를 비방하고 있다고 오해를 살 만한 경문이 도처에 등장한다. 분명히 오온설과 십이처설, 십팔계설, 십이연기설 모두는 부처님의 교설임이 틀림없는데, 반야계 경전에서는 이 모두를 부정하고 있는 것이다. 그러나 이는 불 교에 대한 아비달마적인 이해, 즉 법유론적 교리 이해를 시정하기 위한 것으로 수단과 목적이 전도된 그 당시 불교 풍토를 비판하는 선언이었던 것이다. 오온설과 십이처설, 십팔계설을 통해 무아를 터득케 하고 십이연기설을 통해 모든 현상의 적멸을 체득시킨다는 부처님의 의도는 도외시하고 그런 교설들의 법상만 추구하는, 주객이 전도된 아비달마교학의 풍토를 통렬하게 비판한 선언이었다. 이렇게 일체를 공성으로 귀멸시키는 『반야경』의 결론은 확실히 부처님의 의도를 그대로 재현한 것이라고 할 수 있다. 결국, 용수는 『중론』을 통해 반야 공사상을 진정한 연기관과 접맥시킴으로써 반야경에 대해 불교 교리로서의 정통성을 부여하였던 것이다.

용수의 연기관이 이렇게 십이연기설을 토대로 하여 성립된 것이지만 아무리 훌륭한 연기 사상이라고 하더라도 그에 대해 실체론적으로 이해를 하게 되면 이는 연기를 제대로 파악했다고 할 수 없다. 따라서 제1 관인연품을 통해 용수는 아비달마적인 연기설인 사연설(四緣說)을 비판하는 것이다. 즉 연기법으로 연기법을 논파한다고 볼 수 있다. 이는 공사상의 백미인 공공(空空)사상과 궤를 같이 한다. 즉 모든 개념에 대해 공으로써 논파하지만 그 공을 다시 실체시하면 문제가 되기에 공공이라는 자정적(自淨的) 선언을 통해 악취공을 경계하듯이 용수는 진정한 연기관에 입각해 사견(邪見)을 논파하지만 그 사견 중에는 그릇된 연기 이해, 즉 실체론적 연기관도 포함될 수밖에 없는 것이다. 그리고 제2 관거래품 이후 다양한 인과(因果), 즉 가는 주체와 그 작용, 눈과 그 대상, 불과 연료, 행위와 행위자, 탐욕과 탐욕의 주체, 전찰나의 오온과 후찰나의 오온 등을 십이연기설에서 체득한 중도 인과론에 입각해 하나하나 검증하며 논파함으로써 대승적인 법공 사상을 선양한다. 『중론』 후반부로 가면서 유무(有無), 여래(如來), 성괴(成壞), 열반(涅槃), 사제(四諦) 등 2차 개념으로 그 논의의 소재가 바뀌지만 논파하는 논리는 역시 중도 인과론에 입각해 있다. 마지막으로 제27 관사견품을 통해 정형적인 사견 즉 무기설의 계기가 되는 여러 가지 난문(難問)에 대해 논의하면서 제 1관인연품 귀경게에서와 유사한 귀경송(歸敬頌)으로 『중론』을 끝맺고 있다.

지금까지 간단히 고찰해 보았듯이 용수의 『중론』은 한마디로 원시불교의 연기설에 근원을 두면서 반야계 경전의 정통성을 확립한 논서이다. 그러나 연기 공 사상은 불교 전 체계에서 단지 한 부분의 영역을 차지할 뿐이다. 삼독심 중에도 치심만을 대치할 수 있는 것이 바로 연기관이다. 삼독심 중 탐심은 부정관(不淨觀)을 통해 대치되고 진심(瞋心)은 자비관(慈悲觀)을 통해 대치되며 그 이외의 산란심(散亂心)은 수식관(數息觀)을 통해 대치된다고 말하는 데서 볼 수 있듯이 수행자의 입장에서는 전체적인 수행 생활 중 이성의 오류를 세척하는 분야에서만 『중론』적인 연기관이 소용이 될 것이다. 용수 역시 모든 것을 부정하는 듯이 보이는 『중론』을 저술했지만 그 이외에 『권계왕송(勸誡王頌)』이나 『보행왕정론(寶行王正論)』 등을 통해 세속적인 실천행의 중요성을 강조하고 있다. 따라서 중관학만을 자가 수행의 지침으로 삼 는 경우 자칫 공병(空病), 타공(墮空)으로 표현되는 악취공(惡取空)에 빠져 모든 가치판단을 상실할 우려가 있는 것이다. 중관불교적인 공사상을 비판하며 출현했던 유식불교의 성립 동기가 바로 이러한 악취공의 극복에 있었다는 사실도 이를 입증한다. 그러나 용수 역시 이에 대한 배려를 하지 않았던 바가 아니다. 『중론』 제24 관사제품에 등장하는 이제설(二諦說)이 그 해결

방안이었다. 진제와 속제의 이제 중 진제를 무시하면 실재론적 사견(邪見)에 따질 수가 있고 반대로 속제를 무시하면 악취공에 빠질 위험이 있다. 따라서 유식불교의 이해도 철저한 중관적 공관의 토대 위에서 이루어질 때만 증과(證果)를 위한 실천성이 있을 수 있는 것이지 단순히 유식 불교의 법상(法相)만 터득한다면 아비달마의 한계를 벗어나지 못할 우려가 있는 것이다. 중관적인 초의 논리는 불교 내적인 효용만 있는 것이 아니다. 한마디로 말해 지금까지 있었던 것은 물론이지만 앞으로 있을 인류의 그 어떠한 종교나 철학 놀음도 바로 이 중론의 논리 앞에서는 무색해지고 말 것이다. 공의 논리는 인간의 이성이 추구할 수 있는 모든 사변 영역의 극한에 위치하고 있기 때문이다. 즉 공의 논리는 모든 사변 활동의 뿌리다. 따라서 천년이 지나건 만년이 지나건, 인간이건 축생이건 귀신이건 어느 외계의 천신으로 태어나건 사과가 익으면 뚝 소리 내며 떨어지고 바람 불고 꽃 피는 세상이라면 『중론』의 사상은 진리로써 영원하다.

이성의 한계에 대한 지적이 칸트(Kant) 이상으로 철저하고 형이상학의 무용성에 대해 비트겐슈타인(Wittgenstein) 이상으로 예리하게 비판하는 『중론』의 논리는 이론으로 끝나는 것이 아니다. 아니 결코 이론이어서는 안된다. 『중론』을 이론으로 이해할 때 자칫 악취공의 나락에 떨어질 우려가 다분히 있기 때문이다. 독자는 『중론』의 정교한 논리를 세심히 따라가면서 지금까지 갖고 있던 자기 자신의 분별의 때를 씻어내기만 하면 된다. 책을 덮으면 『중론』의 내용은 잊어야 한다. 그리고 세속 속에서는 씻어진 만큼의 소신대로 선악과 시비를 분별하며 올바르게 살아가면 되는 것이다. 그리곤 하루 중 시간을 내어 다시 『중론』을 읽으면서 그 이해의 깊이만큼 자신의 분별의 때를 조금 더 세척하면 되는 것이다. 요컨대 분별의 때를 씻는데 동원된 공의 논리라는 비누의 비눗기가 남아서는 안 되고 그 비눗기조차 다시 헹궈내야 한다는 말이다. 이것이 용수가 우려한 독사를 잡으려다 오히려 독사에 물리지 않는[3] 구체적인 방법이다. 공이란 수행이라는 수단에 내재함과 동시에 그 목표가 된다고 볼 수 있다. 올바른 공관의 토대 위에서 수행 생활을 할 때 우리의 분별심은 차츰차츰 정화되어 가고 새로운 인식의 지평이 열리게 된다. 그리고 이렇게 인식이 변하면 그 존재가 변한다. 즉 아는 것이 되는 것이다. 세상은 그대로 있고 그것을 바라보는 자신의 관점만 바뀌는 것이 아니라 자신과 세상의 존재 자체가 모두 변한다. 변해서 그 실상을 드러내게 되는 것이다. 말하자면 꿈에서 깨는 것과 같다. 호랑이 꿈도 꿈이지만 호랑이 꿈을 꾸면 놀라 잠에서 깨어나듯이 우리는 공이라는 호랑이 꿈을 꿈으로써 미망의 잠에서 깨어날 수 있다. 이것이 불교적 주지주의인 반야사상의 요체다.

순수 이론적이고 철학적인 사상인 듯하지만 이렇게 『중론』은 불교 특유의 종교성을 띠고 있다. '도대체 종교란 무엇이냐?'고 물을 때 불교적으로 말하면 모든 고(苦)로부터의 해방[4]이라고 할 수 있다. 물론 종교에서 주장하는 절대자에 대한 귀의가 종교의 본질인 점도 대승불교의 정토 경전에 과정으로서 수용되지만,[5] 불교에서 주장하는 종교의 핵심은 일체의 고, 즉 모든 문제점으로부터의 해방이라고 할 수 있다.[6] 예를 들어 죽음의 공포라든지 철학적인 실존감, 즉 지금 내가 여기에 이렇게 살아있다는 사실에 대한 경이감, 개똥밭에 굴러도 이승이 좋다는 판단 등은 자신은 탄생 이전에 아무것도 아니었고 육신의 죽음 이후엔 완전히 무로 돌아가리라는 유물론적인 허무주의에 입각해서 발생하는 감상들이다. 그래서 사람들은 내세를 가르치는 종교를 믿기도 하고 거꾸로 몰가치적인 야수의 삶을 살기도 한다. 철학은 경이감에서 시작된다고 하는데 불교적으로 말하면 바로 그런 경이감은 병이다. 즉 단견(斷見)이나 상견(常見)을 가진 사람들이 갖게 되는 감상일 뿐이다. 연기(緣

---

3) 『중론』 제24 관사제품 제11게.

4) 사성제(四聖諦)의 고멸(苦滅),

5) 엄밀히 말해 극락정토는 왕생발원하여 그곳에서 영생하는 장소가 아니라 성불의 과정에 거쳐 가는 장소일 뿐이다. 아미타불의 전신인 법장 비구의 원에서 볼 수 있듯이 그곳에 태어난 중생은 성불이 보장된 것일 뿐이다.

6) 비트겐슈타인의 철학에서 말하듯이 종교란 단지 가족유사성을 갖는 개념일 뿐 어느 특정 종교의 종교관이 모든 종교의 본질일 수는 없다.

起)에 대해 자각을 하게 되면 그런 경이감과 그런 걱정들은 모두 사라진다. 해소되는 것이다. 그러기에 부처님께서는 우주의 한계라든지 여래 사후의 존재 여부 등 철학적 문제에 대해 침묵을 지킨 후 동문서답 식으로 연기나 사제를 설하셨던 것이다.[7] 즉 그런 의문에 답을 주시지 않고 의문이 생기게 한 사고방식의 치료법인 연기설을 설하셨던 것이다.

그런데 이런 연기의 실상을 십이지에 그치지 않고 다양한 개념에 적용시켜 구체적으로 논의한 책이 바로 용수의 중론인 것이다. 어떤 체계를 통해 모든 문제점[一切皆苦]에서, 즉 죽음의 공포라든지 형이상학적 의문 등의 모든 문제점에서 해방되고 그 해방이 단순한 믿음이나 희망사항이 아니라 지금 이 순간에 자증(自證)된다면 통속적인 종교가 무슨 필요가 있겠으며 또 그런 체계 이상의 종교가 어디 있겠는가?[8] 이런 목적에서 우리의 생각의 병을 씻어 모든 문제점을 해소시켜 주는 『중론』은 이론서 이상의 것이며 통속적인 종교 개념을 초월해 진정한 종교성을 띤다고 할 수 있다.

서양의 주지주의적 철학 전통은 결국 해체주의로 귀결되고 말았다. 서양의 주지주의는 지혜로써 모든 분별과 규정을 타파하는 불교적 주지주의인 반야공사상에 근접하고 있으나 수행의 문화가 결여되었기에 많은 문제점을 산출하였다. 서양의 주지주의적 해체주의는 규범의 해체, 가치판단의 상실, 윤리의 몰락이라는 폐해를 초래한 것이다. 이것이 불교에서 말하는 악취공적인 상황이다. 불교적으로 조망할 때 포스트모던적인 해체주의자들은 모든 것은 해체했지만 자기 자신의 아상만은 해체하지 못한 아유법공(我有法空)[9]적인

---

7) 부처님의 무기설(無記說)은 여러 가지 난문에 대해 침묵으로 그치는 것이 아니다. 침묵 이후 그 난문이 생기게끔 한 질문자의 극단적 사고방식[邊]의 치료법으로서 십이연기를 설하신 경문이 많다.

8) 공자 역시 '朝聞道 夕死可矣[아침에 道를 들으면 저녁에 죽어도 좋다]'라고 하지 않았던가?

9) 모든 사상이나 관념은 다 논파하여 공으로 귀멸시킬 수 있지만 자기 자신의 탐진치만은 타파하지 못한 부류이다. 법유(法有) 사상은 타파했지만 정작 아비달마에서 성취했던 아공(我空)을 소홀히 하여 아법양공(我法兩空)이 되지 못하고 아유법공(我有法空)에서

악취공자가 된 것이라고 볼 수 있다. 진정한 반야[지혜]라면 윤리와 실천을 동반하지 않을 수 없다. 모든 사상이나 관념뿐만이 아니라 자기 자신, 즉 이기심이나 자의식까지 진정, 실천적으로 깡그리 해체될 때 나와 남의 구분이 사라지는 관세음보살의 동체대비행(同體大悲行)이 나오지 않을 수 없는 것이다. 중관적인 공의 논리는 결코 윤리관이 없는 것도 아니고 하나의 이론 체계로 그치는 것이 아니다. 요컨대 『중론』은 반야지혜의 자각과 함께 초윤리로써 진정한 윤리까지 산출하는 사상적 실천서인 것이다.

1993년 3월, 중화(中和) 산실(産室)에서 역자

끝나는 경우를 말한다. 공사상을 공부하는 학인 중에 이런 병에 빠지는 사람들아 많다. 즉 수행 도중 모든 가치판단이 상실되어 막행막식을 하는 수행자들이 이런 부류에 속한다고 볼 수 있다. 『大智度論』(대정25, p.191c) 참조.

참고문헌

『梵網六十二見經』(대정1).

『長阿含經』(대정1).

『雜阿含經』(대정2).

『中阿含經』(대정2).

『摩訶般若波羅蜜經』(대정8).

『道行般若經』(대정8).

『小品般若經』(대정8).

『金剛經』(대정8).

『維摩經』(대정14).

『稻芉經』(대정16).

『了本生死經』(대정16).

『大智度論』(대정25).

『阿毘達磨界身足論』(대정26).

『阿毘達磨大毘婆沙論』(대정27).

『阿毘達磨俱舍論』(대정29).

『中論』(대정30).

『般若燈論釋』(대정30).

『大乘中觀釋論』(대정30).

『十二門論』(대정30).

『四百觀論』(大乘廣百論釋)(대정30).

『中觀論疏』(대정42).

『八宗綱要鈔』(大藏經補編32)

김성철 역주, 『중론』, 경서원, 1993년.

김성철 역주,『회쟁론』, 경서원, 1999년.

寺本婉雅,『梵漢獨對校 西藏文和譯 龍樹造 中論 無畏疏 解題』, 東京, 国書刊行会, 1974.

스가누마 아키라, 이지수 역,『산스끄리뜨의 기초와 실천』, 민족사, 1990.

『中論佛護註』(티벳역).

Ratnāvali(보행왕정론).

Poussin 本 Prasannapadā

本多 恵,『チャンドラキールティ 中論註和訳』, 国書刊行会, 1988.

奥住毅,『中論 註釈書の研究 ― チャンドラキールティ『プラサンナパダー』和訳』, 大蔵出版, 1988.

山口益 譯,『月稱 造 中論釋一』, 弘文堂, 1947.

三枝充悳,『中論偈頌總覽』, 第三文明社, 1985.

Inada, Nagarjuna: A Translation of His Malamadhyamaka Karika Hardcover, 1970.

Catuḥsataka.

S.N.Ⅲ.

D.N.Ⅲ.

『周易』.

『莊子』.

『道德經』.

『찬도갸 우빠니사드』 Ⅳ.

Nyāya Sūtra.

아우구스티누스(Augustinus),『고백록』.

張三植 編,『大漢韓辭典』, 서울, 집문당, 1983.

中村元, 『佛敎語大辭典』, 東京, 東京書籍, 1981.
Monier-Williams Sanskrit-English Dictionary, 1899.

김동화, 『구사학』, 문조사, 1970.
김동화, 『불교교리발달사』, 보련각, 1977.
김동화, 『유식철학』, 보련각, 1973.
김성철, 『중관사상』, 민족사, 2006년.
탄허장학회 편, 『탄허강설집』, 불광출판사, 2003년.
야지마 요우기찌, 송인숙 역, 『空의 철학』, 대원사, 1992.
『サンスクリット句文と講讀』.
松本史郎, 『緣起と空』, 大藏出版, 1989.
Frauwallner, History of Indian Philosophy, 박태섭 역주, 『원시불교』, 고려원, 1991.
Kalupahana, Causality: The Central Philosophy of Buddhism, University Press of Hawaii, 1975.

김성철, 「Nāgārjuna의 運動 否定論」, 동국대석사학위논문, 1988.
김성철, 「八不中道思想의 始原으로서의 稻芉經과 緣起의 中道的 意味」, 『불교연구』 8집, 1992.
김성철, 「『중론』 귀경게 팔불의 배열과 번역」, 『한국불교학』 30집, 2001년.

찾아보기

중론 개정본

초 판 2021년 1월 19일
제7쇄 2023년 5월 29일
펴낸곳 도서출판 오타쿠
지은이 김성철
펴낸이 김용범

www.otakubook.org
otakubook@naver.com
주소 (우)04374 서울특별시 용산구 이촌로 18길 21-6 이촌상가 2층 203호
전화번호 02-6339-5050

출판등록 2018.11.1
등록번호 2018-000093
ISBN 979-11-972321-1-4 (93220)

가격 29,000원 [eBook(가격: 18,000원)으로도 판매합니다]

※ 이 책에는 네이버 글꼴이 적용되어 있습니다.
※ 표지사진 - 보리수 잎 (출처, pixabay)